dd Gweriniaeth Weimar a'r Drydedd Reich

Gan

DAVID EVANS A JANE JENKINS

2000474678
NEATH PORT TALBOT LIBRARIES

Hod

AELOI

NEATH PORT TALBOT
LIBRARIES
CL. 943.086
DATE 5-7-06 PR. 16-99
LOC YST
NO 2000474678

Y fersiwn Saesneg

Cyhoeddwyd y fersiwn Saesneg gwreiddiol am y tro cyntaf yn 1999 gan Hodder and Stoughton Educational, aelod o grŵp Hodder Headline CCC, 338 Euston Road, Llundain, NW1 3BH. © David Evans a Jane Jenkins

Y fersiwn Cymraeg hwn

© ACCAC (Awdurdod Cymwysterau, Cwricwlwm ac Asesu Cymru) 2006

Cyhoeddwyd gan y Ganolfan Astudiaethau Addysg (CAA), Prifysgol Cymru Aberystwyth, Yr Hen Goleg, Aberystwyth, SY23 2AX (http://www.caa.aber.ac.uk), gyda chymorth ariannol ACCAC

Mae hawlfraint ar y deunyddiau hyn ac ni ellir eu hatgynhyrchu na'u cyhoeddi heb ganiatâd perchennog yr hawlfraint.

Cyfieithydd: Eirlys Roberts
Golygydd ac Ymchwilydd Ffynonellau: Gwenda Lloyd Wallace
Dylunwyr: Andrew Gaunt ac Enfys Beynon Jenkins
Argraffwyr: Argraffwyr Cambria

Diolch i Robin Evans, Helen Rogers a Rhys Thomas am eu sylwadau gwerthfawr.

ISBN 1 85644 887 8

Lluniau'r clawr: atgynhyrchir y llun o Hitler trwy garedigrwydd AKG London, a'r llun o'r tyrfaoedd yng Nghyngres y Blaid, 1938 trwy garedigrwydd Bildarchiv Preussischer Kulturbesitz.

Cedwir pob hawl.

Cynnwys

~ RHESTR DABLAU ~

~ RHESTR FAPIAU ~

~ RHESTR DDIAGRAMAU ~

~ RHESTR LUNIAU ~

~ RHESTR BORTREADAU ~

~ CYDNABYDDIAETHAU ~

Dymuna'r cyhoeddwyr ddiolch i'r canlynol am ganiatâd i atgynhyrchu deunydd yn y cyhoeddiad hwn. Gwnaethpwyd pob ymdrech i gysylltu â, a chydnabod deiliaid hawlfraint, ond ni lwyddwyd i ddod o hyd i rai. Gwahoddir y perchenogion hynny i gysylltu ag CAA.

American Economic Association am ran o dabl o 'Germany's Preparation for War: A Re-examination', Burton Klein, *American Economic Review*, Cyfrol XXXVIII, Mawrth 1948, tud. 68, a ddefnyddir ar dud. 357; Edward Arnold am ddyfyniadau o *A History of Germany 1815-1985*, William Carr, 1987 a ddefnyddir ar dud. 89, 92 a 96, dyfyniadau o *Hitler: A Study in Personality and Politics*, William Carr, 1978 a ddefnyddir ar dud. 162 a 243, a dyfyniad o *A History of Europe since 1870*, M.L.R. Isaac, 1960 a ddefnyddir ar dud. 400; Blackwell Publishing am dabl o *The Nazi Party: A Social Profile of Members and Leaders, 1919-1945*, M. Kater, 1983, a ddefnyddir ar dud. 126 (Tabl 25); Bonnier Media Deutschland GmbH am ddyfyniadau o *The Face of the Third Reich*, Joachim Fest, Weidenfeld and Nicolson, 1970 a ddefnyddir ar dud. 60, 66, 81, 98, 158 a 160, a dyfyniadau o *Hitler*, Joachim Fest, cyfieithiad R. ac C. Winston, Weidenfeld and Nicolson, 1974 a ddefnyddir ar dud. 141, 147 a 316; Curtis Brown Group Ltd., Llundain am ddyfyniad o *Ribbentrop*, Michael Bloch, 1992, Bantam Press, a ddefnyddir ar dud. 382; Curtis Brown Group Ltd., Llundain ar ran Ystad Alan Bullock, Hawlfraint © Alan Bullock, am ddyfyniadau o *Hitler: a study in tyranny*, Alan Bullock, 1952, Odhams a ddefnyddir ar dud. 42, 66, 87, 100, 171, 320, 378 a 451; Madeleine Bunting am ddyfyniad o *The Model Occupation – The Channel Islands under German Rule*, Madeleine Bunting, HarperCollins, 1995, a ddefnyddir ar dud. 438; Chrysalis Books Group Plc am ddyfyniad o *Hitler as Military Commander*, John Strawson, 1971, Batsford, a ddefnyddir ar dud. 413; Don Congdon Associates, Efrog Newydd am ddyfyniadau o *The Rise and Fall of the Third Reich*, William L. Shirer, 1961, Secker and Warburg a ddefnyddir ar dud. 168, 197, 243, 265, 370 a 395, a dyfyniad o *Berlin Diary: The Journal of a Foreign Correspondent*, William L. Shirer, Hamish Hamilton, 1941 a ddefnyddir ar dud. 399; yr Arglwydd Dahrendorf am ddyfyniadau o *Society and Democracy in Germany*, Weidenfeld and Nicolson, 1968 a ddefnyddir ar dud. 300; Neil DeMarco am ddyfyniad o *The World This Century: working with evidence*, Neil DeMarco, Unwin Hyman, 1987 a ddefnyddir ar dud. 400; André Deutsch/Carlton Publishing Group am ddyfyniad o *Memoirs*, Franz von Papen, 1952 a ddefnyddir ar dud. 103; Duncker and Humbolt GmbH am dri thabl o *Die deutsche Industrie im Kriege*, Rolf Wagenführ, Berlin, 1963, a ymddangosodd yn 'Mobilisation for Total War in Germany', R.J. Overy, *English Historical Review*, rhifyn 103, Gorffennaf 1988, tud. 626-7, Oxford University Press a ddefnyddir ar dud. 359 Tabl 48, tud. 426 Tabl 55 a thud. 427 Tabl 56; German Resistance Memorial Center am ddyfyniad o *Guide to the Plötzensee Memorial*, Landeszentrale für politische Bildungsarbeit, 1975, a ddefnyddir ar dud. 310; Mouton de Gruyter am dabl a diagram o *Design for Total War*, B.E. Carroll, 1968 a ddefnyddir ar dud. 358 Tabl 47 a thud. 380 Diagram 8; Wyres Heinz Guderain am ddyfyniad o *Panzer Leader*, Heinz Guderian, Michael Joseph, 1952 a ddefnyddir ar dud. 318; Robert Hale Ltd. am ddyfyniad o *History of the SS*, G.S. Graber, 1978, a ddefnyddir ar dud. 34, a dyfyniadau o dud. 224 a 261 o *Encyclopedia of the Third Reich*, Louis L. Snyder, 1976 a ddefnyddir ar dud. 65 a 327; HarperCollins Publishers Ltd. am ddyfyniadau o *The Fontana History of Germany 1918-1990*, © Mary Fullbrook, Fontana Press, 1991, a ddefnyddir ar dud. 391 a 437; History Today am ddyfyniad o *History Today*, Gerhard Wilke, 1985 a ddefnyddir ar dud. 325, a thabl o 'Business and the Third Reich', R.J. Overy, *History Review*, Rhifyn 13, 1992, tud. 42 a ddefnyddir ar dud. 364 Tabl 50; HMSO am ddyfyniadau o *Documents on German Foreign Policy* a ddefnyddir ar dud. 388-9, a dyfyniad o *Documents on German-Polish Relations* a ddefnyddir ar dud. 399; Hodder and Stoughton am ddyfyniad o *From Bismarck to Hitler: Germany 1890-1933*, Geoff Layton, 2002 a ddefnyddir ar dud. 109; Manchester University Press am ddyfyniad o 'Working Towards the Fürher', Ian Kershaw yn *Contemporary European History*, Cyf. 2, Rhifyn 2, 1993 a ddefnyddir ar dud. 176; McFarland and Company, Corff., Bocs 611, Jefferson, NC 28640 am ddyfyniad o *Hitler Sites: A City-by-City Guidebook (Austria, Germany, France, United States)*, © 2002 Steven Lehrer a ddefnyddir ar dud. 139; Ystad George L. Mosse am ddyfyniad o *Nazi Culture*, George L. Mosse, Grosset and Dunlap, 1966, a ddefnyddir ar dud. 326; *The Nation* am ddyfyniad o 'Youth in Hitler's Reich', Stefan Heym, *The Nation*, Rhifyn 27, Mehefin 1936 a ddefnyddir ar dud. 261; NI Syndication Ltd. am ddyfyniad o *The Times* a ddefnyddir ar dud. 39; W.W. Norton am ddyfyniadau o *Hitler's Social Revolution: Class and Status in Nazi Germany, 1933-1939*, David Schoenbaum, 1980, Norton a ddefnyddir ar dud. 192, 217, 219 a 300; The Orion Publishing Group am ddyfyniadau o *Inside the Third Reich*, Albert Speer,

Weidenfeld and Nicolson, 1970 a ddefnyddir ar dud. 159, 171, 189-90, 223-4 a 424-5, a dyfyniadau o *The War against the Jews 1933-45*, Lucy Dawidowicz, Weidenfeld and Nicolson, 1975 a ddefnyddir ar dud. 274 a 441; Oxford University Press am ddyfyniadau o 'Mobilisation for Total War in Germany 1939-1941, R.J. Overy, *English Historical Review*, 103, Gorffennaf 1988, gyda chytundeb R.J. Overy, a ddefnyddir ar dud. 421 a 425; Oxford University Press, Efrog Newydd am ddyfyniad o *Life in the Third Reich*, Hannah Vogt, 1969 a ddefnyddir ar dud. 439, dyfyniad o *The German Inflation of 1923*, F.K. Ringer, 1969 a ddefnyddir ar dud. 49, a dyfyniadau o *Behemoth: The Structure and Practice of National Socialism*, Franz Neumann, Cass, 1967 a ddefnyddir ar dud. 300 a 349; Palgrave Macmillan am ddyfyniad o *Weimar and the Rise of Hitler*, A.J. Nicholls, Macmillan, 1968 a ddefnyddir ar dud. 75, dyfyniad o *The Munich Putsch*, A.J. Nicholls, Macmillan, 1958 a ddefnyddir ar dud. 82, dyfyniadau o *The Last Days of Hitler*, Hugh Trevor-Roper, Macmillan, 1947 a ddefnyddir ar dud. 166, 183-6, 188-9, 212 a 417, pum tabl o *The Nazi Economic Recovery 1932-1938*, R.J. Overy, Macmillan, 1982 a ddefnyddir ar dud. 349 Tabl 40, 350 Tabl 41, 350 Tabl 42, 351 Tabl 43 (ac eto ar dud. 371) a 366 Tabl 51 (ac eto ar dud. 371), dyfyniad o *Albert Speer: His Battle with Truth*, Gitta Sereny, Macmillan, 1995 a ddefnyddir ar dud. 318, dyfyniadau o *Hindenburg, The Wooden Titan*, J.W. Wheeler-Bennett, Macmillan, 1967 a ddefnyddir ar dud. 7-8, 9, 94-5 a 97, a dyfyniadau o 'Hitler and the Origins of the Second World War', A.J.P. Taylor a 'Some Origins of the Second World War', T.W. Mason yn *The Origins of the Second World War*, E.M. Robertson (gol.), Macmillan, 1971 a ddefnyddir ar dud. 356 a 357; Past and Present Society am ddyfyniad o 'Labour in the Third Reich, 1933-1939', T.W. Mason, *Past and Present*, Cyf. 33, 1966, tud. 112-141 a ddefnyddir ar dud. 300; Pearson Education Limited am ganiatâd i addasu ac ail-lunio mapiau o dud. 33 a 12 o *Longman History in Depth: Hitler and Nazism*, Jane Jenkins, © Addison Wesley Longman Ltd., 1998, a ddefnyddir ar dud. 123 a 269, am ddyfyniad o *Europe 1815-1945*, Anthony Wood, Longman, 1964 a ddefnyddir ar dud. 25, dyfyniad o dud. 37 o *Hitler and Germany*, B.J. Elliott, Longman, 1991 a ddefnyddir ar dud. 65, dyfyniad o dud. 194 o *The Hitler State*, Martin Broszat, Longman, 1981, gyda chymeradwyaeth Dr John Hiden, a ddefnyddir ar dud. 191, dyfyniad o dud. 23 o *The Third Reich (Seminar Series)*, D.G. Williamson, Longman, 1982 a ddefnyddir ar dud. 214, dyfyniad o *Profiles in Power: Hitler*, Ian Kershaw, Longman, 1991 a ddefnyddir ar dud. 258, ac am ganiatâd i ddefnyddio data o Dabl 3.3 ar dud. 145 o *The Longman Companion to Nazi Germany*, Tim Kirk, © Longman Group Limited, 1995 ar gyfer Diagram 10 ar dud. 380; The Penguin Group (UK) am ddyfyniadau o *The Origins of the Second World War*, © A.J.P. Taylor, Penguin Books, 1961, a ddefnyddir ar dud. 206, 253, 274, 377, 381-2 a 389-90; Penguin Group (USA) Inc. am ddyfyniad o *The Spirit and Structure of German Fascism*, Robert A. Brady, Gollancz, 1937 a ddefnyddir ar dud. 274; PFD Ltd (Peters, Fraser & Dunlop Ltd.) am ddyfyniadau o dud. 650-1 o *Documents on Nazism 1919-1945*, J. Noakes a G. Pridham, 1972, Jonathan Cape a ddefnyddir ar dud. 424, dyfyniadau o dud. 15-6 a 34 o *A Social History of the Third Reich*, Richard Grünberger, Harmondsworth: Penguin, 1974 a ddefnyddir ar dud. 274 a 300, a dyfyniadau o'r cyflwyniad i *Hitler's Table Talk 1941-1944: his private conversations*, Hugh Trevor-Roper, Weidenfeld and Nicolson, 1953 a ddefnyddir ar dud. 253 a 377; Pollinger Limited a'r perchennog am ddyfyniad o *I Knew Hitler: The Story of a Nazi who escaped the Blood Purge*, Kurt G.W. Ludecke, Jarrolds, 1938 a ddefnyddir ar dud. 81; Prenice-Hall am ddyfyniad o *Hitler and Nazi Germany*, J. Spielvogel. Hawlfraint © 1988 Prentice-Hall, a ddefnyddir ar dud. 109; Random House Inc., Efrog Newydd am ddyfyniadau o *Hitler's Willing Executioners*, Daniel Goldhagen, Little, Brown, 1996 a ddefnyddir ar dud. 436-7 a 440; Random House, München am ddyfyniad o *Plotting Hitler's Death: The German Resistance to Hitler, 1933-1945*, Joachim Fest, Weidenfeld and Nicolson, 1996 a ddefnyddir ar dud. 322; Royal Institute of International Affairs am ddyfyniadau o *The Speeches of Adolf Hitler, 1922-1939*, N.H. Baynes (gol.), Oxford University Press, 1942 a ddefnyddir ar dud. 286, 297-8 a 396; Dr. Schlatter und Kollegen am ddyfyniad o *Infiltrations* (a gyhoeddwyd fel *Der Sklavenstaat*), Albert Speer, Deutsche Verlags-Anstalt GmbH, 1981 a ddefnyddir ar dud. 442; T & T Clark International, argraffnod o eiddo Continuum, am ddyfyniadau o *The Third Reich and the Christian Churches*, Peter Matheson, 1981, a ddefnyddir ar dud. 228-230; Thomson Publishing Services ar ran Routledge am ddyfyniad o *The Third Reich*, Klaus Hildebrand, Allen & Unwin, 1984 a ddefnyddir ar dud. 320; Thomson Publishing Services am ddyfyniadau o 'Occupational Background of the SA Rank and File', Conan Fischer yn *The Shaping of the Nazi State*, P. Stachura (gol.), Croom Helm, 1978 a ddefnyddir ar dud. 128, a dyfyniad o *The Making of the Second World War*, A.P. Adamthwaite, Allen and Unwin, 1977 a ddefnyddir ar dud. 252; Time Warner Book Group UK am ddyfyniad o 'The End of Dictators', Alain Decaux a ddefnyddir ar dud. 443, a dyfyniad o 'Berlin Olympics 1936', Brian Glanville a ddefnyddir ar dud. 385, y ddau ddyfyniad o *Purnell's History of the 20th Century*, 1969, a dyfyniad o *Purnell's History of the Second World War* a ddefnyddir ar dud. 409; yr Iarll Nikolai Tolstoy-Miloslavsky am ddyfyniad o *Victims of Yalta*, Nikolai Tolstoy, 1997, a ddefnyddir ar dud. 434; University of Exeter Press am ddyfyniadau o *Nazism 1919-1945, A Documentary Reader*, J. Noakes a G. Pridham: Cyf. 1: *The Rise to Power 1919-1934*, 1983, a ddefnyddir ar dud. 126 Tabl 26, 127 Tabl 27, 141 ac 145. Cyf. 2: *State, Economy and Society 1933-39*, 1984, a ddefnyddir ar dud. 169, 192, 193, 267 Tabl 32, 292, 293, 294, 296, 328 Tabl 37, 347 Tabl 39, 352 Tabl 44, 353-4, 355 Tabl 45 a 365. Cyf. 3: *Foreign Policy, War and Racial Extermination*, 1988, a ddefnyddir ar dud. 208-9, 224, 284, 428 a 429 Tabl 57; Virgin Books Ltd. am ddyfyniad o *Modern European History*, © K. Perry, 1976, W.H. Allen, a ddefnyddir ar dud. 89; Stefan Vogt am ddyfyniadau o *The Burden of Guilt: A Short History of Germany 1914-1945*, Hannah Vogt, Oxford University Press, Efrog Newydd, 1965 a ddefnyddir ar dud. 29 a 443; Franklin Watts, argraffnod o eiddo Scholastic Library Publishing, Inc., am ddyfyniad o dud. 76 o *The Nazi Seizure of Power*, W.S. Allen, c. 1984 a ddefnyddir ar dud. 339.

Lluniau a phosteri:

AKG London: tud. 11; Bildarchiv Preussischer Kulturbesitz: 82, 270ch, 312, 317; Corbis UK Ltd: tud. 112; © DACS 2005/AKG London: tud. 79; Deutsches Historisches Museum, Berlin: tud. 40, 121g,ch; David Evans: tud. 441; Mary Evans Picture Library: tud. 41, 100; Getty Images: tud. 24; The Illustrated London News Picture Library: tud. 165g; Imperial War Museum: tud. 3, 46, 115, 56c, 121g,d, 164, 165, 166g, 167, 168, 215, 290, 291, 383; David Low / Solo Syndication / Associated Newspapers: tud. 149; The Picture Desk Limited: tud. 121t,ch; Popperfoto: tud. 56ch, 315, 444; Punch Cartoon Library and Archive: tud. 39, 410; Leni Riefenstahl Produktion: tud. 333; St. Louis Post-Dispatch: tud. 449; State Historical Society of Missouri: tud. 401, 451; © 1939 The Washington Post: tud. 398; The Wiener Library: tud. 56d, 121t,d, 247, 270d, 326.

Rhagair: Sut i ddefnyddio'r llyfr hwn

Mae'r llyfr hwn yn ymdrin â chyfnod yn hanes un wlad, yr Almaen, yn ystod y blynyddoedd 1918-1945. A hwythau wedi eu trechu yn y Rhyfel Byd Cyntaf a'r cytundeb yn waradwydd iddynt, ceisiai pobl yr Almaen oroesi'r llanast gwleidyddol ac economaidd oedd yn rhan o dryblith yr 1920au, blynyddoedd Gweriniaeth Weimar. Yn 1933, o'r diwedd, rhoesant eu cefnogaeth i un o'r dynion mwyaf dieflig yn ein hanes, Adolf Hitler, ac am y deuddeng mlynedd nesaf roeddent yn byw dan ei lywodraeth Natsïaidd. I lawer o Almaenwyr, roedd yna ymdeimlad o foddhad yn y dechrau am fod eu balchder cenedlaethol wedi ei adfer, ond mor fuan â'r 1940au cynnar roedd Trydedd Reich Hitler wedi dirywio i fod yn ormes hiliol ac yn wynebu ei threchu mewn rhyfel arall. Mae'r llyfr yn ymdrin â sawl ystyriaeth ac yn codi sawl cwestiwn. Eglurir rhai, ond mae eraill yn dal yn destun dadl ac i'w hadolygu. Mae rhai mor gymhleth ac mor anghyson â'i gilydd fel ei bod hi'n bosibl na chawn fyth atebion boddhaol iddynt.

Er bod cyflwyno cynllun arholiad ar ddau lefel, Safon Uwchgyfrannol a Safon Uwch, wedi dod â pheth newid yng nghynnwys y fanyleb a dulliau asesu, yr un yw'r sgiliau hanesyddol y disgwylir eu meistroli i lwyddo yn yr arholiadau. Rhain yw'r sgiliau sydd eu hangen i ddadansoddi, i werthuso, i ddehongli ac i ddefnyddio mathau gwahanol o ffynonellau hanesyddol, y gallu i ddefnyddio cysyniadau hanesyddol i ddatblygu dadl, i gyfathrebu'n glir ac i ysgrifennu'n gryno a pherthnasol. Ychwanegwyd hefyd ddimensiwn synoptig a'r gallu i baratoi gwaith cwrs wedi'i gynllunio'n ofalus, a ystyrir yn nes ymlaen.

1 ~ DEFNYDDIO FFYNONELLAU

Rydym yn astudio hanes er mwyn dod i wybod am y gorffennol. Mae angen darganfod nid yn unig beth ddigwyddodd ond hefyd ystyried pam y digwyddodd, pwy oedd yn gyfrifol a beth oedd y canlyniadau. I wneud hyn mae'n rhaid dod o hyd i dystiolaeth. Ar bron bob pwnc hanesyddol ceir nifer fawr o ddeunyddiau ffynhonnell y gellir eu defnyddio i lunio darlun cynhwysfawr a chytbwys. Felly nid yw'n syndod fod defnyddio ffynonellau wedi dod yn gynyddol bwysig wrth arholi Safon Uwch. Gall ffynonellau fod yn rhai gwreiddiol neu eilaidd. Gall ffynonellau gwreiddiol fod ar ffurf dogfennau ysgrifenedig, adroddiadau llygad-dystion, ffilmiau, ffotograffau; gall ffynonellau eilaidd fod yn adroddiadau ysgrifenedig seiliedig ar waith ymchwil, deongliadau a gwahanol farnau, dyluniadau, mapiau, diagramau, cartwnau ac, ambell waith, ystadegau. Mae ffynonellau gwahanol yn darparu mathau gwahanol o dystiolaeth a thasg gyntaf hanesydd yw asesu eu defnyddioldeb trwy farnu ar eu dibynadwyedd. A yw'r ffynhonnell yn ddilys? I ba raddau mae rhagfarn neu duedd yn ei lliwio?

Defnyddir gwahanol fathau o ffynonellau mewn arholiadau Safonau Uwchgyfrannol ac Uwch. Gall un ffynhonnell, dwy ffynhonnell neu amryw o ffynonellau fod yn sail i gwestiynau. Gall ffynonellau fod yn rhai gwreiddiol, wedi'u hysgrifennu neu'n llun wedi ei dynnu gan rywun oedd yno ar y pryd. Gall eraill gynrychioli barn haneswyr sydd wedi gwneud gwaith ymchwil ac wedi manteisio ar edrych yn ôl ac yna fanylu ar eu casgliadau. Mae haneswyr yn aml yn anghytuno â'i gilydd ac yn herio deongliadau, gwerthusiadau a chasgliadau. Byddant yn cyfeirio at wallau, anghysondebau a safbwyntiau croes. Mae'r ymarferion ar ddogfennau ar ddiwedd y penodau yn dilyn y patrwm a geir yn arholiadau'r byrddau arholi. Fe'u lluniwyd i'ch helpu i ddatblygu'r sgiliau fydd eu hangen arnoch i asesu'r dystiolaeth a nodi'ch sylwadau ar eu gwerth a'u dibynadwyedd. Dewiswyd y cwestiynau i brofi eich gallu:

- i arddangos dealltwriaeth trwy ddangos eich bod yn gallu cofio/dethol yr wybodaeth hanesyddol fwyaf perthnasol a'r derminoleg addas i ateb cwestiynau seiliwyd ar ffynonellau
- i werthuso a dehongli deunydd ffynhonnell gwreiddiol ac eilaidd o wahanol fathau
- i ddethol yr wybodaeth berthnasol sydd ei hangen i ateb y cwestiwn
- i wahaniaethu rhwng ffaith, barn a ffuglen
- i adnabod rhagfarn, bod yn ymwybodol o fylchau ac anghysondebau yn y deunydd ffynhonnell, a'i osod yn ei gyd-destun
- i gymharu ac i ddod i gasgliadau yn seiliedig ar y dystiolaeth a gynigir gan y ffynonellau
- i ddod i gasgliadau am werth y ffynonellau o ystyried arbenigedd academaidd yr awduron.

2 ~ ATEB CWESTIYNAU SEILIEDIG AR FFYNONELLAU

Gall y dogfennau y gofynnir i chi eu hystyried fod yn ddyfyniadau o lyfrau a dogfennau, yn ogystal â deunydd gweladwy fel lluniau, dyluniadau, mapiau, cartwnau ac ystadegau. Gall y llyfrau fod yn destunau academaidd, cofiannau neu ddyddiaduron. Gall lluniau fod yn ffotograffau neu'n argraffiadau arlunwyr. Gall ystadegau fod ar ffurf rifiadol neu ar fforf graffiau fel graffiau colofn, graffiau bar a siartiau cylch. Os yw'r cwestiynau wedi eu strwythuro, wedi eu cyflwyno fel cyfres o gwestiynau, y tebygrwydd yw y bydd y marciau yn cynyddu, gyda'r marc uchaf am yr olaf, sef, gan amlaf, y cwestiwn mwyaf heriol. Bydd angen i chi ystyried y cynllun marcio a chyflwyno atebion llawnach a mwy manwl fel mae'r cwestiynau'n mynd yn fwy anodd. Cymerwch ofal i sylwi a yw eich ateb i fod i ystyried y ffynhonnell yn unig neu a wahoddir chi i ddefnyddio gwybodaeth gefndirol yn ogystal.

DEALL Y FFYNHONNELL

Cyn i chi ddechrau ateb y cwestiynau darllenwch y ffynhonnell/ffynonellau yn ofalus. Os oes yna eiriau nad ydych yn eu deall, efallai bydd y cyd-destun yn eich helpu. Efallai y bydd gofyn i chi egluro gair arbennig neu gymal. Os felly, efallai y bydd disgrifiad geiriadur yn ddigon, ond efallai ddim. Gan amlaf, mae angen egluro'r ystyr o fewn y cyd-destun yn y ffynhonnell. Cadwch eich ateb mor fyr ag sydd modd, ac os yw'n bosibl ateb y cwestiwn mewn gair neu ddau, does dim angen ysgrifennu brawddeg lawn. Oni bai fod hynny wedi ei nodi, peidiwch â chynnwys gwybodaeth gefndirol ychwanegol. Gall y math hwn o gwestiwn gymryd cryn amser i'w ateb gan fod yna demtasiwn i wastraffu llawer o amser yn cynnwys manylion nad oes mo'u hangen.

YSTYRIED TARDDIAD NEU AWDURAETH FFYNHONNELL

Wrth ystyried awduraeth ffynhonnell, neu darddiad fel y'i gelwir ambell waith, dylech gofio:

- pwy ysgrifennodd y ffynhonnell. A oedd yn llygad-dyst i'r digwyddiadau neu ai gwaith ymchwil ydyw, h.y. a fu iddo/iddi ysgrifennu'r gwaith wedi darllen gweithiau pobl eraill?
- a oedd yr awdur yn berson gwybodus? A oedd efallai yn academydd, ac yn enwog am ei waith yn y maes arbennig hwnnw? A yw'r wybodaeth yn ddibynadwy a'i sail yn gadarn, ynteu a yw'r awdur yn mynegi barn bersonol ar sail dyfaliad, o bosibl?
- a oedd gan yr awdur reswm arbennig neu gymhelliad dros ysgrifennu fel yna? Hynny yw, a oedd ganddo ragfarn neu a oedd yn gelwyddog o bosibl? Cofiwch fod awduron yn ysgrifennu er mwyn ennill arian ac os yw eu gwaith yn ddadleuol neu'n gyffrous bydd eu llyfrau'n gwerthu'n well!

CYMHARU FFYNONELLAU

Bydd rhai cwestiynau yn golygu y bydd angen i chi gymharu ffynonellau a thynnu sylw at eu tebygrwydd a'u gwahaniaethau. Gall y ffynonellau fod o weithiau awduron sy'n rhannu'r un safbwynt ond byddant yn fwy tebyg o fod o weithiau awduron sydd â safbwyntiau gwahanol neu sy'n gosod pwyslais gwahanol ar agweddau ar bwnc hanesyddol. Yma mae'n hollbwysig eich bod yn deall beth yw nod yr awduron fel y gellwch adnabod y gwahaniaethau yn eu safbwyntiau a'u dadleuon. Yn aml bydd y gwahaniaethau yn amlwg yn syth, ond ambell waith bydd angen darllen rhwng y llinellau i ddarganfod ystyr nad yw'n amlwg o'r dechrau. Mwy anodd yw adnabod awgrym/rhyw drwch blewyn o wahaniaeth. Yma eto, ystyriwch darddiad y ffynonellau gan y gall hynny amlygu pam y ceir gwahaniaethau o ran safbwynt a phwyslais.

PROFI DIBYNADWYEDD FFYNHONNELL

Gan amlaf, bydd ffynonellau yn adlewyrchu barn eu hawduron – eu tuedd a'u rhagfarnau. Bydd rhai ffynonellau yn bropaganda, yn amlwg wedi eu llunio i wneud argraff ar y darllenydd ac i ddylanwadu ar ei syniadau. Cofiwch fod propaganda yn aml yn cynnwys celwyddau amlwg a bwriadol. Dylid ystyried ffynonellau ar ffurf lluniau yn yr un modd. Arferid dweud nad yw'r camera yn dweud celwydd ond heddiw rydym yn ymwybodol fod modd twyllo ac y gellir rhoi argraff ffug trwy newid gogwydd. Wrth gwrs, mae cartwnau yn sicr o ddangos rhagfarn gan eu bod o fwriad yn cynrychioli safbwynt y papurau newydd maent yn ymddangos ynddynt.

GWERTHUSO FFYNHONNELL

Pan fyddwch yn gwerthuso ffynhonnell, gofynnwch y cwestiynau a ganlyn i chi eich hun:

- A yw'r ffynhonnell yn arwyddocaol neu a yw ei gwerth yn gyfyngedig?
- A yw'r ffynhonnell yn gynnyrch gwaith ymchwil academaidd go iawn ynteu'n ddibwys?
- A oes diffygion yn y ffynhonnell – a oes bylchau yn y manylder a gynigir, oes yna wallau amlwg neu anghysondebau?
- I ba raddau mae'r ffynhonnell yn dangos tuedd neu ddim ond yn cynrychioli barn a safbwyntiau'r awdur heb eu gwirio? A yw'r ffynhonnell yn bropaganda haerllug?
- Pa mor werthfawr yw'r ffynhonnell i hanesydd sy'n astudio'r pwnc arbennig yna?

3 ~ ATEB CWESTIYNAU TRAETHAWD

MATH O GWESTIYNAU

Mae'r rhan fwyaf o gwestiynau traethawd yn syrthio i un o dri chategori. Rhain yw:

- cwestiynau sy'n gofyn i chi ymholi ynghylch achosion, digwyddiadau a chanlyniadau, ac a fydd yn tueddu i ddechrau gyda chymalau fel 'Esboniwch …' ac 'Am ba resymau …'
- cwestiynau fydd yn disgwyl i chi ystyried pwysigrwydd cymharol gwahanol ffactorau. Bydd y rhain yn dechrau â chymalau fel 'Pa mor bwysig …' ac 'I ba raddau …'
- cwestiynau fydd yn golygu bod angen i chi drafod ystyriaethau neu ddatblygu dadl. Mae'r rhain yn debygol o ddechrau gyda chymalau fel 'Ydych chi'n cytuno bod …', 'Gyda pha gyfiawnhad y gellir honni bod …' a ' Rhowch eich sylwadau ar y farn fod …'. Hefyd gallant ddiweddu â 'Pa mor ddilys yw'r asesiad hwn o …' neu yn syml 'Trafodwch'.

Ceir enghreifftiau o bob un o'r cwestiynau a nodwyd uchod ar ddiwedd y penodau.

ANGHENION TRAETHAWD DA

Cyn dechrau ateg, mae'n gwbl angenrheidiol eich bod yn gwbl sicr eich bod wedi darllen y cwestiwn yn iawn ac wedi penderfynu sut rydych chi'n bwriadu mynd o'i chwmpas hi. Dyma'r diffyg sy'n cyfrif yn bennaf am fethiant myfyrwyr i gyrraedd y radd a ddisgwylir ganddynt. Efallai y cynghorir chi i baratoi amlinelliad neu ysgerbwd o ateb. Mae hwn yn gyngor doeth ond cofiwch y gall gymryd cryn amser. Dylai ateb da amcanu at:

- gydbwysedd – dylech wneud yn siŵr eich bod yn ymwybodol o bob agwedd ar y cwestiwn ac nad ydych yn pwysleisio rhai ar draul eraill.
- ehangder – dylech ddangos bod gennych wybodaeth sylweddol yn seiliedig ar eich cof, ffrwyth nodiadau gwersi a'ch darllen personol.
- dyfnder – dylech fedru cynnal eich dadl a sicrhau ei bod wedi ei seilio ar dystiolaeth ffeithiol gywir a pherthnasol.

Fel arfer, rhennir traethawd yn dair rhan – cyflwyniad, datblygiad a diweddglo.

1. **Cyflwyniad.** Dyma ble rydych yn gosod y llwyfan. Dylai eich cyflwyniad amlinellu sut rydych chi'n bwriadu ymdrin â'r pwnc a nodi'n gryno beth yw eich dadl. Ceisiwch ddangos bod eich cyflwyniad yn berthnasol i eiriad y cwestiwn. Gair o rybudd – mae rhai yn meddwl bod ysgrifennu cyflwyniad yn gyfle da i wneud argraff ar arholwr trwy ddefnyddio gosodiad dramatig neu syfrdanol. Gellir gorwneud hyn a gall fod yn wrthgynhyrchiol!
2. **Datblygiad.** Dyma gorff y traethawd. Byddwch yn cyfeirio at y pwyntiau a grybwyllwyd yn eich cyflwyniad, yn datblygu eich dadl ac yn cynnig eglurhad gyda thystiolaeth i'w gefnogi. Gwnewch yn siŵr fod y manylion ffeithiol y byddwch chi'n eu cynnwys yn gywir ac osgowch amherthnasedd a malu awyr. Ambell waith gall atebion da fod yn rhyfeddol o fyr ac atebion maith yn ailadroddus a heb ganolbwynt. Ymdrafferthwch i ysgrifennu paragraffau wedi eu cynllunio'n dda, gyda sillafu ac atalnodi cywir. Er bod amser yn brin, gofalwch nad yw'ch llawysgrifen yn dirywio nes bod yn annealladwy.
3. **Diweddglo.** Unwaith eto cyfeiriwch at eich cynllun neu'ch cyflwyniad i wneud yn siŵr eich bod wedi delio'n foddhaol â phob pwynt roeddech yn bwriadu ymdrin ag ef. Dyma'ch cyfle i ddwyn ynghyd y cynnwys ffeithiol, yr ystyriaethau a'r ddadl a dod i gasgliadau. Dylai fod yn fyr ac nid yn ddim ond crynodeb o'r hyn rydych eisoes wedi'i ddweud yn eich datblygiad. Dylech sicrhau bod eich arholwr yn ymwybodol eich bod wedi cwblhau eich dadl ac wedi dod i gasgliad.

Dylai traethawd sy'n debyg o ennill marciau uchel:

- ddefnyddio gwybodaeth hanesyddol gywir a pherthnasol
- bod yn ganolbwyntiedig drwyddo draw
- dilyn ymdriniaeth werthusol/ddadansoddol
- cynnwys tystiolaeth fod yma ddadl wedi ei datblygu a'i chynnal yn dda
- cynnwys nifer rhesymol o ddyddiadau cywir
- bod wedi ei ysgrifennu yn glir gan ddefnyddio brawddegau a pharagraffau

- hepgor gwallau sillafu a chamgymeriadau atalnodi a gramadeg.

Ni lwyddir i wneud argraff ar arholwyr trwy:

- fod yn amherthnasol, yn amleiriog, trwy falu awyr nac ateb mewn dull sgyrsiol
- ailgynhyrchu nodiadau yn unig
- cynnwys popeth a wyddoch. Mae atebion o'r fath yn dioddef o ddiffyg canolbwynt, gan amlaf yn storïol eu cynnwys, ac yn ymdrin â phob agwedd ar bwnc pa un bynnag a yw'n berthnasol ai peidio
- cyflwyno atebion lle'r ymdrinir â'r ystyriaethau hanfodol yn y paragraff olaf
- cyflwyno atebion lle nad oes sôn am agweddau arwyddocaol
- cyfeirio at ddyddiadau anghywir neu gyffredinoli fel 'Yn yr 1930au …'
- cyflwyno gwaith blêr, gyda'r ysgrifen bron yn annealladwy a'r safon llythrennedd yn wael
- camsillafu termau hanesyddol a ddefnyddir yn aml – *Anschluss, Gleichschaltung, Lebensraum, Luftwaffe, Volksgemeinschaft* – neu enwau hanesyddol – Goebbels, Heydrich, Rathenau, Schuschnigg
- defnyddio bratiaith neu ffraethebion.

4 ~ CWESTIYNAU SYNOPTIG

Daw'r gair synoptig o'r Groeg ac mae'n golygu cymryd golwg eang neu gyffredinol. I ateb cwestiynau synoptig bydd angen i chi ddwyn ynghyd wybodaeth am gyfnod o amser, gan amlaf gan mlynedd, a dangos eich bod yn deall beth oedd nodweddion gwleidyddol, economaidd, diwylliannol, cymdeithasol a chrefyddol y cyfnod. O reidrwydd, bydd cwestiynau o'r fath yn hynod eang eu sail ac efallai'n dilyn thema gyfredol. Bydd angen i chi ddefnyddio amrywiaeth o sgiliau hanesyddol a chysyniadau i gyflwyno dadl. I wneud hyn bydd angen i chi:

- **gofio** – dethol o gynnwys ffeithiol eang eich astudiaeth yr hyn sy'n berthnasol i'r cwestiwn
- **cyfathrebu** – dangos yn glir eich bod wedi meistroli'r wybodaeth ac y gallwch ei hegluro mewn modd clir
- **deall** – dangos eich bod yn deall yn glir beth oedd y datblygiadau pwysig yn ystod y cyfnod
- **dehongli** – cyflwyno tystiolaeth eich bod yn gallu gwerthuso mathau gwahanol o ffynonellau
- **egluro** – gwerthuso gwahanol ddeongliadau o ddigwyddiadau hanesyddol
- **adnabod** – dangos tystiolaeth eich bod yn gallu adnabod achos, newid a pharhad
- **cyrchu** – dangos pwysigrwydd digwyddiadau, unigolion, syniadau ac agweddau yn eu cyswllt hanesyddol
- **mynegi barn** – cyflwyno eglurhad hanesyddol a gwerthuso tystiolaeth (gw. uchod dan 'DEFNYDDIO FFYNONELLAU')

Gall y cwestiynau fod wedi eu strwythuro, fod ar ffurf traethawd penagored neu fod yn seiliedig ar amrywiaeth o ffynonellau. Gall y ffynonellau fod yn rhai gwreiddiol neu eilaidd ac ymdrin â sawl maes dadl hanesyddol. Gellir defnyddio pynciau a drafodir yn y llyfr hwn ar gyfer cwestiynau synoptig ac fe gyfeirir atynt ar ddiwedd Pennod 15 (tud. 447).

Yn eich arholiad, mae'n hanfodol bwysig eich bod yn gadael digon o amser i chi eich hun i ateb y nifer o gwestiynau y gofynnir i chi eu hateb. Nid yw atebion a ysgrifennwyd ar ruthr nac atebion a amlinellwyd yn ennill marciau uchel!

5~ ASEINIADAU GWAITH CWRS

Mae gofynion gwaith cwrs yn amrywio rhwng byrddau arholi. Gyda rhai, mae'n bosibl i fyfyrwyr wneud aseiniad a gaiff ei osod a'i farcio gan y ganolfan ond a gaiff ei safoni gan y bwrdd arholi. Neu, mae'n bosibl gweithio ar aseiniad ar bwnc a nodwyd gan y bwrdd arholi. Yna bydd y bwrdd arholi yn marcio ac yn safoi'r aseiniad. Fel arfer bydd yr arholwyr yn chwilio am:

- y gallu i gofio, dethol a defnyddio gwybodaeth hanesyddol, a chyflwyno'r wybodaeth honno mewn modd clir ac effeithlon
- y gallu i gyflwyno esboniadau hanesyddol mewn dull sy'n dangos fod y myfyriwr yn deall y cysyniadau priodol ac yn gallu cyfiawnhau barn
- y gallu i werthuso a defnyddio amrywiaeth o ffynonellau
- y gallu i egluro a dehongli digwyddiadau hanesyddol
- ymwybyddiaeth o hanesyddiaeth – gwybodaeth am ddeongliadau gwahanol haneswyr amlwg ar ddigwyddiadau a datblygiadau hanesyddol.

6~ GWNEUD NODIADAU

Ceir adrannau cynghorion ar ddiwedd pob pennod i'ch helpu i ddatblygu eich sgiliau ymchwilio a dadansoddi, yn seiliedig ar gynnwys a themâu y penodau. Bydd y canllawiau isod yn eich helpu i rannu'r wybodaeth yn unedau llai trwy ofyn cwestiynau am y gwahanol elfennau –

- Chwiliwch am yr adran berthnasol yn y bennod a chyfeiriwch at y dystiolaeth ysgrifenedig neu ddarluniadol a ddarparwyd.
- Brasddarllenwch yr adran er mwyn cael darlun cyffredinol o'r prif ddadleuon neu'r prif ddehongliad. Mae hyn yn canolbwyntio eich sylw ar y deunydd perthnasol ac yn sicrhau eich bod yn deall yn iawn.
- Gan ddefnyddio'r cwestiynau, trefnwch eich nodiadau ar y prif themâu sydd yn y penodau, gan hepgor y manylion nad ydynt yn ychwanegu at eich dealltwriaeth o'r prif bwyntiau a drafodir.

Anogir chi hefyd i ddefnyddio'r llyfryddiaethau (gweler diwedd pob pennod) i wneud gwaith ymchwil pellach ac felly ddatblygu eich syniadau eich hun a ffurfio barn.

Geni Gweriniaeth Weimar

1

CYFLWYNIAD

Ar ddechrau'r ugeinfed ganrif, roedd yr Almaen yn bŵer milwrol o'r radd flaenaf, yn ogystal â bod ar ei ffordd i achub y blaen ar ei chystadleuwyr a dod yn genedl ddiwydiannol fwyaf Ewrop. Daeth y cynnydd i ben yn Awst 1914, pan ddechreuodd y Rhyfel Mawr yn Ewrop.

O safbwynt yr Almaen, roedd cyfiawnhâd dros fynd i ryfel. Roedd rhyfela yn golygu: rhoi terfyn am byth ar y bygythiad o ymosodiad o Rwsia; rhoi terfyn unwaith ac am byth ar y posibilrwydd y byddai Ffrainc yn dial am y diraddio a ddioddefodd yn ystod Rhyfel Ffrainc-Prwsia yn 1870 a cholli rhanbarthau Alsace a Lorraine; cael cyfle i herio goruchafiaeth ei phrif gystadleuydd masnachol ar y môr, sef Prydain imperialaidd, a chyfle i sicrhau na fyddai'r tri phŵer gelyniaethus y soniwyd amdanynt yn ei hamgylchynu. Roedd rhai hefyd yn gweld cyfle i ehangu tiroedd yr Almaen ac i hybu'r ddelfryd o uno'r Almaenwyr. Dywedodd y Kaiser Wilhelm II wrth y genedl fod Duw o'u plaid ac addawodd i'w filwyr y byddent gartref 'cyn i'r dail gwympo oddi ar y coed'. Soniai ei fab, y Tywysog, am 'ryfel bach llawn hwyl a sbri' hyd yn oed. Fel y digwyddodd, roedd y rhyfel i lusgo ymlaen am bedair blynedd gostus. Yn **rhyfel athreuliol** yn bennaf, fe'i hymladdwyd ar sawl ffrynt, gydag adnoddau'r Almaenwyr yn cael eu dihysbyddu fwy am fod yn rhaid iddynt gynnal cynghreiriaid na ellid dibynnu arnynt. Bu i'r rhyfel hawlio miliynau o fywydau ac achosi difrod difesur, caledi economaidd a chwerwder gwleidyddol a fyddai'n bygwth gwead y gymdeithas Almaenaidd. Yn olaf, roedd i beri bod yr Almaen wedi colli tir, adnoddau gwerthfawr, y cyfan o'i thiriogaethau tramor ac, am beth amser, hyd yn oed ei hunan-barch.

rhyfel athreuliol rhyfel lle mae'r gelynion yn ceisio llwyr flino'i gilydd

1 ~ CYNNYDD CYNNAR

I bob golwg, arweiniwyd yr Almaen i ryfel gan y Kaiser a'r Canghellor Ymerodrol, Theobald von Bethmann Hollweg, ond y tu ôl i'r llen, yr arweinwyr milwrol oedd â'r dylanwad mwyaf a hwy fu'n gyfrifol am benderfynu'r hyn a ddigwyddodd. Yn gynharach, roedd sosialwyr yr Almaen wedi galw am streic gyffredinol pe digwyddai rhyfel ond, yn 1914, diflannodd rhaniadau o'r fath a dangosodd pobl eu gwlatgarwch ac ymroi i gefnogi'r ymdrech ryfel. Gallai'r Kaiser yn ffyddiog honni,'Ni welaf bleidiau bellach, ni welaf ond Almaenwyr'.

Ar y dechrau câi'r Almaenwyr lwyddiant, yn enwedig ar y Ffrynt Dwyreiniol lle roedd byddinoedd dan y Maeslywyddion Hindenburg a Ludendorff yn ennill buddugoliaethau syfrdanol yn erbyn y Rwsiaid, ond stori arall oedd hi ar y Ffrynt Gorllewinol. Yma dirywiodd y sefyllfa'n gyflym, gyda byddinoedd y ddwy ochr yn llonydd stond yn wynebu ei gilydd o'r ffosydd. Yn hwyr yn 1916, anfonwyd Hindenburg a Ludendorff i'r Ffrynt Gorllewinol gan obeithio y gallent ailadrodd y llwyddiant a gawsent yn erbyn y Rwsiaid.

Yn ystod y misoedd dilynol, y bartneriaeth hon a benderfynodd nid yn unig ar y strategaeth filwrol ond ar y polisi gwleidyddol hefyd i raddau helaeth. Gyda'r Hindenburg aristocrataidd yn ymddwyn fel arweinydd mewn enw, daeth y Ludendorff mwy dynamig yn unben milwrol i bob pwrpas. Derbyniai'r Kaiser, a oedd erbyn hyn yn wleidyddol ddibwys, eu penderfyniadau a chytuno i benodi a diswyddo gweinidogion yn unol â'u gorchymyn. Byddai rôl arwyddocaol gan y naill a'r llall yn hanes yr Almaen ar ôl y rhyfel.

MAESLYWYDDION Y KAISER – HINDENBURG (1847-1934) A LUDENDORFF (1865-1937)

Ganwyd Paul von Hindenburg yn Posen i deulu o dirfeddianwyr Prwsiaidd a allai olrhain eu traddodiadau aristocrataidd a milwrol yn ôl i'r drydedd ganrif ar ddeg. Yn swyddog ifanc, roedd wedi ymladd, gan ennill clod, yn erbyn yr Awstriaid yn Sadowa (König-grätz) yn 1866 ac yn erbyn y Ffrancwyr yn 1870. Enillodd ddyrchafiad trwy'r 'broses gyffredin, nid am ei fod yn ddisglair' ac, yn wahanol i'r mwyafrif oedd yn perthyn i'w ddosbarth, roedd yn brin o ddylanwad ac arian. Ymddeolodd o'r fyddin yn 1911, ond, ar ddechrau'r rhyfel yn 1914, fe'i galwyd yn ôl ac fe'i hanfonwyd i amddiffyn Dwyrain Prwsia yn erbyn y Rwsiaid goresgynnol.

Mwy gwerinol o lawer oedd gwreiddiau Erich von Ludendorff. Yn fab i dirfeddiannwr tlawd, cafodd ei gomisiynu i un o'r catrodau gwŷr traed llai ffasiynol. Ac yntau bron ugain mlynedd yn iau na Hindenburg, roedd yn ddyn uchelgeisiol ac yn llawn egni meddyliol a chorfforol. Daeth i'r amlwg oherwydd ei waith caled a'r sylw a roddai i fanylion, ac fe'i penodwyd i'r staff milwrol lle gweithiai gyda'r von Moltke iau a von Schlieffen. Yn 1914, fe'i hanfonwyd i'r Ffrynt Dwyreiniol fel Prif Swyddog Hindenburg.

2 ~ METHU SICRHAU HEDDWCH AC ARWYDDION CYNTAF AFLONYDDWCH

Ar ddiwedd 1916 pan oedd hi'n ymddangos bod yna ail gyfle i drafod heddwch, galwodd Woodrow Wilson, Arlywydd UDA, ar y cenhedloedd oedd yn rhyfela i ddatgan beth oedd eu telerau. Mynnai'r Cynghreiriaid fod yr Almaenwyr yn cilio o'r holl diroedd roeddent wedi'u meddiannu, gan gynnwys Gwlad Belg, a bod Alsace a Lorraine yn cael eu hadfer i feddiant Ffrainc. Fodd bynnag, mynnai Ludendorff y dylai'r Almaen gael cadw Gwlad Belg a'r holl diroedd roeddent wedi'u hennill ar draul Rwsia. Felly, collwyd y cyfle i sicrhau heddwch rhesymol a bu'n rhaid dal i ymladd i'r pen. Ar yr un pryd, dewisodd Ludendorff anwybyddu syniadau Bethmann Hollweg, a chyda chefnogaeth lugoer y Kaiser datganodd fwriad yr Almaen i ailgydio yn rhyfel y llongau tanfor

LLUN 1
Y Kaiser (yn y canol) gyda'r Maeslywyddion Hindenburg a Ludendorff yn cerdded trwy bentref yn Ffrainc wedi iddynt ei oresgyn yn 1917

yn ddilestair – sef suddo llongau niwtral oedd ar eu ffordd i borthladdoedd y Cynghreiriaid. Dyma'r penderfyniad a barodd fod UDA wedi ymuno â'r rhyfel yn Ebrill 1917 ar ochr y Cynghreiriaid. Ymhen tri mis gorfodwyd Bethmann Hollweg, oedd wedi chwarae prif ran yn yr ymdrech i sicrhau heddwch, i ymddiswyddo, a daeth gwas sifil o Brwsia, Georg Michaelis, yn ei le. Ni wyddai neb fawr amdano, ar wahân i'r ffaith fod ei lofnod ar lyfrau dogni'r Almaen, ond disgrifiai Ludendorff ef fel 'y dyn iawn yn y lle iawn'. Nid oedd y canghellor newydd yn ddim mwy na phyped ac roedd bob amser yn cefnogi'r garfan filwrol; nid oedd neb yn ei hoffi a methodd ennill cefnogaeth y *Reichstag*. Ar ôl dim ond 100 niwrnod yn y swydd, fe ymddiswyddodd. Ei olynydd oedd gŵr o'r dosbarth aristocrataidd yn Awstria, yr Iarll Georg von Hertling. Er ei fod yn wleidydd profiadol, roedd yn hen, yn hanner dall ac nid oedd ganddo'r egni i herio'r garfan filwrol. Gan fod addewidion cyson am fuddugoliaeth yn annog y bobl i fod yn hyderus, roedd y mwyafrif o Almaenwyr yn dal i gefnogi unbennaeth filwrol Ludendorff.

Gartref yn yr Almaen, roedd y bobl yn dioddef prinder nwyddau ers misoedd cynnar y rhyfel oherwydd gwarchae llwyddiannus y Cynghreiriaid. Roedd bara wedi cael ei ddogni ers Ionawr 1915 ac aeth bwyd yn hynod brin yn ystod gaeaf caled 1916-17, 'gaeaf y maip' fel y'i galwyd, gan nad oedd gan bobl fawr ddim arall i'w fwyta. Yn 1917, dim ond hanner yr hyn a gawsent yn 1913 oedd y cynhaeaf grawn, ac roedd prinder dillad, tanwydd ac angenrheidiau eraill ledled y wlad hefyd. Er hynny, roedd peth achos i'r Gadlywyddiaeth Almaenig gredu y gallent ennill y rhyfel. Yn Ebrill 1917 bu iddynt gynllwynio i ennill niwtraliaeth Rwsia trwy ganiatáu i Lenin, y chwyldroadwr, adael y Swistir, lle roedd yn alltud, a theithio ar draws yr Almaen a chael ei smyglo i Rwsia. Bu i'r chwyldro a gynlluniwyd gan Lenin yn y man arwain Rwsia i ymgilio o'r rhyfel yn Rhagfyr 1917 ac yna wedyn i arwyddo

TABL 1
Llinell Amser: gwreiddiau Gweriniaeth Weimar, 1918-23

1914	Awst	Dechrau'r Rhyfel Byd Cyntaf: buddugoliaethau'r Almaenwyr ar y Ffrynt Dwyreiniol
1916	Chwef.-Rhag.	Colledion trwm yn ystod Brwydrau Verdun a'r Somme; Hindenburg a Ludendorff yn symud i'r Ffrynt Gorllewinol
1916-17	Ebrill	Prinder dybryd 'gaeaf y maip'
1917	Ebrill	America yn ymuno â'r rhyfel
	Tach.	Dechrau chwyldro'r Bolsieficiaid yn Rwsia
1918	Mawrth	Cytundeb Brest-Litvosk
	Medi	Ludendorff yn derbyn fod y rhyfel wedi ei golli, galw am gadoediad
	Hyd.	Y Tywysog Max o Baden yn cael ei benodi'n Ganghellor yr Almaen; Hindenburg yn ymddiswyddo; miwtini'r llongwyr yn Wilhelmshaven a Kiel
	Tach.	Miwtini ym mhrif borthladdoedd Môr Gogledd yr Almaen; dechrau'r chwyldro yn yr Almaen; Eisner yn cyhoeddi Gweriniaeth Sosialaidd Bafaria; y Kaiser Wilhelm II yn ildio'i orsedd; Ebert yn dod yn Ganghellor; Cytundeb Ebert-Gröner; Arwyddo cadoediad yn Compiègne
1919	Ion.	Gwrthryfel y Spartacyddion yn Berlin; llofruddio Liebknecht a Luxemburg; ethol Cynulliad Cyfansoddedig
	Chwef.	Cynulliad Cenedlaethol yn cwrdd yn Weimar; Ebert yn dod yn Arlywydd dros dro; Scheidemann yn Ganghellor; llofruddio Eisner
	Ebrill	cyhoeddi Gweriniaeth Gomiwnyddol yn Bafaria
	Mai	Trechu llywodraeth Gomiwnyddol Bafaria
	Mehefin	Bauer yn cymryd lle Scheidemann fel Canghellor; arwyddo Cytundeb Versailles

Cytundeb Brest-Litovsk. Roedd y telerau a osodwyd ar lywodraeth Folsiefigaidd Rwsia yn rhai caled a barodd fod llawer o'r cyfoeth diwydiannol y gellid ei gynhyrchu yn y wlad, a'r ardal bwysig lle tyfid grawn, Ukrain, wedi mynd dan reolaeth yr Almaen. Hefyd, bu'n rhaid i'r Bolsiefigiaid gyfrannu swm sylweddol o iawndal. Yn y cyfamser, ar y Ffrynt Gorllewinol, dim ond yn araf roedd y manteision i'r Cynghreiriaid o gael UDA yn ymladd ochr yn ochr yn dod i'r amlwg.

C *Pam y bu i rai pleidiau gwleidyddol yn yr Almaen newid eu hagwedd tuag at y rhyfel?*

Fel oedd y prinder yn gwaethygu a nifer y meirwon a'r clwyfedigion yn cynyddu hyd y miliynau, dechreuodd mwy a mwy o Almaenwyr, a oedd yn anobeithio gweld diwedd y rhyfel, holi a oedd hi'n ddoeth dal i ymladd. Yn y senedd Almaenig, y *Reichstag*, roedd yna newid amlwg yn agwedd pleidiau gwleidyddol adain chwith y wlad. Roedd yr *SPD*, Plaid Ddemocrataidd Gymdeithasol yr Almaen (*Sozialdemokratische Partei Deutschlands*) wedi cefnogi'r rhyfel o'r dechrau ond erbyn hyn roedd rhai o fewn y blaid yn dechrau gweld pethau'n wahanol. Cyn diwedd 1917, roedd lleiafrif wedi pleidleisio yn erbyn y gwariant aruthrol ar y rhyfel. Arweiniodd anghytundeb oddi mewn at rwyg, gyda rhai aelodau yn torri'n rhydd i ffurfio plaid adain chwith newydd, fwy radical, yr *USPD*, Plaid

Ddemocrataidd Gymdeithasol Annibynnol yr Almaen (*Unabhangige Sozialdemokratische Partei Deutschlands*). Llawer mwy eithafol oedd Cynghrair y Spartacyddion (*Spartakusbund*) oedd â'i wreiddiau fel carfan bwyso o fewn yr *USPD*. Wedi ei sbarduno gan esiampl llwydd y Bolsiefigiaid yn Rwsia, amcanai at ddisodli hen drefn ymerodrol a chyfalafol yr Almaen a sefydlu trefn gomiwnyddol. Heb oedi, roedd ar y Cynghrair eisiau rhoi terfyn ar ddioddefaint y bobl a sicrhau diwedd ar y rhyfela. Ceisiodd annog y bobl oedd wedi blino ar y rhyfel i brotestio'n fwy egnïol ac aeth ati i drefnu ymgyrch wrthdystio a streiciau. Gwelwyd arwyddion cyntaf aflonyddwch yn Ebrill 1917, pan ledaenodd ton wrthwynebus drwy'r wlad wrth i weithwyr brotestio yn erbyn eu hamodau gwaith. Ddeufis yn ddiweddarach roedd miwtini yn y llynges Almaenig yn harbwr Kiel ac aethpwyd ati fel lladd nadroedd i'w atal. Yn y *Reichstag*, pasiwyd penderfyniad o blaid ceisio trafod telerau heddwch ond fe'i hanwybyddwyd gan y Gadlywyddiaeth. Yn Ionawr 1918, aeth 400,000 o bobl Berlin ar streic. Lledaenodd yr aflonyddwch yn gyflym i drefi a dinasoedd eraill nes bod y nifer oedd yn gweithredu'n ddiwydiannol dros filiwn. Er hynny, gwrthodai'r mwyafrif o Almaenwyr dylanwadol gredu bod y rhyfel wedi'i golli na meddwl bod yr hen drefn ymerodrol dan fygythiad.

3 ~ DIGWYDDIADAU 1918 A DIWEDD Y RHYFEL

Yn ystod gwanwyn 1918 cynlluniodd Ludendorff ymosodiad newydd ar y Ffrynt Gorllewinol. Gan fentro'n haerllug, defnyddiodd y mwyafrif o'i filwyr wrth gefn mewn un ymgais derfynol i daro ergyd dyngedfennol cyn i luoedd UDA droi'r fantol a sicrhau buddugoliaeth i'r Cynghreiriaid. Er i fyddinoedd yr Almaen lwyddo i raddau ar y dechrau, nid oedd ganddynt y nerth milwrol i fedru manteisio ar hynny a daeth hi'n sefyllfa lonydd stond eto. Erbyn Gorffennaf, roedd miliwn o filwyr UDA wedi cyrraedd Ffrainc ac, ar 8 Awst, gwrthymosododd y Cynghreiriaid gan orfodi'r Almaenwyr i encilio. Gyda'i fyddinoedd wedi colli plwc ac unedau'n ildio heb ymladd, roedd menter Ludendorff wedi methu. Cynigiodd y Maeslywydd dadrithiedig ymddiswyddo ac yn ddiweddarach ysgrifennodd: 'Yr 8fed o Awst oedd diwrnod du byddin yr Almaen yn hanes y rhyfel hwn ... Yma, mewn un lle daeth popeth roeddwn wedi ei ofni ac y bu i mi rybuddio yn ei gylch, yn real. Nid oedd ein peiriant rhyfel bellach yn effeithiol.'

C

I ba raddau y gellid ystyried penderfyniad Ludendorff i fentro popeth ar ymosodiad terfynol fel cam gwag?

Ar 6 Hydref, torrwyd trwy yr olaf o brif amddiffynfeydd yr Almaen, Llinell Hindenburg. Yn y pencadlys milwrol yn Spa, roedd yn ymddangos bod y Gadlywyddiaeth Almaenig wedi colli pob hyder. Gan ymfflamychu, beiai Ludendorff ei fethiannau ar brinder milwyr wrth gefn, prinder arfau ac agwedd wangalon y *Reichstag*.

Nid yn unig roedd lluoedd yr Almaen ar fin cael eu trechu ond, gartref, roedd y wlad ar drothwy cwymp economaidd llwyr. Yn ogystal, fel gweddill Ewrop, roedd y ffliw, a elwid yn ffliw Sbaenaidd am fod Brenin Sbaen ymysg y cleifion cynharaf, yn lledaenu trwy'r Almaen ac yn achosi mwy o farwolaethau na'r brwydro! Yn hynod brin o foddion, a llaweroedd yn dioddef o ddiffyg maeth, ar un diwrnod yn unig bu 1,700 o bobl Berlin farw, a chafodd hyd yn oed y Canghellor ei heintio. Erbyn i'r ffliw redeg ei gwrs roedd dros filiwn o Almaenwyr yn farw.

Ar 29 Medi cynghorodd Ludendorff y llywodraeth fod y rhyfel wedi ei golli a galwodd am gadoediad. Bedwar diwrnod yn ddiweddarach, gofynnwyd i'r Tywysog Max o Baden, rhyddfrydwr oedd yn amlwg oherwydd ei syniadau democrataidd ac yn ŵr oedd wedi ennill parch rhyngwladol oherwydd ei waith gyda'r Groes Goch, ffurfio llywodraeth. Yn ei gabinet roedd cynrychiolwyr o brif bleidiau'r *Reichstag*, gan gynnwys aelodau blaengar yr *SPD*, Philipp Scheidemann a Gustav Bauer. Dyma'r cabinet seneddol cyntaf yn hanes yr Almaen. Tybiai'r Tywysog, oedd yn gyflafareddwr profiadol, y byddai'n well peidio ag ymddangos yn rhy awyddus ac roedd arno eisiau aros am fis cyn ceisio trafod telerau heddwch. Roedd Hindenburg a Ludendorff yn anghytuno. Pan oedd y Tywysog yn barod, cysylltodd ag Woodrow Wilson, Arlywydd UDA. Sylweddolodd y byddai telerau a seiliwyd ar syniadau'r Arlywydd ei hun, ei 'Bedwar Pwynt ar Ddeg', yn fwy caredig na dim y gellid ei ddisgwyl o du'r Cynghreiriaid Eingl-Ffrengig. Ymateb Wilson oedd mynnu bod milwyr yr Almaen yn cilio o'r holl diroedd roeddent wedi'u meddiannu, bod rhyfel y llongau tanfor yn dod i ben yn syth, a bod 'rheolwyr annemocrataidd' yr Almaen – y Kaiser a'i **garfan filwrol** – yn cael eu diswyddo. Nid oedd Ludendorff o blaid derbyn y fath delerau ac anogodd y garfan filwrol i ddal ati i ryfela hyd yn oed, gan wneud un safiad mentrus i achub anrhydedd y fyddin. Ar 27 Hydref, i osgoi'r gwarth o gael ei ddiswyddo, cynigiodd y Maeslywydd ymddiswyddo, ac o dan gochl sbectol las a barf ffals, aeth yn dawel i Sweden. Crefodd y Tywysog Max ar i'r Kaiser ildio'i safle, ond gwrthododd.

carfan filwrol y grŵp o uwchswyddogion oedd yn agos at y Kaiser

PRIF YSTYRIAETH

Angen yr Almaen – dod â'r rhyfel i ben.

4 ~ DECHRAU 'CHWYLDRO'R ALMAEN'

Dechreuodd y cyfnod cythryblus y mae rhai haneswyr wedi cyfeirio ato fel 'Chwyldro'r Almaen' tua diwedd Hydref 1918. Gwelwyd mwy o weithredu chwyldroadol, llawer ohono'n ffrwyth propaganda'r Bolsiefigiaid, gyda'r newydd fod yr Almaen yn gofyn am gadoediad. Ar 29 Hydref cafwyd miwtini yn y llynges yn Wilhelmshaven ac yna, yn fwy difrifol o lawer, yn Kiel pan orchmynnwyd i'r morwyr fynd allan i'r môr i ymosod yn heriol ar y Llynges Brydeinig. Mae'n bosibl mai cynllwyn ar ran swyddogion Almaenig eithafol y llynges oedd yn awyddus i ddifetha'r trafodaethau heddwch oedd hwn, ond y canlyniad fu saethu a lladd wyth o forwyr. Arweiniodd hyn at fiwtini mwy cyffredinol, gyda morwyr yn cynnal cynghorau ar eu holl longau. Dridiau yn ddiweddarach, roedd cynghorau sofietaidd eu dull o weithwyr a morwyr yn rheoli porthladdoedd Cuxhaven, Bremen,

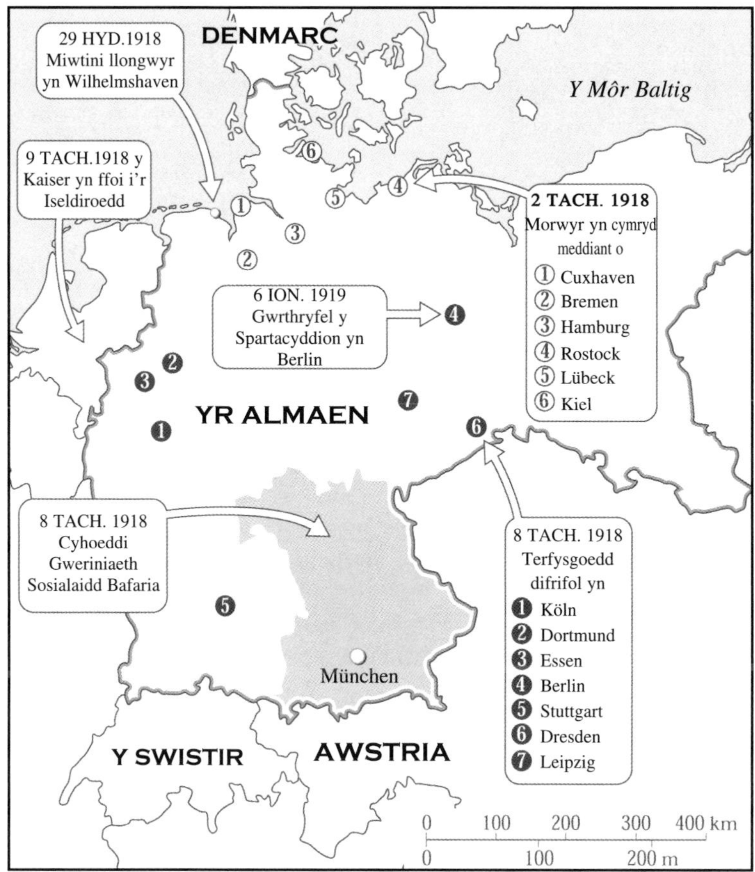

MAP 1
Chwyldro'r Almaen – miwtini a therfysg, Hydref 1918-Ionawr 1919

Hamburg, Lübeck a Rostock. Ar 8 Tachwedd, arweiniodd Kurt Eisner, newyddiadurwr ac aelod blaengar o'r *USPD* (gw. tud.14), brotest wrthdystio yn München, a llwyddodd ei ddilynwyr i gymryd meddiant o'r prif adeiladau cyhoeddus.

Yn ddiweddarach cyhoeddodd Eisner, gŵr o dras Iddewig a'i enw iawn yn Salomon Kosnowsky, Weriniaeth Ddemocrataidd a Sosialaidd Bafaria, gydag ef ei hun yn Brif Weinidog. Bu hefyd derfysgoedd lawer yn y Ruhr ac yn Berlin, Köln, Dresden, Leipzig, Stuttgart ac mewn mannau eraill ledled yr Almaen. Gyda'r wlad eisoes mewn anhrefn, gwaethygodd y sefyllfa ar 7 Tachwedd pan gynghorodd yr *SPD* y Tywysog Max ei bod yn debygol y byddent yn gadael ei glymblaid os na fyddai'r Kaiser yn ildio ei orsedd o fewn 48 awr. Roedd Wilhelm II yn hyderus fod y fyddin yn dal i'w gefnogi ac unwaith eto gwrthododd ildio'i orsedd. Yn *Hindenburg, the Wooden Titan*, mae J.W. Wheeler-Bennett yn disgrifio'r cyfarfod emosiynol olaf rhwng dirprwyaeth oedd yn cynnwys Hindenburg, a'r Kaiser:

PRIF YSTYRIAETH

Argyfwng – chwyldroadwyr yr Almaen yn manteisio ar yr anhrefn ac yn ceisio cipio grym.

> Gan sefyll o flaen ei Ymerawdwr, cyflwynodd Hindenburg ei adroddiad. Roedd wedi ymlonyddu erbyn hyn, wedi dod dros emosiwn y bore. Yn glir, eglurodd y rhesymau pam na allai bellach sicrhau diogelwch i'r Ymerawdwr yn Spa. Yn olaf dywedodd, 'Ni allaf dderbyn y cyfrifoldeb o weld yr

Ymerawdwr yn cael ei gipio i Berlin gan filwyr gwrthryfelgar a'i draddodi fel carcharor i'r Llywodraeth Chwyldroadol. Rhaid i mi gynghori'r Ymerawdwr i ildio ei orsedd ac i fynd i'r Iseldiroedd.' Roedd yr Ymerawdwr yn gynddeiriog ... a gofynnodd i Hindenburg ailadrodd yr hyn roedd wedi ei ddweud. Gwnaeth yntau hynny, gan orffen gyda'r geiriau; 'Dymunwn i Dduw, Syr, iddi fod yn wahanol'. Am y gweddill o'i fywyd, un mlynedd ar bymtheg, roedd ei atgofion am y dyddiau hynny yn Nhachwedd a'r rhan a chwaraeodd ef yn ofid hunllefus iddo.

Ar 9 Tachwedd, cyhoeddodd y Tywysog Max fod y Kaiser wedi ildio'i orsedd, er nad oedd y Kaiser wedi cytuno yn ffurfiol. Y noson honno, gadawodd y Kaiser yr Almaen a chroesi i'r Iseldiroedd, lle roedd i dreulio gweddill ei oes yn alltud. Pan ymosododd yr Almaen ar yr Iseldiroedd yn 1940, cynigiodd llywodraeth Prydain loches ddiogel i'r Kaiser ym Mhrydain. Gwrthododd yntau gyda diolch gan ddweud, 'Ni ellir trawsblannu hen goed'. Bu farw'r flwyddyn ganlynol.

Er gwaethaf y ffaith i Wilhelm ildio, aeth yr *SPD* rhagddynt ac ymadael â'r llywodraeth. Nid oedd gan y Tywysog Max unrhyw ddewis ond cyflwyno swydd y Canghellor i arweinydd y Democratiaid Cymdeithasol, Friedrich Ebert. Dim ond sosialwyr a ddeuai o'r *SPD* a'r *USPD* oedd yn ei lywodraeth, gyda chynghorau'r gweithwyr a'r milwyr yn cefnogi. Cytunwyd i gynnal etholiadau i ffurfio Cynulliad Cenedlaethol ar 19 Ionawr. Yn gynharach, ar 7 Tachwedd, roedd dirprwyon Almaenig wedi mynd drwy linellau'r Cynghreiriaid i ddechrau trafod cadoediad. Yng nghoedwig Compiègne, fe ddaethant ynghyd mewn cerbyd trên i gytuno ar delerau a ddaeth i rym am 11 ar fore'r 11 Tachwedd 1918. Ar strydoedd Llundain, Paris ac Efrog Newydd roedd pobl yn llawn llawenydd, ond nid felly yn Berlin, lle roedd aflonyddwch yn y ddinas a bygythiad o wrthryfel mawr.

5 ~ GWREIDDIAU *DOLCHSTOSSTHEORIE* (Y DDAMCANIAETH 'CYLLELL-YN-Y CEFN')

Hyd yn oed ar ddiwedd y rhyfel roedd yna Almaenwyr oedd yn barod i ddod o hyd i esgusion dros y ffaith eu bod wedi eu trechu. Soniai'r garfan filwrol am frad gan honni bod bradwyr gartref wedi eu 'trywanu yn y cefn'. Y papur newydd *Neue Zurcher Zeitung* oedd y cyntaf i ddefnyddio'r term pan adroddodd, 'O ran byddin yr Almaen, gellir crynhoi'r farn gyffredinol gyda'r geiriau hyn: Cafodd ei thrywanu yn y cefn gan y boblogaeth sifil'. Y rhai a gyhuddwyd o fod yn fradwrus oedd heddychwyr, sosialwyr a chomiwnyddion, oedd wedi annog dod â'r rhyfel i ben ac a oedd yn gyfrifol am drefnu streiciau a miwtini, a'r rhai a oedd yn y diwedd wedi trafod cadoediad. At y rhain, a elwid yn *Novemberverbrecher* – troseddwyr Tachwedd – roedd Hitler yn mynd i ychwanegu yr Iddewon.

Dywedodd swyddog ym myddin yr Almaen (dyfynnwyd yn F.L.Carsten, *The Reichswehr and Politics 1918-1933*):

> Ar adeg fwyaf anodd y rhyfel, ymosododd y chwyldro, oedd wedi ei baratoi ers amser, o't tu ôl i ni … wn i ddim am unrhyw chwyldro mewn hanes a gynlluniwyd mewn modd mor llwfr … Gwenwyn pobl yn y rhengoedd ôl oedd, y mwyafrif ohonynt erioed wedi clywed ergyd …

Honnai'r Maeslywydd Hindenburg (dyfynnwyd yn J.W. Wheeler-Bennett, *Hindenburg, the Wooden Titan*):

> Er gwaethaf mantais y gelyn o ran dynion ac offer, gallem fod wedi dod â'r ymdrech i ben mewn modd ffafriol pe bai yna benderfyniad a chydweithrediad unfryd wedi bodoli rhwng y fyddin a'r rhai oedd gartref. Ond tra dangosai'r gelyn fwy fyth o ewyllys i ennill buddugoliaeth, daeth i'r amlwg fod buddiannau gwahanol gan y pleidiau.

Yn *Mein Kampf*, roedd Adolf Hitler yn fwy uniongyrchol pan ysgrifennodd yn ddiweddarach:

> Yr Ymerawdwr Wilhelm II oedd y cyntaf i estyn llaw gyfeillgar at arweinyddion Marcsaidd, heb amau mai dihirod dianrhydedd oeddent. Tra oeddent yn dal gafael yn y llaw ymerodrol, roedd y llaw arall eisoes yn chwilio am y dagr.

Daeth cefnogaeth i'r ddamcaniaeth 'cyllell-yn-y-cefn' yn brif thema'r garfan filwrol a'r gwleidyddion adain dde. Gan ei bod yn **difeio**'r fyddin Almaenaidd am warth colli'r rhyfel ac yn rhoi'r bai ar fychod dihangol mwy derbyniol, daeth yn ddamcaniaeth boblogaidd yn genedlaethol.

difeio rhyddhau o unrhyw gyfrifoldeb am

6 ~ YR ALMAEN DAN FYGYTHIAD

A *Cytundeb Ebert-Gröner*

Tra oedd dirprwyon yr Almaen yn trafod cadoediad yn Compiègne, roedd Ebert yn Llys y Canghellor yn Berlin yn ystyried sut i ddelio orau â'r tryblith oedd yn bygwth ei lywodraeth.

Ar y dde-ganol i'r blaid ac yn wladgarwr, roedd Ebert wedi perswadio'r *SPD* i gefnogi'r rhyfel ac fe gollodd ef ei hun ddau fab yn y brwydro. Byddai wedi bod yn barod i gefnogi parhad y teulu Hohenzollern pe bai Wilhelm wedi cytuno i ildio'i orsedd er mwyn gadael i'w ŵyr reoli fel **brenin cyfansoddiadol**. Roedd Ebert yn amau'r chwith eithaf ac am weld yr Almaen yn trawsnewid yn heddychlon i fod yn llywodraeth ddemocrataidd.

brenin cyfansoddiadol brenin neu ymerawdwr sydd â'i rym wedi'i gyfyngu gan yr hyn a ganiateir gan y cyfansoddiad

Ar 9 Tachwedd derbyniodd alwad ffôn oddi wrth Wilhelm Gröner, cadfridog oedd wedi rhoi gwasanaeth clodwiw i'r Almaen yn ystod y rhyfel ac a oedd wedi camu i esgidiau ei gystadleuydd, Ludendorff. Yn ystod y sgwrs daeth y ddau i gytundeb gyda'r nod o achub yr Almaen rhag Bolsiefigiaeth. Ar y naill law addawodd Ebert gynnal statws y fyddin yn erbyn cynghorau'r milwyr chwyldroadol a sicrhau adnoddau boddhaol iddi; ar y llaw arall ymrwymodd Gröner i ddefnyddio'r fyddin i gefnogi'r llywodraeth a chadw cyfraith a threfn trwy ffrwyno gweithgaredd chwyldroadol. Oherwydd y cytundeb hwn rhwng arweinydd yr *SPD* a chadfridog oedd, hyd yn ddiweddar, wedi bod yn gysylltiedig â llywodraeth filwrol oedd bellach dan gwmwl, cyhuddwyd Ebert o fod wedi bradychu'r chwyldro sosialaidd.

B *Penbleth Ebert*

Ar ddechrau 1919, daliwyd Ebert yn y croestanio rhwng eithafwyr ar y dde ac ar y chwith. Y rhai mwyaf trafferthus oedd y Spartacyddion a oedd, yn Rhagfyr 1918, wedi peidio â bod yn garfan o fewn yr *USPD* ac wedi ffurfio'r *KPD*, Plaid Gomiwnyddol yr Almaen (*Kommunistische Partei Deutschlands*). Gan ddilyn esiampl Bolsiefigiaid Lenin, roeddent yn ceisio ymdreiddio i gynghorau'r gweithwyr ac ennill rheolaeth fel cam tuag at chwyldro a fyddai'n dileu cyfalafiaeth yn yr Almaen. Er eu bod yn honni bod llawer o gefnogaeth iddynt, grŵp cymharol fychan o chwyldroadwyr oeddent, ond gydag arweinyddion dygn a charismataidd. Lleol ac ysbeidiol oedd y cydymdeimlad â'u hachos, ac nid oedd y gefnogaeth iddynt yn ddigon brwd i gynnal chwyldro cenedlaethol. Roeddent yn ymuno â grwpiau adain chwith eraill i drefnu gwrthdystiadau, gan ymddangos yn ddigon bygythiol, ond pan oedd angen gweithredu uniongyrchol dim ond rhyw gannoedd o ran nifer oedd y Spartacyddion a oedd yn barod i ddwyn arfau ac ymryson yn y strydoedd. Nid oedd gan bob un nod gwleidyddol – roedd rhai'n ymuno am eu bod yn mwynhau trais. Ond eto, roedd gweithgareddau'r Spartacyddion yn peri gofid. I Almaenwyr ceidwadol – y milwyr, y tirfeddianwyr, y diwydianwyr, y rhai ym myd busnes, masnach neu gyllid, a'r dosbarthiadau proffesiynol uchaf a chanol – roedd gweithgaredd adain chwith ar ffurf gwrthdystiadau, terfysgoedd a streiciau bob amser yn ymddangos fel pe bai wedi'i sbarduno gan y Bolsiefigiaid. Roedd yn rhaid ei alltudio a'i ddinistrio.

Ymddangosodd y *Freikorps* yn y lle cyntaf i wrthbwyso'r chwith filwriaethus. Wedi ei recriwtio o blith rhengoedd y cyn-filwyr gwangalon, cenedlaetholwyr chwerw ac anturiaethwyr o bob rhyw, roedd i'r mudiad apêl hefyd ymysg y di-waith a ddenwyd gan y bwyd, y dillad a'r tâl a gynigiai'r llywodraeth. Gwelwyd unedau o'r *Freikorps*, llawer ohonynt gydag enwau a lifrai trawiadol, yn ymddangos ledled yr Almaen. Arweinid hwy gan gyn-swyddogion y fyddin oedd yn benderfynol o gadw'n fyw yr hen draddodiadau ac ysbryd y rhyfel a phregethu chwedl y 'gyllell-yn-y-cefn'. Roeddent yn gwrthwynebu sosialaeth a chomiwnyddiaeth ac unrhyw gamau tuag at lywodraeth ddemocrataidd. Eu blaenoriaeth oedd dileu gweithgaredd tanseiliol yr adain chwith ac ennill rheolaeth ar y strydoedd.

PRIF YSTYRIAETH

Ymddangosiad y *Freikorps*.

C *Gwrthryfel y Spartacyddion, Ionawr 1919*

Arweinid y Spartacyddion, a gymerodd enw Spartacus, arweinydd y caethweision a wrthryfelodd yn erbyn Rhufain yn 73 C.C., gan ddeallusion dosbarth canol, yn eu mysg Karl Liebknecht, Rosa Luxemburg, Clara Zetkin a Franz Mehring.

Daeth Karl Liebknecht (1871-1919), oedd yn fab i sylfaenydd yr *SPD* ac yn ffrind agos i Karl Marx, yn fargyfreithiwr a gwleidydd, ond oherwydd ei syniadau gwrthfilwrol cafodd ei ddiaelodi o'r *Reichstag* yn 1916. Fe'i dyfarnwyd i garchar am frad, ond cafodd ei ryddhau yn 1918 oherwydd i'r Tywysog Max gynnig amnest. Ganwyd Rosa Luxemburg (1871-1919) yng Ngwlad Pwyl ac roedd ganddi ddoethuriaeth yn y gyfraith ac mewn economeg. Priododd â Gustav Lubeck er mwyn ennill dinasyddiaeth Almaenig. Roedd eisoes wedi bod yng ngharchar yn Rwsia oherwydd ei rhan yn chwyldro 1905. Am ei bod o blaid chwyldro yn hytrach na symud ymlaen yn raddol, cafodd y llysenw *Blutige Rose* – Rosa Waedlyd.

Yn ystod y rhyfel, ni chyflawnodd terfysg y Spartacyddion fawr ddim, ond tua diwedd 1918 defnyddiodd Liebknecht ei sgiliau eithaf arbennig fel areithiwr i annog y tyrfaoedd i ymwrthod â syniadau cymedrol Ebert a chefnogi'r hyn a alwai yn 'chwyldro go iawn'. Yn Rhagfyr, lladdwyd 16 o Spartacyddion yn Berlin pan daniodd milwyr ar wrthdystwyr. Yn gynnar yn 1919 penderfynodd y mudiad foicotio yr etholiadau i'r cynulliad cyfansoddol newydd. Ar 6 Ionawr, trefnodd y Spartacyddion wrthryfel yn Berlin, gan gyhoeddi bod llywodraeth newydd wedi ei sefydlu i ddisodli un Ebert. Ar gais Gustav Noske, arbenigwr

LLUN 2
Cartŵn dychanol gan yr arlunydd Almaenig George Grosz yn dangos anwarineb y Freikorps

amddiffyn a gydnabyddid yn ddyn caled yr *SPD*, anfonwyd unedau o'r *Freikorps* yn hytrach na milwyr i ddelio â'r Spartacyddion. Dan arweinyddiaeth y Cadfridog Walter von Lüttwitz, cymerodd dridiau o ymladd ffyrnig ar y strydoedd i drechu'r gwrthryfel. Wedyn, daliwyd y rhai oedd yn cydymdeimlo â'r Spartacyddion ac, ynghyd â'u harweinwyr, fe'u dygwyd i gyfrif. Cafodd Liebknecht ei guro'n ddrwg cyn cael ei saethu 'tra'n ceisio dianc'. Gwrthododd Luxemburg dderbyn cyfle i ffoi o'r ddinas ac fe'i saethwyd hithau a thaflwyd ei chorff i gamlas. Ysgrifennodd yr hanesydd Harold Kutz, 'ysgubwyd y gweithwyr oedd yn dymuno chwyldro go iawn o dan y carped â brwsh a ddarparwyd yn ddi-oed gan reolaeth y fyddin'. Eironi'r sefyllfa oedd nad oedd Liebknecht a Luxemburg wedi bod o blaid cipio awdurdod. Roedd Rosa Waedlyd, oedd wedi cweryla â Lenin, wedi troi cefn ar y syniad o chwyldro a ysbrydolid gan gomiwnyddiaeth ac wedi annog y mudiad i dderbyn diwygio mwy graddol gyda chefnogaeth y dorf. Efallai bod y bygythiad o du'r Spartacyddion drosodd, ond megis dechrau oedd braw'r *Freikorps*.

Ch *Pa mor agos fu'r Almaen at chwyldro?*

O gofio cyflwr yr Almaen tua diwedd 1918, wedi'i gosod yn erbyn y cefndir Ewropeaidd cyffredinol, mae'n hawdd deall pam roedd rhai'n meddwl ei bod yn 'barod am chwyldro'. Roedd hyder y genedl wedi ei chwalu'n chwilfriw oherwydd iddi gael ei threchu yn y rhyfel, roedd prinder dybryd, roedd y dadfyddino'n araf a di-drefn, ac roedd mwy na digon o arfau ledled y wlad. Wedi cael gwared ar y teulu Hohenzollern, roedd yna deimlad ei bod hi'n bryd i'r Almaen dorri'n rhydd o'r gorffennol ymerodrol a chreu cymdeithas fwy teg. I bob golwg, roedd digwyddiadau yn yr Almaen yn mynd i ddilyn patrwm Rwsia flwyddyn ynghynt. Roedd y genedl mewn cynnwrf, roedd y frenhiniaeth wedi ei disodli a llywodraeth dros dro wedi ei sefydlu, roedd rhwydwaith o gynghorau gweithwyr a milwyr i'w cael ledled y wlad, ac roedd eithafwyr adain chwith yn prysur gynllwynio yn Berlin i gipio awdurdod, fel roedd y Bolsiefigiaid wedi gwneud yn St. Petersburg yn Hydref 1917.

Fodd bynnag, roedd yna hefyd wahaniaethau mawr yn y ddwy sefyllfa gymharol. Roedd yr Almaen yn ddatblygedig yn ddiwydiannol, gyda dosbarth cyfalafol pwerus a dosbarth canol sylweddol a dylanwadol yn gefn iddynt. Nid oedd cyflwr dosbarth gweithiol yr Almaen, oedd ers yr 1880au wedi elwa ar nifer o fesurau lles, yn debyg mewn unrhyw ffordd i gyflwr dosbarth gweithiol Rwsia, oedd ers cenedlaethau wedi dioddef dirmyg a gormes llywodraeth y tsariaid. Yn wahanol i fyddin Rwsia, a wrthryfelodd ar ôl goddef sarhâd dro ar ôl tro, gallai'r fyddin Almaenig deimlo balchder wrth edrych yn ôl ar wrhydri'r Prwsia filwrol yn llwyddo i uno'r genedl. Roedd Hindenburg, fel eraill o'i gyfoedion yn yr Almaen, wedi ymladd ym Mrwydr Sadowa yn 1866 ac yn yr ymgyrch lwyddiannus yn erbyn Ffrainc yn 1870 – brwydrau oedd yn dal o fewn cof. Ac er bod y Kaiser wedi ymadael, roedd dylanwadau ceidwadol pwerus yn bodoli o hyd yn y gwasanaeth sifil, y farnwriaeth a'r proffesiynau, ac roedd yr hen strwythur dosbarth yn dal mewn bod. Efallai bod Hindenburg a Ludendorff wedi cilio o'r neilltu dros dro ond roedd dylanwad y Gadlywyddiaeth yn dal yn amlwg ym mherson y Cadfridog Gröner ac eraill.

Roedd rhaniadau o ran nod a strategaeth yn bodoli ymysg y chwith wleidyddol, a hynny pan oedd gwir angen iddynt fod yn gytûn i lwyddo. Nid oedd y mwyafrif o aelodau'r *SPD* o blaid chwyldro o gwbl. Eu nod oedd cyflwyno gwelliannau cymdeithasol a hyrwyddo llywodraeth ddemocrataidd. Roedd Hugo Hasse a Sosialwyr Annibynnol yr *USPD* yn fwy radical, ond yn sicr nid oeddent yn tybio bod chwyldro yn mynd i ddatrys problemau'r genedl. Roedd y Spartacyddion a phleidiau eithafol lleiafrifol eraill yn pregethu chwyldro ond profwyd bod eu bygythiad i lywodraeth Ebert wedi ei orliwio. Yn 1918, ymledodd anfodlonrwydd yn eang a chafwyd gwrthdystiadau a streiciau, ond bwriedid y rhain fel protest yn erbyn y Kaiser a'i garfan filwrol yn hytrach nag yn erbyn y cyfalafwyr a'r dosbarthiadau uchaf. Gan nad oedd undod ymysg y sosialwyr ac na fwriedid chwyldro, ni fu anhrefn ar raddfa fawr o gwbl. Cynlluniwyd cytundeb Ebert â Gröner oherwydd yr ofn y gallai adain chwith filwriaethus fygwth sefydlogrwydd yr Almaen, efallai arwain at ryfel cartref, a pheryglu'r trafodaethau heddwch oedd ar fin cychwyn ym Mharis. Nid oedd hi'n amlwg i Ebert ar y pryd nad oedd gan y chwyldroadwyr unrhyw obaith gwrthsefyll grym y milwyr a'r *Freikorps*, a barnwyd wedyn ei fod wedi gorymateb. Roedd yn sicr yn wir fod parodrwydd arweinwyr yr *SPD* i gydweithio â'r garfan filwrol yn argoeli'n wael i'r dyfodol. A'r sefyllfa'n gymharol dawel, etholodd y genedl ei chynulliad cyfansoddol cyntaf.

7 ~ ETHOL Y CYNULLIAD CYFANSODDOL CYNTAF

A *Pleidiau gwleidyddol yr Almaen yn 1919*

Seiliwyd etholiad y cynulliad cyfansoddol ar 19 Ionawr 1919 ar system o gynrychiolaeth gyfrannol, gyda merched yn cael hawl i bleidleisio am y tro cyntaf. Gan fod y Comiwnyddion wedi boicotio'r etholiad, saith prif blaid a nifer o bleidiau lleiafrifol oedd yn cystadlu am y 421 sedd yn y *Reichstag*. Roedd yr *SPD* a Phlaid Ganol y Catholigion yn bleidiau oedd wedi eu sefydlu ers amser. Ychwanegwyd atynt nifer o bleidiau newydd, yn bennaf pleidiau ceidwadol a rhyddfrydol oedd wedi bodoli yn nyddiau'r ymerodraeth ond wedi eu hailenwi.

Pleidiau gwleidyddol lleiafrifol eraill oedd y *BVP*, Plaid Pobl Bafaria (*Bayerische Volkspartei*), cangen Bafaria o Blaid y Canol, a phlaid lled anhysbys ar y dde eithaf, y *DAP*, Plaid Gweithwyr yr Almaen (*Deutsche Arbeiterpartei*) a sefydlwyd gan Anton Drexler yn München ar 9 Ionawr 1919. Nid ymunodd y Blaid yn yr ymryson am seddau yn yr etholiad. Dri mis yn ddiweddarach, fe'i hailenwyd yn *NSDAP*, Plaid Genedlaethol Sosialaidd Gweithwyr yr Almaen (*Nationalsozialistische Arbeiterpartei*).

DIAGRAM 1

Safbwyntiau gwleidyddol y pleidiau

Mae pleidiau'r chwith yn tueddu i ffafrio polisïau mwy radical/rhyddfrydol a sosialaidd. Mae Comiwnyddion, sy'n cefnogi syniadau gwleidyddol ac economaidd Karl Marx, yn cynrychioli'r chwith eithaf mewn gwleidyddiaeth. Mae'r pleidiau canol yn cefnogi delfrydau rhyddfrydol ac mae'n well ganddynt ddiwygio gwleidyddol a chymdeithasol cymedrol. Mae'r pleidiau i'r dde yn geidwadol eu hagwedd ac yn gwrthwynebu sosialaeth. Mae'r rhai ar y dde eithaf yn tueddu i goleddu syniadau cenedlaethol a hiliol cryf a chyfeirir atynt yn aml fel ffasgiaid. Yn yr Almaen, roedd y Sosialwyr Cenedlaethol yn cynrychioli'r dde eithaf mewn gwleidyddiaeth. Ar ôl y rhyfel, enillodd y Comiwnyddion (*KPD*) eu seddau cyntaf yn y *Reichstag* yn 1920. Ymddangosodd y Natsïaid (*NSDAP*) cyntaf bedair blynedd yn ddiweddarach, yn 1924.

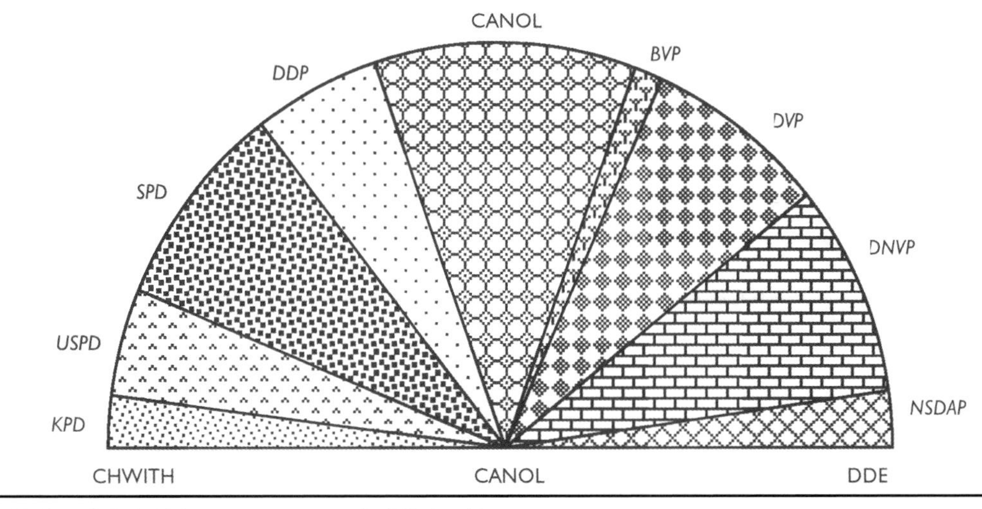

Pleidiau Gwleidyddol		*Prif Nodweddion*
KPD	Plaid Gomiwnyddol yr Almaen *(Kommunistische Partei Deutschlands)*	Yn cynrychioli'r chwith eithaf yng ngwleidyddiaeth yr Almaen. Ffurfiwyd yn 1918 gan aelodau o Gynghrair y Spartacyddion. Er bod cefnogaeth wedi lleihau ar ôl iddynt geisio ennill grym yn 1919, fe ddaeth pethau'n well, ac erbyn diwedd yr 1920au roedd eto'n brif ddylanwad gwleidyddol yn yr Almaen.
USPD	Plaid Democratiaid Cymdeithasol Annibynnol yr Almaen *(Unabhangige Sozialdemokratische Partei Deutschlands)*	Yn 1917, oherwydd gwahaniaethau personol a gwleidyddol, bu rhaniad ymysg aelodau'r *SPD*. Gadawodd grŵp mwy radical am eu bod yn anghytuno â pholisi cymedrol Ebert. Roeddent yn gryf yn erbyn rhyfel. Byr fu eu parhad ac erbyn 1924 roeddent wedi diflannu i bob pwrpas.
SPD	Plaid Democratiaid Cymdeithasol yr Almaen *(Sozialdemokratische Partei Deutschlands)*	Sefydlwyd yn 1875 gan August Bebel a Wilhelm Liebknecht. Llwyddodd i wrthsefyll gelyniaeth Bismarck ac, erbyn 1914, hi oedd y fwyaf yn y *Reichstag*. Plaid sosialaidd gymedrol oedd hi ac enillai gefnogaeth y dosbarth gweithiol a'r dosbarth canol is. Fe'i cefnogwyd yn dda gydol yr 1920au a dechrau'r 1930au.
DDP	Plaid Ddemocrataidd yr Almaen *(Deutsche Demokratische Partei)*	Dyma adain chwith y Rhyddfrydwyr Cenedlaethol blaenorol mewn gwirionedd. Ffurfiwyd y Blaid yn 1918 gan grŵp o ddynion busnes a deallusion. O blith y pleidiau ansosialaidd, hon oedd fwyaf awyddus i ddiwygio'r cyfansoddiad.

	Pleidiau Gwleidyddol	*Prif Nodweddion*
Z	Plaid Ganol y Catholigion (*Zentrum*)	Plaid a sefydlwyd yn wreiddiol yn 1870 i amddiffyn buddiannau'r Eglwys Gatholig yn ystod ymryson yr Eglwys â Bismarck, y *Kulturkampf*. I'r dde o'r *DDP* yn wleidyddol, daliodd i ennill cefnogaeth Catholigion y dosbarthiadau gweithiol a chanol.
DVP	Plaid Pobl yr Almaen (*Deutsche Volkspartei*)	Adain dde y Rhyddfrydwyr Cenedlaethol a gâi gefnogaeth pobl mwy cyfoethog y dosbarthiadau proffesiynol uchaf a chanol. Roedd yn genedlaethol ac yn wrthweriniaethol. Ar ôl 1928, ymunodd llawer o'i haelodau â'r *DNVP*.
DNVP	Plaid Genedlaethol Pobl yr Almaen (*Deutschnationale Volkspartei*)	Yn 1919 dyma'r blaid fwyaf adain dde i ymgeisio yn yr etholiad. Wedi'i sefydlu flwyddyn ynghynt, roedd yn genedlaethol ei hagwedd ac yn gwrthwynebu'r Weriniaeth. Ymlynai wrth y frenhiniaeth a dyheai am ddychwelyd i ffyrdd blaenorol yr ymerodraeth. Câi gefnogaeth tirfeddianwyr a diwydianwyr, ac roedd cefnogaeth y dosbarth canol uchaf yn gref.

B *Etholiad Ionawr 1919*

Gyda 38 y cant o'r bleidlais a 163 o seddau yn y *Reichstag*, enillodd yr *SPD* yn rhwydd, ond, yn groes i ddisgwyliadau llawer, methodd ennill mwyafrif dros bawb. Efallai bod rhai cefnogwyr wedi eu siomi gan wrthryfel y Spartacyddion, ac mae'n bosibl fod pleidlais y merched wedi dylanwadu ar y canlyniadau. Canlyniad gwael gafodd yr *USPD*, gan ennill dim ond 22 sedd. Yr ail blaid fwyaf oedd Plaid y Canol gyda 91 sedd, a'r drydedd y *DDP* ryddfrydol gyda 75. Yn fwyaf syfrdanol, enillodd y *DNVP*, plaid y dde eithaf, 44 sedd.

TABL 2
Etholiad y Reichstag, *Ionawr 1919*

		Nifer y seddau
Democratiaid Cymdeithasol	(*SPD*)	163
Y Blaid Ddemocrataidd	(*DDP*)	75
Plaid Ganol y Catholigion	(*Zentrum*)	71
Y Blaid Genedlaethol	(*DNVP*)	44
Sosialwyr Annibynnol	(*USPD*)	22
Plaid Bafaria	(*BVP*)	20
Plaid y Bobl	(*DVP*)	19
Annibynnol ac eraill		7

Gyda mwyafrif llethol, etholodd y cynulliad newydd Friedrich Ebert yn Arlywydd cyntaf y Weriniaeth newydd. Gofynnodd yntau yn syth i Philipp Scheidemann, cyd-sosialydd, ddod yn Ganghellor a ffurfio llywodraeth. Gyda'r *USPD* yn gwrthod ymuno â'r mwyafrif sosialaidd, ffurfiodd yr *SPD* glymblaid â'r *Zentrum* a'r *DDP*. Tasg gyntaf y llywodraeth oedd llunio cyfansoddiad newydd.

8 ~ CYFANSODDIAD GWERINIAETH WEIMAR

Gyda Berlin a phrif ddinasoedd eraill yr Almaen yn dal i gael eu hystyried yn anniogel, ar 11 Chwefror ymgasglodd cynrychiolwyr o'r cynulliad mewn theatr newydd yn nhref farchnad Weimar. Y dref hon, cartref y llenorion Goethe a Schiller ar un adeg, oedd i roi ei henw i'r cyfansoddiad newydd a hefyd i lywodraethau'r dyfodol a fyddai'n seiliedig ar y cyfansoddiad hwnnw. Yn y dechrau, canolbwynt y trafodaethau oedd cynigion Hugo Preuss, rhyddfrydwr ac ysgolhaig yn y gyfraith. Bu llawer o ddadlau ynghylch i ba raddau y dylai'r 18 talaith, y *Länder* (lluosog *Land* yn golygu ardal) idlio'u hawdurdod i un wladwriaeth, gyda phob gallu wedi'i roi i'r cynulliad cyfansoddol. Unwaith y daethpwyd i gyfaddawd, rhoddwyd gwybod beth oedd manylion y Cyfansoddiad newydd.

A **Y *Cyfansoddiad***

Dechreuai'r cymal cyntaf, 'Mae'r *Reich* Almaenig yn weriniaeth. Daw ei hawdurdod gwleidyddol oddi wrth y bobl.' Prif bwyntiau'r cyfansoddiad oedd y byddai pennaeth y wladwriaeth yn Arlywydd i'w ethol bob saith mlynedd. Byddai ei bwerau yn bellgyrhaeddol – byddai'n Bencadlywydd y lluoedd arfog a châi benodi pawb o'r swyddogion pwysig, yn rhai sifil a milwrol; byddai'n enwebu Canghellor, a chanddo ef yn unig y byddai'r hawl i alw ac i ddiddymu'r *Reichstag*. Pe bai yna argyfwng, caniatâi Erthygl 48 o'r Cyfansoddiad i'r Arlywydd atal hawliau sifil, mabwysiadu pwerau argyfwng a llywodraethu trwy ordinhad, gan ddatgan:

> Mewn achos pan na fydd Gwladwriaeth yn cyflawni'r dyletswyddau a orchymynnwyd iddi gan Gyfansoddiad Ffederal y deddfau Ffederal, gall Arlywydd y Ffederasiwn eu gorfodi gyda help y lluoedd arfog. Pan fo diogelwch y cyhoedd a threfn mewn helbul neu mewn perygl o fewn y Ffederasiwn, gall Arlywydd y Ffederasiwn gymryd y camau angenrheidiol i'w hadfer, gan weithredu, os bydd angen, gyda help y lluoedd arfog. I'r pwrpas hwn, caniateir iddo, dros dro, ddiddymu, naill ai yn gyfan gwbl neu'n rhannol, y deddfau hanfodol a nodwyd yn erthyglau 114,115,117,118,123,124 ac 153.
> Rhaid i Arlywydd y Ffederasiwn, heb oedi, roi gwybod i'r *Reichstag* am unrhyw fesurau a gymerir yn unol â'r . . . Erthygl hon. Bydd mesurau o'r fath i'w diddymu ar orchymyn y *Reichstag*. Pan fo perygl mewn oedi, gall Llywodraeth y Wladwriaeth gymryd camau dros dro o'r math a ddisgrifiwyd . . . ar gyfer ei thiriogaeth ei hun. Bydd mesurau o'r fath i'w diddymu pan fo Arlywydd y Ffederasiwn neu'r *Reichstag* yn gorchymyn hynny.

Ni ddiffiniwyd yn glir o gwbl y sefyllfaoedd pan ellid defnyddio'r pwerau hyn; cymerwyd yn ganiataol y golygai pan fyddai cyfyngder neu argyfwng cenedlaethol. I bob golwg, roedd yn ymddangos fod yna system wirio yn bodoli i sicrhau cydbwysedd rhwng yr Arlywydd, y Canghellor a't *Reichstag*, gan ofalu na ellid camddefnyddio Erthygl 48, ond, fel y profwyd yn ddiweddarach, nid oedd pethau mor syml â hynny.

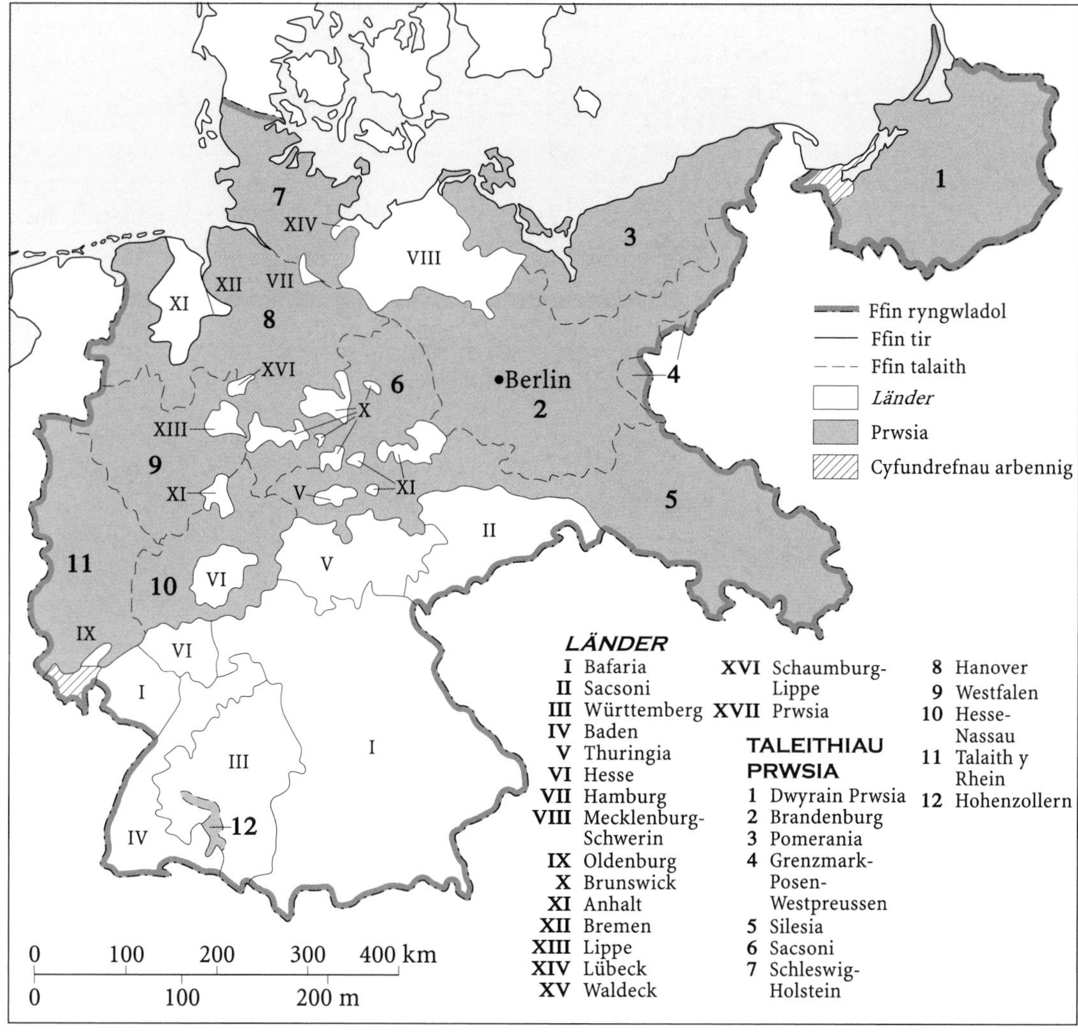

MAP 2
Y Länder, *a Phrwsia a'i thaleithiau o dan Weriniaeth Weimar*

Reich = ymerodraeth, felly mae'r Reich Almaenig yn golygu Ymerodraeth yr Almaen

Y Drydedd Reich, tud. 110

Roedd y **Reich** neu'r Weriniaeth i fod yn ffederasiwn o'r 18 *Länder*. Arweinydd y blaid gyda'r mwyafrif o aelodau yn y *Reichstag* fyddai'r Canghellor (rôl debyg i un Prif Weinidog Prydain), er gwelwyd yn fuan nad felly y digwyddai bob amser. I alluogi'r *Reichstag* i weithredu, roedd yn rhaid i'r Canghellor drafod gydag arweinwyr pleidiau eraill er mwyn creu clymblaid weithredol i ffurfio llywodraeth. Byddai yna ddau dŷ seneddol, y *Reichstag* a'r *Reichsrat*. Roedd aelodau'r *Reichstag* i gael eu hethol a hwy yn unig fyddai â'r awdurdod i gyflwyno ac i gymeradwyo deddfau. Ni fyddai'r *Reichsrat* cyn bwysiced gan mai cynghori yn unig a wnâi ac nid oedd ganddo'r awdurdod i wneud dim ond gohirio. Câi aelodau i'r *Reichstag* eu hethol bob pedair blynedd ar gynllun cynrychiolaeth gyfrannol oedd yn neilltuo un sedd i bob

Cyfansoddiad y Reich Almaenig (gweriniaeth yn cynnwys ffederasiwn o 18 Länder)

ARLYWYDD Y FFEDERASIWN
Ffigur anwleidyddol. Cynhelid etholiadau bob saith mlynedd. Prif awdurdod **gweithredol** ac yn gyfrifol am benodi'r Canghellor. Pencadlywydd lluoedd arfog yr Almaen. Gallu i alw a diddymu'r *Reichstag*. Yn unol ag Erthygl 48 y Cyfansoddiad, â'r hawl i reoli trwy ordinhad ar adeg o argyfwng cenedlaethol.

CANGHELLOR
Fel arfer, er nad bob amser, arweinydd y blaid fwyaf yn y *Reichstag*. Trafodai gydag arweinwyr pleidiau eraill i ffurfio clymbleidiau dichonadwy.

REICHSRAT
Cynrychiolwyr a benodid gan seneddau'r *Länder*. Corff ymgynghorol, gyda'r grym i ohirio deddfwriaeth yn unig.

REICHSTAG
Cynrychiolwyr a etholid bob pedair blynedd trwy system o **gynrychiolaeth gyfrannol**. Dyma'r corff o fewn y Senedd Almaenig oedd â'r hawl i lunio deddfau.

Cynrychiolaeth gyfrannol: y dull o bleidleisio oedd yn penderfynu faint o seddau yn y *Reichstag* gâi eu neilltuo i'r pleidiau, yn dibynnu ar y cyfanswm o bleidleisiau a enillwyd gan bob plaid. Yn unol â'r Cyfansoddiad, câi pob plaid un sedd am bob 60,000 o bleidleisiau. Ystyrir y system yn un ddemocrataidd iawn gan ei bod yn sicrhau bod pob plaid, ar wahân i'r rhai lleiaf, â chynrychiolwyr yn y Senedd a llais yn y llywodraeth. Mae hefyd yn golygu bod yna nifer o bleidiau yn llywodraethu, heb fod unrhyw un blaid â mwyafrif dros bawb. Y duedd felly yw fod llywodraethau a etholir yn ôl y dull hwn yn glymblaid o nifer o bleidiau. Gall hyn arwain at ansefydlogrwydd gwleidyddol.

Deddfwriaeth, gweithrediaeth a barnwriaeth: tri phrif faes llywodraethu. Y ddeddfwriaeth yw'r corff llunio deddfau sydd â'r awdurdod i basio, diwygio a diddymu deddfau. Yn yr Almaen, y *Reichstag* oedd piau'r hawl, ym Mhrydain, Tŷ'r Cyffredin. Y weithrediaeth yw'r corff sy'n gofalu bod y deddfau yn cael eu gweithredu'n gywir. Yn yr Almaen, yr Arlywydd oedd piau'r cyfrifoldeb am hyn; ym Mhrydain, adrannau o'r llywodraeth a'r Gwasanaeth Sifil sy'n gweithredu'r deddfau. Mae'r farnwriaeth yn gofalu bod y deddfau yn cael eu gweithredu'n deg ac yn cosbi'r rhai sy'n eu torri. Yn yr Almaen ac ym Mhrydain, dyma waith y barnwyr a'r llysoedd barn. Mewn gwlad ddemocrataidd, mae'n hanfodol bwysig fod y tri maes awdurdod hyn yn cael eu cadw ar wahân. Yn yr Almaen, ar adegau o argyfwng cenedlaethol, roedd hi'n bosibl i'r Arlywydd ymarfer grym gweithredol a mabwysiadu rôl lluniwr deddfau. Fel y cawn weld, dan amodau unbennaeth, mae'r tri maes awdurdod yn dod dan reolaeth un person, yr unben.

plaid am bob 60,000 o bleidleisiau. Cynigid yr hawl i bleidleisio i bob gwryw a menyw oedd dros 20 oed. Am y tro cyntaf, roedd gan ferched yr Almaen yr hawl i bleidleisio. Byddai'r *Reichsrat* yn cynnwys cynrychiolwyr a enwebid gan seneddau'r taleithiau ffederal, y *Länder*.

B *Y Cyfansoddiad newydd – rhai ystyriaethau*

Roedd Cyfansoddiad Gweriniaeth Weimar, a oedd ar yr wyneb yn ymdrech i gyfuno agweddau ar sefydliadau Prydain a'r Unol Daleithiau, yn ymgais deg i sefydlu llywodraeth ddemocrataidd yn yr Almaen. Ar olwg eang, nid oedd yn chwyldroadol o bell ffordd, ond o safbwynt Almaenig, roedd yn cynrychioli newid sylweddol, gan dorri ymaith yn gyfan gwbl oddi wrth y drefn ymerodrol a fu bob amser yn llawer mwy awdurdodol na democrataidd. Roedd y pwysau o du'r rhai oedd yn hawlio diwygio cyfansoddiadol a sefydliadau gwir ddemocrataidd, ynghyd â'r bygythiad o chwyldro, yn golygu na ellid gwrthod camu i'r cyfeiriad hwn. Ond eto, nid oedd y rhai oedd wedi mwynhau breintiau a statws o dan yr hen drefn yn mynd i ildio mor hawdd. O'r dechrau cyntaf, roeddent yn gweithio i danseilio awdurdod y Weriniaeth newydd. Trwy gyflwyno cynrychiolaeth gyfrannol, crëwyd system lywodraethu amlbleidiol a fyddai'n sicrhau bod Gweriniaeth Weimar yn cael ei rheoli'n anorfod gan gyfres o lywodraethau clymblaid. Roedd llywodraethau o'r fath yn aml yn fyr eu parhad ac yn golygu bod yna berygl o ansefydlogrwydd gwleidyddol.

Roedd yn ymddangos bod y pŵer yn nwylo'r rhai oedd yn llunio deddfau, yr aelodau oedd wedi eu hethol i'r *Reichstag*, ond roedd cryn awdurdod hefyd yn nwylo'r swyddogion gweithredol, y rhai oedd yn gyfrifol am weithredu'r deddfau, a'r Arlywydd. O dan rai amgylchiadau, roedd gan yr Arlywydd yr hawl i reoli drwy ordinhad a llywodraethu'r Weriniaeth yn uniongyrchol. Gallai hefyd orfodi ei lywodraeth ei hunan ar *Länder* oedd yn peri trafferth. Gallai'r *Länder*, yn gweithio o fewn fframwaith y system ffederal, bob amser greu trafferthion, ac roedd hyn yn fwyaf tebygol o ddigwydd pan fyddai gwneuthuriad gwleidyddol talaith benodol, *Land*, yn wahanol i un y llywodraeth genedlaethol. Yn ystod arlywyddiaeth Friedrich Ebert, cyhoeddwyd dros 130 o ordinhadau argyfwng i ddelio ag ystyriaethau economaidd a chyfraith a threfn.

Yn ddiweddarach, fel y cawn weld, camddefnyddiwyd Erthygl 48 a daeth yn ddull parhaol o weithredu. Er bod y Cyfansoddiad wedi cyflwyno newidiadau gwleidyddol a fwriedid i ddarparu llywodraeth ddemocrataidd yn yr Almaen, roedd llawer yn dal i fod yr un fath o fewn y Weriniaeth newydd. Heb unrhyw newid yn strwythur y gymdeithas yn yr Almaen, y breintiedig a arferai reoli oedd yn eu swyddi o hyd o fewn y gwasanaeth sifil, y garfan ddiplomyddol, yn rheoli diwydiant a masnach, ac yn fwy eang, yn yr eglwysi a'r prifysgolion. Yn amharod i ddangos teyrngarwch tuag at Arlywydd a etholwyd yn ddemocrataidd yn hytrach na thuag at y Kaiser ymerodrol, roedd y rhain yn mynd i fod yn ddylanwad peryglus a thanseiliol. Yn etholiad Ionawr 1919, rhoesant gyfle i'w cynrychiolwyr, y *DVP* a'r *DNVP*, gael troedle yn y *Reichstag*.

C *Mesur iawnderau*

Roedd Cyfansoddiad Gweriniaeth Weimar hefyd yn cynnwys mesur iawnderau, a fwriedid i ddiogelu buddiannau dinasyddion unigol, y dyfynnir ohono isod:

> 114 Gwarentir rhyddid personol. Ni chaniateir unrhyw ymyrraeth â rhyddid yr unigolyn na'i wadu gan awdurdod cyhoeddus oni bai fod y gyfraith yn cefnogi hynny.
> 115 Mae cartref pob Almaenwr yn noddfa iddo ef, a gwarentir hyn, gan eithrio yn unig am resymau cyfreithiol.
> 117 Mae gan bob Almaenwr yr hawl, o fewn cyfyngiadau'r gyfraith, i'w fynegi ei hun ar lafar, mewn ysgrifen, mewn print neu lun, neu mewn unrhyw ffordd arall...
> 123 Mae gan bob Almaenwr yr hawl, heb roi rhybudd na derbyn caniatâd arbennig, i ymgynnull yn heddychlon a heb arfau.
> 124 Mae gan bob Almaenwr yr hawl i ffurfio undebau a chymdeithasau, ar yr amod nad yw'n torri'r gyfraith ...
> 151 Rhaid i drefniadaeth bywyd economaidd gyfateb i egwyddorion cyfiawnder, gyda'r nod o sicrhau i bawb amodau sy'n deilwng o fod dynol.
> 153 Gwarentir eiddo gan y Cyfansoddiad.

Eto, gallai'r Arlywydd ddiddymu'r iawnderau a ddarparai'r mesur drwy weithredu Erthygl 48 o'r Cyfansoddiad. Roedd delfrydau aruchel y mesur i bara cyhyd ag y gallai Gweriniaeth Weimar wrthsefyll pwysau a gelyniaeth elfennau chwyldroadol oedd wedi ymdynghedu i'w dinistrio.

Ar 1 Mai, pan oedd cynrychiolwyr yn dal i weithio ar fanylion y Cyfansoddiad, cyhoeddwyd manylion telerau'r Cynghreiriaid.

9 ~ CYTUNDEB VERSAILLES

Cytunodd yr Almaenwyr i gadoediad yn Nhachwedd 1918 yn bennaf am eu bod yn credu y byddai'r telerau a fynnid gan y Cynghreiriaid yn debyg i'r rhai a amlinellwyd gan Arlywydd UDA, Woodrow Wilson, yn ei Bedwar Pwynt ar Ddeg. Amlinellodd Wilson y pwyntiau hyn, oedd i fod yn sail cytundeb heddwch, mewn araith i Gyngres yr Unol Daleithiau yn Ionawr 1918. Roedd yn cynnwys adfer yr holl diroedd oedd wedi eu goresgyn gan yr Almaen, gosod ffiniau cenedlaethol newydd yn seiliedig ar yr egwyddor o hunanbenderfyniad, a chynigion a fwriedid i annog cymod wedi'r rhyfel. Yn ei araith, dywedodd Arlywydd UDA, 'Nid yw pobl i gael eu trawsblannu o un wlad i wlad arall gan gynhadledd ryngwladol ... rhaid parchu dyheadau cenedlaethol, o hyn ymlaen dim ond gyda'u caniatâd hwy eu hunain y bydd pobl i gael eu tra-arglwyddiaethu a'u rheoli. Nid cymal yn unig yw hunanbenderfyniad ond egwyddor i'w gweithredu y bydd gwladweinwyr yn mentro perygl iddynt eu hunain wrth ei hanwybyddu'. Yn anffodus, nid oedd pob arweinydd ymhlith y Cynghreiriaid yn cytuno. Roedd ar Georges Clemenceau, Prif Weinidog Ffrainc, eisiau dial oherwydd hunllef y pum mlynedd aeth heibio pan oedd yr Almaenwyr wedi hanner meddiannu ei wlad a 1,358,000 wedi marw. Roedd yn benderfynol na fyddai'r Almaen fyth eto mewn safle i allu bygwth Ffrainc.'Mae Mr Wilson yn fy niflasu gyda'i Bedwar Pwynt ar Ddeg', meddai, 'Does gan Dduw Hollalluog ddim ond deg'. Er nad oedd Prydain wedi dioddef y dinistr a welwyd yn Ffrainc, roedd miliwn wedi eu lladd ac ymgyrch y llongau tanfor wedi peri colled o dros saith miliwn tunnell o longau masnach. Roedd y Prif Weinidog, David Lloyd George, yn wynebu etholiad cyffredinol, ac addawodd y byddai'n gwasgu'r oren Almaenig nes byddai'r 'hadau'n gwichian'. Mewn gwirionedd, bu'n fwy cymedrol, gan ddatgan mai ei nod oedd 'nid boddio ysbryd dialgar, ond sicrhau cyfiawnder'.

C

Ystyriwch ac eglurwch agweddau gwahanol cynrychiolwyr y Cynghreiriaid yn Versailles.

A *Telerau'r Cytundeb ynghylch Tiriogaeth*

1 Alsace a Lorraine i'w rhoi yn ôl i Ffrainc.
2 Y Rheindir, er yn aros yn Almaenig, i'w ddadfyddino, ac i fod ym meddiant milwyr y Cynghreiriaid am bymtheng mlynedd.
3 Basn y Saar, yn gyfoethog ei lo, i'w reoli gan Gynghrair y Cenhedloedd am bymtheng mlynedd cyn cynnal **pleidlais gwlad** i benderfynu beth fyddai dyfodol y rhanbarth.
4 Gwlad Belg i gael Eupen a Malmedy.
5 Gogledd Schleswig i ddod yn rhan o Ddenmarc.
6 Gwlad Pwyl, wedi ei hail-greu, i gael mynediad i'r Môr Baltig ar hyd stribed o dir, sef y 'Coridor Pwylaidd'. Roedd Danzig, ar ben draw'r 'coridor' i fod yn Ddinas Rydd o fewn ffin dollau Gwlad Pwyl ac i fod dan reolaeth Cynghrair y Cenhedloedd.
7 Posen i ddod yn rhan o Wlad Pwyl, a dyfodol Silesia i'w benderfynu trwy bleidlais gwlad.
8 Memel i fod dan reolaeth ryngwladol.
9 Camlas Kiel, afon Rhein, ac afonydd a dyfrffyrdd eraill yr Almaen i gael eu rhyngwladoli.
10 Yr Almaen i golli ei thiriogaethau tramor. Y rhain i ddod yn fandadau Cynghrair y Cenhedloedd.
11 Datganai Cymal 80 fod unrhyw uniad yn y dyfodol rhwng yr Almaen ac Awstria yn cael ei wahardd.

pleidlais gwlad pleidlais gan bawb yn yr etholaeth ar fater o bwysigrwydd gwladol, fel newid yn y cyfansoddiad

O ganlyniad i'r newidiadau hyn, collodd yr Almaen 13 y cant o'i thiroedd a 12 y cant o'i phoblogaeth. Roedd y tir a gollwyd yn cynrychioli 48 y cant o'i chynnyrch haearn a swm sylweddol o'i hadnoddau glo. Honnid, gan fod miliynau o Almaenwyr wedi eu gorfodi i fyw fel lleiafrifoedd dan lywodraeth estron, nad oedd yr egwyddor o hunanbenderfyniad wedi ei pharchu o ran yr Almaen. Dim ond yn rhannol wir yw hyn. Er bod y bobl yn Danzig, dinas

MAP 3
Yr Almaen a Chytundeb Versailles, 1919

lwyr Almaenig, yn gorfod derbyn rheolaeth Gwlad Pwyl a cholli eu dinasyddiaeth Almaenig, mewn mannau eraill lle roedd pleidlais gwlad wedi ei chynnal, dangoswyd parch tuag at ddymuniadau rhanbarthau oedd wedi pleidleisio gyda mwyafrif sylweddol dros aros yn Almaenig. Yn Silesia, lle roedd y bleidlais yn amwys, cafwyd cyfaddawd anfoddhaol a barodd fod y rhanbarth yn cael ei rannu rhwng yr Almaen a Gwlad Pwyl. Ysgrifennodd Lloyd George, oedd i'w weld yn fwy ymwybodol nag eraill eu bod yn creu lleiafrifoedd Almaenig:

> Ni allaf ddychmygu unrhyw beth sy'n fwy tebygol o greu rhyfel yn y dyfodol na bod y bobl Almaenig, sydd wedi profi eu bod yn un o genhedloedd mwyaf grymus ac egnïol y byd, yn cael eu hamgylchynu â nifer o wladwriaethau bychain, llawer ohonynt yn cynnwys pobl nad ydynt erioed wedi sefydlu llywodraeth gadarn, ond gyda phob un yn cynnwys lluoedd o Almaenwyr yn galw am gael ailuno, unwaith eto, â'u mamwlad. Bydd y cynigion hyn, yn fy marn i, yn sicr o arwain at ryfel yn hwyr neu'n hwyrach …

B *Telerau milwrol y Cytundeb*

1 Roedd y fyddin Almaenig i'w lleihau i 100,000 o ddynion. Nid oedd i gael tanciau na gynnau trwm.

2 Roedd mewnforio arfau rhyfel i'w wahardd.

3 Nid oedd clybiau chwaraeon a phrifysgolion i gael darparu hyfforddiant ar 'sut i ddefnyddio arfau'.

4 Roedd y llynges Almaenig i'w chyfyngu i 15,000 o ddynion a dim ond chwe llong ryfel, chwe llong ryfel gyflym a 24 o longau llai. Ni chaniateid llongau tanfor. Roedd gweddill y llynges i fynd i Scapa Flow yn barod i ildio i'r Cynghreiriaid.

5 Nid oedd yr Almaen i gael yr hawl i gadw unrhyw awyrennau milwrol.

C *Ystyriaethau: euogrwydd rhyfel ac iawndaliadau*

Mae haneswyr wedi bod yn dadlau ers tro ynglŷn ag i ba raddau roedd cenhedloedd gwahanol yn gyfrifol am y rhyfel a ddechreuodd yn 1914. Erbyn hyn, mae'n gydnabyddedig fod sawl gwlad, am resymau gwahanol ac i wahanol raddau, wedi cyfrannu, ond nid dyna'r teimlad ymysg y buddugol yn 1919. Ym Mharis, gorfodwyd yr Almaenwyr i dderbyn mai arnynt hwy oedd y bai. Roedd Erthygl 231 yn y Cytundeb yn datgan, 'Mae'r Llywodraethau Cynghreiriol a Chysylltiol yn cadarnhau ac mae'r Almaen yn derbyn mai cyfrifoldeb yr Almaen a'i chynghreiriad yw'r holl golled a difrod a ddioddefodd y Llywodraethau Cynghreiriol a Chysylltiol a'u pobloedd o ganlyniad i'r rhyfel a orfodwyd arnynt gan ymosodiad yr Almaen a'i chynghreiriaid'.

Penderfynwyd ar swm yr iawndal yn ddiweddarach gan Bwyllgor Iawndal. Nid oedd y syniad fod y gorchfygedig i dalu iawndal i'r buddugol yn un newydd. Yn 1871, ar ddiwedd rhyfel Ffrainc-Prwsia, bu'n rhaid i Ffrainc dalu pum biliwn ffranc i ddigolledu'r Almaen; yn 1918, yn Brest-Litovsk, roedd yr Almaen wedi hawlio chwe mil o filiynau yn arian Rwsia (marciau) o law'r llywodraeth Folsiefigaidd newydd i ddigolledu'r 'rhai oedd wedi dioddef difrod oherwydd mesurau Rwsiaidd'. Roedd Erthygl 227 yn ddadleuol hefyd, gyda'i chynigion y dylid dwyn y Kaiser Almaenig o flaen llys i'w gyhuddo o fod yn droseddwr rhyfel.

Ch *Arwyddo'r Cytundeb*

Ar 16 Mehefin, cyflwynwyd manylion y telerau yn ffurfiol i gynrychiolwyr yr Almaen a arweinid gan yr Iarll Brockdorff-Rantzau. Nid oedd y Cytundeb, a gynhwysai rhyw 440 Erthygl, mor ddialgar ag a ddymunai Clemenceau nac mor gymedrol ag a ddymunai Lloyd George. Yn sicr, nid oedd yn agos at fod mor gymodlon â'r cynnig a wnaeth Wilson yn ei Bedwar Pwynt ar Ddeg. Cafodd cynrychiolwyr yr Almaen 14 diwrnod, a estynnwyd wedyn i 21 diwrnod, i ystyried y telerau ac i ymateb.

Yn yr Almaen, roedd yna ddicter aruthrol wrth i'r Canghellor Scheidemann gondemnio'r telerau yn y *Reichstag;* ar 19 Mehefin, pan wrthododd y cabinet dderbyn y telerau o wyth pleidlais i chwech, fe ymddiswyddodd. Cynigiodd yr Arlywydd Ebert ymddiswyddo hefyd, gan ddatgan bod y cytundeb yn 'heddwch trwy drais'. Fel symbol o'r gofid a deimlid oherwydd yr hyn a ystyrid yn annhegwch cenedlaethol, aeth cyn belled â gwahardd diddanwch cyhoeddus am wythnos! Er bod gwarchae y Cynghreiriaid wedi ei godi, roedd yna brinder eithriadol a byddai ailgydio yn y rhyfela wedi bod yn gam gwag a allai beryglu'r Weriniaeth ac annog mwy o weithredu chwyldroadol. Mewn ymgais derfynol i ddod i gyfaddawd mwy derbyniol, cytunodd y llywodraeth y byddai'n derbyn y telerau i gyd ar wahân i'r rhai oedd yn mynnu bod y Kaiser yn wynebu llys barn, a'r rhai oedd yn golygu eu bod yn derbyn y bai am y rhyfel. Gwrthodwyd eu cynnig ac ymatebodd y Cynghreiriaid gyda rhybudd terfynol yn mynnu eu bod yn derbyn y telerau yn ddiamod o fewn 48 awr neu'n wynebu brwydro pellach. Ymdrechodd y Canghellor newydd, Gustav Bauer, oedd wedi ffurfio clymblaid o'r *SPD*, Plaid y Canol a'r *DDP*, i

LLUN 3
Y ddirprwyaeth o'r Almaen yn Versailles. Ni chawsant unrhyw ran yn y trafodaethau a chyflwynwyd y telerau iddynt fel fait accompli.

C

A oedd gan gynrychiolwyr yr Almaen yn Versailles unrhyw ddewis heblaw derbyn y telerau a fynnai'r Cynghreiriaid?

ennill pleidleisiau'r ansicr cyn dod â'r mater gerbron y *Reichstag*. Derbyniwyd y telerau yn y diwedd gyda 237 o bleidleisiau i 138. Pan gyrhaeddodd y newydd lynges yr Almaen yn Scapa Flow, penderfynodd y criwiau ddinistrio eu llongau yn hytrach nag ildio. Roedd y Cynghreiriaid yn ddig gan eu bod yn ystyried hyn fel arwydd o ddiffyg ffydd o du'r Almaen.

Arwyddwyd Cytundeb Versailles yn y diwedd ar ran yr Almaen gan gynrychiolwyr o'r *SPD* a Phlaid y Canol, Hermann Müller a Johannes Bell, ar 28 Mehefin, 1919 yn Neuadd y Drychau – yr union ystafell lle roedd Bismarck, 48 mlynedd cyn hynny, wedi cyhoeddi yr Ymerodraeth Almaenig am y tro cyntaf. Y diwrnod hwnnw cafwyd penawdau breision yn y papur newydd Almaenig, *Deutsche Zeitung*, yn beirniadu'r telerau yn hallt:

> DIAL! GENEDL ALMAENIG
> Heddiw yn Neuadd y Drychau, mae'r cytundeb gwarthus yn cael ei arwyddo. Peidiwch â'i anghofio. Bydd y bobl Almaenig yn llafurio'n ddi-baid i adennill y safle maent yn ei haeddu ymysg y cenhedloedd. Yna daw dial am warth 1919.

Pan oedd Hindenburg yn ymddeol am yr eildro, ysgrifennodd ffarwél terfynol i'r dynion oedd wedi gwasanaethu oddi tano. Diweddai fel hyn:

> Eich dewis chi fel unigolion yw'r hyn a feddyliwch am y digwyddiadau diweddar, ond rwy'n erfyn arnoch bob un, o ran eich gweithredoedd, i gael eich arwain yn unig gan fuddiannau eich gwlad … Dim ond trwy ymdrech unedig ar ran pawb ohonom y gallwn obeithio, gyda chymorth Duw, i godi ein Halmaen drist o ddyfnder ei gwarth presennol a'i hadfer i'r llewyrch a fu. Ffarwél, nid anghofiaf fyth mohonoch!

Yna ymneilltuodd yr hen Faeslywydd i'w stad yn Hanover.

D *Versailles – oedd hwn yn heddwch teg?*

Gellir edrych ar Gytundeb Versailles o safbwyntiau gwahanol. Yn 1920, ysgrifennodd newyddiadurwr a gohebydd blaen y gad yn ystod y rhyfel, Philip Gibbs, yn *Now It Can Be Told*:
Anghytunai'r hanesydd Anthony Wood yn llwyr pan ysgrifennodd yn 1964 yn *Europe 1815-1945*:

> Darn o ddial ... oedd y Cytundeb. Roedd yn drewi o anghyfiawnder. Nid oedd yn bosibl ei gyflawni. Heuodd filoedd o hadau y gallai rhyfeloedd dyfu ohonynt ... Cafodd y delfrydau roedd miliynau o ddynion wedi ymladd a marw drostynt – rhyddid, chwarae teg, rhyfel i roi terfyn ar ryfel, cyfiawnder – eu gwawdio a'u gwaradwyddo, nid gan ddynion drwg ond gan ddynion da, nid oherwydd cynllwyn drwg ond oherwydd teyrngarwch i fuddiannau cenedlaethol. Fe'u dallwyd gan rywbeth ...

O safbwynt yr Almaenwyr, roedd eu cynrychiolwyr wedi cael eu hanwybyddu a, chyda'r telerau wedi eu gorfodi nid wedi eu

> Y ffaith yw fod yn rhaid i unrhyw wlad a drechwyd, pa un a yw'n trafod ai peidio, dderbyn yr amodau mae'r buddugol yn eu hawlio. Roedd gan Brydain Fawr a Ffrainc rai amheuon ynghylch y Pedwar Pwynt ar Ddeg, a ph'run bynnag, roedd y telerau roedd yr Almaen wedi eu hawlio gan Rwsia yn Brest-Litovsk ym Mawrth 1919 wedi ei hamddifadu o unrhyw hawl i achwyn ynghylch Versailles; yn wir, o'i chymharu â'i chynghreiriaid, Awstria-Hwngari a Thwrci, roedd yr Almaen wedi cadw y rhan fwyaf o'i thiroedd yn gyfan ac roedd y rhanbarthau a gollodd yn cynnwys poblogaethau cymysg ac yn rhai a oedd, ar y cyfan, wedi eu hennill trwy goncwest.

cytuno, nid oedd y Cytundeb yn ddim ond *diktat* cywilyddus. O'r cychwyn cyntaf, nid oedd yr Almaenwyr yn teimlo unrhyw orfodaeth foesol i gynnal y Cytundeb. Roeddent yn argyhoeddedig na fyddai'n para ond cyhyd ag y byddai'r buddugwyr yn ddigon unedig ac yn ddigon cryf i'w gefnogi neu nes y byddai ganddynt arweinydd oedd yn ddigon mentrus i'w herio. Pam oedd y Cynghreiriaid mor benderfynol o wneud i'r Almaen dderbyn cyfrifoldeb am y rhyfel? Y rheswm oedd y byddai'n haws cyfiawnhau hawlio iawndal pe bai'r Almaen ei hun yn cyfaddef mai hi oedd ar fai am ddechrau'r rhyfel. Yn y cyfamser, roedd yr Almaenwyr yn dal i wadu eu cyfrifoldeb ac yn dadlau mai ei hamddiffyn ei hun a wnaeth yr Almaen wrth gyhoeddi rhyfel ar Rwsia ac ymosod ar Wlad Belg a Ffrainc yn 1914.

Ar y dechrau, ni allai'r Cynghreiriaid gytuno ar faint o iawndal fyddai'n bodloni eu disgwyliadau ac a fyddai, yr un pryd, yn bosibl i'r Almaen ei dalu. Yn ystod cyfnod pan gafwyd cyfres o gynadleddau i drafod hynny, mynnwyd bod yr Almaenwyr yn danfon symiau sylweddol o aur, arian cyfredol, nwyddau a defnyddiau crai i'r Cynghreiriaid, a gofynnwyd iddynt hefyd awgrymu eu syniadau eu hunain. Mewn cynhadledd a gynhaliwyd yn Llundain yn ystod Mawrth 1921, argraff wael a gafodd y Cynghreiriaid pan geisiodd yr Almaenwyr leihau'r swm a ystyrid ar y pryd a gwneud gwrthgynnig oedd yn amodol ar ddychwelyd y Rheindir a Silesia Uchaf i'w meddiant. Fis yn ddiweddarach, cafwyd adroddiad y Pwyllgor Iawndal Rhyng-gynghreiriol o'r diwedd. Roedd yn cymeradwyo y dylai'r Almaen dalu £6,600 miliwn (132,000 miliwn marc) ynghyd â'r llog y byddai'n ei ennill, ar y radd o £100 miliwn bob blwyddyn. Oherwydd y dig cenedlaethol yn yr Almaen, bu argyfwng gwleidyddol yn Berlin ac ymddiswyddodd y llywodraeth. Roedd un gwaradwydd arall i ddod. Er bod yr Almaen, yn 1920, wedi ymdrechu'n daer i fod yn un o sylfaenwyr Cynghrair y Cenhedloedd, y sefydliad rhyngwladol newydd wedi'r rhyfel, roedd chwerwder blynyddoedd y rhyfel yn golygu bod ei chais wedi ei wrthod. Ni chyfrifid bod yr Almaen yn ddigon parchus i gael ei chroesawu'n ôl i berthynas normal â gweddill y byd.

PRIF YSTYRIAETH

Penderfynu faint ddylai'r Almaen ei dalu.

10 ~ LLYFRYDDIAETH

Mae Llyfryddiaeth ar gyfer penodau 1-4 ar dudalennau 107-8.

11 ~ PYNCIAU TRAFOD A CHWESTIYNAU TRAETHAWD DWY RAN

A *Mae'r adran hon yn cynnwys cwestiynau y gellid eu defnyddio i drafod (neu ysgrifennu atebion) er mwyn ehangu ar y bennod a phrofi dealltwriaeth ohoni.*

1. I ba raddau oedd y Kaiser yn dal i fedru dylanwadu ar bolisïau a phenderfyniadau yn 1918?
2. Eglurwch y newid yn agwedd Plaid Sosialaidd yr Almaen tuag at y rhyfel yn ystod 1917 ac 1918.
3. Yn eich barn chi, a yw'r ddamcaniaeth 'cyllell-yn-y-cefn' yn gredadwy?
4. Beth yw ystyr y term 'eithafol' mewn gwleidyddiaeth?
5. A oedd gan Ebert unrhyw ddewis heblaw derbyn help y milwyr yn 1919?
6. A fyddech chi'n cytuno bod gwrthryfel y Spartacyddion yn Ionawr 1919 wedi ei dynghedu i fod yn fethiant o'r cychwyn cyntaf?
7. Beth yw gwendidau dull etholiadol sydd wedi ei sylfaenu ar gynrychiolaeth gyfrannol?
8. Pa un oedd bwysicaf, y *Reichsrat* neu'r *Reichstag*? Rhowch eich rhesymau.
9. Eglurwch arwyddocâd Erthygl 48 o'r Cyfansoddiad.

B *Cwestiynau traethawd dwy ran*

1. (a) Beth oedd y rhesymau dros y gwrthryfeloedd a'r terfysgoedd a arweiniodd at gyfnod o gythrwfl yn yr Almaen yn ystod 1918 ac 1919?
   (b) Disgrifiwch sut y llwyddodd Ebert i adfer a chynnal cyfraith a threfn yn yr Almaen yn ystod y cyfnod hwn.
2. (a) Disgrifiwch hyd a lled y pwerau a ganiatawyd i'r Arlywydd gan gyfansoddiad yr Almaen yn 1919?

(b) Eglurwch y rhesymau dros boblogrwydd y Democratiaid Cymdeithasol (*SPD*) yn etholiadau 1919.

3. (a) Pam oedd cymaint o Almaenwyr wedi eu cythruddo oherwydd Erthygl 23, y Cymal Euogrwydd Rhyfel?

(b) Disgrifiwch i ba raddau y bu i Gytundeb Versailles gyfyngu ar botensial diwydiannol a milwrol yr Almaen.

12 ~ GWNEUD NODIADAU

Darllenwch yr adran ar dudalen xx yn y Rhagair sy'n cynnig cynghorion ar sut i wneud nodiadau, ac yna gwnewch eich nodiadau eich hun yn seiliedig ar y penawdau a'r cwestiynau a ganlyn.

1. *Pam oedd chwyldroadwyr Almaenig mor weithredol yn ystod 1918-19?*

Darllenwch yr adrannau perthnasol yn y bennod sy'n sôn am yr anniddigrwydd yn ystod blynyddoedd olaf y rhyfel ac yn union wedi hynny.

(a) Penderfynwch beth oedd y rhesymau am yr anniddigrwydd:

	Digwyddiadau	*Achosion*
i	miwtini yn llynges yr Almaen	
ii	terfysgoedd yn ymledu trwy'r Almaen	
iii	cyhoeddi Bafaria yn weriniaeth sosialaidd	
iv	anfodlonrwydd yn y fyddin Almaenig	
v	gwrthryfel y Spartacyddion yn Berlin	
vi	ymddangosiad y *Freikorps*	

(b) Pam na fu i'r bygythiad o chwyldro ddatblygu?

(c) Pa ran a chwaraeodd unedau milwrol a lledfilwrol yn y digwyddiadau hyn?

(ch) Beth oedd ymateb y prif bleidiau gwleidyddol a'r gymdeithas yn yr Almaen i'r terfysgoedd hyn?

2. *Beth oedd cryfderau a gwendidau Cyfansoddiad Gweriniaeth Weimar?*

Astudiwch yr adran yn y bennod sy'n delio â Chyfansoddiad Gweriniaeth Weimar.

(a) Chwiliwch am y tebygrwydd rhwng Cyfansoddiad newydd yr Almaen a dulliau llywodraethu Prydain ac Unol Daleithiau America.

(b) I ba raddau y gellir dweud bod y dull newydd o lywodraethu yn wir ddemocrataidd?

(ch) Pa wendidau allai fodoli oherwydd

(i) y bwriad i ddefnyddio dull etholiadol oedd yn dibynnu ar gynrychiolaeth gyfrannol

(ii) yr awdurdod a gâi'r Arlywydd yn ôl Erthygl 48?

3. *Ystyriwch adwaith yr Almaen i delerau Cytundeb Versailles*
Darllenwch y darnau perthnasol yn y bennod sy'n delio â'r telerau a orfodwyd ar yr Almaen yn Versailles.

(a) Ystyriwch effaith y telerau ar yr Almaen.

(b) Ystyriwch adwaith yr Almaen:

	Rhesymau dros ddicter yr Almaen
Colli tir yn Ewrop	
Colli trefedigaethau	
Ardaloedd lle byddai pleidlais gwlad yn penderfynu ar eu dyfodol	
Cymal 80 ac uno'r Almaen ac Awstria	
Cymalau milwrol	
Euogrwydd rhyfel	
Iawndaliadau	

(c) Pam y bu i'r Almaen dderbyn y telerau?

Gweriniaeth Weimar – Y Blynyddoedd Cynnar 1920-3

2

CYFLWYNIAD

Roedd Gweriniaeth Weimar, a ddaeth i fod yn 1919, i barhau hyd 1933. Roedd i reoli'r Almaen dros gyfnod hwy na Thrydedd Reich Hitler. Byddai llawer yn dadlau, yn wyneb anawsterau dybryd ac agwedd danseiliol y rhai oedd yn dirmygu llywodraeth ddemocrataidd, ei bod wedi ei thynghedu i fethu o'r dechrau. Ond, goroesodd drwy ei blynyddoedd cynnar trafferthus, ac yng nghanol yr 1920au cafodd gyfnod cymharol lewyrchus. Yn y diwedd, cafodd ei dinistrio gan amodau economaidd a chynllwyn adain dde y rhai oedd wedi gweithio i'w thanseilio. Bradychwyd arbrawf eofn mewn democratiaeth gan wleidyddion gonest, da eu bwriad, a'u gorfodi i ildio i hunllef Natsïaeth. Ystyriwch, wrth ddilyn ei hanes, a oedd Gweriniaeth Weimar wedi ei thynghedu i fethu o'r dechrau. A wnaeth ei harweinyddion gamgymeriadau na ellid eu cywiro, neu a gwympodd hi oherwydd digwyddiadau na ellid bod wedi eu rhag-weld? A yw'n bosibl, gydag arweinyddion eraill, polisïau gwahanol a gwell dealltwriaeth o genhedloedd eraill, y gallai fod wedi goroesi i rwystro uchelgais Adolf Hitler?

1 ~ DECHRAU ANFFODUS

Fel yr ysgrifennodd Hannah Vogt am wleidyddion Weimar a gamodd i'w swyddi yn 1919, 'roedd y dynion oedd i gydio yn awenau'r llywodraeth yn wynebu tasg enfawr, ddiddiolch'. O'r cychwyn cyntaf, roedd clymblaid Philipp Scheidemann, oedd yn cynnwys Sosialwyr (*SPD*), rhyddfrydwyr adain chwith (*DDP*) a Phlaid y Canol, yn wynebu dig am ryfel a gollwyd a siom oherwydd yr heddwch. Yn fwyaf damniol oedd gelyniaeth y chwith eithaf a'r dde eithaf. Cyhuddai'r Comiwnyddion hwy o fod yn annheyrngar am iddynt beidio â'u cefnogi yn ystod terfysgoedd y deuddeng mis a aeth heibio. I'r cenedlaetholwyr, roeddent yn cynrychioli 'troseddwyr Tachwedd' a'r rhai oedd yn gyfrifol am sarhad Cytundeb Versailles. Tanseiliwyd safle'r llywodraeth newydd ymhellach ym marn y cyhoedd gan ddylanwad carfanau ceidwadol. Roedd y rhain yn dal yn gadarn eu safle, dim ond arwynebol oedd eu teyrngarwch i'r Weriniaeth, ac roeddent yn barod iawn i danseilio'i hawdurdod. Nid oedd polisïau

TABL 3
Llinell Amser: hanes mewnol Gweriniaeth Weimar, 1920-3

1920	Mawrth	Ymgais *Putsch* Kapp; gwrthryfel comiwnyddol yn y Ruhr; Hermann Müller yn ffurfio llywodraeth newydd
	Mehefin	Etholiad y *Reichstag*. Pleidiau'r Glymblaid (*SPD* – y Canol – *DDP*) yn dioddef colledion trwm; Fehrenbach yn ffurfio Clymblaid newydd
	Hydref	Gwahaniaethau yn arwain at raniad yn yr *USPD*
1921	Ion.-Chwef.	Cynadleddau Paris a Llundain ar iawndaliadau
	Ebrill	Pwyllgor Iawndal yn pennu'r taliad – £6,600 miliwn
	Mai	Llywodraeth Fehrenbach yn ymddiswyddo; Josef Wirth yn dod yn Ganghellor
	Awst	Llofruddio Matthias Erzberger
1922	Ebrill	Cynhadledd Genoa
	Mehefin	Llofruddiaeth Walther Rathenau
	Tachwedd	Llywodraeth Wirth yn ymddiswyddo; Wilhelm Cuno yn dod yn Ganghellor
1923	Ionawr	Milwyr Ffrainc a Gwlad Belg yn meddiannu'r Ruhr
	Awst	Gorchwyddiant a chwymp y marc Almaenig; llywodraeth Cuno'n ymddiswyddo; Gustav Stresemann yn dod yn Ganghellor
	Medi	Aflonyddwch yn Bafaria, Sacsoni a Thuringia: yr Arlywydd Ebert yn cyhoeddi sefyllfa argyfwng dan Erthygl 48 o'r Cyfansoddiad
	Tachwedd	Cais i gipio grym (*Putsch*) yn München; Stresemann yn ymddiswyddo; Wilhelm Marx yn dod yn Ganghellor

economaidd ei Gweinidog Cyllid, Matthias Erzberger, yn sicrhau bod poblogrwydd y llywodraeth ar gynnydd chwaith. Er mwyn gallu ymdopi â phroblemau ariannol, a etifeddwyd oherwydd blynyddoedd y rhyfel ac a waethygwyd oherwydd y telerau a orfodwyd yn Versailles, yn ogystal ag ansicrwydd wedi'r rhyfel, gosododd Erzberger drethi ar elw a chyfoeth a etifeddwyd. Hefyd, cyflwynodd **drefn drethu raddedig** a effeithiodd yn bennaf ar y cyfoethog. O ganlyniad, cyhuddwyd arweinwyr y llywodraeth o fod yn anonest ac o weithio er lles cyn-elynion yr Almaen. Beirniedid Ebert, y Canghellor Bauer a'i weinidogion yn gyson. Yn Ionawr 1920, deffrowyd diddordeb y cyhoedd pan gyhuddwyd Erzberger gan Karl Helfferich, cyn-Ganghellor yr ymerodraeth, o ddefnyddio ei safle er mwyn gwneud elw ariannol iddo'i hun. Yn ystod yr achos llys a ddilynodd, profwyd i raddau helaeth nad oedd y cyhuddiadau'n wir, ond roedd Erzberger wedi ei waradwyddo ac fe'i gorfodwyd i ymddeol. Daeth yr achos llys i ben ar 12 Mawrth 1920, ddiwrnod cyn i'r Weriniaeth orfod wynebu ei her fawr gyntaf o du'r dde.

trefn drethu raddedig
canran y dreth a delid yn codi yn ôl yr incwm

2 ~ *PUTSCH* KAPP, MAWRTH 1920

A Y Cefndir

Yn ogystal â'r elyniaeth eang a ddangosid tuag at y llywodraeth, a'r feirniadaeth o du'r pleidiau eithafol, roedd gweinyddiaeth Bauer yn wynebu problem fawr arall. Er mwyn lleihau niferoedd y

WOLFGANG KAPP (1858-1922)

Ymfudodd tad Kapp, fu â rhan mewn gwrthryfel yn yr Almaen yn 1848, i'r Unol Daleithiau flwyddyn yn ddiweddarach. Ganwyd ei fab, Wolfgang, yn Efrog Newydd yn 1858 a dychwelodd y teulu i'r Almaen yn 1870. Bu'r Kapp ifanc, doethur yn y gyfraith, yn gweithio am rai blynyddoedd yng Ngweinyddiaeth Amaethyddiaeth Prwsia ac, yn 1906, daeth yn gyfarwyddwr cyffredinol banc credyd amaethyddol. Yn ystod rhyfel 1914-18, gweithiodd gyda'r Llyngesydd Von Tirpitz i sefydlu plaid eithafol adain dde, y *Vaterlandspartei* (Plaid y Famwlad). Ar ôl cythrwfl 1918, fe'i hetholwyd i'r *Reichstag* lle bu'n brwydro dros adfer y frenhiniaeth.

lluoedd arfog yn ôl gorchymyn Cytundeb Versailles, roedd yn rhaid gwneud toriadau enfawr – lleihau byddin o 650,000 i 200,000 erbyn Tachwedd 1919 ac wedyn i ddim ond 100,000. Condemniodd grŵp o swyddogion o dan y Cadfridog von Lüttwitz y toriadau arfaethedig a mynnu diddymu'r *Reichstag* a galw etholiad. Roedd ganddo ef a Wolfgang Kapp gynlluniau i ddymchwel y llywodraeth, ac roedd yn ddealledig fod Ludendorff yn eu cefnogi.

Daeth y cyfan i'w uchafbwynt pan orchmynnodd Gustav Noske, y Gweinidog Amddiffyn, i nifer o unedau ddadfyddino. Roedd y rhain yn cynnwys Brigâd Baltikum, oedd newydd ddod yn ôl o daleithiau'r Baltig, a brigâd dan ofal Hermann Ehrhardt a fu'n gyfrifol yn gynharach am drechu gwrthryfel y Spartacyddion ac am ddymchwel y weriniaeth gomiwnyddol yn Bafaria.

B *Yr ymdrech i gipio grym*

Noswaith y 12/13 Mawrth, gadawodd dynion y ddwy frigâd eu barics ar gyrion Berlin a symud i mewn i'r ddinas. Y bore canlynol, gorymdeithiasant yn orfoleddus trwy Byrth Brandenburg i ganol y ddinas. Ymunodd unedau eraill o'r *Freikorps* â hwy, gan chwyddo'r rhif i dros 12,000. Cynllun Kapp oedd cipio Berlin gyda'u help ac yna sefydlu llywodraeth adain dde ac yntau'n Ganghellor. Gorchmynnodd Noske i'r *Reichswehr*, y fyddin broffesiynol newydd a ganiateid dan delerau Versailles, weithredu yn erbyn y gwrthryfelwyr ond nid oedd arweinwyr y fyddin, a oedd cyn hynny wedi bod yn fodlon gwrthwynebu'r adain chwith filwriaethus, yn barod i ufuddhau. Er nad oedd Cadlywydd y fyddin, y Cadfridog von Seeckt, yn cefnogi Lüttwitz, gwrthododd gan ddweud, 'nid yw'r *Reichswehr* yn tanio ar *Reichswehr*'. Dan fygythiad, gadawodd aelodau o'r llywodraeth brifddinas Berlin. Aethant yn gyntaf i Dresden, lle roedd Cadlywydd y fyddin leol yn methu sicrhau eu diogelwch, ac yna ymlaen i Stuttgart. Cyn gadael y brifddinas, roeddent wedi galw ar weithwyr yr Almaen i

PRIF YSTYRIAETH

Y tro cyntaf i'r adain dde wrthwynebu'r Weriniaeth newydd

amddiffyn y Weriniaeth a dangos eu gwrthwynebiad i Kapp a'i wrthryfelwyr trwy gefnogi streic gyffredinol. Anfonwyd datganiad wedi ei arwyddo gan Ebert a Bauer at y gweithwyr:

> Weithwyr, Frodyr yn y Blaid! Mae'r *putsch* milwrol wedi dechrau. Mae hurfilwyr y Baltig, yn ofni'r gorchymyn i ddadfyddino, yn ceisio dymchwel y Weriniaeth a ffurfio unbennaeth filwrol. Mae Lüttwitz a Kapp yn eu harwain ... Bydd llwyddiannau blwyddyn gyfan yn cael eu difa, eich rhyddid, yr ymladdwyd mor galed amdano, yn cael ei ddinistrio. Mae popeth yn y fantol! Mae angen gweithredu'n daer. Ni ddylai unrhyw ffatri fod yn gweithio tra bydd unbennaeth Ludendorff a'r lleill yn llywodraethu. Rhowch y gorau i weithio! Dewch allan ar streic! Ymladdwch ym mhob modd dros y Weriniaeth. Felly, rhowch y gorau i weithio! Nid oes ond un ffordd o weithredu yn erbyn unbennaeth ... parlysu'r bywyd economaidd yn llwyr! Ni ddylai un llaw symud! Streic gyffredinol ledled y wlad! Weithwyr unwch! I lawr â'r gwrth-wrthryfel.

Y tu hwnt i Berlin, roedd arweinwyr milwrol yr Almaen yn ymddwyn yn ofalus, ac i bob golwg nid oeddent wedi ymrwymo i'r achos. Er bod Walther Reinhardt, Cadlywydd y *Reichswehr*, yn deyrngar i'r llywodraeth ac yn barod i weithredu, roedd eraill yn amharod i gymryd rhan uniongyrchol. Yn arwyddocaol, arsylwi o bellter ar y digwyddiadau a wnaeth Hindenburg. Dramor, roedd pryder ynghylch y digwyddiadau yn yr Almaen a gwrthododd llywodraethau tramor gydnabod awdurdod Kapp.

C *Cwymp y* putsch *a'r hyn a'i dilynodd*

Profodd y streic yn effeithiol ar fyrder. Heb ddŵr, nwy, trydan na chludiant cyhoeddus, roedd Berlin wedi ei pharlysu a bywyd bob dydd wedi dod i ben. Pan beidiodd papurau newydd cenedlaethol a rhanbarthol ag ymddangos, ceisiodd cefnogwyr Kapp ledaenu eu syniadau trwy rannu taflenni newyddion a phropaganda. I waethygu'r sefyllfa, gwrthododd gweision sifil ddilyn gorchmynion Kapp a gwrthododd y *Reichsbank* roi cefnogaeth ariannol iddo. Y gwir oedd fod y *putsch* wedi ei amseru'n wael, ei gynllunio'n wael ac wedi methu ennill y gefnogaeth a ddisgwylid o bell ffordd. Ar wahân i ddyhead cyffredinol i ddymchwel y Weriniaeth, nid oedd gan arweinwyr y *putsch* bolisïau gwerth chweil ac nid oedd ganddynt fodd i sefydlu llywodraeth effeithlon. Er bod gan rai pleidiau adain dde beth cydymdeimlad â'r gwrthryfelwyr, roedd rhai yn barod i gefnogi'n agored. Mewn cyfyng gyngor, gwnaeth Kapp addewidion hael er mwyn ceisio ennill cefnogaeth y cyhoedd. Gobeithiai y byddai dileu arholiadau yn ennill ffafr, o leiaf ymysg myfyrwyr Berlin. Daeth yn fwyfwy rhwystredig yn ei ymdrechion i reoli ac, fel roedd ei safle'n gwanhau, cynyddodd ymrysonau rhwng tyrfaoedd o weithwyr gelyniaethus a chefnogwyr y *putsch*. Ar ôl pedwar diwrnod a'r *putsch* yn fethiant, ymddiswyddodd Kapp. Ffodd Luttwitz ac yntau dramor i ymuno â Ludendorff yn Sweden. O'r 412 swyddog a gymerodd ran yn y *putsch*, dim ond 48 a gollodd eu swyddi a dim ond un a ddedfrydwyd i garchar!

Roedd pleidwyr adain chwith ac undebwyr llafur, a oedd yn pryderu bod agweddau milwriaethus wedi dod i'r amlwg eto, wedi eu cythruddo am fod y llywodraeth wedi methu delio â'r sefyllfa. Gan alw am streic gyffredinol arall, lluniasant gynllun naw-pwynt oedd yn cynnwys hawlio llywodraeth wir sosialaidd, cael gwared ar elfennau gwrthweriniaethol o'r weinyddiaeth, creu byddin weriniaethol newydd, ac amrywiaeth o ddiwygiadau economaidd pwysig. Gwrthododd yr Arlywydd Ebert ystyried y mwyafrif o'r gofynion hyn ond ni allai atal ymddiswyddiad y Canghellor Bauer a'r Gweinidog Amddiffyn Noske. Ar 15 Mawrth, dechreuodd gwrthryfel comiwnyddol yn y Ruhr. Fel roedd y Fyddin Goch, fel y'i galwyd, yn derbyn arfau, codwyd baricedau yn y strydoedd. Ffurfiwyd llywodraeth yn Essen gyda'r nod o sefydlu gweriniaeth sofietaidd annibynnol. Y tro hwn, nid oedd gan y fyddin, oedd wedi gwrthod, yn fulaidd, delio â Kapp, unrhyw broblem. Lladdwyd a dienyddiwyd cannoedd wrth i'r *Reichswehr* adfer trefn.

Roedd *putsch* Mawrth 1920, er yn gymaint o fethiant, yn arwyddocaol. Roedd yn arwydd fod cenedlaetholwyr anniddig lawn mor barod i weithredu yn erbyn llywodraeth Weimar ag oedd eu gwrthwynebwyr ar yr adain chwith. Dangosodd hefyd fod gweithwyr yr Almaen yn barod i wrthsefyll ymdrechion ar ran y garfan filwrol i gipio awdurdod. Dangosodd yn glir na allai'r llywodraeth ddibynnu ar gefnogaeth y *Reichswehr* ym mhob argyfwng.

Yn dilyn *putsch* Kapp cynyddodd casineb at ddemocratiaeth Weimar fwyfwy ymysg y milwriaethus a'r cenedlaetholwyr, a gwelwyd penderfyniad cryfach i ddinistrio'r hyn a dybient oedd yn weriniaeth seiliedig ar gefnogaeth y Bolsiefigiaid waeth beth fyddai'r dull. Ar y llaw arall, roedd eithafwyr adain chwith wedi chwerwi oherwydd yr hyn a ystyrient yn 'frad Ebert, Noske, Bauer a'u dilynwyr'. Mae'n ddiddorol fod Lenin yn ystyried methiant *Putsch* Kapp mor arwyddocaol â chwymp gwrthryfel Kornilov yn Awst 1917. Yn Rwsia, roedd y digwyddiad hwnnw wedi cyfrannu'n fawr at lwyddiant y Bolsiefigiaid, ac roedd Lenin yn meddwl y gallai methiant Kapp arwain at ganlyniadau tebyg yn yr Almaen.

3 ~ TRAIS TORFOL A LLADD GWLEIDYDDOL

A Y *'Braw Gwyn'*

Yn ystod y misoedd canlynol gwelodd yr Almaen loddest o drais torfol a llofruddiaethau fel roedd eithafwyr adain chwith ac adain dde yn gweithredu drostynt eu hunain. Roedd y chwith yn gyfrifol am rai erchyllterau ond gwaith y 'Braw Gwyn' oedd y mwyafrif, a drefnwyd gan y dde. Roedd trais y *Freikorps* **yn fympwyol**, ac mae gorchymyn un arweinydd i'w ddynion yn crisialu eu hagwedd ar y

mympwyol heb dalu sylw i unrhyw reolau

pryd – 'Mae'n llawer gwell lladd ychydig o bobl ddiniwed na gadael i un person euog ffoi'. Mae G.S. Graber yn disgrifio anfadwaith y *Freikorps* yn *History of the SS*:

Ehrhardt uned wir fileinig o'r *Freikorps*

> Ni ellid clywed dim ond sŵn traed yn gorymdeithio. Chwarddodd bachgen bach yn y dorf oedd yn gwylio ... gadawodd dau aelod o'r **Ehrhardt** y llinell, bwrw'r bachgen i'r llawr a'i guro â charnau eu reifflau nes ei fod yn hollol lonydd. Ni symudodd unrhyw un arall, er bod rhywun wedi bod yn ddigon dewr i hisian. Cyfarthodd swyddog orchymyn a defnyddiwyd gynnau peiriant i saethu at y dorf.

Dim ond ychydig o'r rhai oedd yn gyfrifol am anfadwaith o'r fath a gyhuddwyd. Ymysg dioddefwyr y 'Braw Gwyn' oedd Matthias Erzberger, Walther Rathenau a nifer o arweinwyr eraill yr adain chwith. Roedd Erzberger, arweinydd Plaid y Canol, wedi gwasanaethu fel dirprwy yn y *Reichstag* ers 1903. Roedd ymhlith y rhai a drafododd delerau'r cadoediad yn 1918. Flwyddyn yn ddiweddarach, fe'i penodwyd yn Weinidog Cyllid yng ngweinyddiaeth Bauer. Roedd eisoes wedi goroesi un ymgais i'w lofruddio yn ystod ei achos enllib yn 1920 ac, ar 26 Awst 1921, fe'i llofruddiwyd gan aelodau o'r *Organisation Consul*, grŵp o weithredwyr gwleidyddol, yn bennaf gyn-swyddogion ifanc, enwog am eu trais.

B *Llofruddiaeth Walther Rathenau*

Roedd Walther Rathenau yn fab i ddiwydiannwr Iddewig cyfoethog a sefydlodd y gyfuned enfawr, *Allgemeine Elektrizitats-Gesellschaft* (*AEG*). Yn ystod y rhyfel, roedd wedi chwarae rhan allweddol yn cynnal cynhyrchu a lleihau effeithiau gwarchaeon llyngesau y Cynghreiriaid. Ar ôl y rhyfel ymunodd â'r *DDP* a gwasanaethu fel Gweinidog Ailadeiladu, ac ef oedd yn gyfrifol am gyflawni gofynion economaidd telerau Versailles. Roedd ganddo ddaliadau democrataidd cryf a cheisiai annog cydweithio rhyngwladol. Yn 1922 daeth yn Ysgrifennydd Tramor, a'r flwyddyn honno ef oedd yn bennaf cyfrifol am drafodaethau Cytundeb Rapallo a adferodd y berthynas rhwng Almaen Gweriniaeth Weimar a Rwsia Gomiwnyddol (gw. tud. 45). Er gwaethaf ei lwyddiannau, nid oedd y gwladweinydd uchel ei barch yn boblogaidd gyda'r cenedlaetholwyr adain dde, a oedd yn ei gyhuddo o annog 'Comiwnyddiaeth raddol'. Roedd bob amser yn darged i asasiniaid, ond gwrthodai gymryd unrhyw gamau i sicrhau ei ddiogelwch. Ar 24 Mehefin 1922, fe'i saethwyd pan oedd yn gyrru i'w swyddfa mewn car agored.

Aelodau o'r *Organisation Consul* oedd yn gyfrifol y tro hwn eto. Mae'n ansicr beth oedd y cymhelliad. Efallai mai lladd arweinydd blaenllaw o'r llywodraeth ar hap ydoedd, neu, o bosibl, dial ar ddyn oedd yn gyfrifiol am adfer perthynas ddiplomyddol â Rwsia Sofietaidd. Gall y ffaith ei fod yn Iddew fod yn ffactor arall, ac mae rhai hyd yn oed wedi awgrymu bod ei ddiofalwch ynghylch ei ddiogelwch ei hun yn dangos ei fod yn dymuno bod yn ferthyr.

C *Adwaith i lofruddiaeth Rathenau*

Cafwyd adwaith dicllon ymysg pobl yr Almaen i lofruddiaeth Rathenau. Roeddent yn ddig fod y llywodraeth yn methu gwrthsefyll anfadwaith yr adain dde. Pasiwyd Deddf Amddiffyn y Weriniaeth oedd yn rhoi pwerau pellgyrhaeddol i'r awdurdodau ac yn sefydlu llysoedd arbennig i ddelio â'r rhai oedd yn gyfrifol am weithredoedd braw. Amcangyfrifir bod yna 376 o lofruddiaethau gwleidyddol wedi digwydd yn ystod y cyfnod hwn – 354 yn waith y dde, o'i gymharu â 22 yn waith y chwith. O'r rhai oedd yn gyfrifol, dim ond deg, dynion y chwith i gyd, a gyhuddwyd yn y llysoedd a'u dedfrydu i farwolaeth. Ar gyfartaledd, y gosb a ddyfernid i lofruddion adain dde oedd pedwar mis o garchar, a'r ddirwy gyfartalog am bob llofruddiaeth oedd dau farc yn unig!

Ch Y Stahlhelm *a byddinoedd preifat eraill*

Mewn awyrgylch o'r fath, a phawb ar bigau'r drain, nid yw'n syndod fod nifer o fyddinoedd preifat, lledfilwrol wedi ymddangos. Cyn-filwyr oedd i'w cael ym myddin y *Stahlhelm* (Yr Helmed Ddur), corff adain dde. Wedi ei sefydlu gan Franz Seldte a Theodor Duesterberg, dau gyn-swyddog yn y fyddin, roedd yn gryf o blaid y frenhiniaeth ac yn genedlaetholgar. Ei phrif nod oedd gwarchod rhag chwyldro adain chwith. Chwaraeodd ran amlwg yng ngwleidyddiaeth yr Almaen yn ystod yr 1920au a'r 1930au cynnar. Yn gwrthwynebu'r *Stahlhelm* oedd y *Reichsbanner* a'r *Rotfrontkampferbund* (Ymladdwyr y Ffrynt Coch). Denai'r *Reichsbanner* aelodau o'r *SPD* ac undebwyr llafur oedd yn gyn-filwyr. Roedd ganddi lifrai ond nid oedd yn cludo arfau. Byddin answyddogol y Comiwnyddion oedd y *Rotfrontkampferbund*. Roedd dynion oedd wedi perthyn i'r *Freikorps* ac eraill oedd wedi methu dygymod â bywyd sifil yn ymuno â'r *Sturmabteilung*. Dyma'r stormfilwyr strydgyfarwydd a berthynai i'r Blaid Natsïaidd oedd ar ei thwf, dynion oedd yn derbyn bod defnyddio trais yn ffordd o fyw.

TABL 4
Llywodraethau Gweriniaeth Weimar, Chwefror 1919-Mehefin 1920

	Canghellor	*Cyfansoddiad y Glymblaid*
Chwef.1919 – Meh.1919	Philipp Scheidemann	*SPD*/Y Canol/*DDP*
Meh.1919 – Maw.1920	Gustav Bauer	*SPD*/Y Canol/*DDP*
Maw.1920 – Meh.1920	Hermann Müller	*SPD*/Y Canol/*DDP*

Daeth yn amlwg yn gynnar yn hanes Gweriniaeth Weimar fod llywodraethau a ddibynnai ar glymbleidiau anniddig yn fregus. Yn ystod 18 mis, rhwng Chwefror 1919 a Mehefin 1920, cwympodd tair llywodraeth. Gyda mwy o drafferthion ar y gorwel, nid oedd y sefyllfa'n debyg o wella.

TABL 5
Etholiad y Reichstag, *Mehefin 1920*

		Nifer y seddau
Democratiaid Cymdeithasol	(SPD)	102
Democratiaid Cymdeithasol Annibynnol	(USPD)	84
Y Blaid Genedlaethol	(DNVP)	71
Plaid y Bobl	(DVP)	65
Plaid Ganol y Catholigion	(Zentrum)	64
Y Blaid Ddemocrataidd	(DDP)	39
Plaid Bafaria	(BVP)	16
Comiwnyddion	(KPD)	4
Annibynnol ac eraill		26

4 ~ BLYNYDDOEDD ARGYFWNG, 1920-4

A *Etholiad y* Reichstag, *Mehefin 1920*

Er mai'r *SPD* oedd y blaid fwyaf, fe gollodd 61 sedd ac 16 y cant o'i phleidlais. Dangosai'r canlyniad y symudiad cyntaf tuag at begynu barn y cyhoedd, gyda mwy o bobl yn pleidleisio dros bleidiau eithafol. Daeth llwyddiant i ran y pleidiau cenedlaethol, y *DNVP* a'r *DVP*, ac enillodd y Comiwnyddion, oedd bellach yn ôl yn y maes gwleidyddol, bedair sedd. Roedd y llywodraeth newydd, clymblaid canol-dde, dan lywyddiaeth Konstantin Fehrenbach o Blaid y Canol.

B *Cyfnod o glymbleidiau a fethodd*

Ffurfiodd Konstantin Fehrenbach, cyfreithiwr trosedd galluog ac un o siaradwyr gorau'r *Reichstag*, glymblaid oedd yn cynnwys ei Blaid ef ei hun, y Canol, a'r *DVP*, ond heb yr *SPD*. Yn ystod y cyfnod hwn, cafwyd rhaniad ymysg Democratiaid Cymdeithasol Annibynnol yr *USPD* a barodd i'r Blaid ddiflannu i bob pwrpas. Dewisodd rhai ddychwelyd i'r *SPD* ond ymunodd y mwyafrif â'r Blaid Gomiwnyddol, y *KPD*. Dim ond naw mis oed oedd llywodraeth Fehrenbach cyn iddi orfod ymddiswyddo oherwydd iddi fethu ennill unrhyw gonsesiynau wrth drafod iawndaliadau â'r Cynghreiriaid.

Wedi i Fehrenbach ymddiswyddo, ffurfiodd Joseph Wirth lywodraeth newydd. Gwleidydd o Blaid y Canol oedd yntau, ac aildrefnodd y glymblaid gan ei symud ychydig i'r chwith trwy gynnwys yr *SPD* a'r *DDP* a gollwng y *DVP*. Yna'n ddiweddarach, er mwyn ennill gwell cydbwysedd chwith-dde, newidiodd bethau

TABL 6
Llywodraethau Gweriniaeth Weimar, Mehefin 1920-Awst 1923

	Canghellor	Cyfansoddiad y Glymblaid
Meh.1920 – Mai 1921	Konstantin Fehrenbach	Y Canol/DDP/DVP
Mai 1921 – Tach. 1922	Josef Wirth	Y Canol/DDP/SPD
Tach.1922 – Awst 1923	Wilhelm Cuno	Y Canol/DDP/DVP

eto a dod ag aelodau o'r *DVP* yn ôl i'w gabinet. Wirth oedd yr un y bu'n rhaid iddo ddelio â chanlyniadau llofruddiaethau Erzberger a Rathenau a cheisio datrys problem yr iawndaliadau. Yn 1922, gofynnodd llywodraeth yr Almaen am ohiriad – sef hawl dros dro i beidio â thalu'r swm dyledus nesaf. Ar yr un pryd, ni lwyddwyd i anfon coed a pholion telegraff oedd eisoes yn ddyledus. Mewn cynhadledd a gynhaliwyd yn Cannes i ystyried cais yr Almaen, cyflwynodd Raymond Poincaré, Prif Weinidog Ffrainc, safbwynt ei wlad yn berffaith glir. Dywedodd fod ar Ffrainc eisiau 'yr hyn sy'n ddyledus iddi, y cyfan sy'n ddyledus iddi'. Rhybuddiodd, os nad oedd yn mynd i'w dderbyn, y byddai 'llaw drom yn disgyn ar ei gwar [yr Almaen]'. Honnai'r Almaenwyr bod hyn yn fater syml iddynt – 'Bara'n gyntaf, yna iawndaliadau'. Ar 14 Tachwedd 1922, wedi i'r *SPD* gilio o glymblaid Wirth, ymddiswyddodd y Canghellor a daeth Wilhelm Cuno i'w swydd.

Roedd Wilhelm Cuno yn ddyn busnes mawr ei barch ac yn enwog yn rhyngwladol. Nid oedd yn perthyn i unrhyw blaid wleidyddol. Fel cyfarwyddwr Asiantaeth Llongau Hamburg-America, roedd wedi gwrthod derbyn penodiad i'r cabinet ddwywaith. Ac yntau'n cefnogi busnes a buddiannau diwydiannol, ffurfiodd glymblaid ganol-dde o'r *DDP*, Plaid y Canol a'r *DVP*. O'u cymharu â phroblemau Fehrenbach a Wirth, roedd y rhai roedd Cuno ar fin eu hwynebu yn anferthol. Er bod llywodraeth Prydain o blaid ystyried cais yr Almaen i ohirio talu'r iawndaliadau, roedd Ffrainc yn dal ei thir yn gadarn. Roedd Poincaré yn argyhoeddedig mai hel esgusion oedd llywodraeth yr Almaen er mwyn osgoi talu'r hyn y gallai ei fforddio. Pan fethodd yr Almaen dalu yn Ionawr 1923, penderfynodd weithredu.

PRIF YSTYRIAETH

Problemau ynghylch iawndaliadau.

C *Ystyried iawndaliadau*

Ni phenderfynwyd yn Versailles beth fyddai cyfanswm yr iawndaliadau oedd i'w talu ond penodwyd Pwyllgor Iawndal i'w ystyried. Yn y cyfamser, roedd gofyn i'r Almaen wneud taliad interim o £1,000 miliwn. Ym Mawrth 1921, methodd dalu'r hyn oedd yn ddyledus, ac, o ganlyniad, croesodd milwyr y Cynghreiriaid dros afon Rhein a meddiannu Düsseldorf, Duisburg a Ruhrort. Y mis canlynol, cyhoeddodd y Pwyllgor Iawndal fod y swm y disgwylid i'r Almaen ei dalu wedi ei bennu, sef 132,000 miliwn marc aur – £6,600 miliwn. Roedd yn swm aruthrol ond yn llai o dipyn na'r 269,000 miliwn marc aur (dros £14,000 miliwn) a awgrymwyd yn y lle cyntaf! Roedd y swm i gael ei dalu yn flynyddol, fesul £100 miliwn, peth ohono mewn arian a pheth mewn nwyddau megis glo a llongau.

Nid oedd undyn yn fwy beirniadol o'r iawndaliadau a hawliwyd na'r economegydd Prydeinig, John Maynard Keynes. Yn ei lyfr, *The Economic Consequences of the Peace*, condemniodd y Cytundeb a mynegi'r farn fod y swm a hawliwyd yn gwbl afrealistig ac ymhell y tu hwnt i'r hyn y gallai'r Almaen fforddio ei dalu.

C

I ba raddau y gellir cyfiawnhau agwedd Keynes tuag at iawndaliadau'r Almaen?

Anogodd y Cynghreiriaid i ddileu'r dyledion oedd mewn bod rhyngddynt a'i gilydd a gostwng iawndaliadau'r Almaen i lefel mwy rhesymol. Nid oedd yr Unol Daleithiau na Phrydain yn hoffi ei awgrymiadau. Yn ystod y rhyfel, roedd yr Unol Daleithiau wedi benthyg y swm aruthrol o £959 miliwn i Brydain, ynghyd â symiau llai, ond eto'n rhai sylweddol, i Ffrainc a'r Eidal. Nid oedd yr Americanwyr yn barod i ystyried lleihau'r ddyled – roeddent am gael ad-daliad llawn. 'Roeddent wedi llogi'r arian, on'd oeddent?', meddai'r Arlywydd Calvin Coolidge. Nid oedd gan Ffrainc unrhyw ddiddordeb yng ngallu'r Almaen i dalu, dim ond mewn sicrhau y byddai'r telerau'n ddigon caled i effeithio'n ddifrifol ar economi'r Almaen ac atal ei hadferiad. Roedd rhag-weld y byddai'n rhaid iddynt dalu swm mor enfawr yn fraw i'r Almaenwyr. Ceisiodd y Canghellor a'r Gweinidog Cyllid, Josef Wirth, berswadio'r Cynghreiriaid i addasu'r gofynion, a phan wrthodwyd hyn, gofynasant am gael gohirio'r taliadau am ddwy flynedd. Pan wrthodwyd hyn hefyd, talodd yr Almaen y taliad cyntaf, sef £50 miliwn.

Ch Ymarferiad: Cwymp llywodraethau cynnar Gweriniaeth Weimar

Rhwng 1919 ac 1923, byr fu parhad gwahanol glymbleidiau Gweriniaeth Weimar. Darllenwch drwy'r bennod eto a rhowch resymau am gwymp y chwe llywodraeth cyn Awst 1923.

Dyddiad	*Canghellor*	*Rheswm dros gwymp y Llywodraeth*
Chwef. 1919 – Meh. 1919	Philipp Scheidemann	
Meh. 1919 – Maw. 1920	Gustav Bauer	
Maw. 1920 – Meh. 1920	Hermann Müller	
Meh. 1920 – Mai 1921	Konstantin Fehrenbach	
Mai 1921 – Tach. 1922	Josef Wirth	
Tach. 1922 – Awst 1923	Wilhelm Cuno	

5 ~ MEDDIANNU'R RUHR

Ar 11 Ionawr 1923, anfonodd Poincaré 60,000 o filwyr Ffrainc a Gwlad Belg dros afon Rhein i feddiannu'r Ruhr. Roedd y Ruhr, prif ardal ddiwydiannol yr Almaen, nid yn unig yn cynhyrchu 80 y cant o ddur y genedl a 71 y cant o'i glo, ond hefyd yn cyfrannu'r adnoddau angenrheidiol i'w galluogi i ddarparu cynnyrch diwydiannol mewn mannau eraill yn y wlad. Roedd holl economi yr Almaen yn dibynnu ar yr ardal hon. Ymysg llu meddiannu'r Ruhr oedd peirianwyr o Ffrainc, Gwlad Belg a'r Eidal a anfonwyd i oruchwylio'r gwaith yn y ffatrïoedd a'r pyllau glo. Disgrifiodd adroddiad yn *The Times* ar 12 Ionawr 1923 yr olygfa:

LLUN 4
Cartŵn Punch, 1920 yn gwneud hwyl am ben ymateb yr Almaen i ofynion iawndal y Cynghreiriaid

... daeth y brif garfan o filwyr Ffrainc i lawr y rhiw ... Ar y blaen roedd nifer o feicwyr mewn lifrai glas tywyll a helmedau dur ... Ni cheisiodd llawer guddio'r casineb oedd yn eu calonnau ... gwelais ddyn yn troi o'r neilltu ac yn wylo a sibrwd,' Y moch ... boed i Dduw dalu iddyn nhw am yr anfadwaith creulon hwn'. Safodd y Ffrancwyr o flaen drws Ystafell y Cyngor.
'Y Cadfridog Rampon, yn arwain milwyr Ffrainc sy'n meddiannu Essen, yn deisyf gweld y Maer.'
'Fi yw ei ddirprwy,' oedd yr ateb.
'Felly, dowch yma os gwelwch yn dda.'
'Pardwn, Syr – Dim ond ymwelwyr swyddogol y gallaf eu derbyn.'

Wrth i'r sefyllfa waethygu i fod yn ymryson am rym rhwng Ffrainc a'r Almaen, gorchmynnodd llywodraeth Weimar na ddylid talu unrhyw iawndal ac na ddylai gweithwyr gydweithio ond yn hytrach ymuno â'i gilydd mewn gwrthwynebiad di-drais. Aeth rhai gam ymhellach gan ddifrodi. Roedd gwrthdaro'n anochel gynted ag y dechreuodd milwyr Ffrainc geisio casglu'r streicwyr ynghyd â'u halltudio. Yn ystod sawl ysgarmes lladdwyd tua 150 o Almaenwyr. Yn Essen, ceisiodd gweithwyr Krupp rwystro milwyr rhag atafaelu lorïau; yn Mulheim ceisiodd gweithwyr ffurfio byddin i wrthsefyll y Ffrancwyr. Dienyddiwyd un dyn, Albert Schlaggeter, swyddog lleol yn y *Freikorps*, am fwrw trenau oddi ar y cledrau. Yn ddiweddarach, roedd i ddod yn arwr yn chwedloniaeth y Natsïaid. Dramor, roedd llywodraethau Prydain ac UDA yn beirniadu ymddygiad Ffrainc. Ysgrifennodd Hitler yn *Mein Kampf* yn ddiweddarach am arwyddocâd y digwyddiad:

Bu i weithred y Ffrancwyr yn meddiannu'r Ruhr agor posibiliadau enfawr i'r dyfodol, nid yn unig o safbwynt polisïau tramor yr Almaen ond hefyd o ran ei pholisïau mewnol. Roedd llawer o bobl wedi meddwl am Ffrainc fel amddiffynnwr cynnydd a rhyddid ac yn sydyn fe ddiflannodd y rhith ... Pan wireddodd y Ffrancwyr eu bygythiad ... roedd yn funud fawr a di-droi'n-ôl. Pe bai'n pobl ni y funud honno wedi newid nid yn unig eu hagwedd meddwl ond hefyd eu hymddygiad, byddai ardal y Ruhr wedi bod i Ffrainc yr hyn fu Moskva i Napoleon.

LLUN 5
Cartŵn Almaenig, 1923: 'Cadw dy fachau oddi ar y Ruhr', yn dangos Ffrainc â'i llaw wedi'i thrywanu ar simneiau ffatrïoedd y Ruhr

Beth oedd y canlyniadau? Er bod y Ffrancwyr wedi llwyddo i raddau i redeg ffatrïoedd a phyllau glo y Ruhr, bu i'w gweithredoedd chwerwi'r berthynas rhyngddynt a'r Almaen yn fwy fyth a pheryglu'r *entente* Eingl-Ffrengig. Yn fwy difrifol, prysurodd gwymp economi'r Almaen trwy achosi chwyddiant aruthrol oedd i beri ôl-effeithiau economaidd a gwleidyddol syfrdanol yn yr Almaen.

6 ~ CWYMP ECONOMAIDD YR ALMAEN – TRASIEDI GORCHWYDDIANT

Roedd y marc Almaenig wedi bod yn lleihau o ran ei werth ers 1914. Yn 1914 gellid cyfnewid y £1 Brydeinig am 20 marc, ond, erbyn 1919, roedd hyn wedi codi'n sylweddol i 250 marc. Roedd colli'r rhyfel a gwarth y goncwest wedi peri i'r marc gwympo'n is fyth ac nid oedd y ffaith fod llywodraeth yr Almaen yn methu mantoli ei chyllideb a byw o fewn ei hincwm yn helpu. Dangosodd llywodraeth Weimar barodrwydd afiach hefyd i gyhoeddi symiau enfawr o arian papur. Ac eto, meddiannu'r Ruhr a barodd fod gwerth y marc wedi gostwng ymhell y tu hwnt i reolaeth. Y canlyniad fu **gorchwyddiant** difrifol wrth i arian papur diwerth, nad oedd yn gallu prynu fawr ddim, foddi'r genedl. Ar un adeg roedd y *Reichsbank* yn defnyddio 300 ffatri bapur a 150 o argraffdai i gynhyrchu'r arian oedd ei angen.

Ceir digonedd o storïau doniol am adegau pan oedd un wy yn costio miliynau, cyflogau yn cael eu cludo adref mewn berfâu, a phrydau bwyd yn codi yn eu pris wrth eu bwyta, ond i'r mwyafrif o Almaenwyr roedd y sefyllfa ymhell o fod yn ddoniol. Roedd y

gorchwyddiant wrth i'r swm o arian sydd mewn cylchrediad gynyddu, mae prisiau'n codi. Pan fo'r sefyllfa y tu hwnt i reolaeth, cyfeirir ati fel gorchwyddiant

LLUN 6
Gwerthu arian wrth y pwysau pan oedd gorchwyddiant yn ei anterth. Mae arian papur yn werth mwy wrth y pwysau na hen esgyrn, ond yn llai na rhacs.

TABL 7
Y gostyngiad yng ngwerth y marc Almaenig

Gwerth y marc i'r bunt £		
	1914	20
	1919	250
yn gynnar yn	1921	500
yn hwyr yn	1921	1,000
	1922	35,000
yn hwyr yn	1923	16,000,000,000,000

TABL 8
Pris torth o fara yn yr Almaen

Sawl marc	
1918	.63
Ion. 1923	250
Gorff. 1923	3,465
Medi 1923	1,500,000,000
Tach. 1923	201,000,000,000

dosbarth gweithiol oedd ar gyflog, a'u cyflogau eisoes yn isafswm, yn mynd yn dlotach, ac yna yn y diwedd yn gorfod mynd ar y clwt; roedd y cefnog, y cyfalafwr a'r tirfeddiannwr, oedd â'u cyfoeth yn bennaf mewn tir neu fuddsoddiadau tramor, mewn gwell sefyllfa i oroesi, gyda rhai hyd yn oed yn gallu manteisio ar yr argyfwng. Roedd diwydianwyr, oedd wedi adeiladu eu hymerodraethau trwy ddefnyddio credyd, yn gallu talu eu dyledion gydag arian papur nad oedd iddo fawr o werth. Roedd rhai, fel Thyssen, Krupp a Stinnes, oedd yn dal i fedru allforio, yn ennill arian tramor y gellid ei ddefnyddio i brynu busnesau a ffatrïoedd a gwneud eu ffortiwn. Y garfan yn y gymdeithas a ddioddefodd fwyaf oedd y dosbarth canol, a oedd yn byw gan amlaf ar incwm sefydlog. Nid yn unig y lleihaodd yr hyn y gellid ei brynu gyda'u cyflog, ond collodd eu cynilion, a fwriadwyd fel darpariaeth ar gyfer blynyddoedd ymddeol, eu gwerth yn llwyr hefyd. Erbyn diwedd 1923, roedd y sawl a oedd wedi neilltuo 100,000 marc yn 1913 yn gorfod wynebu'r ffaith na fyddai ei gynilion yn prynu cerdyn post. Gyda gwerth y marc yn newid sawl gwaith y dydd, rhuthrai pobl i'r siopau i wario eu cyflogau y funud y caent eu talu. Goroesodd llawer trwy gynilo, ffeirio a gwerthu hoff eiddo a thrysorau'r teulu; trodd rhai at ddwyn a thrais. Ysgrifennodd Alan Bullock yn *Hitler: a study in tyranny*:

> Dilëwyd cynilion y dosbarth canol a'r dosbarth gweithiol ag un ddyrnod. Ni allai unrhyw chwyldro fod wedi llwyddo cystal. Yr un pryd, gostyngwyd gwerth cyflogau fel na ellid prynu fawr ddim. Hyd yn oed pe bai dyn yn gweithio nes diffygio, roedd yn amhosibl prynu digon i'w deulu – a ph'run bynnag, doedd dim gwaith i'w gael. Beth bynnag oedd achos y ffenomen ... roedd achos y chwyddiant yn fodd i danseilio'r gymdeithas yn yr Almaen mewn modd na fu i ryfel, na chwyldro 1918 na Chytundeb Versailles ei wneud.

Dyma pryd y bu i dlodi arwain at anobaith ac yna at ddicter. Aeth y di-waith, y teuluoedd tlawd â phlant i'w bwydo a'u dilladu, yr henoed a wnaed yn gardotiaid, a'r rhai a dwyllwyd o'u cynilion yn fwy anghenus. Daethant hefyd yn fwy parod i wrando ar areithwyr penboeth y pleidiau eithafol oedd yn rhefru am anallu'r llywodraeth ac yn cynnig eu dulliau credadwy eu hunain o ddatrys y sefyllfa. Anogai'r Comiwnyddion y bobl i ddilyn esiampl Bolsiefigiaid Rwsia ac uno yn chwyldro'r werin i ddymchwel cyfundrefn Gweriniaeth Weimar oedd mewn anfri. Roedd arweinydd plaid fechan i'r dde eithaf, Plaid Genedlaethol Sosialaidd Gweithwyr yr Almaen, na wyddai fawr neb amdani, yn gweld yr argyfwng yn gyfle a anfonwyd oddi wrth Dduw i ddenu sylw'r cyhoedd. Erbyn canol 1923, roedd yn gwbl amlwg fod polisi'r llywodraeth o gynnal gwrthwynebiad di-drais yn erbyn Ffrainc yn y Ruhr, a'i hymdrechion i ddelio â'r gorchwyddiant oedd yn dal ar garlam, yn fethiant llwyr. Ar 12 Awst ymddiswyddodd Cuno a'i gabinet i roi cyfle i Gustav Stresemann.

PRIF YSTYRIAETH

Trafferthion y dosbarth canol yn yr Almaen.

7 ~ POLISI TRAMOR

Yn sicr, roedd gan y rhai oedd yn gyfrifol am bolisi tramor yr Almaen yn ystod blynyddoedd cynnar y Weriniaeth dasg enfawr o'u blaen. O'r dechrau, y prif faterion i dra-arglwyddiaethu ar wleidyddiaeth Ewrop oedd goblygiadau'r newidiadau tiriogaethol y penderfynwyd arnynt yn y cytundebau heddwch wedi'r rhyfel, baich yr iawndaliadau, a'r berthynas rhwng y concwerwr a'r cenhedloedd a drechwyd.

A *Iawndaliadau a chydberthynas y gwledydd*

Ceisiodd y mwyafrif o lywodraethau Gweriniaeth Weimar newid rhywfaint ar Gytundeb Versailles ac, yn enwedig, leihau'r baich economaidd roedd iawndaliadau yn ei orfodi. Ar y dechrau, gellid dweud mai hel dail oedd strategaeth yr Almaen – newid safle, hollti blew cyson, osgoi'r gwir. Ond roedd ystyfnigrwydd y Cynghreiriaid, Ffrainc yn bennaf, yn drech na hi. Nid oedd creu **gwladwriaeth glustog** trwy ddadfyddino'r Rheindir wedi gwneud fawr i leihau ofnau'r Ffrancwyr y gallai'r Almaen dyfu'n gryf eto yn y dyfodol, ac roedd y Prif Weinidog, Poincaré, yn anhapus gyda'r diogelwch a gynigiai telerau Versailles i'w wlad. Cryfhawyd ei bryder ynghylch gwendid Ffrainc pan wrthododd yr Unol Daleithiau gadarnhau'r Cytundeb a chilio i arwahanrwydd. O ganlyniad, gweithiodd i greu rhwydwaith o gynghreiriau amddiffynnol gyda Tsiecoslofacia, Romània ac Iwgoslafia, sef yr *Entente* Fechan. O safbwynt iawndaliadau, daliodd Poincaré ei dir – nid oedd yr Almaen i gael dianc o efynnau ei dyledion.

gwladwriaeth glustog gwladwriaeth niwtral yn gorwedd rhwng dwy wlad sy'n elynion

O safbwynt yr Almaen, roedd problem yr iawndaliadau yn clymu ei pholisi tramor wrth ei pholisi economaidd mewnol. Roedd nifer o gynadleddau wedi eu cynnal hyd yn oed cyn i'r Pwyllgor Iawndal bennu'r swm dyledus. Yn Spa yn 1920, cynigiodd y Cynghreiriaid gyfanswm o 269 biliwn marc i'w dalu fesul 42 taliad blynyddol. Ymatebodd yr Almaen gyda chynigion annelwig yn ymwneud â'r dull o dalu ac i ba raddau y gellid talu mewn nwyddau. Gwthiwyd ystyriaethau angenrheidiol o'r neilltu heb eu datrys. Ni chafwyd gwell ateb mewn cynadleddau eraill a gynhaliwyd ym Mharis a Llundain yn 1921. Daeth y cyfan i ben yn Ebrill 1921 pan gafwyd adroddiad y Pwyllgor Iawndal yn pennu'r swm o £6,600 miliwn. Roedd yr arwyddion yn frawychus, pan, fis yn ddiweddarach, derbyniwyd y taliad cyntaf dim ond ar ôl i'r Cynghreiriaid fygwth meddiannu'r Ruhr. Yn ystod 1922, dilynodd clymblaid canol-chwith Wirth ddull mwy cymodlon, i bob golwg, drwy fabwysiadu polisi o 'gyflawni'. Ymdrechodd y llywodraeth i gyflawni gofynion y telerau a osodwyd ar yr Almaen gyda'r nod o geisio profi i'r Cynghreiriaid mor amhosibl oedd iddi wneud hynny. Roedd cenedlaetholwyr yr Almaen yn ddig, a chyhuddodd y papur newydd *Deutsche Zeitung* y Canghellor o fod 'yn brolio i'r byd mor ufudd y mae'n gwneud popeth, mor brydlon y mae'n talu'r biliwn marc ... a sut mae'n ein gwneud yn gaethweision'. Yn

Ebrill 1922, galwyd cynhadledd yn Genoa i ystyried sefyllfa economaidd Ewrop gyfan.

B Cynhadledd Genoa, 1922

sgemio bargeinio i gael y fantais orau cyn taro bargen

Pwrpas y gynhadledd, a alwyd ar argymhelliad Prif Weinidog Prydain, David Lloyd George, a chyda chynrychiolwyr o'r Almaen a Rwsia Sofietaidd yn bresennol, oedd ystyried 'sut i wella parlys y drefn yn Ewrop'. Y tu ôl i'r llenni, cafwyd cryn **sgemio** a olygai nad oedd Rathenau, cynrychiolydd yr Almaen, yn siŵr pa un ai gyda'r Cynghreiriaid neu gyda Rwsia y dylai daro bargen. Nid oedd yn dymuno cythruddo'r naill na'r llall, a gwaethygodd y sefyllfa pan grybwyllodd y Rwsiaid efallai y byddent hwythau'n hawlio iawndaliadau oddi wrth yr Almaen.

Surwyd yr awyrgylch pan wrthododd y Ffrancwyr unwaith eto leihau'r gofynion ariannol a hawlid gan yr Almaen ac yna fynd mor bell â mynnu y dylai llywodraeth Gomiwnyddol Rwsia anrhydeddu dyledion llywodraeth flaenorol y Tsar! Er gwaethaf yr helynt, penderfynwyd gohirio gweddill taliad yr Almaen am y flwyddyn honno. Hefyd, yn gwbl annisgwyl, cytunodd cynrychiolwyr yr Almaen a Rwsia i gwrdd ar wahân yn Rapallo. Saith mis yn ddiweddarach, cynhaliwyd cynhadledd ryngwladol arall yn Llundain. Y tro hwn cynigiodd Prydain ddileu dyledion rhyfel Ffrainc i gyd, ond ni pharodd hynny i Poincaré fod fymryn yn fwy hydrin, a daliai i fynnu bod yr Almaen yn talu'r iawndaliadau yn llawn. Ar 9 Ionawr 1923, pan ofynnodd llywodraeth Cuno am ohiriad, ymateb Ffrainc fu meddiannu'r Ruhr. Er bod baich yr iawndaliadau wedi ei ysgafnhau'n ddiweddarach drwy Gynllun Dawes (1924), nid oedd y broblem wedi ei datrys o bell ffordd.

C Y berthynas rhwng Rwsia a'r Almaen

Mae rhyw anghysondeb yn y ffaith fod Gweriniaeth Weimar, tra'n gyson yn ceisio trechu gwrthryfel y comiwnyddion yn yr Almaen, hefyd yn ceisio sefydlu gwell perthynas â'r Undeb Sofietaidd. Roedd gan y ddwy wlad gryn dipyn yn gyffredin rhyngddynt – roedd y ddwy yn genhedloedd alltud a ystyrid yn annheilwng i fod â rhan ym mhrif faterion Ewrop, roedd y ddwy yn elyniaethus i genedlaetholdeb yng Ngwlad Pwyl ac wedi dioddef colledion tir yn 1919 er mwyn ail-lunio Gwlad Pwyl annibynnol, ac roedd y ddwy wedi eu gwrthod pan geisiasant am aelodaeth yng Nghynghrair y Cenhedloedd. Yn 1920, ni fyddai llawer o Almaenwyr wedi bod yn siomedig pe bai'r Undeb Sofietaidd wedi ennill y rhyfel yn erbyn Gwlad Pwyl gan y byddai hynny wedi chwalu'r newidiadau tir yn gysylltiedig â Gwlad Pwyl y cytunwyd arnynt yn Versailles, ac wedi golygu y gellid ailystyried y Cytundeb. Flwyddyn yn ddiweddarach, roedd yr Almaen yn ddig pan gafwyd pleidlais gwlad yn Silesia Uchaf a barodd fod y rhanbarth yn cael ei rannu, gyda'r Almaen yn cadw'r rhan fwyaf

PRIF YSTYRIAETH

Cydweithio dirgel rhwng yr Almaen a'r Undeb Sofietaidd.

o'r tir a Gwlad Pwyl yn cadw'r prif ardaloedd diwydiannol. Roedd cydweithrediad dirgel rhwng yr Almaen a Rwsia eisoes wedi bod o fantais i'r ddwy wlad. Nid oedd gan y Cadfridog Hans von Seeckt, pennaeth y *Reichswehr*, unrhyw boen cydwybod ynghylch trefnu bod arfau, oedd wedi eu gwahardd i'r fyddin Almaenig, yn cael eu cynhyrchu a'u profi mewn mannau anghysbell yn Rwsia. Yn Berlin, ffurfiwyd cwmni i guddio gweithgaredd y fasnach anghyfreithlon hon. Yn dâl, anfonwyd peirianwyr a swyddogion milwrol o'r Almaen i helpu'r Sofietiaid i ddatblygu diwydiant arfau Rwsia ac i hyfforddi'r Fyddin Goch.

Ch Cytundeb Rapallo, 1922

Arwyddwyd cytundeb rhwng yr Almaen a'r Rwsiaid yn Rapallo ar 16 Ebrill 1922. Yn ôl telerau'r cytundeb, roedd y berthynas ddiplomyddol rhwng y ddwy wlad wedi ei hadfer a diddymwyd gofynion Rwsia am iawndaliadau gan yr Almaen a gofynion yr Almaen am ad-daliad am eiddo a atafaelwyd yn ystod y chwyldro. O hyn allan, cytunodd y ddwy wlad y byddent yn 'cydweithredu mewn ewyllys da i gwrdd ag anghenion economaidd y ddwy wlad'. Roedd y cytundeb yn golygu bod Rathenau wedi ei drechu gan nad oedd yn dymuno mynd cyn belled i amlygu bod Rwsia a'r Almaen yn ymwrthod â'u harwahanrwydd diplomyddol, ac achosodd fwy o bryder i Ffrainc hefyd, yn enwedig gan fod sibrydion ar led am fodoloaeth cymalau milwrol cyfrinachol. Yn gyffredinol, ystyriai'r Cynghreiriaid y cytundeb fel tystiolaeth o'r Almaen yn chwarae'r ffon ddwybig a'r Rwsiaid yn cynllwynio i gadw rhaniadau ymysg y gwledydd cyfalafol. Ni fu i'r arwydd o gyfeillgarwch rwystro Moskva rhag annog Comiwnyddion yr Almaen i weithio tuag at chwyldro cenedlaethol pan oedd y wlad, ddim ond blwyddyn yn ddiweddarach, yn wynebu cwymp economaidd.

8 ~ GUSTAV STRESEMANN YN GANGHELLOR

Yn Awst 1923, ar adeg o argyfwng, pan oedd yn ymddangos bod dyfodol Gweriniaeth Weimar yn y fantol, daeth Gustav Stresemann yn Ganghellor, y seithfed yn y Weriniaeth o fewn ychydig llai na phedair blynedd. Yn sicr, fel gwleidydd roedd yn ffigur dadleuol, ac mae rhai haneswyr yn cyfrif mai ef oedd gwladweinydd mwyaf eithriadol yr Almaen yn yr 1920au.

Wynebai'r Canghellor newydd a'i gabinet broblemau anferthol. Roedd diwydiant yr Almaen wedi dod i ben, yr economi wedi cwympo o dan fynyddoedd o arian papur diwerth, a'r bobl, dan bwysau na ellid ei oddef, yn bygwth trais na welwyd mo'i debyg gan y Weriniaeth cyn hynny. Er gwaethaf gwrthwynebiad cryf, rhoddodd y gorau i'r safiad goddefol yn erbyn Ffrainc yn y Ruhr ac ailddechrau talu'r iawndaliadau. Hefyd penododd Hjalmar Schacht, banciwr uchel ei barch, yn gomisiynydd arian cyfred arbennig gyda'r cyfrifoldeb am ddelio â'r gorchwyddiant difrifol.

LLUN 7
Gustav Stresemann

GUSTAV STRESEMANN (1878–1929)

Wedi ei eni yn Berlin, yn fab i dafarnwr a bragwr, roedd Gustav Stresemann yn academydd galluog oedd wedi bod ym mhrifysgolion Berlin a Leipzig ac wedyn wedi ennill enw iddo'i hun fel trefnydd a thrafodwr tra'n gweithio dros nifer o gymdeithasau masnach. Merch i ŵr busnes cefnog o Iddew oedd ei wraig ac yn enwog am ei chroeso fel gwestywraig yn y gymdeithas yn Berlin. Ymunodd Gustav Stresemann â'r *Deutsch Volkspartei*, Plaid Pobl yr Almaen neu'r *DVP*, a chafodd ei ethol i'r *Reichstag* yn 1907. Roedd yn frenhinwr digymrodedd, a chredai fod 'rhagoriaeth ysbrydol, filwrol ac economaidd yn perthyn i'r Ymerodraeth Almaenig'. Oherwydd ei ymlyniad wrth ban-Almaeniaeth, roedd yn frwd dros hawlio tiriogaeth yng Ngwlad Pwyl a Rwsia i'r Almaen. Er nad oedd yn ddigon iach i wasanaethu yn y fyddin, profodd ei fod yn wladgarwr digyfaddawd yn ystod y rhyfel. Gweithiodd yn glòs gyda Hindenburg a Ludendorff, ac ef oedd eu llefarydd yn y *Reichstag*. Ar ôl y rhyfel, condemniodd y cadoediad, Gweriniaeth Weimar a Chytundeb Versailles. Roedd yn cymeradwyo'r gweithredu yn erbyn chwyldroadwyr adain chwith ond yn gwamalu ynghylch *Putsch* Kapp. Daeth y trobwynt pan sylweddolodd fod dyfodol yr Almaen yn dibynnu ar i'r Weriniaeth oroesi, ac fe'i henillwyd i gorlan 'gweriniaeth realistig'.

Yn Awst 1923, ffurfiodd Stresemann 'Glymblaid Fawr' o aelodau'r *DVP*, *SPD*, *DDP* a Phlaid y Canol i wynebu her hynod anodd: dangos parodrwydd gwleidyddol i addasu ei bolisïau i gwrdd ag anghenion y dydd. Roedd hefyd yn hyderus a chanddo'r dewrder i weithredu'n groes i farn y cyhoedd.

> Mae hen stori Iddewig yn sôn am ddyn a ddedfrydwyd i farwolaeth yn crefu am gael ei arbed am flwyddyn, ac yn ystod y flwyddyn honno addawodd y byddai'n dysgu i geffyl y Brenin hedfan. Pan ofynnodd ei wraig sut y gallai freuddwydio am wneud addewid mor amhosibl, atebodd, 'Cyn i'r flwyddyn ddod i ben gall y Brenin farw, neu gallaf i farw neu gall y ceffyl farw. A phwy a ŵyr, efallai y bydd y ceffyl yn dysgu hedfan wedi'r cwbl!' Mae'r stori hon yn ddisgrifiad addas o gymeriad ac ymddygiad Gustav Stresemann. (Annelise Thimme, *Germany to 1929*)

PRIF YSTYRIAETH

Adfer hyder yn arian newydd yr Almaen

A 'Gwyrth y Rentenmark'

Heb golli dim amser, sefydlodd Schacht arian newydd, y *Rentenmark*. Fe'i seiliwyd ar werth tir a benthyciadau o dramor, pob *Rentenmark* yn werth 10,000,000,000,000 miliwn hen farc. Arweiniodd at 'wyrth y *Rentenmark*' am fod gan bobl ffydd yn yr arian newydd, er nad oedd sail gadarn iddo o bell ffordd. Yn wir, rhith ydoedd, a phe bai wedi methu, nid oedd unrhyw obaith go iawn y gellid bod wedi trosi'r gwarant, sef gwerth y tir, i arian parod. At hynny, cymerwyd camau brys gan y Gweinidog Cyllid, Hans Luther, i ffrwyno chwyddiant ac i **fantoli'r gyllideb**, gan gynnwys diswyddo 900,000 o weision sifil a'r rhai a gyflogid ar bwrs y wlad. Yn 1924, disodlwyd y *Rentenmark* gan y *Reichsmark*, a hwn a ddefnyddiwyd fel arian yr Almaen hyd 1945.

mantoli'r gyllideb
gofalu bod gwariant ac incwm yn gytbwys

B Adfer cyfraith a threfn

Roedd rhai'n gweld penderfyniad Stresemann i roi'r gorau i'r gwrthwynebu di-drais fel ildio i'r Ffrancwyr. Yn Bafaria genedlaetholgar, cadarnle'r mudiad *Völkisch* gwlatgar, cafwyd adwaith cryf. Penderfynodd y *Land* adain dde fod hwn yn argyfwng yn y wladwriaeth a phenododd Gustav von Kahr yn Gomisiynydd y Wladwriaeth gyda phwerau unbenaethol. Roedd Kahr, a wrthwynebai'r Weriniaeth gyda chwerwder, wedi cefnogi'r ddelfryd o annibyniaeth i Bafaria ers tro. Gorchmynnodd i filwyr Bafaria anwybyddu gorchmynion o Berlin a gwnaeth iddynt dyngu llw o ffyddlondeb i'w lywodraeth ef. Wrth i'r berthynas rhwng *Land* Bafaria a'r llywodraeth genedlaethol waethygu, roedd yn ymddangos bod siawns go iawn am wrthryfel agored. Nid yn Bafaria yn unig roedd trafferthion. Yn Kustrin a Spandau, yn agos i Berlin, bu gwrthryfel ymysg unedau o'r *Freikorps* oedd wedi gwrthgilio a adwaenid fel y *Fehme* neu'r '*Reichswehr* Du'. Yn Sacsoni a Thuringia, lle roedd y Sosialwyr yn llywodraethu, derbyniodd yr *SPD* weinidogion Comiwnyddol i'w cabinet. Yn y ddwy dalaith, paratowyd lledfilwyr wrth i arian a chynghorwyr gyrraedd o Rwsia i ddarparu ar gyfer yr ymdrech oedd o'u blaenau. Yn y Rheindir, gwnaeth y Ffrancwyr, yn faleisus, eu gorau i annog pobl i sefydlu eu Gweriniaeth Rheinaidd annibynnol. Ym Medi 1923, gan weld bod angen adfer cyfraith a threfn a chynnal undod cenedlaethol, gofynnodd Stresemann i'r Arlywydd Ebert ddefnyddio'r awdurdod a ganiateid gan Erthygl 48 o'r Cyfansoddiad i ddatgan bod hon yn stad o argyfwng cenedlaethol. Yna, rhoddodd yr hawl i'w Weinidog Amddiffyn, Otto Gessler, ac i bennaeth y fyddin, Hans von Seeckt, adfer awdurdod y llywodraeth. Deliodd unedau parhaol o'r *Reichswehr* yn rhwydd â'r '*Reichswehr* Du' annisgybledig cyn cael eu hanfon i ddiddymu llywodraethau Sacsoni a Thuringia. Gan eu bod yn edmygu'r modd roedd Stresemann wedi delio'n gadarn â'r sefyllfa yn y ddwy wladwriaeth Sosialaidd, penderfynodd y cenedlaetholwyr yn Bafaria fod yn fwy cymedrol ac ymatal rhyw ychydig. Ond hyd yn oed wedyn, ym mhrifddinas gwladwriaeth Bafaria, sef München, y cafwyd y terfysg mwyaf difrifol, pan geisiodd grŵp o eithafwyr adain dde gipio grym ar 8 Tachwedd 1923 (gw. tt.58-60). Arweinid y grŵp, y Sosialwyr Cenedlaethol, gan ŵr o Awstria na wyddid fawr ddim amdano, Adolf Hitler.

Erbyn diwedd y flwyddyn, roedd penderfyniad Stresemann i

C

A ellir cyfiawnhau gweithred Stresemann yn defnyddio Erthygl 48 yn 1923?

ddefnyddio ordinhad arlywyddol i gyhoeddi stad o argyfwng, rhoi terfyn ar weithredu gwleidyddol a gwahardd pleidiau gwleidyddol wedi cythruddo'r *SPD* i'r fath raddau nes eu bod wedi cilio o'i glymblaid a gorfodi iddo ymddiswyddo. Er na fu Stresemann yn y swydd am fwy nag ychydig fisoedd, ni chollwyd mohono o fyd gwleidyddiaeth oherwydd, fel y cawn weld, dylanwadodd ar bolisi tramor yr Almaen hyd ei farw yn 1929.

9 ~ LLYFRYDDIAETH

Mae Llyfryddiaeth ar gyfer Penodau 1-4 ar dudalennau 107-8.

10 ~ PYNCIAU TRAFOD A CHWESTIYNAU TRAETHAWD DWY RAN

A *Mae'r adran hon yn cynnwys cwestiynau y gellid eu defnyddio i drafod (neu ysgrifennu atebion) er mwyn ehangu ar y bennod a phrofi dealltwriaeth ohoni.*

1. Eglurwch agwedd arweinwyr milwrol yr Almaen tuag at *Putsch* Kapp yn 1920.
2. Yn eich barn chi, beth oedd y cymhelliad mwyaf tebygol dros lofruddiaeth Rathenau yn 1922?
3. Archwiliwch y rhesymau dros dwf byddinoedd lledfilwrol preifat yn yr Almaen yn ystod blynyddoedd cynnar yr 1920au.
4. I ba raddau y gellir cyfiawnhau penderfyniad Poincaré i feddiannu'r Ruhr yn 1923?
5. Yn ystod y cyfnod o orchwyddiant, pam oedd rhai rhannau o'r gymdeithas yn yr Almaen wedi eu heffeithio'n fwy difrifol nag eraill?
6. A fyddech chi'n cytuno bod Stresemann wedi cyflawni llawer, er na fu'n Ganghellor am fwy na thri mis?

B *Cwestiynau traethawd dwy ran*

1. (a) I ba raddau y byddai'n wir dweud mai talu iawndaliadau oedd prif achos problemau economaidd yr Almaen wedi'r rhyfel?
   (b) 'Rhwng 1918 ac 1923 roedd llywodraethau Gweriniaeth Weimar yn delio'n llwyddiannus, ar y cyfan, â'r problemau economaidd.' I ba raddau y byddech chi'n cytuno â'r farn hon?
2. (a) I ba raddau y byddai'n wir dweud bod y cwymp economaidd yn 1923 wedi ei achosi gan yr Almaen ei hun?
   (b) Archwiliwch y farn fod Gustav Stresemann yn 'waredwr yr Almaen' yn 1923.

11 ~ YMARFER AR DDOGFEN: EFFAITH GORCHWYDDIANT AR YR ALMAEN

Astudiwch y ffynhonnell a ganlyn yn ofalus ac yna atebwch y cwestiynau a seiliwyd arni.

> Yn anffodus, mae'r darlun hwn o ddirywiad cynyddol ac arswydus yng nghyflwr iechyd pobl yn wir am y Reich gyfan. Yn yr ardaloedd gwledig lle mae llawer o ffermwyr hunanddigonol yn gallu eu bwydo eu hunain ...mae pethau i bob golwg yn well. Ond yn y trefi a'r ardaloedd diwydiannol poblog, bu dirywiad amlwg. Y rhai sy'n dioddef fwyaf yw'r dosbarth canol, y rhai sy'n byw ar flwydd-daliadau bychain, y gweddwon a'r pensiynwyr, sydd, ar eu hincwm isel, yn methu fforddio'r angenrheidiau mwyaf sylfaenol ar brisiau heddiw. Mae hi cynddrwg ar y rhai na allant ennill hyd yn hyn. Rwy'n crybwyll myfyrwyr fel enghraifft yn unig. Mae pris y bwydydd mwyaf sylfaenol – nid oes angen i mi gyfeirio at ddim ond menyn, cig a bara – a phrinder glo, lliain, dillad a sebon, yn atal unrhyw welliant mewn amodau byw. Mae'r ffaith fod prisiau cyfanwerth, ar gyfartaledd, wedi codi i 5,967 gwaith eu lefel yn amser heddwch, a phrisiau bwydydd 4,902 waith, yn dangos pa mor uchel mae prisiau wedi codi ... Mae swm y cig a fwyteir wedi gostwng o 52 kilogram y pen yn 1912 i 26 kilogram y pen yn 1922. I lawer o bobl, danteithfwyd prin yw cig. Mae miliwn a hanner o bobl yr Almaen yn brin o danwydd. Mae miloedd ar filoedd o bobl yn treulio'u bywyd wedi'u gwasgu i mewn i'r tai mwyaf cyntefig ... Achwynir fod rhai'n dioddef o'r sgyrfi, sy'n cael ei achosi gan ddiet gwael ac anghytbwys. O wahanol rannau o'r Reich, daw adroddiadau am fwy a mwy o bobl yn cyflawni hunanladdiad. Yn fwyfwy aml, cawn fod adroddiadau swyddogol yn rhestru henaint a gwendid fel achosion marwolaeth; mae'r rhain yn cyfateb i farwolaeth oherwydd newyn.

O araith a draddodwyd ar 20 Chwefror 1923 gan Arlywydd Adran Iechyd y Reich, ac a ddyfynnwyd yn The German Inflation of 1923 *gan F.K. Ringer.*

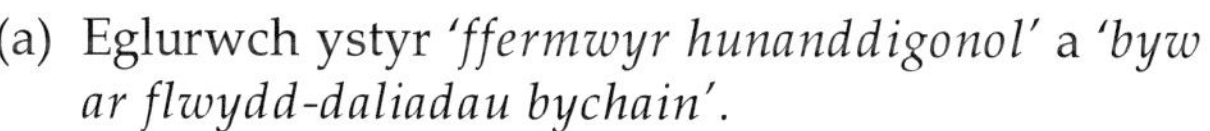

C

(a) Eglurwch ystyr *'ffermwyr hunanddigonol'* a *'byw ar flwydd-daliadau bychain'*.

(b) Beth allwn ni ei gasglu o'r ffynhonnell am y rhesymau dros *'ddirywiad cynyddol ac arswydus yng nghyflwr iechyd pobl'* yn yr Almaen?

(c) Pa mor werthfawr yw'r ffynhonnell i'n helpu i ddeall effeithiau gorchwyddiant ar bobl yr Almaen? (Yn eich ateb, defnyddiwch wybodaeth gefndirol berthnasol yn ogystal â'r wybodaeth a gawsoch yn y ffynhonnell.)

3

Gweriniaeth Weimar – Blynyddoedd yr Her 1924-8

CYFLWYNIAD

Ar ddiwedd 1918 roedd mannau lawer yn Ewrop wedi eu difodi, a'r bobl wedi blino'n llwyr. Mewn sawl gwlad, manteisiodd pleidiau gwleidyddol eithafol ar y llanast a cheisio cipio grym. Yn gynharach, yn 1917, roedd diflastod â'r rhyfel wedi arwain at chwyldro yn Rwsia, ac yna, ddeuddeng mis yn ddiweddarach, mewn gwledydd eraill, bu sawl ymgais gan bleidwyr adain chwith, oedd yn ceisio dilyn esiampl Bolsiefigiaid Lenin, i gipio grym. Bron yn ddieithriad, roedd gweithgaredd adain chwith yn achosi adwaith o du'r adain dde. Y mwyaf syfrdanol oedd yr un a drefnodd Mussolini yn yr Eidal yn 1922. Yno, roedd ymgyrch Mussolini yn ganlyniad methiant nifer o lywodraethau byr eu parhad i ddelio â phroblemau economaidd y wlad a chyda phrotestiadau adain chwith a streiciau. Fel y gwelsom, gallai'r duedd tuag at unbennaeth yn hawdd fod wedi cyrraedd yr Almaen wedi'r rhyfel, ond goroesodd Gweriniaeth Weimar bob ymgais i'w disodli. Ymysg y ffyrnicaf yn erbyn y Weriniaeth oedd y Sosialwyr Cenedlaethol neu'r Natsïaid. Yn y bennod hon byddwn yn ymchwilio i wreiddiau a thwf y Blaid Natsïaidd. Bydd angen i ni ystyried a allai o ddifrif honni ei bod, yn wahanol i Ffasgiaid Mussolini, wedi ennill grym yn gyfreithlon a chyda chefnogaeth pobl yr Almaen.

1 ~ Y MUDIAD SOSIALAIDD CENEDLAETHOL

A *Gwreiddiau*

Ym Mawrth 1918, ffurfiodd Anton Drexler a Karl Harrer y *Freier Arbeiter Asschuss*, Pwyllgor i Weithwyr Annibynnol. Roedd y grŵp, a gynhwysai grefftwyr a gweithwyr dosbarth canol is yn bennaf, yn cyfarfod yn rheolaidd i drafod materion gwleidyddol. Nod Drexler meddai oedd 'codi pont rhwng y mwyafrif torfol a'r dde genedlaethol'. Yn Ionawr 1919, penderfynodd Drexler weithredu ar ei ben ei hun a sefydlodd y *Deutsche Arbeiterpartei (DAP)*, Plaid Gweithwyr yr Almaen. Cyfarfyddai aelodau'r blaid newydd unwaith yr wythnos yn y Sternecker Brau, neuadd gwrw.

Ymysg y pynciau a drafodid oedd cywilydd yr Almaen, pryder ynghylch diffyg cyfraith a threfn a safonau moesol y genedl. Roeddent yn agored yn eu gelyniaeth tuag at gyfoeth a breintiau'r dosbarth uwch ac yn gryf yn erbyn yr Iddewon. Galwent am ddiwygio pur anghyffredin, fel cyfyngu elw blynyddol cwmnïau i 10,000 marc, a hawl gweithwyr medrus i gael eu hystyried yn ddosbarth canol. Nododd Drexler yn ddoeth fod hapusrwydd yn deillio, nid trwy 'siarad a defnyddio geiriau gwag mewn cyfarfodydd, protestiadau ac etholiadau, ond o wneud gwaith da, cael dysgl fwyd lawn a rhoi cyfle teg i'r plant'. Disgrifiai ei blaid fel 'mudiad diddosbarth sosialaidd a arweinid gan Almaenwyr yn unig'. Aelodau eraill o grŵp Drexler oedd Ernst Röhm, Dietrich Eckart, Ritter von Epp a Gottfried Feder.

B *Perthynas Hitler â'r mudiad*

Ar y pryd, roedd Adolf Hitler, oedd yn dal i fod yn y fyddin Almaenig, wedi ei benodi'n *Billbungsoffizier*, swyddog hyfforddi gydag adran wleidyddol rheolaeth rhanbarth y fyddin yn München. Ei waith oedd gofalu nad oedd Almaenwyr ifanc yn cael eu trwytho'n hawdd mewn syniadau fel sosialaeth a heddychiaeth. Ym Medi, fe'i gorchmynnwyd i fynd i gyfarfod o Blaid Gweithwyr yr Almaen ac adrodd ar ei gweithgareddau. Yn ôl yr arfer, y man cyfarfod oedd y Sternecker Brau ac, ar y noson arbennig honno, roedd yr aelodau wedi cyfarfod i wrando ar Gottfried Feder yn siarad. Roedd Feder, damcaniaethwr gwleidyddol ac economaidd, i wneud cyfraniad pwysig yn ddiweddarach wrth lunio polisi'r Blaid Natsïaidd. Y noson honno, siaradodd ar sut y gellid diddymu cyfalafiaeth. Gwnaeth argraff ar Hitler, a safodd sawl gwaith i ofyn cwestiynau. Dywedir bod Drexler wedi sibrwd wrth ei gydymaith, 'Ddyn, mae ganddo geg fawr; gallem ei ddefnyddio'. Pan oedd Hitler yn gadael, estynnodd Drexler gopi o'i bamffledyn, *Mein Politisches Erwache*r (Fy Neffroad Gwleidyddol) iddo. Yn ddiweddarach cofiai Hitler am y cyfarfod:

> Wedi i mi wrando ar araith gyntaf Drexler, sylweddolais fy mod wedi clywed y syniadau hanfodol ar gyfer sefydlu plaid newydd. ... Roedd datblygiad yr Almaen yn ddigon eglur i ddangos i mi fod brwydrau caletaf y dyfodol i'w hymladd, nid yn erbyn cenhedloeddd gelyniaethus, ond yn erbyn cyfalafiaeth ryngwladol. Teimlais fod darlith Drexler yn broffwydoliaeth bwerus o'r frwydr oedd i ddod.

C *Hitler, arweinydd y Blaid*

Yn fuan wedyn, derbyniodd Hitler gerdyn aelodaeth, nad oedd wedi gofyn amdano, a gwahoddiad i'r cyfarfod nesaf o'r pwyllgor. Wedi peth ystyriaeth, ymunodd â Phlaid Gweithwyr yr Almaen, ei 55ed aelod. Fe'i cyfetholwyd i'r pwyllgor, a rhoddwyd iddo'r cyfrifoldeb o recriwtio a llunio propaganda. Trefnodd gyfarfodydd ac ymgyrchoedd recriwtio yn llawn brwdfrydedd ac, fel y tyfai'r blaid, âi ati i annerch y cyfarfodydd ei hun. Yn gynnar yn 1920, aeth 2,000 i'r rali gyntaf. Roedd Adolf Hitler wedi darganfod llwyfan i'w dalentau fel trefnydd a chynhyrfwr gwleidyddol. O fewn blwyddyn, roedd yn arweinydd y Blaid, y tu hwnt i reolaeth Drexler, ac aeth ati ar unwaith i roi hwb newydd ymlaen a gwell min i'r blaid. Gan ddefnyddio ei sgiliau digamsyniol fel cynhyrfwr tyrfaoedd, sylweddolodd ei fod yn gallu dylanwadu ar gynulleidfaoedd mawr. Y prif ddrygau oedd yn ei gynhyrfu oedd 'y gyllell-yn-y-cefn' yn 1918, brad Versailles, polisïau llywodraeth Weimar a chynllwyn Marcsaidd-Iddewig i danseilio a dymchwelyd pobl yr Almaen. Siaradai am yr angen i sicrhau arweinyddiaeth genedlaethol gref i ddelio â'r problemau oedd yn wynebu'r Almaen. Yn 1920, pan gyhoeddodd y *Deutsche Arbeiterpartei* ei Rhaglen Pum Pwynt ar Hugain newydd, gwnaeth Hitler gynlluniau pellach i ad-drefnu'r Blaid.

Ch *Y Rhaglen Pum Pwynt ar Hugain*

Dangosai'r rhaglen yn glir beth oedd prif amcanion y Blaid. Roedd y rhain yn cynnwys yr hawliadau canlynol:

1. uno'r Almaenwyr i gyd i ffurfio Almaen Fwy ar sail hawl i hunanbenderfyniad;
2. dileu Cytundebau Versailles a St Germain (y cytundeb ag Awstria wedi'r rhyfel oedd cytundeb St Germain);
3. sicrhau digon o dir a threfedigaethau i fwydo pobl yr Almaen a digon o le i adleoli unrhyw boblogaeth Almaenig ychwanegol;
4. cyfyngu dinasyddiaeth o'r Wladwriaeth i bobl o waed Almaenig. Felly, ni allai unrhyw Iddew fod yn aelod o'r genedl;
5. pobl nad oeddent yn Almaenwyr i fyw yn yr Almaen fel gwesteion yn unig;
6. yr hawl i bleidleisio mewn etholiadau i'w gyfyngu i ddinasyddion Almaenig. Pob penodiad swyddogol i'w neilltuo i Almaenwyr;
7. dyletswydd gyntaf y llywodraeth yw darparu gwaith i bawb o'i dinasyddion. Pobl o genhedloedd tramor (nad oeddent yn Almaenwyr) i'w halltudio os na fyddai'n bosibl bwydo'r boblogaeth gyfan;
8. pob mewnlifiad o bobl nad oeddent yn Almaenwyr i'w wahardd. Gofyn i bob person estron oedd wedi dod i mewn i'r wlad ar ôl 2 Awst 1914 adael;
9. pob dinesydd Almaenig i gael hawliau a dyletswyddau cyfartal;
10. pob dinesydd Almaenig i weithio'n gorfforol neu'n feddyliol, a'r gwaith hwnnw i fod er lles y cyhoedd yn gyffredinol;
11. dileu pob incwm nad oedd yn gyflog am waith a chael gwared ar y gaethwasiaeth o orfod talu llogau uchel;
12. gwneud elw personol o ryfel i'w gyfrif yn drosedd a phob elw o'r fath i'w atafaelu;
13. gwladoli busnesau oedd wedi eu ffurfio'n gorfforaethau;
14. rhannu elw prif fentrau diwydiannol;
15. yswiriant digonol i'r henoed;
16. siopau adrannol mawr i'w rhannu a'u gosod ar brydles i siopwyr llai;
17. pob hapfasnach mewn tir a meddiannu tir at bwrpas cymunedol heb ddigolledu'r perchennog i'w dileu;

18 troseddwyr oedd yn gweithredu yn groes i fuddiannau'r cyhoedd i'w cosbi'n hallt (gan gynnwys cosb o farwolaeth i droseddwyr cyson, benthycwyr arian a budrelwyr);
19 cyfraith gyffredin yr Almaen i ddisodli Cyfraith Rufain;
20 addysg uwch i fod ar gael i bob 'Almaenwr abl a gweithgar'. Maes llafur ysgolion 'i'w addasu ar gyfer anghenion bywyd ymarferol'. Pob disgybl i'w addysgu am faterion dinesig. Plant galluog o rieni tlawd i gael addysg ar draul y Wladwriaeth;
21 safonau iechyd i'w gwella trwy ofalu am famau a babanod a gwahardd defnyddio llafur plant. Gymnasteg a chwaraeon i fod yn orfodol;
22 byddinoedd o hurfilwyr i'w gwahardd a byddin y bobl i'w ffurfio;
23 golygyddion papurau newydd a gohebwyr i fod yn Almaenwyr, a phapurau an-Almaenig i gael ymddangos drwy ganiatâd y llywodraeth yn unig. Papurau newydd oedd yn cyhoeddi deunydd a allai danseilio buddiannau cenedlaethol i'w gwahardd;
24 rhyddid crefyddol i bawb – ar yr amod nad oedd y syniadau a ledaenid gan yr enwadau yn bygwth neu gythruddo pobl yr Almaen;
25 creu llywodraeth ganolog gref er mwyn i'r Reich fedru gweithredu'r rhaglen newydd. Y llywodraeth i fod ag awdurdod diamod dros y Reich gyfan.

Er y gallai'r ddarpariaeth ar gyfer yr ifanc a'r hen, y mesurau llym yn erbyn trosedd a nodweddion eraill o'r rhaglen fod ar faniffesto unrhyw blaid wleidyddol ym Mhrydain heddiw, roedd agenda cudd gan Blaid Gweithwyr yr Almaen. Yn ogystal â bod yn agored hiliol a gwrthgyfalafol, roedd yn cynnwys nifer helaeth o gyfyngiadau ar hawliau sifil oedd yn hanfodol os bwriedid sefydlu unbennaeth.

D *Ymarferiad ar y Rhaglen Pum Pwynt ar Hugain*

Edrychwch yn fanwl ar Raglen Pum Pwynt ar Hugain Hitler ac ystyriwch pa bwyntiau y gellid eu dosbarthu fel:

	Pwyntiau yn Rhaglen y Blaid
ceisio adolygu telerau Cytundeb Versailles	
ceisio gwella amodau economaidd yr Almaen	
ceisio gwella safonau addysg	

	Pwyntiau yn Rhaglen y Blaid
ceisio cyfyngu ar hawliau sifil	
gwrthgyfalafol	
cenedlaethol	
gwrth-Semitaidd	

Dd *Ffurfio'r* Sturmabteilung *a newidiadau eraill*

Roedd ar Hitler angen sicrhau diogelwch, iddo'i hunan yn bersonol ac i'w gyfarfodydd, a hefyd angen modd i dorri ar draws cyfarfodydd ei gystadleuwyr. Dyna'i nod pan aeth ati i ffurfio llu o stormfilwyr, y *Sturmabteilung*, yn 1921. Adwaenid hwy'n gyffredin fel yr *SA* neu'r Crysau Brown, ac fe'u recriwtiwyd o blith cyn-aelodau anfodlon o'r *Freikorps*, y di-waith a'r dosbarth troseddol. Crwydrent y strydoedd, yn codi ofn a diystyru'r gyfraith, gan ledaenu propaganda Natsïaidd a bygwth rhoi crasfa i bwy bynnag oedd yn eu cythruddo, boed hynny'n real neu'n ddychmygol. Er mwyn gwneud yn siŵr na fyddai Comisiwn Rheoli y Cynghreiriaid yn eu hamau, roeddent yn honni mai 'Adran Gymnasteg a Chwaraeon' y mudiad oeddent! O'r cychwyn cyntaf, dangosent fwy o deyrngarwch i'w harweinyddion eu hunain nag i uwch swyddogion y Blaid.

Roedd Hitler hefyd yn gweld gwerth mewn symbolau, saliwtio a sloganau fel cyfrwng propaganda ac mewn denu pobl adnabyddus ac enwog yn y wlad i'r Blaid. Mabwysiadodd y swastica (yr *hakenkreuz* neu'r groes fachog) fel arwyddlun i'r Blaid, a'r saliwt o'r fraich wedi'i chodi. Newidiodd enw'r Blaid i *National Sozialistische Deutsche Arbeiterpartei*, Plaid Genedlaethol Sosialaidd Gweithwyr yr Almaen neu'r *NSDAP*. Acronym o **Na***tional So***zi***alistische* yw'r term '*Nazi*'.

Ymysg aelodau newydd a ddenwyd at achos y Natsïaid oedd sawl milwr uchel radd, yn cynnwys Ludendorff. Un arall a ymunodd oedd Hermann Göring, peilot fu'n ymladd yn y rhyfel ac arweinydd sgwadron Richtofen wedi i'r Barwn Coch gael ei ladd.

Ledled yr Almaen ceid grwpiau eraill oedd yn rhannu agweddau ar ddelfryd Hitler. Roedd y mudiad *völkisch*, oedd wedi datblygu ar ôl y rhyfel, yn cynnwys pobl oedd yn frwd dros feithrin a manteisio ar eithafiaeth genedlaethol ac ymwybyddiaeth hiliol. Roeddent yn pwysleisio'r hyn oedd yn arbennig yn yr hil Almaenaidd a'r angen i ddileu dylanwad llygredig pobl eraill. Y mwyaf amlwg o blith nifer o bleidiau bychain a sylfaenwyd ar fudiadau cyn-aelodau o'r lluoedd arfog oedd y *Kampfbund*, y Gymdeithas Filwriaethus, sef grŵp adain dde o Bafaria. Ni fu i'r arweinydd Natsïaidd, a oedd yn amharod i gyfaddawdu na goddef ymyrraeth eraill, wneud unrhyw ymdrech i ddod â'r elfennau adain dde hyn at ei gilydd. Pwy yn union oedd Adolf Hitler, yr areithiwr carismataidd oedd wedi herwgipio plaid Drexler a'i hail-lunio i'w fodloni ef ei hun?

PRIF YSTYRIAETH

Angen Hitler i aildrefnu'r Blaid.

TABL 9
Llinell Amser: Hitler a'r Blaid Natsïaidd – y blynyddoedd cynnar

1889	Geni Adolf Hitler yn Braunau-am Inn yn Awstria
1903	Wedi marw'i dad, mynd i fyw yn Linz
1905	Symud i Wien a methu cael lle yn Academi y Celfyddydau
1909	Wedi cyfnod digartref, byw mewn cartref i'r digartref
1913	Symud i München
1914	Gwasanaethu yn y fyddin Almaenig
1916	Ei glwyfo ym Mrwydr y Somme
1918	Ei anrhydeddu â'r Groes Haearn (Dosbarth Cyntaf): Hitler yn yr ysbyty pan gyhoeddwyd y cadoediad a diwedd y rhyfel
1919	Sefydlu Plaid Gweithwyr yr Almaen gan Anton Drexler yn München; Hitler yn mynd i gyfarfod o'r Blaid am y tro cyntaf
1920	Penodi Hitler yn arweinydd y Blaid; cynnig y Rhaglen Pum Pwynt ar Hugain
1921	Cymryd y camau cyntaf tuag at sefydlu *Sturmabteilung* (*SA*)
1923	Methiant ymdrech *Putsch* München
1924	Hitler o flaen y llys ar gyhuddiad o uchel frad ac yn cael ei garcharu yn Landsberg am Lech; dechrau ysgrifennu *Mein Kampf*; ethol y Natsïaid cyntaf i'r *Reichstag*

2 ~ ADOLF HITLER

A *Plentyndod*

Ganwyd Adolf Hitler ar 20 Ebrill 1889 yn y Gasthof zum Pommer, gwesty yn nhref fechan Braunau-am-Inn yn Awstria. Mae peth dirgelwch ynghylch ei gefndir teuluol, ac yn ddiweddarach fe aeth Hitler i gryn drafferth i gelu'r gwir. Roedd ei nain, Maria Anna Schicklgrüber, wedi gweithio fel morwyn ar un adeg. Cyn priodi, roedd wedi rhoi genedigaeth i fab, Alois. Rhywbryd wedyn priododd â Georg Heidler a gytunodd i fagu'r bachgen fel ei blentyn ei hun. Honnir mai tad iawn y bachgen oedd Iddew o Graz o'r enw Frankenberger a gâi ei gyflogi yn yr un tŷ â'r Maria ifanc. Am ryw reswm, efallai am ei fod yn gallu gofalu am y plentyn yn well, rhoddwyd y bachgen i frawd Georg Heidler. Aeth Alois Schicklgrüber yn brentis at grydd yn Wien i ddechrau, ond yn 18 oed daeth yn swyddog tollau. Yn ystod ei yrfa gyda Gwasanaeth Tollau Awstria, cafodd ei ddyrchafu i'r safle uchaf y gallai ei gymwysterau addysgol ei ganiatáu. Yn 1877, newidiodd ei enw o Schicklgrüber i Hitler. Priododd Alois Hitler deirgwaith – ag Anna Glasl-Horer, Franzisca Matelsberger, a gafodd ddau blentyn, ac yn olaf â Klara Polzi. Roedd hi dair blynedd ar hugain yn iau na'i gŵr a chafodd bum plentyn, y trydydd o'r enw Adolf. Dair blynedd wedi geni Adolf Hitler, ymddeolodd ei dad i fferm fechan yn Lambach. Cafodd yr Adolf ifanc ei fagu yn llym. Yn yr ysgol leol disgrifid ef fel plentyn diog, yn hoffi bod ar ei ben ei hun. Er bod ganddo wir ddiddordeb mewn celfyddyd a hanes, methodd yn ei arholiadau a gadawodd yr ysgol gyda 'chasineb elfennaidd at athrawon a'r gyfundrefn addysg y bu'n rhaid iddo'u goddef'. Yn *Mein Kampf*, mae Hitler yn gwbl anonest yn honni ei fod wedi ei fagu mewn tlodi dybryd ac, yn yr ysgol, ei fod yn cael ei gyfrif yn arweinydd. Yn sicr, roedd ei flynyddoedd yn yr ysgol wedi ei

PRIF YSTYRIAETH

Hitler – dylanwad blynyddoedd ei arddegau.

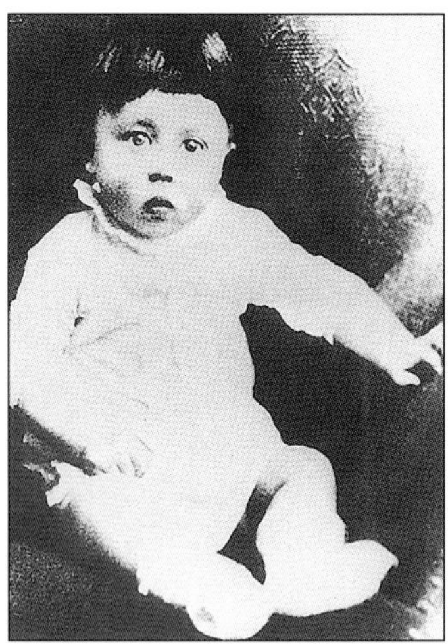

LLUNIAU 8-10
Adolf Hitler yn faban; (canol a de) Rhieni Hitler, Alois a Klara Hitler

adael yn llawn casineb tuag at y rhai roedd ef yn eu hystyried yn addysgedig. Pan anogodd ei dad ef i fynd i'r gwasanaeth sifil, gwrthododd gan ddweud nad oedd arno eisiau gweithio mewn 'caets o eiddo'r llywodraeth'.

B *Blynyddoedd cynnar*

Wedi i'w dad farw, gadawodd Hitler y cartref a byw yn Linz. Nid oedd yn gweithio ond yn byw ar arian roedd ei fam yn ei anfon ato. Dywedai pobl oedd yn ei adnabod ar y pryd ei fod yn byw ym myd ffantasi. Yn ystod y cyfnod hwn y gwirionodd gyntaf ar gerddoriaeth Richard Wagner. Honnai fod cerddoriaeth Wagner yn rhoi gwefr emosiynol iddo. Roedd yna debygrwydd rhwng y ddau ddyn – roedd y ddau yn dod o gefndir ansicr, y ddau wedi methu yn yr ysgol, y ddau'n casáu Iddewon â chasineb anarferol, a'r ddau yn llysieuwyr!

Yn 1905, aeth Hitler, oedd erbyn hyn yn 16 oed, i Wien am y tro cyntaf – dinas lle roedd Iddewon yn drydedd rhan o'r boblogaeth. Yno, yn dal i fyw mewn byd o freuddwydion, gwastraffodd ei amser heb wneud unrhyw ymdrech i chwilio am waith. Gwnaeth sawl cais am gael ei dderbyn i Academi y Celfyddydau ond fe'i gwrthodwyd bob tro. Yn ddiweddarach, beiodd ragfarn academyddion Iddewig dylanwadol yr Academi. Yn 1907, bu ei fam farw. Roedd Hitler wedi ei lethu gan dristwch, i'r fath raddau fel y dywedwyd bod 'unrhyw hoffter a oedd ganddo at unrhyw fod dynol wedi darfod pan fu hi farw'. Aeth ei ymddygiad yn wir od. Ymosododd ar y byd *bourgeois*, a oedd wedi ei wrthod, a honnodd nad oedd ond 'anghyfiawnder, casineb a gelyniaeth' o'i gwmpas. Wedi ei ddiraddio, roedd yn byw bywyd meudwy, a dechreuodd ddangos diddordeb yn syniadau athronwyr rhyfedd ac ofnadwy. Roedd wedi ei swyno gan weithiau Lanz von Liebenfels a olygai'r cylchgrawn *Ostara*. Mynach wedi ei ddiurddo oedd Liebenfels, a ysgrifennai erthyglau ar ragoriaeth y genedl Ariaidd, ac a oedd yn wrth-Semitaidd iawn. Hefyd, darllenai Hitler weithiau Charles Darwin, a bu i'w ddamcaniaeth ar **ddethol naturiol** wneud argraff ddofn ar Hitler. Roedd syniadau Georg von Schonerer, gŵr gorffwyll gwrth-Semitaidd, hefyd yn apelio at Hitler. Rhybuddiai Schonerer fod amser yn dod pan fyddai'r Almaenwyr yn y lleiafrif yn eu gwlad eu hunain ac roedd am i bobl oedd yn llofruddio Iddewon gael eu gwobrwyo.

dethol naturiol y cryfaf yn goroesi

C *Blynyddoedd o dlodi a dyfodiad rhyfel*

Yn 1909 daeth arian Hitler i ben. Yn ddigartref, crwydrai'r strydoedd a chysgu yn yr awyr agored cyn cael ei dderbyn i gartref i'r diymgeledd yn un o faestrefi Wien. Roedd yn gwbl ddiobaith ond yn hel meddyliau, ac yn ddiweddarch broliai ei fod hyd yn oed bryd hynny 'yn fy nychymyg yn byw mewn palasau'. Yn dal i wrthod chwilio am waith rheolaidd, ysgrifennai farddoniaeth a llunio arlunwaith i'w werthu. Yn 1912 daeth gwell byd pan etifeddodd arian gan fodryb iddo. Y flwyddyn ganlynol, yn 24 oed, symudodd o Wien i München yn yr Almaen. Dywedir ei fod wedi symud o brifddinas Awstria er mwyn osgoi gorfod ymuno â'r fyddin. Yn München daliodd i fyw bywyd **bohemaidd** nes i awdurdodau Awstria ddod o hyd iddo. Fe'i cyhuddwyd o geisio osgoi gwasanaethu yn y fyddin a'i ddwyn i Salzburg i gael archwiliad meddygol, dim ond i'w fethu! Roedd yn ôl yn München pan gyhoeddwyd rhyfel yn Awst 1914. Roedd ymysg y cyntaf i wirfoddoli, gan ymuno â Chatrawd Wrth Gefn Gwŷr Traed Bafaria, yr 16eg, a gwasanaethu fel negesydd. Yn ôl ei brif swyddog, nid oedd ganddo'r cymwysterau angenrheidiol i arwain, ac o'r herwydd ni chafodd ei ddyrchafu'n uwch na chorporal. Roedd yn ddewr ac ymroddgar a chafodd ei glwyfo ddwywaith a'i anrhydeddu â'r Groes Haearn ddwywaith. Roedd yn yr ysbyty yn gwella o effeithiau nwy gwenwynig pan glywodd gyntaf am y newydd fod Cadlywyddiaeth yr Almaen wedi gofyn am gadoediad. Yn *Mein Kampf* mae'n sôn sut y teimlai:

bohemaidd person anghonfensiynol sy'n ymwrthod â bywyd normal

> Roedd arnynt eisiau ildio. Oedd y fath beth yn bosibl o ddifrif? ... Yn sigledig, ymlwybrais yn ôl i'r ystafell gysgu, fy nhaflu fy hun ar y gwely, a chuddio fy mhen o dan y gobennydd a'r cwrlid ... Ac felly roedd y cyfan wedi bod yn ofer, yn ofer yr holl aberth a dioddef, yn ofer y newyn a'r syched am fisoedd a ymddangosai'n ddiddiwedd; yn ofer yr oriau pan wnaethom ein dyletswydd, er bod ofn enbyd yn ein calonnau; ac yn ofer marw'r miliynau a gollwyd. Oni fyddai beddau'r rhai a ymdeithiodd gyda ffydd yn eu mamwlad, ac na ddaethant yn ôl, yn agor. Oni fyddent yn agor ac yn anfon yr arwyr, wedi eu gorchuddio â llaid a gwaed, yn ôl fel ysbrydion dialgar i'r famwlad oedd wedi eu twyllo â'r fath wawd ... A ddigwyddodd hyn i gyd dim ond er mwyn i giwed o droseddwyr salw feddiannu'r famwlad!

3 ~ *PUTSCH* MÜNCHEN, TACHWEDD 1923

A *Cefndir*

Roedd Bafaria a'i phrifddinas eisoes wedi gwneud enw iddynt eu hunain oherwydd eu gwleidyddiaeth eithafol. Yn Nhachwedd 1918, ceisiodd Kurt Eisner ffurfio cyngor o weithwyr a milwyr i ddelio â materion Bafaria. Dilynwyd hyn gan fisoedd o ddryswch, pan lofruddiwyd Eisner, ac yna, yn Ebrill 1919, cyhoeddodd Toller weriniaeth yn München ar batrwm un Gomiwnyddol. Ar ôl wythnos o ymladd, trechwyd cyfundrefn Toller. Fel y cynyddai'r ofnau y byddai'r adain chwith yn ceisio cipio grym eto, dechreuodd carfanau adain dde weithredu fwyfwy yn Bafaria. Yn 1921, daeth Gustav von Kahr yn arweinydd ar lywodraeth adain dde. Gan ymddwyn fwyfwy fel unben, gwrthododd yn agored dderbyn rheolaeth Berlin, anogodd **ymwahaniaeth Bafaraidd**, a gwrthododd orchymyn o Berlin ar i bobl Bafaria ildio'u harfau. Yn ystod y cyfnod hwn, daeth Bafaria'n noddfa i eithafwyr adain dde oedd wedi ymdynghedu i ddymchwel Gweriniaeth Weimar. Nid oedd Hitler a'r Natsïaid o blaid polisïau ymwahanu Kahr. Yn Hydref 1922, llwyddodd Benito Mussolini, arweinydd Ffasgiaid yr Eidal, i drefnu 'Gorymdaith i Rufain'. Cwympodd llywodraeth yr Eidal o'r herwydd, a phenodwyd Mussolini yn Brif Weinidog. Soniai Hitler am ailadrodd camp Mussolini trwy arwain 'Gorymdaith i Berlin' ond roedd Kahr a gweinidogion eraill Bafaria yn meddwl mai syniad gwallgof oedd hwn a gwrthodasant ei gefnogi. O ganlyniad, cynllwyniodd arweinydd y Natsïaid i'w twyllo trwy ystryw fel na fyddai ganddynt unrhyw ddewis arall.

ymwahaniaeth Bafaraidd galw ar i Bafaria gael dod yn wladwriaeth annibynnol

B *Digwyddiadau 8/9 Tachwedd 1923*

Gyda'r nos ar 8 Tachwedd, roedd Kahr i fod i annerch cynulliad gwleidyddol yn y Burgerbraukeller, neuadd gwrw yn München. Gyda'r Cadfridog Otto von Lossow, cadlywydd y fyddin yn Bafaria, a Hans von Seisser, pennaeth heddlu gwladwriaeth Bafaria, ac enwogion eraill yn bresennol, roedd y neuadd dan ei sang. Mewn mannau strategol yn y gynulleidfa, roedd Natsïaid a lwyddodd i smyglo arfau i mewn i'r neuadd wedi'u gosod. Roedd Kahr wedi cynhesu i'w araith pan gyrhaeddodd Hitler gyda llond loriau o *SA* a chefnogwyr *Kampfbund*. Gosodasant warchae ar yr adeilad cyn i'r arweinydd Natsïaidd fynd i mewn i'r neuadd gyda'i ddynion, y rheini'n chwifio reifflau. I dynnu sylw, neidiodd dyn i ben bwrdd a saethu ei ddryll i'r nenfwd. Yna cyfarchodd Hitler y gynulleidfa syn:

> Mae chwyldro cenedlaethol wedi dechrau ... mae'r neuadd dan warchae ... does neb i adael yr adeilad. Mae llywodraeth Bafaria a'r llywodraeth genedlaethol wedi eu dymchwel a llywodraeth dros dro yn cael ei sefydlu. Mae barics y *Reichswehr* a heddlu'r wladwriaeth wedi eu meddiannu; mae'r *Reichswehr* a'r heddlu yn agosáu dan faner y swastica.

Tywyswyd Kahr a dau weinidog arall y wladwriaeth Fafaraidd gan ddynion yr *SA* i ystafell gyfagos lle ceisiodd Hitler eu denu i ymuno ag ef. Addawodd swyddi iddynt yn ei lywodraeth newydd, ond rhybuddiodd, 'Gwn y byddwch chi'n gweld hwn yn gam anodd ... Bydd yn rhaid i bob un ohonoch gymryd ei le; bydd pwy bynnag sy'n gwrthod yn fforffedu ei hawl i fyw. Rhaid i chi ymladd gyda mi, ennill gyda mi neu farw gyda mi'. Ymatebodd y tri dyn, Kahr yn enwedig, yn ddewr a dadlau gyda'r Natsi. Er hynny, dychwelodd Hitler i'r neuadd a dweud wrth y bobl, yn gwbl gelwyddog, fod y tri gweinidog Bafaraidd wedi cytuno i ymuno ag ef. Yn ôl yn yr ystafell gyfagos, fe gamarweiniodd Kahr trwy ei gynghori bod y bobl wedi datgan eu bod yn barod 'i sefyll o'i blaid pe bai'n ymuno'. Yn y diwedd, fe lwyddodd twyll Hitler a chytunodd y tri gweinidog. Yn y cyfamser, roedd Ludendorff wedi cyrraedd yn ei wisg Maeslywydd, a gofynnodd yn syth pam roedd Hitler wedi gweithredu heb roi gwybod iddo ef. Unwaith eto, dychwelodd arweinydd y Natsïaid i'r neuadd a chyfarch ei gynulleidfa yn llawn teimlad:

> 'Nawr, rwy'n mynd i weithredu yr hyn y bu i mi dyngu i mi fy hun y byddwn yn ei wneud bum mlynedd yn ôl pan oeddwn yn gorwedd yn gripil yn ysbyty'r fyddin; i beidio â gorffwys na chysgu hyd nes ... y byddai'r Almaen druenus bresennol wedi ei dyrchafu i fod yn Almaen bwerus a gwych, rydd a gogoneddus. Amen.

Yn y bore, gollyngwyd y tri gweinidog yn rhydd. Ar unwaith, torrodd Kahr yr addewidion a wnaeth i Hitler a defnyddio'r orsaf radio leol i dorri pob cysylltiad rhyngddynt. Dywedodd nad oedd a wnelo ef ddim â gweithredoedd Hitler a bod y Blaid Sosialaidd Genedlaethol i'w diddymu. Roedd yn ymddangos bod brad Kahr wedi effeithio ar hyder Hitler. Gwyddai hefyd na allai ddisgwyl cefnogaeth y fyddin na'r heddlu heb ennill Lossow a Seisser i'w achos. Hyd yn oed wedyn, daliodd ati i gynllunio, gan gasglu ei gefnogwyr ynghyd i orymdeithio i ganol München. Gyda Hitler, Ludendorff a Göring yn eu harwain, llwyddodd y 3,000 o Natsïaid i wthio ymlaen yn rhwydd trwy gylch o heddlu tuag at yr Odeonplatz, yn ymyl swyddi Gweinyddiaeth Ryfel Bafaria. Yma, roedd carfan fwy penderfynol o heddlu gyda gwell arfau yn eu hwynebu, a galwyd arnynt i roi'r gorau i'w gwrthdystiad ac ildio. Yn y cydgyfarfod, clywyd sŵn ergyd a syrthiodd heddwas yn farw. Ymatebodd yr heddlu drwy saethu i ganol y gwrthdystwyr. Syrthiodd rhai oedd yn agos at Hitler, chwalodd y rhengoedd a dihangodd eraill. Ludendorff yn unig a wrthododd ffoi am loches gan gerdded yn feiddgar trwy'r llinell heddlu i gael ei garchrau yn ei gartref. Cafodd rhai o arweinwyr y Natsïaid eu harestio yn syth ac eraill yn ddiweddarach. Bu farw un ar bymtheg o'r gwrthdystion, a saethwyd Göring, oedd wrth ochr Hitler, yn ei glun. Aed ag ef i un o ysbytai München, ac yn ddiweddarach llwyddodd i fynd i Awstria. Dihangodd Hitler ond fe'i daliwyd ddeuddydd yn ddiweddarach. Disgrifiodd yr hanesydd Joachim

PRIF YSTYRIAETH

Y rhan a chwaraeodd Ludendorff.

Fest, yn *The Face of the Third Reich*, beth yn union oedd wedi digwydd i Hitler:

> Dihangodd Hitler, gan adael o'i ôl ychydig filoedd o ddilynwyr ac un ar bymtheg yn farw. Profwyd bod y chwedl, yn amlwg un a ledaenodd ef ei hun, ei fod wedi cario plentyn diymadferth allan o gyrraedd y saethwyr – llwyddodd i ddangos y plentyn i gefnogi ei ddatganiad – yn gelwydd. Tra oedd yn cuddio yn Uffing am Staffelsee, mewn tŷ a berthynai i'r teulu Hanfstaengl, dywedodd fod yn rhaid iddo ddiweddu'r cyfan a'i saethu ei hun, ond llwyddodd y teulu i wneud iddo newid ei feddwl. Yn fuan wedyn cafodd ei arestio a'i ddwyn i garchar 'gydag wyneb llwydaidd gofidus yr olwg a chudyn o wallt clymog yn syrthio drosto'.

C Putsch *a fu'n fethiant – y canlyniadau*

Cafodd nifer o'r rhai a gymerodd ran yn y *putsch* swyddi uchel ymysg arweinwyr y Natsïaid yn ddiweddarach, yn eu plith Wilhelm Frick, Rudolf Hess, Heinrich Himmler, Ernst Röhm, Alfred Rosenberg a Julius Streicher. Cyrhaeddodd Gregor Strasser, oedd yn teithio o Landshut, yn rhy hwyr. Ar y llaw arall, nid oedd Hitler yn mynd i anghofio brad Kahr, Lossow a Seisser.

Ai dim ond gwrthdystiad y collwyd rheolaeth arno oedd '*Putsch* y Neuadd Gwrw' neu ai ymgais wirioneddol ar ran Hitler i ddefnyddio München fel carreg sarn i gamu ymlaen i ennill rheolaeth ar Bafaria ac yna'r Almaen? Os yw'r olaf yn wir, yn sicr byddai'r dasg yn un hynod anodd. Byddai wedi gorfod wynebu gwrthwynebiad nid yn unig o du'r awdurdodau yn Bafaria, ond hefyd o du llywodraeth Berlin ac o bosibl y *Reichswehr*. Gallai hyd yn oed fod wedi ennyn ymyrraeth y Ffrancwyr. Fodd bynnag, cafodd y *putsch* ryw gymaint o effaith. Cafodd Hitler y cyhoeddusrwydd roedd arno ei wir angen a rhyw gymaint o fri, a bellach cydnabyddid fod y Blaid Natsïaidd yn flaengar ym myd gwleidyddiaeth adain dde yr Almaen. Hefyd, dysgodd arweinydd y Natsïaid rai gwersi pwysig. Nid oedd pobl yr Almaen yn barod i ddilyn esiampl yr Eidal. Roedd yn rhaid dilyn dulliau cyfreithiol, drwy'r blwch pleidleisio, i ennill swydd. I ennill grym, roedd yn rhaid iddo yn gyntaf ennill cefnogaeth y dorf. Eto, ar y cyfan, roedd y digwyddiad yn gryn gamp i ddyn, oedd, hyd hynny, wedi bod yn 'neb' yn wleidyddol, a'i Blaid eto i wneud unrhyw sioe wleidyddol yn etholiadau'r *Reichstag*.

PRIF YSTYRIAETH

***Manteision a enillwyd a gwersi a ddysgwyd oherwydd methiant y* putsch.**

4 ~ YN SGIL MÜNCHEN – CYHUDDIADAU O UCHEL FRAD

Cafodd y Natsïaid fwy o gyhoeddusrwydd pan ddygwyd Hitler, Ludendorff, Röhm, Frick a phedwar arall o flaen y llys ar gyhuddiad o gynllwynio uchel frad.

A Y *Prawf*

Dechreuodd y prawf, a gynhaliwyd yn Ysgol Swyddogion y Gwŷr Traed yn München, ar 24 Chwefror 1924 a pharhaodd am 24 diwrnod. Roedd arweinydd y Natsïaid yn disgleirio ac ef oedd y ceffyl blaen o'r dechrau. Gyda'r llys yn orlawn o ohebwyr, a Kahr, Lossow a Seisser yn barod i roi tystiolaeth yn ei erbyn, manteisiodd i'r eithaf ar ei gyfle. Gyda'i Groes Haearn ar ei gôt, dechreuodd trwy gyfaddef iddo gymryd rhan yn y *putsch*, ond gwadai'r cyhuddiad o uchel frad yn llwyr:

> Ni allaf ddatgan fy mod yn euog. Digon gwir, rwy'n cyfaddef i'r weithred ond nid wyf yn cyfaddef i'r drosedd o uchel frad. Ni ellir dweud ar unrhyw gyfrif fod gweithred sy'n ceisio dad-wneud y cam o fradychu'r wlad hon yn 1918 yn frad. At hynny, ni ellir galw gweithred Tachwedd yr 8fed a'r 9fed yn frad, waeth pa ddiffiniad o frad a ddefnyddir ... Ac os oeddem yn cyflawni brad, rwy'n synnu nad yw'r rhai oedd â'r un amcanion â mi bryd hynny yn sefyll wrth f'ochr 'nawr ... Nid oes y fath beth ag uchel frad yn erbyn bradwyr 1918. Rwy'n fy nghyfrif fy hun ymysg y gorau o bobl yr Almaen, oedd yn deisyf yr hyn oedd orau i'w bobl.

LLUN 11
Cartŵn o 1924 yn dangos Ludendorff a Hitler yn baldorddi o fygiau cwrw yn München. Mae barnwr yn dadlau 'Uchel frad? Lol i gyd! Y gwaethaf y gallwn ei gyhuddo ohono yw torri is-ddeddfau trwy ddiddanu yn gyhoeddus'.

Gan roi'r argraff mai ef oedd y cyhuddwr yn hytrach na'r cyhuddiedig, siaradodd Hitler gydag arddeliad wrth gyhuddo Ebert a Scheidemann mai hwy oedd y gwir fradwyr, ac yna gwaeddodd ar draws y rhai oedd yn ceisio cynnig tystiolaeth yn ei erbyn. Nid ymyrrodd y barnwyr, oedd yn amlwg yn cydymdeimlo â'i achos, hyd yn oed pan safodd y rhai oedd yn y llys i guro dwylo mewn cymeradwyaeth. Gorffennodd Hitler ei araith trwy ddweud:

> Felly, fonheddwyr, [nid chi] fydd y rhai fydd yn dyfarnu, ond cawn y dyfarniad hwnnw ym marn dragwyddol hanes a fydd yn codi llais yn erbyn y cyhuddiad a wnaed yn ein herbyn ... Waeth i chi ein cael yn euog filwaith, ond bydd duwies llys tragwyddol hanes yn gwenu ac yn rhwygo cynigion erlynydd y wladwriaeth a dyfarniad y llys hwn: oherwydd mae hi'n ein dyfarnu yn ddieuog.

PRIF YSTYRIAETH

Amddiffyniad Hitler – ei werth fel propaganda.

Ar ddiwedd gweithgareddau'r llys, cafodd y barnwyr hi'n anodd i berswadio'r tri aelod lleyg o'r llys (dau asiant yswiriant a gwerthwr papurau) i ddyfarnu Hitler yn euog. Yn y diwedd, cytunodd y tri i wneud hynny yn unig ar yr amod na fyddai'n rhaid iddo wneud penyd llawn, dim ond rhan o'r hyn a ddedfrydid. Wedi cymryd i ystyriaeth fod 'ei amcanion yn rhai gwlatgar ac anrhydeddus' dyfarnwyd Hitler i bum mlynedd yng ngharchar. Cafwyd Ludendorff yn ddieuog. Rhoddodd y wasg lwyfan ardderchog i Hitler ledaenu propaganda, gan neilltuo sawl colofn i'r ddrama yn y llys ac adrodd areithiau Hitler air am air. Gwnaeth argraff ar lawer o Almaenwyr, a dybiai ei fod wedi chwarae rôl arwr yn hynod effeithiol.

B *Yng ngharchar yn Landsberg am Lech*

Anfonwyd Hitler i'r hen garchar yng nghaer Landsberg, tref ar lan afon Lech yn ne Bafaria. Carchar mewn caer oedd y carchar mwyaf trugarog. Gan wneud yn fawr o'r breintiau a gâi o fewn y gyfundrefn ddidaro, aeth Hitler rhagddo i fwynhau'r enwogrwydd. Câi amser i ddarllen ac ysgrifennu a chroesawu ymwelwyr di-ben-draw, ac ar ei ben-blwydd yn 35 oed, dywedir iddo dderbyn digon o anrhegion i lenwi sawl ystafell. Yn bwysicach fyth, rhoddodd gyfle iddo fwrw golwg dros y sefyllfa, ac yn ei gell, a rannai â Rudolf Hess, dechreuodd ar ei hunangofiant. Daeth ei lyfr, *Mein Kampf* (Fy Mrwydr) yn feibl y mudiad Sosialaidd Cenedlaethol a chafodd werthiant gwych.

5 ~ *MEIN KAMPF*

A *Ysgrifennu* Mein Kampf

Dim ond y gyfrol gyntaf o *Mein Kampf* a ysgifennwyd tra oedd Hitler yn y carchar yn Landsberg. Arddywedodd ddrafft o'r cynnwys, gyda Rudolf Hess (gw. tt. 166-7) ac Emile Maurice, dau gyd-garcharor, yn ysgrifennu. Yn ddiweddarach, daeth Emile Maurice yn warchodwr personol ac yn yrrwr i Hitler. Ysgrifennwyd gweddill y llyfr rhwng 1925 ac 1929 wedi i Hitler ddod o'r carchar. Bwriadai alw'r llyfr yn wreiddiol yn *Pedair Blynedd o Ymdrech yn erbyn Celwyddau, Twpdra a Llyfrdra*, ond cynghorodd ei gyhoeddwr ef i ddewis teitl byrrach.

B Cynnwys Mein Kampf

Cyflwynwyd *Mein Kampf* i'r 16 dyn a gollodd eu bywydau adeg *Putsch* München. Yn ei ragair mae Hitler yn datgan mai ei reswm dros ysgrifennu'r llyfr yw 'i ddinistrio'r celwyddau chwedlonol y mae'r wasg Iddewig wedi eu lledaenu amdanaf i'.

Nid yw *Mein Kampf* yn llyfr hawdd ei ddarllen. Barnwch drosoch eich hun ar arddull Hitler a'i syniadau trwy ddarllen y dyfyniadau ar y tudalennau nesaf.

Rhagair yr Awdur

Ar Ebrill 1af, 1924 dechreuais ar fy nghyfnod yn y carchar yng Nghaer Landsberg am Lech yn dilyn dyfarniad Llys y Bobl, München ar y pryd.

Wedi blynyddoedd o lafur di-baid roedd 'nawr yn bosibl dechrau, am y tro cyntaf, ar waith y gofynnodd llawer amdano ac y teimlwn innau a fyddai o fudd i'r Mudiad. Felly, penderfynais neilltuo dwy gyfrol i ddisgrifio nid yn unig amcanion ein Mudiad ond hefyd ei ddatblygiad. Mae mwy i'w ddysgu o hwn nag o unrhyw draethawd cwbl ddysgedigaethol.

Cefais gyfle yma hefyd i ddisgrifio fy natblygiad fy hun i'r graddau y mae hynny'n angenrheidiol i beri deall y gyfrol gyntaf yn ogystal â'r ail, ac i wrthbrofi'r celwyddau chwedlonol y mae'r Wasg Iddewig wedi eu lledaenu amdanaf.

Yn y gwaith hwn rwy'n troi, nid at ddieithriaid, ond at ddilynwyr y Mudiad sydd â'u calonnau'n perthyn iddo ac sy'n dymuno ei astudio yn ddyfnach. Gwn ein bod yn ennill llai o bobl trwy ysgrifen nag â'r gair llafar a bod twf pob mudiad mawr ar wyneb daear yn ddyledus i siaradwyr mawr ac nid i ysgrifenwyr mawr.

Serch hynny, er mwyn ennill mwy o gyfartaledd ac unffurfiaeth wrth amddiffyn unrhyw ddysgeidiaeth, rhaid cyflwyno ei hegwyddorion sylfaenol mewn ysgrifen. Felly boed i'r ddwy gyfrol hyn wasanaethu fel meini adeiladu rwy'n eu cyfrannu tuag at y gwaith ar y cyd.

Y Gaer

Landsberg am Lech

Am hanner awr wedi deuddeg ar brynhawn Tachwedd 9fed, 1923, syrthiodd y rhai a enwir isod o flaen y *Feldherrnhalle* ac o flaen y Swyddfa Ryfel gynt yn München oherwydd eu ffydd ffyddlon yn adfywiad eu pobl:

Alfarth Felix, Masnachwr, ganwyd Gorffennaf 7, 1901
Bauriedl Andreas, Gwneuthurwr hetiau, ganwyd Mai 4, 1879
Casella Theodor, Swyddog Banc, ganwyd Awst 8, 1900
Ehrlich Wilhelm, Swyddog Banc, ganwyd Awst 19, 1894
Faust Martin, Swyddog Banc, ganwyd Ionawr 27, 1901
Hechenberger Ant, Gof cloeau, ganwyd Medi 28, 1902
Kocrncr Oskar, Masnachwr, ganwyd Ionawr 4, 1875
Kuhn Karl, Prif Weinydd, ganwyd Gorffennaf 26, 1897
Laforce Karl, Myfyriwr (Peirianneg), ganwyd Hydref 28, 1904
Nebauer Kurt, Gweinydd, ganwyd Mawrth 27, 1899
Pape, Claus von, Masnachwr, ganwyd Awst 16, 1904
Pfordten Theodor von der, Cynghorydd i'r Prif Lys Rhanbarthol, ganwyd Mai 14, 1873
Rickmers Joh., Capten Gwŷr Meirch wedi ymddeol, ganwyd Mai 7, 1881
Scheubner-Richter, Max Erwin von, Dr mewn Peirianneg, ganwyd Ionawr 9, 1884
Stransky Lorenz Rittern von, Peiriannydd, ganwyd Mawrth 14, 1899
Wolf, Wilhelm, Masnachwr, ganwyd Hydref 19, 1898

Gwrthododd swyddogion cenedlaethol, fel y'u gelwid, ganiatáu i'r arwyr marw gael eu claddu gyda'i gilydd. Felly rwy'n cyflwyno'r gyfrol gyntaf o'r gwaith hwn iddynt hwy fel cofeb ar y cyd, fel y gall y cof am y merthyron hyn fod yn ffynhonnell barhaol o oleuni i ddilynwyr ein Mudiad.

Y Gaer, Landsberg a/L., Hydref 16eg 1924

LLUN 12
Rhagair yr Awdur i *Mein Kampf*

Ar burdeb hiliol a dethol naturiol:

> Bydd y llwynog yn llwynog hyd byth, yr ŵydd yn ŵydd, a'r teigr yn cadw cymeriad teigr. Yr unig wahaniaeth all fodoli o fewn y rhywogaeth yw'r gwahanol raddau o gryfder adeileddol a nerth gweithredol, o ddeallusrwydd, effeithlonrwydd, gwytnwch ac ati mae'r enghraifft unigol yn eu meddu. Byddai'n amhosibl dod o hyd i lwynog sy'n teimlo'n garedig tuag at ŵydd ac am gymryd gofal ohoni, yn union fel nad oes cath mewn bod sy'n teimlo'n gyfeillgar tuag at lygod.
>
> Rhaid i'r un cryfach dra-arlgwyddiaethu a pheidio â pharu â'r gwannaf, a fyddai'n golygu aberthu ei natur ragorach. Dim ond y sawl a anwyd yn llipryn all feddwl bod yr egwyddor hon yn greulon, ac os yw'n tybio felly, fe wna hynny yn unig am ei fod o natur wannach a meddwl culach; oherwydd pe na bai cyfraith o'r fath yn llywio'r broses o esblygu, yna byddai uwchddatblygiad bywyd naturiol yn gwbl annichonadwy.

Ar yr Iddewon:

> Pe bai'r Iddewon yr unig bobl yn y byd, fe fydden nhw'n ymdrybaeddu mewn budreddi a llaid ac yn cymryd mantais y naill ar y llall ac yn ceisio lladd ei gilydd mewn brwydr chwerw, er nad yw'r ddelfryd o aberthu yn golygu dim iddynt, fel mae eu hysbryd llwfr yn ei ddangos, a byddai hynny'n rhwystr i frwydr ddatblygu.
>
> Mae'r llencyn gwallt du o Iddew yn aros am oriau, yn syllu'n ddieflig ac yn ysbïo ar y ferch a hithau'n amau dim, yn cynllunio i'w denu hi, llygru ei gwaed a'i dwyn oddi ar ei phobl ei hun. Mae'r Iddew yn defnyddio pob dull posibl i danseilio sylfeini hiliol pobl sydd **dan yr iau**. Yn ei ymdrechion trylwyr i ddifetha merched, mae'n ceisio chwalu'r gwrthgloddiau olaf sy'n gwahaniaethu rhyngddo ef a phobloedd eraill. Yr Iddewon oedd yn gyfrifol am ddod â dynion duon i diroedd y Rhein, gyda'r bwriad yn y pen draw o fastardeiddio'r hil wyn ei chroen maen nhw'n ei chasáu ac felly iselhau ei diwylliant a'i gwleidyddiaeth fel y gall yr Iddew dra-arglwyddiaethu. Oherwydd cyhyd ag y mae pobl yn cadw'n hiliol bur ac yn ymwybodol o'u trysor, sef eu gwaed, ni allant gael eu trechu gan yr Iddew. Ni fydd yr Iddew fyth yn dod yn feistr ar unrhyw bobl heblaw pobl a fastardeiddiwyd.

dan yr iau pobl sydd wedi eu goresgyn ac yn dioddef o'r herwydd

Ar yr anabl, yn feddyliol a chorfforol:

> Rhaid i'r rhai sy'n afiach yn gorfforol ac yn feddyliol beidio â pharhau eu dioddefaint eu hunain yng nghyrff eu plant. O safbwynt addysgol, mae yma dasg enfawr i Wladwriaeth y Bobl ei chyflawni. Ond mewn oes yn y dyfodol bydd y gwaith hwn yn fwyfwy ei arwyddocâd na rhyfeloedd buddugoliaethus ein hoes *bourgeois*

> bresennol. Trwy gyfrwng addysg rhaid i'r Wladwriaeth ddysgu unigolion nad yw afiechyd yn warth ond yn ddamwain anffodus y mae'n rhaid tosturio o'i herwydd, ond eto ei fod yn drosedd ac yn warth i wneud yr afiechyd hwn yn waeth trwy basio haint a nam ymlaen i greaduriaid diniwed am ddim rheswm ond egotistiaeth.
>
> A rhaid i'r Wladwriaeth hefyd addysgu pobl ei fod yn fynegiant o natur gwir nobl ac yn weithred ddynol werth ei hedmygu os bydd person sy'n dioddef yn ddiniwed o afiechyd etifeddol yn ymwrthod â chenhedlu plentyn ei hun ac yn rhoi ei gariad a'i serch i ryw blentyn nad yw'n ei adnabod a fydd, oherwydd ei iechyd, yn debygol o ddod yn aelod cydnerth o gymuned iach.

Ar ddemocratiaeth:

> Democratiaeth, fel y caiff ei ymarfer yng ngorllewin Ewrop heddiw, yw rhagflaenydd Marcsiaeth. Yn wir, ni fyddai'r ail yn bosibl heb y cyntaf. Democratiaeth yw'r fagwrfa lle mae hadau afiach y pla byd Marcsaidd yn gallu tyfu a lledaenu. Trwy gyflwyno cyfundrefn seneddol, creodd democratiaeth erthyl o fudreddi a thân, ond mae ei dân creadigol, fodd bynnag, i'w weld wedi marw allan.

Ar y genedl Brydeinig:

> Byddir yn cyfrif mai'r genedl Brydeinig yw cynghrair mwyaf gwerthfawr y byd cyhyd ag y gellir dibynnu arni i arddangos y cieidd-dra a'r dycnwch hwnnw yn ei llywodraeth, yn ogystal ag yn ysbryd y tyrfaoedd, sy'n ei galluogi i barhau hyd fuddugoliaeth unrhyw ymdrech y mae'n ymgymryd â hi, waeth pa mor faith fydd y frwydr na pha mor fawr yr aberth fydd ei angen, na pha ddull fydd yn rhaid ei fabwysiadu; a hyn i gyd er y gall yr offer milwrol sydd ar gael fod yn gwbl ddiffygiol o'i gymharu â'r hyn sydd gan genhedloedd eraill.

Roedd yr argraffiad cyntaf yn llawn camgymeriadau gramadegol ac atalnodi gwael a gywirwyd yn nes ymlaen. Er bod yma beth cynnwys hunangofiannol, ystyried cynlluniau Hitler i'r dyfodol a wneir yn bennaf. Gan fod y llyfr wedi ei gynllunio i apelio at elfennau anniddig yn yr Almaen, mae'r cynnwys yn hynod genedlaetholgar ac yn feirniadol iawn o'r cytundeb wedi'r rhyfel ac o Weriniaeth Weimar. Trwyddo draw, mae'r thema sylfaenol yn ymwneud â hiliaeth, yn pwysleisio rhagoriaeth yr hil Ariaidd, yr angen am burdeb hil, a dirmyg at yr Iddewon. Mae hefyd yn dirmygu Marcsiaid, Catholigion, heddychwyr a'r rhai oedd yn cynnal delfrydau democrataidd a rhyddfrydol.

Pan gyhoeddwyd y llyfr, disgrifiodd newyddiadurwr yn Berlin *Mein Kampf* fel 'mwydro gwallgofddyn' ac mae haneswyr wedi tueddu i gytuno. Yn *Hitler and Germany* mae B.J. Elliott yn dweud, 'Os oedd Hitler yn areithiwr grymus, yn sicr nid oedd yn ysgrifennwr'. Disgrifiad yr hanesydd Americanaidd Louis L.

Snyder yw, 'wedi ei ysgrifennu yn ddi-chwaeth, mewn arddull rwysgfawr ... yn llawn o eiriau hir, mynegiant chwithig ac ailadrodd cyson, i gyd yn amlygu dyn a hanner addysgwyd', a chawn Fest yn nodi bod 'y tudalennau sy'n sôn am wrth-Semitiaeth yn drewi o anwedduster noeth'. Barn Bullock yw: 'fel llyfr oedd i fod ymysg "y gwerthwyr gorau" roedd yn fethiant, gyda dim ond ychydig, hyd yn oed ymysg aelodau'r Blaid, â digon o amynedd i'w ddarllen'. Beth bynnag a ddywedir am ragoriaethau llenyddol y llyfr, erbyn 1939 roedd wedi gwerthu dros bum miliwn copi, wedi ei gyfieithu i 11 o ieithoedd, wedi sicrhau incwm i Hitler, ac yn y pen draw wedi ei wneud yn ddyn cyfoethog. Wrth edrych yn ôl, efallai y gellid hefyd honni y byddai pobl wedi gofalu am ddarparu'n well ar gyfer yr hyn oedd ar fin digwydd pe baent wedi treulio mwy o amser yn astudio *Mein Kampf* yn hytrach na'i ddifrïo!

6 ~ Y BLAID NATSÏAIDD YN YSTOD CARCHARIAD HITLER

Pan oedd Hitler yng ngharchar yn cynllunio ei strategaeth i'r dyfodol ac yn ar-ddweud ei *Mein Kampf*, penododd Alfred Rosenberg i ofalu am fuddiannau'r Blaid Natsïaidd.

ALFRED ROSENBERG (1893-1946)

Ganwyd Alfred Rosenberg yn Tallinn yn Estonia, oedd bryd hynny yn un o ranbarthau Rwsia. Am beth amser bu'n byw ym Mharis yn astudio pensaernïaeth ac yn dysgu celfyddyd, ond yn 1920 ymfudodd i'r Almaen. Daeth yn ddinesydd Almaenig, ymgartrefodd yn München ac yn fuan wedyn ymunodd â'r Blaid Natsïaidd. Roedd yn ysgolhaig, i bob golwg yn ddiwylliedig a pharchus, ac roedd yn casáu'r elfen arw yn y Blaid a hwythau'n ei gasáu yntau. Yn ddelfrydwr ac yn ddylanwadol yn y Blaid, fe'i penodwyd gyntaf gan Hitler fel golygydd y papur newydd Natsïaidd, *Völkischer Beobachter* (Sylwebydd ar Hil). Defnyddiodd y papur i boblogeiddio damcaniaethau hiliol y Natsïaid. Ysgrifennodd yn helaeth, ac ymysg ei weithiau oedd *The Tracks of the Jew Through The Ages* a *The Crime of Freemasonry* (1921). Yn ei lyfr enwocaf, *The Myth of the Twentieth Century* (1930), anogai'r Almaenwyr i roi'r gorau i Gristnogaeth a throi at fytholeg baganaidd. Difrïai'r Hen Destament, gan ei gyfrif yn gyfrifol am 'dra-arglwyddiaeth yr Iddew arnom ar hyn o bryd' a honnai fod yr Eglwysi Cristnogol wedi eu sylfaenu ar 'gelwyddau anferthol, ymwybodol ac anymwybodol'. Roedd Hitler yn meddwl bod ei lyfr yn 'sothach afresymegol' tra disgrifiodd Goebbels y gyfrol yn fwy di-chwaeth fel 'torri gwynt ideolegol'. Disgrifiwyd Rosenberg gan Max Amann, a ddaeth yn rheolwr busnes y Blaid Natsïaidd, fel 'hurtyn, gwirionyn ynfyd ffroenuchel'. Yng ngolwg Fest, gwir drasiedi Rosenberg oedd ei fod 'o ddifrif yn credu mewn Sosialaeth Genedlaethol'. Roedd yn sicr yn ddewis rhyfedd fel arweinydd dros dro i'r Blaid. Oedd ef, fel y tybiai ef ei hun, wedi ei ddewis er mwyn prysuro rhaniadau yn y Blaid fel y gallai Hitler, pan gâi ei ryddhau, ddechrau o'r dechrau?

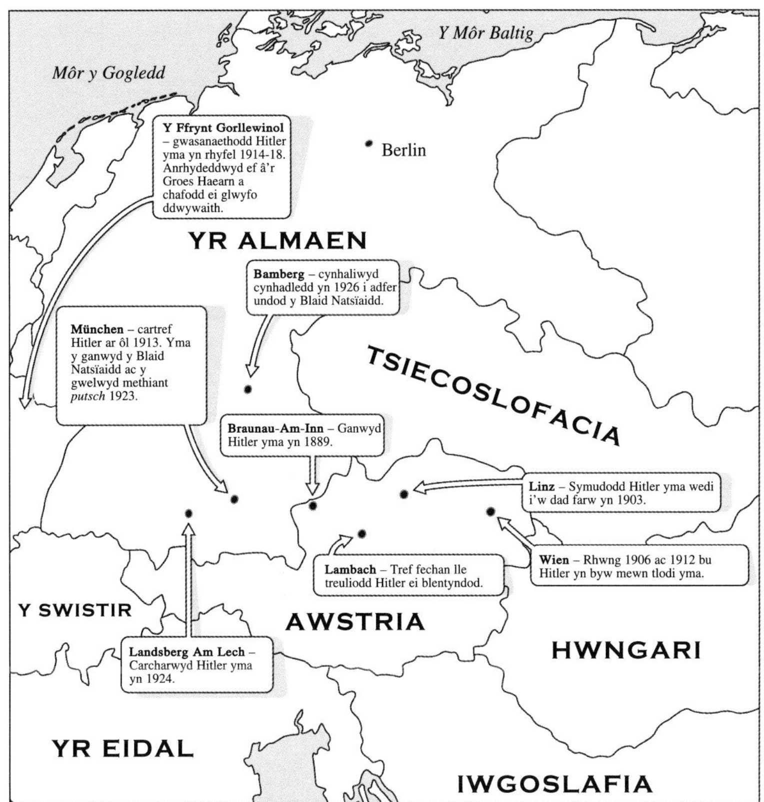

MAP 4
Hitler a'r Blaid Natsïaidd – y blynyddoedd cynnar

Heb Hitler wrth y llyw, dechreuodd y Blaid Natsïaidd, oedd yn swyddogol wedi ei diddymu, chwalu i garfanau oedd yn ymryson â'i gilydd. Datblygodd cystadlu personol a chafwyd dadleuon dros wahaniaethau ideolegol. Yn 1924, penderfynodd cynghrair o bleidiau yr adain dde eithaf, y *Völkisch-Nationaler Block*, ymladd yr etholiad. Cynigiodd sawl Natsi, gan gynnwys Ludendorff, Röhm a Rosenberg, sefyll fel ymgeiswyr. Cafodd y *Block* fwy na dwy filiwn o bleidleisiau ac anfonasant 32 dirprwy i'r *Reichstag*. O blith y rhain, roedd deg, yn cynnwys Feder, Frick, Ludendorff, Röhm a Strasser, yn gyn-aelodau o'r Blaid Natsïaidd oedd wedi ei diddymu. Yn ei gell yn Landsberg, roedd Hitler yn ffyrnig oherwydd eu brad.

> **C**
> *I ba raddau y bu i'r Blaid Natsïaidd ddirywio yn ystod carchariad Hitler?*

7 ~ GWLEIDYDDIAETH GWERINIAETH WEIMAR, 1923-8

A *Cyflwyniad*

Roedd y pum mlynedd a hanner a ddilynodd gwymp 'Clymblaid Fawr' Stresemann yn gyfnod pan fu dau ddyn yn rhannu swydd Canghellor yr Almaen chwe gwaith, sef Wilhelm Marx, arweinydd Plaid y Canol, a Hans Luther, gwleidydd di-blaid.

TABL 10
Llywodraethau Gweriniaeth Weimar, Tachwedd 1923-Mehefin 1928

	Canghellor	*Cyfansoddiad y Glymblaid*
Tach. 1923-Meh. 1924	Wilhelm Marx (Etholiadau'r *Reichstag* Mai 1924)	Canol/*DDP*/*DVP*/*BVP*
Meh. 1924-Ion. 1925	Wilhelm Marx (Etholiadau'r *Reichstag* Rhag. 1924)	Canol/*DDP*/*DVP*
Ion. 1925-Rhag. 1925	Hans Luther	Canol/*DVP*/*DNVP*/*BVP*
Ion. 1926-Mai 1926	Hans Luther	Canol/*DDP*/*DVP*/*BVP*
Mai 1926-Rhag. 1926	Wilhelm Marx	Canol/*DDP*/*DVP*/*BVP*
Ion. 1927-Meh. 1928	Wilhelm Marx	Canol/*DVP*/*DNVP*/*BVP*

Yn dal heb gefnogaeth yr *SPD*, cymerodd Marx awennau llywodraeth leiafrifol Stresemann, oedd yn gweithredu dan y stad o argyfwng a gyhoeddwyd yn Hydref 1923. Gyda hyn yn gefndir, argymhellodd y *Reichstag* gynllun, yn Ebrill 1924, i hybu adferiad yr economi.

B *Cynllun Dawes, 1924*

Roedd cyflwr economi'r Almaen wedi dod yn bryder i'r byd i gyd, a bu ymdrechion cynharach Stresemann yn gyfrifol am sefydlu pwyllgor rhyngwladol i ystyried cyllid yr Almaen a phroblem barhaol talu'r iawndaliadau. Cyhoeddodd y pwyllgor, a gadeirid gan y cyllidwr Americanaidd, Charles G. Dawes, ei adroddiad yn Ebrill 1924. Er mwyn mantoli cyllideb y genedl a sefydlogi ei harian, cynigiodd Pwyllgor Dawes y dylid ad-drefnu'r banc cenedlaethol, y *Reichsbank*, o dan arolygiaeth y Cynghreiriaid, ac y dylai'r Almaen gael benthyciad rhyngwladol o 800 miliwn marc aur. Yr Unol Daleithiau oedd i ddarparu'r benthyciad yn bennaf. Cynlluniwyd system newydd ar gyfer talu'r iawndaliadau fel y byddai'r swm blynyddol yn llai ac y ceid cyfnod hwy i ad-dalu. Roedd yr Almaen yn awr i dalu £50 miliwn y flwyddyn dros y pum mlynedd oedd i ddod ac yna £125 miliwn yn flynyddol. Er bod y *Reichstag* wedi cydsynio â'r cynllun, nid oedd yn boblogaidd gyda rhai carfanau o'r boblogaeth yn yr Almaen. Y brif fantais oedd ei fod yn cynnig seibiant oddi wrth y taliadau anferthol a ddisgwylid cyn hynny ond, gan nad oedd unrhyw ddyddiad pendant wedi ei nodi ar gyfer gorffen talu, roedd y cyfanswm oedd eto i'w dalu heb ei benderfynu. At hynny, roedd derbyn y cynllun yn golygu, i raddau, fod y rheolaeth ar system fancio ganolog yr Almaen yn nwylo estroniaid. Gofalodd gelynion Gweriniaeth Weimar bwysleisio'r pwynt hwn, yn enwedig y Natsïaid oedd yn honni mai 'ail Versailles' oedd y cynllun. Ychydig oedd i weld yn pryderu bod unrhyw adferiad a geid trwy Gynllun Dawes yn ddibynnol ar fenthyciadau o UDA nac yn ymwybodol o'r canlyniadau posibl pe bai'r Unol Daleithiau ei hun mewn anhawster ariannol. Yn *Mein Kampf* yn ddiweddarach cyfeiriodd Hitler at y Cynllun:

C

Pam oedd barn y cyhoedd yn yr Almaen yn rhanedig ynghylch Cynllun Dawes?

> Canlyniad hyn i gyd oedd creu ymdeimlad a wnâi i lawer edrych ar Gynllun Dawes fel bendith … O safbwynt uwch, gallwn sôn am un fendith unig ynghanol cymaint o ddiflastod. Y fendith yw, er y gall dynion fod wedi eu twyllo, ni ellir llwgrwobrwyo'r Nefoedd. Oherwydd mae'r Nefoedd wedi gwahardd ei bendith … Mae wedi rhoi i ni ein haeddiant … 'Nawr fod y genedl wedi dysgu gweiddi am fara, efallai rhyw ddiwrnod y bydd yn dysgu gweddïo am ryddid.

Y mis canlynol, gofynnodd Marx i'r *Reichstag* estyn cyfnod y llywodraeth trwy ordinhad arlywyddol. Pan wrthododd, nid oedd dewis ganddo ond ymddiswyddo a galw am etholiad.

C *Clymbleidiau Marx a Luther*

Er bod yr *SPD* wedi llwyddo o drwch blewyn i fod y blaid fwyaf o hyd, y gwir enillwyr oedd pleidiau'r dde a'r chwith eithaf, gyda'r *DNVP*, y gwahanol grwpiau cenedlaethol a ffurfiai'r *Volkisch-Nationaler Block* a'r *KPD* yn cipio nifer sylweddol o seddau. Daeth y Comiwnyddion o ddim i fod yn brif blaid gyda chefnogaeth dorfol. O ganlyniad, dychwelodd Marx i arwain clymblaid ganol-dde arall a ffurfiwyd gydag aelodau o'r *DDP*, y Canol a'r *DVP* nad oedd fawr ddim gwahanol i'r un a'i blaenorodd.Yn parhau yn y lleiafrif, a chyda rhaniadau o fewn ei lywodraeth, roedd Marx yn dibynnu ar gefnogaeth aelodau o bleidiau nad oeddent yn y llywodraeth, yr *SPD* a'r *DNVP*. Mewn sefyllfa oedd yn gynyddol anobeithiol, ceisiodd gryfhau ei glymblaid trwy wahodd yr *SPD* yn ôl i'w lywodraeth, ond nid oedd Plaid y Canol na'r *DVP* yn barod i dderbyn hynny. Yn Rhagfyr, wedi dim ond chwe mis yn ei swydd, bu'n rhaid i Marx alw am ail etholiad i'r *Reichstag*, yn yr un flwyddyn ac am yr un rhesymau i raddau helaeth ag y galwodd am y cyntaf – mewn ymgais i ddod o hyd i ffordd ymlaen o'r cyfwng gwleidyddol.

Wedi ennill 31 sedd, roedd yr *SPD* wedi adennill llawer o'r tir a gollwyd yn etholiadau 1920 a Mai 1924. Mewn awyrgylch gwleidyddol mwy sefydlog a'r sefyllfa economaidd yn gwella, roedd pleidiau eithafol wedi colli eu hapêl. Er bod y

TABL 11
Etholiad y Reichstag, *Mai 1924*

		Nifer y seddau
Democratiaid Cymdeithasol	(*SPD*)	100
Y Blaid Genedlaethol	(*DNVP*)	95
Plaid Ganol y Catholigion	(*Zentrum*)	65
Y Blaid Gomiwnyddol	(*KDP*)	62
Plaid y Bobl	(*DVP*)	45
* *Volksich-Nationaler Block*	32	
Y Blaid Ddemocrataidd	(*DDP*)	28
Plaid Bafaria	(*BVP*)	26
Democratiaid Cymdeithasol Annibynnol	(*USPD*)	0
Eraill		29

* Roedd y *Volksich-Nationaler Block* yn cynnwys aelodau o'r Blaid Natsïaidd (gw. tud. 67)

TABL 12
Etholiad y Reichstag
Rhagfyr 1924

		Nifer y seddau
Democratiaid Cymdeithasol	(*SPD*)	131
Y Blaid Genedlaethol	(*DNVP*)	103
Plaid Ganol y Catholigion	(*Zentrum*)	69
Plaid y Bobl	(*DVP*)	51
Y Blaid Gomiwnyddol	(*KPD*)	45
Y Blaid Ddemocrataidd	(*DDP*)	32
Plaid Bafaria	(*BVP*)	16
* *Volksich-Nationaler Block*		14
Democratiaid Cymdeithasol Annibynnol	(*USPD*)	0
Eraill		29

* Roedd y *Volksich-Nationaler Block* yn cynnwys aelodau o'r Blaid Natsïaidd (gw. tud. 67)

Comiwnyddion wedi gwneud yn wael, y Natsïaid a'u partneriaid cenedlaetholgar a gollodd fwyaf. Y Canghellor newydd oedd Hans Luther.

Er nad oedd Luther yn aelod o blaid, roedd yn wleidydd profiadol oedd eisoes wedi gwasanaethu fel Gweinidog Bwyd a Gweinidog Cyllid o dan Cuno, Stresemann a Marx. Dilynodd arfer ei ragflaenydd gan unwaith eto ffurfio clymblaid ganol-dde heb yr *SPD*. Am y tro cyntaf, gwahoddwyd aelodau o'r *DNVP* i'r llywodraeth. O fewn mis i glymblaid gyntaf Luther ddod i rym, bu Friedrich Ebert farw a bu'n rhaid ethol Arlywydd newydd. Roedd wyth ymgeisydd yn y rownd gyntaf, ac enillodd Karl Jarres dros ddeng miliwn o bleidleisiau er nad oedd ond yn ymgeisydd cyfaddawd, ond methodd ennill mwyafrif dros bawb. Yr ail ddewis mwyaf poblogaidd oedd Otto Braun o'r *DDP*, gyda Wilhelm Marx, y cyn-Ganghellor, yn drydydd. Ludendorff ddaeth yn olaf, gyda phrin chwarter miliwn o bleidleisiau a chyda'r gwarth hefyd o gael ei drechu gan Ernst Thälmann, y Comiwnydd. Yn yr ail rownd, ymgeisiodd Marx, Thälmann ac ymgeisydd newydd, Paul von Hindenburg. Roedd Hindenburg, ac yntau wedi ymddeol, wedi ei ddenu'n ôl i'r frwydr gan gyn-bennaeth y llynges, von Tirpitz. Roedd Stresemann yn gwrthwynebu'n gryf, ond roedd y cyn-Faeslywydd, 76 oed, yn fawr ei barch ymysg y genedl Almaenig. Pe na bai dim arall i'w gymeradwyo, roedd yr uchelwr Prwsiaidd talgryf a thrawiadol yr olwg yn sicr yn gweddu i'r rôl. Roedd yn snob, heb unrhyw hoffter tuag at y Weriniaeth na'i sefydliadau democrataidd, ac yn fwyaf cartrefol ymysg gwŷr milwrol o'r un dosbarth cymdeithasol ag ef ei hun. Honnai Stresemann na fyddai pobl yr Almaen fyth yn fodlon gyda phennaeth gwladwriaeth oedd 'yn ddyn sifil mewn het uchel tra'n dyheu am filwr gyda medalau'n rhes ar ei fron'. Ac felly y bu – enillodd Hindenberg o drwch blewyn dros Marx, gyda Thälmann heb fawr ddim cefnogaeth.

Yn ystod blwyddyn gyntaf llywodraeth Luther llwyddodd Stresemann i ddod i gytundeb ar gyfres o gytundebau â Phrydain, Ffrainc ac eraill o brif wledydd Ewrop i ffurfio Cytundeb Locarno

TABL 13
Ethol Arlywydd ym Mawrth/Ebrill 1925

Y rownd gyntaf (y miloedd o bleidleisiau)		*Yr ail rownd (y miloedd o bleidleisiau)*	
Karl Jarres	10.41	Paul von Hindenburg	14.55
Otto Braun	7.80	Wilhelm Marx	13.75
Wilhelm Marx	3.89	Ernst Thälmann	1.93
Ernst Thälmann	1.87		
Willy Hellpach	1.57		
Heinrich Herd	1.01		
Erich von Ludendorff	.29		

(gw. tud 74). Yn wir chwerw ynghylch y cytundeb, ciliodd y *DNVP* o'r llywodraeth, gan orfodi cabinet Luther i ymddiswyddo. Parhaodd yr argyfwng yn dilyn hyn am sawl wythnos cyn i Hindenburg weithredu. Gan ddangos ei ochr yn go iawn, mynnodd fod llywodraeth leiafrifol yn well nag un oedd yn cynnwys Sosialwyr os oedd clymblaid ganol-dde yn amhosibl! O ganlyniad, yn Ionawr 1926, ffurfiodd Luther lywodraeth leiafrifol newydd.

Dim ond am bedwar mis y parhaodd ail glymblaid Luther, oedd yn cynnwys Plaid y Canol, y *DDP* a'r *DVP*. Y tro hwn, cwympodd y llywodraeth o ganlyniad i rywbeth a ymddangosai'n ddibwys, sef anghytundeb am liw baner y Weriniaeth! Cyn 1919, roedd baner yr Almaen yn dwyn y lliwiau ymerodrol, sef du, gwyn a choch, ond roedd y Weriniaeth wedi ei newid i drilliw o ddu, coch ac aur. Oherwydd gorchymyn y dylai swyddfeydd diplomyddol a chonsylaidd tramor ddangos y ddwy faner, cafwyd gwrthwynebiad ymysg cefnogwyr y Weriniaeth. Pan bleidleisiodd aelodau o'r *DDP* yn erbyn y llywodraeth ym Mai 1926 ar sail diffyg ffydd, ymddiswyddodd Luther.

Wedi 15 mis heb swydd, daeth Wilhelm Marx yn ôl i'w drydydd cyfnod fel Canghellor y Reich. Nid oedd gan ei lywodraeth ganol-dde leiafrifol, oedd yn dal i gadw'r *SPD* allan, fawr o amser i fod mewn grym. Wedi saith mis, cefnogodd y *DNVP* bleidlais 'diffyg ffydd' yr *SPD* a chwympodd y llywodraeth yn Rhagfyr 1926. Pan ddaeth Marx yn Ganghellor am y pedwerydd tro, ffurfiodd glymblaid oedd hyd yn oed yn fwy i'r dde. Roedd ei lywodraeth, a gynhwysai Blaid y Canol, aelodau o'r *DVP* a'r *DNVP*, nid yn unig yn cau allan yr *SPD* Sosialaidd ond hefyd ddemocratiaid y *DDP*. Y tro hwn goroesodd y llywodraeth am 18 mis cyn i wahaniaethau pleidiol chwalu'r cynghrair bregus. Roedd y cyntaf yn ddibwys iawn – beirniadaeth ar fesurau yn erbyn pornograffi. Y bwriad oedd diogelu'r ifanc rhag 'sothach a bryntni llenyddol' ond roedd rhai yn gweld ynddynt ryw lun ar sensoriaeth ddiwylliannol. Mwy difrifol oedd yr anghytundeb dros ganiatáu statws cyfartal i ysgolion y wladwriaeth ac ysgolion eglwys. Gan nad oedd cyfaddawd yn bosibl rhwng y *DVP* bydol a Chatholigion Plaid y Canol, pan fu i Blaid y Canol golli'r dydd ym Mai 1928 fe dynnodd yn ôl o'r glymblaid a gorfodi Marx i ymddiswyddo unwaith eto.

8 ~ TUAG AT ADFERIAD ECONOMAIDD

Amhoblogaidd neu beidio, bu i Gynllun Dawes arwain at gyfnod o adferiad economaidd. Gyda'r Almaen yn dechrau ar gyfnod o well sefydlogrwydd a ffyniant, lleihaodd y gwrthwynebiad tuag at y Weriniaeth a dangosai pobl lai o ddiddordeb mewn gwleidyddiaeth eithafol. Er bod llawer o'r arian yn cael ei ddefnyddio i dalu'r iawndaliadau, rhwng 1924 ac 1930 cafodd y wlad 25.5 biliwn marc yn fenthyciad o UDA, yn ogystal â symiau sylweddol ar ffurf buddsoddiadau tramor. Oherwydd bod arian o dramor yn llifo i'r wlad, galluogwyd llywodraeth y Weriniaeth i roi cychwyn ar raglen codi adeiladau cyhoeddus oedd yn golygu ysbytai ac ysgolion newydd. Hefyd, cafodd gwasanaethau nwy a thrydan eu gwladoli. Ffynnodd busnesau mawr a phrif ddiwydiannau'r wlad, gyda'r diwydiannau glo, haearn a dur bron yn cyrraedd eu lefelau cynhyrchu cyn y rhyfel. Gwelwyd mantais i weithwyr yr Almaen wrth i gyflogau real (lle mesurir gwerth cyflogau yn ôl y nwyddau a'r gwasanaethau y gellir eu prynu gyda hwy) ddychwelyd i'w lefel cyn y rhyfel, ac wrth i oriau gwaith leihau a darpariaeth yswiriant cymdeithasol wella. O ganlyniad, cafwyd llai o streiciau ac absenoldeb o'r gwaith. Ni welwyd effaith y cyfoeth newydd ar bawb. Araf oedd y gwelliant ym myd amaeth ar ôl y rhyfel, gyda chyflogau a safonau byw ymysg pobl y tir yn is nag o fewn cymunedau eraill. Gydag 20 y cant o'r tir amaethyddol yn perthyn i lai nag 1 y cant o'r boblogaeth, roedd perchenogaeth tir yn broblem fawr. Yn 1919, o dan Ddeddf Ailgyfanheddu y Reich, y *Reichssiedlungsgestz*, aethpwyd ati i atafaelu stadau mawr er mwyn i'r tir gael ei ailddosbarthu a'i ailgyfanheddu. Oherwydd gwrthwynebiad y tirfeddianwyr a'r ***Junker***, ni chafwyd fawr o gynnydd, ac erbyn 1928 dim ond 500,000 hectar o dir oedd ar gael er lles llai na 3 y cant o'r gymuned amaethyddol. Mae'n bwysig peidio â gorliwio hyd a lled yr adferiad economaidd yn yr Almaen. Roedd eto bron ddwy filiwn yn ddi-waith, a chyda'r economi'n dibynnu'n drwm ar fenthyciadau, roedd dyledion i dramorwyr wedi codi i hyd at hanner yr incwm gwladol. Yn wir, roedd pobl yr Almaen yn mwynhau 'ffyniant benthyg'. Dyna oedd Stresemann yn ei sylweddoli pan ddywedodd, 'Mae'r Almaen yn dawnsio ar losgfynydd. Pe bai galw am dalu'r benthyciadau byddai cyfran helaeth o'n heconomi yn cwympo'.

Junker y tirfeddianwyr cyfoethog yn llinach uchelwyr milwrol Prwsia gynt

PRIF YSTYRIAETH

Economi'r Almaen – 'yn dawnsio ar losgfynydd'?

9 ~ STRESEMANN A PHOLISI TRAMOR YR ALMAEN

Er mai dim ond am bum mis yn 1923 y bu Gustav Stresemann yn Ganghellor yr Almaen, bu'n gwasanaethu fel Ysgrifennydd Tramor i lywodraethau olynol y Weriniaeth am chwe blynedd wedyn. Yn ystod yr amser hwnnnw, gweithiodd i wella statws y genedl ac adfer yr Almaen i'w lle dyladwy ymysg cenhedloedd Ewrop. Gyda'r nod hwnnw mewn golwg, ceisiodd sicrhau gwell dealltwriaeth â Ffrainc, ac roedd yn barod i gydweithio â

TABL 14
Economeg Gweriniaeth Weimar, 1919-28

(Er mwyn gallu cymharu ystadegau un flwyddyn gyda rhai blwyddyn arall, mesurir yn erbyn blwyddyn sail sydd â'r rhif 100 wedi ei bennu ar ei chyfer, fel a welir yn y penawdau.)

	ENILLION AR GYFARTALEDD (1935 = 100)	
	Cyflogau enwol yr wythnos	*Cyflogau real yr wythnos*
1914	76.0	94.6
1926	93.4	83.2
1927	109.6	92.3
1928	124.5	102.2

POBLOGAETH	
1914	66,790,000
1918	66,811,000
1919	62,897,000
1924	62,486,000
1928	64,393,000

	CYNHYRCHIAD GLO, HAEARN A DUR (1913 = 100)		
	Glo	*Haearn*	*Dur*
1918	83.2	61.4	68.6
1921	71.7	40.6	57.7
1923	32.8	25.6	36.0
1926	76.4	49.9	70.6
1928	79.4	61.1	84.8

COSTAU BYW (1914 = 100)	
1924	130.8
1925	141.8
1926	142.1
1927	147.9
1928	151.7

	DIWEITHDRA	
	Cyfanswm	*% o'r gweithlu*
1921	346,000	1.8
1924	927,000	4.9
1926	2,025,000	10.0
1928	1,312,000	6.2

CYNHYRCHIAD DIWYDIANNOL (1928 = 100)	
1918	55
1922	70
1923	46
1925	81
1928	100

	ANGHYDFOD DIWYDIANNOL	
	Streiciau a chloi allan	*Dyddiau gwaith a gollwyd*
1913	2,462	11,761
1918	532	1,453
1919	3,719	33,083
1921	4,485	15,874
1924	1,973	36,198
1926	351	1,222
1927	844	6,144
1928	739	20,399

llywodraethau'r Cynghreiriaid trwy dderbyn y goblygiadau oedd wedi eu gorfodi ar yr Almaen yng Nghytundeb Versailles. Yng Ngorffennaf 1923, gwobrwywyd ei ymdrechion pan gytunodd llywodraethau Ffrainc a Gwlad Belg i alw eu milwyr yn ôl adref o'r Ruhr. Ar ddiwedd y flwyddyn, teithiodd i Locarno i gynrychioli'r Almaen mewn cynhadledd ryngwladol bwysig.

A *Cytundeb Locarno, 1925*

Dechreuodd y gynhadledd, a alwyd i ystyried achosion tensiwn rhyngwladol yn Ewrop, yn nhref Locarno ar lan Llyn Maggiore yn y Swistir ar 1 Rhagfyr 1925. Roedd cynrychiolwyr o'r mwyafrif o brif bwerau Ewrop yno, yn eu mysg Austen Chamberlain o Brydain ac Aristide Briand o Ffrainc. Roedd Briand, i bob golwg, yn fwy hynaws na'i ragflaenydd Poincaré, yn barod i weithio dros gymod rhwng Ffrainc a'r Almaen. Yn y gynhadledd, dywedodd Stresemann, cyn belled ag roedd yr Almaen yn y cwestiwn, fod y ffiniau gorllewinol â Ffrainc a Gwlad Belg yn derfynol ac i'w cynnal hyd byth. Cytunodd hefyd fod y Rheindir i'w gadw wedi ei ddadfyddino hyd byth. Nid oedd mor fawrfrydig ei agwedd tuag at ffiniau dwyreiniol yr Almaen. Gwrthodai dderbyn y ffiniau oedd mewn bod ar y pryd rhwng yr Almaen a Gwlad Pwyl a Tsiecoslofacia, ond cytunodd i drafod ac nid i ddefnyddio grym arfau i newid y sefyllfa. Dywedodd Stresemann, 'Rydym bob un yn ddinesydd yn ei wlad ei hun, ond rydym hefyd yn ddinasyddion Ewrop ac wedi'n huno gan gysyniad gwych o wareiddiad. Mae gennym hawl i sôn am syniad Ewropeaidd'. Croesawyd y gwahanol gytundebau a ffurfiai Gytundeb Locarno fel cam pwysig tuag at sefydlu heddwch parhaol yn Ewrop, ac wedi hyn siaradai gwleidyddion yn frwd am ddealltwriaeth newydd a pharodrwydd i gydweithio ac i weithio tuag at heddwch yn 'Ysbryd Locarno'. Rhannodd Stresemann a Briand Wobr Heddwch Nobel yn 1926 oherwydd eu hymdrechion. Roedd Stresemann wedi ennill bri diplomyddol gan ei fod wedi cymryd cryn lawer yn ganiataol, heb ildio dim ac wedi ennill llawer iawn. Yn arwyddocaol, roedd wedi llwyddo i ddod i gytundeb â chymdogion dwyreiniol a gorllewinol yr Almaen heb ddigio'r naill na'r llall. Derbyniad cymysg a gafodd y Cytundeb yn genedlaethol yn yr Almaen, a dim ond wedi dadlau chwyrn y cymeradwyodd y *Reichstag* y Cytundeb, gyda 174 yn pleidleisio yn erbyn. Er mwyn dangos ewyllys da, galwodd Prydain ei milwyr adref o'r Rheindir ac, yn 1926, derbyniwyd yr Almaen o'r diwedd i Gynghrair y Cenhedloedd. Ni dderbyniwyd mohoni heb wrthwynebiad. Roedd Sbaen, Portiwgal a Brasil yn gwrthwynebu rhoi sedd yn syth i'r Almaen ar Gyngor y Cynghrair, tra yn yr Almaen roedd rhai yn dal i deimlo'n chwerw iawn am fod y Cynghreiriaid wedi gwrthod aelodaeth i'r Almaen yn gynharach. Ynghanol y brwdfrydedd, roedd ymateb Ffrainc yn fwy tawel, ac ni adawodd milwyr Ffrainc y Rheindir hyd 1930. Wrth gwrs, ni ddiflannodd yr hen elyniaeth dros nos, yn hytrach i'r gwrthwyneb. Y flwyddyn wedyn, ailagorodd yr Arlywydd Hindenburg yr hen glwyfau pan ddywedodd yn gyhoeddus nad ar yr Almaen yr oedd y bai am gychwyn y rhyfel yn 1914.

B *Cymhellion Stresemann*

Nid oedd y Comiwnyddion yn cytuno â barn y rhai oedd yn gweld Stresemann fel y dyn oedd wedi sefydlogi'r berthynas ryngwladol yn Ewrop. Iddynt hwy nid oedd yn ddim mwy na chefnogwr cyfalafiaeth fonopoli a rhagflaenydd Hitler. Ysgrifennodd A.J. Nicholls yn *Weimar and the Rise of Hitler* am ei gymhellion:

> Bu cryn ddadlau ynghylch cymhellion Stresemann ei hun pan oedd yn cytuno i'r cytundebau hyn ... Wedi ei farw, cyhoeddwyd darnau o'i ddyddiaduron a'i bapurau ac nid yw'n syndod fod y golygyddion wedi dethol y rhai oedd yn ategu'r darlun o Stresemann fel heddychwr, yr Ewropead da. Gyda'r Almaen wedi ei threchu yn yr Ail Ryfel Byd, daeth llawer mwy o dystiolaeth ddogfennol i'r golwg – llawer o ffeiliau swyddfa dramor yr Almaen. Daeth yn eglur fod Stresemann, ar yr un pryd ag yr oedd yn gweithio dros *détente* yn y Gorllewin, yn mynegi syniadau cenedlaetholgar cryf dros ddyfodol ffiniau dwyreiniol yr Almaen a'r uno posibl ag Awstria. Hefyd, ni ellid bellach amau nad oedd yn gwybod am y trefniant milwrol cyfrinachol rhwng Berlin a Moskva. Nid oedd dim i ryfeddu ato ymysg yr hyn a ddatgelwyd ... roedd Stresemann wedi bod yn genedlaetholwr erioed ... Roedd ei yrfa yn y rhyfel ac wedyn wedi dangos hynny. Ni chelai'r ffaith mai gwendid yr Almaen, nid cred mewn dulliau heddychlon, oedd wedi ei orfodi i wneud consesiynau ar faterion fel gwrthwynebu goddefol yn y Ruhr, iawndaliadau neu gydnabod ffin orllewinol yr Almaen.

10 ~ HITLER A'R BLAID NATSÏAIDD – Y BLYNYDDOEDD YN YR ANIALWCH

A *Cyfnod anodd*

Yn Rhagfyr 1924, ychydig fisoedd cyn yr etholiad arlywyddol, cafodd Hitler ei ryddhau o'r carchar ar barôl. Roedd yr Almaen yr ailymunodd â hi wedi newid cryn dipyn. Roedd awdurdod gan y llywodraeth, roedd trefn wedi'i hadfer, roedd system ariannol y wlad yn fwy sefydlog, a'r economi yn dechrau gwella. Mewn sefyllfa oedd yn ymylu ar fod yn normal, roedd llai o gyfle i weithredwyr gwleidyddol neu hyd yn oed i gynhyrfwr torfol abl fel Hitler. Roedd rhai o'i gydweithwyr cynharach naill ai'n farw neu'n alltudion, a llawer o'i noddwyr blaenorol wedi troi eu cefnau arno. Nid oedd y Blaid Natsïaidd, oedd wedi ei gwahardd, bellach yn rym credadwy yng ngwleidyddiaeth yr Almaen, ac er ei bod yn dal mewn bod, roedd wedi colli ei delwedd frawychus. Er mwyn cadw o fewn y gyfraith, roedd yn rhaid i unedau esgus mai clybiau chwaraeon a reifflau oeddent. Roedd Rosenberg, arweinydd dros dro gwael, wedi gadael i'r Blaid chwalu yn garfanau oedd benben byth a hefyd. Roedd Julius Streicher wedi ffurfio plaid genedlaethol-hiliol yn Bafaria, tra yng ngogledd yr Almaen roedd Gregor Strasser yn arwain Plaid Rhyddid Sosialaidd Genedlaethol oedd newydd ei ffurfio. Câi gefnogaeth Röhm a'r dosbarth gweithiol trefol, a'i phrif ddiddordeb oedd hyrwyddo'r agweddau sosialaidd ar bolisi'r Natsïaid. Roedd gan Hitler ei broblemau ei hun. Roedd Awstria wedi dileu ei ddinasyddiaeth, a chan nad oedd yr Almaen yn barod i roi papurau iddo, nid oedd ganddo ddinasyddiaeth. Wedi ei wahardd rhag gweithredu'n wleidyddol, ni allai areithio. Roedd adegau pan feddyliai Hiler tybed a oedd hi'n werth dal ati ac ystyriodd hyd yn oed fudo i'r Unol Daleithiau. Yn 1923 cymerodd dŷ ar rent yn Obersalzberg lle roedd ei hanner chwaer, Angela Raubal, a oedd yn weddw, yn cadw tŷ iddo. Yn ystod y cyfnod hwn, gwirionodd ar ei nith, Geli. Roedd hi'n ferch felynwallt, 17 oed, ugain mlynedd yn iau nag ef, a daeth yn gydymaith cyson iddo dros y chwe blynedd nesaf. (Roedd y berthynas rhyngddynt yn embaras i'r Blaid nes, ym Medi 1931, y'i cafwyd yn farw yn fflat Hitler yn München. Mae llawer o sïon ynghylch amgylchiadau ei marwolaeth.) Yn raddol, ymwrolodd Hitler ac, yn Chwefror 1926, galwodd gyfarfod o arweinyddion y Blaid yn Bamberg yn ne'r Almaen i geisio rhoi trefn ar bethau.

PRIF YSTYRIAETH

Cyflwr y Blaid Natsïaidd yn ystod blynyddoedd canol yr 1920au.

B *Cynhadledd Bamberg, 1926*

Roedd penderfyniad Hitler i alw'r cyfarfod yn dipyn o gambl. Ei nod oedd adennill rhywfaint o undod o fewn y blaid a chael cytundeb ar raglen i'r dyfodol. Yn sicr, nid oedd arno eisiau annog y rhai oedd yn dymuno dilyn rhaglen fwy sosialaidd. Er mwyn cyrraedd ei nod, roedd yn rhaid iddo lwyfannu'r gweithgareddau'n ofalus a phwyso ar gynrychiolwyr Strasser i dderbyn ei gynlluniau ef. Nid ar hap y dewisodd Bamberg fel man cyfarfod. Roedd yn ganolbwynt rhanbarth hynod genedlaetholgar o'r Almaen lle byddai'r mwyafrif o'r bobl leol oedd yn debyg o ddod i'r gynhadledd yn cydymdeimlo â syniadau Hitler. Trwy arwain y cynrychiolwyr yn ddeheuig, llwyddodd Hitler i dra-arglwyddiaethu, gan drawsnewid yr hyn a ddylasai fod yn ddadl agored yn fonolog a barhaodd am bum awr. Gyda churo dwylo brwd yn torri ar ei draws, heriodd syniadau Strasser a chrefu ar y cynrychiolwyr i beidio â 'sathru ar y goffadwriaeth am feirwon y Sosialwyr Cenedlaethol'. Yn gyfrwys iawn, llwyddodd i ddod o hyd i ddigon oedd yn gyffredin rhyngddynt i fedru dod â'r ddwy ochr ynghyd ac yn y diwedd ennill y dydd. Ond wedyn, roedd gwahaniaethau dwfn yn dal i fodoli, ac nid oedd y frwydr rhwng y cenedlaetholwyr a'r sosialwyr o fewn y blaid wedi'i hennill o bell ffordd. Un o'r rhai a dderbyniodd syniadau Hitler oedd Joseph Goebbels, 29 oed o Rheydt yn y Rheindir. Byddai ei benderfyniad yn bwysig iawn iddo'i hun ac i'r Blaid.

Yn araf, dechreuodd Hitler adennill y tir a gollwyd ac, erbyn canol 1926, roedd unwaith eto'n rheoli'r Blaid. Ond, er ei holl ymdrechion, roedd aelodaeth y Blaid wedi gostwng i ddim ond 35,000 ac nid oedd brys ar neb i ymuno o'r newydd. Y tu allan i'w cadarnle yn Bafaria, roedd hi'n anodd iawn cystadlu â'r *SPD* a'r *KPD* yn yr ardaloedd diwydiannol. Hyd yn oed ar y strydoedd, ni allai'r *SA* gystadlu â'r *Rotfrontkampferbund*, y Cochion Comiwnyddol. Roedd y Crysau Brown yn ddiddisgyblaeth a Hitler yn ansicr a allai ddibynnu arnynt. Rhybuddiodd, 'Bydd yn rhaid i ni addysgu Marcsiaeth mai Sosialaeth Genedlaethol sy'n feistr ar y strydoedd' a gorchmynnodd i Ernst von Salomon adfer delwedd y Blaid. Bryd hyn y ffurfiodd fyddin elitaidd i'w warchod ei hun. Roedd y gwarchodlu hwn, y

Schutzstaffel neu'r *SS*, i fod â phrif ran mewn ennill rheolaeth i'r Natsïaid ar yr Almaen. Bu'n rhaid i'r Blaid ddiwygiedig wynebu'r her gyntaf yn 1928 gydag etholiad y *Reichstag*.

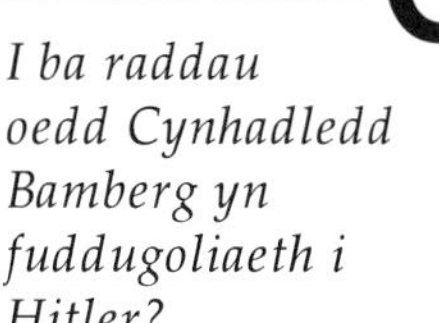

I ba raddau oedd Cynhadledd Bamberg yn fuddugoliaeth i Hitler?

C *Aildrefnu ac ailadeiladu'r Blaid*

Gan gredu na fyddai sefydlogrwydd newydd y Weriniaeth yn parhau, gweithiodd Hitler i sicrhau y byddai ei Blaid yn gallu manteisio ar y sefyllfa pan fyddai amgylchiadau yn newid o'i du. O'i bencadlys yn München, cynlluniodd fframwaith newydd i'r Blaid Natsïaidd. I hwyluso trefniadaeth, roedd yr Almaen i'w rhannu yn rhanbarthau, *Gaue*. Roedd arweinydd i bob *Gau*, *Gauleiter*, a ddewisid oherwydd ei fod yn frwd dros bolisïau Natsïaidd ac yn deyrngar i'r Blaid. Ei lwyddiant fel ***Gauleiter*** Berlin a barodd fod Joseph Goebbels wedi ei ddyrchafu i rengoedd uchaf y Blaid. Ar y dechrau, nid oedd y *Gaue* o faint safonol arbennig ond, yn 1928, fe'u haildrefnwyd i gyfateb i 35 ardal etholiadol sefydledig y *Reichstag*. Isrannwyd pob *Gau* yn ardaloedd, pob un yn cyfateb yn fras i sir ym Mhrydain. Roedd yr ardaloedd hyn, y *Kreise*, o dan reolaeth *Kreisleiters*. Rhennid pob *Kreis* i unedau llai eto, yr *Ortsgruppen*, a oruchwylid gan *Ortsgruppenleiter*, gyda phob un yn cynnwys dinas neu dref. Yn ddiweddarach, rhannwyd dinasoedd a threfi yn rhanbarthau a enwid yn *Zellen*, o dan ofal *Zellenleiters*, a rhoddwyd grwpiau o dai a fflatiau, *Blocks*, o dan ofal *Blockleiters*. Er bod gan y gwahanol unedau rywfaint o ryddid i ddelio â materion oedd yn berthnasol i'w cylchoedd eu hunain, roedd y strwythur dan reolaeth Hitler ei hun. Ond hyd yn oed wedyn, roedd yna anghydweld o fewn y Blaid. Er mwyn sicrhau disgyblaeth, roedd arweinydd y Blaid yn defnyddio system o lysoedd, *Uschla*, a phan oedd angen, gellid newid arweinwyr a chael gwared ar aelodau. Erbyn 1929, roedd yr *NSDAP* yn blaid wleidyddol oedd yn cael ei rheoli'n dda ac yn seiliedig ar strwythur cadarn a gwmpasai'r genedl gyfan. Agwedd arall ar aildrefnu'r Blaid oedd ailstrwythuro'r *SA*. O dan arweinydd newydd, Franz von Salomon, peidiodd â bod yn giwed o hwliganiaid stryd, a chafodd gyfrifoldebau penodol. Ymysg y rhain oedd lledaenu propaganda Natsïaidd a threfnu gwrthdystiadau yn erbyn Comiwnyddion ac Iddewon. Roedd yn rhaid iddynt fod yn fwy pwyllog rhag ofn i'w hymddygiad beri i'r Blaid gael ei gwahardd eto. Bu'r *SS*, *Schutzstaffel*, mwy elitaidd a ffurfiwyd yn 1926 yn gymharol ddibwys nes i Heinrich Himmler ddod yn drefnydd yn 1929. Ffurfiwyd yr *Hitler Jugend*, Ieuenctid Hitler, yn 1926 i gystadlu â mudiadau ieuenctid Almaenig eraill oedd wedi eu sefydlu ers amser. Kurt Gruber oedd yr arweinydd cyntaf. Roedd yna hefyd grwpiau proffesiynol a sefydlwyd ar gyfer meddygon, cyfreithwyr ac athrawon. Yn 1927, cynhaliodd y Natsïaid eu rali gyntaf yn Nuremberg, dinas oedd yn gyfoethog ei thraddodiadau hanesyddol a lle roedd y Blaid eisoes yn hynod boblogaidd.

Gauleiter arweinydd rhanbarthol y Blaid Natsïaidd oedd yn gyfrifol am bob gweithgaredd gwleidyddol ac economaidd, diogelwch sifil a threfnu'r gweithlu yn ei ardal

PRIF YSTYRIAETH

Strwythur y Blaid Natsïaidd.

11 ~ CYMDEITHAS A DIWYLLIANT GWERINIAETH WEIMAR – BLYNYDDOEDD O RITH

A *Agweddau Gweriniaeth Weimar*

Yn yr Almaen, fel mewn mannau eraill yn Ewrop, gwelodd yr 1920au gyfnod pan heriwyd agweddau cymdeithasol a gwerthoedd hirsefydlog wrth i graciau ymddangos yn yr hyn a fu'n gymdeithas draddodiadol awdurdodaidd. Roedd dylanwad y tirfeddianwyr aristocrataidd wedi ei erydu ac, i raddau, wedi ei ddisodli gan dra-arglwyddiaeth cyfoethogion byd diwydiant a masnach; roedd yr undebau llafur a phleidiau adain chwith wedi rhoi llwyfan i'r dosbarth gweithiol ymladd am well amodau a chynrychiolaeth wleidyddol ragorach; wrth i fwy o ferched gael eu cyflogi mewn swyddi coler wen cawsant ryddid economaidd ac, yn wahanol i'r wraig tŷ henffasiwn, yr *Hausfrauen* sidêt, roeddent yn fwyfwy parod i ymwrthod â'r hualau blaenorol ac arddangos eu rhywioldeb; roedd llawer o'r bobl ifanc oedd yn meddwl eu bod yn ***avant-garde*** yn ceisio rhoi sioc a gwedd newydd i gymdeithas; roedd pobl yn cwestiynu'r gwerthoedd traddodiadol a dysg grefyddol. Dangosai llawer bod arnynt awydd anghofio am erchyllterau'r rhyfel – 'wedi wylo am gymaint o feirwon daeth cyfnod o lawenydd ffwrdd â hi'. Ar adeg pan oedd yn ymddangos nad oedd unrhyw ffiniau na ellid eu croesi, daeth ffasiynau newydd pryfoclyd, dulliau o ddiddanu a chwiwiau i Ewrop o UDA i gyfrannu at ymddygiad cymdeithas oedd eisoes yn ysmygu sigaretau, yn gyrru ceir yn gyflym, yn gwirioni ar jazz, yn lliwgar ac yn fwyfwy goddefol.

avant-garde yn bleidiol i'r syniadau diweddaraf

B *Datblygiadau diwylliannol*

Cafwyd ffrwydrad o ffurfiau newydd ar ddiddanu'r cyhoedd, a dechreuodd y sinema ddisodli'r theatr a'r neuadd gerdd – ffilmiau mud yn gyntaf ac yna, ar ôl 1929, ffilmiau llafar. Mae rhai gwneuthurwyr ffilmiau wedi ceisio portreadu'r cyfnod hwn yn hanes yr Almaen fel cyfnod pan oedd pobl yn bodloni'r hunan drwy dreulio'u hamser mewn caffis, barrau, clybiau nos a chlybiau stripio. Bu *Blue Angel* (1930), oedd yn adrodd stori cariad athro at gantores mewn clwb nos, yn gyfrwng i wneud Marlene Dietrich yn seren ryngwladol. Wrth sôn am y ffilm dywedodd, 'Ar y pryd, roeddwn yn meddwl bod y ffilm yn sobor o aflednais, ac roeddwn wedi fy syfrdanu gan yr holl beth. Roeddwn i'n Almaenes oedd wedi ei magu'n dda'. Yn fwy diweddar, bu i *Cabaret* (1972), gyda Liza Minelli yn chwarae rhan cantores mewn clwb nos oedd yn methu penderfynu rhwng ei chariad o Sais a barwn Almaenig hoyw, geisio ail-greu'r awyrgylch yn Berlin fel magwrfa anlladrwydd.

Ond braidd yn gamarweiniol yw'r portread hwn. Mewn gwirionedd, cynhyrchwyd amrywiaeth o dalent greadigol yn ystod blynyddoedd y Weriniaeth, ac roedd yn gyfnod pan gyflawnwyd cryn dipyn yn ddiwylliannol yn yr Almaen. Enillodd Thomas Mann Wobr Lenyddol Nobel yn 1929 am ei nofel *The Magic Mountain* (1924), a defnyddiodd yr Almaenwr a anwyd yn Tsiecoslofacia, Franz Kafka, ei nofelau i bortreadu erchylltra ac ansicrwydd y bywyd dynol; daeth y bardd Stefan George yn ffigur cwlt i raddau. Roedd Claus von Stauffenburg, a ddaeth yn enwog yn ddiweddarach fel un o'r dynion a gynllwyniodd i ladd Hitler, ymysg y rhai a ddenwyd i'w gylch. Dangoswyd mwy o wirionedd mewn nofelau'n portreadu'r rhyfel gan Arnold Zweig ac Erich Maria Remarque. Mae llyfr mwyaf trawiadol cyfnod y Weriniaeth, *All Quiet on the Western Front*, gan Remarque, yn darlunio mor ddibwrpas yw rhyfela. Fe'i hysgrifennwyd o fewn chwe wythnos yn unig ond fe'i hystyrir ymysg y llyfrau gorau yn erbyn rhyfel a ysgrifennwyd erioed. Tra oedd strydoedd cefn Berlin yn peri i ddyn feddwl mai dinas ddisylwedd oedd hon, roedd perfformiadau disglair Max Reinhardt yn denu cynulleidfaoedd oedd cymaint, ac am resymau gwahanol iawn, â'r rhai a âi i weld *Die Dreigroschenoper* (*The Threepenny Opera*) Bertolt Brecht. Er bod tuedd adain chwith ynddi a'i bod yn darlunio drygau cymdeithasol oedd yn arwain pobl i droseddu, roedd yn hynod boblogaidd. Cyn bo hir, gofalodd awdur *Mein Kampf* fod gweithiau Mann, Remarque, Reinhardt a Brecht wedi eu gwahardd!

Sylfaenwyd y mudiad Bauhaus, sef ysgol bensaernïaeth a chynllunio, gan Walter Gropius yn 1919. Ei amcan oedd casglu ynghyd sgiliau artistig a sgiliau technegol y broses o fasgynhyrchu trwy ddefnyddio defnyddiau a siapiau sylfaenol i wneud dodrefn ac amrywiaeth eang o addurniadau tŷ, dodrefn sefydlog a chrefftau llaw oedd yn 'glir, yn fathemategol drachywir, yn ddiwastraff, yn bur ac yn ddefnyddiol'.

LLUN 13
Darlun gan yr arlunydd Almaenig mynegiadol Otto Dix yn portreadu'r bywyd bras a'r llygredd yn yr Almaen adeg Gweriniaeth Weimar

LLUN 14
Cartŵn Almaenig o'r 1920au yn dangos merched ifanc yn herio'r confensiynau

12 ~ LLYFRYDDIAETH

Ceir Llyfryddiaeth ar gyfer Penodau 1-4 ar dudalennau 107-8

13 ~ PYNCIAU TRAFOD A CHWESTIYNAU TRAETHAWD

A *Mae'r adran hon yn cynnwys cwestiynau y gellid eu defnyddio i drafod (neu ysgrifennu atebion) er mwyn ehangu ar y bennod a phrofi dealltwriaeth ohoni.*

1. I ba raddau y gallai profiadau Hitler yn ystod blynyddoedd ei lencyndod fod wedi dylanwadu ar ei agweddau pan oedd yn hŷn?
2. 'Ysgarmes neuadd gwrw a aeth dros ben llestri'. Pa mor ddilys yw'r farn hon am y digwyddiadau yn München yn Nhachwedd 1923?
3. Yn ei achos llys yn 1924, i ba raddau y gellid cyfiawnhau gwadiad Hitler ei fod wedi cyflawni brad?
4. Eglurwch pam roedd rhai Almaenwyr yn amharod i dderbyn Cynllun Dawes.
5. Pa mor ddilys oedd honiad Stresemann fod yr Almaen yn 'dawnsio ar losgfynydd' o ganol yr 1920au ymlaen?
6. Ar ba sail y gellir honni bod Cytundeb Locarno (1925) yn gamp diplomyddol i Stresemann?

B *Cwestiynau Traethawd*

1. 'Y gwleidydd Almaenig mwyaf o bell ffordd yn yr 1920au'. Pa mor ddilys yw'r asesiad hwn o Gustav Stresemann?
2. I ba raddau roedd agweddau cymdeithas Gweriniaeth Weimar yn adwaith yn erbyn y gorffennol?

14 ~ YMARFER AR DDOGFENNAU: *PUTSCH* MÜNCHEN, TACHWEDD 1923

Astudiwch y ffynonellau canlynol yn ofalus ac yna atebwch y cwestiynau.

Gan ddibynnu ar ennill cefnogaeth boblogaidd sylweddol, gobeithient y byddai'r ... fyddin a'r heddlu yn gwrthod tanio. Yn yr awr cyn canol dydd gorymdeithiodd tua 7,000 o ddynion, fesul wyth mewn rhes, gyda'u reifflau ar draws eu cefnau i ddangos eu bwriadau heddychlon, dros y bont i ganol y ddinas. Symudodd y llif ymlaen. Yn y llinell flaen ymdeithiai Hitler, Ludendorff ac arweinwyr eraill. Yn sydyn rhuthrodd yr heddlu ymlaen, pwyntio'u reifflau a pharatoi i saethu ... Sgrechiodd Streicher, 'Ludendorff! Peidiwch â saethu eich cadfridog!' Roedd yn rhy hwyr. Rhwygodd saethau trwy'r awyr gan ladd pedwar ar ddeg o ddynion ... Yna bu panig hyd y stryd. Gan ruthro'n orffwyll am ddiogelwch, dihangodd pawb. Roedd y chwyldro drosodd.

FFYNHONNELL A
Dyfyniad o I Knew Hitler: The Story of a Nazi who escaped the Blood Purge *gan Kurt Ludecke, a fu'n agos at Hitler ar un adeg.*

Dihangodd Hitler, gan adael rhyw fil o ddilynwyr o'i ôl ac un ar bymtheg yn farw. Profwyd fod y chwedl .... ei fod wedi cario plentyn diymadferth i ddiogelwch rhag y saethu ... yn gelwydd. Pan oedd yn cuddio ... dywedodd fod yn rhaid iddo ddiweddu'r cwbl a'i saethu ei hun, ond llwyddodd y teulu i wneud iddo newid ei feddwl. Yn fuan wedyn cafodd ei arestio a'i ddwyn i garchar 'gydag wyneb llwydaidd gofidus yr olwg a chudyn o wallt clymog yn syrthio drosto'.

FFYNHONNELL B
Dyfynnwyd o The Face of the Third Reich *gan Joachim Fest*

Ni allaf ddatgan fy mod yn euog. Digon gwir, rwy'n cyfaddef i'r weithred ond nid wyf yn cyfaddef i'r drosedd o uchel frad. Ni ellir dweud ar unrhyw gyfrif fod gweithred sy'n ceisio dad-wneud y cam o fradychu'r wlad hon yn 1918 yn frad. At hynny, ni ellir galw gweithred Tachwedd yr 8fed a'r 9fed yn frad, waeth pa ddiffiniad o frad a ddefnyddir ... Ac os oeddem yn cyflawni brad, rwy'n synnu nad yw'r rhai oedd â'r un amcanion â mi bryd hynny yn sefyll wrth f'ochr 'nawr ... Nid oes y fath beth ag uchel frad yn erbyn bradwyr 1918.

FFYNHONNELL C
Ymateb Hitler i'r cyhuddiadau yn y llys yn Chwefror 1924.

FFYNHONNELL CH (LLUN 15)
Cartŵn o'r cylchgrawn Almaenig dychanol, Simplicissimus, *yn dangos Hitler yn marchogaeth i Berlin gyda'r Arlywydd Ebert ar droed ac mewn cadwynau, a gyhoeddwyd ar 1 Ebrill, 1924.*

FFYNHONNELL D
O The Munich Putsch *gan A.J. Nicholls*

Oherwydd y *Putsch,* daeth diwedd i obeithion Bafaria y gellid defnyddio'r rhanbarth fel pencadlys i'r adain dde ymosod ar Weriniaeth Weimar. O safbwynt gwleidyddol, enillodd Hitler fantais fawr oherwydd yn y llys barn ... gallodd hawlio ei fod wedi arwain y mudiad yn erbyn cyfundrefn fradwrus Gweriniaeth Weimar yn Berlin. At hynny, yn ystod ei gyfnod yng ngharchar cafodd gyfle i ysgrifennu *Mein Kampf,* gan gofnodi'r egwyddorion a fyddai'n ei arwain trwy'r blynyddoedd stormus oedd i ddod. Bellach roedd ei enw yn wybyddus fel cenedlaetholwr eithafol ledled yr Almaen.

(a) Cymharwch ffynonellau A a B. I ba raddau maent yn cytuno ar natur ymddygiad Hitler yn ystod y *putsch*?
(b) I ba raddau mae'r syniadau a fynegir yn Ffynonellau A a D yn cefnogi honiad Hitler (ffynhonnell C) nad oedd yn euog o frad?
(c) Pa mor ddefnyddiol yw'r ffynonellau i ddarparu dealltwriaeth o ddigwyddiadau a chanlyniadau *Putsch* München? (Yn eich ateb defnyddiwch eich gwybodaeth gefndirol eich hun yn ogystal â'r wybodaeth a geir yn y ffynonellau.)

Gweriniaeth Weimar – Blynyddoedd Argyfwng 1928-33

4

1 ~ ERGYD ETHOLIADOL I'R NATSÏAID

Yn 1927 diddymwyd, yn swyddogol, y gwaharddiad ar Hitler i gymryd rhan mewn gweithgareddau gwleidyddol. Y flwyddyn ganlynol, daeth y cyfle cyntaf i'r Blaid Natsïaidd ddiwygiedig ddangos ei chryfder yn etholiadau'r *Reichstag*.

TABL 15
Etholiad y Reichstag, *Mai 1928*

		Nifer y seddau
Democratiaid Cymdeithasol	(*SPD*)	153
Y Blaid Genedlaethol	(*DNVP*)	73
Plaid Ganol y Catholigion	(*Zentrum*)	62
Y Blaid Gomiwnyddol	(*KPD*)	54
Plaid y Bobl	(*DVP*)	45
Y Blaid Ddemocrataidd	(*DDP*)	25
Plaid Bafaria	(*BVP*	19
Y Blaid Natsïaidd	(*NSDAP*)	12
* Eraill		51

* Yn eu plith dros 36 o bleidiau rhanbarthol a bach; y fwyaf oedd y Blaid Busnes (*Wirtschaftspartei*).

Enillodd y chwith fuddugoliaeth sylweddol dros y pleidiau oedd yn gynharach wedi ffurfio clymblaid ganol-dde Marx. Enillodd yr *SPD*, gyda thrydedd ran o'r pleidleisiau wedi eu defnyddio, 153 o seddau yn y *Reichstag*, dim ond deg yn llai nag yng nghyfnod eu hanterth yn 1919. Yr unig rai eraill a enillodd yn sylweddol oedd y Comiwnyddion, oedd bellach yn bedwaredd o ran maint ymysg pleidiau gwleidyddol yr Almaen. Gyda dim ond 12 sedd a llai na 3 y cant o bleidlais y bobl, cafodd y Natsïaid ergyd drom. Roedd Hitler wedi treulio ei amser yn ceisio ailsefydlu ei reolaeth ar y Blaid yn hytrach na chanolbwyntio ar yr etholiad. At hynny, nid oedd y Blaid hyd yma wedi ei threfnu yn ddigon da yn y rhanbarthau i ymladd etholiadau. Er mai Otto Braun, Prif Weinidog Prwsia, oedd dewis rhai, Hermann Müller a benodwyd i arwain y glymblaid newydd. Roedd Müller wedi gwasanaethu fel Canghellor am bedwar mis yn 1920; roedd yn llawn bwriadau da ond nid oedd yn ddigon pendant na dynamig na charismataidd i fod yn arweinydd. Roedd yn llawer mwy parod i gyfaddawdu nag i herio.

PRIF YSTYRIAETH

Trechu'r Natsïaid.

	Canghellor	*Cyfansoddiad y Glymblaid*
Meh. 1928 – Maw. 1930	Hermann Müller	*SPD/DDP*/Canol/*BVP*/*DVP*
Maw. 1930 – Hyd. 1931	Heinrich Brüning	Rheoli trwy ordinhad arlywyddol
Hyd. 1931 – Mai 1932	Heinrich Brüning	Rheoli trwy ordinhad arlywyddol
Meh. 1932 – Rhag. 1932	Franz von Papen	Rheoli trwy ordinhad arlywyddol
Rhag. 1932 – Ion. 1933	Kurt von Schleicher	Rheoli trwy ordinhad arlywyddol

TABL 16
Llywodraethau Gweriniaeth Weimar, Mehefin 1928-Ionawr 1933

2 ~ CLYMBLAID FAWR MÜLLER, 1928-30

Ar ôl i ei benodi, casglodd Müller ynghyd Glymblaid Fawr yn cynnwys aelodau o'r *SPD*, y *DDP*, Plaid y Canol a'r *DVP*. Roedd ei gabinet yn cynnwys Stresemann, oedd wedi gwasanaethu fel Gweinidog Tramor ers 1923, a'r hen filwr Wilhelm Gröner fel Gweinidog Amddiffyn. Ac yntau'n rheoli 301 o'r 491 sedd yn y *Reichstag*, dylai llywodraeth Müller fod wedi bod yn gymharol ddiogel ond, mewn gwirionedd, roedd diffyg ar y glymblaid. O'r dechrau, roedd hunan-les eu pleidiau yn bwysicach i'r partneriaid o fewn y glymblaid na'r angen i gytuno ar bolisïau a fyddai'n gwarantu hir barhad i'r llywodraeth. Gydag ymryson oddi mewn i'r glymblaid wrth i weinidogion gweryla ymysg ei gilydd a chyda'u cefnogwyr meinciau cefn eu hunain, roedd Müller yn wynebu cylch cythreulig o gwerylon rhyngbleidiol. O fewn yr *SPD*, roedd gwahaniaethau rhwng y brif ffrwd gymedrol a'r garfan adain chwith; symudodd y *DVP*, oedd ar fin colli dylanwad cymedrol Stresemann, tua'r dde. Wedi i Marx ymddiswyddo ar ôl i'w Blaid fethu ennill cefnogaeth yn 1928, arweinydd Plaid y Canol oedd Monsignor Ludwig Kaas, offeiriad Catholig, a'i nod pennaf oedd diogelu buddiannau crefyddol ei Blaid. Gyda chymaint o raniadau oddi mewn, ac yn debygol o wynebu adlach wedi'i drefnu gan bleidiau anfodlon a rhwystredig yr adain dde nad oeddent yn rhan o'r glymblaid, roedd clymblaid Müller yn mynd i weld amser caled.

A *Problemau heb eu datrys*

Hyd yn oed cyn i Müller ddechrau yn ei swydd, roedd y ddadl ynghylch y faner ymerodrol a'r faner weriniaethol yn dal i fudlosgi. Yn 1927, pan chwifiwyd y ddwy faner ar gyfer seremoni agoriadol Cofeb Tannenberg, cythruddwyd gweriniaethwyr yr *SPD* i'r fath raddau fel y bu iddynt gadw draw o'r seremoni. Hefyd, roedd anghytuno yn parhau ynghylch cost adeiladu llong ryfel newydd, y *Panzerkreuzer A*. Er bod llywodraeth Marx wedi awdurdodi'r gwaith, roedd yr *SPD*, y mwyafrif yn heddychwyr, yn gwrthwynebu gwario ar long a fyddai'n gyntaf mewn cyfres o longau rhyfel Almaenig modern. Cywilydd ychwanegol i'r llywodraeth oedd pan fynnodd y Comiwnyddion y dylid cynnal refferendwm i ddatrys y broblem.

Yn Nhachwedd 1928, aeth pethau i'r pen oherwydd gelyniaeth cyflogwyr tuag at gyflafareddu gorfodol rheoledig y wladwriaeth mewn materion yn ymwneud â chyflogau ac amodau gwaith. Yn y diwedd, gwrthododd perchenogion gweithfeydd haearn a dur y Ruhr dderbyn y tâl cyflog a ddyfarnwyd gan y canolwr swyddogol a chafodd eu gweithwyr eu cloi allan. Nid oedd ganddynt hawl i fudd-dal y di-waith ac o'r herwydd cawsant gydymdeimlad y cyhoedd a bu'n rhaid i'r llywodraeth gytuno yn y diwedd i roi arian i'r gweithwyr anghenus a'u teuluoedd. Bu'n rhaid i'r Gweinidog Cartref, Carl Severing, ddefnyddio'i sgiliau i'r eithaf i geisio llunio cyfaddawd a fyddai'n cadw'r glymblaid ynghyd. Hyd yn oed wedyn, gyda llai o incwm treth a mwy o ddiweithdra, roedd y broblem o sut i ariannu taliadau nawdd cymdeithasol ymhell o gael ei datrys. Yn fwy nag unrhyw beth arall, y brif broblem a wynebai lywodraeth Müller oedd dyfodol economi'r Almaen unwaith y byddai darpariaeth Cynllun Dawes wedi dod i ben.

Anawsterau Müller.

3 ~ CYNLLUN YOUNG, 1929

A *Cefndir*

Roedd yr holl drefniadau a wnaed o dan delerau Cynllun Dawes i ddod i ben yn 1928. Roedd y Cynllun, oedd wedi cyfrannu'n aruthrol tuag at adferiad economaidd yr Almaen ac wedi darparu'r hyn oedd ei angen i gwrdd â gofynion yr iawndaliadau, yn cael ei ariannu trwy fenthyciadau o dramor, bron yn gyfan gwbl o UDA. Roedd Stresemann wedi rhybuddio mor fregus oedd economi'r Almaen ac mor drychinebus fyddai'r canlyniadau pe deuai'r benthyciadau o dramor i ben. Roedd ansicrwydd ynghyd â diweithdra cynyddol eisoes yn achosi pryder ynghylch dyfodol yr

TABL 17
Llinell Amser: hanes mewnol Gweriniaeth Weimar, 1929-33

1928	Mai	Trechu'r Natsïaid yn yr etholiad
	Mehefin	Penodi Müller yn Ganghellor
1929	Ion.	Penodi Himmler yn bennaeth yr *SS*
	Maw.	Y *Reichstag* yn cytuno i Gynllun Young
	Meh.	Cyhoeddi awgrymiadau Cynllun Young
	Gorff.	Y *DNVP* a't Natsïaid yn ymuno i wrthwynebu Cynllun Young
	Hyd.	Marwolaeth Gustav Stresemann; cwymp cyfnewidfa stoc Wall Street
1930	Maw.	Llywodraeth Müller yn ymddiswyddo; Brüning yn arwain llywodraeth leiafrifol ganol-dde
	Gorff.	Ordinhad arlywyddol yn cael ei ddefnyddio i gyflwyno mesurau economaidd newydd; protest yr SPD oherwydd defnyddio ordinhad arlywyddol yn arwain at ddiddymu'r *Reichstag*
	Medi	Y Natsïaid yn ennill yn sylweddol yn etholiadau'r *Reichstag* (107 sedd)
1931	Mai	Methiant prif fanciau yr Almaen
	Hyd.	Ffurfio cynghrair Ffrynt Harzburg
1932	Ion.	Araith Hitler i ddiwydianwyr Almaenig yn Düsseldorf
	Ebrill	Ailethol Hindenburg yn Arlywydd; llywodraeth Brüning yn gwahardd yr *SA* a'r *SS*
	Mai	Llywodraeth Brüning yn ymddiswyddo
	Meh.	Penodi von Papen yn Ganghellor; dileu'r gwaharddiad ar yr *SA* a'r *SS*
	Gorff.	Etholiadau. Y Natsïaid gyda 230 sedd yn dod yn blaid fwyaf y *Reichstag*
	Medi	Diddymu'r *Reichstag*
	Tach.	Etholiadau. Siom i Hitler: y Natsïaid yn colli 34 sedd
	Rhag.	Ymddiswyddiad von Papen; penodi von Schleicher yn Ganghellor
1933	Ion.	Cyfarfod cyfrinachol rhwng Hitler a von Papen; penodi Hitler yn Ganghellor yr Almaen

economi. Mewn cyfarfod o Gynghrair y Cenhedloedd datganwyd y byddai cynllun newydd yn disodli Cynllun Dawes, a'r cynllun hwnnw yn trefnu i setlo mater yr iawndaliadau yn derfynol. Gydag Owen D. Young, pennaeth yr *American General Electric Company* a chyn-aelod o Bwyllgor Dawes, yn gadeirydd, penodwyd pwyllgor o arbenigwyr i ymdrin â'r mater. Y prif gynrychiolwyr o'r Almaen oedd llywydd y *Reichsbank*, Hjalmar Schacht, a'r diwydiannwr, Albert Vogler. Er mai economi'r Almaen oedd y brif ystyriaeth a'i bod yn hanfodol i'r Almaen eu bod yn dod i ddealltwriaeth dderbyniol, manteisiodd y cynrychiolwyr Almaenig ar y cyfle i bwyso am ailystyried telerau Cytundeb Versailles, a dychwelyd y Coridor Pwylaidd a'u trefedigaethau blaenorol.

Yn y diwedd, penderfynodd Pwyllgor Young y dylai'r Almaen ddal i dalu iawndaliadau cyfartalog o ddau biliwn marc y flwyddyn dros y 59 mlynedd nesaf. Byddai'r taliad yn codi o 1.7 biliwn marc yn 1930 i 2.4 biliwn marc erbyn 1966 ac yna'n graddol leihau. Byddai'r Banc ar gyfer Ardrefniant Rhyngwladol yn arolygu'r taliadau a byddai'n rhaid i unrhyw weithredu yn erbyn yr Almaen yn y dyfodol o achos diffyg talu gael ei awdurdodi gan Lys Barn Cydwladol yr Hâg. Roedd yr Almaen ar ei hennill am sawl rheswm: adferwyd yr hawl iddi reoli ei banciau, fe wyddai beth oedd hyd a lled ei dyled, ac fe wyddai ar ba ddyddiad y deuai'r taliadau i ben. Ond roedd ar ei cholled gan fod y swm oedd i'w dalu yn dal i fod yn eithaf sylweddol, a byddai'n fwrn am y 60 mlynedd oedd i ddod, hyd 1988. A hyn i gyd o achos rhyfel yr oeddent yn dal i fynnu nad hwy yn unig oedd yn gyfrifol amdano. Nid oedd y ffaith fod dyddiad terfynol wedi ei bennu i'r Cynghreiriaid gilio o'r Rheindir yn lleihau dim ar ddicter y cenedlaetholwyr. Sylw Hitler oedd, 'Pam y dylai cenedlaethau nas ganwyd gael eu llethu gan ddyledion eu hynafiaid?' Ymddiswyddodd Schacht o lywyddiaeth y *Reichsbank* i ddangos ei anfodlonrwydd, ond y dyn a feirniadodd Gynllun Young yn fwyaf hyglyw oedd Alfred Hugenberg, arweinydd newydd y *DNVP* Genedlaethol.

C

Pam oedd rhai yn gwrthwynebu derbyn Cynllun Young?

B *Gwrthwynebu'r Cynllun*

Er ei bod yn dal i fod yn ail blaid fwyaf y *Reichstag* o ran ei maint, roedd y *DNVP* wedi colli tir yn 1928. Hyd hynny roedd y Blaid wedi cynrychioli barn adain dde carfan eang, o geidwadaeth ganol-y-ffordd i gefnogaeth ronc i'r frenhiniaeth, ac roedd yna adegau pan oedd gwahaniaethau difrifol yn bygwth rhannu'r blaid. Yn Hydref 1928, pan ddaeth Hugenberg yn arweinydd, aeth ef ati i adfer y bri a gollodd y Blaid a'i symud yn bendant i'r dde trwy gasglu ynghyd bob gwrthwynebiad i Gynllun Young a llywodraeth Müller. Yn y pegwn eithaf arall, gwelwyd y *KPD*, y drydedd blaid o ran maint, yn ymwrthod â'r ddealltwriaeth, pa mor ychydig bynnag oedd honno, oedd rhyngddynt a'r *SPD*, ac, o dan arweinyddiaeth Thälmann, yn dod fwyfwy dan fawd Moskva, gan gyfeirio at yr *SPD* fel 'ffasgiaid sosialaidd' a 'blaengyrch brad *bourgeois*'. Cynyddodd y chwerwder oedd rhwng y ddwy blaid ar ôl gwrthdaro yn ystod 'Mai gwaedlyd'. Ar Ŵyl Fai 1929, penderfynodd y *KPD* anwybyddu'r gwaharddiad ar wrthdystio a throi allan i'r strydoedd yn Berlin. Llwyddodd yr awdurdodau i adfer trefn ond bu 30 farw a chafodd 200 eu clwyfo.

Yn y cyfamser, daeth Hugenberg, arweinydd y *DNVP*, o hyd i gynghreiriaid newydd yn ei wrthwynebiad i Gynllun Young, oedd bellach wedi ei ehangu ganddo i fod yn ymosodiad llwyr ar y Weriniaeth. Roedd Hugenberg yn un o'r rhai oedd wedi llwyddo i ennill ffortiwn yn ystod cyfnod y gorchwyddiant yn 1923-4 ac wedi creu ymerodraeth gyfryngau fawr. Roedd yn ddyn hunanbwysig a ddisgrifiwyd fel 'cymeriad anodd, ystyfnig, crafog, rhagfarnllyd, oedd bob amser yn gwrthdaro'. Nid yw asesiad Alan Bullock fawr caredicach – 'cenedlaetholwr Almaenaidd cul ... Dyn uchelgeisiol, gormesol a diegwyddor gydag adnoddau enfawr y tu cefn iddo'. Defnyddiodd y cyfryngau i boblogeiddio ei syniadau ef ei hun ac i ledaenu propaganda gwrthlywodraeth.

Yn ei ymgyrch yn erbyn Cynllun Young, gweithiodd Hugenberg yn glòs gyda'i Blaid, y *DNVP*, y *Stahlhelm*, mudiad grymus adain dde y cyn-filwyr, a'r Cynghrair Panalmaenaidd (*Pan-German League*). Roedd ganddo gefnogwyr dylanwadol fel Schacht a Vogler hefyd. Yn 1929 ymunodd â Hitler, a chyda'i gilydd dechreuodd y ddau ymosod ar a gwaradwyddo llywodraeth Müller. Lluniasant Ddeddf yn Erbyn Caethiwo Pobl yr Almaen oedd yn mynnu gwadu'n llwyr unrhyw gyfrifoldeb am y rhyfel, rhoi diwedd ar dalu iawndaliadau a chyhuddo Müller a'i gabinet o uchel frad am dderbyn Cynllun Young. Drwy gyfrwng ymgyrch bropaganda, roeddent yn annog pobl yr Almaen i gredu eu bod yn gaethweision i gyllid tramor. Gwrthodwyd y mesur yn y *Reichstag* o 311 o bleidleisiau i 60. Yna cafwyd refferendwm cenedlaethol ac enillodd y mesur lai na chwe miliwn o bleidleisiau, 13.8 y cant yn unig o'r etholaeth. Ar 12 Mawrth 1930, derbyniodd y *Reichstag* Gynllun Young o'r diwedd. Gobeithiai Hugenberg a Hitler y byddai Hindenburg eto'n gwrthwynebu ond drannoeth, gan ymddwyn yn gyfansoddiadol, fe arwyddodd. Yna, ymosododd y wasg adain dde ar yr hen Arlywydd. 'Mae heddiw wedi fforffedu'r ymddiriedaeth wreiddiol ddi-ben-draw y bu i bob Almaenwr gwir wlatgar ei rhoi ynddo', datganodd y *Deutsche Zeitung*, ac yn *Der Angriff* gofynnodd Goebbels yn watwarus, 'A yw Hindenburg yn dal yn fyw?'

PRIF YSTYRIAETH

Dylanwad Hugenberg, barwn diegwyddor y wasg.

4 ~ TWF PROBLEMAU ECONOMAIDD A CHWYMP CLYMBLAID MÜLLER

Wrth i ganlyniadau cwymp Cyfnewidfa Stoc Efrog Newydd (gw. tt.88-9) ychwanegu at anawsterau economaidd yr Almaen, cafodd y llywodraeth fod ganddynt **fwlch masnach** oedd yn ehangu, diffyg o 1,700 miliwn marc yn eu cyllid mewnol a diweithdra oedd yn cynyddu'n gyflym. Y broblem na ellid ei hosgoi oedd nad oedd ganddynt arian wrth gefn i fedru darparu ar gyfer nifer cynyddol y di-waith. I waethygu'r sefyllfa, roedd diwydianwyr yr Almaen yn

bwlch masnach y gwahaniaeth yng ngwerth mewnforion ac allforion cenedl galw am leihau eu baich treth a llai o wario cymdeithasol. Gwnaeth Schacht bethau'n waeth pan rybuddiodd fancwyr tramor i beidio â darparu benthyciadau i lywodraeth yr Almaen i'w helpu i fantoli ei chyllideb! Yn Rhagfyr, wynebodd clymblaid Müller bleidlais o ddiffyg ffydd. Llwyddodd aelodau o'r *Reichstag*, am eu bod yn ymwybodol fod derbyn Cynllun Young yn gwbl hanfodol i'w galluogi i ddelio â'r argyfwng economaidd, i ddiogelu dyfodol y llywodraeth o 222 pleidlais i 156. Hyd yn oed wedyn, nid oedd problemau Müller wedi eu datrys. Barn yr hanesydd E.J. Feuchtwanger, wedi iddynt dderbyn Cynllun Young, oedd fod 'y sment oedd yn asio'r glymblaid ynghyd wedi mynd'. O fewn y llywodraeth, arweiniodd rhaniad rhwng yr *SPD* a'r *DVP* at argyfwng arall. Yr achos oedd, unwaith eto, problem ariannu taliadau i'r di-waith. Gyda'r *SPD* yn chwilio am ffordd i leihau'r diffyg cyllidol trwy gynyddu cyfraniadau yswiriant – o'r 3 y cant a bennwyd yn 1927 i 3.5 y cant, oedd yn annerbyniol gan y *DVP* a hwythau'n cynrychioli buddiannau cyflogwyr – roedd yn ymddangos mai cyfaddawd oedd yr unig obaith. Pan fethwyd dod i gytundeb o'r fath, cyhoeddodd y Canghellor ei fwriad o ofyn i'r Arlywydd awdurdodi pwerau argyfwng, o dan Erthygl 48, i gyflwyno deddfwriaeth gymdeithasol newydd. Gwrthododd Hindenburg, a phan ymddiswyddodd Müller, ar 27 Mawrth 1930, daeth yr olaf o lywodraethau gwir ddemocrataidd Gweriniaeth Weimar i ben. Yn arwynebol, y prif reswm pam y bu i'r llywodraeth fethu oedd anghytundeb ynglŷn â chodiad o 0.5 y cant mewn cyfraniadau yswiriant, ond roedd yna resymau dwfn – methiant i ddatrys y gwrthdaro rhwng yr *SPD* a'r *DVP*, ofnau ynghylch dyfodol yr economi, a'r symudiad i'r dde mewn gwleidyddiaeth a ysbrydolid fwyaf gan y cyfalafwyr a'r diwydianwyr Almaenig. Ni fu i unrhyw glymblaid o'r pleidiau yn y dyfodol ennill mwyafrif yn y *Reichstag*.

PRIF YSTYRIAETH

Dechrau'r diwedd i ddemocratiaeth yr Almaen.

5 ~ MARWOLAETH GUSTAV STRESEMANN, HYDREF 1929

Symudodd Plaid y Bobl (*DVP*) yn sylweddol i'r dde yn ystod y cyfnod pan oedd iechyd Stresemann yn dirywio. Wedi ei ddiffygio gan flynyddoedd o ymdrech a beirniadaeth gynyddol o du'r adain dde, bu farw'n sydyn o drawiad ar y galon ar 3 Hydref 1929. Dim ond 51 oed oedd Stresemann. Ddeufis yn gynharach, cytunodd Cynhadledd gyntaf yr Hâg fod y Cynghreiriaid i adael y Rheindir er bod yr ardal i aros wedi ei dadfyddino. Dyna, ynghyd â'i gyfraniad tuag at Gytundeb Locarno, oedd prif fuddugoliaethau Stresemann yn ei swydd fel Gweinidog Tramor.

6 ~ DECHRAU'R DIRWASGIAD MAWR

A *Cwymp Wall Street, Hydref 1929*

Yn ystod yr 1920au mwynhaodd pobl UDA gyfnod o weithgaredd a ffyniant na welwyd mo'i debyg. Broliai Herbert Hoover, Arlywydd

Dwy farn wahanol am Stresemann

Yn sicr fe wnaeth Stresemann gyfraniad mawr tuag at adferiad yr Almaen ar ôl y rhyfel a'i helpu i ddod i'r amlwg eto fel pŵer Ewropeaidd, ond a yw Perry yn gor-ddweud isod? Mewn cyfnod o newidiadau gwleidyddol, a fyddai Stresemann wedi llwyddo i wrthsefyll dylanwad Hugenberg yng ngwleidyddiaeth yr Almaen heb sôn am dwf Hitler a'r Natsïaid?
Mae Annelise Thimme yn mynegi barn wahanol.

K. Perry, yn ysgrifennu yn *Modern European History*
Roedd marwolaeth Stresemann yn drobwynt yn hanes y Weriniaeth yn bennaf am nad oedd ganddo olynydd. Ni fu i unrhyw weinidog tramor wedyn lwyddo i gyfuno ymlyniad diflino wrth amcanion cenedlaethol â medrusrwydd diplomyddol a fyddai'n ennill ymddiriedaeth dramor. Bu i'w afael ar realiti gyfrannu at yr un cyfnod o wir heddwch yn ystod y blynyddoedd rhwng y ddau ryfel, a phe bai wedi byw i arwain yr Almaen trwy'r dirwasgiad byd eang oedd ar ddod, efallai na fyddai Hitler erioed wedi dod i rym.

Annelise Thimme, yn ysgrifennu yn *Germany to 1929*
Ni allai Stresemann fod wedi atal argyfwng economaidd y byd, ac ni allai fod wedi atal twf eithafiaeth adain dde yr Almaen. Roedd yn ffodus ei fod wedi marw ar frig ei lwyddiant cyn i ddigwyddiadau wireddu'r geiriau 'diwedd yr Almaen' a ddywedodd adeg *putsch* Hitler yn 1923.

Dadl Haneswyr

UDA, fod ei wlad yn 'nes at fuddugoliaeth derfynol dros dlodi nag erioed o'r blaen'. Daeth y blynyddoedd hyn o fyw bras, a elwid y 'Dauddegau Gwyllt', i ben yn Hydref 1929. Roedd economi'r Unol Daleithiau wedi ffynnu ar ymchwydd artiffisial yn seiliedig ar elw uchel o fuddsoddiadau mentrus a chwyddodd brisiau stociau a chyfranddaliadau yn uwch na'u gwir werth. Mewn awyrgylch lle roedd pobl yn ceisio dod yn gyfoethog yn gyflym, roedd pawb oedd yn mentro yn gwneud arian – yna daeth trychineb. Cwympodd y prisiau yn Wall Street yn frawychus, felly rhuthrodd Americanwyr i werthu eu cyfranddaliadau tra oedd rhyw werth ynddynt. Ar 24 Hydref 1929, 'Dydd Iau Du', yn ystod gwerthu llawn panig yng Nghyfnewidfa Efrog Newydd, gwelwyd 13 miliwn o gyfranddaliadau yn newid dwylo mewn un diwrnod. Daliwyd i werthu a chyrhaeddwyd y brig ar 28 Hydref pan werthwyd 16 miliwn arall o gyfranddaliadau. Ar 30 Hydref cwympodd marchnad stoc Efrog Newydd yn llwyr. Gyda galw am nwyddau a gwasanaethau yn lleihau, arafodd y cynhyrchu a gorfodwyd ffatrïoedd i ddiswyddo gweithwyr. Heb fuddsoddiad, aeth cwmnïau i'r wal, aeth dynion busnes yn fethdalwyr a chollodd miliynau o weithwyr eu swyddi. Cymharwyd effeithiau'r cwymp i 'storm eira economaidd' fel y lledaenodd ei effeithiau i Ewrop a gweddill y byd. Gyda chwymp busnes a masnach rhyngwladol, daeth yr hyn a alwodd William Carr yn 'ffyniant tinsel Gorllewin Ewrop' i ben. Yn yr Almaen, roedd gwendid y seiliau yr oedd adferiad economaidd y wlad wedi dibynnu arnynt yn amlwg i bawb. Roedd 'blynyddoedd euraid' Gweriniaeth Weimar, fel y'u galwyd, bron â dod i ben.

C

Yn syml, beth arweiniodd at gwymp marchnad stoc UDA yn 1929?

B *Effaith y dirwasgiad byd-eang ar yr Almaen*

Fel y gwelsom, roedd ffyniant yr Almaen yn dibynnu i raddau helaeth ar fenthyciadau o UDA. Yn 1927 ac 1928 roedd yr Almaen wedi benthyca bron bum gwaith y swm oedd ei angen i dalu'r iawndaliadau. Yn awr, gyda chefnogaeth i'r marc wedi dod i ben, a chyda benthyciadau wedi darfod a bancwyr UDA yn galw am ad-dalu'r benthyciadau a roddwyd eisoes, roedd yr Almaen yn wynebu argyfwng. Gan gofio beth oedd wedi digwydd yn 1923, rhuthrodd pobl i newid eu cynilion i aur neu arian tramor cryfach. Felly gadawodd symiau mawr o aur ac arian tramor y wlad ac, o fewn y bythefnos gyntaf ym Mehefin 1931 yn unig, aeth 1,000 miliwn marc dramor. Oherwydd y galw am aur roedd y banciau'n cael eu tlodi. Yn haf 1931 aeth *y Kreditanstalt* Awstriaidd yn fethiant, ac yn fuan wedyn dymchwelodd y *Norddeutsche Wolkammerei* a'r *Darmstadterbank* Almaenig. I wrthweithio'r gwerthu mewn panig, gorchmynnodd y llywodraeth i'r banciau gau a gosodwyd cyfyngiadau ar symud arian. Oherwydd prider arian parod bu llawer o anhwylustod a chaledi. Effeithiwyd yn fawr ar ddiwydiant trwm yr Almaen. Rhwng 1929 ac 1932 bu lleihad yn y galw am ddur, nwyddau peiriannol, llongau a chemegion, ac oherwydd y dirwasgiad ym masnach y byd syrthiodd gwerth allforion yr Almaen 55%, o £650 miliwn yn 1929 i £280 miliwn yn 1931. Roedd amaethyddiaeth mewn trafferthion yn yr Almaen cyn Cwymp Wall Street. Oherwydd methiant y cynhaeaf yn 1928 a'r gostyngiad ym mhris cynnyrch amaethyddol ledled y byd, gwelwyd ffermwyr oedd eisoes dan bwysau yn awr mewn gwaeth cyni.

C

... a pham y bu i hynny gael y fath effaith ar yr Almaen?

Cynyddodd diweithdra, o 132,000 yn 1929 i dri miliwn o fewn blwyddyn, ac yna i dros bum miliwn erbyn gwanwyn 1931. Erbyn canol 1932, roedd bron chwe miliwn wedi'u cofrestru yn ddi-waith, gyda'r gwir gyfanswm yn nes at 8.5 miliwn. Roedd pedwar ymhob deg Almaenwr allan o waith. Fel y cawn weld, byddai'r argyfwng economaidd a greodd fyddinoedd o'r di-waith yn arwain at ganlyniadau gwleidyddol pwysig hefyd.

TABL 18
Y gostyngiad mewn allforion a chynhyrchu, 1929-33

	Allforion yr Almaen 1929–33 (1913 = 100)	*Cynhyrchiad diwydiannol 1929–33* (1928 = 100)	
1929	98.0	1929	100
1930	92.2	1930	87
1931	82.7	1931	70
1932	55.6	1932	58
1933	50.7	1933	66

7 ~ BLYNYDDOEDD BRÜNING, MAWRTH 1930 – MAI 1932

Golygai cwymp clymblaid Müller y byddai'r *SPD* yn yr anialwch am y gweddill o flynyddoedd Gweriniaeth Weimar. Er bod cefnogaeth iddynt yn dal yn gadarn a'u bod, hyd Gorffennaf 1932, yn dal i fod yn blaid fwyaf y *Reichstag*, eu ffawd fu bod yn wrthblaid barhaol, er nid heb ddylanwad. Ar 28 Mawrth 1930, enwebodd Hindenburg Heinrich Brüning, Plaid y Canol i arwain llywodraeth leiafrifol newydd. Roedd gan yr Arlywydd feddwl uchel o Brüning oherwydd ei yrfa ryfel a'i ddefosiwn Catholig. Cymaint oedd edmygedd Hindenburg fel y bu iddo fygwth ymddiswyddo o'i swydd fel Arlywydd os na dderbyniai Brüning swydd y Canghellor. Roedd ei gyfeillion, y gwŷr milwrol Gröner a von Schleicher, yn cefnogi ei ddewis hefyd. Yn 45 oed, Brüning oedd yr ieuengaf i ddal swydd Canghellor y Reich.

HEINRICH BRÜNING (1885-1970)

Ganwyd yn Munster i deulu dosbarth canol. Roedd Brüning wedi cael addysg, ac wedi ennill doethuriaeth mewn economeg. Cafodd hefyd yrfa ddisglair yn y rhyfel ac, fel swyddog gynnau peiriant, cawsai ei anrhydeddu â'r Groes Haearn am ei ddewrder. Ar ôl y rhyfel cymerodd ran ym mudiad undebau llafur y Catholigion ac, yn 1924, fe'i hetholwyd i'r *Reichstag* yn ddirprwy dros Silesia. Erbyn 1929, roedd wedi dod yn arweinydd Plaid Ganol y Catholigion. Er ei fod ar dde wrthsosialaidd ei blaid ac yn frenhinwr yn y bôn, roedd yn ddemocrat. Yn bwysig iawn, roedd Brüning yn gweld bod Hitler a'r Blaid Natsïaidd yn dod yn fwy o fygythiad ac nid oedd yn bychanu'r perygl.

A *Llywodraeth gyntaf Brüning, Mawrth 1930-Hydref 1931*

Roedd cabinet cyntaf Brüning wedi'i ffurfio o aelodau o Blaid y Canol, y *DVP*, y *DNVP* ac eraill amhleidiol. Yn y dechrau, ceisiodd reoli trwy drefnu cynghreiriau ***ad hoc*** i gefnogi pob darn o ddeddfwriaeth, ond gwelwyd bod hynny'n cymryd gormod o amser ac yn golygu bod llywodraethu effeithiol o ddydd i ddydd yn amhosibl. Yng Ngorffennaf 1930, cynigiodd y Gweinidog Cyllid, Hermann Dietrich nifer o fesurau ariannol i ddelio â phroblemau economaidd yr Almaen. Pan wrthododd y *Reichstag* y mesurau dadchwyddo hyn, oedd yn cynnwys codi trethi a lleihau gwariant y llywodraeth, awdurdododd Hindenburg ddefnyddio Erthygl 48 o Gyfansoddiad Gweriniaeth Weimar oedd yn caniatáu rheoli trwy ordinhad arlywyddol. Ddeuddydd yn ddiweddarach, wedi i gynnig yr *SPD* y dylid dileu'r ordinhad gael ei dderbyn o drwch blewyn, diddymodd Hindenburg y *Reichstag* a galwodd am etholiad. Mae llawer o haneswyr yn honni mai penderfyniad Hindenburg i anwybyddu'r *Reichstag* ac awdurdodi rheoli drwy ordinhad a ddaeth â llywodraeth seneddol i ben a rhoi terfyn ar flynyddoedd o ddemocratiaeth yn yr Almaen. Yn sicr, roedd rheoli drwy ordinhad yn golygu bod Brüning yn gwbl ddibynnol ar Hindenburg, ac, fel y mae rhai wedi honni, yn gwneud rôl Canghellor yn ddim mwy nag un gwas ufudd i'r Arlywydd yn y *Reichstag*.

ad hoc wedi eu ffurfio i bwrpas arbennig

TABL 19
Etholiad y Reichstag, *Medi 1930*

		Nifer y seddau
Democratiaid Cymdeithasol	(*SPD*)	143
Y Blaid Natsïaidd	(*NSDAP*)	107
Y Blaid Gomiwnyddol	(*KPD*)	77
Plaid Ganol y Catholigion	(*Zentrum*)	68
Y Blaid Genedlaethol	(*DNVP*)	41
Plaid y Bobl	(*DVP*)	30
Y Blaid Ddemocrataidd	(*DDP*)	20
Plaid Bafaria	(*BVP*)	22
Eraill		72

Gydag etholiad Medi 1930 gwelwyd gwyriad arwyddocaol at bleidiau'r chwith a'r dde eithaf. Roedd y canlyniad i'r *NSDAP*, gyda 6.5 miliwn o bleidleisiau a 107 o ddirprwyon wedi eu hethol i'r *Reichstag*, yn gwneud argraff sylweddol iawn; ac roedd gan y Comiwnyddion, gyda'u cynrychiolaeth wedi codi o 54 i 77, hefyd reswm dros ddathlu. Gyda chefnogaeth i'r *SPD* a Phlaid y Canol yn dal yn eithaf cadarn, y gwir gollwyr oedd pleidiau cenedlaethol eraill y dde, y *DNVP* a'r *DVP*, gyda nifer fawr o'u cefnogwyr yn troi at y Natsïaid. Fel y dywedodd William Carr 'roedd dau o bob pump o bobl yr Almaen yn gwrthwynebu'n hallt yr egwyddorion roedd y Weriniaeth wedi ei sefydlu arnynt'.

PRIF YSTYRIAETH

Adferiad ffawd y Natsïaid.

Ers cynhadledd Bamberg yn Chwefror 1926 (gw. tt. 76-7), roedd Hitler wedi aros yn y cysgodion i raddau, gan weithio i ddatblygu ac ailadeiladu ei blaid. Roedd canlyniadau'r Natsïaid yn etholiad Mai 1928 yn siom chwerw. Unwaith y daeth Hitler yn gysylltiedig â Hugenberg mewn gwrthwynebiad i Gynllun Young, dechreuodd pethau wella iddo. Yn ganolbwynt cyhoeddusrwydd y cyfryngau eto, enillodd gefnogaeth diwydianwyr amlwg yn yr Almaen fel Emil Kirdorf a Fritz Thyssen a, chydag aelodaeth y blaid ar gynnydd, dechreuodd y Natsïaid ennill mewn etholiadau llywodraeth leol (*Landtag*). Gan obeithio y byddai'r amgylchiadau economaidd newydd yn arwyddo bod ei blaid ar fin llwyddo, ymgyrchodd Hitler yn frwd ac i bwrpas yn 1930. Wedi hynny, gwrthododd Hindenburg gais Hitler am swydd yn y cabinet gan gellwair, mae'n debyg, y câi fod yn bostfeistr cyffredinol er mwyn gallu llyfu stampiau!

B *Ail lywodraeth Brüning, Hydref 1931 – Mai 1932*

Bellch, roedd sefyllfa Brüning, gyda phleidiau y dde a'r chwith eithaf yn dwyn pwysau arno a'r sefyllfa economaidd yn gwaethygu'n gyflym, yn fwy anobeithiol na chynt. Oherwydd cynnydd cyflym mewn diweithdra a'r mesurau economaidd hallt a basiwyd trwy ordinhad, roedd miliynau o Almaenwyr yn dioddef fwyfwy. Roedd hi'n hawdd i bleidiau eithafol gynhyrfu'r boblogaeth anfodlon, a gwelid terfysgoedd aml ar y strydoedd wrth i'r *SA* ddireolaeth herio carfanau o Gomiwnyddion. Ymbellhaodd Hitler oddi wrth weithgareddau o'r fath a throedio'n ofalus. Gan sylweddoli bod yn rhaid iddo ennill cefnogaeth yr hen elit ceidwadol – y dosbarth uwch breintiedig, a oedd yn cynnwys tirfeddianwyr, diwydianwyr, bancwyr a dynion busnes – oedd eto heb eu hargyhoeddi, ymrôdd i ddatblygu agwedd barchus. Yn Ionawr 1932 defnyddiodd gyfarfod o Glwb Diwydiant Düsseldorf, oedd yn ddylanwadol, i gyflwyno wyneb cyfeillgar Sosialaeth Genedlaethol tuag at gyfalafwyr, ac i argyhoeddi'r rhai oedd yn bresennol ei fod yn cynrychioli eu buddiannau gorau.

Gyda llawer yn gresynu oherwydd dull Brüning o drin yr economi, daeth Hitler yn ddewis derbyniol i nifer cynyddol o bobl. Cam gwag arall fu cynllun Brüning i greu undeb tollau rhwng Awstria a'r Almaen. Cythruddwyd Ffrainc a bu'n rhaid i Brüning dynnu'n ôl, gan felly bwysleisio ymhellach y ffaith fod yn rhaid i'r Almaen barhau i dawelu ei chymydog wrth lunio polisi tramor. Yn Hydref 1931, penderfynodd Hitler a Hugenberg gydweithio i geisio cael gwared ar Brüning.

C *Ffrynt Harzburg*

Ar 11 Hydref 1931 cyfarfu cynrychiolwyr o'r pleidiau a mudiadau adain dde yn Bad Harzburg. Yn eu mysg oedd cyn-filwyr y *Stahlhelm*, cyn-filwyr eraill, diwydianwyr, aelodau o'r *DNVP*, oedd bellach wedi ei thlodi, a Natsïaid. Ymhlith yr unigolion blaenllaw oedd Hjalmar Schacht, Fritz Thyssen, Alfred Hugenberg ac Adolf Hitler. Galwodd Hugenberg am ffrynt unedig i achub yr Almaen rhag 'perygl Bolsiefigiaeth a methdaliad', mynnodd y dylai Brüning ymddiswyddo a galwodd am etholiadau newydd. Rhybuddiodd Hitler fod yn rhaid i'r Almaen ddewis rhwng cenedlaetholdeb a chomiwnyddiaeth. Roedd Ffrynt Harzburg yn cynrychioli cyfuniad grymus o fuddiannau diwydiannol, ariannol a gwleidyddol a, chyda chefnogaeth yr *NSDAP*, gallai ddibynnu ar gefnogaeth dorfol. Yn erbyn y Ffrynt, roedd Brüning yn dal i fedru dibynnu ar Hindenburg ac awdurdod yr ordinhad arlywyddol, Erthygl 48. Yn y diwedd, ni lwyddodd Ffrynt Harzburg i gyflawni fawr ddim gan mai dim ond yn rhannol roedd Hitler yn ei gefnogi. Roedd yn amau, a hynny'n gywir, mai ceisio ei ddefnyddio yr oedd Hugenberg, a chan fod y Blaid Natsïaidd yn amlwg ar ei thwf, nid oedd Hitler yn barod i gyfaddawdu.

PRIF YSTYRIAETH

Erthygl 48 a rheoli trwy ordinhad arlywyddol.

Yng ngwanwyn 1932 roedd tymor saith mlynedd Hindenburg fel Arlywydd yn dod i ben. Er ei fod yn 85 oed a'i iechyd yn dirywio, roedd eto'n fawr ei barch ac anogodd Brüning ef i ailsefyll etholiad.

8 ~ HINDENBURG YN ERBYN HITLER – ETHOL ARLYWYDD, 1932

Roedd Hindenburg yn anfodlon gan y teimlai y gallai Brüning fod wedi trefnu iddo gadw'i swydd fel Arlywydd heb orfod ymladd etholiad. Roedd Hitler yn ansicr gan fod cymaint yn y fantol ac

TABL 20
Ethol Arlywydd, 1932

MAWRTH 1932 Y rownd gyntaf		*EBRILL 1932 Yr ail rownd*	
Paul von Hindenburg	18,650,000	Paul von Hindenburg	19,360,000
Adolf Hitler	11,340,000	Adolf Hitler	13,420,000
Ernst Thälmann	4,980,000	Ernst Thälmann	3,710,000
Theodor Duesterberg	2,560,000		

ofnai gael ei drechu. Gydag anogaeth Goebbels ac aelodau blaenllaw eraill o'r *NSDAP*, yn y diwedd penderfynodd sefyll. Yr ymgeiswyr eraill oedd Ernst Thälmann, yr hen ymgyrchwr a chomiwnydd, a Theodor Duesterberg, un o sylfaenwyr *Stahlhelm*, ac aelod o'r *DNVP*. Gyda'r Natsïaid yn difrïo'r hen Faeslywydd yn ddifrifol ac yn lledaenu'r ffaith fod gan Duesterberg daid oedd yn Iddew, roedd ymhell o fod yn frwydr deg.

Yn y rownd gyntaf bu ond y dim i Hindenburg ennill mwyafrif, gyda 49.6 y cant o'r bleidlais, ond bu'n rhai iddo wynebu gwaradwydd ail bleidlais. Gwnaeth Hitler yn arbennig o dda hefyd drwy ennill 30.1 y cant o'r bleidlais, gyda Thälmann a Duesterberg ymhell ar ôl. Yn yr ail rownd, gwnaeth yr arweinydd Natsïaidd, oedd wedi gwrthod cyngor i roi'r gorau iddi, beth yn well gyda 36.7 y cant o'r bleidlais, ond enillodd Hindenburg yn rhwydd. Nid oedd Hitler yn cyfrif ei fod wedi gwneud yn dda ac roedd yn hynod siomedig. Ond wedyn, nid bod yn Arlywydd ond bod yn Ganghellor a gallu rheoli'r *Reichstag* oedd ei brif nod.

9 ~ CWYMP BRÜNING

Bellach, roedd Hindenburg wedi pellhau oddi wrth Brüning am nad oedd Brüning wedi bod yn fodlon hyrwyddo'i ffordd iddo gadw'i arlywyddiaeth. Roedd felly'n barod i gymryd rhan mewn nifer o gynllwynion a fyddai'n dymchwelyd llywodraeth ddemocrataidd olaf Gweriniaeth Weimar ac yn dod â llywodraeth adain dde awdurdodol yn ei lle. Ym Mai 1932, cafodd Wilhelm Gröner, y Gweinidog Amddiffyn di-blaid a dyn cryf llywodraeth Brüning, ei ddiswyddo gan Hindenburg am wahardd gweithgareddau'r *SA* a'r *SS*. Fis yn ddiweddarach, gofynnodd Brüning i Hindenburg arwyddo ordinhad argyfwng a fyddai'n troi stadau cyn-uchelwyr Prwsia i'r dwyrain o afon Elbe yn 600,000 o leiniau o dir i'r di-waith. Protestiodd y tirfeddianwyr yn erbyn gwladoli amaethyddiaeth a phwyso ar Hindenburg i gael gwared ar y Canghellor amhoblogaidd. O ganlyniad, gwrthododd yr Arlywydd awdurdodi'r ordinhad, ac yna, ar anogaeth Schleicher, bradychodd y dyn oedd wedi ei wasanaethu mor ffyddlon ac mor dda, trwy fynnu bod Brüning yn ymddiswyddo. Cyn pen blwyddyn, ymfudodd Brüning i'r Unol Daleithiau i ddod yn athro gwleidyddiaeth ym Mhrifysgol Havard.

C

Pam roedd llywodraeth Brüning mor amhoblogaidd erbyn Mai 1932?

Yn *Hindenburg, the Wooden Titan*, mae J.W. Wheeler-Bennett yn ysgrifennu am y cyfnod hwn:

Trasiedi Brüning yw trasiedi Weimar. Nid oedd unrhyw un yn credu'n gryfach mewn sefydliadau seneddol cadarn nag ef, ond o dan bwysau anorfod digwyddiadau, ef oedd yr un a drawodd yr ergyd gyntaf a fyddai'n eu tanseilio. Nid oedd unrhyw un yn deisyf yn fwy angerddol weld pobl yr Almaen yn hapus, ond daethpwyd i'w alw yn 'Ganghellor Newyn' ac fe'i gorfodwyd i osod beichiau difrifol arnynt. Byddai'n anodd bod wedi dod o hyd i wladgarwr Almaenig mwy, ac eto fe'i gyrrwyd o'i swydd am 'ddiffyg gwladgarwch'. Chwaraeodd y gêm yn ôl y rheolau a methu, ond llwyddodd ei ddilynwyr llai egwyddorol i gael popeth roedd ef wedi ei obeithio a mwy. Gwnaeth Brüning un camgymeriad sylfaenol o'r dechrau. Roedd yn ymddiried yn Hindenburg.

10 ~ Y *REICHSWEHR* A GWERINIAETH WEIMAR

A *Gwreiddiau a rôl y* Reichswehr

Daeth y cyswllt cyntaf rhwng y Weriniaeth newydd a'r fyddin Almaenig yn Nhachwedd 1919 pan dderbyniodd Friederich Ebert gynnig y Cadfridog Gröner i ddefnyddio'r fyddin i gadw cyfraith a threfn a threchu gweithgaredd chwyldroadol (gw. tud.10). Ddeufis yn ddiweddarach, unodd y fyddin ac unedau o'r *Freikorps* i wrthsefyll chwyldro'r Spartacyddion yn Berlin (gw. tud. 11). Am beth amser, roedd unedau lledfilwrol o'r *Freikorps* yn bodoli ochr yn ochr â byddin barhaol newydd y Weriniaeth, y *Reichswehr*. Yn wir, roedd llawer o'r dynion a recriwtiwyd i'r fyddin yn gyn-aelodau o'r *Freikorps*.

Roedd y *Reichswehr* wedi'i ffurfio o ddynion oedd wedi goroesi'r telerau hallt a osodwyd ar y fyddin yn Versailles, a'i swyddogion oedd y rhai a wasanaethodd yn y fyddin ymerodrol. Roedd y *Reichswehr*, fel y *Freikorps*, yn glynu wrth y frenhiniaeth ac yn genedlaetholgar. Roedd yn ffyddlon i goffadwriaeth y Kaiser a'r rhai oedd wedi eu harwain yn ystod blynyddoedd y rhyfel, yn enwedig Hindenburg a Ludendorff. Credai fod y ddamcaniaeth 'cyllell-yn-y-cefn' yn esgusodi'r fyddin o unrhyw fai am drechiad 1918. Roedd ei hagwedd tuag at Weriniaeth Weimar yn ansicr ac anfoddog ar y gorau, ac ar ei gwaethaf yn wrthwynebus ac anghefnogol. Er ei bod yn barod i weithredu heb oedi yn erbyn terfysg adain chwith, roedd ei ffyddlondeb pan fyddai'n delio â helynt o du'r cenedlaetholwyr yn llawer llai sicr. Roedd y dryswch a ddeilliai o'r gwrthdrawiad teyrngarwch hwn yn amlwg yn 1920 pan ymunodd y Cadfridog von Lüttwitz, Cadlywydd y *Reichswehr* yn ardal Berlin, â Wolfgang Kapp mewn cynllwyn yn erbyn y Weriniaeth (gw. tt. 30-1). Pan alwyd arno i drechu'r *putsch* arfaethedig, gwrthododd y Cadfridog von Seeckt gan ddweud, 'nid yw *Reichswehr* yn tanio ar *Reichswehr*'. Ar y llaw arall, roedd y Cadfridog Reinhardt, pennaeth cyntaf Cadlywyddiaeth y Fyddin, yn dal yn deyrngar, a phrofodd mai ef oedd 'yr unig gadfridog oedd yn barod i amddiffyn y Weriniaeth drwy orfodaeth os oedd angen'.

Yn ôl y Cyfansoddiad, roedd yr Arlywydd yn Gadbennaeth holl luoedd arfog y Reich, ond, o fewn y llywodraeth, y

Gweinidog Amddiffyn oedd yn delio â materion y fyddin. Rhwng 1919 ac 1932, bu tri dyn yn rhannu'r cyfrifoldeb dyrys o geisio cyfuno'r *Reichswehr* a'r Weriniaeth. Y rhain oedd y sosialydd adain dde, Gustav Noske (1919-20) a ystyrid yn arbenigwr milwrol yr *SPD*; Otto Gessler (1920-28), cyn-faer Nuremberg ac aelod o'r *DDP* ryddfrydol a fu yn y swydd am wyth mlynedd; a Wilhelm Gröner (1928-32), y cadfridog di-blaid oedd wedi cefnogi Ebert yn 1919. Roedd byddin yr Almaen wedi'r rhyfel wedi ei chyfyngu i 100,000 o ddynion ac ni feddai ar na thanciau, nac awyrennau nac arfau ymosodol eraill. Rôl heddlu a chynnal trefn o fewn yr Almaen yn unig oedd ei rôl hi.

B *Rôl y Cadfridog Hans von Seeckt*

Yn 1919, penodwyd Hans von Seeckt yn bennaeth y *Truppenamt* (Swyddfa'r Fyddin) oedd wedi disodli'r Staff Milwrol gwaharddedig. Gan sylweddoli bod angen i'r fyddin a'r Weriniaeth gydweithio, ond yn gwrthwynebu'n gryf eu cyfuno, dri mis ar ôl ei ddiffyg ffyddlondeb amlwg yn 1920, roedd Seeckt wedi ailennill ymddiriedaeth y llywodraeth ac fe'i penodwyd yn bennaeth y fyddin. Rhwng 1920 ac 1926, gweithiodd i ailstrwythuro a chryfhau'r *Reichswehr*. Fel y dywed William Carr, penderfynodd 'greu peiriant ymladd gwych a fyddai rhyw ddydd yn adfer i'r Almaen ei mawredd gynt'. Ac yntau yn eithaf ***martinet***, enillodd enw iddo'i hun am ei sgiliau trefnu a'i allu i ddeall y berthynas anodd oedd rhwng cynllunio milwrol ar y naill law a pholisi gwleidyddol ar y llaw arall.

martinet disgyblwr llym

Oddi tano, daeth y *Truppenamt* yn Staff Milwrol ym mhopeth ond enw, a dewisodd ei swyddogion hŷn yn ofalus a'u rhybuddio rhag ymhel â gwleidyddiaeth. Er bod *y Reichswehr* wedi ei sylfaenu yn wreiddiol ar y *Freikorps*, nid oedd ar Seeckt eisiau denu recriwtiaid o blith cynhyrfwyr y stryd ond chwiliai yn hytrach am ddynion a fyddai'n dod yn filwyr da a disgybledig. Nid oedd prinder recriwtiaid addas. Gan gydweithio ag Alfred Krupp, y gwneuthurwr arfau, anwybyddodd y cymalau diarfogi a osodwyd yn Versailles, cynyddodd faint y *Reichswehr*, a threfnodd fod ganddynt ddigonedd o arfau modern, gan hyd yn oed fewnforio rhai o dramor. Gan gredu y byddai cynghrair rhwng yr Almaen a Rwsia yn un na ellid ei drechu mewn unrhyw ryfel yn y dyfodol, roedd o blaid Cytundeb Rapallo (gw. tud. 45) a'r trefniadau a wnaed gyda'r Undeb Sofietaidd ar gyfer hyfforddi dynion y *Reichswehr* a chydweithio mwy clòs â'r Fyddin Goch. Yn sicr, roedd y Gweinidog Amddiffyn, Otto Gessler, a ganiataodd i Seeckt wneud pob penderfyniad milwrol pwysig, yn gwybod beth oedd yn mynd ymlaen, ond fe dderbyniodd y cyfan a hyd yn oed amddiffyn ei weithredoedd yn y *Reichstag*. Seeckt sydd i gael y clod am ailsefydlu byddin broffesiynol yr Almaen a ddaeth yn sail *Wehrmacht* Hitler (fel y galwyd y fyddin ar ôl 1935) yn y dyfodol.

Gan amau'r Natsïaid, yn 1924 gorchmynnodd i Gadlywydd y lluoedd arfog yn Bafaria wrthsefyll *Putsch* Neuadd Gwrw Hitler.

Ymateb y Natsïaid oedd ei alw yn 'was Gweriniaeth Weimar' ac yn 'degan yn nwylo elfennau Iddewig-Masonaidd'. Cafodd ei gyhuddo hyd yn oed o fod dan ddylanwad ei wraig Iddewig. Fe'i diswyddwyd yn 1926 ar ôl iddo gymryd dau benderfyniad annoeth, os dibwys. Roedd llawer yn feirniadol pan ddewisodd ganiatáu i swyddogion milwrol ymladd gornestau, ac roedd gweriniaethwyr wedi eu siomi pan adroddodd y wasg ei fod wedi caniatáu i'r Tywysog Wilhelm o Brwsia, o deulu'r Hohenzollern, mab y Cyn-Dywysog Coronog, gymryd rhan yn ymarferion y fyddin mewn lifrai. Pwysodd rhai swyddogion hŷn, oedd wedi eu cythruddo am fod Seeckt wedi ei ddiswyddo, am *putsch* wedi ei gefnogi gan y fyddin. Wedi hynny, trodd Seeckt at wleidyddiaeth, ac yn 1930 fe'i hetholwyd i'r *Reichstag* fel dirprwy i'r *DVP*. I bob golwg, newidiodd ei agwedd a thueddu i gydymdeimlo fwyfwy â Hitler. Pwysigrwydd Seeckt yw ei fod wedi ceisio diffinio'r berthynas rhwng y fyddin a'r wladwriaeth. Wrth sefydlu annibyniaeth y fyddin, roedd wedi gwneud y *Reichswehr* yn 'wladwriaeth o fewn gwladwriaeth' a chreu sefyllfa lle nad oedd y fyddin yn deyrngar i neb ond ei chadlywyddion.

PRIF YSTYRIAETH

Seeckt a'r berthynas rhwng y fyddin a'r wladwriaeth.

C *Dylanwad Hindenburg yn parhau*

Wedi i Hindenburg ddod yn Arlywydd yn 1925, bu gwelliant sylweddol yn y berthynas rhwng y fyddin a'r Weriniaeth. Yn ogystal â'r ffaith fod yr Arlywydd, mewn enw, yn bennaeth ar y lluoedd arfog Almaenig, roedd hefyd yn dal yn uchel ei barch. Ac yntau wedi bod yn arweinydd milwrol y genedl yn y rhyfel, daliai i ddenu teyrngarwch y rhai oedd wedi gwasanaethu oddi tano a'r rhai oedd yn ddigon hen i werthfawrogi'r chwedl wych amdano. I raddau na lwyddodd neb cyn hynny, gallodd gyfuno'r fyddin a'r Weriniaeth. Yng ngeiriau J.W. Wheeler-Bennett yn *Hindenburg, the Wooden Titan*:

> Roedd y fyddin roedd Hindenberg yn Gadbennaeth arni yn 1925 yn debyg i'w rhagflaenydd ymerodrol mewn un ystyr benodol. Roedd uwchlaw gwleidyddiaeth am ei bod yn tra-arglwyddiaethu arni. Gyda gofal eithafol roedd wedi ei neilltuo rhag rheolaeth wleidyddol ac nid oedd unrhyw ddylanwadau aflonyddgar yn bodoli o fewn ei rhengoedd. Ni chymerodd ran mewn gwleidyddiaeth o gwbl ond ni allai unrhyw lywodraeth sefyll, hyd yn oed am wythnos, heb ei chefnogaeth. Yng ngeiriau Gröner, 'Roedd y *Reichswehr* wedi dod yn ffactor na allai unrhyw un ei anwybyddu wrth wneud penderfyniadau gwleidyddol'.

Roedd bwriad Hindenburg i gyflwyno dull mwy awdurdodol o lywodraethu wedi'i wneud yn haws am ei fod yn gallu dibynnu ar deyrngarwch y fyddin. Fel y gwelsom, gallodd drefnu yn gyntaf benodiad ac yna ddiswyddiad Brüning. Un o'r rhai mwyaf abl i ddylanwadu ar benerfyniadau'r Arlywydd oedd Kurt von Schleicher, oedd wedi gwasanaethu yn yr un gatrawd â Hindenburg yn ystod y rhyfel. Yn 1929, penodwyd Schleicher i swydd weinyddol uchel yn y *Reichswehr*. Roedd wedi ymhel â gwleidyddiaeth erioed ac yn awr defnyddiodd ei safle i ddod yn feistr eithaf diegwyddor ar gynllwynio a chwarae'r ffon ddwybig. Roedd yn falch, yn hunandybus ac yn uchelgeisiol, a daeth i fod yn llais y fyddin yng ngwleidyddiaeth yr Almaen. Yn gwbl ddigywilydd, defnyddiodd ei gyfeillgarwch â Hindenburg a'i fab Oskar i ddod yn gyfrwng grym, yn gyntaf yn y rôl o 'wneuthurwr cangellorion' ac yna fel triniwr cangellorion. Roedd ei nod, sef sefydlu llywodraeth gref ddi-blaid i warantu lles pobl yr Almaen, yn ymddangos y ddigon cymeradwy, ond roedd ei ddulliau – twyll, anonestrwydd a dichell – yn gwbl warthus.

11 ~ TRYCHINEB AR Y GORWEL – LLYWODRAETHAU VON PAPEN A VON SCHLEICHER

Wedi cwymp llywodraeth Brüning ym Mai 1932, chwaraeodd Schleicher rôl arwyddocaol yn dylanwadu ar yr Arlywydd i benodi Franz von Papen yn Ganghellor yn lle Hugenberg. Roedd yn meddwl y byddai'n haws trin Papen.

FRANZ VON PAPEN (1879-1969)

Roedd von Papen, a anwyd i deulu cyfoethog a phendefigaidd, i chwarae rhan bwysig yng nghamau Hitler tuag at ennill swydd Canghellor. Yn y dechrau, dilynodd von Papen yrfa ddiplomyddol ac fe'i penodwyd yn swyddog milwrol yn llysgenhadaeth yr Almaen yn Washington. Yn 1916, fe'i halltudiwyd o'r Unol Daleithiau oherwydd ei ymwneud ag ysbïwyr. Yn ôl yn Ewrop, fe'i hanfonwyd i wasanaethu fel cynghorydd i fyddin Twrci. Ar ôl y rhyfel ymunodd â Phlaid y Canol. Roedd ganddo well enw fel marchog nag fel gwleidydd – ni wnaeth fawr o argraff ar ei gydwleidyddion a methodd ennill sedd yn y *Reichstag* ar ei ymdrech gyntaf. Fe lwyddodd, fel y dywedodd Fest, am fod 'ei rwydwaith o gysylltiadau wedi gwneud iawn am ei ddiffygion personol'. Roedd y cysylltiadau hyn yn cynnwys ei berthynas glòs â'r bendefigaeth am ei fod wedi ei eni i deulu uchelwrol, ei reolaeth ar y papur newydd *Germania*, ei gyfeillgarwch â diwydianwyr yr Almaen trwy ei briodas â merch diwydiannwr cyfoethog o ardal y Saar, ei gysylltiadau â phwysigion yr Eglwys Gatholig ac, wrth gwrs, ei berthynas â Schleicher. Roedd ei gefndir *Junker* a'i grefydd hefyd yn golygu ei fod yn gymeradwy gan Hindenburg, a oedd yn ymwybodol iawn o ddosbarth. Roedd yn ddyn cymdeithasol a serchog iawn, ond ni feddylid llawer ohono, na hyd yn oed ei gymryd o ddifrif fel gwleidydd. I rai, nid oedd yn fwy na thestun chwerthin. Syndod a digrifwch oedd yr ymateb pan benodwyd ef yn Ganghellor. Ysgrifennodd llysgennad Ffrainc yn Berlin, 'Gwenodd pawb. Mae yna rywbeth o gwmpas von Papen sy'n gwarafun i'w ffrindiau a'i elynion ei gymryd yn hollol o ddifrif. Mae nod gwamalrwydd arno. Nid yw'n berson o'r radd flaenaf'.

A *Gweinyddiaeth von Papen, Mehefin–Rhagfyr 1932*

Adwaenid cabinet von Papen, oedd yn cynrychioli buddiannau tirfeddianwyr a diwydianwyr yn bennaf, fel 'cabinet y barwniaid'.

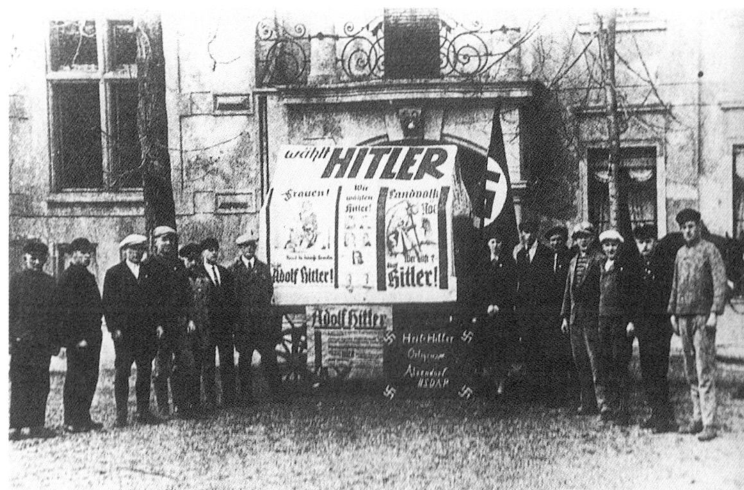

LLUN 16
Cefnogwyr Natsïaidd yn ymgyrchu dros Hitler adeg ethol Arlywydd yn 1932

Aelodau di-blaid ac aelodau o'r Cenedlaetholwyr (*DNVP*) oedd ynddo, yn eu plith Schleicher fel Gweinidog Amddiffyn a Konstantin von Neurath fel Gweinidog Tramor. Yn ddiweddarach, ymunodd Neurath, diplomydd proffesiynol fu'n gwasanaethu fel llysgennad yr Almaen yn yr Iseldiroedd, yr Eidal a Phrydain, â'r Natsïaid a daeth yn *Reichsprotektor* Hitler yn Bohemia a Morafia.

Ac yntau'n cael ei gyfrif fel y dyn gorau i ddelio â'r Natsïaid, gweithred gyntaf Papen oedd dileu'r gwaharddiad ar yr *SA* a'r *SS*. Gwelwyd mwy o drais ar unwaith. Er bod y fyddin wedi ceisio cadw trefn, bu gwrthdaro ffyrnig ar y strydoedd rhwng y Natsïaid a'r Comiwnyddion ac anafwyd dros 1,000 o bobl. Digwyddodd y brwydrau mwyaf gwaedlyd ar 17 Gorffennaf pan orymdeithiodd 7,000 o Natsïaid yn bryfoclyd trwy ardal dosbarth gweithiol yn Hamburg ac yna orfod ymladd eu ffordd trwy strydoedd oedd wedi eu cau â baricedau. Defnyddiodd Papen y torcyfraith fel esgus dros ddymchwel llywodraeth sosialaidd Prwsia, gan honni na allai gadw trefn. Pan heriodd Otto Braun, arweinydd yr *SPD* yn Prwsia, y penderfyniad, gan honni nad oedd yn gyfreithlon, anfonodd Hindenburg y *Reichswehr* i ddatrys y sefyllfa. Cafodd Braun ei ddiswyddo a phenodwyd Reich Gomisâr i'w swydd. Roedd Prwsia yn cynrychioli bron 60 y cant o'r Almaen ac roedd wedi bod yn brif gadarnle sosialaeth yn yr Almaen ac yn asgwrn cefn y gefnogaeth i'r Weriniaeth. Roedd gweithred Hindenburg yn trosfeddiannu'r *Land* yn dangos i'r Natsïaid mor hawdd y gellid disodli trefn ddemocrataidd a sefydlu trefn awtocrataidd yn ei lle.

PRIF YSTYRIAETH

Cwymp 'cabinet y barwniaid' Papen.

B *Dau etholiad i'r* Reichstag, *1932*

Gan ei fod yn prysur golli rheolaeth ar y sefyllfa, diddymodd Papen y *Reichstag* a galw am etholiadau. Y tro hwn, gwnaeth Hitler ymdrech lew ac ymgyrchodd y Blaid fwy nag erioed. Teithiodd arweinydd y Natsïaid dros 50,000 cilometr ac areithio mewn cyfarfodydd mewn 50 o drefi a dinasoedd gwahanol. Roedd rhubanau coch, baneri'r swastica, a chrysau brown yr *SA* i'w gweld ym mhobman. Yn *Hitler: a study in tyranny*, mae Alan Bullock yn sôn am effaith ymgyrchu'r *Führer*:

> Defnyddiwyd holl gyfarpar cyfarwydd y Natsïaid – posteri, y wasg, cyhuddiadau a gwrthgyhuddiadau, cyfarfodydd torfol, gwrthdystiadau, gorymdeithiau'r *SA* ... roedd yma fwy nag ymgyrchu clyfar. Ni allai ymgyrch y Natsïaid fod wedi llwyddo oni bai ei bod ar yr un pryd yn cyd-fynd ag ymdeimlad nifer sylweddol o bobl yr Almaen ac yn fawr ei hapêl.

Ar y pryd, mewn adroddiad i'w Bwyllgor Cyffredinol, dywedodd un Comiwnydd Almaenig:

> Mae pawb yn gwybod am rym y Natsïaid ... Mae'r Ffasgiaid, sy'n cael eu gwarchod gan y wladwriaeth, yn lledaenu braw ar raddfa nad oes ei thebyg yn unman arall yn yr Almaen. Hyd yn oed yn y ddinas mae yna strydoedd lle na feiddia ein brodyr gael eu gweld liw nos ... Nid yw'r heddlu yn talu unrhyw sylw i'r digwyddiadau hyn ac maent yn osgoi gwrthdaro â'r Natsïaid, er nad ydynt yn uniongyrchol yn cefnogi'r lladron gwaedlyd hyn.

Mewn etholiad lle bu iddynt ennill buddugoliaeth lwyr bron, cafodd y Natsïaid 37 y cant o'r bleidlais a dychwelyd 230 o ddirprwyon i ddod yn blaid fwyaf y *Reichstag*. Er mai dim ond deg sedd yr oeddent wedi'u colli, ail gwael oedd yr *SPD* gyda 133 dirprwy. Daeth y Comiwnyddion yn drydydd gyda rhai seddau yn ychwaneg, tra diflannodd y *DVP* a'r *DDP* gynt i bob pwrpas. Er gwaethaf eu llwyddiant, nid oedd gan y Natsïaid fwyafrif dros

LLUNIAU 17-18
Posteri etholiadol Plaid y Democratiaid Cymdeithasol a'r Blaid Genedlaethol. Mae poster yr SPD *ar y chwith yn dweud, 'Cliriwch y ffordd i Restr 1' a phoster y* DNVP *ar y dde yn dweud, 'Yn erbyn rhyfel cartref a chwyddiant', y ddwy blaid yn datgan eu bwriad o ddelio â Natsïaid a Chomiwnyddion.*

TABL 21
Etholiad y Reichstag, *Gorffennaf 1932*

		Nifer y seddau
Y Blaid Natsïaidd	*(NSDAP)*	230
Democratiaid Cymdeithasol	*(SPD)*	133
Y Blaid Gomiwnyddol	*(KPD)*	89
Plaid Ganol y Catholigion	*(Zentrum)*	75
Y Blaid Genedlaethol	*(DNVP)*	37
Plaid Bafaria	*(BVP)*	20
Plaid y Bobl	*(DVP)*	7
* Y Blaid Ddemocrataidd	*(DDP)*	4
Eraill		11

* Galwyd yr hyn oedd yn weddill o'r *DDP* yn *Deutsche Staatspartei* ar ôl Gorff. 1930

bawb o bell ffordd, ond ymddangosai'n rhesymol y byddai Hitler, fel arweinydd y blaid fwyaf, yn cael ei benodi'n Ganghellor. Ond nid felly y bu. Nid oedd Hindenburg yn hoffi'r Natsïaid ac ni theimlai fod y cyn-gorporal o Awstria yn addas ar gyfer swydd mor uchel; dim ond swydd Is-Ganghellor a gynigiodd Hindenburg iddo o dan Papen. Nid rhyfedd fod Hitler wedi ystyried y cynnig yn sarhad ac wedi gwrthod y swydd. Gan nad oedd yn siŵr sut y byddai'r fyddin yn ymateb, gwrthododd Hitler hefyd ildio i bwysau o du Röhm, arweinydd yr *SA*, ac eraill, i gipio grym yn anghyfreithlon.

I bob pwrpas roedd cabinet Papen yr un fath â'r hen un. Gyda'r Natsïaid, yr *SPD*, y Comiwnyddion a Phlaid y Canol i gyd yn yr wrthblaid, ni allai'r *Reichstag* weithredu'n iawn ac nid oedd gan lywodraeth Papen obaith goroesi. Ar 12 Medi, ymunodd y Natsïaid â Phlaid y Canol mewn pleidlais o ddiffyg ffydd a threchu cabinet Papen o 512 i 42. Diddymwyd y *Reichstag* unwaith eto, ac am yr eildro o fewn chwe mis aeth pobl yr Almaen i'r bwth pleidleisio. Er bod arian yn brin ymroddodd Hitler i ymgyrchu'n daer eto.

C

A oedd gan Hitler resymau da dros wrthod swydd yr Is-Ganghellor yng Ngorffennaf 1932

Hyd yn oed o ystyried bod ychydig llai o bobl wedi pleidleisio, roedd colli 34 sedd yn ergyd chwerw i'r Natsïaid. Roedd llawer o Almaenwyr wedi blino ar y trais a drefnid gan y Natsïaid yn y strydoedd ac roedd llai o frwdfrydedd o fewn y Blaid a'i hyder yn dioddef. Pryderai Hitler fod lwc dda'r Natsïaid wedi dod yn rhy fuan, bod y Comiwnyddion wedi ennill mwy o gefnogaeth a bod y *DNVP* wedi adennill rhai seddau. Y tro hwn, nid oedd dewis gan Hindenburg ond cynnig swydd y Canghellor i

TABL 22
Etholiad y Reichstag, *Tachwedd 1932*

		Nifer y seddau
Y Blaid Natsïaidd	*(NSDAP)*	196
Democratiaid Cymdeithasol	*(SPD)*	121
Y Blaid Gomiwnyddol	*(KPD)*	100
Plaid Ganol y Catholigion	*(Zentrum)*	70
Y Blaid Genedlaethol	*(DNVP)*	52
Plaid Bafaria	*(BVP)*	18
Plaid y Bobl	*(DVP)*	11
Eraill		14

Hitler, ond gwrthododd roi iddo'r hawl i reoli trwy ordinhad arlywyddol. Yn benderfynol ei fod yn mynd i sicrhau grym diamod, gwrthododd arweinydd y Natsïaid eto. Gyda'r sefyllfa yn anobeithiol, awgrymodd Papen ddiddymu Gweriniaeth Weimar hyd yn oed, sefydlu ei lywodraeth adain dde elitaidd ei hun, a gwahardd y pleidiau Comiwnyddol a Natsïaidd. Tra oedd Hindenburg yn pendroni, siaradodd Schleicher, y Gweinidog Amddiffyn, yn feirniadol am gynllun Papen. Roedd yn ofni na allai'r fyddin reoli'r Comiwnyddion a'r *SA*, ac y byddai'r sefyllfa'n dirywio ac yn diweddu mewn rhyfel cartref. Yn y dirgel, manteisiodd Schleicher ar anawsterau'r Canghellor ac annog Hindenburg i gael gwared ar Papen. Gweithiodd ei gynllwyn a phenodwyd Schleicher ei hunan yn Ganghellor ar 3 Rhagfyr 1932.

PRIF YSTYRIAETH

Buddugoliaeth ysgubol ac yna'r Natsïaid yn colli tir.

C *Llywodraeth von Schleicher, Rhagfyr 1932 – Ionawr 1933*

Mewn cyfnod y gellid ei ddisgrifio yn un o lywodraethu trwy gynllwyn, daliodd Schleicher ati i gynllunio a chynllwynio. Pan fethodd ei ymdrechion i gael pleidiau gwleidyddol eraill i gydweithio o fewn clymblaid, ceisiodd greu rhaniad yn rhengoedd y Natsïaid trwy gynnig swydd yr Is-Ganghellor i Gregor Strasser oedd ar adain chwith sosialaidd y Blaid. Ymyrrodd Hitler i rwystro hyn.

Y BRODYR STRASSER – GREGOR (1892–1934) AC OTTO (1897–1974)

Teulu dosbarth canol o Bafaria oedd y teulu Strasser, ac roedd Gregor wedi teimlo i'r byw oherwydd trueni'r Almaen wedi'r rhyfel. Wedi iddo ymuno â'r Natsïaid, gweithiodd i ennill cefnogaeth y dosbarth canol is a'r dosbarth gweithiol i Sosialaeth Genedlaethol, ac felly bu'n gyfrwng i greu plaid eang ei sail oedd â chefnogaeth y bobl. Ei ymdrechion ef yn bennaf oedd yn gyfrifol am dwf y Blaid a'i henillion yn etholiad 1928. Ynghyd â'i frawd Otto, a Joseph Goebbels, roedd yn cynrychioli dyheadau sosialaidd y mudiad. Roedd pobl yn ei hoffi, daeth yn ail i Hitler o ran poblogrwydd ac, ar un adeg, roedd yn ymddangos y gallai gystadlu am yr arweinyddiaeth. Hyd yn oed ar ôl Cynhadledd Bamberg yn 1926 (gw. tt. 76-7) daliai i feirniadu rhai agweddau ar bolisïau Hitler. Yn ddiweddarach siaradodd yn agored yn erbyn hoffter Hitler o ddiwydianwyr yr Almaen a llymder ei bolisïau gwrth-Semitaidd.

Roedd ei frawd iau, Otto, yn rhannu syniadau Gregor fod angen diwygio ar linellau sosialaidd er budd y dosbarth gweithiol ac yn meddwl mai egwyddorion sosialaidd ddylai fod yn brif ddylanwad i arwain y Blaid. Sefydlodd a chynhaliodd y papur newydd *Berliner Arbeiter Zeitung* ond fe'i siomwyd yn Hitler ac o ganlyniad collodd gefnogaeth Hitler i'w farn. Yn 1930 gadawodd Otto y Blaid i drefnu'r *Schwarze Front* (Y Ffrynt Du) chwyldroadol a gafodd ei chwalu'n gyflym gan Hitler pan ddaeth i rym.

Yn y cyfamser daliai Gregor Strasser i gweryla'n agored â Hitler ac, yn 1932, gwylltiodd yr arweinydd Natsïaidd pan oedodd Gregor cyn cael ei orfodi i wrthod cynnig Schleicher i'w benodi yn Is-Ganghellor. Wedi hynny, ymddiswyddodd a throi ei gefn ar wleidyddiaeth. Yn 1934, llofruddiwyd Gregor pan ddialodd Hitler arno am ei ddiffyg ffyddlondeb cynharach. Bu Otto'n fwy ffodus a dihangodd i Ganada. Dychwelodd i'r Almaen yn 1955 ond ni chymerodd unrhyw ran mewn gwleidyddiaeth byth wedyn.

12 ~ DIAL VON PAPEN – CYNNIG SWYDD Y CANGHELLOR I HITLER

Gan na allai lywodraethu'n effeithiol, gofynnodd Schleicher i Hindenburg am ganiatâd i lywodraethu trwy ordinhad, diddymu'r *Reichstag* a rheoli hebddi. Ei nod, mewn gwirionedd, oedd sefydlu unbennaeth filwrol. Roedd Hindenburg eisoes wedi colli ffydd yn ei Ganghellor newydd, a gwrthododd. Cyfle Papen oedd hi i gynllwynio 'nawr a dial am frad Schleicher yn gynharach. Ar ôl cyfarfod yn gyfrinachol â Hitler yn Köln a chytuno i gefnogi'r arweinydd Natsïaidd, dychwelodd Papen i Berlin a pherswadio Hindenburg i gael gwared ar Schleicher a phenodi Hitler ar ei delerau ei hun. Dywedodd wrth yr Arlywydd, oedd yn heneiddio, ei fod yn credu y gellid ffrwyno Hitler yn haws unwaith y byddai baich swydd Canghellor ar ei ysgwyddau. Dywedodd Papen wrth ffrind, 'Ymhen deufis, fe fyddwn wedi ei wthio mor bell i'r gornel, bydd yn gwichian'. Am 11.20 ar fore'r 30 Ionawr 1933 tyngodd Hitler lw'r swydd. Y noson honno trefnodd yr *SA* orymdaith wrth olau ffaglau trwy ganol Berlin i ddathlu buddugoliaeth eu harweinydd. Flynyddoedd yn ddiweddarach ysgrifennodd Papen yn ei *Memoirs*:

C

Ceisiwch asesu arwyddocâd rôl Gregor Strasser yn nigwyddiadau 1932-3

PRIF YSTYRIAETH

Y penderfyniad i gynnig swydd y Canghellor i Hitler.

> Yng nghwrs amser roeddem i ddysgu i ba ddwylo roedd yr Almaen wedi syrthio ... Rhaid deall un peth. Ffurfiwyd llywodraeth gyntaf Hitler yn ôl y drefn seneddol gywir. Roedd wedi dod i rym trwy ddulliau democrataidd cwbl normal. Rhaid sylweddoli nad oedd ef na'i fudiad wedi mabwysiadu'r cymeriad na chyflawni'r erchyllterau y condemniwyd nhw o'u herwydd bymtheng mlynedd yn ddiweddarach ... Roeddem yn credu Hitler pan ddywedodd y byddai'n arwain ei fudiad i sianelau mwy trefnus unwaith y byddai wedi ei ddyrchafu i safle o rym a chyfrifoldeb.

13 ~ YSTYRIAETH: SUT Y BU HI'N BOSIBL I'R NATSÏAID DDOD I RYM YN YR ALMAEN YN 1933?

A *Cyflwyniad*

Roedd penodi Hitler yn Ganghellor yr Almaen ar 30 Ionawr 1933 yn un o ddigwyddiadau pwysicaf yr ugeinfed ganrif. Arweiniodd at sefydlu unbennaeth Natsïaidd yn yr Almaen a gweithredoedd erchyll o ormes a hil-laddiad. Yn y pen draw, arweiniodd at yr Ail Ryfel Byd a'i ganlyniadau pellgyrhaeddol i Ewrop a'r byd yn gyfan. Mae'r hanesydd Americanaidd, John Snell, yn gofyn, 'Sut y bu hi'n bosibl i'r Natsïaid ddod i rym yn un o'r gwledydd mwyaf gwâr yn Ewrop, bedair blynedd ar ddeg yn unig wedi i'r wlad honno daflu ei harfwisg brenhinol ar domen sbwriel hanes a'i dilladu ei hun yng ngwisg gweriniaeth ddemocrataidd?'.

Roedd y blynyddoedd 1929 i 1933 yn hynod bwysig yn hanes twf grym Hitler. Yn ystod y cyfnod hwnnw, llwyddodd y rhai oedd wedi tanseilio Gweriniaeth Weimar dros gyfnod maith i'w dymchwel. Y prif ddylanwad yn y digwyddiadau hyn oedd twf y Blaid Natsïaidd nes datblygu'n fudiad torfol. Yn 1932 pleidleisiodd mwy na thraean yr etholaeth yn yr Almaen i'r Natsïaid. Ar y pryd, nid oedd pobl yn ymwybodol mor drychinebus fyddai'r canlyniadau. Wedi'r Ail Ryfel Byd roedd llawer o Almaenwyr yn methu dod i delerau â'r cyfrifoldeb am droseddau cyfnod y Natsïaid. Dim ond yn yr 1960au y ceisiodd haneswyr Almaenig fwrw golwg newydd ar yr hyn a ddigwyddodd yn union yn ystod y cyfnod hwn. Barn Joachim Fest, awdur *The Face of the Third Reich* (Weidenfeld & Nicolson 1970) a *Hitler* (Weidenfeld & Nicolson 1974) yw mai dim ond hanesydd Almaenig all osod Hitler yn ei gyd-destun priodol a'i werthuso yn ddi-duedd. Mae haneswyr Prydain ac UDA hefyd wedi cyfrannu gweithiau pwysig i'n helpu i ddeall y cyfnod hwn yn hanes yr Almaen. Fe'u cynorthwywyd yn eu gwaith pan gawsant weld rhai dogfennau ar ôl 1945, pan ddaeth archifau Almaenig i ddwylo'r Cynghreiriaid. Yn union wedi'r rhyfel, roeddent yn fwy parod na haneswyr yr Almaen i chwilio am y gwirionedd ynghylch y digwyddiadau erchyll hyn. O ganlyniad, mae llawer iawn o wybodaeth wedi ei chasglu ac mae cryn gytundeb cyffredinol ynghylch yr hyn a ddigwyddodd a pham. Ond, mae haneswyr yn gwahaniaethu yn eu deongliadau o'r wybodaeth hon, ynghylch achosion y digwyddiadau hyn ac ar bwy roedd y bai. Mae'r gwahaniaethau hyn wedi arwain at ddadleuon sydd wedi para hyd heddiw.

B *Y ddadl*

RÔL HANES

Un rheswm dros yr anghytuno yw'r raddfa amser wahanol a ddefnyddir gan wahanol haneswyr. Mae rhai yn ystyried penodiad Hitler yn Ganghellor yn Ionawr 1933 yn erbyn cefndir o hanes yr Almaen ac Ewrop yn ymestyn yn ôl i'r bedwaredd ganrif ar bymtheg ac ymhell y tu hwnt. Enghraifft dda o'r dull hwn yw *The Rise and Fall of the Third Reich* (Secker & Warburg 1960) a ysgrifennwyd gan yr Americanwr William L. Shirer. Bu'n ohebydd Ewropeaidd i'r *Chicago Tribune* ar un adeg, ac yn ystod yr 1930au gweithiai i Wasanaeth Darlledu Columbia pryd cafodd brofiad uniongyrchol o'r digwyddiadau hyn ac adrodd arnynt. Mae Shirer yn olrhain dechreuad Natsïaeth yn ôl i'r unfed ganrif ar bymtheg. Fe'i gwêl fel datblygiad naturiol yn hanes yr Almaen ac yn ganlyniad rheolaeth unbenaethol a pholisïau militaraidd pobl fel Ffredric Fawr, Bismarck a'r ddau Kaiser ymerodrol, Wilhelm I a Wilhelm II. Mae'n pwysleisio dylanwad y diwygiwr crefyddol o'r unfed ganrif ar bymtheg, Martin

Luther, yr 'athrylith anwadal', a ddeffrodd bobl yr Almaen i Brotestaniaeth a thanio eu hysbryd cenedlaetholgar yr un pryd. Mae hefyd yn nodi dylanwad meddylwyr gwleidyddol yr Almaen – Georg Wilhelm Hegel, Friedrich Neitzsche a Heinrich von Treitscke (gw. Pennod 9). Roedd Hegel, a oedd yn gogoneddu rhyfel a'i weld fel 'y purwr mawr', yn pwysleisio 'hawl llwyr y wladwriaeth dros yr unigolyn'. Barnai Neitzsche fod dynoliaeth yn rhannu yn ddau fath o bobl, y gwan a'r slafaidd a'r cryf a'r meistrolgar. Anogai ddynoliaeth i ymwrthod â moesoldeb caethwas Cristnogaeth ac amcanu at fod yn 'arglwyddi'r ddaear'. Fel Hegel, roedd Treitscke yn gogoneddu'r wladwriaeth ac yn cyfrif rhyfel yn 'sail pob rhinwedd gwleidyddol'. Cefnogai'r hanesydd Ffrengig, Edmond Vermeil, yr agwedd hon pan ysgrifennodd mai 'diwinyddiaeth wedi ei symleiddio a digriflun bras o draddodiad deallusol yr Almaen' oedd Natsïaeth. Yn yr un modd, yn *The Course of German History* (Methuen 1961), awgrymodd A.J.P. Taylor, y cymrawd o Rydychen, y byddai hanes yr Almaen yn y pen draw yn sicr o gynhyrchu rhywbeth tebyg i Natsïaeth, a'i bod wedi tyfu, yn anorfod, o'i gorffennol.

Mae deongliadau o'r fath yn tueddu tuag at benderfyniaeth gan eu bod yn gweld cwrs digwyddiadau wedi ei benderfynu ymlaen llaw gan gynnydd hanes. Maent yn ystyried bod cymeriad pobl yr Almaen wedi ei gyflyru gan eu hanes. Felly, oherwydd eu nodweddion cenedlaethol, rhaid i bobl yr Almaen dderbyn mai arnynt hwy oedd y bai am yr hyn a ddigwyddodd. Mae haneswyr eraill wedi cytuno bod cymeriad yr Almaenwr yn wahanol i gymeriad aelod o genhedloedd eraill Ewrop, megis Prydeiniwr neu Ffrancwr. Dadleuwyd na fu i'r Almaen ddod i fodolaeth fel gwladwriaeth un genedl go iawn hyd y cyfnod ar ôl rhyfel Ffrainc-Prwsia yn 1870, ac o'r herwydd nid oedd ganddi draddodiad maith o lywodraeth ddemocrataidd. Hefyd, yn wahanol i Brydain a Ffrainc, daeth ei chwyldro diwydiannol yn ddiweddarach ac roedd yn fwy cyflym. Soniwyd hefyd mor wan oedd rhyddfrydiaeth yn yr Almaen ac fel y tagwyd cynnydd mewn sosialaeth. Mae'n haws dehongli hanes wrth edrych yn ôl.

RÔL CYNLLWYNIO GWLEIDYDDOL

Mae ysgrifenwyr eraill yn dilyn trywydd gwahanol i un y penderfyniedwyr ac yn egluro'r digwyddiadau a arweiniodd at ddyrchafiad Hitler trwy edrych yn fanwl ar flynyddoedd Gweriniaeth Weimar. Mae rhai yn canolbwyntio ar y misoedd, yr wythnosau a'r dyddiau yn union cyn 30 Ionawr 1933. Dim ond mewn Almaeneg y ceir rhai o'r adroddiadau hyn ond dyma hefyd yw'r dull a ddefnyddiodd Karl Bracher (*The German Dictatorship*, Weidenfeld & Nicolson 1971) a Martin Broszat (*Hitler and the Collapse of Weimar Germany*, Berg 1987). Maent yn ystyried i ba raddau roedd y canlyniad yn y fantol hyd y funud olaf ac yn dadlau, er y gallai fod wedi bod yn anodd achub Gweriniaeth Weimar, nad oedd derbyn Hitler yn anorfod. Mae haneswyr fel Bracher a Broszat yn pwysleisio pwysigrwydd datblygiadau oedd yn debygol ond nid yn sicr o ddigwydd, gan gynnwys effaith personoliaethau y rhai oedd yn ymwneud â'r sefyllfa. Nid ydynt yn rhoi cymaint o sylw i'r ffactorau cymdeithasol ac economaidd sylfaenol.

RÔL CYFALAFWYR YR ALMAEN

Mae haneswyr Marcsaidd yn egluro dyrchafiad Hitler, yn bennaf, fel canlyniad hunan-les ymysg cyfalafwyr yr Almaen. Mae Franz Neumann, hanesydd Marcsaidd a adawodd ei famwlad yn 1936, yn gofyn a fyddai Hitler wedi llwyddo i ddod i rym heb gefnogaeth diwydianwyr, bancwyr a'r *bourgeoisie* dosbarth canol oedd yn ofni ac yn gorliwio bygythiad comiwnyddiaeth. Plaid Gomiwnyddol yr Almaen oedd y fwyaf yn Ewrop y tu allan i'r Undeb Sofietaidd ac roedd yn slafaidd o deyrngar i Moskva. Dadleua Neumann ei bod o fantais i ddynion busnes diegwyddor, oedd wedi elwa ar y llanast economaidd ar ddechrau'r 1920au er mwyn adeiladu ymerodraethau diwydiannol mawr, i gefnogi Hitler. Efallai nad Hitler oedd eu dewis cyntaf, ond ar y pryd ef oedd y gorau oedd ar gael. Roeddent yn ei gefnogi ac yn ei ariannu, gan obeithio, yn y pen draw, y gallent ei ddefnyddio fel tegan yn eu dwylo.

RÔL PERSONOLIAETH

Un o'r llyfrau cyntaf a ysgrifennwyd am arweinydd y Natsïaid oedd *Hitler: A Study in Tyranny* gan gymrawd o Rydychen, Alan Bullock. Barna fod y Natsïaid wedi dod i rym trwy ddangos ymlyniad dwfn wrth amrediad cul o egwyddorion (gydag amcanion syml, poblogaidd a hawdd eu deall). Mae hefyd yn gweld pwysigrwydd personoliaeth a charisma Hitler. Dadleua fod llwyddiant y Natsïaid, i raddau helaeth, yn ganlyniad i ddawn Hitler fel areithiwr a phropagandydd, a'i barodrwydd i fanteisio ar y cyfle. Dywed Fest am Hitler na fu i neb erioed mewn hanes lwyddo cystal i gynhyrfu pobl i gymaint o hysteria, cymaint o lawenydd ac, yn y diwedd, i gymaint o gasineb. Mae'n ein hatgoffa bod Hitler wedi arwain yr Almaen mewn ffordd mor wych nes golygu bod cynghrair o chwech o wledydd mwyaf grymus y byd wedi gorfod treulio chwe blynedd yn ei orchfygu. Mae Fest hefyd yn ei gyfrif yn gyfrifol am 'yr amserau mwyaf enbydus mewn hanes'.

RÔL SEICOLEG

Dull arall o ymdrin â hyn yw ystyried sut y bu i Hitler a'r Natsïaid ennill pleidleisiau carfan mor fawr o boblogaeth yr Almaen. Yn eu dadansoddiad, mae rhai haneswyr wedi ceisio dod o hyd i resymau seicolegol dros lwyddiannau etholiadol y Natsïaid. Maent wedi ystyried ffactorau tymor hir fel tuedd Almaenwyr i dderbyn awdurdod a thra-arglwyddiaeth y rhai y tybiant eu bod yn uwchraddol. Yn yr Almaen, roedd hyn yn arferol ar bob lefel o fewn cymdeithas ac o fewn y teulu. Y rhesymau tymor byr a mwy dylanwadol ar y pryd oedd y straen a'r ing a achoswyd oherwydd y gwarth o gael eu trechu yn 1918, a'r ansicrwydd oedd yn ganlyniad i argyfyngau gwleidyddol ac economaidd yr 1920au. Hefyd, wrth gwrs, ceid dylanwad y propaganda Natsïaidd (gw.isod) a charisma'r Hitler atyniadol. Mae Zevedei Barbu, yr hanesydd a anwyd yn România, yn egluro llwyddiant y Natsïaid yn ôl eu gallu i 'drin cyflwr cymdeithasol a seicolegol pobl yr Almaen yn ddeheuig' a'u hapêl at bob dosbarth a phob carfan yn y gymuned. Mae dadansoddiad o'r ystadegau etholiadol yn dangos pa grwpiau o blith pobl yr Almaen oedd wedi eu denu at Natsïaeth ond nid yw'n egluro pam. Gwelodd rhai o'r haneswyr a ysgrifennodd cyn yr Ail Ryfel Byd, ac yn fuan wedyn, elfen afresymol yn y patrwm pleidleisio yn yr etholaeth Almaenig, neu 'wrthryfel hurt' fel y'i gelwid ar y pryd. Mae dadansoddiad diweddar wedi dangos bod amrywiol garfanau cymdeithasol yn yr Almaen wedi pleidleisio i'r Natsïaid am nifer o resymau gwahanol, a oedd yn ymddangos yn hynod ddilys, o leiaf ar y pryd (gw. td. 117).

RÔL PROPAGANDA

Yn *Mein Kampf*, dywedodd Hitler, 'Mae dealltwriaeth y dorf yn ddiffygiol iawn, ei deallusrwydd yn fychan ... o ganlyniad, rhaid i bob propaganda effeithiol fod wedi ei gyfyngu i ychydig bwyntiau a rhaid rhygnu ar y sloganau hyn nes bydd yr aelod olaf o'r cyhoedd yn deall.' Cyn 1933, nid oedd y rhan fwyaf o'r dulliau cyfathrebu ar gael i'r Natsïaid. Y technegau propaganda prin a ddefnyddient yn bennaf oedd areithio, cynnal ralïau gwleidyddol, codi braw trwy gael yr *SA* i siantio sloganau, a lledaenu syniadau ym mhapurau newyddion y Blaid, *Völkischer Beobachter* (Sylwebydd y Bobl) a *Der Angriff* (Yr Ymosodiad). Câi propaganda Natsïaidd ei addasu i apelio at bob grŵp, ac o ganlyniad roedd yn denu pobl o gefndiroedd cymdeithasol ac economaidd llawer ehangach nag unrhyw blaid arall. Yn 1932, roedd Joseph Goebbels yn ddigon hyderus fod ei bropaganda wedi gwneud ei waith fel y gallai honni, 'Mae'r ymgyrch etholiadol yn barod mewn egwyddor. 'Nawr nid oes angen i ni wneud dim ond pwyso'r botwm i gychwyn y peiriant'. A yw'r eglurhad mai cael eu twyllo wnaeth pobl yr Almaen yn rhy ansylweddol?

14 ~ LLYFRYDDIAETH

Ysgrifennwyd llawer o lyfrau am bob agwedd ar hanes Gweriniaeth Weimar. Ymysg y llyfrau penodol ar y cyfnod hwn yn hanes yr Almaen mae *Weimar and the Rise of Hitler* gan A.J. Nicholls (Macmillan 1968), sydd wedi ennill ei blwyf ers tro. Mae'r argraffiad diweddaraf yn cynnwys adolygiad o'r ymchwil diweddaraf a deongliadau o'r cyfnod. Y llyfr mwyaf manwl yw *From Weimar to Hitler, Germany 1918-1933* gan E.J. Feuchtwanger (Macmillan 1995). Mae hwn yn cynnwys atodiadau ac ystadegau hanfodol. Er eu bod yn canolbwyntio mwy ar dwf y Blaid Natsïaidd nag ar ddatblygiadau eraill, ceir adrannau defnyddiol mewn testunau mwy cyffredinol ar hanes yr Almaen rhwng y rhyfeloedd. Ymhlith y rhain mae *Hitler, A Study in Tyranny* gan Alan Bullock (Odhams Press 1952) a *Hitler* gan Joachim Fest

(Weidenfeld & Nicolson 1974). Mae penodau cyntaf *Germany 1918-1990* gan Mary Fulbrook (Fontana Press 1991) hefyd yn cynnig cyflwyniad defnyddiol i flynyddoedd Gweriniaeth Weimar. Mae llyfr William Carr *A History of Germany 1815-1985* (Edward Arnold 1992) yn ymdrin â chyfnod llawer mwy eang. Yn debyg i werslyfr traddodiadol, fe'i hysgrifennwyd yn glir ac mae'n hawdd ei ddefnyddio. Mae adran gyntaf *The Longman Companion to Nazi Germany* gan Tim Kirk (Longman 1995) yn cynnwys gwybodaeth werthfawr am gymdeithas, economi a diwylliant yn ystod blynyddoedd Gweriniaeth Weimar. Ceir nifer o ddogfennau a sylwadau ar y cyfnod yng Nghyfrol 2 *Nazism 1919-1945: A Documentary Reader* gan J. Noakes a G. Pridham (Exeter UP 1983). Mae *From Bismarck to Hitler, Germany 1890-1933* gan G. Layton (cyfres Access to History, Hodder & Stoughton 1995), *Imperial and Weimar Germany 1890-1933* gan John Laver (cyfres History at Source, Hodder & Stoughton 1992) a *The Weimar Republic* gan John Hiden (cyfres Seminar, Longman 1974) yn gryno a dadansoddol eu dull. Maent hefyd yn darparu cyngor gwerthfawr ar dechneg arholiad. Llyfr diddorol ond gyda gogwydd gwleidyddol cryf yw *Germany From Revolution to Counter Revolution* gan Rob Sewell (Fortress Books 1988).

Mae'r canlynol yn gofiannau ac yn ymwneud â digwyddiadau penodol: *Hindenburg, the Wooden Titan* gan J.W. Wheeler-Bennett (Macmillan 1967); *Versailles and After* gan R. Henig (Methuen 1984); *Revolution in Central Europe, 1918-1919* (Temple Smith 1972) ac *The Reichswehr and Politics, 1918-1933* (Oxford UP 1966), y ddau gan F.L. Carsten; *The Spartacist Rising* gan E. Waldemann (Marquette 1958); *The German Inflation of 1923*, F.K. Ringer (gol.) (OUP 1969); *Hitler and the Beerhall Putsch* gan H.J. Gordon (Princeton UP 1972); *Gustav Stresemann and the Politics of the Weimar Republic* gan H.A. Turner (Princeton UP 1963); *Culture and Society in the Weimar Republic* gan K. Bullivant (gol.) (Manchester UP 1977); *Hitler and the Collapse of the Weimar Germany* gan M. Broszat (Oxford UP 1987).

15 ~ PYNCIAU TRAFOD A CHWESTIYNAU TRAETHAWD DEONGLIADOL

A *Mae'r adran hon yn cynnwys cwestiynau y gellir eu defnyddio i drafod (neu ysgrifennu atebion) er mwyn ehangu ar y bennod a phrofi dealltwriaeth ohoni.*

1. Ym mha ystyr roedd Clymblaid Fawr Müller yn ddiffygiol o'r cychwyn cyntaf?
2. Ai problem ariannu nawdd cymdeithasol oedd y prif reswm dros gwymp llywodraeth Müller?
3. I ba raddau y bu i Alfred Hugenberg ddylanwadu ar wleidyddiaeth yr Almaen yn ystod yr 1920au hwyr?

4. a) Pam y bu i ddirwasgiad a ddechreuodd yn yr Unol Daleithiau effeithio mor drychinebus ar yr Almaen?
   b) Rhowch enghreifftiau o fesurau economaidd y gellid eu hystyried yn ddatchwyddol.
5. 'Nid yw'n berson o'r radd flaenaf.' A ellir cyfiawnhau'r farn hon am von Papen?
6. I ba raddau y byddech chi'n cytuno ei bod yn anochel, erbyn 1923, y byddai rhaniad rhwng Hitler a'r brodyr Strasser?
7. Ar ôl etholiad Tachwedd 1932, pa ddewisiadau oedd ar gael i Hindenburg?

B *Cwestiynau Traethawd Deongliadol*

1. 'Yn y diwedd, mae'n anodd osgoi'r casgliad fod ei gangelloriaeth yn fethiant trychinebus.' (Geoff Layton, arbenigwr ar hanes Ewrop, yn *From Bismarck to Hitler: Germany 1890-1933*, 2002)
   Pa mor ddilys yw'r dehongliad hwn o gangelloriaeth Heinrich Brüning?
2. 'Daeth Hitler i rym yn gyfreithiol ac o fewn y system. Defnyddiodd system oedd yn hynod ddiffygiol.' (Jackson J. Spielvogel, darlithydd prifysgol yn UDA yn *Hitler and Nazi Germany*, 1988.)
   Pa mor ddilys yw'r dehongliad hwn o'r modd y cafodd Hitler ei benodi'n Ganghellor yr Almaen?

16 ~ YMARFER AR DDOGFENNAU: Y CYNLLWYNIO A AMGYLCHYNAI DDIGWYDDIADAU IONAWR 1933

Astudiwch y ddwy ffynhonnell yn ofalus ac yna atebwch y cwestiynau a seiliwyd arnynt.

> Ar 4 Ionawr 1933 cyrhaeddodd Papen, Hess, Himmler a Keppler fy nhŷ yn Köln ... Dim ond rhwng Hitler a Papen y bu'r drafodaeth ... Dywedodd Papen ei fod yn meddwl y byddai'n well ffurfio llywodraeth lle byddai cynrychiolaeth gan y ceidwadwyr a'r cenedlaetholwyr oedd wedi ei gefnogi, ynghyd â'r Natsïaid. Awgrymodd y dylai'r llywodraeth newydd gael ei harwain, os yn bosibl, gan Hitler ac yntau ar y cyd. Yna areithiodd Hitler yn faith, gan ddweud, pe bai ef yn cael ei ethol yn Ganghellor y câi dilynwyr Papen ran yn ei lywodraeth fel Gweinidogion os byddent yn fodlon cefnogi ei bolisi ... yn cynnwys cael gwared ar y Democratiaid Cymdeithasol, y Comiwnyddion a'r Iddewon i gyd o safleoedd blaenllaw yn yr Almaen, ac adfer trefn o fewn bywyd cyhoeddus. Daeth Papen a Hitler i gytundeb o ran egwyddor ...

FFYNHONNELL A
Tystiolaeth Kurt Schroeder, cyllidwr Almaenig, yn y llys yn Nuremberg, Dogfennau Nuremberg, 1946

FFYNHONNELL B
Tystiolaeth Otto Meissner, Ysgrifennydd y Wladwriaeth yn swyddfa Arlywydd y Reich, yn y llys yn Nuremberg, Dogfennau Nuremberg, 1946

Daeth Schleicher i rym oherwydd ei fod yn credu y gallai ffurfio llywodraeth a gâi gefnogaeth y Sosialwyr Cenedlaethol. Pan ddaeth yn amlwg nad oedd Hitler yn fodlon ymuno â chabinet Schleicher ac na allai Schleicher rannu'r Blaid Sosialaidd Genedlaethol, fel roedd wedi gobeithio ei wneud gyda help Gregor Strasser, aeth y polisi y cafodd Schleicher ei benodi'n Ganghellor o'i herwydd i'r gwellt. Roedd Schleicher yn sylweddoli bod Hitler wedi chwerwi yn ei erbyn am ei fod wedi ceisio rhannu'r Blaid ... Felly, newidiodd ei feddwl a phenderfynu ymladd yn erbyn y Natsïaid – oedd yn golygu ei fod yn awr am ddilyn y polisi roedd wedi ei wrthwynebu pan gafodd ei awgrymu gan Papen ychydig wythnosau cyn hynny. Aeth Schleicher at Hindenburg a gofyn am bwerau argyfwng i'w alluogi i weithredu yn erbyn y Natsïaid. At hynny, credai y byddai angen diddymu'r *Reichstag*, a byddai hynny'n cael ei weithredu trwy ordinhadau Arlywydddol yn seiliedg ar Erthygl 48 ... Yng nghanol Ionawr, pan oedd Schleicher yn gofyn am bwerau argyfwng, ni wyddai Hindenburg am y cyswllt rhwng Papen a Hitler.

Gweler tud. 17 am fwy o drafodaeth ar y *Reich*

(a) Beth ellir ei gasglu o'r ffynonellau am y berthynas rhwng Hitler a Chyn-Gangellorion yr Almaen, Papen a Schleicher?
(b) I ba raddau y gellir honni bod gan Papen a Schleicher agweddau tebyg tuag at Hitler a'r Natsïaid?
(c) Am ba resymau y gallai fod gan haneswyr amheuon ynghylch derbyn bod y ffynonellau yn ddibynadwy?
(ch) Gan seilio eich barn ar dystiolaeth y ffynonellau a'ch gwybodaeth eich hun, a fyddai'n gywir dweud bod Hitler wedi dod i rym yn unig o ganlyniad i gynllwynio gwleidyddol?

Y Drydedd Reich (y Drydedd Ymerodraeth): yr enw a roddwyd i ddisgrifio'r drefn lywodraethol yn yr Almaen o Ionawr 1933 hyd Mai 1945. Mabwysiadodd Hitler yr enw, a ddefnyddiwyd gyntaf yn 1923 gan ysgrifennwr cenedlaethol Almaenig, yn gynnar yn yr 1920au, i ddangos ei fwriad i sefydlu ymerodraeth newydd. Cyfrifai fod ei lywodraeth yn estyniad rhesymegol o'r ddwy ymerodraeth Almaenig a gafwyd yn y gorffennol. Yr Ymerodraeth Rufeinig Sanctaidd oedd Y Reich Gyntaf, oedd wedi para o OC 962 hyd 1806. Sefydlwyd Yr Ail Reich gan Otto von Bismarck yn 1871 a pharhaodd hyd 1918. Credai Hitler mai ei Reich ef fyddai'r fwyaf o'r holl ymerodraethau Almaenig ac y byddai'n para am 1,000 o flynyddoedd.

Y Natsïaid yn dod i rym

5

CYFLWYNIAD

Cam Hitler yn dod i rym ar 30 Ionawr 1933 yw un o ddigwyddiadau pwysicaf yr ugeinfed ganrif, ond nid oedd hyn yn amlwg ar y pryd i'r rhai a roddodd y grym yn ei ddwylo. Safle Hitler oedd ei fod yn un o dri Natsi a benodwyd i lywodraeth glymblaid lle roedd y Cenedlaetholwyr a'r Catholigion yn brif bartneriaid. Yn y flwyddyn yn dilyn ei benodiad, gosododd Hitler y sylfeini i'r unbennaeth Natsïaidd a ddisodlodd gyfansoddiad democrataidd Gweriniaeth Weimar, er na chwblhawyd y newid hyd 1938. Roedd von Papen, yr Is-Ganghellor (gw. tud. 98), yn credu y gallai reoli a chymedroli Hitler gan nad oedd wedi llwyddo i ennill mwyafrif yn y *Reichstag*. Cyn i Hitler ddod yn Ganghellor, nid oedd y Blaid Natsïaidd erioed wedi ennill mwy na 37 y cant o'r pleidleisiau mewn etholiad adeg Gweriniaeth Weimar.

Daeth Hitler i rym yn bennaf oherwydd methiant y pleidiau gwleidyddol eraill i uno yn ei erbyn. Methodd ei wrthwynebwyr adain chwith, yr *SPD* a'r *KPD*, sylweddoli mewn pryd mai dibwys oedd yr hyn roeddent yn anghytuno yn ei gylch o'i gymharu â bygythiad y Natsïaid. Ar wahân i Hitler, dim ond dau Natsi arall a

DIAGRAM 2
Cyfran yr NSDAP *o'r bleidlais yn etholiadau'r* Reichstag, *1924-33*

LLUN 19
Hitler yn dod i rym: arweinwyr y Blaid Natsïaidd yn dathlu eu buddugoliaeth

groesawyd i lywodraeth y Glymblaid Genedlaethol, Frick yn Weinidog Cartref a Göring yn Weinidog heb Weinyddiaeth, tra oedd gan y Blaid gyfan 247 o seddau yn y *Reichstag* allan o gyfanswm o 585.

Mae'r bennod hon yn dadansoddi'r gefnogaeth a gafodd Hitler ac yn sôn am ei ymdrechion i sicrhau grym.

1 ~ CYN ENNILL GRYM

Cyflwynodd Hitler bolisïau ar unwaith i atgyfnerthu ei safle yn y *Reichstag* ac yn y wlad. Ei flaenoriaeth gyntaf oedd sicrhau mwyafrif seneddol, wedi iddo wrthod ymdrechion i ennill cefnogaeth Plaid Ganol y Catholigion. Ceisiai ymladd etholiad gydag adnoddau'r Wladwriaeth y tu cefn iddo. Amcanai, nid i wrthryfela yn erbyn y wladwriaeth, ond i feddiannu adnoddau'r Wladwriaeth a'u defnyddio i sicrhau 'chwyldro'r' Natsïaid. Traddododd ei araith, 'Apêl i'r Genedl' ar 31 Ionawr tra oedd von Papen yn perswadio Hindenburg i ddiddymu'r *Reichstag* a chynnal etholiadau newydd ar 5 Mawrth. Yn ei 'Apêl' cyflwynodd Hitler y Blaid Natsïaidd fel dewis yn lle'r hen gyfundrefn ac i ddisodli'r drefn ddemocrataidd oedd yn dibynnu ar yr *SPD* a Phlaid Ganol y Catholigion. Dadleuai fod y pleidiau eraill wedi methu yn eu polisi tramor ac wedi dod â dinistr economaidd gartref. Ei apêl i bobl yr Almaen oedd 'rhowch bedair blynedd i ni ac yna ein barnu'.

Roedd gan y Natsïaid yr arian a'r grym i gefnogi'r ymgyrch etholiadol a gafwyd ar ôl yr apêl. Yn ystod yr wythnosau dilynol fe ddefnyddiodd y Natsïaid drais a dulliau braw. Chwaraeodd Göring ran amlwg gan fod ei safle fel gweinidog Prwsia yn golygu bod ganddo reolaeth ar bron ddwy ran o dair o'r Almaen. Carthodd y bobl oedd yn gwrthwynebu'r *NSDAP* o'r gwasanaeth sifil a'r heddlu a phenodi Natsïaid yn eu lle. Hefyd, recriwtiodd Göring 50,000 o gynorthwywyr i'r heddlu i helpu i gadw cyfraith a threfn. Cyplyswyd y rhain â'r *SA* neu'r *SS* ac fe'u defnyddiwyd yn yr ymgyrch i godi braw ar gefnogwyr pleidiau eraill, yn enwedig Comiwnyddion y *KPD*.

PRIF YSTYRIAETH

Sut y bu i Hitler geisio sicrhau ei safle?

Yn y pum wythnos wedi apêl Hitler ar 31 Ionawr, wynebodd y pleidiau democrataidd, oedd yn cystadlu â'r *NSDAP*, ormes cynyddol a bygythiadau:

- Datganodd Göring y 'Gorchymyn Saethu' – roedd unrhyw heddwas oedd yn saethu rhywun oedd yn cyflawni gweithred a ystyrid yn wrthwynebus i'r Wladwriaeth yn gallu dibynnu ar ei gefnogaeth. O'r herwydd ni allai pleidiau democrataidd Gweriniaeth Weimar ddibynnu ar yr heddlu i'w diogelu. Ymyrrid ar eu cyfarfodydd ac ymosodid ar eu siaradwyr.
- Yn dilyn ordinhad ar 4 Chwefror, oedd yn rhoi hawl i Hitler wahardd papurau newyddion oedd yn wrthwynebus i'r *NSDAP*, gwaharddwyd y cyfryngau rhag adrodd o blaid eu cystadleuwyr gwleidyddol.
- Daeth effeithiau dull y Natsïaid o fygwth eu gwrthwynebwyr, yn enwedig y chwith, yn amlwg; cafodd cyfarfodydd eu canslo ac ymddiswyddodd aelodau, yn enwedig y rhai oedd yn cael eu cyflogi gan y wladwriaeth fel athrawon a gweision sifil.

2 ~ TÂN Y *REICHSTAG*

Cyrhaeddodd yr ymgyrch etholiadol ei huchafbwynt ar 27 Chwefror pan losgwyd adeilad y *Reichstag*. Mae'r digwyddiad

1933	Ionawr	Penodi Hitler yn Ganghellor; traddodi ei araith 'Apêl i'r Genedl'
	Chwefror 1	Hindenburg yn diddymu'r *Reichstag*
	4	Ordinhad Amddiffyn Pobl yr Almaen yn rhoi'r hawl i Hitler wahardd cyfarfodydd gwleidyddol, papurau newyddion a chyhoeddiadau pleidiau oedd yn cystadlu â'r Natsïaid
	17	Göring yn gorchymyn i'r heddlu gydweithio â'r *SS*, yr *SA* a'r *Stahlhelm*, ac i ddefnyddio'u harfau yn erbyn y chwith
	27	Tân y *Reichstag*, gydag arweinwyr y Natsïaid yn honni mai dechrau chwyldro Comiwnyddol oedd hwn
	27	Ordinhadau argyfwng yn dileu hawliau sifil, yn gwahardd gwasg yr adain chwith, ac yn arestio arweinwyr y Comiwnyddion a'r Sosialwyr
	Mawrth	Etholiadau'r *Reichstag*

TABL 23
Llinell Amser: y prif ddigwyddiadau yng nghamau Hitler tuag at ennill grym

hwn yn un o 'ddirgelion pwy a'i gwnaeth' mawr byd hanes. Fe ysgrifennwyd llawer am y digwyddiad, ond does neb yn gwybod y gwir. Cyhuddwyd gŵr gwallgof o'r Iseldiroedd, Van der Lubbe, a'i ddwyn o flaen llys barn. Roedd ganddo rywbeth i'w wneud â'r digwyddiad ond nid yw'n glir beth a'i cymhellodd, a oedd rhywun arall wedi ei orchymyn neu a oedd Lubbe yn gweithredu o'i ben a'i bastwn ei hun. Fe'i profwyd yn euog yn unig, a'i ddedfrydu i farwolaeth.

Honnai Joseph Goebbels, wrth ysgrifennu hanes y blynyddoedd hyn yn *My Part in Germany's Fight* (1935), iddo feddwl, pan glywodd gyntaf am y tân, mai 'ffantasi ddi-sail' ydoedd ond yna mae'n dweud, 'Nid oes amheuaeth fod Comiwnyddiaeth wedi gwneud ymdrech derfynol i achosi anhrefn ... er mwyn cipio'r grym yn ystod y panig cyffredinol.' Fodd bynnag, nid oedd gan y Comiwnyddion ddim i'w ennill o wneud hyn a llawer i'w golli fel y gwelwyd wedyn. Oherwydd hyn, mae'n bosibl beio arweinyddion y Natsïaid, ac yn sicr fe ddaeth llawer o'u cyfoedion, gan gynnwys rhai aelodau o'r blaid, i gredu hynny. Ar y pryd, roedd Hermann Rauschning, Llywydd Senedd Danzig, yn cefnogi Hitler yn daer ac yn gyfrifol am hyrwyddo Natsïaeth yng Ngwladwriaeth Rydd Danzig. Wedi iddo gweryla â Hitler yn 1936, daeth yn un o feirniaid mwyaf amlwg y gyfundrefn Natsïaidd pan yn alltud yn UDA. Ysgrifennodd am ei syniadau ynghylch tân y *Reichstag* yn *Hitler Speaks*, yn 1939:

> Yn fuan wedi llosgi'r *Reichstag*, gofynnodd Hitler i mi am adroddiad ar y sefyllfa yn Danzig, oherwydd roedd etholiadau i fod yn Danzig fel yn y Reich. Daeth Gauleiter Forster gyda mi. Tra oeddem yn aros yng nghyntedd Llys Canghellor y Reich, cawsom sgwrs â rhai o bobl enwog y Natsïaid, oedd hefyd yn aros yno. Roedd Göring, Himmler, Frick a nifer o *Gauleiter* o'r taleithiau gorllewinol yn siarad â'i gilydd. Roedd Göring yn manylu ar dân y *Reichstag*, a'r hanes yn dal yn gyfrinach a gâi ei gwarchod yn ofalus. Roeddwn i fy hun, heb unrhyw oedi, wedi priodoli'r tân i bobl dan ddylanwad y Comiwnyddion, neu o leiaf y Comintern. Dim ond pan glywais y sgwrs hon y deallais mai arweinyddion y Sosialwyr Cenedlaethol oedd yn gwbl gyfrifol a bod Hitler yn gwybod am y cynllun ac yn ei gymeradwyo.
>
> Roedd yn llwyr anhygoel mor hunanfodlon oedd y cylch cyfyng dewisedig hwn wrth drafod y weithred. Chwerthin yn foddhaol, jocian yn sinigaidd, brolio – dyna'r ymateb ymysg y 'cynllwynwyr'. Disgrifiodd Göring sut roedd 'ei fechgyn e' wedi mynd i mewn i adeilad y *Reichstag* trwy gyntedd dan ddaear o balas yr Arlywydd, ac fel nad oedd ganddynt ond ychydig funudau i weithredu ac fel y bu ond y dim iddynt gael eu darganfod ... Gorffennodd Göring, oedd wedi bod â'r brif ran yn y sgwrs, gyda'r geiriau arwyddocaol hyn: 'Does gen i ddim cydwybod. Fy nghydwybod yw Adolf Hitler'.

C

Beth mae'r ffynhonnell hon yn ei ddatgelu am rôl y Natsïaid yn nhân y Reichstag?

Datgelodd Rauschning gymeriad creulon Hitler a Natsïaeth a gofalodd Himmler am roi ei enw ar ei gosbrestr o elynion Natsïaeth. O gofio amgylchiadau ei gefndir, fe ellir holi a yw'n ddibynadwy, ond mae'n ffynhonnell bwysig ar flynyddoedd cynnar y gyfundrefn. Mae llawer o'r hyn a ysgrifennodd am y cyfnod wedi ei gadarnhau gan eraill. Ond mae eto gryn amheuon ynghylch y tân a'r ddadl yn parhau. Wedi ei farw cafodd Van der

LLUN 20
Y Reichstag *neu adeilad y senedd yn Berlin ar dân ar y noson 27 Chwefror 1933*

Lubbe ei farnu'n ddieuog gan lys yng Nghorllewin Berlin yn 1980. Fodd bynnag, roedd y digwyddiad o fantais aruthrol i'r Natsïaid. Gwelodd Hitler y cyfle tactegol a'r propaganda yr oedd yn ei gynnig o safbwynt hybu ei gynlluniau i sicrhau unbennaeth. Wedi iddo glywed y newydd am y tân, dywed y gohebydd o Brydain, Sefton Delmer (yn *Weimar Germany: Democracy on Trial*, 1972) i Hitler ddweud wrth von Papen,' Dyma arwydd oddi wrth Dduw ... Os ceir fod y tân hwn, fel rwy'n credu, yn waith y Comiwnyddion, yna rhaid i ni fathru'r pla mileinig â dwrn dur'.

Ymatebodd Göring yn syth a galw'r heddlu i fod yn barod am argyfwng. Datganodd Göring, wrth ysgrifennu yn 1934:

> Doedd arna i ddim angen esgus dros daro ergyd yn erbyn y Comiwnyddion. Roedd eu troseddau mor aruthrol fel fy mod, heb unrhyw anogaeth bellach, yn benderfynol o ddechrau ar ryfel cwbl ddidostur i'w difodi ... Ond, fel y tystiais yn y prawf llys ar Dân y *Reichstag*, roedd y tân, a'm gorfododd i gymryd camau mor gyflym, yn benbleth fawr i mi, gan iddo fy ngorfodi i weithredu yn gyflymach nag roeddwn i wedi ei fwriadu ac i daro cyn bod fy mharatoadau wedi eu cyflawni.

C

Sut mae adroddiad Göring am y tân yn gwahaniaethu oddi wrth un Rauschning?

Cyhuddodd Göring y Comiwnyddion o gynllunio terfysg cenedlaethol ac fe arestiwyd 4,000 o aelodau o'r Blaid Gomiwnyddol, gan gynnwys arweinydd y Blaid, Thälmann. Y diwrnod ar ôl y tân, perswadiodd Hitler yr Arlywydd Hindenburg i arwyddo'r Ordinhad Argyfwng er Amddiffyn Pobl yr Almaen oedd yn gwahardd y rhyddid democrataidd a ddarperid gan fesur iawnderau yng Nghyfansoddiad Gweriniaeth Weimar (gw. tud. 16). Yr ordinhad argyfwng hwn oedd gwir arwyddocâd y tân oherwydd daeth yn sail gyfreithiol yr unbennaeth Natsïaidd hyd nes ei chwymp yn 1945. Roedd

- yn disodli llywodraeth gyfansoddiadol â stad o argyfwng parhaol
- yn rhyddhau Hitler o ddibyniaeth ar ei gynghreiriaid Cenedlaethol ac yn rhoi i'w gyfundrefn sail gyfreithiol i erlyn, brawychu a gormesu pob gwrthwynebwr
- yn dwyn oddi ar y bobl eu rhyddid sylfaenol, er enghraifft gwarant o'u rhyddid personol a'u heiddo, rhyddid i lefaru ac ymgynnull, a rhyddid rhag cael eu harestio yn fympwyol a'u carcharu heb achos llys am gyfnod di-ben-draw.

Trwy bropaganda'r llywodraeth a'r Blaid cafodd yr hysteria gwrth-Gomiwnyddol ei chwyddo'n fawr. Dioddefodd y pleidiau eraill fygythiadau hefyd, a'r heddlu'n gwneud dim. Gorymdeithiodd milwyr yr *SA* drwy'r wlad, ac erbyn amser yr etholiadau ar 5 Mawrth roedd 51 o wrthwynebwyr y Natsïaid yn farw a sawl cant wedi eu hanafu.

C

Sut y gellir egluro'r cynnydd hwn?

3 ~ ETHOLIAD 5 MAWRTH

Yn etholiadau 5 Mawrth pleidleisiodd bron 89 y cant o'r bobl, nifer uchel iawn. Cynyddodd Hitler bleidlais yr *NSDAP* bron 10 y cant yn fwy nag yn Nhachwedd 1932 (gw. tud.111).

Digwyddodd y lleihad yn y bleidlais i'r *NSDAP* yn Nhachwedd yn rhannol oherwydd bod yr amodau economaidd wedi gwella wedi i Brüning gyflwyno'i raglen gwaith cyhoeddus, ac oherwydd bod arian ymgyrchu yn brin. Yn ogystal, roedd rhai cefnogwyr yn siomedig am fod y trafodaethau ar ôl etholiadau Gorffennaf wedi methu, felly roeddent wedi ymuno â'r chwith eithaf.

anwleidyddol rhywun nad oes ganddo ddiddordeb mewn gwleidyddiaeth

Roedd y cynnydd ym mhleidlais 5 Mawrth yn ganlyniad i raddau helaeth i'r cynnydd o 8% yn nifer y pleidleiswyr. Denwyd pleidleiswyr **anwleidyddol** oedd yn awyddus i ddilyn y ffasiwn ac ymuno â'r Natsïaid. Rhuthrodd y dosbarth canol, oedd wedi cilio oddi wrth Hitler yn hydref 1932, yn eu holau gan ofni'r 'perygl coch', sef llywodraeth Gomiwnyddol. Teimlai eraill fod cyfundrefn Natsïaidd yn anochel a'i bod hi'n bryd dewis heddwch a derbyn y drefn newydd. Yn olaf, pleidleisiodd rhai i'r Natsïaid na fyddid wedi disgwyl iddynt wneud hynny, naill ai am fod arnynt eisiau eu diogelu eu hunain, neu am fod arnynt ofn, neu oherwydd bygythiadau. Rhaid bod hyn yn wir am yr Iddewon, y Comiwnyddion a'r Sosialwyr a bleidleisiodd dros y Natsïaid am y

	Maint y bleidlais	*Nifer y seddau*
NSDAP	43.9	288
DNVP	8.0	52
DVP	1.1	2
Zentrum/BVP	13.9	92
DDP	0.9	5
SDP	18.3	120
KDP	12.3	81
Eraill	1.6	7

Cyfanswm y seddau: 647 (Tachwedd 1932: 584)

TABL 24
Etholiad y Reichstag, *5 Mawrth 1933*

tro cyntaf. Hefyd caniataodd Hitler i enwau'r ymgeiswyr Comiwnyddol, gan gynnwys y rhai oedd yng ngharchar, aros ar y papurau pleidleisio. Golygai hyn fod pleidlais yr adain chwith wedi ei rhannu.

Er gwaethaf y tactegau hyn, fe siomwyd Hitler. Er bod pleidlais y Natsïaid wedi cynyddu o 5.5 miliwn, gan roi iddynt 288 sedd allan o 647 yn y *Reichstag*, nid hon oedd y fuddugoliaeth ysgubol a ragwelodd. Roedd Hitler yn brin o bron 40 sedd o'r mwyafrif roedd wedi gobeithio amdano, ac felly'n parhau i ddibynnu ar gefnogaeth von Papen a Hugenberg, arweinydd y *DNVP*. Enillodd partneriaid clymblaid Genedlaethol y Natsïaid 52 aelod gan roi i Hitler felly fwyafrif prin o 51.9 y cant. Nid oedd hyn yn syfrdanol ond roedd yn ddigon gydag absenoldeb y *KPD*. Mae manylion y canlyniadau i'w gweld yn Nhabl 24.

C

I ba raddau y byddai Hitler wedi bod yn fodlon â'r canlyniadau yn etholiad 5 Mawrth?

4 ~ CEFNOGAETH ETHOLIADOL I'R NATSÏAID

PRIF YSTYRIAETH

Pwy bleidleisiodd dros y Natsïaid?

Mae haneswyr sydd wedi dadansoddi'r ystadegau etholiadol wedi talu sylw arbennig i'r cwestiwn 'Pa garfanau o'r boblogaeth oedd yn teimlo bod y Natsïaid yn eu denu fwyaf a phwy oedd fwyaf clustfyddar i'w hapêl?' Yn absenoldeb barn gyhoeddus annibynnol ar ôl Mawrth 1933, mae'r dystiolaeth sydd gennym ar gefnogaeth i'r Blaid Natsïaidd yn hynod oddrychol ac amheus. Felly, mae cryn ymdrech wedi ei gwneud i ddadansoddi llwyddiant etholiadol y Natsïaid. Gellir gwneud hyn mewn dwy ffordd.

Un dull yw archwilio ffactorau cymdeithasol-seicolegol, sy'n pwysleisio pryderon pobl oedd wedi eu trechu gan y Rhyfel Byd Cyntaf a'u llethu gan amrywiol argyfyngau'r 1920au a welodd gynilion a swyddi pobl yn diflannu. Cynhyrchodd hyn siom a phryder ynghylch democratiaeth, yn enwedig gan nad oedd unrhyw un o bleidiau cyfansoddiadol Gweriniaeth Weimar i'w gweld yn barod i dderbyn cyfrifoldeb am godi'r Almaen o'r dirwasgiad. Roeddent yn ofni pe baent yn methu mai hwy fyddai'n gorfod derbyn y bai. Dymchwelwyd llywodraeth seneddol ac aeth y gefnogaeth etholiadol i'r pleidiau democrataidd cymedrol yn eiddo i'r Natsïaid a'r Comiwnyddion.

Mae'r dull arall o edrych ar dwf y gefnogaeth dorfol i'r Natsïaid yn dibynnu ar ddadansoddiad manwl o'r ystadegau etholiadol i wirio pa garfanau cymdeithasol oedd wedi eu denu i gefnogi'r Natsïaid a pham. Er nad yw'n bosibl cynnal arolwg barn adolygol, mae gweithiau ysgrifenwyr fel T. Childers, *The Nazi Voter, The Social Foundations of German Fascism*, University of North Carolina Press, Chaple Hill, (1983), R.F. Hamilton, *Who Voted for Hitler*, Princeton University Press, (1983) ac M.H. Kater, *The Nazi Party: A Social Profile of Members and Leaders 1919-1945*, Blackwell, (1983), wedi cyfnerthu llawer ar ein dealltwriaeth o'r ffynonellau a natur y gefnogaeth roedd y Natsïaid yn gallu ei hawlio. Roedd y rhychwant cymdeithasol a gynrychiolid gan yr *NSDAP* yn cynnwys gweithwyr, bonedd ac academyddion yn ogystal â gweithwyr gwledig a chrefftwyr. Golygai hyn mai hwy oedd y blaid unigol fwyaf poblogaidd, ond ni phleidleisiodd dwy ran o dair o'r etholaeth i'r Natsïaid. Arhosodd y gefnogaeth i Blaid y Canol yn gyson ac felly hefyd i'r pleidiau Sosialaidd a Chomiwnyddol. Gwelir crynhoad o syniadau haneswyr am y gefnogaeth i'r *NSDAP* yn y siart isod.

DADL HANESWYR

BARN HANESWYR AM Y GEFNOGAETH ETHOLIADOL I'R NSDAP

Detlef Muhlberger, *The Sociology of the NSDAP, the Question of Working Class Membership*, (Journal of Contemporary History 1980):

Mae'n dadlau bod yr NSDAP *wedi ennill aelodau ymysg y carfanau o'r dosbarth gweithiol mewn trefi llai neu ardaloedd gwledig nad oeddent hyd hynny wedi eu trefnu'n effeithiol gan bleidiau'r chwith. Roedd y grŵp hwn yn cynnwys gweithwyr gwledig Dwyrain Prwsia, crefftwyr henffasiwn (yn gwneud teganau a chlociau) a dynion a gyflogid gan y wladwriaeth oedd yn ôl pob tebyg wedi arfer pleidleisio dros Blaid y Democratiaid (*DDP*) yn hytrach na'r Sosialwyr (*SPD*). Ymunodd y werin â hwy, traean ohonynt yn byw ar ffermydd bychain aneconomaidd, yn cael eu denu gan addewid am gyfundrefn a fyddai'n diogelu eu buddiannau rhag oes fodern o ddiwydiant ac undebau llafur. Daeth hanner pleidlais Hitler o'r pentrefi. Yn ogystal, roedd y gobaith y câi eu buddiannau eu diogelu ac y ceid gwell amodau yn denu dynion â busnesau bach a gafodd fod y galw am eu cynnyrch wedi lleihau rhwng 1929 ac 1933. Roedd democratiaeth wedi eu siomi hwythau, fel llawer o bobl eraill yn y gymdeithas. Felly, roedd gan yr* NSDAP *nid yn unig gefnogaeth anghyfartal o uchel ymysg y dosbarth canol, a'r dosbarth canol uwch hyd yn oed, ond hefyd gryn nifer o ddilynwyr ymysg y dosbarth gweithiol, er nid yn gymesur â'u rhan o'r boblogaeth gyfan. Gallai'r* NSDAP *felly honni mai hi oedd yr unig blaid oedd yn rhychwantu'r sbectrwm gwleidyddol, yn cynrychioli'r* Volksgemeinschaft *yn ei chyfanrwydd ac yn torri ar draws rhaniadau dosbarth. Mae Muhlberger yn dod i'r casgliad fod pob tystiolaeth, erbyn Ionawr 1933, yn dangos bod yna rhwng 30 a 35 y cant o'r* *aelodaeth yn weithwyr, barn a ategir gan T. Childers yn ei astudiaeth o'r pleidleisiwr Natsïaidd yn 1983* (The Nazi Voter).

T.Childers, *The Nazi Voter, The Social Foundations of German Fascism,* University of North Carolina Press, Chaple Hill (1983):
Gan ddefnyddio canlyniadau etholiadau cyfnod Gweriniaeth Weimar, olrheiniodd nid yn unig hanes amrywiol y Natsïaid, ond hefyd gyfansoddiad cymdeithasol y bleidlais o etholiad i etholiad (gw. Diagram 2, tud.111). Daeth i'r casgliad fod y Natsïaid, ar ôl 1928, wedi ennill pleidlais yr hen ddosbarth canol – masnachwyr bychain, crefftwyr a ffermwyr oedd yn cael eu bwrw o'r neilltu gan y wladwriaeth ddiwydiannol fodern. Ymunodd y dosbarth canol newydd o fuddsoddwyr bychain a phensiynwyr â hwy hefyd, pobl a gafodd eu tlodi oherwydd yr amrywiol argyfyngau economaidd a effeithiodd ar Weriniaeth Weimar, yn enwedig un 1929-33. Gadawodd y pleidleiswyr dosbarth canol hyn y pleidiau democrataidd traddodiadol. Hefyd i'w cael yn etholaethau'r Natsïaid oedd yr elitau, rhai gweithwyr coler las, yr ifanc a merched. O ran yr ifainc, ymatebasant i apêl y propaganda Natsïaidd oedd yn cynnig cyfeillgarwch a chyfle i berthyn i fudiad oedd yn pwysleisio pwysigrwydd eu hannibyniaeth. Enillwyd merched mewn niferoedd mawr oherwydd bod y blaid yn cynnig cefnogi'r teulu a darparu *Arbeit und Brot* (Gwaith a Bara). Gyda pheth cyfiawnhad felly, gallai'r Natsïaid honni bod eu plaid yn *Volkspartei* er bod llawer o'u cefnogaeth yn ansefydlog.

R.F. Hamilton, *Who Voted for Hitler,* Princeton University Press (1983)
Seiliwyd ei arolwg ar etholiad Gorffennaf 1932 yn Berlin a Hamburg, Köln a München, trefi'r Ruhr a detholiad o bum tref arall. Beirniadodd ymchwil T.Childers ac eraill oedd yn pwysleisio cyfraniad y dosbarth canol is, gan nodi bod y dosbarth uwch a'r dosbarth canol uwch wedi pleidleisio yn anghyfartal i'r Natsïaid (gw. Tabl 26, tud. 126). Mae'n esbonio bod y Natsïaid yn well na phleidiau eraill am eu bod yn cynnig polisïau mwy deniadol. Roedd hynny, ynghyd â'r argyfwng economaidd a gwleidyddol, wedi gorfodi newid yn y patrymau pleidleisio. Daeth i'r casgliad po uchaf safle'r pleidleisiwr ar raddfa cymdeithas mwyaf y gefnogaeth i'r Natsïaid. Nid oes unrhyw amheuaeth nad oedd yr elitau, erbyn 1932-3, wedi troi cefn ar Weriniaeth Weimar ac nad oeddent yn awyddus i ddychwelyd i lywodraeth seneddol. Roedd hyn yn arbennig o wir am y tirfeddianwyr mawr, yn enwedig yn Nwyrain yr Almaen, lle roedd y Natsïaid wedi treiddio'n llwyr i mewn i'w mudiad, y Reichslandbund. *Roedd Hitler wedi targedu buddiannau'r tirfeddiannwr yn ei bropaganda a'i ymgyrchu etholiadol pan geisiodd ddefnyddio'r dirwasgiad amaethyddol i ennill cefnogaeth yn yr ardaloedd gwledig. Gallodd yr* NSDAP *elwa ar y gostyngiad yn y bleidlais i'r* DNVP *a phleidiau eraill yng nghefn gwlad. Cawsant gefnogaeth llawer o fentrau bychain a chymedrol eu maint ar lefel daleithiol oedd yn disgwyl i'r Natsïaid ddiogelu eu buddiannau fel gwobr am iddynt eu cefnogi.*

5 ~ HITLER YN DDENIADOL I BOBL YR ALMAEN

PRIF YSTYRIAETH

Rôl rhaglen y Natsïaid a'u harweinydd.

Roedd Hitler yn dra-ymwybodol o werth cyfryngau torfol. Daeth i rym mewn cymdeithas oedd yn dioddef o gywilydd cenedlaethol a achoswyd am fod yr Almaen wedi ei threchu yn y Rhyfel Byd Cyntaf, ac wedi hynny gwthiwyd cyfundrefn ddieithr – democratiaeth – ar bobl oedd wedi arfer â rheolaeth absoliwt brenin. At hyn ychwanegwyd holl effeithiau trychineb gymdeithasol a achoswyd gan chwyddiant, dirwasgiad economaidd a diweithdra eang. Gwyddai bwysigrwydd deall teimladau'r dorf a dod o hyd i lwybr i galonnau a meddyliau ei gynulleidfa. Roedd yn un o areithwyr mawr yr ugeinfed ganrif. Cydnabyddir bellach fod propaganda a pholisïau'r Natsïaid yn adlewyrchu gobeithion a disgwyliadau niferoedd mawr o'r boblogaeth. Rhoddodd ei bropaganda, gyda'i negeseuon cynhyrfus, *Deutschland Erwacht* (Yr Almaen, deffro), *Hitler, Unsere letzte Hoffnung* (Hitler, Ein Gobaith Olaf) a *National Sozialismus, der Organisierte Wille der Nation* (Sosialaeth Genedlaethol, Ewyllys Gyfundrefnol y Genedl) syniad o bwrpas ac ymdeimlad o rym i lawer. Cyflwynodd Hitler ei hun fel dyn y bobl a fyddai'n achub yr Almaen rhag dirywio. Roedd dwy fantais fawr i'w apêl. Yn gyntaf, roedd wedi dod o'r rhengoedd, rhywun o'r tu allan i wleidyddiaeth nad oedd wedi ei bardduo gan fethiant yr 1920au na hyd yn oed 1918-19. Roedd yn un ohonynt hwy, yn filwr llinell flaen, yn ddioddefwr. Roedd llawer o Almaenwyr yn uniaethu ag ef am ei fod yn gallu siarad iaith y gostyngedig yn ei gyfarfodydd. Ei ail fantais oedd ei hunan-gred Feseianaidd ei fod wedi ei ddewis gan hanes ac mai ef yn unig allai achub yr Almaen. Dyma wraidd myth y *Führer*, fod Hitler yn Feseia Almaenig. Atgyfnerthwyd y ddelwedd hon gan bropaganda. Addawodd Hitler y byddai'n gwella pob rhwyg rhwng dosbarthiadau a phob gwrthdaro chwerw, y byddai'n asio cymdeithas ynghyd er lles y mwyafrif. Yn y ddelfryd *volksgemeinschaft* (cymuned y bobl), oedd wedi'i seilio ar egwyddorion rhaglen y blaid yn 1920, *Gemeinnutz geht vor Eigennutz* (lles cyffredinol cyn lles yr unigolyn), ceid addewid am adnewyddiad moesol ac adfer cytgord cyffredin. Byddai undod cenedlaethol yn disodli'r hen gyfundrefn bleidiol rwygol a'r rhwystrau dosbarth dan Weriniaeth Weimar. Roedd y neges yn syml – pleidleisiwch dros y Natsïaid er mwyn cael Almaen ailanedig. Roedd y cyd-destun yn yr 1930au, gyda 8.5 miliwn yn ddi-waith, yn ffafrio Hitler. Roedd yna deimlad fod ar yr Almaen angen arweinydd cryf, ac edrychai pobl, p'un ai oeddent yn hen neu ifanc, gwryw neu fenyw, milwr neu ddyn sifil, gweithiwr neu werinwr, tirfeddiannwr neu ddyn busnes, dosbarth canol neu'r bonedd, ar Hitler fel achubwr a gwaredwr. Roedd y ralïau gwleidyddol gyda'u colofnau o filwyr *SA* yn gorymdeithio a'u gwaedd *Sieg Heil* (Buddugoliaeth), eu bandiau, eu lifrai, eu rhubanau a'u baneri yn cyfuno ag areithiau Hitler i gyffroi dychymyg y torfeydd a chreu darlun lledrithiol o 'fuddugoliaeth ewyllys' y genedl. Roedd presenoldeb Hitler yn golygu bod sawl bywyd wedi ennill arwyddocâd aruthrol.

LLUNIAU 21-24
Cyfres o bosteri propaganda etholiadol Natsïaidd

A *Sail daleithiol y bleidlais i'r Natsïaid*

Wrth astudio'r canran o'r bleidlais yn yr ardaloedd etholiadol gwahanol yn yr Almaen gwelwn fod crefydd a diwydiant yn arwyddocaol i'r gefnogaeth i'r Natsïaid. Cawn ddarlun clir o hyn yng Ngorffennaf 1932 pan welwyd y Natsïaid ar frig eu poblogrwydd mewn etholiadau 'rhydd'. Cadwai'r Catholigion o bob dosbarth yn deyrngar i Blaid y Canol (*Zentrum*). Dangoswyd y teyrngarwch hwn i'r pleidiau dosbarth gweithiol hefyd, oherwydd er bod y Democratiaid Cymdeithasol (*SDP*) yn gyffredinol wedi colli pleidleisiau i'r Comiwnyddion, roedd cyfanswm y bleidlais i'r sosialwyr yr un fath. Awgryma hyn fod y gefnogaeth i'r Natsïaid wedi dod o blith y dosbarth canol Protestannaidd. Mae esiampl Sacsoni Isaf yn cadarnhau hyn i bob golwg, gan fod y boblogaeth yn gymysg eu crefydd, Protestaniaid yn bennaf gyda rhai ardaloedd Catholig, ond gyda'r un cyfansoddiad cymdeithasol. Yn etholiad Gorffennaf 1932, enillodd y Natsïaid 55 y cant o'r bleidlais yn Nwyrain Friesland Brotestannaidd, ond dim ond 8 y cant yn yr ardal Gatholig agosaf lle enillodd Plaid Ganol y Catholigion 81 y cant o'r pleidleisiau. Roedd ffactor y grefydd yn hynod bwysig gan fod Catholigiaeth yn llesteirio twf Natsïaeth. Roedd offeiriaid yn dweud bod y Natsïaid yn wrthgrefyddol ac mai Plaid y Canol oedd plaid y Catholigion a buont yn deyrngar iddi. Roedd hyn yn arbennig o wir am yr ardaloedd gwledig, er bod Catholigion yn y trefi yn fwy agored i apêl y Natsïaid.

PRIF YSTYRIAETH

Oedd cefnogaeth i'r Blaid Natsïaidd yn amrywio o dalaith i dalaith?

Roedd cryfder cymharol y Blaid Natsïaidd yn amlwg yn nhermau'r dosbarthiad taleithiol:

- Roedd y Blaid yn wan yn y dinasoedd diwydiannol yn ne'r Almaen, er bod ei gwreiddiau yn Bafaria.
- Gwastadedd Gogledd yr Almaen oedd yr ardal lle ceid y gefnogaeth gymdeithasol a chrefyddol fwyaf allweddol yn y cyfnod tyngedfennol 1930-3. Gallai'r Natsïaid ddibynnu ar y boblogaeth yn ardaloedd Protestannaidd a, gan mwyaf, gwledig, Gwastadedd y Gogledd, oedd yn ymestyn o Orllewin Prwsia i Schleswig-Holstein, lle roedd eu cenedlaetholdeb taer yn apelio at boblogaeth oedd yn ddig oherwydd bod Cytundeb Versailles wedi achosi iddynt golli tir. Yma roedd naw o bob deg o'r ardaloedd yn gadarn Natsïaidd.
- Roeddent wannaf yn y dinasoedd mawr ac yn yr ardaloedd diwydiannol lle ceid clystyrau o weithwyr oedd yn deyrngar i'r *SPD* neu'r *KPD*.

Y pleidleiswyr mwyaf gwrthwynebus i'r Natsïaid oedd y rhai a arferai bleidleisio i Blaid Ganol y Catholigion neu ei chwaer yn Bafaria, y *BVP*. Ffurfiai Catholigion tua 35 y cant o boblogaeth yr Almaen, ond roedd y gefnogaeth i'r ddwy blaid Gatholig wedi bod o gwmpas 15 y cant yn ystod blynyddoedd y Weriniaeth. Ni leihaodd yn ystod etholiadau'r 1930au cynnar, ar wahân i'r olaf ym Mawrth 1933, pan oedd Hitler eisoes yn Ganghellor. Fel rheol, roedd pleidleiswyr i Blaid y Canol a'r *BVP* yn Gatholigion oedd yn mynychu'r Eglwys, gyda'r mwyafrif yn ferched. Roedd offeiriaid yn pregethu o'r pulpud fod cefnogi'r Sosialwyr Cenedlaethol yn bechod, yn bennaf oherwydd eu dysgeidiaeth hiliol oedd yn

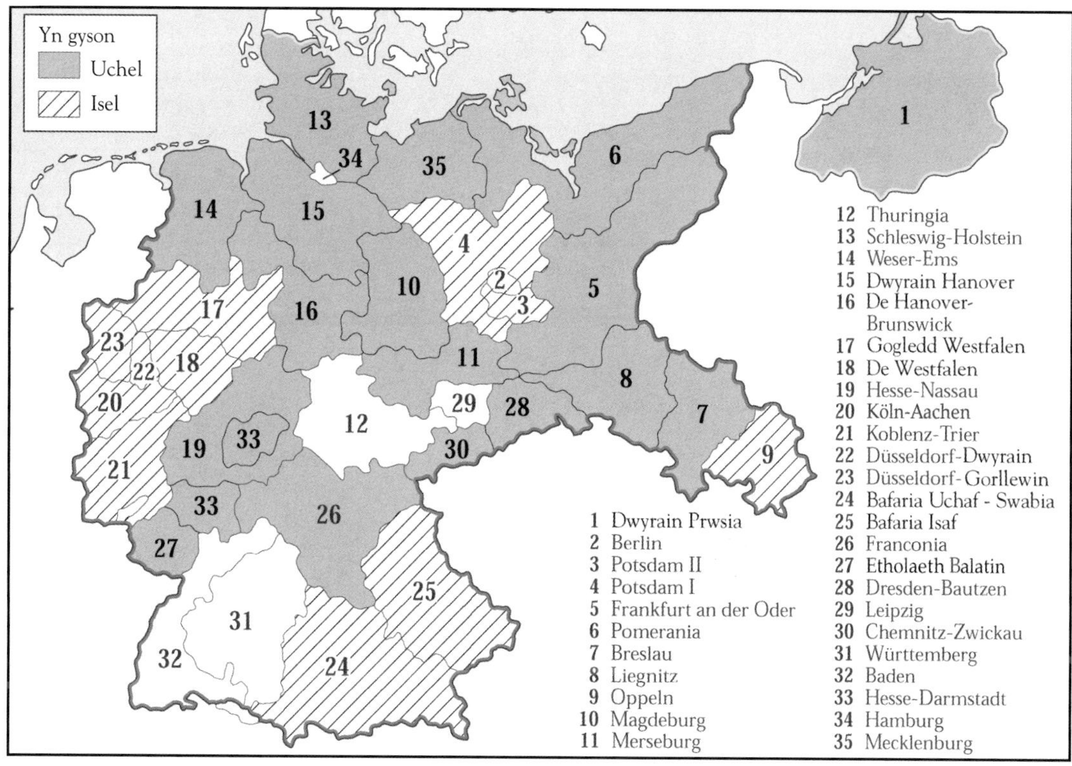

MAP 5

Dadansoddiad o gryfder y gefnogaeth i'r Blaid Natsïaidd yn ôl ardal etholiadol yn etholiadau'r Reichstag, *1924-32*

pwysleisio mor anghyfartal oedd gwahanol genhedloedd. Yn y misoedd olaf cyn i Hitler ddod i rym, ceisiodd arweinwyr Plaid y Canol, yn aflwyddiannus, drafod y bwriad o ffurfio clymblaid gydag ef, gan ddechrau drysu pleidleiswyr Catholig. Serch hynny, roedd perfformiad etholiadol y Natsïaid yn yr ardaloedd mwyaf Catholig, fel y Rheindir a Bafaria Uchaf ac Isaf, yn is na'r cyfartaledd cenedlaethol.

(Addaswyd ac ail-luniwyd o Longman History in Depth: Hitler and Nazism, *Jane Jenkins, © Addison Wesley Longman, 1998, Pearson Education Ltd.)*

Mae arwyddocâd crefydd a'r rhaniad gwledig/trefol yn dod yn amlwg os edrychwn ar y canran o bleidleisiau a gafodd y Blaid Natsïaidd ym mhob un o'r etholiadau rhwng 1924 ac 1932. Mae'r patrwm yn gyson o safbwynt pa rai a gofnododd bleidlais uchel a pha rai un isel i'r *NSDAP*. Dangosir hyn yn gryno ym Map 5 ac yn y siart ar dudalennau 124-5.

B *Sail gymdeithasol y bleidlais i'r Natsïaid*

PRIF YSTYRIAETH

Craidd y bleidlais Natsïaidd.

Rhwng 1928 ac 1930 canolbwyntiodd y Blaid Natsïaidd ar ennill pleidleiswyr oedd yn perthyn i rannau o'r dosbarth canol – perchenogion siopau bach, y werin a chrefftwyr. Cawsant lwyddiant gyda'r grwpiau cymdeithasol hyn fel bod yr *NSDAP* â nifer anghyfartal o uchel o ddilynwyr ymysg y dosbarth canol a

Cysondeb y bleidlais Natsïaidd yn yr ardaloedd etholiadol		
Canran y pleidleisiau dros yr NSDAP	*Ardaloedd etholiadol*	*Prif nodweddion economaidd/ cymdeithasol/crefyddol yr ardal etholiadol*
Cyson uchel	1 Dwyrain Prwsia 5 Frankfurt a.d. Oder 6 Pomerania 10 Magdeburg 13 Schleswig-Holstein 14 Weser-Ems 15 Dwyrain Hanover 35 Mecklenburg	Roedd yr wyth ardal hyn o fewn ardaloedd Protestannaidd ac, yn bennaf, gwledig, Gwastadedd Gogledd yr Almaen, ac yn ymestyn o (1)D. Prwsia i (13) Schleswig-Holstein
	7 Breslau 8 Liegnitz	Roedd y ddwy dalaith hyn yn eithriad – yn Gatholig gydag economi gymysg. Roedd gwrthdaro ar y ffin â Gwlad Pwyl yn golygu eu bod yn genedlaetholgar iawn ac felly'n ymateb i raglen y Natsïaid.
	16 De Hanover-Brunswick 19 Hesse-Nassau 33 Hesse-Darmstadt	Protestannaidd gydag economi gymysg
	27 Etholaeth balatin	Catholig gydag economi wledig yn bennaf – yn pleidleisio i'r Natsïaid oherwydd cwerylon ffin â Ffrainc a'u hymgais i ymwahanu yn yr 1920au
	11 Merseburg 30 Chemnitz-Zwickau	Protestannaidd a diwydiannol
	26 Franconia (Gogledd Bafaria)	Cymysg o ran crefydd – Natsïaeth yn uno Protestaniaid oedd gynt yn rhanedig yn wleidyddol yn erbyn tra-arglwyddiaeth Plaid Ganol y Catholigion/y *BVP*

hyd yn oed y dosbarth canol uwch. Ar ôl 1930 dechreuasant dalu sylw i'r gweithwyr yr oedd democratiaeth wedi eu siomi oherwydd effaith diweithdra uchel. Sefydlwyd yr *NSBO*, Mudiad Cell Ffatri y Sosialwyr Cenedlaethol, ond ni chafodd fawr o lwyddiant. Methodd y Natsïaid yn sylweddol yn eu hymdrech i ennill y dosbarth gweithiol diwydiannol oedd, yn ôl traddodiad, yn cefnogi'r pleidiau adain chwith a'r mudiad undebau llafur. Serch hynny, mae sylwebyddion yn cyfrif bod tua 30 y cant o bleidleiswyr y Natsïaid yn weithwyr coler las, gyda rhai'n barnu bod y canran yn uwch. Enillodd yr *NSDAP* lawer o gefnogwyr ymysg crefftwyr oedd yn cael eu cyflogi

Canran y pleidleisiau dros yr NSDAP	*Ardaloedd etholiadol*	*Prif nodweddion economaidd/ cymdeithasol/ crefyddol yr ardal etholiadol*
Cyson isel	2 Berlin 3 Potsdam II 34 Hamburg	Protestannaidd, dinasoedd diwydiannol
	17 Westfalen-Gogledd 18 Westfalen-De 20 Köln-Aachen 22 Düsseldorf-Dwyrain 23 Düsseldorf-Gorllewin	Catholig a diwydiannol – Natsïaeth yn hynod wan yma
	21 Köln-Trier 24 Bafaria Uchaf-Swabia 25 Bafaria Isaf	Natsïaeth wannaf yn yr ardaloedd Catholig a gwledig. Bafaria Uchaf ac Isaf (De) yn Gatholig yn bennaf ac yn dangos pwysigrwydd y rhaniad crefyddol o'i gymharu â'r Gogledd Protestannaidd lle roedd y Natsïaid yn tra-arglwyddiaethu.
	9 Oppeln	Catholig ac economi gymysg

mewn cwmnïau llai ac mewn trefi llai diwydiannol neu ardaloedd gwledig. Nid oedd gweithwyr o'r fath wedi eu trefnu'n effeithiol gan bleidiau'r chwith na'r undebau llafur cyn hynny. Mae'n bwysig sylweddoli mai cymhlethdod y dosbarth gweithiol yn yr Almaen sy'n cyfrif am bleidlais y dosbarth gweithiol i'r Natsïaid. Ceir peth tystiolaeth fod dirywiad yr *SPD* nid yn unig o fantais i'r *KPD* ond hefyd i'r *NSDAP*. Mae hyn yn dal i olygu nad oedd gan weithwyr gynrychiolaeth ddigonol ym mudiad y Natsïaid o ystyried eu bod yn cyfrif am 45 y cant o'r boblogaeth. Ond gellir dweud ei fod yn rhoi peth hawl i Hitler honni ei fod yn arwain mudiad torfol a bod ei gefnogaeth eang ei sail wedi goresgyn rhaniadau dosbarth.

6 ~ PWY OEDD Y NATSÏAID?

A *Maint yr aelodaeth a math o aelodau*

Mae gan haneswyr dystiolaeth fwy dibynadwy ar aelodaeth oherwydd bod cofnodion aelodaeth o'r blaid ar gael. Pan benodwyd Hitler yn Ganghellor yn Ionawr 1933, roedd yna tua 850,000 o aelodau, yn codi i dros wyth miliwn erbyn 1945 (roedd poblogaeth yr Almaen yn 1933 tua 64 miliwn, gan godi i tua 70 miliwn erbyn 1940). Erbyn 1940 roedd tua 10 y cant o'r boblogaeth yn aelodau o'r blaid. Roedd y canran isel hwn yn rhan o bolisi bwriadol i ddiogelu grŵp elitaidd, er bod llawer mwy o Almaenwyr â chyswllt â'r Blaid trwy eu mudiadau.

PRIF YSTYRIAETH

Aelodaeth y Blaid Natsïaidd.

TABL 25
Twf yn aelodaeth y Blaid Natsïaidd, 1924-45

1924	55,287
1928	70,000
1931	130,000
1933	849,009
1935	2,493,890
1939	5,339,567
1942	7,100,000
1945	8,500,000

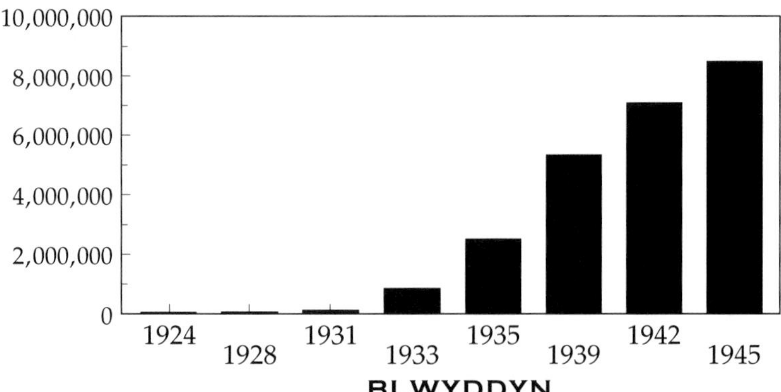

Cafwyd sawl ymdrech i adnabod Natsi nodweddiadol. Gwnaeth Michael Kater (*The Nazi Party: A Social Profile of Members and Leaders 1919-1945*, Blackwell, 1983) arolwg cynhwysfawr o aelodau ac arweinyddion y Blaid Natsïaidd. Mae'n rhannu casgliadau cyffredinol ymchwilwyr eraill fod yr aelodaeth yn bennaf yn wrywod y dosbarth canol is, gyda phrinder cynrychiolaeth o'r dosbarth gweithiol a gorgynrychiolaeth o'r grwpiau elitaidd. Ceir crynodeb o'r strwythur cymdeithasol hwn yn Nhabl 26 a'r graff. Dadleuai Kater nad oedd gwahaniaethau mawr rhwng swyddogion y blaid a'r aelodau cyffredin. Datblygodd gwahaniaethau ar ôl 1933 pan ddaeth mwy o ferched yn aelodau, a thyfodd rhaniadau dosbarth gyda gorgynrychiolaeth o'r grwpiau elitaidd.

B *Strwythur oedran aelodaeth y Blaid*

Roedd aelodau'r blaid yn ifanc hefyd. Yn Ionawr 1933 roedd 65.5 y cant o'r aelodau dan 41 oed a 37.6 y cant dan 30. Roedd llawer o'r

TABL 26
Strwythur cymdeithasol aelodaeth y Blaid Natsïaidd, Ionawr 1933 o'i gymharu â'r canran yn y gymdeithas (gan eithrio'r di-waith)

	% yn y Blaid	*% yn y gymdeithas*
Gweithwyr	31.5	46.3
Coler wen	21.0	12.4
Hunangyflogedig	17.6	9.6
Gweision sifil	6.7	4.8
Gwerinwyr	12.6	20.7
Eraill	3.7	6.2

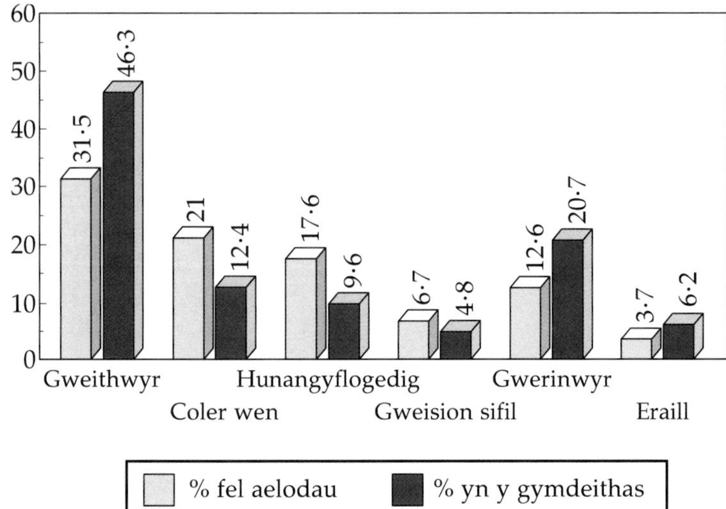

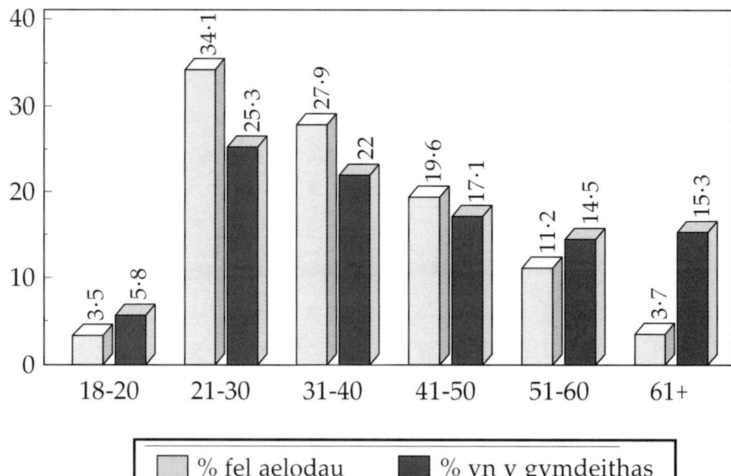

TABL 27
Strwythur oedran aelodau'r Blaid Natsïaidd, Ionawr 1935, o'i gymharu â'r canran yn y gymdeithas

	% yn y Blaid	*% yn y gymdeithas*
18–20	3.5	5.8
21–30	34.1	25.3
31–40	27.9	22.0
41–50	19.6	17.1
51–60	11.2	14.5
Dros 61	3.7	15.3

bobl a ymaelododd â'r blaid neu a bleidleisiodd iddi wedi byw eu blynyddoedd cynnar yn ystod argyfyngau Gweriniaeth Weimar a goddef cyfnodau o ddiweithdra uchel. Rheswm arall pam roedd cymaint yn ifanc oedd carthiad yr *SA* ym Mehefin 1934 a gafodd wared ar lawer o'r aelodau hŷn.

C *Astudiaethau taleithiol ar aelodaeth o'r Blaid*

Cafwyd nifer o astudiaethau taleithiol eraill ar aelodaeth o'r Blaid Natsïaidd, yn fwyaf arbennig gan G. Pridham sydd wedi trafod cefndir cymdeithasol aelodaeth o'r Blaid yn Bafaria yn *Hitler's Rise to Power: The Nazi Movement in Bavaria* (Hart-Davis, MacGibbon 1973). Cafodd fod aelodau cynnar y Blaid yn perthyn i'r dosbarth canol is, gan gynrychioli 'eithafiaeth y canol' mewn cyfnod o newidiadau diwydiannol. Rhwng 1930 ac 1933, fodd bynnag, newidiodd yr aelodaeth, gan ddenu mwy o weithwyr yn ystod cyfnod y dirwasgiad. Ymunodd y di-waith ond ni ddaethant yn arweinwyr. Nid ymunodd gwerinwyr, o bosibl am fod offeiriaid yn eu rhwystro, er i rai bleidleisio i'r Natsïaid. Casgliad Pridham yw 'er bod gweithwyr yn gryf ym Mhlaid Bafaria, y dosbarth canol is oedd yr elfen weithredol a'r dosbarth canol proffesiynol oedd fwyaf amlwg fel arweinwyr'. Gwnaeth J. Noakes astudiaeth debyg ar *The Nazi Party in Lower Saxony, 1921-1933* (Oxford UP 1971). Gan ganolbwyntio ar natur dosbarth canol apêl y Blaid, daeth Noakes i'r casgliad fod ymdrech y Blaid cyn 1929 i drefnu'r gweithiwr wedi ei harwain i gyfyngder; rhwng 1929 ac 1930 daeth llwyddiant trwy integreiddio'r dosbarth canol. Dim ond ar ôl 1930 y cafodd unrhyw effaith ar y gweithwyr.

Ch *Astudiaethau adrannol o aelodaeth o'r Blaid*

Bu hefyd nifer o astudiaethau 'adrannol', ac ymhlith y rhain, astudiaethau o'r *SA* gan Conan Fischer yw'r mwyaf diddorol ('Occupational background of the SA Rank and File' yn P. Stachura (gol.), *The Shaping of the Nazi State*). Daeth Fischer i'r casgliad nad grŵp o'r dosbarth canol is yn bennaf oedd yr *SA*, er bod yr arweinwyr o'r dosbarth canol. Gweithwyr llaw oedd y mwyafrif o ran dosbarth er nad oeddent yn tra-arglwyddiaethu yn llwyr cyn 1933. Wedi iddynt gipio grym, mae'n ymddangos bod mwy o weithwyr wedi ymuno fel bod 'pegynu cymdeithasol rhwng *SA* dosbarth gweithiol yn bennaf a Phlaid Natsïaidd dosbarth canol is wedi cynyddu'. I bob golwg roedd dynion yr *SA* wedi eu hyfforddi ar gyfer gwaith coler wen neu las er bod tua 70 y cant yn ddi-waith ac yn dal felly hyd yn oed yn 1934. Mae Fischer yn awgrymu bod y rhai a ymunodd â'r *SA* wedi eu cymell oherwydd bod ceginau cawl a hosteli ar gael yn hytrach nag oherwydd unrhyw ystyriaethau ideolegol. Roedd gan arweinwyr yr *SA* afael go dda ar yr ideoleg Natsïaidd ond 'nodwedd fwyaf trawiadol dynion y rhengoedd oedd prinder cysondeb neu resymeg ddeallusol', oherwydd hyd yn oed yn ôl safonau Natsïaeth roedd deallusrwydd ideolegol dynion yr *SA* yn 'echrydus'. Felly, pam y bu iddynt ymuno â'r *NSDAP* yn hytrach na'r *KPD*? Casgliad Fischer yw, 'Yr hyn yr oeddent yn ei ddioddef yn faterol ar y pryd ddylanwadodd ar eu dewis o fudiad gweithredol penodol, roeddent yn chwilio am y ddihangfa gyflymaf posibl o'u trallod'.

7 ~ HITLER, CANGHELLOR YR ALMAEN

Roedd nodweddion eithriadol yn perthyn i arweinydd newydd yr Almaen.

- Yn aml, roedd yn amharod i wneud penderfyniadau; roedd hefyd yn amharod i fodloni ar gyfnerthu ei rym a chredai'n gryf mewn ymdrech a rhyfel.
- O'i gymharu â phrif ddynion Ewrop, nid oedd ganddo wreiddiau gwleidyddol; yn hytrach dyn o'r 'tu allan' ydoedd, sy'n egluro i raddau sut y bu iddo gael llonydd cyhyd.
- Roedd y Blaid a arweiniai wedi dechrau fel grŵp adain dde ar yr ymylon, ac yn cynnwys dynion â chwilen yn eu pen oedd yn methu ymdoddi i'r gymdeithas wedi'r rhyfel. Gallai sefydlu ei awdurdod am nad oedd sgiliau gwleidyddol gan y gweddill o fewn y Blaid.
- Roedd ganddo sgiliau trefnu ac areithio gwych. Gallai ddenu pobl, ac ymunodd miloedd â'r *NSDAP* ar ôl ei ralïau, gan roi mantais iddo dros eraill yn y Blaid. Llwyddodd i uno grŵp oedd ar chwâl trwy ei arweinyddiaeth. Ail deitl yr *NSDAP* oedd 'Plaid Hitler'.

Ar wahân i'w gryfderau fel arweinydd, gallai Hitler fanteisio ar nifer o bethau eraill.

Roedd yn ddyledus am ei safle yn y Blaid i'r rhaniadau o'i mewn ac i'r ffaith nad oedd ganddo wrthwynebwyr oedd o ddifrif. Ni chyrhaeddodd unrhyw un a heriodd awdurdod Hitler i unman, fel roedd y brodyr Strasser i sylweddoli (gw.tt. 102-3). Yn ystod blynyddoedd cynnar yr 1920au dim ond un o nifer o grwpiau adain dde hiliol, oedd yn denu pobl oedd yn anfodlon oherwydd y llanast oedd o'u cwmpas, oedd yr *NSDAP*. Manteisiodd Hitler ar y rhaniadau ymysg ei gydymgeiswyr. Profodd ei fod yn rhagori tra yng ngharchar, pan chwalodd yr *NSDAP* dan arweinyddiaeth Rosenberg (gw.tud. 66), dyn cwbl ddi-glem a ddewiswyd gan Hitler. Oherwydd i'r *SA* a'r brodyr Strasser geisio gwrthryfela gorfodwyd aelodau i ddewis, ac roedd y mwyafrif yn amharod i droi cefn ar Hitler, sef eu rheswm dros ymuno.

PRIF YSTYRIAETH

Sut y llwyddodd Hitler i ddod yn bennaeth y llywodraeth?

Daeth yn bennaeth y llywodraeth nid oherwydd cryfder yr *NSDAP*, ond oherwydd gwendid y gwrthwynebiad a thlodi polisïau gwleidyddol Gweriniaeth Weimar. Cafwyd rhaniadau yn y *DVP* (Plaid y Bobl) oherwydd anghytuno ynglŷn ag iawndaliadau, yr economi, trethi a'r berthynas â Ffrainc. Yn ystod yr 1920au hyd ddechrau'r 1930au doedd dim dewisiadau gwleidyddol rhagor na'r *NSDAP*. Difethwyd cyfundrefn ddemocrataidd Gweriniaeth Weimar gan y pleidiau hyn ond nid oeddent yn ddigon cryf i gynnig dim yn ei lle. Crëwyd cyfle i rywun o'r tu allan ddod i mewn a sefydlu unbennaeth ar fyrder.

Elwodd Hitler yn uniongyrchol ar y chwalu hwn. Rhwng 1932 ac 1933 ymunodd yr **elitau**, nad oedd ganddynt fawr o gariad at ddemocratiaeth wleidyddol, â Hitler a gadael iddo wneud eu gwaith 'budr' drostynt. Credai'r fyddin (y *Reichswehr*) y byddai Hitler yn cymeradwyo rhaglen ailarfogi enfawr ac felly roeddent yn barod i'w gefnogi. Roedd yr heddlu wedi diflasu am fod trosedd ar gynnydd, ac yn barod i gefnogi llywodraeth oedd yn addo cynnal trefn. Yn ogystal, ni allai'r ceidwadwyr, dan arweinyddiaeth von Papen a'r *DNVP*, ennyn cefnogaeth y bobl ac roeddent yn edrych at Hitler i ddarparu hyn, ond yn rhy wan i'w reoli. Wedi i'r wrthblaid geidwadol ddiflannu nid oedd dewis go iawn heblaw Hitler.

elitau enw torfol am y dosbarth o dirfeddianwyr cyfoethog, perchenogion diwydiannau mawr a'r rhai oedd mewn swyddi gweinyddol uchel yn y gwasanaeth sifil a'r farnwriaeth

unbennaeth llywodraeth absoliwt gan un dyn

Sefydlodd Hitler **unbennaeth** eithriadol o rymus a llwyddodd i gadw grym er gwaethaf natur ddinistriol ei bolisïau. Roedd ganddo gefnogaeth sylweddol, yn enwedig yn yr 1930au, a pheirianwaith heddlu effeithiol, tra oedd ei gydymgeiswyr yn aneffeithiol. Adeiladodd ei lywodraeth ar drefn, cryfder a pharch, gan wrthdroi Cytundeb Versailles, sefydlogi'r economi a gostwng graddfa diweithdra.

Sylweddolai Hitler hefyd fod y sefyllfa wleidyddol yn Ewrop yn ffafriol iddo weithredu ei gynlluniau polisi tramor. Roedd Prydain yn amharod i weld Ffrainc yn sefydlu ei thra-arglwyddiaeth o ganlyniad i'r digwyddiadau a ddilynodd meddiannu'r Ruhr yn 1923-4. Roedd gan Ffrainc gynghreiriaid annelwig yn nwyrain Ewrop, tra oedd yr Undeb Sofietaidd yn cael ei gadw y tu allan i fframwaith diogelwch Ewrop. Golygai hyn fod yma gyfleoedd gwleidyddol gwych i Hitler ac roedd yn barod i ddefnyddio'r rhaniadau ymysg ei wrthwynebwyr gartref a thramor i'w bwrpas ei hun. Roedd propaganda Goebbels, a'i nod o greu 'myth' Hitler oedd yn pwysleisio ei weledigaeth wleidyddol bellgyrhaeddol, hefyd yn effeithiol. Denodd y myth lawer o gefnogaeth i Hitler a'i helpu i ddatblygu llywodraeth.

8 ~ LLYFRYDDIAETH

Mae nifer o gasgliadau o ffynonellau gwreiddiol ar gael. Ar gyfer y themâu yr ymdrinnir â hwy yn y bennod hon y mwyaf addas i fyfyrwyr yw J. Noakes a G. Pridham *Nazism 1919-45, A Documentary Reader, Vol 1 –The Rise to Power 1919-1934* (Prifysgol Exeter 1998, Penodau 3 a 4). Mae'r esboniad mor ddefnyddiol â'r dogfennau.

Ymysg y ffynonellau eilaidd ceir nifer o gyfrolau hanes cyffredinol sy'n ymwneud â blynyddoedd Gweriniaeth Weimar a hanes Hitler yn dod i rym. Mae llawer o dablau ystadegol yn llyfrau William Carr, *A History of Germany 1815-1945* (Arnold 1992) a Volker Berghahn, *Modern Germany* (Cambridge UP 1987). Mae llyfr Gordon Craig, *Germany 1866-1945* (Oxford UP 1981) yn llawnach ac yn cynnwys mwy o naratif. Ceir llawer o ffynonellau ysgrifenedig a gweledol yn ogystal ag esboniad a chyngor ar sut i ysgrifennu traethodau ac ateb cwestiynau seiliedig ar ffynonellau yn llyfr J. Laver, *Imperial and Weimar Germany* (Hodder & Stoughton, History at Source, 1992). Erbyn hyn ceir nifer o astudiaethau ar Weriniaeth Weimar, a'r diweddaraf yn Saesneg yw llyfr E.J. Feuchtwanger *From Weimar to Hitler: Germany 1918-1933* (Macmillan 1995). Ceir rhai dogfennau yn llyfr J.W. Hiden, *The Weimar Republic* (Longman Seminar Studies 1974) er bod y cyflwyniad maith yn fwy defnyddiol ar gyfer dadansoddi'r ystyriaethau, fel y casgliad o draethodau a olygwyd gan Ian Kershaw yn *Weimar: Why did German democracy fail?* (Weidenfeld & Nicolson 1990). Ceir llawer o ddogfennau a ffynonellau gweledol yn S. Taylor, *Germany 1918-1933* (Duckworth 1986) ac mae'n edrych ar hanes y Weriniaeth o safbwynt y gweithwyr a'r dosbarth canol ynghyd â thwf Ffasgaeth. Yn Rhan 1 a Rhan 2 o lyfr D.G. Williamson *The Third Reich* (Longman Seminar Series 1982) ceir cyflwyniad defnyddiol i Adolf Hitler a'i hanes yn cipio grym. Gellir defnyddio hwn fel man cychwyn i ehangu a manylu arno yn ddiweddarach. Ceir arolwg manwl o aelodaeth yr *NSDAP* yn M. Kater, *The Nazi Party: A Social Profile of Members and Leaders 1919-1945* (Oxford UP 1983). Ceir cyfres o adroddiadau bywgraffyddol ar Natsïaid amlwg a bywgraffiad cryno o Hitler, wedi'u gosod yn eu cyfnod, yn J.C. Fest, *The Face of the Third Reich* (Weidenfeld & Nicolson 1974).

9 ~ CWESTIYNAU TRAFOD

A *Mae'r adran hon yn cynnwys cwestiynau y gellir eu defnyddio i drafod neu i brofi eich dealltwriaeth o brif themâu'r bennod hon.*

1. A ddaeth y Natsïaid i rym oherwydd bod yna frwdfrydedd eang a dilys dros eu polisïau?
2. Beth oedd cryfderau a gwendidau Hitler fel arweinydd?
3. Pa wendidau oedd yn dal mewn bod yn safle'r Natsïaid erbyn Ionawr 1933?
4. Pwy a bleidleisiodd i'r Natsïaid ar Fawrth y 5ed?

10 ~ CWESTIYNAU TRAETHAWD

A *Cwestiynau dwy ran*

1. (a) Disgrifiwch gyfansoddiad economaidd a chymdeithasol y carfanau gwahanol yn y gymdeithas oedd yn cefnogi Hitler a'r Blaid Natsïaidd yn ystod y blynyddoedd 1930-33.
   (b) Pam y bu i'r carfanau hyn bleidleisio i'r NSDAP?
2. (a) Ym mha ffyrdd y bu i ddirwasgiad economaidd y blynyddoedd 1929-33 helpu i gynyddu'r gefnogaeth i'r Blaid Natsïaidd?
   (b) Pa ffactorau eraill sy'n helpu i egluro llwyddiant Hitler yn dod yn Ganghellor yn Ionawr 1933?
3. (a) Ym mha ffyrdd y bu i'r Blaid Natsïaidd newid yn ystod y blynyddoedd 1928-33?
   (b) Pam roedd Hitler yn gallu dibynnu ar gylch eang o gefnogaeth yn yr Almaen yn y blynyddoedd 1928-33?

B *Cwestiynau Traethawd*

1. 'Pleidleisiodd pobl dros yr *NSDAP* am eu bod yn casáu democratiaeth Gweriniaeth Weimar yn hytrach nag am eu bod yn cefnogi polisïau Hitler.'
   I ba raddau rydych chi'n cytuno â'r farn hon?
2. Ymysg pa garfanau cymdeithasol y bu i'r Blaid Natsïaidd ymsefydlu fwyaf cadarn yn yr Almaen yn ystod y blynyddoedd 1928-33 a pham?
3. '6 miliwn yn ddi-waith.' I ba raddau roedd llwyddiant Hitler a'r *NSDAP* yn ddyledus i ddirwasgiad economaidd y blynyddoedd 1929-33?
4. I ba raddau roedd Hitler yn bersonol gyfrifol fod y Natsïaid wedi dod i rym yn yr Almaen yn 1933?
5. 'Roedd Natsïaeth ar ei chryfaf yn ardal Brotestannaidd, ac at ei gilydd, wledig, gwastadedd Gogledd yr Almaen yn hytrach nag yn y dinasoedd mawrion a'r ardaloedd diwydiannol.'
   I ba raddau rydych chi'n cytuno â'r farn hon?

11 ~ DEHONGLIAD: CWYMP DEMOCRATIAETH GWERINIAETH WEIMAR

Cynigir yma un dehongliad ynglŷn ag a oedd Gweriniaeth Weimar wedi ei thynghedu i fethu o'r dechrau. Dylid ei ddefnyddio fel dogfen drafod yn hytrach nag fel dehongliad terfynol. Fe'i seiliwyd ar y dyb fod llawer o elfennau anfoddhaol a bregus mewn democratiaeth, ac erbyn 1933 ei bod wedi methu sicrhau bod y bobl yn gyffredinol yn ei derbyn. Anogir darllenwyr i ddatblygu gwrth-ddadl i'r un a gyflwynir yma.

Tebyg yw na fydd i haneswyr fyth beidio â rhyfeddu sut y bu i gyfundrefn mor ddychrynllyd o erchyll ag un y Natsïaid ddod i rym mewn gwladwriaeth oedd â'i chymdeithas a'i gwleidyddiaeth mor gymharol wâr a soffistigedig ag un Gweriniaeth Weimar. Yn amlwg, roedd dig oherwydd Cytundeb Versailles a'r caledi a achoswyd oherwydd argyfwng economaidd difrifol 1929 yn cynnig eglurhad rhannol ac amherffaith. Mae'n ymddangos bod cyfundrefn wleidyddol Gweriniaeth Weimar a'i strwythur cymdeithasol yn anghydnaws a bod gwreiddiau'r broblem yn ddwfn iawn. Er bod y Kaiser wedi ildio'i orsedd yn 1918, nid ysgubwyd ymaith yr elitau. Roeddent yn dal i dra-arglwyddiaethu ar y fiwrocatiaeth ac yn y gwasanaeth sifil. Yn anffodus, nid oeddent wedi eu hyfforddi i reoli cyfundrefn ddemocrataidd, ac yn waeth fyth, nid oedd ganddynt y cymhelliad na'r ymroddiad.

Nid oedd amseriad cyflwyno Gweriniaeth Weimar yn ffafriol. Fe'i cysylltwyd â Chytundeb Versailles oedd wedi anwybyddu'r 'heddwch da' a addawodd Arlywydd UDA, Woodrow Wilson, yn ei Bedwar Pwynt ar Ddeg. Heddwch wedi ei 'orfodi' oedd un y cadoediad, a'i delerau yn ergyd drom iawn, yn enwedig i'r pleidiau gweriniaethol. Penderfynodd y Democratiaid Cymdeithasol, oedd yn gyfrifol am y chwyldro yn Berlin a gafodd wared ar y Kaiser, gilio o'r llywodraeth am y tro yn hytrach na derbyn cyfrifoldeb. Tyfodd y chwedl fod yr Almaen wedi ei thrywanu â 'chyllell-yn-y-cefn', a daeth hon yn arf grymus i Almaenwyr oedd yn amhrofiadol yn nulliau llywodraeth ddemocrataidd. Un rheswm dros fethiant Gweriniaeth Weimar yn y pen draw oedd y rhyddid roedd y pleidiau cyfansoddiadol yn ei ganiatáu i elynion y Weriniaeth. Enghraifft o hyn oedd na wnaed unrhyw ymdrech i garthu'r fiwrocratiaeth na'r farnwriaeth, ac o'r herwydd cafwyd sefyllfa lle na allai'r Weriniaeth ddiogelu ei chefnogwyr ei hun yn erbyn barnwyr adweithiol. Ni allai chwaith sicrhau cosb foddhaol ar gyfer cenedlaetholwyr ifanc treisiol oedd yn cyflawni troseddau 'gwlatgar'. Fe wanhaodd y pleidiau gwleidyddol eu grym eu hunain trwy lynu'n gaeth wrth gyfreithlondeb, trwy ddeisyf trefn, a thrwy ddibynnu ar elfennau 'cenedlaethol', gan gynnwys y fyddin, i oresgyn anhrefn mewnol.

Yn y sefyllfa hon, efallai nad yw'n syndod fod gelynion Gweriniaeth Weimar wedi cynyddu am na allai ddelio â'r problemau economaidd oedd yn ei hwynebu dro ar ôl tro. Roedd 'chwyldro' 1917 yn un cyfyngedig oherwydd, ar wahân i gael gwared ar y llywodraeth ymerodrol a'r Kaiser, cafodd gweddill yr elitau, yn dirfeddianwyr a diwydianwyr, lonydd gyda'u stadau a'u ffatrïoedd. Aildrefnodd corfflu'r swyddogion ei hun a dewis yn ofalus pwy fyddai arweinwyr a dynion y fyddin newydd. Roedd y fyddin a'r gwasanaeth sifil wedi bodoli ymhell cyn bod sôn am sefydliadau seneddol yr Ymerodraeth na'r Weriniaeth. Roedd eu llwyddiannau mawr wedi golygu bod yna barch cyffredinol iddynt, tra bod eu methiannau yn y rhyfel diweddar yn cael eu hesgusodi oherwydd y gred boblogaidd iddynt gael eu bradychu gan wleidyddion gyda'r 'cyllell-yn-y-cefn'. Yn ystod cyfnod Gweriniaeth Weimar, felly, gallai'r fiwrocratiaeth gynnal ei henw da ac roedd yn gymharol annibynnol ar y pleidiau gwleidyddol. Ac eto, roedd yr union bobl hyn, ynghyd â'r diwydianwyr, ymysg yr elfennau mwyaf ceidwadol yn yr Almaen. Roeddent yn gyfrifol am lwyddiant llywodraeth ddemocrataidd, ond yn ddiffygiol o ran yr hyfforddiant hanfodol ac yn difrïo arbrawf Gweriniaeth Weimar mewn democratiaeth.

Mae rôl yr elitau yn yr Almaen, yn enwedig y prif ddiwydianwyr, yn hyrwyddo camau Hitler i ennill grym, yn destun dadl o hyd, ond mae hefyd gryn gytundeb ymysg haneswyr. Bellach, cydnabyddir yn gyffredinol fod y fyddin a pherchenogion stadau mawr, yn bennaf bonedd y *Junker* i'r dwyrain o'r Elbe ym Mhrwsia, wedi chwarae rhan fwy uniongyrchol na'r diwydianwyr. Dim ond rhai an-nodweddiadol o blith capteiniaid diwydiant yr Almaen oedd wedi cefnogi Hitler yn weithredol. Dau o'r rhai mwyaf amlwg oedd Emil Kirdorf, dyn mawr ym myd diwydiant trwm y Ruhr cyn y Rhyfel Byd Cyntaf, a Fritz Thyssen, perchennog yn y diwydiant dur. Mwy nodweddiadol oedd grŵp o ddiwydianwyr blaenllaw, y mwyafrif o ddiwydiant trwm gorllewin yr Almaen, oedd yn hynod ansicr eu hagwedd tuag at y Natsïaid. Roeddent wedi arfer dylanwadu'n wleidyddol trwy'r *DVP* a'r *DNVP*, y brif blaid genedlaethol adain dde. Erbyn blynyddoedd cynnar yr 1930au, roedd y ddwy blaid hyn yn aneffeithiol i bob pwrpas. Roedd y *DVP* wedi colli bron y cyfan o'i phleidleisiau, a'r *DNVP* wedi crebachu'n sylweddol, gyda'i harweinydd Alfred Hugenberg yn ddyn roedd diwydianwyr eraill yn methu cydweithio ag ef. Roedd gallu'r Natsïaid i feddiannu grym pleidleisiol y pleidiau hyn bron i gyd, yn ogystal â chefnogaeth Hugenberg, yn rhwystredigaeth i'r diwydianwyr hyn. Yn groes i'r graen, bu iddynt ddod i gefnogi'r syniad o gynnwys yr *NSDAP* o fewn llywodraeth adain dde. Fodd bynnag, ni fu ymgais Hitler i ennill y diwydianwyr yn wir lwyddiannus cyn 30 Ionawr 1933. Ond nid oeddent yn ffafrio'r Weriniaeth chwaith. Trwy eu dylanwad yn y *DVP*, bu diwydianwyr yr Almaen yn bennaf cyfrifol am chwalu cabinet cwbl seneddol olaf y llywodraeth ym Mawrth 1930 ac agor y ffordd i lywodraethu trwy ordinhad argyfwng o dan Erthygl 48 y Cyfansoddiad. Unwaith roedd Hitler mewn grym, newidiodd y prif ddiwydianwyr, fel carfanau eraill o'r elitau, a chynnig eu cefnogaeth iddo. Gellir dweud eu bod yn derbyn Hitler yn rhannol am eu bod yn awyddus i ddiogelu cyfundrefn geidwadol awdurdodol. Roeddent yn credu y byddent yn gallu 'dofi' Hitler a'i ddefnyddio fel eu 'pyped'.

Gwendid arall yn y gyfundrefn wleidyddol oedd cynrychiolaeth gyfrannol yn y *Reichstag*. Roedd hyn yn darnio'r gyfundrefn i nifer o bleidiau ac wedi galluogi i'r Natsïaid oroesi fel uned wleidyddol yn ystod eu blynyddoedd cynnar. Nid oedd o reidrwydd yn golygu na allai Cyfansoddiad y Weriniaeth fod yn weithredol, oherwydd fe ddylai fod wedi bod yn bosibl llunio llywodraethau clymblaid effeithiol. Y rheswm pam y bu hyn mor eithriadol o anodd oedd fod y gwahanol bleidiau'n glynu wrth egwyddorion ac yn amharod i gyfaddawdu. A'r rheswm am hynny yn ei dro oedd eu bod yn wleidyddol anaeddfed ac ni chawsant brofiad o fod mewn swyddi yn ystod yr Ymerodraeth. Ar yr un pryd, roedd y prif bleidiau, y Democratiaid Cymdeithasol, y Comiwnyddion a Phlaid y Canol, yn cynrychioli buddgarfanau dilys ac, ar y cyfan, yn mwynhau teyrngarwch eu cefnogwyr traddodiadol. Felly, y duedd oedd eu bod yn gallu cynnal eu cryfder mewn etholiadau, ond ni allent ddefnyddio'r cryfder hwnnw i ymarfer grym yn effeithiol.

Wrth eu hystyried yn y cyd-destun hwn, mae'r gwahanol argyfyngau economaidd i'w gweld nid fel achosion cwymp cynyddol Gweriniaeth Weimar ond fel achlysuron ar ei gyfer. Cyhyd ag roedd sefyllfa'n bod lle roedd gwleidyddiaeth gonfensiynol plaid yn methu gweithredu, rhwygiadau cymdeithasol yn bodoli a llywodraeth effeithiol yn ddiffygiol, roedd cyfle gwych i ryw blaid arall gynnig ateb i'r sefyllfa. Yn y fan hyn, roedd gan y Natsïaid fantais anferthol yn yr hyn a fyddai, dan amgylchiadau gwahanol, wedi bod yn anfantais fawr – sef eu diffyg egwyddor a pholisi rhesymegol amlwg.

Fel plaid sosialaidd radicalaidd roedd Plaid Genedlaethol Sosialaidd Gweithwyr yr Almaen yn aflwyddiannus. Roedd yn well gan y gweithwyr diwydiannol, sef y rhai roeddent wedi gobeithio'u hennill, aros yn deyrngar i'w harweinwyr Democrataidd Cymdeithasol neu Gomiwnyddol. Ac eto, ni allai'r chwith ehangu ei chefnogaeth ddigon i ennill pleidleisiau. Gallai Plaid y Canol hithau ddibynnu ar ei chefnogwyr Catholig, ond eto nid oedd digon o'r un farn gymdeithasol ac economaidd i'w galluogi i chwarae rôl effeithiol yn wleidyddol. Fodd bynnag, roedd newidiadau gwirioneddol bwysig ar droed ymysg pleidiau llai, mwy cymedrol y canol rhyddfrydol a'r dde, sef y Blaid Ddemocrataidd a Phlaid y Bobl. Collodd y rhain sail eu cefnogaeth ymysg y crefftwyr a'r gwerinwyr. Daeth y trobwynt i'r Natsïaid, sydd hefyd yn amlygu eu hoportiwnistiaeth a'u annhosturi, pan benderfynasant newid pwyslais eu hymgyrch a throi cefn ar y dosbarth gweithiol, nes, erbyn 1932, roeddent wedi ennill cefnogaeth sylweddol y dosbarth canol Protestannaidd. Yn wir, fel mae Noakes yn ei ddangos (yn *The Nazi Party in Lower Saxony, 1921-1933*), daeth bron y cyfan o Wastadedd Gogledd yr Almaen, ac eithrio dinasoedd mawr fel Hamburg a Berlin, yn gadarn dros Natsïaeth.

Ar yr un pryd, mae canlyniadau etholiadol 1928-33 yn dangos yn glir fod y Natsïaid hefyd yn elwa am fod mwy o bobl yn pleidleisio yn ogystal ag oherwydd bod pleidiau rhyddfrydol a phleidiau hollt bach yn colli cefnogaeth. I raddau helaeth, y rheswm dros apêl y Natsïaid oedd eu honiad bod eu plaid yn blaid o undod cenedlaethol, yn goresgyn gwahaniaethau rhwng carfanau ac yn achub y wlad rhag bygythiad y Bolsiefigiaid. Roeddent yn labelu'r Democratiaid Cymdeithasol fel 'Troseddwyr Tachwedd' oedd wedi bradychu pobl yr Almaen i ddwylo eu gelynion gartref a thramor. Trwy hyn, daeth y Comiwnyddion, na lwyddasant erioed i danseilio'r Democratiaid Cymdeithasol oedd ar y blaen gyda'r dosbarth gweithiol, yn fychod dihangol am ymosod ar yr unig elfen wleidyddol oedd yn deyrngar go iawn i Weriniaeth Weimar. Yn hyn o beth, cafodd y Natsïaid gryn help oherwydd bod y Democratiaid Cymdeithasol wedi dychwelyd i lywodraeth glymblaid yn 1928, am y tro cyntaf ers 1920. Roedd hyn yn rhoi cyfle i'r Natsïaid atgoffa pobl o'r rôl roeddent wedi ei chwarae yn cytuno i Gytundeb Versailles a'r iawndaliadau, oedd i'w gweld yn achosion y problemau economaidd.

Ni ddylid anghofio, fodd bynnag, i'r Natsïaid fethu ennill mwyafrif gweithredol. Roedd yna, yn wir, bosibilrwydd rhesymol o hyd y gallai llywodraeth glymblaid oroesi yng ngwanwyn 1930, neu y gellid ffurfio cyfuniad arall yn erbyn y Natsïaid. Ond roedd y chwith yn rhy ranedig, oherwydd cenfigen a chystadleuaeth o'u mewn, i fedru cydweithio a manteisio ar eu cryfder etholiadol. Fel y digwyddodd, nid oedd angen i'r Natsïaid wneud dim ond cynllwynio i roi'r *Reichstag* ar dân i lwyr ddifetha Plaid Gomiwnyddol yr Almaen, a chryfhau eu tactegau braw i barlysu gwrthwynebiad y Democratiaid Cymdeithasol, er bod gan yr *SPD*, yn y *Reichbanner*, gyfundrefn seneddol a allai fod wedi herio'r *SA*.

Fodd bynnag, ni allai'r Natsïaid yn hyderus fod wedi rhag-weld dim o'r llwyddiannau hyn ac mae'n hynod ddiddorol sylwi mor bryderus oedd eu harweinyddion. Roedd eu hetholwyr, oedd heb roi mwyafrif iddynt hyd yn oed erbyn Mawrth 1933, yn amlwg yn annibynadwy. Roedd llwyddiant y Natsïaid yn dibynnu, yn y tymor byr a'r tymor hir, ar oddefgarwch a chydweithrediad y sefydliad adain dde, ond fe allai'r rhain fod wedi eu tynnu'n ôl yn rhwydd oherwydd ofn. Roedd methiant y sefydliad ceidwadol i ymwrthod â syniadau a dulliau mor eithafol, oedd mor ddieithr i'w dosbarth a'u traddodiad, yr un mor syfrdanol â goddefedd y chwith. Yn sicr, roedd Hitler a Goebbels yn ofni y byddai'r dde yn eu gwrthod yn y man.

Ond roedd awydd y dde i ddychwelyd i'r gorffennol, eu dirmyg at Weriniaeth Weimar a'u hofn o Folsiefigiaeth, i gyd yn cyfuno i'w twyllo y gallent ddefnyddio a dinistrio'r Natsïaid. Fel y dywedodd prif gadfridog gwleidyddol y cyfnod yn 1932, 'pe na bai'r Natsïaid yn bod, byddai angen eu dyfeisio'. Yn hyn i gyd rhoddodd Hitler lawer o anogaeth i'r cenedlaetholwyr ceidwadol. Trwy eu cynllwynio a'u trafodaethau gydag ef yn 1932 ac 1933 fe'u harweiniodd i gredu ei fod yn wleidydd credadwy y gallent ddelio ag ef. Roeddent yn credu y byddai'n rheoli ei ddilynwyr mwy annisgybledig. Cafodd y ceidwadwyr y wladwriaeth awdurdodol roedd arnynt ei heisiau, ond ni ddisgwylient orfod talu amdani trwy ildio rheolaeth ddiwrthwynebiad, bron, a'r defnydd ohoni, i ddyn oedd yn gymaint o neb â Hitler.

12 ~ GWNEUD NODIADAU

Gan ddefnyddio'r wybodaeth sydd yn y bennod hon a'r rhai blaenorol:

1. Lluniwch bortread o'r prif bleidiau gwleidyddol a grybwyllir yn Nhabl 24 (tud.117): Etholiad y *Reichstag*, 5 Mawrth 1933. Yn eich ateb, dadansoddwch y rhesymau pam roedd carfanau gwahanol o bobl wedi pleidleisio i'r pleidiau a nodir.
2. Cymharwch berfformiad y pleidiau a nodir yn Nhabl 24 â'r un yn Nhabl 15 (tud.83): Etholiad y *Reichstag*, Mai 1928. Cofnodwch eich casgliadau fel a ganlyn:

Plaid/pleidiau gwleidyddol	*Perfformiad rhwng 1928 ac 1933*	*Rhesymau dros y perfformiad*
NSDAP		
DNVP		
DNP		

3. Pam y llwyddodd Hitler i ddenu trawsdoriad o gymdeithas yr Almaen i bleidleisio i'r *NSDAP*? Beth oedd y cymhellion a ddylanwadodd arnynt a pheri iddynt bleidleisio i'r Natsïaid?
4. Lluniwch bortread o bleidleisiwr an-Natsïaidd nodweddiadol.

13 ~ YMARFER AR DDOGFENNAU: TÂN Y *REICHSTAG*

Astudiwch y ffynonellau ac ateb y cwestiynau sy'n dilyn:

FFYNHONNELL A
Joseph Goebbels, My Part in Germany's Fight *(1935)*

Daw'r *Führer* i swper am naw o'r gloch. Cawn ychydig o gerddoriaeth a siarad. Yn sydyn mae'r ffôn yn canu ...: "Mae'r *Reichstag* ar dân!" Roeddwn i'n meddwl mai ffantasi ddi-sail oedd y newydd ac wnes i ddim dweud wrth y *Führer*. Wedi ychydig mwy o alwadau, cefais wybod bod y newyddion ofnadwy yn wir ... Rhof wybod i'r *Fürher* ar unwaith ac awn ar wib ... i'r *Reichstag* ... Daeth Göring i gwrdd â ni ar y ffordd ac yn fuan cyrhaeddodd von Papen. Cadarnhawyd bod y tân wedi ei gychwyn yn fwriadol ... Nid oes amheuaeth fod Comiwnyddiaeth wedi gwneud ymdrech derfynol i achosi anhrefn ... er mwyn cipio'r grym yn ystod y panig cyffredinol.

FFYNHONNELL B
Sefton Delmer, Gohebydd Prydeinig y Daily Express, *Llundain yn ysgrifennu yn* Weimar Germany: Democracy on Trial *(1972)*

O fewn tua hanner awr i'r tân gael ei ddarganfod ... daeth Hitler ... ataf. 'Boed i Dduw', meddai, 'ganiatáu i hyn fod yn waith y Comiwnyddion. Rydych chi'n dyst i ddechrau oes newydd fawr yn hanes yr Almaen' ... Cydiodd Hitler yn llaw Papen ... a dweud, 'Dyma arwydd oddi wrth Dduw ... Os ceir fod y tân hwn, fel rwy'n credu, yn waith y Comiwnyddion, yna rhaid i ni fathnu'r pla mileinig â dwrn dur!'

FFYNHONNELL C
Herman Rauschning, cyn-Natsi oedd wedi gadael y blaid yn 1936 i ddod yn un o'i phrif feirniaid yn ei alltudiaeth, yn Hitler Speaks *(1939).*

Roedd Göring, Himmler, Frick a nifer o *Gauleiter* o'r taleithiau gorllewinol yn siarad â'i gilydd. Roedd Göring yn manylu ar dân y *Reichstag*, a'r hanes yn dal yn gyfrinach a gâi ei gwarchod yn ofalus. Roeddwn i fy hun, heb unrhyw oedi, wedi priodoli'r tân i bobl dan ddylanwad y Comiwnyddion, neu o leiaf y Comintern. Dim ond pan glywais y sgwrs hon y deallais mai arweinyddion y Sosialwyr Cenedlaethol oedd yn gwbl gyfrifol a bod Hitler yn gwybod am y cynllun ac yn ei gymeradwyo.

Roedd yn llwyr anhygoel mor hunanfodlon oedd y cylch cyfyng dewisedig hwn wrth drafod y weithred. Chwerthin yn foddhaol, jocian yn sinigaidd, brolio – dyna'r ymateb ymysg y 'cynllwynwyr'. Disgrifiodd Göring sut roedd 'ei fechgyn e' wedi mynd i mewn i adeilad y *Reichstag* trwy gyntedd dan ddaear o balas yr Arlywydd, ac fel nad oedd ganddynt ond ychydig funudau i weithredu ac fel y bu ond y dim iddynt gael eu darganfod ... Gorffennodd Göring, oedd wedi bod â'r brif ran yn y sgwrs, gyda'r geiriau arwyddocaol hyn: 'Does gen i ddim cydwybod. Fy nghydwybod yw Adolf Hitler'.

Yna dechreuodd Hitler drafod tân y *Reichstag* ... 'Ewch i'w weld,' meddai. 'Hon yw'r goelcerth sy'n goleuo oes newydd yn hanes y byd... Rwyf wedi hau ofn a phryder yng nghalonnau'r hen wragedd yna, Hugenberg a'i gwmni. Maen nhw'n ddigon parod i gredu mai fi achosodd hyn. Maen nhw'n meddwl mai'r Diafol ei hun ydw i. Ac mae'n dda eu bod yn meddwl hynny ... Does gen i ddim dewis', ebychodd, 'rhaid i mi wneud pethau na ellir eu mesur yn ôl safonau *bourgeois* cysetlyd. Mae tân y *Reichstag* yn rhoi i mi'r cyfle i ymyrryd. Ac fe fydda i yn ymyrryd.'

Yna eglurodd ymhellach fod yn rhaid iddo roi ysgytwad i'r dosbarth canol er mwyn peri iddynt ofni bwriadau'r Comiwnyddion ac arswydo rhag ei lymder yntau.

'Ni ellir rheoli'r byd ond trwy ofn.'

FFYNHONNELL CH
Hitler yn trafod y tân mewn sgwrs breifat, o Hitler Speaks, *Hermann Rauschning (1939)*

Roeddwn i'n aelod o'r Blaid Gomiwnyddol hyd 1929 ... Yn yr Iseldiroedd, darllenais fod y Natsïaid wedi dod i rym yn yr Almaen. Yn fy marn i, roedd yn rhaid gwneud rhywbeth i brotestio yn erbyn y gyfundrefn hon ... gan nad oedd y gweithwyr am wneud dim. Roedd yn rhaid i mi wneud rhywbeth fy hun. Roeddwn i'n meddwl y byddai llosgi bwriadol yn ddull addas. Doeddwn i ddim yn dymuno gwneud niwed i bobl gyffredin, ond i rywbeth oedd yn perthyn i'r gyfundrefn ei hun. Penderfynais ar y *Reichstag*. Ac ynglŷn â'r cwestiwn a oeddwn i wedi gweithredu ar fy mhen fy hun, rwy'n datgan yn bendant mai felly roedd hi. Wnaeth neb fy helpu o gwbl.

FFYNHONNELL D
Datganiad Marinus Van der Lubbe i'r heddlu, 3 Mawrth 1933.

Doedd a wnelo fi ddim byd ag e ... Gallaf ddweud wrthych yn berffaith onest, fod tân y *Reichstag* wedi bod yn anghyfleus iawn i ni. Ar ôl y tân, roedd yn rhaid i mi ddefnyddio Tŷ Opera Kroll fel y *Reichstag* newydd. Rhaid i mi ailadrodd nad oedd angen unrhyw esgus i gymryd camau yn erbyn y Comiwnyddion. Roedd gen i eisoes nifer o resymau digon da, sef llofruddiaethau ...

FFYNHONNELL DD
Hermann Göring yn Nhreialon Nuremberg yn 1946

C

1. *Beth mae ffynonellau A, C a CH yn ei ddatgelu am y modd y dechreuodd y tân a phwy oedd yn gyfrifol am losgi adeilad y* Reichstag?
2. *Defnyddiwch eich gwybodaeth eich hun i egluro sut y bu i Hitler gymryd mantais ar y Tân yn y* Reichstag *i hyrwyddo ei bropaganda a'i amcanion gwleidyddol.*
3. *Pa mor werthfawr yw ffynonellau C ac DD i hanesydd sy'n astudio'r digwyddiadau yn ymwneud â'r Tân?*
4. *Gan ddefnyddio ffynonellau A-DD a'ch gwybodaeth eich hun, eglurwch pam mae'r digwyddiadau o amgylch llosgi'r* Reichstag *yn dal i fod yn un o 'ddirgelion pwy a'i gwnaeth?' byd hanes.*

6

Y Natsïaid yn Cyfnerthu Grym

CYFLWYNIAD

Gan anwybyddu ei siom oherwydd iddo fethu sicrhau'r mwyafrif a ddymunai yn etholiad 5 Mawrth, datganodd Hitler fod y canlyniadau yn fuddugoliaeth ysgubol. Pan gyfarfu'r cabinet ar 7 Mawrth honnodd Hitler fod yr etholiad 'wedi bod yn chwyldro gogoneddus a hynny heb golli gwaed' o'i wrthgyferbynnu â chwyldro gwaedlyd Rwsia yn Nhachwedd 1917. Gan ddefnyddio grym y Wladwriaeth, oedd yn eiddo iddo am ei fod yn Ganghellor, aeth ati i weithredu gyda phwyslais ar egwyddor cyfreithlondeb. Nid oedd hyn bob amser yn wir am weithredoedd yr *SA*, oedd yn aml yn ymddwyn yn anghyfreithlon ar y strydoedd. Yn ystod gwanwyn 1933 cynllwyniodd y Natsïaid i feddiannu'r Wladwriaeth. Sicrhawyd rheolaeth ar y cyfryngau, y wasg a'r radio trwy benodi Goebbels yn Weinidog Gwybodaeth a Phropaganda ar 13 Mawrth. Mae'r bennod hon yn trafod y digwyddiadau allweddol yn hanes Hitler yn cyfnerthu ei rym.

1 ~ DIWRNOD POTSDAM

Aeth Goebbels ati i greu delwedd o Hitler fel arwr cenedlaethol oedd yn uno Sosialaeth Genedlaethol â grymoedd yr hen Almaen oedd yn ymestyn yn ôl trwy Bismarck hyd at ddyddiau milwrol gogoneddus Ffredric Fawr. Atgyfnerthwyd y ddelwedd hon gan y sioe a lwyfannwyd ar 21 Mawrth, 'Diwrnod Potsdam'. Cyfeiria'r digwyddiad hwn at y dathliadau wrth agor y *Reichstag* oedd newydd gael ei ethol. Trefnodd Goebbels seremoni yn Eglwys Garsiwn Potsdam ym mhresenoldeb y Tywysog Coronog, mab y Kaiser alltud, a llawer o brif gadfridogion y fyddin, gyda'r nod o sicrhau'r bobl y gallent ymddiried yn Hitler. Disgrifiwyd y digwyddiad gan sawl llygad-dyst. Ceir un adroddiad gan Erich Ebermeyer, dramodydd yr oedd ei dad yn gyn-erlynydd cyhoeddus y Llys Goruchaf yn Leipzig. Er bod ei deulu yn rhyddfrydwyr a heb gydymdeimlad â Natsïaeth, fe wnaeth y digwyddiad argraff arbennig arno. Ysgrifennodd, 'ni all unrhyw un ddianc rhag emosiwn y foment. Mae 'nhad hefyd yn edmygu'n fawr. Mae dagrau yn llygaid fy mam,' mewn ymateb i weld 'Hindenburg yn gosod torchau ar feddau brenhinoedd Prwsia. Mae'r hen Faeslywydd yn ysgwyd llaw y corporal Rhyfel Byd. Ymgryma'r corporal yn isel dros law'r Maeslywydd. Mae magnelau yn taranu dros Potsdam, dros yr Almaen'. Mae Steven Lehrer yn disgrifio'r seremoni yn Potsdam yn ei gyfrol *Hitler Sites*:

PRIF YSTYRIAETH

Sut y bu i Hitler gryfhau rheolaeth y Natsïaid ar yr Almaen?

Diwrnod Potsdam, Mawrth 21, 1933
(Tag von Potsdam)

Roedd y seremoni rodresgar hon yn dathlu agoriad y *Reichstag*, a etholwyd ar Mawrth 5, 1933, fis wedi i Hitler ddod yn Ganghellor. Roedd Hitler a Goebbels wedi dewis Potsdam, yr hen brifddinas Brwsiaidd y tu allan i Berlin, fel y lleoliad. Cafodd Mawrth 21ain ei ddewis ganddynt oherwydd, 62 mlynedd yn gynharach, i'r diwrnod hwnnw, roedd Otto von Bismarck wedi ymgynnull *Reichstag* cyntaf yr 'Ail Reich'. Cafodd yr achlysur cyfan ei ddarlledu ar radio er mwyn cyflwyno'r Drydedd Reich fel etifedd cyfreithlon Reich y Kaiser ac i wanhau unrhyw wrthwynebiad i Hitler yn cipio grym.

Cychwynnodd Diwrnod Potsdam gyda gwasanaethau crefyddol. Aeth y dirprwyon Efengylaidd (yn cynnwys Göring) i addoli yn Eglwys Sant Niclas *(Nikolaikirche)*. Cafodd y Catholigion eu hofferen arbennig eu hunain yn eglwys y plwyf. Ond cadw draw wnaeth Hitler a Goebbels, y ddau yn Gatholig mewn enw, oherwydd bod yr esgobion Almaenig yn cynnal gwaharddiad yn erbyn y Natsïaid.

Y prif ddigwyddiad oedd seremoni fawreddog yn Eglwys Garsiwn Potsdam *(Garnisonkirche)*, safle beddrodau brenhinol Prwsia. Siaradodd yr Arlywydd von Hindenburg, oedd yn 85 oed, a'r Canghellor Hitler, ill dau. Hindenburg yn ei lifrai maeslywydd. Hitler, mewn siwt randoredig, yn edrych fel prif weinydd swyddoglyd. Seliwyd y 'briodas rhwng yr hen fawredd a'r grym newydd' drwy gyfrwng ysgydwad llaw rhwng Hindenburg, a oedd cyn sythed â saeth, a Hitler, a oedd yn ymgrymu. Hwn, gyda llaw, oedd yr un Hindenburg a ddywedodd, rai wythnosau'n gynharach, y byddai'n gwneud Hitler yn bostfeistr er mwyn iddo allu llyfu stampiau a llun Hindenburg arnynt.

Gosododd Hindenburg dorch ar feddrod Ffredric Fawr yn y *Garnisonkirche* wrth i saliwt 21 gwn danio. Yna, ynghyd â Hitler, adolygodd yr hen Faeslywydd barêd o unedau o'r *Reichswehr*, yr heddlu, yr *SA*, yr *SS* a'r Helmedau Dur. Daeth y dathliadau i ben gyda dychweliad y dirprwyon i Dŷ Opera Kroll, lle ymgynullodd y *Reichstag*. Ddeuddydd yn ddiweddarach, derbyniodd y *Reichstag* y Ddeddf Alluogi ac ildio ei bŵer ei hun.

C

A yw Lehrer yn ddirmygus o Hindenburg? Pa eiriau, cymalau a dadleuon fyddech chi'n eu defnyddio i ategu eich casgliadau?

1933	Mawrth	Y Natsïaid yn meddiannu holl swyddfeydd y Sosialwyr, y Comiwnyddion, yr undebau llafur a chwmnïau cyhoeddi; cipio grym yn y *Länder*; Goebbels yn sefydlu Gweinyddiaeth Bropaganda'r Reich; agor y gwersyll crynhoi cyntaf yn Dachau; 'Diwrnod Potsdam' i agor y *Reichstag* oedd newydd ei ethol; pasio'r Ddeddf Alluogi; yr *SA* yn ymosod ar Iddewon a busnesau Iddewon
	Ebrill	Boicot undydd swyddogol ar siopau Iddewon ar 1 Ebrill; gwahardd Iddewon ac an-Almaenwyr o wasanaeth cyhoeddus; Göring yn sefydlu *Gestapo*/heddlu cudd y wladwriaeth
	Mai	Diddymu'r undebau llafur; sefydlu Ffrynt Gweithwyr yr Almaen; llosgi llyfrau awduron an-Almaenig yn ninasoedd y prifysgolion
	Mehefin	Gwahardd yr *SPD*; pleidiau gwleidyddol eraill yn chwalu yn fuan wedyn
	Gorffennaf	Gwahardd pob plaid wleidyddol ar wahân i'r *NSDAP*; sefydlu gwladwriaeth unblaid; pasio Deddf Ffilm y Reich; Concordat â'r Babaeth
	Hydref	Yr Almaen yn gadael Cynghrair y Cenhedloedd a'r Gynhadledd Ddiarfogi
	Tachwedd	Etholiadau cyntaf i'r wladwriaeth unblaid yn rhoi 92 y cant o'r pleidleisiau i'r *NSDAP*
1934	Ionawr	Deddf Trefnu Llafur Cenedlaethol yn ffafrio cysylltiadau diwydiannol o blaid y rheolwyr yn erbyn y gweithlu; penodi Rosenberg yn arolygwr ideolegol y Blaid; cytundeb 10 mlynedd i beidio ag ymosod rhwng yr Almaen a Gwlad Pwyl; diddymu llywodraethau annibynnol o fewn y wladwriaeth
	Ebrill	Himmler yn dod yn bennaeth ar *Gestapo* Prwsia; sefydlu Llys y Bobl i ddelio â throseddau o frad
	Mehefin	Yr Is-Ganghellor Papen yn beirniadu'r chwyldro Natsïaidd; 'Noson y Cyllyll Hirion' yn carthu Rohm a thua 70 o arweinwyr eraill yr *SA*
	Gorffennaf	Penodi Himmler yn *Reichsführer* yr *SS*, sydd bellach yn annibynnol ar yr *SA*; Natsïaid Awstria yn llofruddio'r Arlywydd, Dolfuss, gan obeithio ennill rheolaeth ar y llywodraeth; penodi Papen yn llysgennad yr Almaen i Awstria
	Awst	Marwolaeth Hindenburg; Hitler yn cyhoeddi mai ef yw'r *Führer*; y lluoedd arfog yn tyngu llw o ffyddlondeb personol i Hitler; pleidlais gwlad yn cofnodi mwyafrif llethol o blaid pwerau newydd Hitler

TABL 28
Llinell Amser: y prif ddigwyddiadau yng nghamau Hitler i gyfnerthu ei rym

2 ~ Y DDEDDF ALLUOGI

Ddeuddydd ar ôl seremoni Potsdam, cyfarfu'r *Reichstag* newydd yn Nhŷ Opera Kroll yn Berlin gan fod adeilad y *Reichstag* wedi ei losgi yn Chwefror. Yno cyfarfu y 288 dirprwy Natsïaidd a etholwyd ar 5 Mawrth a 52 Cenedlaetholwr. Roedd yr 81 Comiwnydd wedi eu gwahardd ac roedd llawer o Sosialwyr hefyd yn absennol, naill ai am fod arnynt ofn, neu am eu bod yn yr ysbyty neu wedi ffoi o'r wlad. Disgrifiodd un llygad-dyst yr awyrgylch yn yr adeilad fel un o farwolaeth a dinistr. Amgylchynid yr adeilad gan aelodau o'r *SS* yn eu lifrai du ac arian, a'r tu mewn safai llinellau hir o filwyr yr *SA*, sioe a fwriedid i godi braw ar gynrychiolwyr o'r pleidiau gwleidyddol eraill wrth iddynt fynd i'w seddau. Prif bwrpas y cyfarfod hwn oedd ystyried y Ddeddf Alluogi yr oedd Hitler eisoes wedi ei thrafod yng nghyfarfod y cabinet ar 7 Mawrth (cofnodwyd yn *Nazism 1919-1945, A Documentary Reader, Vol.1*, Noakes a Pridham):

> Yr hyn oedd ei angen oedd Deddf Alluogi wedi ei phasio gan fwyafrif o ddwy ran o dair. Roedd ef, Canghellor y Reich, yn gwbl argyhoeddedig y byddai'r *Reichstag* yn pasio deddf o'r fath. Ni fyddai dirprwyon y Blaid Gomiwnyddol yn ymddangos pan fyddid yn agor y *Reichstag* gan eu bod yng ngharchar ... Ynglŷn â'r sefyllfa wleidyddol fewnol, datganodd yr Is-Ganghellor fod Dr Kaas wedi bod yn ei weld ddoe (6 Mawrth). Dywedodd ei fod wedi dod heb ymgynghori â'i blaid ymlaen llaw a'i fod bellach yn barod i anghofio'r gorffennol. Roedd hefyd wedi cynnig cydweithrediad Plaid y Canol ...

Byddai pasio'r Ddeddf Alluogi yn rhoi grym unbenaethol i Hitler, gan y byddai'n trosglwyddo grym o'r *Reichstag* i'r llywodraeth am gyfnod o bedair blynedd. Byddai'n rhoi i'r Canghellor, yn hytrach na'r Arlywydd, yr hawl i lunio deddfau ac arwyddo cytundebau â gwladwriaethau tramor. Siaradodd Hitler yn gyntaf, yn ymataliol a chymedrol, gan dawelu meddwl ei gynulleidfa (dyfynnir yn *Hitler* gan J.C. Fest):

> Mae'r llywodraeth yn bwriadu defnyddio'r Ddeddf hon yn unig i'r graddau y mae ei hangen i ddelio â mesurau cwbl angenrheidiol. Nid oes bygythiad i fodolaeth y *Reichstag* na'r *Reichsrat*. Ni fydd yn effeithio ar safle nac ar hawliau'r Arlywydd ... Ni fydd y taleithiau'n cael eu dileu ... Ni fydd lleihad yn hawliau'r Eglwysi ... Mae nifer yr achosion lle byddai'n angenrheidiol gallu defnyddio ddeddf o'r fath yn gyfyngedig. Mwya'n byd, fodd bynnag, mae'r Llywodraeth yn mynnu pasio'r ddeddf. Mae'n well ganddynt gael penderfyniad clir.

C

Beth oedd arwyddocâd y Ddeddf Alluogi i'r Reichstag, *gweddill y pleidiau gwleidyddol a grym Hitler yn 1933?*

Eisteddodd Hitler i lawr i sŵn cymeradwyaeth uchel a safodd y dirprwyon a chanu *Deutschland über Alles*. Ar ôl egwyl, safodd Otto Wels, arweinydd y Democratiaid Cymdeithasol, i annerch y cynulliad, oedd yn elyniaethus ar y cyfan. Gyda'r *SA* a'r *SS* yn siantio yn y cefndir, gwnaeth Wels araith ddewr a heriol, yn egluro pam na fyddai ei blaid yn cefnogi'r Mesur. Mewn dicter dilyffethair, safodd Hitler, gwawdiodd ei wrthwynebydd a thorrodd ei araith yn ddarnau mân. 'Does arna i ddim eisiau'ch pleidleisiau,' sgrechiodd, 'Bydd yr Almaen yn rhydd, ond nid trwoch chi ... Mae seren yr Almaen yn codi, eich un chi ar fin diflannu, mae cnul eich angau wedi canu'. Gyda chefnogaeth ei ddirprwyon Natsïaidd a'r Cenedlaetholwyr, gallai Hitler ddibynnu ar ennill 341 o'r 432 pleidlais oedd eu hangen arno i gael mwyafrif o ddwy ran o dair. Roedd y ffaith nad oedd dirprwyon y Comiwnyddion yno yn golygu mai Plaid Ganol y Catholigion oedd biau'r dyfarniad. Yn wreiddiol, roedd wedi gwrthwynebu'r Ddeddf, ond wedi i Hitler addo parchu hawliau'r Eglwys Gatholig fe ildiodd. Y tu allan i'r adeilad roedd tyrfa o *SA* yn siantio, 'Rhowch y Mesur i ni neu bydd tân a llofruddiaeth'. Mewn sefyllfa oedd bron yn ffars, cafwyd tri darlleniad o'r Mesur mewn ychydig funudau cyn i'r Ddeddf Alluogi gael ei phasio o 441 i 94 o bleidleisiau, gyda dim ond y Democratiaid Cymdeithasol yn gwrthwynebu. Pan gyhoeddwyd y canlyniad, safodd y dirprwyon Natsïaidd, saliwtio gyda'r fraich wedi'i chodi, a chanu anthem y blaid, y gân *Horst Wessel*.

O ganlyniad i'r Ddeddf hon, daeth rôl weithredol y *Reichstag* mewn gwleidyddiaeth i ben a bellach roedd oes gweddill pleidiau gwleidyddol y Weriniaeth wedi dyddio. O fewn tri mis wedi iddo ddod yn Ganghellor, roedd Hitler wedi dod yn annibynnol ar ei gynghreiriaid ceidwadol, gyda cham cyntaf ei ymgyrch i gipio grym wedi ei gwblhau. Bwriad y rhai oedd wedi ei helpu i ddod i rym ar 30 Ionawr, yn enwedig von Papen, oedd iddo fod yn arweinydd mewn enw yn unig, mewn cabinet lle byddai'r cenedlaetholwyr ceidwadol yn dal i dra-arglwyddiaethu. Roedd von Papen wedi dweud wrth uchelwr o Brwsia, a oedd wedi ei rybuddio o'r peryglon o adael i Hitler a'r Natsïaid gael unrhyw ran o'r grym, fod ganddo 'hyder Hindenburg. Mewn deufis byddwn wedi gwthio Hitler i gornel fel y bydd yn gwichian'. Roedd von Papen a'i gyd-geidwadwyr wedi bychanu doniau gwleidyddol Hitler, gan synied amdano fel cyn-gorporal uchelgeisiol, heb brofiad mewn gwleidyddiaeth, yn wahanol iddynt hwy. Roeddent wedi meddwl mai eu genedigaeth-fraint hwy oedd rheoli tynged yr Almaen ac y gallent ddefnyddio Hitler i greu'r rhith eu bod yn mwynhau cefnogaeth y tyrfaoedd. Credent, oherwydd ei gefndir dinod a'i ddiffyg profiad mewn gwleidyddiaeth, y byddent yn dal i benderfynu ar bolisi. Dangosodd y digwyddiadau a ddilynodd mor anghywir oedd eu cred ac ategu rhybuddion cyn-gefnogwr i Hitler, y Cadfridog Ludendorff. Ar 1 Chwefror, dim ond deuddydd ar ôl i Hitler gael ei benodi'n Ganghellor, roedd Ludendorff wedi ysgrifennu at yr Arlywydd Hindenburg yn ei rybuddio ei fod 'wedi trosglwyddo'r wlad i ddwylo un o'r demagogiaid mwyaf a welwyd erioed'. Roedd Ludendorff, y cenedlaetholwr adain dde eithafol, oedd wedi cefnogi Hitler yn *Putsch* Neuadd Gwrw München yn 1923, yn proffwydo: 'bydd y dyn dieflig hwn yn taflu ein Reich i hafn anobaith ac yn dod â gofid annirnad i ran ein cenedl. Bydd cenedlaethau i ddod yn eich rhegi yn eich bedd oherwydd y weithred hon'. Cafodd y Ddeddf Alluogi, oedd wedi trosglwyddo grym i Hitler yn gyfreithiol, ei hestyn yn 1937, 1941 ac 1943.

3 ~ *GLEICHSCHALTUNG*

PRIF YSTYRIAETH

***Prif nodweddion polisi Hitler i uno'r Almaen dan reolaeth y Natsïaid –* Gleichschaltung.**

Ar ôl y digwyddiadau hyn ym Mawrth, tasg nesaf Hitler oedd ei wneud ei hun yn oruchaf trwy gael gwared ar y rhai a fyddai'n herio'i awdurdod. Wedi ei arfogi â'i bwerau unbenaethol newydd i reoli trwy ordinhad, lansiodd bolisi o *Gleichschaltung*, sef creu etholaeth Sosialaidd Genedlaethol trwy bolisi o gydgysylltu. Nod hyn oedd uno bywyd gwleidyddol, cymdeithasol ac economaidd yn llwyr, gyda braw yn fygythiad a fyddai'n atal unrhyw wrthwynebiad. Mae'r siart amser yn Nhabl 28 (tud. 140) yn dangos sut y bu i'r polisi hwn ddatblygu.

Datblygodd Göring y *Gestapo* (heddlu cudd y Wladwriaeth) yn ystod Ebrill-Tachwedd 1933. Nid arbedid unrhyw un a fyddai'n meiddio gwrthwynebu'r gyfundrefn. Manteisiodd Hitler ar yr ymchwydd ton o wladgarwch cwbl ddilys a ffynnodd yn ystod y misoedd cynnar hyn ynghyd â thon o fraw. Llwyddodd i greu undod a ystyrid yn amhosibl yn nyddiau ei gyn-reolwyr.

- Dilynwyd annibyniaeth ar y *Reichstag* gyda gwneud y *Länder*, seneddau'r taleithiau, yn israddol i Berlin trwy benodi llywodraethwyr (*Reichstatthalter*) ar gyfer pob talaith.
- Diddymwyd y system etholiadau ar gyfer llywodraethau

taleithiol a bwrdeistrefol y wladwriaeth i gyd. Yn lle'r Almaen ffederal draddodiadol, gyda'i phenarglwyddiaethau'n cystadlu â'i gilydd, cafwyd un wladwriaeth unedig, y Wladwriaeth Almaenig.

- Cafwyd gwared ar wrthwynebwyr posibl eraill, er gwaethaf eu hymdrechion i ymddangos fel pe baent yn cefnogi'r gyfundrefn.
- Ar 2 Mai 1933 meddiannodd yr *SA* a'r *SS* swyddfeydd undebau llafur, a'u cyllid. Portreadodd Goebbels eu harweinwyr yn ei bropaganda fel twyllwyr oedd wedi cadw taliadau'r gweithwyr, ac anfonwyd llawer ohonynt i wersylloedd crynhoi. Yn lle'r undebau llafur sefydlwyd y *Deutsche Arbeitsfront*, Ffrynt Llafur yr Almaen, gyda Robert Ley, cyn-Arweinydd Mudiad y Reich, yn ei arwain, yn ôl y Ddeddf i Drefnu Llafur Cenedlaethol yn 1934.

O fewn dwy flynedd iddynt ddod i rym, roedd bywyd pobl yr Almaen yn ei grynswth, ac eithrio eu crefydd, a hwnnw'n eithriad hollbwysig, wedi ei ad-drefnu dan reolaeth y Natsïaid. Trefnwyd amaethyddiaeth, diwydiant, y proffesiynau 'rhydd', cyfreithwyr a meddygon ar hyd linellau Natsïaidd. Roedd pawb oedd yn dylanwadu ar farn y cyhoedd dan reolaeth swyddogol y Weinyddiaeth Bropaganda, oedd yn anfon cyfarwyddiadau i'r papurau newyddion, y radio, ffilm a theatr. Sicrhaodd Goebbels fod y Weinyddiaeth Bropaganda yn arf grymus i fowldio barn y cyhoedd er mwyn eu cael i dderbyn polisïau Natsïaidd a fyddai'n effeithio ar bob agwedd ar fywydau pobl.

Roedd y pleidiau gwleidyddol oedd wedi goroesi eisoes yn ddiangen ac ni ddangosent unrhyw wrthwynebiad i Hitler mwyach. Aeth rhagddo i gwblhau'r proses o uno trwy yn gyntaf gael gwared ar ei wrthwynebwyr adain chwith. Meddiannwyd eiddo'r Blaid Gomiwnyddol (*KPD*), plaid roedd ei dirprwyon eisoes wedi eu gwahardd o'u seddau yn y *Reichstag*. Dihangodd rhai o aelodau'r Blaid i ymuno â'r mudiad gwrthwynebu cyfrin, ac aeth eraill, er mwyn achub eu crwyn, at y Sosialwyr Cenedlaethol. Ar ôl i'r undebau llafur gael eu had-drefnu, meddiannwyd pencadlys, eiddo a phapurau newydd y Blaid Ddemocrataidd Gymdeithasol ar 10 Mai 1933, ac yna fe'i gwaharddwyd, a bu raid i'w seddau yn y *Reichstag* gael eu hildio ym Mehefin.

Penderfynodd y pleidiau gwleidyddol eraill chwalu yn wirfoddol yn hytrach nag aros am weithredu gelyniaethus. Diddymodd y Blaid Ddemocrataidd (*DDP*), Plaid y Bobl (*DVP*), Plaid Ganol y Catholigion a'r Blaid Genedlaethol (*DNVP*) eu hunain ddiwedd Mehefin/dechrau Gorffennaf. Cafodd y *Stahlhelm*, mudiad cyn-filwyr y dde, oedd â chyswllt â'r *DNVP* yn bennaf ac â thuedd wrth-weriniaeth gref (roedd Hindenburg yn aelod), ei ymgorffori yn yr *SA* ar 21 Mehefin 1933. Roedd arweinydd y *Stahlhelm*, Franz Seldte, wedi dod yn Weinidog Llafur yng nghabinet Hitler yn Ionawr 1933.

Cwblhawyd y broses o uno gydag ordinhad y llywodraeth ar

14 Gorffennaf 1933 yn datgan mai'r *NSDAP* oedd yr unig blaid wleidyddol yn yr Almaen.

Un o nodweddion mwyaf syfrdanol y cynllun Natsïaidd i gipio grym yw'r modd y dinistriwyd yr holl rymoedd gwleidyddol o'r chwith i'r dde mor gyflym. Llwyddodd Hitler mewn llai na phum mis i gipio'r grym, lle roedd Mussolini wedi treulio saith mlynedd yn sicrhau hynny yn yr Eidal. Yn ei ymgais i ennill grym, roedd Hitler wedi sicrhau canoli gwleidyddol oedd yn gyfystyr â chwyldro. Ond byddai'n anghywir tybio, fel roedd ei feirniaid sosialaidd a chomiwnyddol yn barnu, mai unbennaeth a orfodwyd ar bobl anfodlon oedd y llywodraeth Natsïaidd. Llwyddodd Hitler i weithredu ei bolisi, *Gleichschaltung*, heb wrthwynebiad difrifol. Syndod iddo ef oedd y modd y cwympodd gwrthwynebiad yn wyneb nerth a phenderfyniad y Natsïaid, er bod y ffaith fod trais yn fygythiad beunyddiol yn chwarae rhan hefyd.

4 ~ TEYRNASIAD BRAW

Roedd codi ofn a thrais yn elfennau allweddol yn nulliau Hitler i sicrhau ei fod yn ennill ac yn cadw grym. Nid yw astudiaeth haneswyr wedi bod yn ddigonol i fedru egluro'r don o fraw a ledaenodd yng ngwanwyn 1933. Mae'r rhan fwyaf o haneswyr yn canolbwyntio ar y modd y bu i'r arweinyddiaeth ddefnyddio braw yn fwriadol, ond mae yna dystiolaeth ei fod wedi cael ei ddechrau gan y rhengoedd is hefyd. Yn aml, er eu bod yn gorfod ymateb i'r braw, nid yr arweinwyr oedd yn ei gynllunio na'i reoli.
Ceir tystiolaeth i ategu'r farn hon yn hanes digwyddiadau fel:

PRIF YSTYRIAETH

Rôl bygwth a braw yn y broses o uno.

1. Boicotio siopau Iddewon a ddechreuwyd gan yr *SA*. Ar 1 Ebrill safodd dynion yr *SA* yn eu lifrau wrth fynedfeydd busnesau Iddewig yn arddangos placardiau yn rhybuddio pobl a âi heibio i beidio â phrynu oddi wrth Iddewon. Ar y dechrau, roedd Hitler yn awyddus i gyfyngu ar fygythiadau eithafol yn erbyn Iddewon gan ei fod yn pryderu ynghylch sefydlogrwydd gwleidyddol, trefn gyhoeddus a'r adferiad economaidd. Wedyn ceisiodd reoli'r digwyddiad trwy gyhoeddi boicot wedi ei drefnu'n ganolog. Mynnodd Hindenburg a Neurath mai gwaharddiad un diwrnod yn unig ddylai hwn fod. Ni chafodd ei estyn oherwydd dihidrwydd y cyhoedd, adwaith elyniaethus o dramor a'r perygl i'r economi.
2. Roedd diddymu'r undebau llafur yn ymateb tebyg i weithred criwiau o lindagwyr Natsïaidd chwe wythnos cyn i'r arweinyddiaeth feddiannu swyddfeydd yr undebau a'u hymgorffori yn Ffrynt Llafur yr Almaen.
3. Roedd yn rhaid i Hitler hefyd ddelio â chwynion llysgenhadon o dramor bod tramorwyr oedd yn byw yn yr Almaen yn cael eu herlid. Daeth adroddiadau o sawl tref yn sôn am ddigwyddiadau lle roedd stormfilwyr wedi ymosod ar unrhyw un oedd yn siarad iaith dramor neu a oedd yn dywyll ei groen.

Roedd defnyddio trais yn fanteisiol i Hitler gan fod hynny'n dychryn ei wrthwynebwyr gwleidyddol ac yn ddefnyddiol i 'ad-drefnu' llywodraethau'r wladwriaeth nad oeddent dan ei reolaeth. Rhoddai'r cyfle iddo gael gwared ar y llywodraethau blaenorol trwy gyfrwng pwysau oddi isod. Meddiannodd y Blaid neuaddau trefi a chymryd cyn-arweinwyr i'r ddalfa ac felly cipiodd y Natsïaid safleoedd o rym ar lefelau taleithiol a lleol trwy frawychu eu gwrthwynebwyr. Roedd aelodau o'r *SA* yn awyddus am wobr yn ad-daliad am y maith-flynyddoedd peryglus a blinderus roeddent wedi eu treulio yn helpu'r arweinyddiaeth cyn 1933. Roeddent wedi gorymdeithio, wedi ymladd yn erbyn gwrthwynebwyr, wedi mynychu cyfarfodyddd a dioddef anafiadau, ac roeddent yn awr yn disgwyl yn ddiamynedd am ganlyniadau. Erbyn canol Chwefror 1933, doedd dim rheolaeth arnynt. Fe ddechreuasant weithredu ar eu liwt eu hunain a brawychu awdurdodau'r llywodraeth ar lefel daleithiol a lleol. Gwelwyd tystiolaeth o hyn yn y pwysau a roddid ar fusnesau i gyflogi'r *SA* fel comisariaid, sef enw arall ar 'raced amddiffyn'. Roedd ar yr *SA* eisiau dial hefyd. Sefydlasant wersylloedd crynhoi answyddogol mewn selerydd ac adeiladau ffatrïoedd gwag i garcharu gwrthwynebwyr y Natsïaid.

Pryderai'r llywodraeth yn fawr ynghylch y datblygiadau hyn. Teimlai Göring, ac yntau'n Weinidog Cartref, fod yn rhaid iddo gymryd camau yn erbyn yr *SA* oedd yn gweithredu'n anghyfreithlon. Yn ystod Mawrth/Ebrill 1933, pan oedd y polisi *Gleichschaltung* yn cael ei gyflwyno, ofnai'r llywodraeth y byddai'r don o fraw oedd yn lledaenu 'run pryd yn arwain at ryfel cartref neu streic gyffredinol o du'r rhai oedd yn dioddef y trais. Roedd yn anodd rheoli'r sefyllfa ac ofnai'r arweinyddiaeth Natsïaidd y byddai'r fyddin yn ymyrryd i adfer trefn. Rhybuddiodd y llywodraeth yr *SA* sawl gwaith ynghylch eu gweithredu annibynnol ond anwybyddid y rhybuddion. Dyma rybudd Wilhelm Frick, Gweinidog Cartref y Reich, a roddodd ar 6 Hydref, 1933 (dyfynnir yn Noakes a Pridham, *Nazism 1919-1945, A Documentary Reader, Vol. 1*):

C

Pa argraff a wna rhybudd Frick ynghylch agweddau a chymhellion yr SA?

Er gwaethaf datganiadau lu gan Ganghellor y Reich, ac er gwaethaf fy nghylchlythyrau niferus, adroddwyd dro ar ôl tro yn ystod yr wythnosau diwethaf am droseddau arweinwyr eilradd ac aelodau o'r *SA*. Yn fwy na dim, mae arweinwyr yr *SA* a dynion yr *SA*, yn annibynnol, wedi gweithredu fel heddlu, heb unrhyw awdurdod o gwbl ar gyfer gwneud hynny … neu yn anghyson â deddfau a rheolau presennol y llywodraeth Genedlaethol Sosialaidd.

Rhaid i'r troseddau a'r eithafiaeth hon ddod i ben, unwaith ac am byth. Rwy'n ei ddatgan yn ddyletswydd ar Lywyddion y Reich, Llywodraethau'r Wladwriaeth a phob sefydliad eilradd i weithredu yn syth yn erbyn … unrhyw ymgais i ymyrryd heb awdurdod.

Mae adwaith yr arweinyddiaeth Natsïaidd yn awgrymu bod yr elitau traddodiadol oedd yn rheoli yn pryderu, yn enwedig pan fyddai yna ymosodiadau ar fusnesau ac ar y gwasanaeth sifil.

Roeddent yn anfodlon fod yr SA yn tanseilio'r heddlu ac yn casáu'r diffyg trefn yn gyffredinol. Ofnent y byddai'r ymosodiadau hyn yn cael eu defnyddio yn eu herbyn. Cynigiasant ddeddfu i sicrhau nifer o amcanion Natsïaidd, fel gofalu bod gwrthwynebwyr y Natsïaid yn cael eu carthu o'r gwasanaeth sifil. Felly, ar 7 Ebrill cyhoeddwyd deddf yn carthu Iddewon, ar wahân i'r rhai oedd wedi gwasanaethu yn y Rhyfel Byd Cyntaf, o'r gwasanaeth sifil, ynghyd â phobl oedd yn wleidyddol annibynadwy. Gofalodd y Gestapo am adfer trefn gyhoeddus. Deliwyd ag aelodau o'r SA oedd yn gyfrifol am gam-drin a llofruddio gwrthwynebwyr, a chaewyd eu gwersylloedd crynhoi yn selerydd yr SA.

Rhwng 1933 ac 1934 bu brwydr galed am bŵer rhwng y rhai oedd o blaid llywodraeth geidwadol awdurdodaidd a'r Sosialwyr Cenedlaethol brwd a arweinid gan Röhm a'r *SA*. Achosodd y frwydr hon yr argyfwng gwleidyddol mewnol sylweddol cyntaf yn y digwyddiadau y daethpwyd i'w galw yn *'Die Nacht der langen Messer'*, 'Noson y Cyllyll Hirion'.

5 ~ 'NOSON Y CYLLYLL HIRION' – CARTHIAD GWAED MEHEFIN 1934

A *Y problemau oedd yn wynebu Hitler 1933-34*

Daeth yr her i unbennaeth Hitler o'r gystadleuaeth rhwng y blaenoriaethau a'r pwysau a wynebai rhwng Mehefin 1933 a Mehefin 1934. Roedd tair problem a'r rheini'n cydgysylltu.

Gwraidd y gyntaf oedd y rhaniad yn yr *NSDAP* rhwng y ceidwadwyr cenedlaetholgar, cyfalafol a'r chwith sosialaidd oedd yn mynnu cael 'Ail Chwyldro'. Rhan o'r broblem oedd fod tactegau ac amcanion Hitler yn wahanol i rai Röhm. Roedd y berthynas rhwng yr *SA* a'r *Reichswehr* yn broblem arall hefyd. Yn olaf, ag iechyd Hindenburg yn dirywio, ofnai Hitler pan fyddai Hindenburg farw y byddai'r elitau yn gwthio Arlywydd newydd oedd yn geidwadwr arno. Byddai dyn felly yn rhwystro cynllun Hitler i uno swyddi'r Canghellor a'r Arlywydd, cynllun a fyddai'n ei wneud ef yn arweinydd gwleidyddol cydnabyddedig yr Almaen yn hytrach na Changhellor a phen ar Blaid.

Roedd adain chwith y Blaid Natsïaidd, dan arweiniad Röhm, yn pwyso am ail chwyldro sosialaidd i gwblhau'r cipio grym gwleidyddol. Syniad annelwig oedd hwn, ond ei sail oedd y gred y gellid tanseilio'r elitau oedd yn rheoli a chael Natsïaid gyda'u gwerthoedd gwahanol yn eu lle. Roedd ar Röhm a'i gefnogwyr eisiau gweld newidiadau yn y berthynas rhwng dosbarthiadau yn y gymdeithas. Fel y digwyddodd, wedi i Hitler gipio grym yn Ionawr 1933 heb golli gwaed, ymunodd llawer o hen arweinwyr Gweriniaeth Weimar – y cyfalafwyr, y cadfridogion, *Junker* a gwleidyddion ceidwadol – â Hitler, a derbyn swyddi pan gafwyd cyfaddawdu â sefydliadau sefydledig. Roedd Röhm yn ddig oherwydd hyn ac roedd hefyd yn siomedig am nad oedd fawr o wobr i'r *SA*, llawer ohonynt yn ddi-waith. Roedd arno hefyd eisiau i'r *SA* fod yn fyddin newydd, genedlaethol, chwyldroadol yr Almaen. Cynyddodd y drwgdeimlad pan fynnodd Hitler fod yr *SA* yn rhoi'r gorau i'w gweithredu chwyldroadol am eu bod yn brawychu'r cyhoedd. O'i ran ei hun, roedd Hitler yn ymwybodol fod arno angen cefnogaeth y fyddin Almaenig (*Reichswehr*) i fedru cadw'i safle mewn grym ac i ddod yn Arlywydd. Roedd arno hefyd angen eu harbenigrwydd technegol i'w helpu gyda'r rhaglen ailarfogi a lansiodd yn haf 1933. At hynny, roedd ar Hitler ofn colli cefnogaeth y ddau arweinydd newydd yn y Fyddin, y Gweinidog Amddiffyn, Blomberg a'r Prif Swyddog, Reichenau. Yn y diwedd, perswadiodd y ddau hyn Hitler i ddewis rhyngddynt a'r *SA*. Roedd y gwahaniaethau rhwng Hitler a Röhm yn golygu bod gwrthdrawiad yn anochel.

PRIF YSTYRIAETH

Diffyg undod o fewn y blaid Natsïaidd. Rôhm a'r SA yn herio arweinyddiaeth Hitler.

B *Röhm yn herio Hitler*

O Fai 1933 ymlaen roedd Röhm yn beirniadu'r llywodraeth yn gyson oherwydd ei pholisi tramor, yr ymosodiadau ar yr undebau llafur a'r cyfyngu ar hawl i ryddid barn. Condemniai Goebbels, Göring, Himmler a Hess yn hallt, ac roedd yn bersonol ddig oherwydd yr hyn a alwai yn anonestrwydd Hitler. Cyhoeddodd orchymyn i'r *SA* yn eu rhybuddio rhag 'ffrindiau ffals' a 'dathliadau ffals' ac yn eu hatgoffa o'r amcanion oedd heb eu cyflawni. Rhybuddiodd na fyddai'r *SA* a'r *SS* yn goddef i'r chwyldro Almaenaidd 'fynd i gysgu na chael ei fradychu ar hanner y ffordd gan anymladdwyr'. Ym Mehefin, aeth gam ymhellach gydag erthygl bapur newydd chwerw yn ymosod ar Hitler ac yn ei ddisgrifio fel un 'pwdr'. Yn yr erthygl (a ddyfynnir yn *Hitler* gan J.C. Fest) ysgrifennodd:

C

Beth yw beirniadaeth Röhm ar Hitler?

> Mae'n bradychu pawb ohonom. Nid yw'n gwneud dim â neb ond adweithwyr. Nid yw ei hen gymdeithon yn ddigon da iddo. Felly, mae'n dod â'r cadfridogion hyn o Ddwyrain Prwsia i mewn. Rhain yw'r rhai mae'n gyfeillgar â nhw 'nawr ... Mae Adolf yn gwybod yn iawn beth sydd arna i ei eisiau. Rwyf wedi dweud wrtho ddigon o weithiau. Nid ail gawl o fyddin y Kaiser, gyda'r un un hen lysiau. Ydyn ni'n chwyldro neu ddim? ... Rhaid dod â rhywbeth newydd i mewn, deallwch! Mae'r cadfridogion yn hen begoriaid. Ni chânt syniadau newydd fyth ...
>
> Mae arno eisiau etifeddu byddin barod a all weithredu'n syth. Mae arno eisiau 'arbenigwyr' i'w rhoi at ei gilydd. Pan glywaf i'r gair yna, rwy'n gwylltio. Bydd yn ei gwneud yn Sosialaidd Genedlaethol yn nes ymlaen, meddai. Ond yn gyntaf mae'n ei throsglwyddo i'r cadfridogion Prwsiaidd. O ble ddiawl mae'r ysbryd chwyldroadol i ddod wedyn? Oddi wrth griw o hen begoriaid nad ydynt yn sicr yn mynd i ennill y rhyfel newydd? Peidiwch â cheisio 'nhwyllo i, bawb ohonoch. Rydych yn gadael i holl galon ac enaid ein mudiad fynd i ddistryw.

Ymateb Hitler i'r her hon oedd traddodi araith i'w *Gauleiter* yn Berlin, ar 2 Chwefror 1934. Rhybuddiodd hwy rhag chwyldro parhaol na allai ond arwain at 'sefyllfa o anhrefn parhaol', a galwodd am swyddogion teyrngar a fyddai'n derbyn awdurdod yr arweinydd ac na fyddent yn bygwth y 'chwyldro' trwy ymryson â'i gilydd. 'Dim ond un dyn all fod yn arweinydd ... rhaid i ni

PRIF YSTYRIAETH

Ymateb Hitler i her Röhm a'r SA.

beidio â chael ymrysonau oddi mewn ... rhaid i ni beidio ag ymgymryd â mwy nag un frwydr ar y tro'. Roedd yn ymwybodol fod Röhm yn cynrychioli bygythiad parhaol a allai hyrwyddo *putsch*. Ond nid Hitler yn unig roedd Röhm yn ei herio. Roedd hefyd yn cythruddo Natsïaid uchelgeisiol eraill mewn grym fel eu bod i gyd yn barod i wthio Hitler i ddinistrio'r *SA*. Felly roedd yma uno ar yr un pryd â rhyfel cartref.

C *Digwyddiadau yn arwain at Garthiad Gwaed 30 Mehefin 1934*

PRIF YSTYRIAETH

Ymateb Papen a'r elitau i her Röhm.

Gan eu bod yn rhag-weld marwolaeth Hindenburg, aeth Papen a'i gynghreiriaid ceidwadol ati i wneud rhyw fath o safiad. Ar 17 Mehefin 1937, ym Mhrifysgol Marburg, traddododd Papen araith chwerw iawn, a ysgrifennwyd gan Edgar Jung, yn condemnio'r chwyldro Sosialaidd Cenedlaethol oherwydd ei drais a'i radicaliaeth. Beirniadodd Papen hefyd y polisi o *Gleichschaltung* a phrotestiodd yn erbyn yr 'hawl annaturiol i gyfanrwydd'. Rhybuddiodd yn erbyn 'chwyldro parhaol oddi isod' a datgan 'pe bai yna ail "don o fywyd newydd" y byddai'n rhaid iddi fod nid yn chwyldro cymdeithasol ond yn gyflawniad creadigol o'r gwaith sydd wedi ei ddechrau eisoes'. Achosodd yr araith hon gryn gyffro a chodi gobeithion llawer o bobl, ond ni chafwyd gweithredu i ddilyn y geiriau.

Roedd Hitler wedi gwylltio'n ddifrifol ac yn gweld ailymddangosiad Papen fel sialens bersonol. Ond hyd yn oed wedyn, ceisiodd ymresymu â Röhm mewn sgwrs bum awr ar 4 Mehefin. Gofynnodd i Röhm anghofio'r syniad o ail chwyldro a pheidio â chreu helynt. Er iddo addo na fyddai'n dadfyddino'r *SA*, gorchmynnodd iddynt gymryd seibiant drwy gydol Awst ac i beidio â gwisgo lifrai yn ystod y cyfnod hwnnw. Erbyn hyn, roedd Hitler wedi penderfynu bod yn rhaid cael gwared ar Röhm a'i ddilynwyr, er mai adroddiadau Göring a Himmler fod yna sibrydion fod yr *SA* yn bwriadu terfysgu ar 31 Mehefin yn Berlin a München a'i gwthiodd i weithredu yn y diwedd. Ar 28 Mehefin ymwelodd Hitler â'r Rheindir i fynd i briodas *Gauleiter* ac i arolygu rhai ffatrïoedd lleol. Gorchmynnodd i Röhm orchymyn prif arweinwyr yr *SA* i ymuno ag ef yn Bad Wiessee, 30 milltir i'r de o München, lle roedd Röhm yn aros. Gorchmynnwyd yr *SS* a'r *SD* (gwasanaeth gwarchod y Wladwriaeth, *Sicherheitsdienst*) i gadw golwg barcud ar yr *SA*. Gwarantwyd cefnogaeth y fyddin wedi i Hitler addo mai'r fyddin fyddai'r pŵer cenedlaethol ac y byddai'r *SA* yn cael eu cadw'n israddol. Yn ystod y nos ar 29/30 Mehefin hedfanodd Hitler i München ac arestio Röhm yn ei westy. Gwrthododd Röhm ei saethu ei hun a chafodd ei ddienyddio ddeuddydd yn ddiweddarach yn ei gell. Arestiwyd eraill o'r *SA* ar eu ffordd i'r cyfarfod a chawsant hwythau eu dienyddio yn ddiweddarach. Yn y cyfamser gorchmynnodd Göring arestio aelodau o'r *SA* yn Berlin a dinasoedd eraill. Does neb yn gwybod faint a laddwyd, ond amcangyfrifir bod 77 Natsi blaenllaw a thua 100 o rai eraill, y mwyafrif ar adain chwith y Blaid, wedi eu lladd. Ymysg arweinwyr yr *SA* a laddwyd roedd Edmund Heines, Fritz von Krausser, August Schneidhüber, Karl Ernst, Hans Hayn a Peter von Heydebreck. Gwelodd Hitler ei gyfle i garthu ei elynion, ei wrthwynebwyr a'i feirniaid, nid yn unig o fewn yr *NSDAP* ond hefyd yn gyffredinol. Roedd y rhain yn cynnwys sawl aelod o staff von Papen, Edgar Jung yn un ohonynt, ynghyd â'r Cadfridog von Schleicher, ei wraig a ffrind, y Cadfridog von Bredow, nifer o offeiriaid Catholig, gan gynnwys y Tad Bernard Stempfle, yn ogystal â Gregor Strasser a Gustav von Kahr (gw. tt. 58-9), y dyn oedd wedi bradychu ei addewid gwreiddiol i gefnogi *Putsch* y Neuadd Gwrw yn 1923. Saethwyd nifer o Iddewon i ddarparu difyrrwch i'r *SS*.

THEY SALUTE WITH BOTH HANDS NOW.

LLUN 25
Cartŵn o'r Evening Standard, *3 Gorffennaf 1934 yn dangos Hitler, Göring fel arwr Lychlynnaidd, a Goebbels yn cropian, gyda'r fyddin Almaenig yn gefn iddynt, yn ymosod ar yr* SA

Ch *Arwyddocâd y digwyddiad*

Trwy'r digwyddiad hwn, roedd Hitler wedi datrys llawer o'r prif broblemau oedd yn ei wynebu. Cafodd wared ar Röhm a'i *SA* gwrthryfelgar, gan felly fodloni gofynion y fyddin a rhoi terfyn ar anfodlonrwydd y cyhoedd ynglŷn â'r trais ar y strydoedd a'r bygythiadau. Collodd yr *SA* eu pwysigrwydd ond fe gymerodd yr *SS*, dan arweinyddiaeth Himmler, eu lle yn fuan fel yr ymerodraeth fwyaf grymus a brawychus o fewn y wladwriaeth Natsïaidd. Roedd Hitler hefyd wedi difetha cynlluniau'r ceidwadwyr a arweinid gan Papen, ac eto roedd wedi cadw'n annibynnol ar y cyfan. Roedd wedi aberthu'r 'hen ymladdwyr' i'w brif amcanion: sefydlogrwydd gwleidyddol ac adferiad economaidd. Oherwydd 'Helynt Röhm', fel y cyfeirid at y carthiad gwaed, roedd Hitler wedi ei ddyrchafu ac wedi ennill bri a phoblogrwydd, ar draul ei fudiad ei hun. Mewn araith i'r *Reichstag* ar 13 Gorffennaf dywedodd fod ei weithredoedd yn gyfiawn gan ei fod yn diogelu pobl yr Almaen rhag 'drwg ymddwyn' ac 'eithafion meddw' dynion oedd 'yn atgas i'r eithaf'. Lluniodd Frick ddeddf oedd yn datgan bod holl weithredoedd Hitler yn y carthiad gwaed yn gyfreithiol ac yn deilwng o wladweinydd. Fe'i pasiwyd ar fyrder yn y *Reichstag*, a oedd erbyn hyn yn gynulliad Natsïaidd.

6 ~ MARWOLAETH HINDENBURG

PRIF YSTYRIAETH

Hitler yn cwblhau'r chwyldro Natsïaidd.

Ar 2 Awst 1934 bu farw Hindenburg yn 87 oed. Roedd wedi gwasanaethu fel Arlywydd Gweriniaeth Weimar am naw mlynedd. Sail ei boblogrwydd oedd ei enw da fel Maeslywydd enwog yn rhyfel 1914-18 a'r ffaith ei fod i bob golwg yn cynrychioli i bobl yr Almaen symbol o anrhydedd a sefydlogrwydd. Mewn datganiad gan y llywodraeth fe'i cymeradwywyd fel 'cofeb anferthol o'r gorffennol pell' gyda'i 'wasanaethau aneirif bron' wedi cyrraedd y brig 'ar 30 Ionawr, 1933 .... [pan] agorodd byrth y Reich i'r Mudiad Sosialaidd Cenedlaethol Ifanc', ac arwain Almaen ddoe i 'berthynas ddofn o gymod' ag Almaen yfory, gan ddod yn nyddiau heddwch yr hyn oedd yn nyddiau rhyfel, sef 'myth cenedlaethol pobl yr Almaen'. Yn ystod pum mlynedd olaf ei fywyd, roedd wedi dangos arwyddion ei fod yn mynd yn fwy ffwndrus ond roedd Hitler, gan sylweddoli mor bwysig oedd enw da Hindenburg a'i safle yng ngolwg pobl yr Almaen a'r fyddin, yn barod i aros. O fewn awr i'r newydd gyrraedd fod yr hen Arlywydd wedi marw, cyhoeddodd Hitler y byddai swydd y Canghellor ac un yr Arlywydd yn cael eu cyfuno ac y byddai ef yn cymryd y teitlau *Führer* a *Reichskanzler*. Gan ddefnyddio pwerau arlywyddol daeth yn Gadbennaeth y lluoedd arfog. Tyngodd swyddogion a milwyr cyffredin lw o ffyddlondeb i Hitler gan ei enwi yn y llw. Roedd y chwyldro Natsïaidd wedi'i gyflawni. Fodd bynnag, roedd eto rai cyfyngiadau ar bŵer Hitler: nid oedd wedi ennill rheolaeth ar y fyddin na'r eglwysi, ac roedd yn dal i ddibynnu ar gynghrair gyda'r elitau. Ar wahân i'r ystyriaethau hyn, roedd goruchafiaeth y *Führer* yn amlwg ymhob cylch o'r Blaid a'r Wladwriaeth. Ef a benderfynai ar bolisi, llunio deddfau a rheoli polisi tramor. (Byddwn yn edrych ar feistrolaeth Hitler ar y Drydedd Reich yn y bennod nesaf).

Ar 6 Awst daeth aelodau o'r *Reichstag* ynghyd yn Nhŷ Opera Kroll i glywed araith Hitler er cof am yr hen Faeslywydd. Trodd y cyfarfod yn ddigwyddiad theatraidd a'i ddefnyddio i ledaenu propaganda, gan chwarae cerddoriaeth Wagner a chael y fyddin a'r *SS* i orymdeithio. Yn ogystal, dywedodd Hitler y byddai enw Hindenburg yn dal i fod yn anfarwol 'hyd yn oed pan fydd gweddillion olaf ei gorff wedi diflannu'. Diweddodd gyda'r geiriau, 'Annwyl ryfelwr, 'nawr dos i Falhala!'

Ar 19 Awst gwahoddwyd pobl yr Almaen i bleidleisio i ddangos eu bod yn bleidiol i Hitler gymryd y teitl '*Führer*'. Cyn iddynt bleidleisio, yn ffodus, daethpwyd o hyd i ewyllys wleidyddol Hindenburg y tybid ei bod ar goll. Yn hon roedd y Maeslywydd yn sôn yn gynnes am ei gyfeillgarwch â Hitler ac am ei waith yn creu undod cenedlaethol. Yna, yn olaf, fel un arwydd llawn teimlad arall, darlledodd mab Hindenburg, y Cyrnol Oskar von Hindenburg, neges i'r genedl ar y noswyl cyn y bleidlais, 'roedd fy nhad wedi gweld yn Adolf Hitler ei olynydd uniongyrchol ... Rwy'n gweithredu yn ôl dymuniad fy nhad wrth alw ar holl ddynion a merched yr Almaen i bleidleisio i drosglwyddo swydd fy nhad i'r *Führer*'.

Aeth 95.7 y cant o'r 45 miliwn o bleidleiswyr i bleidleisio ac o'r rhain pleidleisiodd 89.93 y cant o blaid Hitler. Dim ond 4.5 miliwn fu'n ddigon dewr i ddweud 'Na', a difethodd 870,000 arall eu papurau. Y diwrnod ar ôl y canlyniadau, ysgrifennodd Hitler at y Gweinidog Amddiffyn, y Cadfridog Werner von Blomberg, oedd yn cydymdeimlo â'r Natsïaid, yn datgan ei ddiolch am gefnogaeth a theyrngarwch y ***Wehrmacht***. Addawodd 'gefnogi bodolaeth barhaol' ac annibyniaeth y lluoedd arfog ac i sefydlu'r fyddin fel 'unig gludwyr arfau'r genedl'.

Wehrmacht byddin y Drydedd Reich, term a ddefnyddiwyd ers 1935 yn lle *Reichswehr*, yr enw a ddefnyddid yn ystod Gweriniaeth Weimar

7 ~ HITLER YN SEFYDLU EI UNBENNAETH, 1934-8

A *Sut y bu i Hitler gadw grym ar ôl 1934 – ffactorau oedd yn dylanwadu*

Ar ôl 1934 collodd sefydliadau allweddol y llywodraeth eu pwysigrwydd i raddau helaeth. Roedd Hitler a Natsïaid blaenllaw eraill yn tra-arglwyddiaethu ar y cabinet ac fe gâi ei ddefnyddio llai a llai fel prif gyfrwng llywodraethu. Ni ddiflannodd y *Reichstag*, ond diflannodd y pleidiau gwleidyddol. Daeth y *Reichstag* yn gynulliad Natsïaidd o ddynion dewisol o'r blaid. Nid oedd yn deddfu, dim ond yn cynghori a chymeradwyo polisïau Hitler.

Roedd llywodraeth, gweinyddiad a threfniadaeth y blaid yn yr Almaen Natsïaidd yn gymhleth iawn. Trefnwyd yr Almaen yn wladwriaethau, taleithiau ac ardaloedd, ond nid oedd y rhaniadau gwleidyddol a gweinyddol hyn yn cyfateb i raniadau'r blaid, y *Gaue*. Roedd gan y fyddin ei hardaloedd daearyddol ei hun (*Wehrkreise*), ac roedd gan yr *SA*, yr *SS* a Ieuenctid Hitler eu mudiadau neilltuol. Daeth pŵer i ddwylo nifer o ymerodraethau personol oedd yn cystadlu â'i gilydd: yr Heddlu (Heinrich Himmler), yr Ail Gynllun Pedair Blynedd (Hermann Göring), Propaganda (Joseph Goebbels), a'r Ffrynt Llafur (Robert Ley). O fewn eu cylchoedd eu hunain roedd gan y prif arweinwyr Natsïaidd hyn gryn annibyniaeth, er bod Hitler yn oruchaf yn y pen draw (byddwn yn sôn eto yn y bennod nesaf am reolaeth Hitler yn y wladwriaeth Natsïaidd). Roedd y drefn yn gweithio yn ddidostur o effeithiol.

Gweithredai Hitler fel Arweinydd y Blaid a Phennaeth y Wladwriaeth trwy bedwar llys canghellor neu swyddfa:

- Arlywyddol dan Dr Meissner
- Y Wladwriaeth fel Prif Weinidog a *Reichkanzler* dan Dr Lammers
- Y Blaid dan Rudolf Hess
- Llys Canghellor y *Führer*, i ddelio â'i weithgareddau personol, dan Philipp Bouhler

Roedd goruchafiaeth ddiwrthwynebiad Hitler yn lleihau pwysigrwydd llywodraethu trwy'r cabinet, ac anaml y byddai'n cyfarfod. Nid oedd gweinidogion bellach yn rhydd i ddadlau na thrafod. Fe ddaethant yn asiantau i Hitler a pholisi'r plaid.

Llwyddodd Hitler i greu ymdeimlad newydd o hunanhyder a chred y gellid datrys holl broblemau'r Almaen, adfer trefn a disgyblaeth ac osgoi bygythiad comiwnyddiaeth. Derbyniwyd Hitler a'i lywodraeth gref. Adferiad economaidd oedd sail llwyddiant y Natsïaid oherwydd sylweddolai Hitler fod ennill cefnogaeth mwyafrif y boblogaeth yn hanfodol. Byddwn yn edrych ar y modd yr adferwyd yr economi ym mhennod 13, ond digon dweud bod adferiad wedi ei sicrhau trwy leihau diweithdra, gofalu am fwy o elw, rheoli chwyddiant a sefydlogi arian cyfred. Roedd yn ddiwygio a arweinid gan y Wladwriaeth, yn seiliedig ar fuddsoddiad gwladwriaethol sylweddol mewn gwaith cyhoeddus ac, ar ôl 1936, mewn diwydiannau oedd yn gwasanaethu ymgyrch ailarfogi'r wladwriaeth, nes bod prinder gweithwyr erbyn 1939. Rhoddwyd archebion enfawr ar gyfraddau buddiol i ddiwydianwyr, oedd wedi eu rhyddhau o gyfyngiadau undebau llafur. Yn ôl deddf yng Ngorffennaf 1933 caent hawl i ffurfio **cartél**. Nid oedd y tirfeddianwyr bonheddig, yn enwedig yn Prwsia, wedi eu hennill yn llwyr ond roeddent yn mwynhau rhai manteision. Roedd prisiau cynhyrchion wedi eu sefydlogi yn uchel uwchben costau. Caent gredyd o'r Wladwriaeth ar delerau rhwydd ac nid oedd raid iddynt ofni colli eu tir. Enillwyd elitau yn y fyddin trwy bolisi tramor Hitler oedd yn ffafrio ehangu. Roedd hyn yn cynnig cyfleoedd i feibion, a chafwyd cymod rhwng y tirfeddianwyr bonheddig a'r Natsïaid. Dangosodd Hitler gamp aruthrol wrth ymdrin â'r fyddin oherwydd y fyddin oedd y ffactor bwysicaf wrth sefydlu ei gyfundrefn ar sail gadarn.

cartél trefn werthu ganolog yn caniatáu i bob aelod gynhyrchu rhan benodol o'r cyfanswm cynnyrch, ac yn dirwyo'r rhai oedd yn gorgynhyrchu

Yn cynnal rheolaeth Hitler oedd teyrnasiad braw. Defnyddiodd gyfuniad o berswâd a thwyll mewn modd trefnus ar gyfer y dorf. Cyfunwyd hyn â braw trwy'r *SA* a'r *SS*, y gwersylloedd crynhoi, y *Gestapo*, arestio, carcharu a dienyddio. Daeth yr *SS* i fod yn arf â phŵer aruthrol – caent eu parchu a'u hofni. Roedd yn arf hynod weithredol, bwystfilaidd a didostur wrth weithredu dyletswyddau heddlu a gweinyddu'r gwersylloedd. Daeth y gwersylloedd, fel yr un a adeiladwyd yn Dachau ym Mawrth 1933, yn brif arf y brawychu – câi Iddewon, comiwnyddion a sosialwyr eu disgyblu'n fileinig ynddynt. Defnyddiwyd y gwersylloedd i fygu gwrthwynebiad ac i atal beirniadaeth ac anfodlonrwydd. Llwyddwyd i frawychu pobl. (Trafodir gwrthwynebiad a gwrthsafiad ym Mhennod 11).

B *Y gyfundrefn yn troi'n radical, 1938*

O gyfnod ei sefydlu yn 1933 hyd fisoedd cynnar 1938, roedd y gyfundrefn Natsïaidd yn ddibynnol ar gydweithrediad yr elitau pwerus yng nghymdeithas yr Almaen, yn enwedig y fyddin (*Reichswehr*) a dynion busnes. Dim ond trwy gefnogaeth y fyddin y daeth Cabinet Hitler yn bosibl, fel y dengys penodiad von Blomberg yn Weinidog Amddiffyn. (gw. tud. 195) Roedd angen cydweithrediad diwydiant a busnes i adfer yr economi, a heb hynny ni fyddai'r bobl yn gyffredinol wedi derbyn y llywodraeth Natsïaidd. Roedd cydweithrediad diwydianwyr â Hitler i'w weld ym mhenodiad Schacht fel unben economaidd i bob pwrpas. Gan fod yr Arlywydd Hindenburg wedi penodi Hitler yn Ganghellor mewn modd agored, cyfreithiol, er bod yna chwyldro wedi digwydd mewn gwirionedd, roedd holl beirianwaith biwrocrataidd yr Almaen hefyd ar gael at wasanaeth y llywodraeth newydd. O safbwynt polisi tramor, roedd hyn yn golygu bod yn rhaid i Hitler weithredu ar y cychwyn trwy swyddfa dramor yr Almaen a'r corfflu diplomyddol traddodiadol, cydweithrediad a arwyddwyd trwy gadw Neurath yn ei swydd fel Gweinidog Tramor.

Daeth y ddibyniaeth hon ar yr elitau i ben ar ôl i Hitler gynnal cyfarfod ar 5 Tachwedd 1937, gyda phenaethiaid lluoedd arfog yr Almaen a'r Gweinidog Tramor, von Neurath, yn Llys y Canghellor yn Berlin. Y rhai oedd yn bresennol o'r lluoedd arfog oedd y Maeslywydd von Blomberg, y Gweinidog Amddiffyn, y Cyrnol-Gadfridog von Fritsch a'r Llyngesydd Raeder, Cadbenaethiaid y fyddin a'r llynges, a Göring yn rhinwedd ei swydd fel pennaeth y llu awyr. Galwyd y cyfarfod i drafod dosbarthiad dur prin rhwng y lluoedd arfog, yn enwedig siâr y llynges. Manteisiodd Hitler ar y cyfle i amlinellu'r cam nesaf yn ei gynllun i wrthdroi cytundeb tiriogaeth Versailles. Roedd yna gefnogaeth eang i hyn yn yr Almaen, yn enwedig ymysg yr elitau. Ni wrthwynebodd eu cynrychiolwyr yng nghyfarfod Hossbach amcanion Hitler ynghylch Awstria a Tsiecoslofacia. Dim ond yr amseru, y risgiau a chyflwr ailarfogiad oedd yn bryder i Blomberg, Neurath a Fritsch. Ond roedd Hitler yn ddigon ymwybodol y gallent rwystro ei bolisïau i groesawu cyfle i gael gwared arnynt. Yn Nhachwedd 1937 ni allai fod wedi rhag-weld amgylchiadau argyfwng Blomberg-Fritsch, ond pan ddaeth bu o fantais iddo. Ar 12 Ionawr 1938 priododd Blomberg wraig oedd wedi bod yn butain, a chyhuddwyd Fritsch, ar gam, o fod yn hoyw. Ymddiswyddodd y ddau. Prysurodd hyn gyfres o ddigwyddiadau a alluogodd Hitler i wneud newidiadau mawr ym mhersonél a threfniadaeth y lluoedd arfog a'r Swyddfa Dramor (*Auswärtiges Amt*).

Memorandwm Hossbach, tt. 388–90

Ar ddechrau Chwefror, fe'i penododd ei hun yn Bencadlywydd y lluoedd arfog (*Oberkommando der Wehrmacht*, neu *OKW*), gyda Keitel yn Bennaeth Staff iddo. Cymerodd Brauchitsch, cydymdeimlwr â'r Natsïaid, le Fritsch fel Pencadlywydd y fyddin (*Oberste Heeresleitung, OHL*). Daeth Ribbentrop, dyn ag uchelgais o blesio'r *Führer* yn fwy na dim, yn Weinidog Tramor yn lle Neurath. Cafwyd nifer fawr o newidiadau milwrol a diplomyddol llai. Yn naturiol, creodd hyn yr argraff fod yna argyfwng o ryw fath yn y gyfundrefn, ac er mwyn tynnu sylw oddi ar hynny cyfeddiannwyd Awstria ym Mawrth 1938, heb ergyd gwn. Rhoddodd yr *Anschluss* (Uno) hwn y fath

Anschluss, tt. 390–1

fuddugoliaeth i Hitler fel bod unrhyw siawns o'i wrthwynebu o blith rhengoedd uchaf y sefydliadau milwrol a sifil yn llawer llai o hynny ymlaen. Wedi eu rhyddhau o'u dibyniaeth ar yr elitau, daeth Natsïaid mwy radical i'r amlwg i ddylanwadu ac fe fabwysiadwyd polisi ymosodol gartref yn erbyn yr unigolion hynny a labelwyd yn amhur eu hil – Iddewon, Sipsiwn a'r anabl yn feddyliol a chorfforol.

8 ~ LLYFRYDDIAETH

Mae Pennod 5 llyfr J. Noakes a G. Pridham *Nazism 1919-1945, A Documentary Reader, Vol.1 – The Rise to Power 1919-1934* (University of Exeter 1983) yn cwmpasu hanes Hitler yn cipio grym 1933-4. Mae yma sylwadau da a ffynonellau sy'n manylu ar y prif gamau yn chwyldro cyfreithiol Hitler.

Mae'r mwyafrif o'r haneswyr cyffredinol yn sôn am gamau Hitler tuag at ennill a chyfnerthu grym ond yn tueddu i drafod y digwyddiadau yn gyffredinol iawn. Ymysg y rhain mae William Carr, *A History of Germany 1815-1945* (Arnold 1992), Volker Berghahn, *Modern Germany* (Cambridge UP 1987), E.J. Feuchtwanger, *From Weimar to Hitler: Germany 1918-1933* (Macmillan 1995) a hefyd *Germany 1916-1941* (Sempringham Studies, 1997), a John Laver, *Hitler, Germany's Fate or Germany's misfortune?* (Hodder & Staughton 1995). Mae Gordon Craig yn *Germany 1866-1945* (Oxford UP 1981) yn cyflwyno ymdriniaeth naratif lawn. Mae Rhan 2 o lyfr D.G. Williamson, *The Third Reich* (Longman Seminar Series 1982) yn darparu cyflwyniad defnyddiol i chwyldro cyfreithiol Hitler a'r cyfnerthu grym, gan gynnwys trechu'r Ail Chwyldro. Gellir defnyddio hwn fel man cychwyn ar gyfer dilyniant mwy manwl fel yr un a geir yn J.C. Fest, *Hitler, Book V: Seizure of Power* (Weidenfeld & Nicolson 1973).

9 ~ CWESTIYNAU TRAFOD

A *Mae'r adran hon yn cynnwys cwestiynau y gellir eu defnyddio i drafod neu i brofi eich dealltwriaeth o brif themâu'r bennod.*

1. Pa ran a chwaraeodd cyfreithlondeb a braw pan gipiodd y Natsïaid rym a'i gyfnerthu yn 1933-34?
2. Pam na wynebodd Hitler fwy o wrthwynebiad i'w ymgyrch i gipio grym rhwng 1933-34?
3. (a) 'Yr allwedd i rym Hitler oedd y modd y gweithredodd yn gyflym i niwtraleiddio ei wrthwynebwyr posibl yn ystod misoedd cynnar ei Gangelloriaeth.'
   (b) 'Nid oedd unbennaeth Hitler yn ddiogel hyd 1938 ar ei chynharaf.'
   Pa un o'r ddau osodiad hyn sydd fwyaf argyhoeddiadol wrth ystyried ymdrech Hitler i gyfnerthu ei rym ar ôl Ionawr 1938?

10 ~ CWESTIYNAU TRAETHAWD

A *Cwestiynau dwy ran*

1. (a) Pwy oedd dioddefwyr pwysicaf 'Noson y Cyllyll Hirion"?
   (b) Beth a enillodd y gyfundrefn a beth a gollodd o ganlyniad i

garthiad gwaed Mehefin 1934?

2. (a) Beth oedd prif amcanion y rhai oedd yn gobeithio am 'Ail Chwyldro' yn 1933 ac 1934?
   (b) Pam y bu iddynt fethu cyflawni eu hamcanion?
3. (a) Disgrifiwch rôl Ernst Röhm yn y digwyddiadau a arweiniodd at garthiad gwaed Mehefin 1934.
   (b) Pam y bu i Hitler weithredu'r carthiad ym Mehefin 1934?

A *Cwestiynau Traethawd*

1. I ba raddau, a sut, y bu i Hitler gyfnerthu ei safle erbyn diwedd 1934?
2. Beth a gollodd y llywodraeth Natsïaidd a beth a enillodd trwy ddigwyddiadau 1934, o'r argyfwng ym Mehefin i rali fuddugoliaethus Nuremberg ym Medi?
3. 'Cyfnod o uno yr un pryd â rhyfel cartref.'
   I ba raddau rydych chi'n cytuno â'r asesiad hwn o ymdrech y Natsïaid i gyfnerthu eu grym yn 1933 ac 1934?
4. 'Profodd digwyddiadau 1934 nad oedd gan y llywodraeth Natsïaidd unrhyw fwriad o gyflawni ei haddewidion i sicrhau Chwyldro Cymdeithasol yn yr Almaen.'
   Ydych chi'n cytuno â'r farn hon?
5. 'Roedd cyfyngiadau pwysig yn dal i lesteirio Hitler rhag gweithredu'n rhydd ar ôl 1934.'
   I ba raddau rydych chi'n cytuno â'r farn hon?
6. 'Yn syml, bu i'r Natsïaid gyfnerthu eu grym mor rhwydd yn ystod y cyfnod Ionawr 1933 i Fehefin 1934 oherwydd eu bod yn brawychu a gormesu.'
   I ba raddau rydych chi'n cytuno â'r farn hon?

11 ~ GWNEUD NODIADAU

Darllenwch yr adran gynghori ar wneud nodiadau ar dudalen xx o'r *Rhagair: Sut i ddefnyddio'r llyfr hwn*, ac yna gwnewch eich nodiadau eich hun yn seiliedig ar y penawdau a'r cwestiynau canlynol.

1. *Hitler yn diogelu ei unbennaeth*

Mae'r adran hon yn ymwneud â'r gwahanol gamau a gymerodd Hitler i ddiogelu ei safle. Yn ei eiriau ef ei hun 'dim ond amlinellu maes y brwydro roedd y Cyfansoddiad, nid y nod'. Nodwch y polisïau a ddilynodd i gyfnerthu ei rym o fewn y *Reichstag* ac o fewn y wlad:

(a) Pam y bu iddo alw etholiad ar 5 Mawrth 1933? Ysgrifennwch sylwadau ar bob un o'r canlynol:
   - Araith 'Apêl i'r Genedl';
   - defnyddio Göring, gweinidog Prwsia, fel 'prif arf';
   - Tân y *Reichstag*, 27 Chwefror 1933;
   - Ordinhadau Argyfwng er Amddiffyn Pobl yr Almaen – defnydd Hitler ohonynt fel 'math o *coup d'etat*' fel 'trwy gymryd mantais o'r tân fe wnaeth y Natsïaid y weithred yn eiddo iddynt eu hunain';
   - ymgyrch yn erbyn y comiwnyddion.

Ond roedd llwyddiant y polisïau hyn yn gyfyngedig fel y dengys canlyniadau etholiadau 5 Mawrth.

- etholiadau 5 Mawrth – rôl yr *SA* a gweithredwyr y Blaid. Cymharwch y canlyniad gydag un yr etholiadau blaenorol yn Nhachwedd; o ble daeth y pleidleisiau ychwanegol i'r Natsïaid?
- 'Diwrnod Potsdam', 21 Mawrth – arwyddocâd y digwyddiad hwnnw?
- Y Ddeddf Alluogi, 23 Mawrth – pa ran a chwaraeodd Plaid y Canol? Pa bwerau oedd y Ddeddf yn eu rhoi i Hitler a sut y ceisiodd eu defnyddio?

(b) Nodwch y polisïau a ddilynodd Hitler i gyflawni'r cysyniad o gydgysylltu (h.y. *Gleichschaltung*). Yn eich dadansoddiad soniwch am uno pob un o'r canlynol:

- *Reichstag* – y Ddeddf Alluogi;
- undebau llafur;
- gwrthwynebwyr/pleidiau gwleidyddol;
- *Länder*/llywodraethau'r wladwriaeth.

2. *Pa her a gynigiodd Röhm a'r* SA *i Hitler gan roi'r argraff fod yma gyfnod o uno a rhyfel cartref yr un pryd ac a olygai fod yr* SA *yn cynrychioli 'etifeddiaeth annifyr o'r blynyddoedd o ymdrech'?*

(a) Beth oedd y prif wahaniaethau ym mlaenoriaethau gwleidyddol Hitler a Röhm bryd hyn a arweiniodd at her i arweinyddiaeth Hitler?

(b) Pa ran a chwaraeodd y *Reichswehr* a Hindenburg yn argyfwng Hitler/Röhm?

(c) Ym mha ffordd y gellir dweud bod Hitler wedi mynd rhagddo 'rywsut-rywsut a chydag ysbeidiau o amheuaeth ac ansicrwydd tuag at wrthdaro â'r SA'?

(ch) Pa gytundeb terfynol a ffurfiodd Hitler â'r Cadfridogion?

3. *Sut y bu i Hitler ddefnyddio 'teyrnasiad braw' i drechu gwrthwynebiad?*

12 ~ CYNLLUNIO CWESTIWN DWY RAN

Defnyddiwch y cynllun a ganlyn i'ch helpu i ysgrifennu traethawd dwy ran o'r math a gewch mewn arholiad Uwchgyfrannol, gan ateb y cwestiynau a ganlyn:

(a) Ym mha ffyrdd y bu i Hitler a'r Natsïaid ddatgysylltu rhyddid democrataidd yr Almaen dan Weriniaeth Weimar?

(b) I ba raddau y bu i Hitler gyfnerthu ei Gangelloriaeth erbyn diwedd 1933?

Mae *is-gwestiwn (a)* yn gofyn i chi adnabod y ffyrdd gwahanol a fabwysiadodd Hitler i ddatgysylltu'r agweddau ar ryddid democrataidd. Golyga hyn fod angen i chi ddeall beth a olygir wrth y term 'democratiaeth' a'r dulliau cyfreithlon ac anghyfreithlon a ddefnyddiodd y gyfundrefn.

Mae *is-gwestiwn (b)* yn gofyn i chi ddadansoddi i ba raddau y bu i Hitler wneud i ffwrdd â'r rhwystrau oedd yn llesteirio ei ryddid i weithredu erbyn diwedd 1933. Mae'n cynnwys peth asesiad o'r rhwystrau oedd yn dal mewn bodolaeth ar ôl 1933.

Cwestiwn dwy ran (a) Ym mha ffyrdd y bu i Hitler a'r Natsïaid ddiddymu rhyddid democrataidd yr Almaen dan Weriniaeth Weimar? (b) I ba raddau y bu i Hitler gyfnerthu ei Gangelloriaeth erbyn diwedd 1933?		
Paragraff	*(a) Ym mha ffyrdd*	*Tystiolaeth*
1	Diffiniad o'r term 'rhyddid democrataidd' a thrafodaeth ar sut y câi ei sicrhau a'i ddiogelu dan Weriniaeth Weimar.	
2	Thema'r paragraff hwn yw'r modd cyfreithiol a ddefnyddiodd Hitler i ddiddymu'r rhyddid democrataidd. Wedi dysgu oherwydd methiant *Putsch* München yn 1923 na fyddai dulliau anghyfreithlon yn llwyddo, defnyddiodd Hitler ddemocratiaeth i ddinistrio democratiaeth.	- Defnyddio'r bwth pleidleisio – araith 31 Ionawr – etholiadau 5 Mawrth. - Ordinhad i amddiffyn y bobl – gwaharddiad ar y *KPD,* oedd yn gwahardd y rhyddid a roddwyd gan Weriniaeth Weimar. - Deddf Alluogi – dileu'r modd gwirio a'r cydbwysedd a berthynai i gyfansoddiad y Weriniaeth. - Mowldio barn y cyhoedd, sensoriaeth a rheoli'r cyfryngau, ralïau wedi eu llwyfannu – colli'r hawl i ryddid barn. - Trafod, neu ymddangos fel pe'n gwneud hynny, â phleidiau gwleidyddol cystadleuol, undebau llafur.
3	Mae hwn yn ymchwilio i'r dulliau anghyfreithlon a ddefnyddiwyd – ynghlwm wrth deyrnasiad braw.	- Brawychu/erlid fel yn hanes y boicot yn erbyn yr Iddewon neu'r elyniaeth a anogid yn erbyn deallusion a'r Eglwysi. - Gweithredoedd yr *SA* a'r *SS*, yr heddlu cudd, y *Gestapo* a'r gwersylloedd, – Trais ar y strydoedd ac ymryson gangiau, defnyddio llindagwyr i chwalu cyfarfodydd cydymgeiswyr. - Gwahardd gweithgareddau cystadleuwyr yn ystod yr ymgyrch etholiadol, oedd yn amddifadu pobl o'u rhyddid i ddewis eu cynrychiolwyr democrataidd.
Par	*(b) I ba raddau*	*Tystiolaeth*
4	Mae'r ail hanner hwn i'r cwestiwn yn dadansoddi'r amser byr a gymerodd Hitler i gyfnerthu ei Gangelloriaeth – 5 mis o Ionawr i Fehefin 1933. Mae'r paragraff hwn yn delio â'r byd gwleidyddol.	- Digwyddiadau o Ionawr hyd etholiad 5 Mawrth 1933. - *Gleichschaltung* y pleidiau gwleidyddol/*Reichstag* a *Länder*/*Gaue*. - Deddfau i erlid a chael gwared ar elfennau an-Almaenig yn y Wladwriaeth a gwrthwynebwyr Hitler. - Rheoli'r Eglwysi.
5	Yn delio â'r rheolaeth gymdeithasol ac economaidd a sefydlwyd dros y bobl.	- Ffrynt Llafur y Reich. - Gorfodi rhai pobl broffesiynol i ymaelodi â'r Blaid /gwarafun merched. - Sefydlu grwpiau diddordeb arbennig i gynrychioli pob maes posibl. - Rheoli addysg a bywydau pobl.
6	Yn ymdrin â'r rhwystrau oedd yn cyfyngu ar bŵer Hitler ar ôl 1933.	Soniwch am bŵer y chwith, y fyddin, yr elitau, y *Reichstag*, Hindenburg, cynghreiriaid Cenedlaetholgar a'r gwrthwynebiad mewnol o du'r *SA* i gyfyngu ar ryddid Hitler i weithredu, i arafu ei 'chwyldro'.

7

Adolf Hitler

1 ~ PERSONOLIAETH HITLER

Mae'n bosibl mai Hitler yw un o'r rhai hawsaf ei adnabod o blith pobl yr ugeinfed ganrif. Cafwyd amrywiaeth o ddelweddau ohono, yn berson doniol â mwstash gwirion, yn areithiwr penboeth mewn ralïau torfol, neu'n berson bygythiol, dieflig. Efallai bod gennych chi eisoes ddarlun ohono yn eich meddwl o'r hyn a ysgrifennwyd yn y penodau blaenorol.

A *Cryfderau Hitler*

PRIF YSTYRIAETH

Doniau Hitler fel arweinydd.

Mae haneswyr fu'n astudio'r dystiolaeth a gafwyd mewn ffynonellau cyfoes a ffilm o'r cyfnod wedi edrych ar bersonoliaeth Hitler a'i apêl mewn gwahanol ffyrdd, ac yn gwahaniaethu yn eu hasesiad o'i gryfderau a'i wendidau. Ar y naill law, fe'i gwelwyd fel 'anghenfil diflas, salw, afledneis' (C. FitzGibbon yn y cyflwyniad i *Adolf Hitler, Faces of a Dictator*), tra bod eraill yn credu nad yw'n bosibl ei farnu yn iawn heb wybod y gwir ffeithiau am ei ieuenctid. Dywedodd ei gyfoeswr, Albert Speer, fod Hitler wedi cyfareddu'r genedl. Mae'n ymddangos fod pawb yn derbyn bod gan Hitler bersonoliaeth fagnetig a'i fod yn wir boblogaidd mewn rhai cylchoedd yng nghymdeithas yr Almaen. Roedd Hitler ei hunan yn ymwybodol iawn o werth propaganda oherwydd fe gredai na ellid 'cyffroi'r dorf ond trwy rym geiriau' (*Mein Kampf*). Yn aml, sonia haneswyr am ei ddawn i ddylanwadu ar deimladau ei gyfoeswyr, fel er enghraifft J.C. Fest , a ysgrifennodd, 'pan fu i Hitler roi'r gorau i areithio yn gyhoeddus, bu dirywiad yn ei bŵer dros feddyliau pobl' (*The Face of the Third Reich*). Roedd yn un o areithwyr mwyaf yr ugeinfed ganrif, gyda synnwyr amseru gwych a dawn i drin cynulleidfa ac ennill ei chefnogaeth. Roedd llawer yn anwybyddu'r agweddau anghynnes a chas a berthynai i'w gymeriad, ei anoddefgarwch a'i duedd ddialgar, y diffyg haelioni a'i syched am rym, ac yn ei weld fel gwaredwr yn unig. Roedd yn sensitif i awyrgylch a hwyl cynulleidfa a gallai newid ei berfformiad yn ôl yr angen. Ond nid dawn gwbl naturiol oedd hon. Roedd ei ysbeidiau o ymfflamychu llawn teimlad wedi eu hymarfer yn ofalus, oherwydd byddai'n treulio oriau o flaen drych cyn pob cyfarfod cyhoeddus.

Roedd Hitler yn ddyn â sawl wyneb, yn adlewyrchu ei bersonoliaeth gymhleth. Roedd ganddo gryfderau a'i gwnâi yn unben effeithiol.

- Roedd ganddo'r ddawn i adnabod posibiliadau sefyllfa yn gyflymach na'i wrthwynebwyr, fel y gwelir wrth edrych ar y digwyddiadau a ddaeth ag ef i rym yn 1933.
- Dangosodd fod ganddo ewyllys gref, egni a phenderfyniad oedd yn ei alluogi i chwarae sawl rôl o fewn y blaid Natsïaidd. Heblaw bod yn arweinydd, ef a benderfynodd ar drefniadaeth y Blaid ar ôl 1926 ac ef oedd yn gyfrifol am ideoleg a thactegau'r Blaid.

- Roedd ganddo weledigaeth o ddyfodol yr Almaen a chred ddiysgog yn ei allu arbennig ef ei hun i'w gwireddu.

Roedd yn ymddangos mai gwladwriaeth unblaid dan arweinyddiaeth Hitler yn unig oedd yr Almaen. Ysgrifennodd cyfreithiwr Hitler, Hans Frank, yn y papur newydd Natsïaidd, *Völkischer Beobachter*, ar 20 Mai 1936, 'Ein cyfansoddiad yw ewyllys y *Führer*'. Sefydlodd Hitler unbennaeth hynod rymus a gafodd gryn gefnogaeth gan y bobl, yn enwedig yn yr 1930au. Cefnogid ei unbennaeth gan heddlu effeithiol, oedd yn golygu bod ei gystadleuwyr yn gwbl aneffeithiol. Defnyddiwyd y gair **totalitaraidd** i ddisgrifio llywodraeth o'r fath, ond mae haneswyr erbyn hyn yn barnu bod y disgrifiad hwn o'r wir sefyllfa yn rhy syml ac yn gamarweiniol.

totalitaraidd math ar lywodraeth nad yw'n caniatáu cystadleuaeth o du pleidiau gwleidyddol ac sy'n hawlio ufudd-dod llwyr gan y bobl

Trwy wahanol ddelweddau propaganda oedd yn lledaenu cwlt y *Führer*, pwysleisid bod penderfyniadau yn dod oddi uchod yn hytrach na thrwy drafodaeth oddi isod. Y brif thema oedd yn cryfhau Sosialaeth Genedlaethol oedd addoliad o'r *Führer*. Fe dra-arglwyddiaethodd ar Ewrop am ddeng mlynedd, bu'n rhaid rhyfela ar raddfa aruthrol am chwe blynedd i'w ddinistrio ef a'r Almaen a grëodd, ac fe erys y cof amdano hyd heddiw.

B *Gwendidau Hitler*

Ynghyd â'r darlun hwn o unben cryf cawn ddarlun o ddyn a ysgogid gan bryderon. Roedd yn ddyn niwrotig a ddangosodd ei wendidau mewn sawl ffordd: awydd i fynnu ei fod yn rhagori ar eraill, methu derbyn barn pobl eraill, a chred nad oedd ef ei hun fyth yn camsynied. Roedd yn amau, yn oriog, yn orbarod i golli ei dymer, ac yn hynod sensitif i unrhyw feirniadaeth. Dirmygai unrhyw un oedd yn holi a oedd ei dactegau yn ddoeth. Oherwydd y bersonoliaeth hon, ni allai cydweithwyr agos, oedd yn awyddus i oroesi, wneud dim ond ymostwng yn llwyr i'w awdurdod, fel y bu i Röhm a'r brodyr Strasser sylweddoli (gw. tt. 102-3 a 148). Nid oedd ymddygiad o'r fath yn debyg o ennill cylch eang o ffrindiau gwleidyddol i Hitler. Arswydai rhag wynebu marwolaeth, cancr ac afiechyd, a dibynnai'n fawr ar ei feddyg personol, Doctor Theodor Morell, oedd, erbyn 1942, yn argymell iddo gymryd 30 cyffur gwahanol. Roedd arno ofn budreddi a germau ac roedd yn benodol fanwl ynghylch ei ddillad. Gwisgai fenig, golchai ei ddwylo ac ymolchai yn y baddon yn aml. Roedd yn llysieuwr ac nid oedd yn yfed nac ysmygu. Gofalai am gadw at batrwm dyddiol hyd y manylyn lleiaf, er nad oedd hyn yn ei rwystro rhag byw bywyd afiach, fel mae Albert Speer (yn *Inside the Third Reich*) yn datgelu:

> Pa bryd, gofynnwn i mi fy hun yn aml, mae'n gweithio go iawn? Ni fyddai yna fawr o'r dydd ar ôl; codai'n hwyr yn y bore, cynhaliai un neu ddwy gynhadledd swyddogol; ond o'r cinio ymlaen gwastraffai ei amser fwy neu lai hyd oriau cynnar y min nos.

Daeth yn amlwg yn fuan beth oedd effaith y ffordd hon o fyw ar ei iechyd. Roedd yn iach yn 1933 ond erbyn 1936 cwynai fod ganddo boenau yn ei stumog, ac ar ôl 1940 aeth i edrych yn llawer hŷn, nes bron â diffygio erbyn 1943. Erbyn gwanwyn 1945 roedd golwg druenus ac ofnadwy arno. Roedd yn dioddef o ddiffyg cwsg yn gyson, roedd ei olwg yn wan, oedd yn golygu ei fod yn syllu; roedd yn crymu, a'i fraich a'i goes chwith yn ysgwyd, a cherddai'n sigledig a herciog. Câi gyfnodau o golli ei dymer yn enbyd ac roedd ei hwyliau'n newid ar fyr dro. Daeth i amau pawb oedd yn anghydweld â'i benderfyniadau, yn enwedig ei gadfridogion, ac yn y diwedd collodd bob synnwyr o realiti. Bu i'r dirywiad corfforol a meddyliol hwn, fel y cawn weld yn nes ymlaen yn y bennod, danseilio effeithiolrwydd ei unbennaeth yn y pen draw.

2 ~ NATUR ARWEINYDDIAETH HITLER

A *Tra-arglwyddiaeth Hitler ar y Blaid Natsïaidd a'r syniad o Egwyddor y Führer*

Yn ôl cyfreithiwr Hitler, Hans Frank, 'cyfundrefn Hitler, polisi Hitler, rheolaeth Hitler trwy drais, buddugoliaeth Hitler a'i drechiad – dim arall' oedd y gyfundrefn Natsïaidd. Rhwng 1921 ac 1929 roedd yr *NSDAP* wedi dod, nid yn blaid sosialaidd na phlaid y gweithwyr, ond yn Blaid Hitler, fel, yn ôl J.C. Fest (*The Face of the Third Reich*) 'Mae'r hyn a alwn ni yn Sosialaeth Genedlaethol yn annirnad heb ei berson'. Amlinellodd Hitler i'r Blaid Natsïaidd nid yn unig ei threfniadaeth a'i hideoleg, ond hefyd ei strategaeth a'i thactegau ar gyfer ennill grym. Oherwydd ei **garisma** fe ildiodd llawer o bobl iddo am ei fod yn ateb eu deisyfiad am arweinydd cryf. Ar sawl ystyr, yn enwedig ar ôl trechu'r Ail Chwyldro, daeth ideoleg Sosialaeth Genedlaethol yn eilbeth o'i gymharu ag uchelgais bersonol Hitler.

carisma gallu i annog eraill i ymateb yn frwd a ffyddlon

Ni chymerwyd ideoleg Sosialaeth Genedlaethol erioed o ddifrif. Cipiwyd grym yn 1933, nid yn gymaint oherwydd yr *NSDAP* na Sosialaeth Genedlaethol, ond oherwydd Hitler ei hunan. Oherwydd ei fuddugoliaeth, a'r ffaith fod y bobl yn ei dderbyn ac yn barod i ildio iddo, trawsffurfiwyd Sosialaeth Genedlaethol yn Hitleriaeth. Mor fuan ag 1920 galwai Hitler ei Raglen Pum Pwynt ar Hugain (gw. tt 52-3) yn ei 'ymgyrch gyhoeddusrwydd'. Cryfder y Blaid Natsïaidd oedd nid ideoleg ond teyrngarwch personol ei haelodau i egwyddor y *Führer* (*Führerprinzip*). Ffydd yr aelodau cyffredin yn Hitler oedd sail nerth y Blaid. Roedd Hitler yn sefyll o'r neilltu heb ymyrryd mewn dadleuon o fewn y Blaid cyhyd ag roedd yr aelodau yn dal yn ffyddlon. Dim ond pan gafwyd her i'r egwyddor o arweinyddiaeth, fel yn 1926, y bu'n rhaid iddo ymyrryd. Yn 1926 cyflwynodd y brodyr Strasser y rhaglen Hanover yn Bamberg (gw. tt. 76-7), gan nodi gofynion adain chwith y Blaid (atafaelu eiddo a defnyddio trais), er gwaethaf y ffaith fod effeithiolrwydd y rhain

PRIF YSTYRIAETH

Sut y llwyddodd Hitler i sefydlu ei oruchafiaeth dros y Blaid Natsïaidd?

wedi ei amau ar ôl methiant *Putsch* München yn 1923. Roeddent hefyd yn feirniadol o dra-arglwyddiaeth Hitler: 'does arnon ni ddim angen pab sy'n gallu hawlio ei fod yn anffaeledig'. Ymosododd Hitler ar y rhaglen a diflannodd gwrthwynebiad. Roedd ffyddlondeb i'r arweinydd carismatig yn rheol sylfaenol yn y mudiad a derbynnid dyfarniadau Hitler heb unrhyw wrthwynebiad. Felly roedd y prif ofynion wedi eu sefydlu yn yr 1920au, sef ffyddlondeb ac ofn yn hytrach na chyfeillgarwch.

Oherwydd y cwlt a ddatblygodd o amgylch ei bersonoliaeth, gallai ddifetha pob ymdrech i sicrhau strwythur democrataidd. Ar ôl 1926, mabwysiadodd Hitler bolisi canoli gyda'r bwriad o glymu'r aelodau yn dynnach wrth yr arweinydd carismatig mewn ufudd-dod llwyr.

1 Roedd y Blaid wedi ei strwythuro ar linellau milwrol eu dull, ac yn gwbl ddibynnol ar Hitler.
2 Daeth etholiadau i ben ac roedd pob cainc o'r Blaid yn cydnabod arweinyddiaeth München, pencadlys Hitler.
3 Dygwyd y *Gauleiter* dan reolaeth ganolog, a chyda hwy yr holl weithgareddau gwleidyddol ac economaidd, amddiffyn sifil a threfniadaeth llafur yn y taleithiau. Datganwyd bod rhaglen y blaid wedi ei phenderfynu.
4 Diwygiwyd yr *SA* a sicrhau eu bod yn ufudd i arweinydd y blaid.
5 Sefydlwyd cymdeithasau ar wahân ar gyfer ieuenctid, merched, athrawon a meddygon.

Cryfhawyd safle Hitler yn fawr oherwydd y newidiadau hyn. Roedd ei benarglwyddiaeth yn golygu bod holl aelodau'r blaid yn israddol iddo ef a disgwylid iddynt fod yn ffyddlon. Lleiafrif oedd y rhai oedd wedi eu hysbrydoli gan awydd i ad-drefnu cymdeithas. Dim ond ychydig o brif ddilynwyr Hitler a ymunodd â'r Blaid am fod amcanion ideolegol wedi dylanwadu arnynt. Yn hytrach, roeddent yn adlewyrchu Hitler, yn yr ystyr eu bod yn niwrotig, gyda rhai, fel Göring, Goebbels a Himmler, yn rhannu ei natur anwadal ac yn cael eu cyfrif yn fethiannau. Roeddent yn barod i ddefnyddio trais a derbyn llywodraeth awdurdodol. Roedd Hitler yn cynnig yr arweinyddiaeth roedd arnynt ei hangen. Roedd ganddo dalentau rhagorach fel y dangoswyd ganddo yn ei ymdrech i ennill grym yn y Blaid ac yn ei ddawn i ddylanwadu ar feddyliau pobl. Roedd wedi asio'r gwahanol rymoedd fel y gallai Hans Frank ddweud, 'daeth popeth oddi wrth Hitler ac ef yn unig'. Ef oedd apêl fwyaf effeithiol mudiad nad oedd ganddo unrhyw raglen. Llwyddai'r Blaid i ddenu'r tyrfaoedd oherwydd enw 'Hitler' nid oherwydd ei threfnwyr. Roedd cred Hitler fod angen gweithredu'n gadarn oherwydd yr argyfwng oedd yn wynebu'r Almaen yn 1929-33 yn denu'r tyrfaoedd i'r *NSDAP* am eu bod yn rhannu ei syniadau. O ran Hitler, y dynion roedd arno ef eu heisiau o'i amgylch oedd 'y sawl, sydd, fel fi fy hun, yn gweld mai grym yw'r elfen weithredol mewn Hanes ac sy'n gweithredu yn unol â hynny'. Roedd nifer o ffactorau yn dylanwadu ar ei berthynas â'r arweinwyr Natsïaidd eraill. Amrywiai'r rhain o'i bersonoliaeth, oedd yn golygu ei fod yn amau llawer, i'r *Führerprinzip*, oedd yn mynnu unbennaeth ac yn rhoi pwyslais ar yr arweinydd carismatig, yn ogystal â Phlaid wedi ei chanoli ac awdurdod na ellid ei herio o dan y system bersonol.

B *Y berthynas rhwng Hitler ac arweinwyr Natsïaidd blaenllaw eraill*

O fewn cylch y *Führer* ceid tua 76 o Natsïaid blaenllaw a ddyrchafwyd gan Hitler yn bersonol i swyddi uchel ar lefel genedlaethol, neu i ofalu am drefniadaeth neu gymdeithasau'r blaid, ynghyd â'r rhai oedd yn dal swyddi ar lefel daleithiol (*Gauleiter*). Caent eu gwobrwyo am eu ffyddlondeb i Hitler yn hytrach nag am eu gallu. Roedd gwahoddiad agored i'r holl swyddogion hyn fynd i gael cinio canol dydd gyda Hitler, a dyna sut roedd llawer ohonynt yn sicrhau y byddai ef yn cefnogi eu gweithredoedd. Yn anochel, roedd y math hwn o benderfynu 'yn y fan a'r lle' yn golygu bod yna, i bob golwg, ddryswch yn y dull o lywodraethu a chynnydd yn yr ymryson rhwng carfanau fel Göring yn erbyn Röhm, neu Göring a Himmler yn erbyn Goebbels, neu Himmler yn erbyn Bormann. Mae rhai haneswyr wedi honni bod Hitler yn fwriadol yn annog dryswch ac ansicrwydd o'r fath er mwyn diogelu ei safle ar y brig. Trwy gael cystadleuwyr i anghytuno roedd yn sicrhau na fyddai yna unrhyw gystadlu yn ei erbyn ef ei hun ac y gallai fod yn ddyfarnwr yn y diwedd. Mae yna beth tystiolaeth o'r polisi rhannu a rheoli hwn ar y lefel isaf yn y blaid er mwyn cryfhau dibyniaeth cydymgeiswyr ar ffafr y *Führer*. Ar y llaw arall, mae rhai sydd wedi sylwebu'n fwy diweddar ar strwythur gweinyddol yr Almaen Natsïaidd yn honni bod yn well ganddo adael i gydymgeiswyr ymladd eu brwydrau yn hytrach na rhannu ei swyddogion er mwyn ennill rheolaeth, ac nad oedd yn ymyrryd ond er mwyn gwobrwyo'r enillydd, yn unol â'i athroniaeth am gymdeithas, sef un Darwin.

PRIF YSTYRIAETH

Sail y berthynas bersonol rhwng Hitler a'r dynion oedd o'i amgylch oedd ffyddlondeb ac ofn yn hytrach na chyfeillgarwch.

O fewn y cylch eang hwn o amgylch y *Führer* roedd grŵp llai o rhyw 12 o ddynion, a elwir gan William Carr yn ei lyfr *Hitler: A Study in Personality and Politics*, (Arnold, 1978) yn gabinet 'cegin'. Roedd llawer ohonynt wedi bod gyda Hitler ers dyddiau cynnar y blaid yn München. Yn anochel, bu newidiadau o bryd i'w gilydd, ond cynhwysai'r grŵp y canlynol:

- Göring (gw. tt. 164-5) – roedd wedi bod o werth aruthrol i Hitler yn ystod y blynyddoedd cynnar hollbwysig pan oedd Hitler yn ceisio ennill parchusrwydd a mynediad i gylchoedd bonheddig. Gwobrwyodd Hitler ef a daeth yn etifedd amlwg, ond roedd Göring yn ei chael hi'n anodd addoli'r *Führer* i'r fath raddau ag a wnâi Goebbels. O dan ddylanwad Hitler, dirywiodd personoliaeth gref Göring yn raddol; daeth yn wasaidd, ofnai Hitler a chaent gwerylon stormus oedd yn aml yn diweddu gyda Göring yn ei ddagrau ac yn barod i ildio. Roedd yn bwerus o 1935-1940, ond wedi hynny fe gollodd ei ddylanwad yn gyflym.
- Himmler (gw. tud.165) – dyn grymus a brawychus arall rhwng 1936 ac 1945.
- Goebbels (gw. tud.166) – y mwyaf ffyddlon, a ddisgrifiwyd gan Hitler fel ei 'gludwr tarian ffyddlon, diysgog'. Cafodd ei wobrwyo am ei ffyddlondeb a bu'r *Führer* ac yntau ar delerau cyfeillgar iawn, ar wahân i ysbeidiau byr.

Aelodau eraill o'r cabinet cegin oedd Rudolf Hess, dirprwy Hitler hyd 1941, Adolf Wagner, Gweinidog y Gyfraith a *Gauleiter* Bafaria, oedd yn ffrind personol hyd ei farw yn 1944, Erich Koch, *Gauleiter* Dwyrain Prwsia a chomisiynydd y Reich i Ukrain yn ystod y rhyfel, Fritz Sauckel, *Gauleiter* Thuringia a gafodd bwerau i drefnu llafur 1942-45, Karl Kaufmann, *Gauleiter* Hamburg a chomisiynydd llongau y Reich, Josef Bürckel, comisiynydd y Reich i diroedd y Saar, Awstria a Lorraine, Franz Scharz, Trysorydd y Blaid, a Martin Bormann, a ddaeth, wedi i Hess adael, yn ddyn mwyaf pwerus yr Almaen.

Oherwydd bod Hitler yn dyrchafu unigolion ar sail penderfyniad greddfol yn hytrach nag ar sail gwir ffaith, roedd y rhai a enillodd ffafr yn ei olwg yn fwy dibynnol fyth arno. Mae hyn yn amlwg yn hanes gyrfaoedd y prif Natsïaid i gyd. Yn achos Reinhard Heydrich (gw. tud. 167) roedd Hitler yn barod i'w ddefnyddio er gwaethaf ei dras Iddewig. Adnabu Hitler ei dalent a'i werth i'r mudiad, er ei fod hefyd yn gweld bod Heydrich yn ddyn peryglus iawn. Roedd Heydrich yn ddiolchgar ac yn barod i ufuddhau'n ddibetrus oherwydd ofn a ffyddlondeb. Dyfeisiodd Hitler system o wobrau a chosbau i sicrhau na ellid herio ei awdurdod. Mynnai, ac fe gafodd, ufudd-dod llwyr, hyd ychydig cyn ei farw. Cosbai unrhyw wrthwynebydd trwy gael gwared arno, fel yn hanes Gregor Strasser, neu trwy farwolaeth, fel Röhm, neu trwy ei anwybyddu neu wrthod ei weld, fel gyda Rosenberg a Ribbentrop. Nid oedd hyd yn oed y prif Natsïaid, 'y gwarchodwyr mewnol', yn rhydd o'i reolaeth, oherwydd pan fyddent yn dod yn rhy bwerus neu pan fyddai Hitler yn teimlo'u bod yn fygythiad, roedd yn gweithredu yn ôl yr angen. Felly, gwaharddwyd Göring rhag dod i ŵydd Hitler ac fe'i hanwybyddwyd wrth drafod polisïau ar ôl 1941; cafodd Goebbels ei anwybyddu yn ystod blynyddoedd llewyrchus y Drydedd Reich hyd nes bod ar Hitler ei angen eto yn 1942; cafodd Heydrich ei anfon i Praha lle'i llofruddiwyd. Yn ystod oriau olaf bywyd Hitler, pan oedd yn arddywedyd ei ewyllys a'i ddymuniad gwleidyddol i'w cofnodi gan ei ysgrifennydd Bormann, roedd yn dal i ddatgan ei reolaeth. Cafodd Himmler a Göring eu 'cosbi' am eu hanffyddlondeb a'u halltudio o'r Blaid, gan golli eu holl hawliau. Y Llynghesydd Dönitz, Arlywydd y Reich a Phencadlywydd y Lluoedd Arfog, oedd i'w olynu. Hyd y diwedd, cyfrifai Hitler ei hun yn feistr, a disgwyliai y byddid yn ufuddhau i'w orchmynion.

Nid oedd Hitler yn malio fawr am yr ymryson personol a'r ymrafael am swyddi oedd yn anochel oherwydd ei ddull personol o reoli. Ar adegau roedd yn ymddangos fel pe bai yn annog hynny, fel yn achos Göring yn erbyn Röhm a Goebbels, a Himmler a Bormann yn erbyn Heydrich. Roedd cystadlu o'r fath yn dyrchafu ei safle ef ei hun fel y grym oedd â'r gair olaf. Roedd Hitler yn awyddus iawn i rwystro unrhyw un rhag cyrraedd i'r brig yn gyflym a herio ei arweinyddiaeth, fel yn hanes Heydrich. Penodwyd Hess yn 'ddirprwy i'r *Führer*' am nad oedd yn peryglu Hitler o gwbl. Roedd yn wasaidd ac yn ffyddlon gan nad oedd yn deisyf grym, yn wahanol i'r meistri Natsïaidd eraill. Roedd Hitler yn niwrotig yn ei amheuaeth o wrthwynebwyr ac nid yw hynny'n ddim i ryfeddu ato o gofio cymaint o gynllwynio oedd yn gyffredin o'i gylch. Roedd yn barod i ddelio yn dreisiol ag unrhyw fygythiad, a dangosodd sawl gwaith na allai hyd yn oed y prif arweinwyr Natsïaidd, na 'ffrindiau' na chymdeithion blynyddoedd ddibynnu ar ei gefnogaeth gyson a ffyddlon. Mewn sefyllfa o'r fath, efallai nad yw'n syndod bod y dynion oedd o'i gwmpas yn parhau'n ffyddlon, o leiaf i bob golwg, ac yn ei ofni, ac mai dim ond ychydig allai honni eu bod yn gyfeillion iddo. Nid oedd gan Hitler y bersonoliaeth i gadw ffrindiau.

Roedd gan Hitler hefyd nifer fechan oedd yn ei wasanaethu'n bersonol, gan ddelio â materion preifat a rheoli ei apwyntiadau. Yn eu plith roedd Julius Schreck, arweinydd cyntaf yr *SS* a'i yrrwr

C

I ba raddau roedd cynllun Hitler i 'rannu a rheoli' yn fwriadol ynteu'n ganlyniad ei bersonoliaeth?

hyd ei farw yn 1936, a Julius Schaub, gwarchodwr personol a sylfaenydd yr *SS*, oedd yn gofalu am dai Hitler yn München a Berchtesgaden ac a arhosodd gydag ef hyd y diwedd. Rheolid ei apwyntiadau gan Wilhelm Brückner, oedd yn brif ddirprwy o 1935 hyd 1941, a Fritz Wiedmann. Yn olaf, yn ystod ei oriau hamdden dewisai Hitler gwmni gwahanol. Rhain oedd ei hen ffrindiau o München, Heinrich Hoffmann, ffotograffydd y blaid, ei feddyg, Theodor Morell, Albert Speer, a ystyriai Hitler yn ddibynadwy, yn llawn cydymdeimlad ac yn anwleidyddol, ac yn olaf, a hynny heb yn wybod i'r mwyafrif o'i gyfoeswyr, Eva Braun, meistres anghydnabyddedig Hitler a'i gydymaith dirgel. O blith y cylch mewnol hwn, dim ond Speer oedd ag unrhyw ddylanwad gwirioneddol ar Hitler, ond roedd hynny yn rhinwedd ei swydd fel Gweinidog Arfau yn hytrach nag oherwydd ei aelodaeth o'r cylch preifat a fodolai er mwyn darparu'r gynulleidfa edmygus yr oedd ar Hitler ei hangen.

LLUN 26
Hermann Göring

C *Rôl allweddol Natsïaid blaenllaw yng nghyfundrefn bersonol Hitler*

HERMANN GÖRING (1893-1946)

Ef oedd rhif dau yn rhestr y Natsïaid, wedi ei enwi fel olynydd Hitler ac yn arweinydd milwrol ac economaidd y Drydedd Reich. Yn fab i swyddog trefedigaethol ac yn archbeilot a anrhydeddwyd sawl gwaith, ymunodd â'r Blaid Natsïaidd yn 1923. Cymerodd ran yn ymdrech aflwyddiannus y Natsïaid i gipio grym yn 1923 a chafodd ei anafu yn ei afl. Cymerodd y cyffur morffin at y boen ac aeth yn gaeth iddo, gan arwain at ei ddirywiad personol a phroffesiynol yn ddiweddarach. Priododd â gwraig gyfoethog a gwnaeth ddefnydd o'i gysylltiadau â'r elitau a Hindenburg ar ran y Natsïaid. Yn 1923 cafodd ei ethol yn Llefarydd y *Reichstag* wedi iddo argyhoeddi Hitler o'i werth fel 'Natsi cylchoedd uchaf y gymdeithas'. Roedd yn boblogaidd iawn ond roedd ei uchelgais a'i chwant barus am rym yn creu drwgdeimlad. Roedd yn ddyn balch iawn ac yn mwynhau ei ddangos ei hun. Casglodd gyfoeth a chelfyddydwaith, llawer ohono wedi ei ladrata oddi ar bobl a erlidiwyd gan y Natsïaid. Roedd yn un o'r dynion cyfoethocaf yn yr Almaen.

Mae rhai haneswyr yn ei gyfrif fel y mwyaf dieflig o'r Natsïaid am ei fod yn greulon ac yn ddidostur wrth gymryd mantais ar eraill. Ei brif nod oedd ennill grym iddo'i hun yn hytrach na bod yn deyrngar i Hitler neu'r Blaid Natsïaidd. Gellir crynhoi cyfraniad Göring i'r Wladwriaeth wrth restru'r gwahanol swyddi a lanwodd. Ehangodd 'gylch ei ddyletswyddau' 1933-35 i gynnwys Llywydd y *Reichstag*, Gweinidog Diwydiant Awyrennau'r Reich, Gweinidog Cartref Prwsia, Pennaeth y *Gestapo*, Llywydd Cyngor Gwladwriaeth Prwsia, Cadbennaeth y *Luftwaffe*, ac yn 1936 Comisiynydd y Cynllun Pedair Blynedd. Cyrhaeddodd y brig yn ei yrfa yn 1936 pan oedd yn ail i Hitler ac yn etifedd amlwg iddo, ond wedi hynny dirywiodd yn gorfforol. Yn 1937, er ei fod yn rhan o'r cynllwyn a barodd gwymp y gweinidog oedd â gofal dros y fyddin, ni chafodd ei swydd. Cyrhaeddodd binacl ei boblogrwydd yn 1939, ond oherwydd ei fethiannau yn ystod blynyddoedd cynnar y rhyfel collodd gefnogaeth Hitler; rhwng 1939 ac 1942 cafodd ei wahardd gan Hitler er ei fod yn dal yn ei swyddi uchel. Erbyn 1943 roedd wedi colli ei le ymysg y prif arweinyddion. Cafodd ei arestio a'i ddedfrydu i farwolaeth yn Nuremberg ond cyflawnodd hunanladdiad.

HEINRICH HIMMLER (1900-1945)

Dyma'r bersonoliaeth fwyaf di-liw yn y cylch mewnol. Graddiodd mewn amaethyddiaeth a bu'n magu da pluog yn Bafaria cyn ymuno â'r *NSDAP* yn 1923. O ran golwg, ymddangosai'n wan ac ofnus, ond breuddwydiai am hil oruchaf o ddynion tal, pryd golau, llygatlas, goruwchddynion oedd wedi eu hymgnawdoli yn y dynion a recriwtiwyd i'r *SS* cynnar fel gwarchodwyr personol i Hitler. Pwysleisiai safonau anrhydedd a llinach teulu a phriodas. Roedd yn credu yn hil y meistri – *Herrenvolk* Ariaidd. Er ei fod wedi bod â rhan yn yr ymdrech aflwyddiannus i gipio grym yn München yn 1923, ni ddatblygodd ei yrfa hyd ar ôl 1934. Daeth yn *Reichsführer* yr *SS* yn 1935, y prif grŵp elitaidd lledfilwrol a gwarchodlu Hitler. O dan Himmler tyfodd yr aelodaeth o 500 i 50,000 a chreodd yr *SS* ei rwydwaith gweinyddol ei hun. Yn 1933 daeth Himmler yn Llywydd yr Heddlu yn München a sefydlodd wersyll model yn Dachau. O dan Himmler, gweithredwyd system o fraw yn hynod effeithiol gan ei ddirprwyon megis Eichmann a Hoess. O'i bencadlys yn Bafaria, lledaenodd yr *SS* ei reolaeth fel heddlu gwleidyddol yr Almaen. Roedd Himmler yn rheoli rhan sylweddol o'r gwir rym trwy'r wladwriaeth heddlu, ac o ganlyniad i'r braw roedd ganddo fwy fyth o rym seicolegol. Symudodd gwir rym yn amlwg tuag ato ef a'r *SS*, gan bennu gwedd y Drydedd Reich a'i hanes yn y dyfodol. Ymhlith y swyddi a gafodd yn ddiweddarach oedd un Gweinidog Cartref y Reich. Hyd yn oed yn ystod ei fywyd roedd yna 'fyth Himmler' yn bodoli. Sail yr enw drwg hwn oedd ei berthynas â'r wladwriaeth *SS*, y gwersylloedd difodi a'r rhaglen frawychu. Y tu ôl i'r myth roedd dyn dinod, nad oedd yn perthyn iddo unrhyw arbenigrwydd cymeriad, dyn a ddisgrifiwyd gan Albert Speer fel 'hanner cranc a hanner ysgolfeistr'.

LLUN 27
Heinrich Himmler

JOSEPH GOEBBELS (1897-1945)

Ganwyd Goebbels i deulu dosbarth gweithiol o Gatholigion yn Rheydt yn Westfalen. Roedd yn gorfforol anabl o'i enedigaeth, a cherddai'n herciog. Yn 1920 graddiodd o Brifysgol Heidelburg gyda doethuriaeth mewn llenyddiaeth ac yn 1922 ymunodd â'r Blaid Natsïaidd. Yn fuan daeth yn amlwg fod Hitler wedi ennill gwasanaeth areithiwr a phropagandydd gwych. Yn 1926 penodwyd Goebbels yn *Gauleiter* Berlin-Brandenburg ac ymhen blwyddyn sefydlodd y papur newydd Natsïaidd *Der Angriff* (Yr Ymosodiad). Nid oedd unrhyw arwyddocâd yn perthyn i wirionedd iddo ef; er budd y blaid roedd yn barod i ystumio ffeithiau ac i ddweud celwydd. Wedi ei ethol i'r *Reichstag* yn 1928, bu perthynas glòs rhyngddo â

LLUN 28
Joseph Goebbels

syniadau adain chwith Röhm a Strasser. Roedd yn ffodus iddo newid ei feddwl cyn Noson y Cyllyll Hirion yn 1934. Tebyg iddo gael ei arbed oherwydd ei werth i'r Blaid fel Gweinidog Gwybodaeth a Phropaganda dawnus. Roedd yn un o ledaenwyr propaganda mwyaf talentog y cyfnod modern ac yn un o'r ychydig gwir rymoedd oedd yn cefnogi Hitler. Pregethai Sosialaeth Genedlaethol fel pe bai'n grefydd, gyda'i ddoniau areithio yn rhagori ar rai ei arweinydd, ac ef oedd yn bennaf cyfrifol am hyrwyddo cwlt Hitler. Hefyd, chwaraeodd brif ran wrth fanteisio ar Dân y *Reichstag* yn 1933 ac wrth drefnu'r ymgyrch llosgi llyfrau ym Mai 1933 (gw. tt. 334-5) a digwyddiadau *Kristallnacht* yn Nhachwedd 1938 (gw. tud. 276). Roedd yn ddarlledwr dawnus a chwaraeodd brif ran yn natblygiad y diwydiant ffilm yn yr Almaen. Roedd yn briod â Magda Quant, gwraig gyfoethog oedd wedi cael ysgariad, ac roedd ganddynt chwech o blant, ond ni fu hynny'n rhwystr iddo hel merched. Ar un adeg bu'n rhaid i Hitler ei rybuddio ynghylch ei ymddygiad ac, o leiaf yn gyhoeddus, bu'n rhaid iddo fodloni ar fod yn ŵr a thad ymroddedig. Un byr, twt, trwsiadus ei wisg bob amser ydoedd. Nid oedd Natsïaid eraill yn ei hoffi a chafodd y llysenw 'Corrach Du' neu 'ein doctor bach'. Roedd teyrngarwch Goebbels tuag at Hitler yn llwyr a pharhaodd hyd ddiwedd ei fywyd. Roedd yn ddyddiadurwr brwd a bu ei waith yn hynod werthfawr i haneswyr yn ddiweddarach. Disgrifiodd Hugh Trevor-Roper ef fel 'yr unig ddyn gwirioneddol ddiddorol yn y Drydedd Reich ar wahân i Hitler'. Cyflawnodd Goebbels a'i deulu hunanladdiad yn y byncer gyda Hitler yn Ebrill 1945.

LLUN 29
Rudolf Hess

RUDOLF HESS (1894-1987)

Gwasanaethodd Hess, a anwyd yn yr Aifft, yn yr un gatrawd â Hitler yn ystod y Rhyfel Byd Cyntaf. Ar ôl y rhyfel ymunodd ag uned o'r *Freikorps* ac roedd wrth ochr Hitler yn ystod *Putsch* y Neuadd Gwrw. O ganlyniad, bu yng ngharchar gyda Hitler, pan ysgrifennodd ran o *Mein Kampf* gyda Hitler yn arddywedyd. Cafodd y teitl dirprwy i'r *Führer* o 1933 hyd 1941, ond nid oedd ganddo rym go iawn. Nid oedd y bobl yn ei adnabod; roedd yn ddelfrydwr, ac o'r herwydd nid oedd yn fygythiad o unrhyw fath i Hitler, a dyna'r rheswm pam y'i dewiswyd fel Is-Führer. Roedd yn fodlon ufuddhau i Hitler ac fe'i gwasanaethai fel ysgrifennydd. Ei brif gyfraniad i Sosialaeth Genedlaethol oedd iddo roi i Hitler y cysyniad o *Lebensraum* (lle i fyw). Ni fu iddo un amser ddeisyfu grym fel y meistri Natsïaidd eraill, ac unig bwrpas ei fywyd oedd gwasanaethu Hitler a ystyriai yn waredwr. Roedd Hess yn ddiffuant iawn yn ei addoliad o Hitler. Cafodd ei ddedfrydu i garchar am oes yn Nuremberg a bu farw dan amgylchiadau rhyfedd fel carcharor olaf Carchar Spandau yn 1987.

REINHARD HEYDRICH (1904-1942)

Roedd yn Ddirprwy Bennaeth y *Gestapo*. O ran golwg, edrychai fel Almaenwr nodweddiadol ond roedd gwaed Iddewig ynddo. Disgrifiwyd ef fel 'duw marwolaeth ifanc, dieflig'; 'yr anghenfil goleuwallt' a *'der Henker'* (y crogwr). Yn fwy felly na Himmler, roedd yn alluog, yn eithriadol o alluog mewn sawl maes – cerddoriaeth, chwaraeon ac ieithoedd. Ei nod oedd dim llai nag arweinyddiaeth y Drydedd Reich, ac roedd yn gwbl hunanol yn ei nod. Roedd yn rhagori ar Himmler, yn fwy peryglus ac yn anhepgor. Heydrich a ddyfeisiodd y cynllun i ddatblygu heddlu'r Drydedd Reich o'r *SS*, gydag ef ei hun yn rheoli heddlu diogelwch y blaid. Sylweddolai fod gofal am ddiogelwch y wladwriaeth yn cynnig grym di-ben-draw. Casglodd swyddi yn gyflym. Yn 1934 daeth yn bennaeth yr heddlu gwleidyddol, yn 1936 yn bennaeth yr heddlu trosedd, ac erbyn 1936, yn 32 oed, roedd yn un o'r dynion mwyaf grymus yn yr Almaen. Yn 1939, trefnodd Swyddfa Ddiogelwch Ganolog y Reich, oedd mewn enw yn ddarostyngedig i Himmler, ond daeth yn annibynnol ac yn rhan o'i swyddfeydd a'i weithgareddau ef. Datblygodd gynllun gwyliadwriaeth ledled yr Almaen ac Ewrop. Derbyniodd y cyfrifoldeb o ddinistrio gwrthwynebiad yr eglwysi a'r Iddewon. Ni chiliodd rhag cyflawni unrhyw dasg, gan gynnwys gyrru'r Iddewon allan o Ewrop a'u hanfon i'w hangau. Dyfeisiodd gynllun i wneud rhannau helaeth o'r Dwyrain yn 'faes arbrofi' ar genhedlu. Dyfeisiodd y syniad o orfodi cymunedau o Iddewon i drefnu'r **Ateb Terfynol** ar ei lefelau isaf trwy achosi i'r cynghorau Iddewig ddewis cwota o Iddewon i'w hanfon i'r gwersylloedd. Yn 1941, anfonwyd Heydrich i Praha, wedi i Himmler a Bormann ymuno i'w symud o'r cylch grym canolog a rhwystro ei ddyrchafiad cyflym gan eu bod yn ei weld fel bygythiad. Yn Ionawr 1942, cadeiriodd y cyfarfod yn Wannsee (gw. tt 437-8) lle gwnaethpwyd cynlluniau ar gyfer yr Ateb Terfynol i'r cwestiwn Iddewig. Llofruddiwyd Heydrich yn Praha ar 27 Mai gan weithredwyr a anfonwyd o Lundain. Roedd Hitler wedi ei gythruddo a gorchmynnodd ddial ffyrnig. Saethwyd pob gwryw ym mhentref Lidice yn Tsiecoslofacia a llosgwyd pob tŷ i'r llawr. Yn Praha, cafodd 860 o bobl eraill eu dienyddio yn ogystal â 360 yn Brno. Roedd yn rhyddhad mawr i Himmler fod Heydrich wedi ei ladd, ond fe'i galwodd yn 'feistr yn ei enedigaeth a'i ymddygiad'.

LLUN 30
Reinhard Heydrich

Yr Ateb Terfynol
Polisi'r Natsïaid i ddifodi'r Iddewon Ewropeaidd, a barodd lofruddio chwe miliwn o Iddewon yn y gwersylloedd crynhoi rhwng 1941 ac 1945

LLUN 31
Martin Bormann

MARTIN BORMANN (1900-? 1945)

Dan nawdd Rudolf Hess, roedd dyrchafiad Bormann o fewn y Blaid yn fwy cyson na thrawiadol. Yn 1933, fe'i hetholwyd i'r *Reichstag*, ac yn 1938 daeth yn *Gauleiter* Thuringia. Daeth ei gyfle go iawn am ddyrchafiad yn 1941, wedi i Hess ffoi i Brydain, pan benodwyd Bormann yn bennaeth Llys Canghellor y Blaid. Ddwy flynedd yn ddiweddarach daeth yn ysgrifennydd swyddogol y *Führer*. Disgrifiad William Shirer ohono yn *The Rise and Fall of the Third Reich* yw 'twrch daear o ddyn oedd yn ffafrio turio yng nghilfachau tywyll bywyd y Blaid er mwyn hyrwyddo ei gynllwynion'. Roedd yn fiwrocrat ac yn gaeth i'w waith. Adwaenid ef ymysg ei gydweithwyr yn y Blaid fel 'dyn y cysgodion'. Roedd yn awyddus am bŵer ac yn barod i ddefnyddio ei safle i ennill y dylanwad eithaf. Cadwai gofnod manwl ar bob un o'r Natsïaid blaenllaw, a rhwystrai eraill rhag cael mynediad rhwydd at y *Führer*. Cynllwyniai'n gyson i ddefnyddio ei gydymgeiswyr ac achub y blaen arnynt. Er ei fod yn gweithio'n gymharol dda gyda Goebbels, roedd Göring yn ei gasáu ac ychydig o barch oedd gan Himmler tuag ato. Roedd bob amser yn barod i ufuddhau i Hitler, a gyfeiriai ato fel 'fy nghydymaith mwyaf teyrngar yn y Blaid'. Bormann oedd yn gyfrifol am ad-drefnu'r Blaid. Daeth hyn ag ef benben â Himmler, pennaeth yr *SS*, a ddaeth yn brif gydymgeisydd â'r Blaid am wir rym yn y Wladwriaeth. Mae'n ddirgelwch beth ddigwyddodd i Bormann wedi iddo ddiflannu yn ystod dyddiau olaf y rhyfel. A fu iddo ffoi i Dde America, neu a gafodd ei chwythu'n ddarnau gan ffrwydrad bom wrth geisio dianc?

LLUN 32
Albert Speer

ALBERT SPEER (1905-1983)

Ymunodd â'r Blaid Natsïaidd yn 1931. Cyfrifai Hitler ef yn llawn cydymdeimlad ac yn ddibynadwy. Yn 1933 penododd Hitler ef yn 'feistr adeiladydd' y Drydedd Reich a chynllluniodd adeiladau anferth Nuremberg a Berlin. Ef a ddyfeisiodd y 'fforest o faneri' a'r bwâu goleuedig oedd yn gosod llwyfan urddasol i'r cyfarfodydd torfol. Gwrthododd ymwneud ag erchyllterau'r gyfundrefn a gwrthododd dderbyn dyrchafiad er anrhydedd yn yr *SS*. Yn 1941, fe'i penodwyd yn Weinidog Arfau. Aildrefnodd ei weinyddiaeth, a chynyddodd y cynnyrch arfau yn sylweddol o dan ei arweiniad, er ei fod wedi gorfod cyflogi caethwasanaeth o'r gwersylloedd. Cafodd ei ddedfrydu i 2o mlynedd o garchar yn Nuremberg.

3 ~ HITLER – MEISTR Y DRYDEDD REICH NEU UNBEN GWAN?

PRIF YSTYRIAETH

Pa mor effeithiol oedd Hitler fel rheolwr ar yr Almaen?

Canolbwyntiodd haneswyr oedd yn ysgrifennu yn fuan wedi diwedd yr Ail Ryfel Byd ar Hitler ac ar natur ei unbennaeth. Dylanwadwyd arnynt gan dystiolaeth o brofiadau dioddefwyr a gwrthwynebwyr y gyfundrefn a'r erlyniadau yn erbyn y troseddwyr rhyfel Natsïaidd yn Nuremberg. Darluniwyd Hitler fel arweinydd oedd yn gorchymyn digwyddiadau ac a'i sefydlodd ei hun yn uwch na phawb a ddeuai i'w gylch, er y gallent fod yn anghytuno â'i benderfyniadau. Fe'i gwelid fel meistr yn y Drydedd Reich. O ganlyniad i'r newidiadau deddfwriaethol a drefnwyd rhwng 1933 ac 1934, roedd yn ymddangos bod Hitler yn ymarfer grym i raddau unigryw. Gallai benderfynu ar bolisi, cyhoeddi gorchmynion a rhoi cychwyn ar ddeddfwriaeth. Dangoswyd ei safle fel *Führer* hollrymus yn glir ar nifer o adegau, fel yn yr araith gan Hans Frank, pennaeth Cymdeithas Cyfreithwyr y Natsïaid ac Academi Cyfraith yr Almaen, yn 1938 (dyfynnwyd yng nghyfrol Noakes a Pridham, *Nazism 1919-1945, A Documentary Reader, Vol.* 2):

1. Ar y brig yn y Reich saif arweinydd yr *NSDAP*, yn arweinydd Reich yr Almaen am oes.
2. Mae ef, yn rhinwedd ei swydd fel arweinydd yr *NSDAP*, yn arweinydd a Changhellor y Reich. Felly, mae'n ymgorffori ar yr un pryd, fel Pennaeth y Wladwriaeth, brif rym y Wladwriaeth, ac, fel prif ddyn y llywodraeth, weithgareddau canolog holl weinyddiaeth y Reich. Mae'n Bennaeth y Wladwriaeth, ac yn brif ddyn y Llywodraeth o fewn un person. Mae'n Gadbennaeth holl luoedd arfog y Reich.
3. Y *Führer* a Changhellor y Reich yw ... cynrychiolydd pobl yr Almaen, sydd ... yn penderfynu ar ffurf allanol y Reich, ei strwythur a'i pholisi cyffredinol.
4. Y *Führer* yw prif farnwr y genedl ... Nid oes unrhyw fan o fewn cyfraith gyfansoddiadol y Drydedd Reich yn annibynnol ar .... ewyllys y *Führer*.

C

Beth a olygir wrth 'Führer' *mewn perthynas ag arweinyddiaeth yr Almaen Natsïaidd?*

Erbyn yr 1960au roedd cenhedlaeth newydd o haneswyr, oedd wedi tyfu i fyny ers yr Ail Ryfel Byd, wedi dechrau synied yn wahanol am y gyfundrefn. Derbynient y ddelwedd o Hitler fel personoliaeth hollrymus a'i rôl gyfunol fel arweinydd, ond honnent fod amlder y biwrocratiaethau a'r awdurdodau gorgyffyrddol yn y wladwriaeth Natsïaidd yn cynnig darlun gwahanol. Canolbwyntient ar aneffeithlonrwydd gweinyddol a mympwy'r *Führer*, oedd i bob golwg yn arwain at anhrefn a gweithredu difyfyr yn y llywodraeth. Ysgrifennodd haneswyr megis Hans Mommsen (yn *Civil Servants in the Third Reich*, 1961) am Hitler fel dyn 'amharod i wneud penderfyniadau, yn aml yn ansicr, yn pryderu yn unig am gynnal ei fri a'i awdurdod personol ac yn hynod agored i ddylanwad ei amgylchedd ar y pryd – yn wir, mewn sawl ystyr yn unben gwan'. Roedd yr haneswyr adolygiadol hyn bellach yn sylweddoli beth oedd y cyfyngiadau ar rym Hitler, oherwydd, fe honnent, nid oedd yn mwynhau grym dilyffethair mewn materion mewnol, nac, i rai graddau, mewn materion tramor chwaith. Roeddent yn canolbwyntio ar anhrefn awdurdodaidd y gyfundrefn a ddaeth i fod oherwydd bod unigolion, oedd yn honni eu bod yn Natsïaid, mewn gwirionedd yn pryderu mwy am gynyddu eu pŵer a'u huchelgais eu hunain. Mae'r term 'strwythurwyr' *(structuralists)* wedi ei fathu i ddisgrifio'r genhedlaeth newydd hon o haneswyr. Pwysleisient wendid Hitler fel unben o'i gymharu â darlun Nuremberg o feistr oedd â bwriad clir i gynllunio a chynnal rhyfel goresgynnol ymosodol ynghyd â throseddu yn erbyn dynoliaeth, yn benodol yr Iddewon. Gellir crynhoi dadleuon y ddwy 'ysgol' o haneswyr, Meistr yn erbyn Gwan fel a ganlyn:

DADL HANESWYR

Barnu grym Hitler fel Führer

Unben Gwan	*Meistr y Drydedd Reich*
Hans Mommsen, *Civil Servants in the Third Reich*, 1961	**Hugh Trevor-Roper, *The Last Days of Hitler* (Macmillan, 1947)**
Martin Broszat, *The Hitler State* (Longman 1981)	**Alan Bullock, *Hitler: a study in tyranny* (Odhams 1952)**
Maent yn dadlau bod Hitler yn wan oherwydd ei fod yn garcharor i'r gwahanol rymoedd oedd yn gweithredu o fewn y Wladwriaeth, na allai, neu na fynnai, eu rheoli. Roedd y grymoedd hyn yn llesteirio ei ryddid i weithredu, ac felly, dan Hitler, dioddefodd yr Almaen Natsïaidd argyfwng arweinyddiaeth. O ganol yr 1930au, trodd Hitler ei gefn ar fusnes normal llywodraethu. Trodd at ddulliau gweithio a ffordd o fyw eithafol, datblygiad y bu i gyfoeswyr sylwebu arno.	Maent yn pwysleisio mai Hitler oedd yn gwneud y penderfyniadau gwleidyddol angenrheidiol. Roedd ei syniadau a'i gryfderau yn golygu mai fe oedd y prif weithredwr wrth ymdrin â pholisi mewnol a thramor. Gyda'r egwyddor o arweinyddiaeth mor bwysig, maent yn honni y gellir galw Sosialaeth Genedlaethol yn Hitleriaeth.

Fel y crybwyllwyd yn y bennod flaenorol, rheolai Hitler trwy'r cabinet ond defnyddiwyd hwn yn anamlach fel arf canolog i lywodraethu ac ni fu iddo gyfarfod ar ôl 1938. Ni ddiflannodd y *Reichstag*; daeth yn gynulliad Natsïaidd o ddynion allweddol y blaid nad oedd yn deddfu, dim ond yn cynghori a chefnogi polisïau Hitler. Soniwyd eisoes am sylw Albert Speer ynghylch ffordd afiach Hitler o fyw, oedd yn cael ei nodweddu gan syrthni. Yn ogystal, nid oedd Hitler yn hoffi gwaith rheolaidd y llywodraeth, fel mae Speer yn tystio (yn *Inside the Third Reich*):

> Yng ngolwg y bobl Hitler oedd yr Arweinydd oedd yn gwylio dros y genedl ddydd a nos. Prin bod hynny'n wir ... Yn ôl a welais, byddai'n aml yn gadael i broblem aeddfedu yn ystod yr wythnosau pan oedd hi'n ymddangos ei fod yn canolbwyntio'n llwyr ar bethau dibwys. Yna wedi i'r 'goleuni sydyn' ddod, byddai'n treulio rhai dyddiau yn gweithio'n ddygn i roi trefn derfynol ar ei ateb. ... Unwaith roedd wedi penderfynu, byddai'n ymroi i ddiogi eto.

Cwynodd aelod arall o'r llywodraeth, Ernst von Weizsäcker, Ysgrifennydd Gwladol yn y Swyddfa Dramor, mai camp gweinidog yn y Drydedd Reich oedd 'gwneud yn fawr o'r awr neu'r munud mwyaf ffafriol pan fyddai Hitler yn gwneud penderfyniad, hyn yn aml ar ffurf sylw ffwrdd â hi, a fyddai wedyn yn mynd ar ei hynt fel "Gorchymyn y *Führer*" (dyfynnwyd yn *Hitler, A Study in Tyranny* gan Alan Bullock).

C

Pa safbwyntiau gwahanol am Hitler fel Führer *sy'n cael eu rhoi gan Frank, Speer a Weizsäcker?*

Roedd yn well gan Hitler dreulio'i amser yn ei guddfan fynyddig yn Berchtesgaden, a ailenwyd yn Berghof, 130 cilometr i'r de-ddwyrain o München, lle na châi ond y sawl roedd ef yn dymuno ei weld wahoddiad. Nid oedd yn ymyrryd yn weithredol yn y llywodraethu, ac oherwydd ei fod yn cilio i Berchtesgaden roedd rheoli'n fwy o lanast gan nad oedd neb yn gwneud penderfyniadau pwysig. Ni fyddai'n anfon gorchmynion mewn ysgrifen, a chan nad oes gennym dystiolaeth o'r fath mae hynny hefyd yn cyfranogi at y ddadl ar ei rôl yn y broses o benderfynu. Yn y sefyllfa hon roedd yn ymddangos bod yna aneffeithlonrwydd gweinyddol ynghyd â phenderfynu mympwyol yn bodoli. Datgymalodd y llywodraeth ac yn ôl pob golwg roedd y gwir rym yn nwylo unigolion oedd yn ymdrechu i ennill grym iddynt eu hunain. Gwelwyd nifer o ymerodraethau personol ar wahân, dan arweinyddiaeth arweinwyr Natsïaidd blaenllaw a oedd wedi sicrhau cryn fesur o annibyniaeth, yn cystadlu â'i gilydd : heddlu (Himmler), yr Ail Gynllun Pedair Blynedd (Göring), Propaganda (Goebbels), a'r Ffrynt Llafur (Ley). Er bod Hitler ben ac ysgwydd yn uwch ei safle, roedd yn barod i adael i'r dynion allweddol hyn ofalu am y gweinyddu manwl oherwydd roedd yn disgwyl, ac fe gafodd, eu teyrngarwch llwyr. Yn ei enw ef bu iddynt weithredu polisïau mwyaf radicalaidd y llywodraeth, megis **ewthanasia**, sef ymgyrch i ladd yr anabl yn feddyliol ac yn gorfforol, a difodiant yr Iddewon a'r sipsiwn. Fe weithiodd y drefn yn hynod effeithiol a didostur er bod Hitler wedi ymneilltuo fwyfwy oddi wrth gyswllt cyson â gweithrediadau'r llywodraeth. Daeth Hitler yn fwy diangen yn y drefn hynod bersonol hon.

ewthanasia lladd 'tosturiol' y rhai sy'n ddifrifol wael, gan amlaf gyda'u caniatâd, sy'n anghyfreithlon yn y mwyafrif o wledydd. I'r Natsïaid, lladd bwriadol, heb eu caniatâd, y rhai oedd yn anabl yn gorfforol neu'n feddyliol, gan ystyried nad oedd iddynt unrhyw werth

Crynhoir y ddadl ymysg haneswyr am rôl Hitler ar y tudalennau sy'n dilyn.

DADL HANESWYR

Oedd Hitler yn feistr y Drydedd Reich neu'n unben gwan?

Unben Gwan	*Meistr*
1. Roedd Hitler yn garcharor i'w bersonoliaeth ef ei hun *Roedd natur ddiog a di-hid Hitler yn golygu ei fod yn rheolaidd yn osgoi gwneud penderfyniadau amhoblogaidd a fyddai'n niweidio ei fri a'i ddelwedd. Mae'n bosibl cyfeirio at nifer o enghreifftiau o Hitler yn ildio i bwysau yn hytrach na gweithredu dyfarniadau a fyddai'n amhoblogaidd, e.e.*	**1. Roedd Hitler yn llwyr gyfrifol am benderfyniadau allweddol** Mae'r bwriadolwyr *(intentionalists)* yn rhybuddio y byddai'n annoeth ystyried consensiynau Hitler fel enghreifftiau o unben gwan. Nid oes un enghraifft argyhoeddiadol o orchymyn a gyfrifai Hitler yn hollbwysig yn cael ei anwybyddu neu ei wrthod gan y rhai oedd yn gweithio odano

yn 1934 rhwystrwyd Ley rhag cynyddu awdurdod ei Ffrynt Llafur ar draul cyflogwyr a'r Ymddiriedolwyr Llafur, ac yn 1935 fe'i trechwyd dros gynigion i uno cyflogau am nad oedd ar Hitler eisiau cythruddo ei weinidog economeg, Schacht, na'r diwydianwyr. Yn ystod blynyddoedd cynnar y llywodraeth Natsïaidd bu'n rhaid i Hitler blygu i bwysau economaidd a gwneud penderfyniadau annymunol, e.e. yn 1933 cynnig arian i gefnogi siopau adrannol Iddewig rhag i'r staff golli eu swyddi ar adeg pan oedd diweithdra'n uchel. Methodd gynllunio'n glir a rhoi arweiniad cyson. Bu i hyn arwain at reolaeth anhrefnus a thameidiog. Ysgrifennodd Mommsen fod Hitler yn bropagandydd, yn ymwybodol ei fod yn cyflwyno delwedd ac yn manteisio ar y funud gyfleus. Gwelid gosodiadau am ideoleg fel propaganda yn hytrach na datganiadau o fwriad pendant.

2. **Roedd Hitler yn garcharor i eraill**

Mae haneswyr yn pwysleisio mor ddibynnol oedd Hitler ar bobl anhysbys yr 1920au oedd wedi ei helpu i ddod i rym. Cafodd rhai eu gwobrwyo â swydd Gauleiter *oedd yn rhoi iddynt reolaeth ar y taleithiau. Mae'r haneswyr sy'n dadlau bod Hitler yn wan yn honni na fu iddo erioed anghytuno â barn ei* Gauleiter, *oedd yn golygu ei fod wedi colli ei ryddid i benderfynu er ei fod yn cadw ei safle uwchraddol. Nid ei bolisïau ei hun oedd rhai Hitler. Ymddengys fod* Gauleiter, *yn ysgrifennu ar ôl y rhyfel, yn tystio i hyn.*

nac eraill, er mai ychydig iawn a orchmynnodd ar gyfer polisi mewnol. Cawn enghraifft o'i benderfyniad i wthio polisi amhoblogaidd ar y genedl yn ei Ddeddf Diffrwythloni, a basiwyd ar gwaethaf protest y Catholigion. Ei amcan oedd difodi gelynion y Wladwriaeth, cael trefn ar yr economi a pharatoi'r bobl at ryfel, rhyfela er mwyn ennill 'lle i fyw' (*Lebensraum*), a chreu Gwladwriaeth o hil bur trwy ddifodi'r Iddewon, sipsiwn, a'r anabl yn gorfforol a meddyliol. Glynodd wrth y polisïau hyn er gwaethaf barn eraill.

2. Mabwysiadodd Hitler bolisi rhannu a rheoli i sicrhau meistrolaeth

Dadl y bwriadolwyr yw fod Hitler wedi aros ar y brig trwy bylu'r llinellau gorchymyn yn fwriadol a dyblygu, neu hyd yn oed ar dro dreblu, swyddi, e.e. chwalodd y rheolaeth unedig dros drefnyddiaeth y Blaid a gynlluniwyd gan y brodyr Strasser a'i sefydlu ei hun yn arweinydd trefniadaeth wleidyddol y Blaid, gan rannu'r pŵer rhwng Hess a Ley. Yn yr un modd gwrthododd Hitler gefnogi Frick, y Gweinidog Cartref, a geisiodd sefydlu o dan ei orchymyn ei hun reolaeth ganolog ar lywodraethwyr y Reich a'r *Gauleiter*. Cadwodd Hitler ei rym fel noddwr a delio'n uniongyrchol â'i *Gauleiter*. Nid oedd dan eu bawd, yn hytrach roedd yn cael gwared arnynt os oedd yn amau eu ffyddlondeb. Roedd yn araf i symud i ddatrys cwerylon o fewn y blaid, ond pan wnâi roedd yn ddidostur, fel y dengys ei weithred yn dinistrio'i wrthwynebwyr ar Noson y Cyllyll Hirion, 30 Mehefin 1934. Rheolai ar egwyddor teyrngarwch personol, yn enwedig yn ei berthynas â'i *Gauleiter*, gan ddiogelu eu buddiannau ac felly sicrhau bod ganddo gefnogaeth rymus yn atebol iddo ef ei hun a neb arall.

3. Roedd Hitler yn garcharor i rymoedd gwahanol na allai ef eu rheoli oedd yn gweithredu o fewn y Wladwriaeth

Roedd Hitler yn Bennaeth ar y Wladwriaeth, y Lluoedd Arfog a'r Blaid, ond nid oedd yn fiwrocrat ac ychydig iawn a ysgrifennodd. Roedd yn amhosibl i un dyn reoli'r cyfan, felly gadawodd i gyfundrefn amlgrataidd ddatblygu, lle roedd grym wedi'i ddatganoli. Arweiniodd hyn at anhrefn gweinyddol. Roedd Hitler yn wan oherwydd rhennid y gwaith o benderfynu, a chanlyniad hynny oedd nad oedd yna bolisïau rhesymegol clir. Cyfyngid ar ei allu ef yn bersonol i weithredu oherwydd presenoldeb canolfannau pŵer a chystadleuaeth anwadal real. Gan nad oedd Hitler yn ymyrryd, gallai Lammers, Pennaeth Llys Canghellor y Reich, fod wedi camarwain Hitler gan ei fod yn rhoi adroddiadau ar lafar o'r hyn oedd angen ei wneud. Byddai Hitler yn ateb ar lafar a gellid wedyn lastwreiddio'r ateb hwnnw. Byddai Göring, Himmler, Speer a Bormann hefyd yn llunio eu gofynion yn y fath fodd fel y gallent sicrhau'r ateb roeddent yn ei ddymuno. Tueddai Hitler i wrando ar y person oedd wedi siarad ag ef olaf.

Roedd Hitler yn ymwybodol o'r angen i ennill ewyllys da'r elitau, yn enwedig y fyddin, oedd yn un sefydliad pwysig na chafodd ei Natsïeiddio. Cadwodd ei hannibyniaeth, roedd yn rymus iawn, rheolai'r arfau ac fe allai gynllwynio yn erbyn Hitler.

3. Roedd y pellter rhwng Hitler a'r fiwrocratiaeth yn golygu y gallai wneud penderfyniadau allweddol heb unrhyw ymyrraeth na rheolaeth

Derbynnir 'nawr fod Hitler wedi annog dynion fel Himmler, Ley, Göring a Bormann i sefydlu ymerodraethau am ei fod yn ymddiried mwy ynddynt nag mewn eraill a hynny oherwydd eu teyrngarwch personol iddo. Roedd yn amheus o unrhyw ymgais i gyfyngu ar ei rym. Fe'i gorymestynnodd ei hun o safbwynt cadw'i reolaeth ar y llywodraeth fel ei bod hi'n amhosibl osgoi darnio. Ond ni ddylid gorbwysleisio hyn, oherwydd roedd pawb yn gweithredu er budd y *Führer*. Roedd Hitler yn diogelu ei awdurdod yn ymwybodol yn erbyn unrhyw ymgais i gyfyngu arno yn sefydliadol, ac felly ni ddylid gweld anhrefn y llywodraeth fel gwendid. Roedd ei barodrwydd i ganiatáu i gystadleuwyr ymryson, a'r arfer o ddatrys dadleuon cyn cyfarfod ag ef, ynghyd â'i arweiniad o bell, yn help i atgyfnerthu cwlt myth y *Führer*, ei boblogrwydd a'i safle fel meistr. Ni fyddai fyth yn rhwystredig wrth ymarfer grym, ond roedd yn sefyll o'r neilltu yn fwriadol pan fyddai ei weithwyr yn anghytuno. Nid oedd ganddo fawr o ddiddordeb yn y broses ddeddfu, ond roedd yn ganolog mewn polisïau hil a thramor.

Nid oedd Hitler yn garcharor i'r fyddin oherwydd roedd ei chadfridogion yn cytuno â'i bolisïau tramor. Roeddent wedi eu clymu eu hunain wrth Hitler, ac ar ôl 1938 daeth y lluoedd arfog yn gyfrwng ymarferol i hybu rheolaeth y Natsïaid.

4. Roedd Hitler yn garcharor i densiynau oedd yn gweithredu o fewn y Wladwriaeth a'r economi na allai eu rheoli

Roedd Hitler yn wan rhwng 1936 ac 1941 oherwydd tensiynau yn y Wladwriaeth a'r economi nad oeddent yn ymateb i'w ewyllys ef ac a oedd yn bygwth aflonyddwch o du'r dosbarth gweithiol. Roedd Hitler mewn safle gwan ac ni ddatblygodd bolisi cymdeithasol cyson, ond yn hytrach dangosodd agwedd ddi-

4. Nid oedd cyflwr o argyfwng yn dylanwadu ar benderfyniadau Hitler

Bwriadai Hitler a'r arweinwyr Natsïaidd, gyda chefnogaeth yr elitau milwrol ac economaidd, fynd i ryfel a fyddai'n datrys problemau'r Almaen. Fodd bynnag, dim ond yn raddol y gwelwyd sut siâp fyddai ar y rhyfel hwnnw ac ni ddatblygodd fel roedd Hitler wedi bwriadu i bethau fod. Erbyn 1937-39 roedd ganddo lai o *hid a diffyg gweithredu cynyddol. Bu i densiynau o'r fath ddylanwadu ar amseriad yr Ail Ryfel Byd ac achosi argyfwng enbyd i'r llywodraeth. Yn ystod y rhyfel ni ofynnwyd i'r Almaenwyr aberthu i'r eithaf, a llugoer oedd yr ymateb i'r alwad i ymuno â'r fyddin, ac felly anghyflawn yr ymfyddino. Mae'r argyfwng hwn hefyd yn egluro pam na fu i Hitler fynnu ymfyddiniad cyflawn ymhlith merched.*

ddiddordeb mewn materion mewnol o'u cymharu â chwestiynau strategol a materion tramor. Erbyn 1939, roedd Hitler wedi cael y rhyfel a ddymunai ond yn erbyn y 'gelyn anghywir'. Llugoer ac anghyflawn oedd yr ymfyddiniad, ac mae hynny'n egluro pam na fu i Hitler alw merched i ymfyddino. Ni ddangosodd ei fod yn ymwybodol o argyfwng gwleidyddol cyffredinol yn 1937-9 a fyddai'n gorfodi rhyfel buan. Mae haneswyr sy'n strwythurwyr, megis Tim Mason ac Alan Milward, wedi gorliwio graddfa'r aflonyddwch a'i arwyddocâd gwleidyddol. Digwyddodd y rhyfel ar yr amser hwn oherwydd y cydbwysedd grym rhyngwladol a safle gymharol cydymgeiswyr yr Almaen o safbwynt eu harfau, ac nid oherwydd ofn anghydfod mewnol wedi'i atgyfnerthu â gwendid Hitler. Ni ddigwyddodd fawr ddim ym mholisïau mewnol yr Almaen cyn canol y rhyfel oedd yn gwrthdaro neu'n groes i 'ewyllys' Hitler. Mae hyn yn ategu'r casgliad nad oedd Hitler yn unben gwan, er nad oedd chwaith yn feistr yn y Drydedd Reich yn yr ystyr goblygedig fod ganddo bŵer. diderfyn.

4 ~ CYSONI DEONGLIADAU GWAHANOL

Mae haneswyr bellach yn derbyn nad oedd yna ddull rhesymegol o benderfynu a rheoli yn bodoli yn y Drydedd Reich. I bob golwg, roedd Hitler yn unben nad oedd yn gorchymyn, ond yn hytrach cynhyrchodd y dryswch mwyaf yn y llywodraeth. Gwnaeth i ffwrdd ag arweinyddiaeth glir fel bod yna lywodraeth flêr yn bodoli oedd yn gwrthbrofi'r ddelwedd bropaganda, sef effeithlonrwydd. Roedd y drefniadaeth gymhleth, dra hyfforddedig a oedd wedi goroesi Chwyldro 1918 a ddymchwelodd y Kaiser a hefyd gamp y Natsïaid yn cipio grym yn 1933-34, eto'n dal i weithredu er bod system o weinyddiaethau dan reolaeth y Natsïaid wedi datblygu ochr yn ochr. Defnyddiwyd y term **amlgrataidd** i ddisgrifio system o'r fath lle mae canolfannau grym yn gorgyffwrdd ond yn cystadlu. Fodd bynnag, nid oedd yna bennaeth ar y brig yn cydlynu. Nid oedd Hitler yn hoffi trefn reolaidd felly nid oedd yn ymyrryd ond yn gobeithio y byddai popeth yn syrthio i'w le. Roedd cyswllt yn bodoli rhwng y weinyddiaeth a Hitler ond nid oedd yna bellach fframwaith ar gyfer llywodraeth ganolog a'r broses o benderfynu, yn wahanol i'r drefn yn yr Eidal dan Mussolini neu yn Sbaen dan Franco. Ni

amlgrataidd dull o lywodraethu sydd wedi'i ddatganoli. Mae'n disgrifio'r strwythur grym cymhleth oedd yn yr Almaen Natsïaidd. Dim ond un elfen yn unig oedd awdurdod personol Hitler.

thanseiliwyd awdurdod Hitler un amser, er ei fod yn gadael i'w is-weithwyr gystadlu â'i gilydd; ef oedd eto'n rheoli fel y bu i'r prif Natsïaid a gynllwyniai i'w olynu ddarganfod. Erbyn dyddiau cynnar 1943 roedd Goebbels yn ysgrifennu am argyfwng arweinyddiaeth oherwydd bod Hitler wedi datgysylltu'i hun oddi wrth y llywodraeth, ond nid oedd Goebbels yn cael cymryd yr awenau. Er gwaethaf y darlun hwn o anhrefn, fodd bynnag, roedd rhannau o'r system yn gweithio'n effeithlon ac yn arddangos cryn egni. Roedd hyn yn wir am y fyddin, oedd yn hynod dechnegol a modern ac yn gweithio'n effeithlon, tra bod Albert Speer wedi aildrefnu'r diwydiant arfau fel bod y cynnyrch yn uwch yn 1944 nag yn 1942. Mae hyn yn egluro pam y bu iddi gymryd pum mlynedd o ryfela i drechu'r gyfundrefn. Nid oes unrhyw enghreifftiau o benderfyniadau gan Hitler ar brif bolisïau yn cael eu gwrthwynebu yn llwyddiannus gan is-weithwyr na'r Blaid cyn dyddiau olaf y rhyfel pan holodd Speer a'r cadfridogion a oedd ei orchmynion yn ddoeth. Roedd yn benderfynol na dderbyniai unrhyw rwystr na chystadleuydd, dau beth a allai fod wedi tanseilio ei awdurdod. Ni wnaethpwyd un dim heb iddo ef ei gymeradwyo ac ni chafodd ei orchmynion eu hanwybyddu. Ni fu un rhwystr iddo wneud fel y mynnai yn yr Almaen, yr unig lyffethair oedd pwerau tramor a rhyfel. Roedd ei rym yn real ac nid oedd yn garcharor ond i rymoedd a luniwyd ganddo ef ei hun. Nid yw hyn yn arwydd o unben gwan.

5 ~ RÔL HITLER WRTH LUNIO POLISI

Beth pe na bai Hitler wedi bodoli? Cydnabyddir 'nawr fod Hitler yn ganolog rhwng 1933 ac 1941, ond roedd y cysylltedd yn llai uniongyrchol nag a gredid ar un adeg. Roedd gan Hitler weledigaeth am baradwys yn y dyfodol yn seiliedig ar adnewyddiad a phuredigaeth hiliol oddi mewn. Er mwyn sylweddoli'r baradwys hon, bu iddo ganiatáu datblygiadau arbennig na fyddent wedi digwydd oni bai am y weledigaeth. Mae hyn yn sicr yn wir am dwf yr ymerodraeth heddlu-*SS* ideolegol bur nes iddi ddod yn 'wladwriaeth o fewn gwladwriaeth'. Ni fyddai'r hil-laddiad, a olygai ddifodi'r Iddewon a phobl eraill oedd yn hiliol amhur, wedi digwydd oni bai fod Hitler wedi gwneud y penderfyniad terfynol, er y byddai penboethiaid radicalaidd o fewn yr *SA* a'r Blaid wedi achosi peth erlid digymell oddi isod fel gwelwyd gyda'r boicot ar fusnesau Iddewig yn 1933, deddfau Nuremberg yn 1935 a Noson y Gwydr Maluriedig (*Kristallnacht*). Yn olaf, penderfyniad Hitler, ac ef yn unig, oedd mynd i ryfel yn 1939, er ei fod yn ddewis amhoblogaidd, nid yn unig gyda'r fyddin a'r bobl, ond hefyd gyda Natsïaid uchel radd fel Göring.

PRIF YSTYRIAETH

I ba raddau roedd rôl Hitler yn hollbwysig yn llywodraeth yr Almaen?

Sut oedd hyn yn bosibl gydag unben oedd yn absennol o waith bob dydd y llywodraeth? Awgrymodd yr Athro Ian Kershaw, un o'r haneswyr mwyaf diweddar i drafod y Drydedd Reich, fod yr ateb i'w gael yn y cystadlu ffyrnig ymysg is-weithwyr Natsïaidd am ffafr Hitler, fel bod pobl yn gwneud yr hyn roeddent yn ei dybio y byddai ar Hitler ei eisiau. Mor fuan â dechrau 1934, soniodd Werner Willikens, Ysgrifennydd Gwladol yn y Weinyddiaeth Fwyd, am y dull hwn o 'weithio tuag at y *Führer* ar hyd y llinellau y byddai ef yn eu dymuno' (dyfynnir yn Ian Kershaw, Working Towards the Führer, *Contemporary European History*, Cyfrol 2, Rhifyn 2, gol. Anthony McElligott a Tim Kirk, Gwasg Prifysgol Manceinion, 1993):

> Mae pawb sy'n cael y cyfle i sylwi ar hynny yn gwybod na all y *Führer* orchymyn oddi uchod ar bopeth mae'n fwriadu ei gyflawni yn fuan neu'n hwyrach. I'r gwrthwyneb, hyd yn hyn mae pawb oedd â swydd yn yr Almaen newydd wedi gweithio orau pan fyddai, fel petai, yn gweithio tuag at y *Führer* ... yn wir mae'n ddyletswydd ar bawb i geisio gweithio tuag at y *Führer* ar hyd y llinellau y byddai ef yn eu dymuno. Bydd unrhyw un sy'n gwneud camgymeriadau yn sylwi ar hynny yn ddigon buan. Ond bydd unrhyw un sy'n gweithio tuag at y *Führer* ar hyd ei linellau a'i amcanion ef, yn sicr, yn awr ac yn y dyfodol rhyw ddydd, yn cael y wobr orau trwy gael ei waith wedi'i gadarnhau'n gyfreithiol yn sydyn.

Mae'r Athro Ian Kershaw yn credu bod 'gweithio tuag at y *Führer*' yn cynnig goleuni allweddol nid yn unig ar rôl Hitler yn y broses o lunio polisi ond hefyd ar y modd roedd y wladwriaeth Natsïaidd yn gweithredu trwy gydol y deuddeng mlynedd y bu mewn bodolaeth. Roedd obsesiwn Hitler gyda 'lle i fyw', cael gwared ar yr Iddewon a sicrhau cymuned genedlaethol o bobl o hil bur yn golygu bod swyddogion yn ffurfio'u gorchmynion eu hunain wrth ddehongli beth gredent oedd disgwyl iddynt ei wneud. Yn hytrach na'u bod yn gweithredu o dan orchymyn, yr hyn a ddigwyddai oedd fod llawer o'u penderfyniadau gweinyddol yn cael eu cyfreithloni yn ddiweddarach. Ni allai'r system fod wedi gweithio heb Hitler oherwydd roedd yn gweithredu fel ffynhonnell derfynol awdurdod ac yn cydlynu'r carfanau a'r unigolion gwahanol, a chynhennus yn aml, oedd yn gweithredu yn ei enw ef.

Mae Kershaw yn dadlau bod yna bedwar maes pwysig lle roedd ymyrraeth bersonol o du Hitler yn ganolog. Yn gyntaf, er mwyn bodloni ei drachwant am dir, gwthiodd o'r neilltu addewidion a gwarantau, ac roedd yn gyfrifol am gwymp y drefn ryngwladol oedd wedi ei hadeiladu ar sylfaen Cytundeb Versailles. Daeth yr ergyd gyntaf i'r drefn hon pan orymdeithiodd milwyr i mewn i'r Rheindir, ym Mawrth 1937, penderfyniad a wnaed gan Hitler ar ei ben ei hun. Nid ymgynghorodd â'r fyddin na'i gabinet ond roedd wedi holi barn unigolion. Credai fod yr amser yn ffafriol o achos y gwendid a ddangoswyd gan y pwerau Ewropeaidd ynglŷn ag ymosodiad Mussolini ar Abysinia. Ar ôl Cynhadledd München yn 1938, achubodd Hitler ar y cyfleoedd a ddaeth i'w ran trwy ddyhuddiad a chyflawni ei amcanion pan-Almaenaidd o feddiannu Awstria, ac yna Tsiecoslofacia, cyn troi at Wlad Pwyl.

Cytundeb Versailles, gw. tt.20-1
Dyhuddiad, gw. tud. 387
Cynhadledd München, gw. tud. 394

Yn ail, daeth ideoleg Hitler yn ymgorfforiad o syniadau cymdeithasol, yn symbol. Cafodd ei dehongli a'i gweithredu yn ymosodol gan yr *SS* dan Himmler. Daeth yr Almaen yn wladwriaeth heddlu, trechwyd pob gwrthwynebiad yn ddidostur, ac ar ôl 1937, pan gafodd Himmler yr hawl neilltuedig i ymdrin â materion Iddewig ar ei ben ei hun, anogid Iddewon i ymfudo. Fel roedd tiroedd newydd yn dod i feddiant yr Almaen ehangwyd ar y polisi hwn o garthu alltudion hiliol, a daeth y cyfan i uchafbwynt gyda sefydlu'r Drefn Newydd yn y dwyrain, pan aeth unedau'r *SS* ati i ymgyrchu'n giaidd a dychrynllyd, gyda'r gwersylloedd angau yn ateb terfynol.

Gwersylloedd angau, gw. tud.439

Yn drydydd, roedd dull Hitler o ddod i benderfyniad yn hybu diflaniad llywodraeth drefnus. Erbyn blynyddoedd olaf yr 1930au roedd yn aml yn ddwy neu dair blynedd cyn y câi gweinidogion amlwg y cabinet weld Hitler. Cyflymwyd y broses hon o ddatgymalu'r system yn ystod blynyddoedd y rhyfel pan oedd Hitler naill ai 'ar y ffordd' neu yn goruchwylio hynt y rhyfel o'i 'guddfan' yn Nwyrain Prwsia. Yn y diwedd, nid Hitler ond y system aeth yn ddireol. Rhaid dweud mai Hitler oedd yn gyfrifol am hyn. Cyfeiriwyd eisoes at y ffaith ei fod yn amharod i orchymyn oddi uchod, a olygai fod y bobl oedd ar y lefelau is yn y strwythur gweinyddol yn cyflwyno eu polisïau eu hunain, gan farnu eu bod yn gweithredu yn unol ag ysbryd y gyfundrefn. Soniodd Fritz Wiedmann, un o'i ddirprwyon, am ddull anymyraethol Hitler, nad oedd yn hoffi astudio dogfennau, a'i barodrwydd i wneud penderfyiadau pwysig er nad oedd wedi astudio'r papurau perthnasol. Fodd bynnag, nid y dull didaro hwn oedd yr unig esboniad, roedd hefyd yn cyd-fynd â'i syniadau am **Ddarwiniaeth gymdeithasol**. Sylfaenwyd athroniaeth bersonol Hitler, ei *Weltanschauung*, ar y syniad fod ymdrech yn nodwedd barhaol mewn bywyd ac mai dim ond y cryf oedd yn goroesi. Credai y dylai'r wladwriaeth fodern, yn hytrach nag ymroi i ofalu am y gwan, ffafrio'r cryf a'r iach gan droi cefn ar ei phoblogaeth israddol. Daeth y syniad hwn yn thema y mwyafrif o'i areithiau: daw buddugoliaeth i'r cryf a rhaid difodi'r gwan. Dyma'r ideoleg oedd yn sail i'w bolisïau diweddarach i ladd y sawl oedd yn anabl yn feddyliol a chorfforol a'r Iddewon. Roedd yn ymwrthod ag unrhyw grefydd neu ideoleg oedd yn pwysleisio hawliau'r gwan neu'r tlawd, fel Cristnogaeth neu sosialaeth, gan y byddai hynnny'n ystumio'r prosesau naturiol oedd yn deddfu mai'r hil gryfach a mwyaf iach fyddai'n ennill bob amser.

Darwiniaeth gymdeithasol athroniaeth gymdeithasol a gwleidyddol yn deillio o syniadau Charles Darwin am ddethol naturiol oherwydd mai'r cryfaf sy'n goroesi

Yn olaf, rhaid i Hitler dderbyn y cyfrifoldeb am y modd y bu i'r llywodraeth ymostwng yn is ac is i greulondeb barbaraidd o ganlyniad i weithgareddau'r rhai oedd 'yn gweithio tuag at y *Führer*'. Roedd hyn yn rhoi rhyddid di-ben-draw i garfanau cymdeithasol gwahanol arbrofi ym maes polisïau hiliol, ewgeneg ac ewthanasia. Roedd cyswllt amlwg rhwng dadfeiliad system drefnus a chael gwared ar lyffetheiriau gwâr.

- Cystadleuaeth rhwng penaethiaid y pum swyddfa oedd yn ffurfio Llys Canghellor y *Führer* a arweiniodd at gyflwyno un o bolisïau mwyaf atgas y llywodraeth – Rhaglen Ewthanasia Plant 1938-39. Golygai ladd dan orfodaeth y plant anabl mewn cartrefi sefydliadol. Mor gynnar ag 1929, yn rali'r blaid yn Nuremberg, roedd Hitler wedi dweud na fyddai modd diogelu dyfodol yr Almaen heb godi'r gyfradd genedigaethau a difodi'r gwan a'r afiach. Er gwaethaf y ffaith ei fod yn ymwrthod â'r awgrym o ewthanasia yn 1935, roedd wedi cytuno i raglen ddiffrwythloni ar gyfer yr anabl yn feddyliol a chorfforol yng Ngorffennaf 1933. Erbyn 1945 roedd hyn wedi effeithio ar tua 320,000-350,000 o bobl. Dengys y cefndir i gyflwyno'r rhaglen ewthanasia nid yn unig ideoleg hiliol y llywodraeth ond hefyd y modd anhrefnus roedd y system yn gweithio. Yn 1938, cyrhaeddodd llythyr di-sylw, ymysg cannoedd, yn Llys Canghellor y *Führer* oddi wrth rieni plentyn oedd wedi ei eni â niwed i'r ymennydd, yn fyddar, heb goes a rhan o fraich, yn gofyn am gael 'ei roi i gysgu'. Penderfynodd swyddogion, dan Phillip Bouhler, gan weld cyfle i hyrwyddo eu gyrfaoedd, y dylid rhoi'r llythyr hwn i Hitler. Roeddent yn gwbl ymwybodol o'i agwedd at burdeb hiliol ac yn credu y byddai cyflwyno'r ddeiseb i'w sylw yn arwydd eu bod 'yn gweithio tuag at y *Führer*'. Wedi i'r plentyn gael ei archwilio gan ei feddyg ei hun, cytunodd Hitler ar lafar. Hefyd, dywedodd wrth Bouhler y byddai'n cymeradwyo ceisiadau eraill i wneud yr un peth. Collwyd rheolaeth ar y polisi yn fuan, nes bod meddygon a swyddogion meddygol eraill yn llunio'u criteria eu hunain i ddethol plant oedd i gael triniaeth. Pan ddechreuodd y rhyfel ehangwyd y polisi i gynnwys oedolion. Oherwydd protest y cyhoedd, cefnwyd ar y rhaglen yn 1941 ond nid cyn i 72,000 o bobl gael eu lladd. Parhawyd â'r polisi yn y dirgel yn y gwersylloedd crynhoi rhwng 1941 ac 1943, lle o bosibl y lladdwyd 30,000 i 50,000 yn ychwaneg. Dengys y rhaglen ewthanasia sut y gallai'r rhai oedd yn ceisio plesio arweinydd oedd yn siarad yn nhermau gweledigaethau droi cefn ar ffrwynau gwareiddiedig.
- Yr awydd hwn i blesio oedd hefyd y tu ôl i'r cynnydd yn y polisïau radicalaidd yn erbyn yr Iddewon. Yma eto, carfanau fel yr *SA* ac unigolion fel Goebbels 'yn gweithio tuag at y *Führer*' oedd yn achub y blaen (ystyrir y thema hon yn fanylach ym Mhennod 10). Yn ystod yr 1930au, roedd Hitler wedi ymbellhau oddi wrth wrth-Semitiaeth ffyrnig papur Julius Streicher *'Der Stürmer'* ac nid oedd wedi dweud fawr ddim er gwaethaf y mesurau gwrth-Iddewig mwyaf treisiol. Roedd y polisi yn anneniadol hyd yn oed mewn cylchoedd Natsïaidd, felly dywedodd Goebbels nad oedd Hitler i sôn am gwestiwn yr Iddewon yn ei areithiau. Dim ond yn gyffredinol iawn y dywedai Hitler unrhyw beth. O 1940 ymlaen, Himmler, a'i ddirprwy, Heydrich, gymerodd yr awenau ac ehangu'r polisi, yn gyntaf i Wlad Pwyl ac yna, yn haf 1941, i Rwsia. Ychydig o haneswyr sy'n cefnogi'r honiad dadleuol a wnaed gan David Irving yn 1938 (*The War Path: Hitler's Germany 1933-1939*, Papermac), sef bod absenoldeb ordinhadau wedi'u harwyddo gan y *Führer* yn golygu nad oedd ef yn gyfrifol ac nad oedd Himmler wedi trosglwyddo'r wybodaeth iddo hyd 1943. Rhoddodd Hitler sêl ei fendith ar eu gweithredoedd. Felly, daeth 'yr ateb terfynol' i fod oherwydd y cynnydd mewn gweithredu lleol.

Rôl Hitler oedd cyfreithloni ceisiadau carfanau gwahanol i gyflawni ei ewyllys. Ei rôl oedd un 'arweinydd mewn enw'; hebddo byddai'r llywodraeth wedi cwympo gan mai ef oedd y grym oedd yn cyfannu.

Yr Ateb Terfynol,
gw.tt. 438-40

6 ~ AMCANION HITLER

DADL HANESWYR

Oedd gan Hitler lasbrint ar gyfer ymosod neu ddim ond bwriad yn unig?

Mae gan haneswyr syniadau croes i'w gilydd ynglŷn ag amcanion Hitler yn ei bolisi tramor. A hwythau'n ysgrifennu yn sgil yr Ail Ryfel Byd a rhyddhau pobl o'r gwersylloedd angau, mae haneswyr fel Hugh Trevor-Roper, *The Last Days of Hitler* ac Alan Bullock, *Hitler, A Study in Tyranny*, yn dadlau mai rhyfel Hitler oedd hwn – tra oedd yn llwyddiannus cymerodd y clod amdano. Mae haneswyr sy'n derbyn y safbwynt bwriadol hwn, sef bod Hitler wedi cynllunio'r Ail Ryfel Byd, yn cyfeirio at weithiau ysgrifenedig Hitler a'i areithiau, yn enwedig *Mein Kampf* a Memorandwm Hossbach 1937 (gw. tt. 207 a 388-90). Cynrychiola'r olaf (a enwyd ar ôl dirprwy Hitler a'i lluniodd) gofnodion cyfarfod a gafodd Hitler gyda phenaethiaid lluoedd arfog yr Almaen a Gweinidog Tramor yr Almaen, von Neurath, yn Llys y Canghellor yn Berlin. Daeth yn brif ddogfen yr erlyniadau yn Nhreialon Nuremberg ar ôl y rhyfel. Roedd sylwedd y Memorandwm yn cyd-fynd â'r hyn roedd Hitler wedi ei ddweud ar achlysuron eraill tua'r adeg honno. Roedd hefyd yn adlewyrchu ei gred a'i gynlluniau tymor hir, fel y gwelwn yn ei weithiau ysgrifenedig a'i ddywediadau o gyfnod *Mein Kampf* ymlaen. Felly dadleuai Bullock fod y Memorandwm yn cynrychioli glasbrint ar gyfer rhyfel a choncwest, a weithredwyd yn rhyfeddol o fanwl. Dyma fyddai'r dehongliad bwriadol cryf o'r digwyddiadau a arweinioddd at yr Ail Ryfel Byd, dehongliad a barhaodd hyd 1961 pan gyhoeddodd A.J.P. Taylor *The Origins of the Second World War* (Hamish Hamilton).

Honnai A.J.P. Taylor yn hynod ddadleuol nad oedd dim byd arbennig yn Hitler, ar wahân i'r ffaith ei fod yn 'Almaenwr'. Soniodd am y dilyniant mewn polisïau rhwng yr Almaen Natsïaidd a gwleidyddion yr Almaen Ymerodrol. Dadleuodd nad oedd gan Hitler gynllun clir – nid cynllunydd mohono, ond rhamantydd diamcan oedd â syniadau ond heb fod yn gwybod sut i'w cyflawni. Manteisiwr ydoedd, yn gwneud yn fawr o'r sefyllfa. Yn ôl Taylor, amcan cyffredinol Hitler oedd adfer yr Almaen i'w safle blaenorol yn Ewrop a dileu'r ymdeimlad o israddoldeb a achoswyd gan Gytundeb Versailles. Dadleuodd Taylor ei bod hi'n amhosibl rhwystro adferiad grym economaidd mor nerthol â'r Almaen, yn enwedig gan fod Cytundeb Versailles wedi ei chryfhau trwy beri ei bod wedi cael gwared ar rannau dargyfeiriol. Ni fu i'r Almaen, yn wahanol i Ffrainc ac Awstria-Hwngari, brofi unrhyw ddifrod ar ei thir ei hun, tra bu datgymalu Awstria-Hwngari yn fanteisiol i'r Almaen. Daeth Taylor i'r casgliad nad rhyfel Hitler yn unig oedd yr Ail Ryfel Byd ond bod gwledydd eraill a gwladweinwyr eraill yn rhannu'r cyfrifoldeb.

Roedd yn well gan Taylor sylfaenu ei ddehongliad ar gofnod diplomyddol y blynyddoedd hyn. Cyflwynodd ddarlun gwahanol o Hitler, un na wyddai i ble roedd yn mynd yn yr 1930au ac a aeth i ryfel trwy gamgymeriad, wedi ei gamarwain gan wleidyddion Prydain a Ffrainc. Achosodd Taylor gryn gythrwfl. Cafodd ei gyhuddo o 'wyngalchu' Hitler a honni nad oedd angen yr Ail Ryfel Byd. Arweiniodd ei sylwadau at storm o brotest a dadl ynghylch pa mor nodweddiadol oedd Hitler. Disgrifiodd ffrindiau Hitler ef fel penboethyn gyda thuedd at wallgofrwydd. Yn Awstriad, nid oedd yn un o'r elitau gwleidyddol, ac, mewn gwirionedd, daeth i rym nid am ei fod yn nodweddiadol ond oherwydd ei bersonoliaeth gyfareddol. Gwelid Hitler fel gŵr tynghedus. Roedd yn ymroi i gyrraedd ei amcanion mewn modd eithafol ac erbyn 1938 fe'i cyfrifid yn beryglus gan yr elitau ceidwadol. Roedd Taylor yn iawn, roedd yna beth dilyniant rhwng Hitler a'i ragflaenwyr, ond roedd yna hefyd wahaniaethau hollbwysig oherwydd ei obsesiynau.

I ba raddau roedd gan Hitler lasbrint o fwriad?

Erbyn 1925, pan gyhoeddwyd *Mein Kampf*, roedd ideoleg Hitler yn gydlynol ac yn canolbwyntio ar ddwy thema graidd.

Y gyntaf oedd gwrth-Semitiaeth a chael gwared ar yr Iddewon a'u dylanwad. Yn ôl Hitler, gwrthdaro hiliol oedd yr allwedd i hanes, gan wrthgyferbynnu â syniadau Karl Marx oedd yn pwysleisio gwrthdaro rhwng dosbarthiadau. Yn ôl Hitler, modd i gyrraedd nod, sef sefydlu trefn hiliol newydd yn yr Almaen a thu hwnt wedyn, oedd y Wladwriaeth. Ni ellir dyddio'r syniadau hyn yn hawdd, ond awgrymwyd fel dyddiadau posibl 1917, yn ystod y dyddiau pan oedd Hitler yn grwydryn yn Wien, neu'r ildio yn 1918, neu Gytundeb Versailles yn 1919, neu wedi hynny. Mae'n ymddangos mai'r dyddiad cynharaf sydd fwyaf derbyniol, blynyddoedd Wien, tra oedd effaith y rhyfel a'r ymateb 'cyllell-yn-y-cefn' wedi atgyfnerthu'r syniadau hyn o Fedi 1919 ymlaen. Ysgrifennodd Hitler lythyr ar wrth-Semitiaeth ym Medi 1919 oedd ar ffurf ymosodiad hiliol, tra oedd areithiau'r 1920au cynnar yn llawn gwrth-Semitiaeth. Fodd bynnag, nid oedd syniadau Hitler yn anghyffredin ond yn adlewyrchu'r traddodiad *völkisch* neu genedlaetholgar yn yr Almaen yn ystod y bedwaredd ganrif ar bymtheg a dechrau'r ugeinfed ganrif.

Ail obsesiwn Hitler oedd concwest a fyddai'n rhoi 'lle i fyw' (*Lebensraum*) yn y dwyrain, yn bennaf ar draul Rwsia. Crybwyllir *Lebensraum* mewn memorandwm cyfrinachol ar ddiwedd 1922 ac, erbyn 1924, dan ddylanwad Rosenberg, mae ennill tir yn y dwyrain yn bendant yn yr arfaeth. Roedd Hitler hefyd yn casáu Bolsiefigiaeth a Marcsiaeth. Roedd arno eisiau rhagflaenu ei uchelgais i ennill tir trwy wyrdroi telerau Cytundeb Versailles a'r cyfyngiadau ar ailarfogi. Roedd arno hefyd eisiau dod â'r Almaenwyr i gyd ynghyd mewn 'Almaen fwy', oedd yn cynrychioli parhad y traddodiad pan-Almaenaidd a pholisïau'r bedwaredd ganrif ar bymtheg.

Cymerodd Hitler lyw polisi tramor ac roedd ei ddylanwad yn ddiamheuol. Erbyn hyn, ni roir unrhyw bwys ar farn Taylor mai 'ffantasïau y tu ôl i fariau cell' oedd y cynlluniau a amlinellodd Hitler yn *Mein Kampf*. Mae haneswyr yn cydnabod bod yna ddilyniant clir rhwng *Mein Kampf* a pholisïau Hitler yn yr 1930au, er bod ei amserlen i gyflawni hyn yn hyblyg. Yn 1933 roedd yna symudiad pendant oddi wrth gydweithredu â Rwsia i gytundeb â Gwlad Pwyl, tra cafwyd ailfyddino yn y Rheindir yn 1936 ac uno ag Awstria yn 1938 o ganlyniad i ailgydio yn y rhaglen ailarfogi yn 1935. Yna, wedi'r uno ag Awstria, gorfodwyd yr Iddewon i adael Wien. Ailadroddwyd y broses hon wrth i wledydd eraill gael eu hymgorffori. Gwelir erbyn hyn fod gan Hitler lasbrint o fwriad, wedi ei sylfaenu ar ideoleg gref a chydlynol a ysbrydolai ei bolisïau (trafodir ideoleg ac athroniaeth Hitler ym Mhennod 9), ynghyd â pharodrwydd i achub ar bob cyfle o safbwynt dull a thactegau.

7 ~ HITLER – CHWYLDROADWR NEU WRTHCHWYLDROADWR?

Mae cwestiynau fel: oedd gan Hitler gredoau cymdeithasol clir a chyson? oedd Hitler yn amcanu at newid strwythur cymdeithasol yr Almaen? oedd Hitler yn flaengar?, yn adlewyrchu'r anghydweld sylfaenol sydd ymysg haneswyr wrth ystyried cymeriad Natsïaeth, amcanion cymdeithasol y mudiad a'i fwriadau. Felly, dehonglwyd Natsïaeth gan rai haneswyr blaenllaw fel mudiad gwir chwyldroadol a chan eraill fel un gwrthchwyldroadol. Newidiodd agwedd a pholisi Hitler tuag at chwyldro dros amser wrth i'w amgylchiadau a'i flaenoriaethau gwleidyddol newid, fel yr awgrymodd ei sylwadau ef ei hun ar hyn. Cyn dod yn Ganghellor, roedd wedi dweud sawl tro y byddai'n 'rhaid i'r Almaen gael ei hailffurfio trwy chwyldro oddi isod tuag i fyny' (28 Gorffennaf 1922), ond ar ôl Ionawr 1933, ei sylw oedd 'Nid yw chwyldro yn gyflwr parhaol' (6 Gorffennaf 1933).

A *Hitler y chwyldroadwr*

I ryw raddau, gellir galw Hitler yn chwyldroadwr oherwydd bod ganddo'r ddawn i gyfuno syniad o newid sylweddol â'r gallu i drefnu'r grymoedd angenrheidiol. Fel yr eglurwyd eisoes, sylfaen credo wleidyddol Hitler oedd Darwiniaeth gymdeithasol greulon. Thema gyson yn areithiau Hitler o 1922 ymlaen oedd y *weltanschaulich* neu'r elfen ideolegol mewn Natsïaeth: 'buddugoliaeth plaid yw newid llywodraeth. Buddugoliaeth *Weltanschauung* yw chwyldro' (Hitler yn München, 19 Mawrth 1934).

Disgrifiai Hitler y Blaid Natsïaidd bob amser yn nhermau *Weltanschauung* neu olwg fyd-eang, ac felly hefyd pan ddaethant i rym yn 1933. Yn ganolog i *Weltanschauung* oedd y cysyniad o 'ymdrech', gair a ymddangosai amlaf yn ei areithiau, 'daeth dyn yn fawr drwy ymdrech' a 'hanfod cyntaf pob *Weltanschauung* rhesymegol yw'r ffaith mai ... grym yn unig sy'n ddiamheuol'. Edrychai ar ymdrech fel sylfaen pob llwyddiant, 'dim ond trwy ymdrech mae dyn wedi ei ddyrchafu ei hun yn uwch na byd yr anifail' (Kulmbach, 5 Chwefror 1928). 'Y cysyniad o ymdrech oedd un o'r tair egwyddor sylfaenol a reolai fodolaeth pob cenedl, y ddwy arall oedd purdeb gwaed a dyfeisgarwch yr unigolyn' (Chemnitz, 2 Ebrill 1928). Mae'r egwyddorion hyn hefyd yn allweddol i ddeall mor gas oedd gan Hitler gredoau pobl eraill. Beirniadai'r rhai oedd yn anwybyddu buddiannau hil a rheolaeth arweinydd gwych, ac a oedd yn gweld gwerth heddwch yn hytrach na gwrthdaro. Dangosodd Hitler ei fod yn deall agwedd meddwl llawer o Almaenwyr oedd wedi bod drwy'r rhyfel, Cytundeb Versailles, chwyddiant, iawndaliadau a'r dirwasgiad economaidd. Pregethai annibyniaeth fel ffynhonnell grym, 'rhaid i

Volk, gw. tud. 244

genedl ddeall bod ei dyfodol yn dibynnu yn unig ar ei gallu ei hun, ei hegni ei hun a'i dewrder ei hun. Nid yw'r byd yn cynnig unrhyw help, rhaid i bobl eu helpu eu hunain' (Konigsberg, 4 Mawrth 1933).

Crynhowyd y gwahanol elfennau hyn yng nghredoau gwleidyddol Hitler yn ei araith yn rali'r blaid yn Nuremberg yn 1937: 'Y brif astell yn rhaglen y Sosialwyr Cenedlaethol yw dileu'r syniad democrataidd am unigolyn ... ac i sefydlu yn [ei le] gymuned y "*Volk*", wedi'i gwreiddio yn y tir ac sydd ynghlwm drwy gwlwm ei gwaed cyffredin'. Credai Hitler mai 'dim ond trwy greu cymuned genedlaethol real, a fyddai'n codi uwchlaw buddiannau a gwahaniaethau gradd a dosbarth, y gellid osgoi gwrthdaro rhwng dosbarthiadau, oherwydd nod polisi Sosialaeth Genedlaethol oedd creu cymdeithas gwbl ddiddosbarth lle gellid gofalu am fuddiannau'r genedl orau trwy sefydlu **gwladwriaeth absoliwt**'.

gwladwriaeth absoliwt llywodraeth â grym di-ben-draw

Roedd y digwyddiadau o amgylch penodi Hitler yn Ganghellor, a'r modd y sefydlodd ei unbennaeth wedi hynny, yn ddarlun o chwyldro gwleidyddol. Cafodd cymdeithas ei llunio yn nelwedd Hitler, ond roedd ei effaith ar y drefn gymdeithasol yn gymhleth ac mae'n anodd ei disgrifio. Nid oedd pawb yn y Blaid yn deall holl syniadau Hitler yn glir. Dadleuai llawer, cyn iddynt ddod i rym a thros y ddwy flynedd gyntaf wedyn, dros gael chwyldro cymdeithasol fel yr un a gafwyd yn Rwsia. Ni ellid bod wedi cyflawni hynny oni bai fod Hitler wedi bod yn barod i dywallt gwaed trwy garthu'r rhai oedd wedi rheoli yn rhinwedd eu geni breintiedig, eu cyfoeth a'u grym. Fel y gwelsom yn y bennod ddiwethaf, roedd galw o'r fath yn bygwth diogelwch ei gyfundrefn ac arweiniodd at garthu'r chwyldroadwyr adain chwith o fewn ei blaid. Mae'r digwyddiad hwn yn darlunio cymeriad chwyldroadol Sosialaeth Genedlaethol. Er iddo drechu'r 'Ail Chwyldro' ar 30 Mehefin 1934, gydol gweddill y Drydedd Reich daliai Hitler ati, ar goedd ac yn breifat, i gyfeirio at sefydlu'r gyfundrefn Natsïaidd fel un o'r trawsnewidiadau mwyaf yn hanes y byd. Deilliodd newidiadau mawr yn y gymdeithas oherwydd ei syniadau, yn gysylltiedig ag effaith addysg ar yr ieuenctid a'r newidiadau mewn syniadau a gwerthoedd cymdeithasol, er na pharhaodd y gyfundrefn yn ddigon hir i sicrhau newidiadau dros dymor maith. Er hynny, roedd cymdeithas yr Almaen, nad oedd fawr gwahanol yn 1933 o'i chymharu ag 1918 neu hyd yn oed 1914, wedi newid erbyn 1945. Y ddadl gryfaf dros ddweud bod Hitler wedi achosi chwyldro cymdeithasol yw i'w lywodraeth lwyr ddinistrio cymdeithas. Roedd cymdeithas 1945 yn wahanol i un 1933, neu hyd yn oed un 1939 (byddwn yn sôn eto am effaith gymdeithasol Hitler a'i gyfundrefn ym Mhennod 10), oherwydd bod cymaint o bobl wedi eu difodi – yr anabl yn feddyliol a chorfforol yn y rhaglen ewthanasia, Iddewon a sipsiwn yn y carthiad hiliol, ac Almaenwyr cyffredin oherwydd y rhyfel. Mae haneswyr yn disgrifio hyn fel chwyldro **nihilaidd**.

nihiliaeth ymwrthod yn llwyr â chredoau cyfredol gan rywun sy'n barnu nad oes dim i'w gymeradwyo yn y drefn sefydledig

B *Diweddglo – Cysyniad Hitler am chwyldro*

Mae'r gair 'chwyldro' yn awgrymu newidiadau sydyn, dramatig yn yr elit sy'n rheoli, ac yn y berthynas rhwng dosbarthiadau gwahanol o fewn cymdeithas, yn aml wedi eu hachosi trwy drais. Nid oes raid i bob chwyldro fod ar y patrwm hwn, ond er hynny mae pob chwyldro yn sylfaenu newid ar system o werthoedd a syniadau sy'n wrthwynebus i rai'r llywodraeth flaenorol.

Roedd Hitler yn sicr yn cyfrif bod ei ddyrchafiad i rym yn 'chwyldro', er ei fod yn ymwybodol fod 'cymeriad arbennig o'r eiddo ei hunan yn perthyn i'w broses chwyldroadol yn yr Almaen'. Byddai'n datgan yn aml, fel yn ei araith i'r *Reichstag* ar 30 Ionawr 1937, fod 'nodweddion unigryw yn perthyn i'w chwyldro oedd yn ei gwneud hi'n anodd i'w gyfoeswyr ddeall natur ddofn y trawsnewid oedd wedi digwydd'. Cyfeiriai'n aml at ei 'chwyldro model' oedd wedi ei weithredu'n drefnus a'i gynllunio'n ofalus heb fawr ddim colli gwaed. Roedd wedi gweithredu chwyldro gwleidyddol a arweiniodd at newidiadau mewn trefniadaeth a gwerthoedd, ond ni fu chwyldro cymdeithasol yn yr ystyr ei fod wedi cael gwared ar yr elitau oedd yn tra-arglwyddiaethu yn gymdeithasol. Gan i Hitler gael gwared ar yr adain chwith, oedd wedi pwyso am y newidiadau hynny, enillodd ffafr arweinwyr y fyddin, yr economi a'r gweision sifil, oedd wedi pryderu fwyfwy wrth weld yr ymdrechion i barhau ar lwybr chwyldro Natsïaidd.

Roedd Hitler yn dactegydd gwych oedd yn barod i dderbyn y cyfyngiadau ar gipio grym y Natsïaid oherwydd y grymoedd ceidwadol oedd yn y *Reichswehr* a'r fiwrocratiaeth a oroesodd. Gan ddysgu gwers o'r Undeb Sofietaidd, lle methwyd sefydlu goruchafiaeth glir dros y Sefydliad, ni wnaeth unrhyw ymgais i greu bwlch gwleidyddol. Yn lle hynny, creodd raniad newydd gelyniaethus rhwng y Wladwriaeth a'r Blaid fel nad oedd gan y naill na'r llall rym annibynnol ond fe'u gorfodid i ddibynnu ar y grym roedd y *Führer* yn ei roi iddynt.

8 ~ EFFAITH Y RHYFEL AR GYMERIAD HITLER AC AR NATUR EI GYFUNDREFN

Roedd yr hanesydd Hugh Trevor-Roper yn ei lyfr *The Last Days of Hitler* (Macmillan 1947) yn ystyried dyddiau olaf Hitler yn y Byncer yn Berlin fel cyflwyniad theatrig wedi ei gynhyrchu'n ofalus oedd yn adlewyrchu ei hanes cyn hynny. Fe'i llwyfannwyd gan Goebbels, tra oedd y rhai oedd o'i gwmpas yn cynrychioli llys oedd 'mor ddibwys yn ei allu i reoli, mor ddifesur yn ei gymhwyster i gynllwynio, ag un unrhyw swltaniaeth ddwyreiniol'. Roedd marwolaeth Hitler yn 'ddifodiant trawiadol' ac, ar yr un pryd cwympodd, trechwyd a lladdwyd yr Almaen hefyd.

Aeth pryderon Hitler yn fwy ac amlygwyd canlyniadau tymor hir ei fyw afiach. Erbyn Ebrill 1945 roedd ei gorff yn llanast o ganlyniad i'w ddull o fyw ac i'r meddyginiaethau a gâi gan ei

PRIF YSTYRIAETH

A fu i Hitler golli ei feistrolaeth a dod yn* Führer *gwan yn ystod blynyddoedd olaf y gyfundrefn Natsïaidd?

feddyg, Morell, oedd wedi 'gwenwyno' ei gorff. Yn ystod y dyddiau olaf yn y Byncer, 16 Ionawr hyd 28 Ebrill, cynyddodd ei bryderon ac 'roedd ei wyneb wedi crebachu, ei liw yn llwyd, ei gorff yn cwmanu, ei ddwylo a'i draed yn ysgwyd, ei lais yn gryg a chrynedig, a gorchudd o flinder dros ei lygaid'. Daeth ei odrwydd yn fwy amlwg. Roedd yn golchi ei ddwylo yn aml ac yn newid ei ddillad. Roedd y ddelwedd o ddyn o ewyllys gref a deallusrwydd, a gafwyd yn y dyddiau cynnar, wedi diflannu. Roedd yn dal i ffugio ei ymddygiad a'i hwyliau ar gyfer cynulleidfa fel a wnâi yn y gorffennol, ond roedd yn colli rheolaeth arno'i hun fwyfwy, fel y gwelwyd yn ei ymateb hysteraidd i fethiannau'r *Luftwaffe* a'r newydd am 'frad' Himmler, pan fu i Himmler, yn credu bod Hitler yn farw, ddechrau trafod â'r Cynghreiriaid. Dangosodd duedd gynyddol ei fod wedi colli pob synnwyr o realiti a threuliai oriau yn astudio cynlluniau pensaernïol i ailadeiladu'r Almaen ar adeg pan oedd yr Almaen yn cael ei threchu ar bob ffrynt.

Ategir yr olwg hon a gawn ar y dirywiad yng nghymeriad Hitler gan ddigwyddiadau Ebrill yn y Byncer, yn enwedig y gynhadledd a gynhaliwyd ar 22 Ebrill. Fe'i galwyd i drafod strategaeth i amddiffyn Berlin, a oedd i gynnwys ymgyrch galed gan filwyr dan arweinyddiaeth Steiner, cadfridog yr *SS*. Pan ddywedwyd wrth Hitler yn y cyfarfod na chafodd ei orchmynion eu cyflawni 'gwylltiodd, sgrechiodd eu bod wedi cefnu arno, cyhuddodd y fyddin o fod yn fradwyr, soniodd am frad, llygredd, methiant a chelwyddau ar raddfa gyffredinol' (*The Last Days of Hitler*). Dyma'r math o ymddygiad ac iaith oedd yn nodweddiadol o ymateb Hitler yn wyneb gwrthwynebiad, neu feirniadaeth, yn enwedig yn ei ymwneud â Chadlywyddiaeth y fyddin. Roedd y gynhadledd yn arwyddocaol iawn, yn rhoi golwg newydd ar gymeriad Hitler. Am y tro cyntaf, roedd yn anobeithio ynghylch ei genhadaeth. 22 Ebrill oedd y dyddiad y cydnabu ei fethiant a bod y Drydedd Reich wedi ei threchu, ac o gofio ei syniadau Darwinaidd, dangosai hyn ei fod ef ei hun yn derbyn ei fethiannau. Mae'n debygol mai dyma'r diwrnod y bu i Hitler benderfynu cyflawni hunanladdiad. Fodd bynnag, roedd eto'n chwilio am fwch dihangol a daliai i feio'r Iddewon.

Yr amheuaeth o bobl, oedd yn ei hanfod yn rhan o bersonoliaeth Hitler, oedd y tu cefn i'r dymer ddrwg a ddangosai yn amlach. Wrth gilio i'r Byncer roedd yn arddangos arwahanrwydd terfynol arweinydd oedd bob amser wedi ymneilltuo; 'nawr roedd wedi ymwrthod â phob cyswllt â'r ddynoliaeth. Credai fod y cadfridogion yn cynllwynio yn ei erbyn, gan adlewyrchu ei ofn, ofn brad, oedd wedi bod yn rhan o'i gymeriad erioed. Adlewyrchid nodweddion ei bersonoliaeth – casineb, chwerwder a'i ddirmyg sarhaus tuag at bobl – yn y gorchmynion maleisus i ddinistrio pobl ac eiddo a roddodd yn y dyddiau olaf hyn. Ar 28 Ebrill, wedi gwylltio am fod ei frawd-yng-nghyfraith, Hermann Fegelein, yn cefnogi Himmler, gorchmynnodd Hitler ei ddienyddio, ynghyd ag unrhyw swyddog Almaenig oedd wedi 'methu' yn ei ddyletswydd i ufuddhau i orchmynion Hitler, yn ogystal â'r holl garcharorion a'r gwystlon. Yn olaf, gorchmynnodd y polisi ymddiffeithio, ledled yr Almaen, i ddifa cnydau ac unrhyw beth a allai fod o ddefnydd i'r Cynghreiriaid. Hynny yw, bwriad Hitler oedd y byddai yna, ar y cyd â'i hunanladdiad, loddest o ddinistr bwriadol. Fe âi i'w fedd gyda niferoedd lawer o bobl eraill yn aberth dynol o amgylch ei gorff yn nefod y llosgi. Mor gynnar â Chwefror 1942 roedd wedi datgan, 'pe na bai gan un deulu i adael ei dŷ iddo, y peth gorau fyddai ei losgi ynghyd â'r cynnwys ... coelcerth angladdol wych'. Unwaith eto, dibynnai ar Goebbels i lwyfannu'r olygfa olaf hon fel roedd wedi'i wneud yn ralïau Nuremberg, oedd yn gymhariaeth amlwg.

Daeth penderfyniad Hitler, a wnaeth mae'n debyg ar 22 Ebrill, i aros yn Berlin, er bod y Cynghreiriaid yn nesáu, ac i gyflawni hunanladdiad, ar ôl blwyddyn o ymddwyn yn llym a than straen. Yn ystod y flwyddyn olaf hon roedd wedi glynu wrth ei gred ystyfnig, yn groes i bob cyngor a thystiolaeth, y byddai'r Almaen yn ennill y rhyfel. Wrth gydnabod nad oedd hi felly roedd yn pwysleisio'r dirywiad oedd wedi digwydd yn ei hunanasesiad o'i fawredd. Fe gollodd ei ymwybyddiaeth o'i genhadaeth a'i ragoriaeth. Yn y gorffennol roedd wedi dirmygu a chasáu ei feirniaid, ond 'nawr, yn Ebrill, roedd yn barod i gyfaddef ei fod wedi gwneud camgymeriadau. Fodd bynnag, roedd presenoldeb personol ganddo o hyd, sy'n egluro pam roedd yn dal i fedru hawlio ufudd-dod yn ystod wythnos olaf ei fywyd. Fe gadwodd reolaeth hyd y diwedd, er ei fod yn amharod i wneud penderfyniadau, fel y dengys ei gyndynrwydd, ac yna'i benderfyniad sydyn, i gyflawni hunanladdiad. Penderfynai ar strategaeth ryfel ac anwybyddai gyngor Pennaeth Staff Milwrol y Fyddin, y Cadfridog Guderian, gan adlewyrchu 'r diffyg ffydd, y ddrwgdybiaeth a'r elyniaeth a deimlai tuag at y fyddin. Anfonai ddarlithiau strategol dig atynt, ac ymneilltuodd o gwmni dynion milwrol galluog a allai ei gynghori, gan ddibynnu yn hytrach ar amaturiaid yr *SS* oedd yn dal i gynnal Gwladwriaeth Hitler. Nid oedd ei orchmynion olaf yn Ebrill ynghylch strategaeth y rhyfel yn berthnasol o gwbl i realiti. Roedd am amddiffyn Berlin ond ar yr un pryd gorchmynnodd ddinistrio'r ddinas yn y diwedd. Roedd penderfyniadau Hitler yn adlewyrchu nihiliaeth athroniaeth Natsïaeth yn y bôn, 'gwir lais Natsïaeth: grym byd-eang neu ddistryw' (*The Last Days of Hitler*).

Ym marn Hugh Trevor-Roper, daeth cynghorwyr Hitler yn y Byncer yn 'llys dwyreiniol o wenieithwyr a ffalswyr' yn hytrach na chabinet rhyfel. Arhosodd Goebbels, Speer a Himmler yn ffyddlon ac yn deyrngar i Hitler er eu bod eto'n cynllwynio ymysg ei gilydd. Yn ystod y dyddiau hyn yn y Byncer cwestiwn yr olyniaeth oedd flaenaf gan fod dirywiad corfforol Hitler yn amlwg i bawb. Daliai Hitler i weithredu ei bolisi 'rhannu a rheoli' i sicrhau mai ef oedd yn ben ond hefyd i ddangos ei athroniaeth Ddarwinaidd gymdeithasol, fel yn achos y gystadleuaeth gynyddol rhwng Himmler a Bormann, oedd yn cynrychioli'r frwydr rhwng yr *SS* a'r Blaid am dra-arglwyddiaeth derfynol yn yr Almaen. Roedd cefnogaeth Hitler yn hanfodol i gynnal unigolion mewn grym, yn enwedig yn hanes Martin Bormann, ac roedd hyn yn ffrwyno ei elynion. Yr unig ddatblygiad newydd yn y drefn yn ystod y dyddiau hyn oedd fod Hitler wedi dod i ddibynnu ar Bormann, oedd yn rymus yn rhinwedd ei swydd fel ysgrifennydd

Hitler. Roedd Göring, ac ar ôl 20 Gorffennaf, Himmler, yn dirywio oherwydd dylanwad pwdr grym absoliwt a arweiniodd at ddirywiad amlwg yng nghymeriad pob un o'r arweinwyr Natsïaidd, ac roeddent yn rhannu byd afreal Hitler fwyfwy. Erbyn Ebrill, roedd yn amlwg eu bod yn colli'r rhyfel, ond roedd y cylch mewnol yn cystadlu am yr hyn oedd yn weddill o'r grym ar wahân i'r olyniaeth. Cynllwyniodd Goebbels am swydd y Gweinidog Tramor yn lle Ribbentrop. Disgrifiodd Trevor-Roper y personoliaethau hyn fel 'nifer o glowniaid llawn gwynt yn cael eu siglo gan ddylanwadau cwbl digyswllt'. Roedd cefnogaeth Hitler yn hollbwysig iddynt fedru goroesi, ond ar y funud olaf dyngedfennol dim ond ychydig fu'n deyrngar iddo, ar wahân i Goebbels a rhai o'i weision.

Adlewyrchai'r dyddiau olaf yn y Byncer anghysondebau Natsïaeth oedd wedi bodoli erioed ar wahanol adegau. Cyhoeddwyd sloganau buddugoliaeth o'r Byncer, ond yn breifat roedd pawb yn paratoi am drechiad ac roedd hyn yn hybu chwalfa o safbwynt disgyblaeth a threfniadaeth. Roedd bron bawb yn unigol yn trafod yn gyfrinachol naill ai ar gyfer ildio neu ffoi. Mewn cyfundrefn wedi'i sylfaenu ar ymerodraethau personol yn hytrach na llywodraeth dotalitaraidd, roedd gweithredoedd o'r fath yn sicr o arwain at chwalfa gan fod arweinwyr unigol yn derbyn gwasanaeth da o fewn eu teyrnasoedd eu hunain. Bu i is-weithwyr Himmler, er enghraifft, aros yn gwbl ffyddlon iddo ef a dilyn ei arweiniad, a defnyddiodd Speer deyrngarwch ei ddynion i drechu gorchymyn Hitler i ddinistrio isadeiledd y wlad, e.e. ffyrdd, pontydd a ffatrïoedd.

9 ~ LLYFRYDDIAETH

Ceir nifer o argraffiadau o ffynonellau gwreiddiol a gasglwyd ynghyd. Ar y themâu a drafodwyd yn y bennod hon tebyg mai J. Noakes a G. Pridham (gol.), *Nazism 1919–1945, A Documentary Reader* (University of Exeter 1984), *Vol 2 – State, Economy and Society 1933–1939* yw'r mwyaf addas ar gyfer myfyrwyr. Mae'n llawn mor ddefnyddiol oherwydd y sylwadau ag oherwydd y dogfennau. Casgliadau eraill o ffynonellau gwreiddiol sy'n berthnasol i'r themâu a drafodwyd yn y bennod hon yw N. Baynes (gol.), *The Speeches of Adolf Hitler* (Oxford UP 1942); A. Hitler, *Mein Kampf*, gyda rhagair gan D.C. Watt (Hutchinson 1969); A. Hitler, *Table Talk, 1941–1944*, gol. Martin Bormann, a gyflwynir gan Hugh Trevor-Roper (Oxford UP 1988) ac A. Speer, *Inside the Third Reich* (Weidenfeld & Nicolson 1970).

Ymysg y ffynonellau eilaidd mae nifer o lyfrau hanes cyffredinol sy'n archwilio gwladwriaeth Hitler: i weld dehongliad adolygiadol ar rôl Hitler yn yr Almaen darllenwch y ddadl strwythurol a gyflwynir gan M. Broszat, *The Hitler State* (Longman 1981). Ceir dau adroddiad deongliadol yn K. Hildebrand, *The Third Reich* (Allen & Unwin 1984) a J. Hiden a J. Farquharson, *Explaining Hitler's Germany* (Batsford 1989).

Am astudiaeth ar Hitler darllener y gwaith arloesol gan A. Bullock, *Hitler: A Study in Tyranny* (Odhams 1952). Ac yntau'n ysgrifennu yn fuan wedi'r Ail Ryfel Byd, cyflwynodd Bullock y persbectif bwriadol ar Hitler. Hefyd, ysgrifennodd Bullock hanes cyffredinol ar *The Third Reich* (Weidenfeld & Nicolson 1955) ac yn ddiweddarach, *Hitler and Stalin: Parallel Lives* (HarperCollins 1991). Llyfrau hanes eraill yw J.C. Fest, *Hitler* (Weidenfeld & Nicolson 1974) ac *The Face of the Third Reich* (Weidenfeld & Nicolson, 1970), H.R. Trevor-Roper, *The Last Days of Hitler* (Macmillan 1947), N. Stone, *Hitler: The Führer and the People* (Hodder & Stoughton 1980), J.P. Stern, *Hitler, The Führer and the People* (Fontana 1975) ac W. Carr, *Hitler, A Study in Personality and Politics* (Arnold 1978).

Cyhoeddiadau mwy diweddar ar Hitler yw I. Kershaw, *The 'Hitler Myth', Image and Reality in the Third Reich* (Oxford UP 1987) a *Hitler* (Profiles in Power Series, Longman 1991). Ar gyfer Safon Uwch: D. Geary, *Hitler and Nazism* (Routledge, Lancaster Pamphlets, 1993) a John Laver, *Hitler, Germany's Fate or Germany's Misfortune?* (Personalities and Powers Series, Hodder & Stoughton 1995).

Yn olaf, ceir nifer o astudiaethau ar y deongliadau gwahanol o Hitler: mae'r rhain yn cynnwys H.W. Koch, *Aspects of the Third Reich* (Macmillan 1985); W. Laqueur, *Fascism: A Reader's Guide* (Penguin 1979) ac I. Kershaw, *The Nazi Dictatorship, Problems and Perspectives of Interpretation* (Edward Arnold 1989). Ceir golwg ddadleuol ar Hitler yn D. Irving, *The War Path: Hitler's Germany 1933–1939* (Papermac 1983).

10 ~ CWESTIYNAU TRAFOD

A *Mae'r adran hon yn cynnwys cwestiynau y gellir eu defnyddio i drafod neu i brofi eich dealltwriaeth o brif themâu'r bennod hon.*

1. Pa sgilau a ddangosodd Hitler fel arweinydd?
2. (a) Beth oedd 'myth' Hitler?
   (b) Pam oedd yn bwysig?
3. Beth mae haneswyr yn ei olygu pan fyddant yn ysgrifennu bod gan Hitler bolisi 'rhannu a rheoli'?
4. I ba raddau roedd y Drydedd Reich wedi ei threfnu'n dda?
5. Beth oedd amcanion polisi tramor Hitler?
6. I ba raddau roedd amcanion Hitler yn wahanol i rai arweinwyr yr Almaen Ymerodrol cyn 1914?

11 ~ CWESTIYNAU TRAETHAWD

A *Cwestiynau dwy ran*

1. (a) Beth oedd prif gryfderau a gwendidau Hitler fel unben?
   (b) Disgrifiwch y ffyrdd roedd Hitler yn sicrhau ei fod yn tra-arglwyddiaethu ar y Blaid a'r Wladwriaeth.
2. (a) Beth oedd prif amcanion Hitler fel *Führer*?
   (b) Pam yr ystyrir Hitler yn chwyldroadwr?

B *Cwestiynau Traethawd*

1. 'Roedd Hitler yn feistr ar y Drydedd Reich.'
   I ba raddau rydych chi'n cytuno â'r farn hon?
2. Ymdriniwch â'r farn fod 'rôl Hitler yn bwysig yn llywodraeth yr Almaen'.
3. 'Newidiodd rôl Hitler a'i bŵer yn llywodraeth yr Almaen dros y cyfnod 1933-45.'
   I ba raddau rydych chi'n cytuno â'r farn hon?
4. 'Unben gwan oedd Hitler, a oruchwyliai nifer fawr o ymerodraethau preifat gwrthdrawiadol oedd â barwniaid Natsïaidd annibynnol yn benaethiaid arnynt.'
   I ba raddau rydych chi'n cytuno â'r farn hon?

12 ~ GWNEUD NODIADAU

Darllenwch yr adran gynghori ynghylch gwneud nodiadau ar dudalen xx o'r *Rhagair: Sut i ddefnyddio'r llyfr hwn*, ac yna gwnewch eich nodiadau eich hun yn seiliedig ar y penawdau a'r cwestiynau sy'n dilyn.

1. *Rheolaeth Hitler ar yr* NSDAP

(a) Ym mha ffyrdd a chyda pha lwyddiant y bu i Hitler weithredu ei reolaeth ar yr *NSDAP*?

(b) Pwy oedd cylch mewnol Hitler – yn gynghorwyr, cyfeillion a chwmni?

(c) Beth oedd sail y berthynas rhwng Hitler a swyddogion Natsïaidd eraill o uchel radd?

2. *Rôl Hitler fel* Führer

(a) Beth oedd cryfderau a gwendidau Hitler fel unben?

(b) Beth a olygir wrth sôn am 'weithio tuag at y *Führer*'? Pa effaith a gafodd hyn ar lywodraeth yr Almaen?

(c) I ba raddau y gellir cyfrif Hitler yn gyfrifol am y troseddau yn erbyn y ddynoliaeth a gysylltir â'r gyfundrefn Natsïaidd?

(ch) Beth oedd prif amcanion Hitler fel unben a pha mor gyson oedd ei syniadau?

(d) I ba raddau y gellir cyfrif Hitler yn chwyldroadwr?

3. *Effaith rhyfel ar y gyfundrefn*

(a) I ba raddau roedd Hitler wedi dirywio erbyn Ebrill 1945, a sut roedd hynny'n amlwg yn y gynhadledd a gynhaliwyd ar 22 Ebrill?

(b) Pam y bu i Trevor-Roper ddisgrifio 'cylch mewnol' Hitler fel 'llys dwyreiniol o wenieithwyr a ffalswyr'?

(c) I ba raddau y bu i Hitler ddal i reoli yn ystod dyddiau olaf y gyfundrefn?

13 ~ YMARFER AR DDOGFENNAU – HITLER A'I GYFUNDREFN 1943-45

Astudiwch y ffynonellau isod ac atebwch y cwestiynau sy'n dilyn:

> Dyfalai sylwebyddion oedd wedi gwylio dyrchafu'r ddau beiriant grym, Himmler a Bormann, beth fyddai'n digwydd pan fyddent o'r diwedd yn gwrthdaro. Yn 1943, pan benodwyd Himmler yn Weinidog Cartref, roedd y foment honno wedi cyrraedd. Hyd hynny, roedd y berthynas rhwng y ddau ddyn wedi bod yn ardderchog … 'nawr, roedd unrhyw ymgais gan Himmler i ddangos ei awdurdod y tu allan i'r *SS* yn cythruddo Bormann.

'Adroddai Bormann wrth Hitler yn syth am ymdrechion o'r fath a chymerai fantais o'u herwydd. Er syndod i ni (Speer sy'n siarad), ni chymerodd fawr o amser i Bormann atal Himmler.'

Dyna fanteision bod yn y man canolog.

Yn yr un modd, ar ôl Cynllwyn 20 Gorffennaf 1944 [ymdrech ofer nifer o gadfridogion y fyddin i lofruddio Hitler drwy ddefnyddio bom], manteisiodd Bormann yn fuan ar gamgymeriadau a diffygion ei gydymgeisydd. Tra oedd Himmler yn ddiniwed yn meddwl (a Göring wedi colli ffafr) mai ef oedd yr olynydd amlwg i'r orsedd, roedd Bormann yn gofalu bod Himmler, yn hytrach na symud i fyny ac yn nes at y canol a'r pŵer, yn symud allan ymhellach oddi wrtho. Yn ystod dyddiau tywyll gaeaf olaf y rhyfel, gofalodd Bormann fod Himmler yn cael ei benodi yn Gadbennaeth Grŵp Byddin y Wisla, i'r dwyrain o Berlin.

FFYNHONNELL A
Sylwebydd o Brydain yn ysgrifennu ar ôl i'r Almaen ildio, Hugh Trevor-Roper yn The Last Days of Hitler *(1947)*

Mae Bormann wedi troi Llys Canghellor y Blaid yn ffatri bapur. Bob dydd, mae'n anfon allan fynydd o lythyrau a ffeiliau nad oes gan y *Gauleiter*, a hwythau ynghanol y brwydro, amser i'w darllen hyd yn oed erbyn hyn … deunydd hollol ddi-fudd nad yw o unrhyw werth ymarferol yn ein hymdrech … Yn y sefyllfa hon dim ond gair gan y *Führer* all wella'r diffyg hyder y mae'r bobl wedi eu hyrddio iddo. Rwy'n ei gyfrif yn gamgymeriad dybryd nad yw'r *Führer* yn siarad … Nid mewn buddugoliaeth yn unig y dylem siarad ond hefyd mewn trallod. Ar hyn o bryd mae'n anodd iawn cael penderfyniadau oddi wrth y *Führer*. Mae'n rhoi ei amser yn llwyr i'r sefyllfa yn y gorllewin ac nid oes ganddo fawr o amser i broblemau eraill … Mae Hitler yn hynod feirniadol o'r *Luftwaffe*. Ddydd ar ôl dydd, rhaid i Göring wrando, heb fod mewn sefyllfa lle gall ddadlau yn ôl.

FFYNHONNELL B
Goebbels yn cwyno, o gofnod dyddiadur ar gyfer 3 Ebrill 1945

Yn y cyfamser, cyrhaeddodd telegram oddi wrth Göring, ac aeth Bormann ag ef at Hitler ar frys … Yn y telegram, gofynnai Göring yn syml i Hitler tybed, yn unol â'r ordinhad ar yr olyniaeth, a ddylai ef gymryd yr arweinyddiaeth pe byddai Hitler yn aros yng Nghaer Berlin … ond honnai Bormann fod Göring yn trefnu *coup d'état* … Ar y dechrau, ymatebodd Hitler gyda'r un syrthni ag a ddangosodd trwy'r dydd. Ond cefnogwyd damcaniaeth Bormann pan ddaeth neges radio arall … a ddarllenai:

> 'I'r *Reichsminister* von Ribbentrop,
> Os, erbyn 10 o'r gloch y nos 23 Ebrill, y bydd yn glir nad yw'r *Führer* bellach yn rhydd i ofalu am faterion y Reich, daw ordinhad Mehefin 1941 i rym, sy'n golygu fy mod i'n etifedd i'w holl swyddi. Os, erbyn hanner nos 23 Ebrill, na fyddwch wedi derbyn unrhyw neges arall, rydych i ddod ataf ar unwaith mewn awyren.'
> Göring, *Reichsmarshal*

FFYNHONNELL C
Göring a'r olyniaeth – digwyddiadau 22 Ebrill a ddisgrifir gan Albert Speer yn Inside the Third Reich *(1970)*

Dyma ddeunydd newydd i Bormann, 'Mae Göring yn cyflawni brad, fy *Führer*!' meddai'n gyffrous. Er bod Hitler wedi cadw'n ddigyffro ynglŷn â'r telegram cyntaf, 'nawr enillodd Bormann ei gêm. Ar unwaith, dilëodd Hitler hawl Göring i'r olyniaeth – lluniodd Bormann ei hunan y neges radio – a'i gyhuddo o frad ac o fradychu Sosialaeth Genedlaethol ... Daeth ffrwydrad o wylltineb gorffwyll wedyn, ynghyd â chwerwder, hunandosturi ac anobaith ... Yna, yn frawychus o sydyn, syrthiodd Hitler i'w apathi eto. 'O'r gorau. Caiff Göring drafod yr ildio. Os yw'r rhyfel wedi ei golli, does dim gwahaniaeth pwy fydd yn gwneud hynny.'

FFYNHONNELL CH
Ewyllys Wleidyddol Hitler, 29 Ebrill 1945

Lynghesydd:
Gan fod pob adran wedi methu cyrraedd a'n safle i bob golwg yn anobeithiol, neithiwr arddywedodd y *Führer* yr Ewyllys Gwleidyddol sydd ynghlwm:
Heil Hitler!
Bormann

... Cyn fy marw, rwy'n diarddel y cyn-*Reichsmarshal*, Hermann Göring, o'r Blaid ac yn dileu pob hawl a roddwyd iddo drwy ordinhad 20 Mehefin 1941 ... Yn ei le penodaf y Llynghesydd Dönitz fel Arlywydd y Reich a Phencadlywydd. Cyn fy marw, rwy'n diarddel y cyn-*Reichsführer* a'r Gweinidog Cartref, Heinrich Himmler, o'r Blaid a phob swydd yn y wladwriaeth ... Ar wahân yn hollol i'w hanffyddlondeb tuag ataf i, mae Göring a Himmler wedi dwyn gwarth ar y genedl gyfan trwy drafod yn gyfrinachol â'r gelyn yn groes i'm hewyllys i a hefyd trwy geisio cipio rheolaeth ar y Wladwriaeth yn anghyfreithlon. ..

Llofnodwyd gan y tystion: Joseph Goebbels, Martin Bormann, y Cadfridog Krebs, y Cadfridog Burgdorf

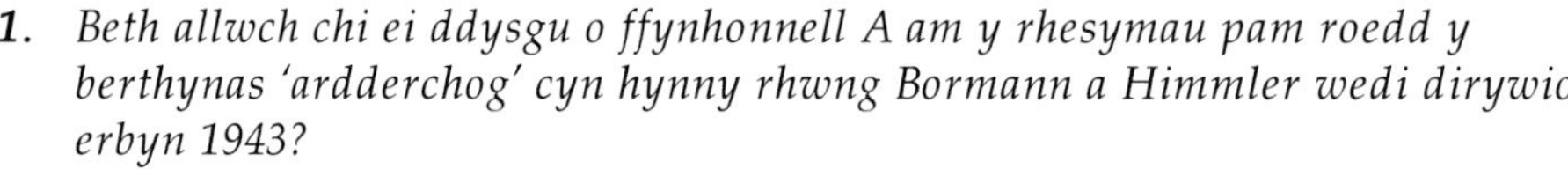

1. *Beth allwch chi ei ddysgu o ffynhonnell A am y rhesymau pam roedd y berthynas 'ardderchog' cyn hynny rhwng Bormann a Himmler wedi dirywio erbyn 1943?*
2. *Defnyddiwch dystiolaeth y ffynonellau a'ch gwybodaeth eich hun i egluro pwysigrwydd Martin Bormann.*
3. *Ym mha ffyrdd mae'r olwg ar bersonoliaeth ac arweinyddiaeth Hitler a geir yn ffynhonnell B yn gwrth-ddweud y barnau a geir yn ffynhonnell C?*
4. *Pa mor ddefnyddiol yw ffynonellau A ac C i hanesydd sy'n astudio natur arweinyddiaeth y Natsïaid yn 1944-45?*
5. *Astudiwch y ffynonellau A-CH a defnyddiwch eich gwybodaeth eich hun. Eglurwch i ba raddau rydych chi'n cytuno â'r farn mai 'safle Hitler ar yr amser hwn oedd un unben gwan'.*

Y Wladwriaeth Natsïaidd

8

1 ~ LLYWODRAETH Y DRYDEDD REICH: ASESIAD HANESWYR

Disgrifiwyd y Drydedd Reich gan esbonwyr cynnar ar y Wladwriaeth Natsïaidd, a ddefnyddiodd dystiolaeth profiadau dioddefwyr a gwrthwynebwyr, fel 'system o reoli trwy drais oedd wedi ei threfnu'n rhesymegol a'i pherffeithio'n llwyr'. Yn raddol, dangosodd ymchwil hanesyddol fod angen adolygu'r syniad hwn. Er fod hyn yn wir, ar sawl ystyr, am bersonoliaeth rymus Hitler a'i rôl gyfunol fel arweinydd, cyflwynwyd darlun gwahanol gan bresenoldeb yr adrannau a'r awdurdodau niferus oedd yn cystadlu â'i gilydd ac yn rhannu cyfrifoldebau yn y Wladwriaeth Natsïaidd (system lywodraethu amlgrataidd). Y gyfundrefn gymhleth hon hefyd oedd sail pwysigrwydd parhaol y gwahanol fudiadau, megis yr *SS*, oedd yn goruchwylio ac yn gweithredu fel heddlu i'r wladwriaeth unblaid. Fel y gwelsom ym Mhennod 7, cytunir yn gyffredinol mai Hitler oedd y meistr. Ef, yn hytrach na'r ***Reichsleitung***, oedd yn rheoli'r *Gauleiter*, ond mae haneswyr wedi ysgrifennu hefyd am aneffeithlonrwydd ac anghysondeb gweinyddol a fodolai ochr yn ochr ag unbennaeth amlwg.

Reichsleitung term am gyfangorff o swyddogion Natsïaidd uchel-radd

Dyma a ysgrifennodd Martin Broszat yn *The Hitler State*, wrth sôn am rôl Hitler:

> Parodd ewyllys benrhydd y *Führer* a'r ffyddlondeb personol (na ddibynnai'n bennaf ar swydd) a hawliai fwyfwy fod cod ymddygiad normal ac undod sefydliadol, corfforaethol a chydlyniad y llywodraeth wedi dymchwel yn y Wladwriaeth fel ag a ddigwyddodd eisoes yn y Blaid ...

Ym materion y wladwriaeth, roedd dull Hitler o ddefnyddio'r Blaid a'r *SS* yn disodli'r gwasanaeth sifil. Penodai unigolion ac asiantaethau i ddelio â materion arbennig ac roedd y rhain yn gwrthdaro ag adrannau'r llywodraeth a'r gweinyddiaethau. Roedd y Cynllun Pedair Blynedd, er enghraifft, yn gwrthdaro â'r Weinyddiaeth Economeg, Gwasanaeth Llafur y Reich ac Ieuenctid Hitler. Nid oedd y cabinet yn gweithredu, felly daeth Llys Canghellor y Reich dan Hans Heinrich Lammers yn asiantaeth gydgysylltu. Tueddai Hitler i anwybyddu problemau gwrthdaro ac ni wnâi unrhyw benderfyniad oni bai fod hynny'n gwbl angenrheidiol. Mewn trafodaeth ar Weinyddiaeth Economeg y Reich dywedir i Dr Lammers, sef un o'r bobl mwyaf cymwys, mae'n debyg, i sôn am ddull arwain Hitler, ddweud wrth Arglwydd Faer Hamburg (dyfynnir yn Noakes a Pridham, *Nazism 1919-1945, A Documentary Reader, Vol. 2*):

C

Pa gysylltiadau, dybiwch chi, oedd rhwng system Hitler o ffyddlondeb personol a chwymp y gyfundrefn i farbareiddiwch?

> Roedd ef (y Führer) yn ei chael hi'n anodd penderfynu ynghylch staff. Byddai bob amser yn gobeithio y byddai problemau'n eu datrys eu hunain. Nid oedd penderfyniad wedi ei wneud hyd yn hyn am nad oedd y Führer yn fodlon enwebu un ysgrifennydd gwladol yn unig ac fe fyddai'n well ganddo benodi gweinidog. Daliai i obeithio y byddai'r cwestiwn ynghylch staff yn ei ateb ei hun. Roedd ef, Lammers, wedi cynnig y dylid penodi uwchweinidogion, gyda rhai o'r gweinidogion yn gweithio oddi tanynt ar faterion penodol. Y rheswm oedd ei fod yn ei chael hi'n anodd iawn gweithio gyda'r cabinet mawr hwn …

C

A oedd dull Hitler o arwain yn adlewyrchu ei Ddarwiniaeth gymdeithasol?

PRIF YSTYRIAETH

Ymchwil ddiweddar ar y ffordd roedd yr Almaen yn cael ei rheoli.

Gadawodd Hitler i'r dryswch hwn fodoli oherwydd golygai mai'r unig rym oedd yn cyfuno oedd ufudd-dod i'w berson ef ei hun. Fel y dywedodd un sylwebydd, 'roedd sefydliadau newydd yn tyfu, yn ffynnu neu'n marw, yn cynhyrchu mwtaniadau, yn brwydro i oroesi ac yn gwthio'u canghennau hyd yn oed dan ddrysau'r gweinyddiaethau sefydledig' (D. Schoenbaum, *Hitler's Social Revolution*). Soniodd Hans Mommsen hefyd am yr elfen o anhrefn a'r penderfynu yn y fan a'r lle pan ysgrifennodd am 'anarchiaeth sefydliadol digyffelyb ac ymbellhau fwyfwy oddi wrth realaeth ymarferol yn y broses o benderfynu ar bob lefel, gyda'r gyfundrefn yn cael ei chysylltu ynghyd yn allanol gan fyth y *Führer*'. Ysgrifennodd Karl Bracher am y gwrth-ddweud rhwng hawl un dyn i reoli ar y naill law, ac ar y llaw arall, bresenoldeb grwpiau mewn grym oedd yn cystadlu ac yn gorgyffwrdd gan greu dryswch ac anhrefn cyfundrefnol. Mae'r ymerodraeth bropaganda yn enghraifft ddefnyddiol o'r sefyllfa hon. Roedd yna gystadlu rhwng Goebbels, Gweinidog Propaganda'r Reich, Rosenberg, yr asiant oedd yn goruchwylio'r *Weltanschauung* Natsïaidd (gw. tud. 256), Otto Dietrich, pennaeth y wasg Natsïaidd, a Philipp Bouhler, pennaeth swyddfa sensoriaeth. Ceisiai pob un o'r prif garfanau grym ddiogelu ei buddiannau ei hun; roedd hyn yn wir am y fyddin (y *Wehrmacht* fel y'i gelwid erbyn hyn), busnesau mawr, yr *SS*, aelodau hŷn o'r gwasanaeth sifil, swyddfa dirprwy'r *Führer*, Hess, a chyfundrefn y Blaid. Yn y sefyllfa hon, mae haneswyr 'nawr yn canolbwyntio ar 'anarchiaeth awdurdodaidd' y llywodraeth. Yn ganolog i'r ddealltwriaeth adolygiadol hon mae cydnabod nad y Blaid oedd yn rheoli'r Wladwriaeth, yn enwedig rhwng 1933 ac 1939, ond unigolion a oedd, mewn gwirionedd, er eu bod yn honni eu bod yn Natsïaid, yn pryderu am wireddu uchelgais bersonol.

Ni fu i'r strwythur cymhleth a dryslyd hwn ddisodli'r gwasanaeth sifil traddodiadol oedd wedi rheoli'r Almaen dan Gyfansoddiad Gweriniaeth Weimar, ond yn hytrach gael ei arosod arno. Pan feddiannodd Hitler brif weithgareddau'r Wladwriaeth erbyn Awst 1934, ni chafodd gwaed ei dywallt fel a ddigwyddodd yn Rwsia, ac felly roedd yr elitau aristocrataidd, oedd wedi tra-arglwyddiaethu ar y gymdeithas yn yr Almaen, yn dal i fwynhau eu breintiau o gyfoeth a grym gwleidyddol. Wrth geisio egluro rhesymau Hitler dros adael i'r dryswch hwn o garfanau grym cystadleuol a chysylltiadau personol fodoli, cynigiwyd ei gred mewn Darwiniaeth gymdeithasol fel un, a'r ffaith y gallai gadw ei safle allweddol fel un arall. Ysgrifennodd Otto Dietrich, pennaeth gwasg Hitler, yn ei atgofion (dyfynnir yn Noakes a Pridham, *Nazism 1919-1945, A Documentary Reader, Vol. 2*):

> Yn ystod y deuddeng mlynedd y bu Hitler yn rheoli yn yr Almaen cynhyrchodd y dryswch mwyaf yn y llywodraeth a fodolodd erioed mewn gwladwriaeth wâr. Yn ystod ei gyfnod o reoli, dileodd o gyfundrefn y Wladwriaeth bob eglurder o safbwynt arweinyddiaeth, gan gynhyrchu rhwydwaith hollol ddryslyd o alluoedd. Nid diogi na gor-oddefgarwch a barodd i Hitler, oedd gan amlaf mor egnïol a nerthol, oddef y crochan gwrach hwn o frwydrau am safle a gwrthdaro dros gymwysterau. Roedd yn fwriadol. Gyda'r dechneg hon chwalodd haenau uwch arweinyddiaeth y Reich yn systematig er mwyn datblygu a chryfhau awdurdod ei ewyllys ef ei hun nes creu unbennaeth ormesol.

Gellir egluro llwyddiant y llywodraeth, er gwaethaf y chwalfa yn ei threfn, yn rhannol yn nhermau sgìl gwleidyddol Hitler, ond hefyd oherwydd parodrwydd yr elitau ceidwadol, oedd yn rheoli'r fyddin, diwydiant a'r gwasanaeth sifil i gydweithio â'r Natsïaid. Roedd y cynghrair yn seiliedig yn rhannol ar y ffaith eu bod yn cydnabod bod ganddynt fuddiannau cyffredin, ond hefyd ar ofn mai comiwnyddiaeth oedd y dewis arall. Edrychir yn fanylach ar y berthynas hon rhwng yr elitau a'r llywodraeth isod.

2 ~ Y GWIR AM Y SEFYLLFA WLEIDYDDOL YN 1933

A *Yr elitau ceidwadol*

Parhâi bywyd gwleidyddol yn 1933 i fod dan dra-arglwyddiaeth y bonedd er gwaethaf y chwyldro gwleidyddol a arweiniodd at ddisodli'r Kaiser Wilhelm II, a ildiodd ei orsedd yn 1917, gan lywodraeth ddemocrataidd. Aeth y Kaiser yn alltud i'r Iseldiroedd, ond ni chafwyd chwyldro cymdeithasol, felly ar sawl ystyr chwyldro 'ffals' oedd newidiadau 1917 oherwydd roedd yr elitau yn dal i fwynhau llawer o'r hen agweddau a breintiau ymerodrol. Roedd yr elitau yn cynnwys y *Junker*, dosbarth o dirfeddianwyr cyfoethog oedd yn tra-arglwyddiaethu ar wastadedd gwledig Gogledd yr Almaen. Disgynyddion bonedd militaraidd Prwsia oedd y rhain ac roeddent yn rheoli dros chweched rhan o holl dir âr yr Almaen. Cynrychiolid eu buddiannau gan y *Reichslandbund*, corff ceidwadol a chenedlaethol oedd yn chwyrn wrthgomiwnyddol. Roeddent wedi derbyn cymorth ariannol oddi wrth lywodraethau Gweriniaeth Weimar olynol ond penderfynodd llywodraeth Brüning yn ei munudau olaf gefnogi cynllun ar gyfer adleoli pobl ddi-waith ar rai o stadau'r *Junkers*. Cwynodd y tirfeddianwyr yn groch yn erbyn 'Bolsiefigiaeth amaethyddol' a defnyddio'u dylanwad ar yr Arlywydd i'w berswadio i ddiswyddo Brüning. Yna, oherwydd ei ddylanwad ar Hindenburg, cyfrannodd y *Reichslandbund*, oedd â nifer helaeth o Natsïaid wedi treiddio i mewn iddo, unwaith eto at gwymp Schleicher a phenodiad cabinet dan arweinyddiaeth Hitler. Gan fod yr Arlywydd yn gwrando arnynt, roedd gan yr elitau amaethyddol fwy o ddylanwad uniongyrchol na'r diwydianwyr ar ddigwyddiadau allweddol yng nghwymp y Weriniaeth a dyrchafiad Hitler. Ymysg yr elitau hefyd oedd barwniaid cyfalafol ardal y Ruhr, Gogledd y Rhein, Westfalen a'r Saar. Y teuluoedd Krupp, Lowe, Wolf, Kirdorf, Flick a Mercedes-Benz oedd fwyaf blaenllaw. Y rhain, rhyngddynt, oedd yn rheoli'r diwydiannau haearn, glo, dur, arfau, cemegion a cheir.

Yn olaf, ceid y grŵp oedd mewn swyddi gweinyddol uchel yn y gwasanaeth sifil, y farnwriaeth a'r gwasanaethau, sef yr 'hen fiwrocratiaid'. Roedd y ffaith fod yr elitau hyn yn dal i fodoli ar ôl 1933 yn golygu bod yna gyfyngiadau pwysig ar rym Hitler o hyd. Disgwylient iddo ddal i reoli trwy'r system o ordinhad arlywyddol. Nid oedd unrhyw awgrym y byddai'n cyflwyno dull newydd o lywodraethu, y Drydedd Reich. Cawsant eu siomi'n fuan pan ddatgelodd digwyddiadau 1933-4 natur chwyldroadol Natsïaeth a phan bwysleisiwyd rhagoriaeth y *Führer* ym mhob cylch yn y Blaid a'r Wladwriaeth.

B Y gwasanaeth sifil

Roedd y gwasanaeth sifil, ynghyd â'r *Reichswehr*, yn symbol o'r hen drefn ymerodrol, yn enwedig yng nghylchoedd y llywodraeth fewnol ac yn y gweinyddiaethau. Cryfhaodd ei safle a'i ddylanwad yn ystod y blynyddoedd pan oedd y llywodraeth yn gweithredu dan yr ordinhadau argyfwng arlywyddol a ganiatawyd dan Erthygl 48 o'r Cyfansoddiad (gw. tud.19). Roedd yn cynrychioli'r traddodiad o lywodraethu gan bobl oedd yn weision i'r Wladwriaeth yn hytrach nag yn perthyn i blaid benodol. Fodd bynnag, nid oedd gan y dynion oedd yn gweithio yn y gweinyddiaethau brofiad na hoffter o ddemocratiaeth. Ffafriai'r gweision sifil uwch, yn enwedig yn Berlin, y dde geidwadol mewn gwleidyddiaeth, ond golygai hyn y *DNVP*, yn hytrach na'r *NSDAP*. Fodd bynnag, dylid nodi, er tegwch i Hitler, nad oedd gan y gweision sifil iau y cyswllt hwn â'r gorffennol ac enillodd yr *NSDAP* gefnogwyr lu o 1930-1 ymlaen. Hefyd, fel roedd democratiaeth seneddol yn dirywio gyda'r defnydd cynyddol o ordinhadau argyfwng, daeth rheolaeth yn y Weriniaeth i ddwylo gweision sifil, a pharhaodd Hitler gyda'r drefn hon a'i gwnaeth yn bosibl iddo gipio grym.

C Y Reichswehr

Roedd Cytundeb Versailles wedi lleihau'r fyddin i ryw 100,000 yn 1933, ond daliai i fod mewn safle cryf. Tra-arglwyddiaethai teuluoedd y *Junker* arni, yn enwedig yn y safleoedd milwrol uchaf. Roedd tri o bob pump o'r cadfridogion yn perthyn i'r bonedd, roedd ugain y cant o'r rhai a ddyrchefid yn swyddogion yn y *Reichswehr* yn dod o deuluoedd bonheddig gyda pheth cynrychiolaeth o'r dosbarth canol, a deuai'r mwyafrif o'i swyddogion o deuluoedd milwrol. Yn ystod Gweriniaeth Weimar bu cynnydd yn y dra-arglwyddiaeth aristocrataidd hon. Roedd y fyddin yn symbol a ddynodai barch uchel at anrhydedd a'i buddiannau ei hun a'r traddodiad Almaenig. Yn cael ei pharchu gan yr elitau ceidwadol, roedd y fyddin wedi aros yn niwtral er ei bod wedi ceisio tra-arglwyddiaethu ar fywyd y Weriniaeth. Hyd 1938 daliai'r fyddin i gredu mai hi fyddai'n barnu'n derfynol beth fyddai tynged wleidyddol y Reich. Pan fethodd weithredu yn 1933 gwnaeth gyfraniad sylweddol tuag at ddyrchafiad Hitler. Pan fu i Hitler gamu i'w swydd, olynwyd y Cadfridogion Gröner a Schleicher gan y Cadfridog Werner von Blomberg (1878-1946) (gw. tud. 205) ac ar ei allu ef i drin y *Reichswehr* roedd cyfundrefn Hitler yn dibynnu. Roedd ei benodiad yn Weinidog Amddiffyn ar 30 Ionawr, i olynu Schleicher, yn elfen allweddol wrth lunio cabinet Hitler. Roedd yn swyddog proffesiynol a hanes gwych iddo yn y rhyfel, ond nid oedd yn graff ei farn. O 1930 ymlaen roedd yn rheoli Ardal Filwrol Dwyrain Prwsia. Yma, daeth dan ddylanwad Reichenau, ei bennaeth staff, oedd yn credu y gallai'r *Reichswehr* weithio gyda'r mudiad Natsïaidd; a than ddylanwad Müller, caplan yn y fyddin a Natsi eithafol a hyrwyddodd, yn ddiweddarach, pan oedd yn esgob y Reich dros yr eglwysi Lutheraidd, y Mudiad Ffydd

Almaenig, math ar Gristnogaeth gyda'r elfennau Iddewig wedi'u dileu (gw. tud. 231). Pan benodwyd Blomberg diflannodd y gweddill o amheuon Hindenburg ynghylch cabinet Hitler. Roedd Blomberg yn benderfynol o ddiogelu niwtraliaeth y *Reichswehr* yn wyneb y llywodraeth newydd a'i chadw ar wahân i'r Wladwriaeth a'r Blaid Natsïaidd. Yn y Drydedd Reich, roedd ar Hitler eisiau ei chefnogaeth oherwydd byddai hynny yn rhoi parchusrwydd a chyfreithlondeb ymddangosiadol iddo, ond roedd y *Reichswehr* yn benderfynol o fod yn fwy effeithiol yn rhwystro dylanwad yr *NSDAP* nag unrhyw gangen arall o'r pwerau gweithredol.

PRIF YSTYRIAETH

Cyfyngiadau ar ryddid Hitler i weithredu a etifeddwyd o gyfundrefn Gweriniaeth Weimar.

3 ~ DATBLYGIADAU YN Y GWASANAETH SIFIL A'R DREFN GYFREITHIOL, 1933-45

A *Y drefn gyfreithiol*

Er mwyn cyflawni ei amcanion tymor hir ar gyfer polisi tramor, roedd yn rhaid i Hitler sicrhau cymod rhwng y carfanau grym traddodiadol hyn a'i lywodraeth, a dyna pam roedd dwy ganolfan awdurdod yn cystadlu ac yn gorgyffwrdd o fewn y Wladwriaeth. Er bod y gwasanaeth sifil a'r drefn gyfreithiol yn y pen draw yn atebol i'r *Führer*, fe gawsant lonydd i weithredu fel roeddent wedi ei wneud adeg Gweriniaeth Weimar. Roedd hyn yn golygu bod yna elfen o barhad yn bodoli er bod ymyrraeth yn enw'r *Führer* yn anochel a hynny'n sarnu ar eu hawdurdod ac yn tanseilio'r gyfraith. Mae hyn yn arbennig o amlwg yn hanes y farnwriaeth lle bu i'r gyfundrefn ymyrryd er mwyn delio â'r rhai a ystyrid yn elynion i'r Wladwriaeth. Mor gynnar â 21 Mawrth 1933, cyflwynwyd Deddf Gweithredoedd Maleisus (*Heimtückegesetz*) oedd yn gwahardd mynegi beirniadaeth ar y gyfundrefn. Lluniwyd llysoedd arbennig i ddelio â'r sawl oedd yn euog. Anfonwyd llawer o'r rhai a gyfrifid yn elynion i'r gyfundrefn i wersylloedd crynhoi heb brawf llys barn. Roedd y *Gestapo* yn delio â'r rhai oedd yn gwrthsefyll neu'n gwrthwynebu, ac ar 10 Chwefror 1936 gosodwyd eu gweithredoedd uwchlaw'r gyfraith. Edrychid ar unrhyw fath o brotest fel trosedd wleidyddol ac adweithiai'r gyfundrefn yn gyflym gan gosbi'n hynod gyhoeddus. Mae'n anodd asesu'r niferoedd, ond anfonwyd tua 1,200,000 o Almaenwyr i wersylloedd crynhoi ac o'u plith roedd 500,000-600,000 yn garcharorion gwleidyddol. Dedfrydwyd o bosibl 12,000 i farwolaeth am resymau gwleidyddol. Pan ddechreuodd y rhyfel yn 1939 mynnodd Hitler ac arweinwyr eraill y blaid fod angen deddfau cosb llym dros gyfnod y rhyfel. Golygai hynny basio llu o ddeddfau newydd ynglŷn â gwrando ar ddarllediadau radio'r gelyn, tanseilio economi'r ymdrech ryfel, tarfu ar y lluoedd arfog a throseddau treisgar, gyda marwolaeth yn gosb am droseddu. Cyn 1933 ceid tri chategori o droseddau oedd yn haeddu'r gosb eithaf, marwolaeth, ond erbyn 1943-4 roedd 46 o gategorïau. Mae Gweinyddiaeth y Gyfraith yn cofnodi bod 23 wedi eu dyfarnu i farwolaeth yn 1938 a 4,438 yn 1943. Rhwng 1938 a misoedd olaf

PRIF YSTYRIAETH

Y graddau y defnyddid y gyfraith i ateb bwriadau'r gyfundrefn.

1944 roedd 11,733 wedi eu dienyddio.

Nid oedd Hitler yn fodlon gyda'r twf didostur hwn yn llymder y dedfrydau cyfreithiol. Yn hydref 1939, gorchmynnodd i Himmler ddefnyddio'r heddlu diogelwch i ddienyddio yn syth, heb ddyfarniad llys, unrhyw un yr amheuid ei fod yn gweithredu yn erbyn y Wladwriaeth neu'n gweithredu'n danseiliol. Yn y gwersylloedd crynhoi, yn bennaf, y bu'r dienyddio, a hynny gan aelodau o'r *SS* a'r heddlu diogelwch oedd wedi eu gwarchod rhag ymholiadau cyfreithiol gan erlynwyr y Wladwriaeth wedi i dribiwnlysoedd arbennig ar gyfer yr *SS* a'r heddlu gael eu cyflwyno yn Hydref 1939. Rhwng 1943 ac 1945 bu 40,000 o'r *Gestapo* yn 'niwtraleiddio' gwrthwynebwyr. Roedd y twf yn y niferoedd a neilltuwyd i'r gwersylloedd yn rhan o fesurau Hitler i gael gwared ar 'elynion mewnol' ynghyd ag elfennau cenedlaethol 'israddol'. Bu i'r datblygiadau hyn arwain at ddirywiad y drefn gyfreithiol.

B *Y gwasanaeth sifil*

Gwelodd y gwasanaeth sifil ddirywiad mewn sefydliadau swyddogol a berthynai i'r llywodraeth wrth i awdurdod y Blaid a'r *SS* gynyddu. Dylai amharodrwydd Hitler i ymyrryd yn weithredol yng ngwaith y llywodraeth o ddydd i ddydd fod wedi golygu bod mwy o rym gan weision sifil, ond ni ddigwyddodd hynny. Er ei fod wedi cadw'r gweinyddiaethau gweinyddol oedd eisoes yn bodoli, fe'u tanseiliodd trwy dueddu i'w hanwybyddu fwyfwy mewn meysydd polisi pwysig. Caniataodd i asiantaethau newydd gael eu creu a gymerodd y cyfrifoldebau oddi ar yr adrannau a berthynai i'r llywodraeth eisoes, gan felly leihau ffynonellau eu grym a'u gwybodaeth. Erbyn 1942, roedd yna 11 o asiantaethau newydd ar lefel y Reich wedi eu sefydlu mewn meysydd arbennig lle roedd yna eisoes weinyddiaethau yn bodoli, ond nid dan reolaeth gweinidog. Fel roedd deddfau newydd yn cael eu pasio a gwaith yr heddlu ar gynnydd, crëwyd swyddi newydd ar gyfer Göring, Speer, Himmler a Bormann.

Yn achos yr economi, tra oedd Hjalmar Schacht, nad oedd yn Natsi, yn Weinidog Economeg, ac wedi i'r Ail Gynllun Pedair Blynedd gael ei gyflwyno yn 1936, datblygodd gweinyddiaeth ar wahân ond baralel dan Göring a gafodd rym pellgyrhaeddol fel **Gweinidog Llawnalluog** i ffurfio corff i baratoi'r economi ar gyfer rhyfel. Datblygodd Swyddfa Cyfarwyddwr y Cynllun Pedair Blynedd, a ddeilliodd o hyn, 17 o asiantaethau isradd, a dim un ohonynt yn cydgysylltu â'r asiantaethau cymharol a berthynai i'r weinyddiaeth (gw. tud. 348 lle ceir diagram yn dangos strwythur y Cynllun Pedair Blynedd). Dyblygwyd swyddogaethau mewn modd tebyg gyda thwf yr *SS* a ddaeth, yn y pen draw, bron yn wladwriaeth o fewn y wladwriaeth oherwydd, wrth i'w phŵer a'i hawdurdod gynyddu, felly hefyd y tanseiliodd a diddymodd sefydliadau'r Wladwriaeth mewn bod (byddwn yn edrych yn fanylach ar drefniadaeth a rôl yr *SS* yn nes ymlaen yn y bennod

Gweinidog Llawnalluog un sydd â'r grym i weithredu'n annibynnol hon). Tyfodd grym a dylanwad y Blaid ar lefel ganolog a lleol. Penodwyd Comisiynwyr i Amddiffyn y Reich ar 1 Medi 1939 ym mhob un o'r 18 **Wehrkreise** yn y Reich. Dewiswyd llywodraethwyr y Reich a'r *Oberpräsidenten*, hynny yw y *Gauleiter* pwysicaf, ar gyfer y rôl hon. Daeth y rhain yn bwysicach yn 1942 pan oedd y Reich yn brwydro mewn rhyfel diarbed a phan ddaeth *Gaue*'r Blaid yn ardaloedd amddiffyn. Roedd yna lanast o gyfrifoldebau gorgyffyrddol yn bodoli, gyda'r Blaid mewn safle cryf, fel bod y gwasanaeth sifil yn cael ei anwybyddu fwyfwy. Yn yr un modd, enillodd y Blaid safle cryf yn yr ardaloedd oedd newydd eu cyfeddiannu, lle roedd awdurdodau'r blaid yn gryf iawn ar y cyfan p'un bynnag. Bu'r datblygiadau hyn yn ystod y rhyfel yn help i gynyddu grym Bormann yn fawr, yn gyntaf oherwydd ei swydd fel dirprwy i'r *Führer* ar faterion y blaid, ac yn ddiweddarach fel ysgrifennydd y *Führer*.

Wehrkreise ardal y fyddin oedd yn cynnwys pencadlys un corfflu o wŷr traed a'u cadlywydd hefyd yn gadlywydd y *Wehrkreise*

4 ~ DATBLYGIADAU YN Y BERTHYNAS RHWNG Y WLADWRIAETH A'R BLAID, 1933-45

A *Safle'r Blaid pan gipiwyd grym (Machtergreifung)*

Gellid tybio, gan fod yr Almaen Natsïaidd yn wladwriaeth unblaid, y byddai'r Blaid Natsïaidd wedi ffurfio unig lywodraeth effeithiol yr Almaen wedi'r cipio grym yn 1933. Mae'n ddefnyddiol cymharu â'r Undeb Sofietaidd. Yn yr Undeb Sofietaidd roedd y Blaid Gomiwnyddol yn rheoli'r Wladwriaeth: Ysgrifennydd Cyffredinol y blaid oedd pennaeth y llywodraeth, er y gallai ar adegau fod â'r teitl Arlywydd hefyd, a'r Politbiwro oedd y cabinet, gyda Chyngres y Blaid yn gweithredu fel prif gorff y llywodraeth ac aelodau''r blaid yn chwarae rôl flaenllaw ar lefelau is. Ar yr wyneb, gallai ymddangos fod yr *NSDAP* yn chwarae rôl debyg; yn sicr dyna'r argraff a gyfleir gan sylwebwyr poblogaidd, megis W. Shirer a ysgrifennodd (yn *The Rise and Fall of the Third Reich*) mai, 'Tasg gyntaf Hitler ... [wedi ennill grym] oedd gwneud ei blaid yn unig feistr y Wladwriaeth'.

PRIF YSTYRIAETH

A fu i'r Blaid reoli'r Almaen o gwbl?

Roedd yn ymddangos yn 1933 fod buddugoliaeth y Natsïaid yn anochel; roedd trefniadaeth y blaid yn rhagori ar rai pleidiau eraill, roedd aelodaeth ar gynnydd cyflym, ac roedd yr ymgyrch bropaganda anferthol yn rhoi'r argraff, i bob golwg, na ellid ei rhwystro. Mae haneswyr y Blaid Natsïaidd, megis D. Orlow yn ei lyfr *A History of the Nazi Party 1933-1945* (David & Charles 1973), wedi tynnu sylw at ddatblygiad cynyddol trefniadaeth y blaid yn ystod yr 1920au, sut y perffeithiwyd trefniadaeth ganolog y blaid yn yr 1920au hwyr dan Gregor Strasser, ac fel y datblygwyd mudiadau cysylltiedig a ffrynt-gymdeithasau a fu'n gyfrwng i'r Blaid ennill troedle mewn mudiadau gwleidyddol, proffesiynol a chymdeithasol eraill er mwyn eu hymgorffori pan fyddai'r cyfle'n dod. Heb y drefniadaeth hon, dadleuir, ni fyddai'r Natsïaid wedi gallu ymdopi â'r nifer anferth o aelodau a ymunodd â'r blaid wedi i'r mudiad gychwyn o ddifrif.

Fodd bynnag, nid oedd popeth fel roedd yn ymddangos, ac roedd y Blaid Natsïaidd yn wynebu problemau enfawr ar ddechrau'r 1930au, yn bennaf oherwydd cymeriad ei datblygiad cynharach. Trafodir y problemau hyn gan J. Noakes yn *Government, Party and People in Nazi Germany* (Prifysgol Exeter, 1984). Trafododd y tensiynau oedd rhwng arweinyddiaeth garismataidd Hitler a pheirianwaith canolog y blaid (y *PO*), gyda'r *Gauleiter* yn unigolion allweddol i hybu datblygiad y Blaid yn y taleithiau. Ar ôl 1928 tanseiliwyd peirianwaith canolog y blaid a'r *Gauleiter*. Dioddefodd y rhain oherwydd twf adrannau â buddiannau gwahanol oedd yn gysylltiedig â'r Blaid, megis adrannau ar gyfer athrawon, meddygon a chyfreithwyr Natsïaidd, ac oherwydd arbenigo cynyddol mewn rolau wrth i'r Blaid dyfu, fel yn hanes adran bropaganda Goebbels. Pan fethodd Strasser sefydlu trefniadaeth ganolog dynn i'r blaid ac yna ymddiswyddo, roedd y Blaid Natsïaidd, ar drothwy dod i rym, yn gorff llac gyda dim yn ei gadw at ei gilydd ond gobaith am rym. Ar un ystyr, nid un blaid oedd yna yn 1933 ond 43 o bleidiau Natsïaidd. Roedd hyn yn golygu bod cyfyngiadau difrifol ar y Blaid: roedd yn rhy ranedig ac yn rhy ddiffygiol o ran gwir allu gweinyddol i greu Gwladwriaeth Natsïaidd go iawn. Nid grŵp tyn, wedi'i integreddio'n dda mo'r Blaid, ond mudiad oedd yn aml wedi'i barlysu oherwydd cweryla a diffyg ymddiriedaeth cyd-rhwng y naill a'r llall. Roedd arweinwyr y Natsïaid yn pryderu mwy am ennill grym iddynt eu hunain nag am ddatblygu cytundeb ar gyfer gweithredu yn y dyfodol.

C

Pa broblemau oedd yn wynebu'r Blaid, gan effeithio ar ei gallu i reoli?

Trefniadaeth y Blaid Natsïaidd

Der Führer Adolf Hitler	Ef oedd arweinydd diamheuol y blaid
Reichsleitung der NSDAP (arweinwyr y Reich)	Ceid nifer o arweinyddion yn y Reich gyda chyfrifoldebau penodol, fel trysorydd y blaid, a dirprwy'r *Führer* oedd yn gofalu am faterion y blaid
Landesinspekteur (arolygydd taleithiol)	Yn wreiddiol roedd yna naw arolygydd taleithiol, pob un yn gyfrifol am *Gau*, ond fe'u disodlwyd yn y pen draw gan y *Gauleiter*
Gauleiter (arweinydd ardal)	Ceid 36 arweinydd i'r *Gaue* neu'r ardaloedd, megis Sacsoni neu Swabia. Tyfodd y nifer pan feddiannwyd Awstria, Gwlad y Swdetiaid a Danzig
Kreisleiter (arweinydd cylch)	Dyma'r uned weinyddol isaf nesaf, yn debyg i gyngor gwledig
Ortsgruppenleiter (arweinydd grŵp lleol)	Dyma'r arweinwyr oedd yn gyfrifol am ran o dref
Zellenleiter (arweinydd cell)	Yn seiliedig ar gymdogaeth (4-5 bloc o dai) neu uned gyflogi
Blockwart (warden bloc)	Dyma'r swyddogion isaf, dim ond ychydig yn uwch na'r aelod cyffredin
PG-Parteigenosse (Cymrodyr y Blaid)	Dyma'r aelodau cyffredin

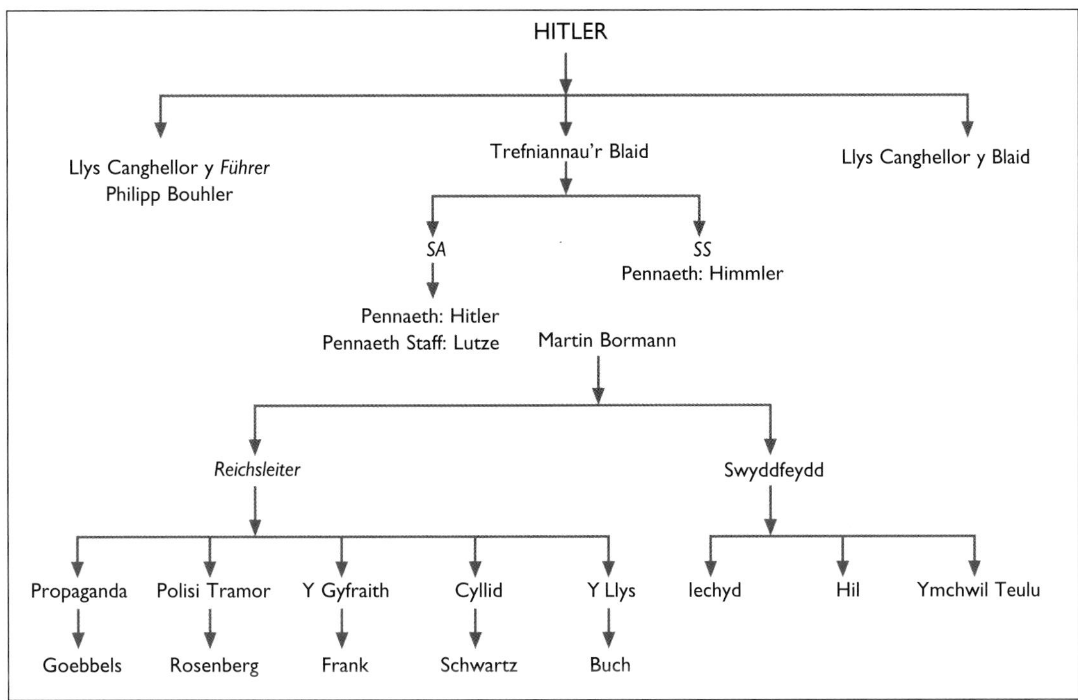

DIAGRAM 3
Strwythur y Blaid Natsïaidd

B *Yr ymosodiad ar y Wladwriaeth yn ystod* Gleichschaltung

Fel y gwelsom ym Mhennod 6, ymosodwyd ar Weriniaeth Weimar mewn sawl modd:

- Gan ddechrau gydag ymosodiad ar ryddid gwleidyddol, yn dilyn Tân y *Reichstag*, yn yr Ordinhadau Argyfwng i Amddiffyn Pobl yr Almaen ar 28 Chwefror 1933, arweiniodd hyn at ddinistrio'r senedd trwy'r Ddeddf Alluogi ar 23 Mawrth 1933.
- Dilynwyd hyn gyda dinistrio llywodraethau unigol y wladwriaeth yn ystod 1933 trwy benodi comisiynwyr i'r Reich oedd yn Natsïaid neu'n cydymdeimlo â Natsïaeth.
- Diwedd y broses fu pasio dwy ddeddf, y naill yn carthu'r Iddewon o'r farnwriaeth a'r gwasanaeth sifil yn Ebrill 1933, a'r llall yn Ddeddf i Sicrhau Undod y Blaid a'r Wladwriaeth ar 1 Rhagfyr 1933.

Nid oedd hyn yn golygu bod y Blaid wedi meddiannu'r Wladwriaeth, er bod Hitler yn honni mai'r Blaid oedd y Wladwriaeth bellach a bod pob grym 'nawr yn nwylo llywodraeth y Reich. Yn wir, unwaith y daeth y Blaid i rym fe ddechreuodd chwalu. Yn ôl J. Noakes, dechreuodd rhai adrannau arbenigol geisio dod yn annibynnol. Daeth propaganda, er enghraifft, yn weinyddiaeth. Derbyniodd nifer o arweinwyr y Blaid swyddi yn y wladwriaeth fel ei bod yn ymddangos bod yna berygl i'r Blaid gael ei hymgorffori ym mheirianwaith y wladwriaeth. Yn Ionawr 1933, allan o'r 827 *Gauleiter* oedd yn Natsïaid, roedd 69 wedi dod yn swyddogion ardal, 150 yn arglwydd feiri a 37 yn feiri, tra oedd 3,963 o arweinwyr canghennau lleol wedi dod yn gadeiryddion cynghorau plwyf. Dim ond prin ddigon o Natsïaid gyda'r arbenigedd digonol oedd ar gael i lenwi'r holl swyddi yn y wladwriaeth. Daeth y *Gauleiter* yn gwbl annibynnol ar drefniadaeth ganolog y blaid yn München. Roedd gan bob un ac eithrio naw o'r 43 *Gauleiter* swydd uchel yn y wladwriaeth. Nid oedd yn glir o gwbl beth fyddai rôl y Blaid. Ac eithrio'r *Gauleiter*, y duedd oedd i swyddogion Natsïaidd fod ar wahân i'r Blaid unwaith y cament i swyddi yn y wladwriaeth.

C *Datblygiadau yn y Blaid yn yr 1930au*

Ar y dechrau, cafodd y Blaid y dasg o leihau diweithdra. Cynlluniai Hitler i roi i'r Blaid y rôl o baratoi'r genedl Almaenig yn seicolegol ar gyfer rhyfel trwy ei thrwytho yn ideoleg y Natsïaid. Bwriadai Rudolf Hess, dirprwy Hitler ar faterion y Blaid, a Martin Bormann, ei bennaeth staff, ddatblygu'r swyddfa blaid hon fel y gallai lwyrfeddiannu perthynas y Blaid â'r Wladwriaeth a thanseilio trefniadaeth ganolog y blaid oedd dan ofal Robert Ley. Nid oedd Hitler yn ffafrio'r syniad o ddiffinio'r awdurdod oddi uchod mor glir gan y byddai wedi golygu bod peirianwaith y blaid yn tra-arglwyddiaethu ar y Wladwriaeth. Yn hytrach, roedd arno eisiau plaid 'Hitler'. Hyd yn oed wedyn, ceisiodd Bormann danseilio'r *Gauleiter*, pob un ohonynt wedi'i benodi gan Hitler, fel y gellid datblygu peirianwaith y blaid. Hwn fyddai â chyfrifoldeb dros bobl i lawr at lefel y stryd a blociau o fflatiau. Ond ni weithiodd y cynllun fel y'i bwriadwyd ac roedd llawer o apathi. Roedd ansawdd aelodaeth y Blaid Natsïaidd, gyda niferoedd erbyn hyn yn ymuno'n lluoedd, yn wael. Rhwng 5 Mawrth a 1 Mai 1933 gwnaeth dros 1.5 miliwn geisiadau am gael ymuno â'r Blaid. Fe gaewyd ffeiliau'r Blaid ar 1 Mai 1933 ac nid ailagorwyd mohonynt hyd 1 Mai 1937. Yn 1939, fodd bynnag, dilëwyd y gwaharddiad i aelodau newydd ymuno. Dywedodd Hitler y dylai un ymhob deg o'r boblogaeth berthyn i'r Blaid. Erbyn 1945 roedd yna tua chwe miliwn o aelodau.

Ch *Y berthynas rhwng y Blaid a'r Wladwriaeth yn ystod yr 1930au*

Nid oedd unrhyw gysondeb yn y polisi a ddilynid ynghylch y berthynas rhwng y Blaid a'r Wladwriaeth. Yn gyffredinol, digwyddodd Natsïeiddio oherwydd bod dyrchafiad i benodiadau'r Wladwriaeth yn ddibynnol ar aelodaeth o'r blaid. Erbyn 1937, roedd 86 y cant o'r gweision sifil ym Mhrwsia a 63 y cant yng ngweddill yr Almaen yn aelodau o'r Blaid, ond o blith y rhain dim ond 48 y cant ym Mhrwsia ac 11 y cant mewn mannau eraill oedd yn hen aelodau, y rhai oedd wedi ffurfio'r Blaid yn nyddiau'r ymdrech gynnar cyn 1928. Cyn 1933 roedd gweision sifil yn 6.7 y cant o'r aelodaeth; cynyddodd y nifer i 29 y cant erbyn 1935. Oherwydd ymddygiad eithafol aelodau'r *SA* pwysleisiodd Hitler ragoriaeth y Wladwriaeth ar y Blaid yn ei Ddeddf i Sicrhau Undod y Blaid a'r Wladwriaeth ar 1 Rhagfyr 1933 ac yn ei araith i gynhadledd y *Gauleiter* ar 2 Chwefror 1934. Cafwyd gwared yn derfynol ar feirniaid Hitler yn yr *SA* ar 30 Mehefin 1934 (gw.tt. 148-9). Daliai Hess a Bormann i geisio cynyddu grym y Blaid ledled y wlad ac roedd swyddfa Hess yn gyfrifol am benodi a dyrchafu gweision sifil. Ar lefel daleithiol, roedd swyddogion y Blaid, y *Gauleiter*, yn rheoli'n annibynnol yn eu taleithiau ac yn gwrthod ateb i neb ond Hitler. Daethant yn gynyddol amharod i dderbyn ymyrraeth y Blaid yn eu hardaloedd, gan ddadlau y dylai'r Blaid ei chyfyngu ei hun i weithgareddau'n ymwneud â phropaganda. Gwaethygodd y broblem oherwydd bod 23 o'r 32 *Gauleiter* wedi cael swyddi uchel yn y wladwriaeth hefyd, naill ai fel ***Reichsstatthalter*** neu ***Oberpräsident*** neu, fel yn Bafaria, fel ***Reegierungspräsident***.

Roedd perygl hefyd y câi'r Blaid ei hymgorffori i lywodraethau'r wladwriaeth a llywodraethau lleol, gydag arweinwyr y Blaid yn cael eu denu gan statws a chyflog swyddi'r llywodraeth. Roedd crynhoi grym yn y fath fodd yn arwain at gystadlu yn y taleithiau, a gadawai Hitler iddynt ymryson â'i gilydd. Er enghraifft, yn 1936 cwynodd Fritz Sauckel, Llywodraethwr y Reich a *Gauleiter* Thuringia, am y canoli cynyddol ar awdurdodau'r wladwriaeth oedd yn lleihau ei rym ef. Cytunodd Hitler ag ef ond ni wnaeth un dim. Roedd ymryson tebyg yn Bafaria. Yn y Ddeddf i Ailadeiladu'r Reich ar 30 Ionawr 1934 ceisiodd Frick roi llywodraethwyr y Reich dan adain y Gweinidog Cartref, ond ni weithiodd hynny. Ar lefel leol, roedd ymryson hefyd rhwng meiri ac arweinwyr *NSDAP* lleol.

Reichsstatthalter llywodraethwr gwladwriaeth neu *Land*

Oberpräsident llywodraethwr talaith yn Prwsia

Reegierungspräsident llywodraethwr rhanbarth megis Bafaria

D *Y Blaid 1939-45 ac effaith rhyfel*

Yn ystod yr Ail Ryfel Byd arweiniodd nifer o ddatblygiadau at gynnydd ym mhŵer y Blaid. Ymysg y rhain, fel y trafodwyd yn yr adran ddiwethaf, oedd penodi'r rhai pwysicaf o blith y *Gauleiter* yn Gomisiynwyr i Amddiffyn y Reich ym Medi 1939, a'r ffordd roedd y Blaid yn galllu manteisio ar ei chryfder yn y gwasanaeth sifil yn yr ardaloedd oedd newydd eu cyfeddiannu.

Ffactor arall oedd y cynnydd yng ngrym Bormann, (gw. tud. 168), yn gyntaf fel dirprwy'r *Führer* mewn materion yn ymwneud â'r Blaid, ac wedyn fel ysgrifennydd y *Führer*. Ni wyddai neb fawr am Bormann yn 1939, ond daeth yn gyfrifol am Lys Canghellor y Blaid ym Mai 1941, wedi i Rudolf Hess ffoi i Brydain. Yn bwysicach fyth o safbwynt y cynnydd yng ngrym Bormann oedd ei safle fel cynorthwyydd personol ac ysgrifennydd Hitler. Daeth yn ddolen gydiol rhwng Hitler a'r byd y tu allan. Gallai ddygymod ag oriau rhyfedd Hitler ac fe reolai'r gwaith o adrodd gorchmynion y *Führer*. Roedd hyn yn rhoi safle ganolog iddo, ac fel yr ymneilltuai Hitler fwyfwy, deallwyd yn fuan mai'r prif un i gysylltu ag ef oedd Bormann. Roedd ganddo'r pŵer i ddehongli ac i weithredu gorchmynion Hitler.

Yn ystod y rhyfel roedd pob datblygiad yn cryfhau awdurdod Bormann. Daeth y *Gauleiter* i weithio oddi tano, ac yn lle hen aelodau'r blaid cafwyd rhai newydd, eithafwyr ifanc oedd yn ddyledus i Bormann am bopeth. O dan Bormann, tyfodd peirianwaith y blaid ac ymyrryd yng ngwaith y lluoedd arfog, yn enwedig ym materion gweinyddu a chyflenwi, amddiffyn ac ymgilio. Fel Himmler gyda'r *SS*, manteisiodd Bormann bob tro y câi'r fyddin ei threchu er mwyn cryfhau'r Blaid a'i gwneud yn anhepgor. Achosodd hyn wrthdaro rhwng y Blaid a'r *SS*. Cyn 1943 roedd y berthynas rhwng Bormann a Himmler wedi bod yn ardderchog, ond yn y flwyddyn honno daeth Himmler yn Weinidog Cartref ac wedi hynny bu gwrthdaro ffyrnig. Roedd unrhyw ymgais ar ran Himmler i ymarfer awdurdod y tu allan i'r *SS* yn amlwg yn cythruddo Bormann. Adroddai Bormann wrth Hitler os oedd yr *SS* yn ceisio tresmasu mewn unrhyw fodd ar awdurdod y *Gauleiter*. Ni chymerodd fawr o amser cyn i Bormann leihau grym Himmler fel Gweinidog Cartref. Yn yr un modd, ar ôl cynllwyn 1944 ar ran y fyddin i geisio llofruddio Hitler, manteisiodd Bormann yn syth ar gamgymeriadau ei gydymgeisydd. Yn ystod dyddiau olaf y rhyfel sicrhaodd benodiad Himmler fel Cadbennaeth Grŵp Byddin y Wisla, carfan newydd oedd yn ymladd yn ddi-ildio yn erbyn y Rwsiaid i'r dwyrain o Berlin. Felly, drwy hyn, gwnaeth Bormann yn siŵr fod Himmler yn gadael Berlin ac yn mynd o ŵydd Hitler. Gofalodd dynnu sylw Hitler at fethiant Himmler i rwystro ymosodiad y Fyddin Goch. Darparodd y rhyfel gyfleoedd newydd hefyd i Goebbels, Speer ac, yn bwysicach fyth, yr *SS* (gw. tt. 219-21).

Dd *Rhesymau pam y methodd y Blaid reoli'r Wladwriaeth*

Roedd nifer o elfennau, rhai y tu hwnt i'w rheolaeth, a sicrhaodd y byddai'r Blaid yn methu yn ei hymdrechion i reoli'r Almaen.

Yr elfen gyntaf oedd yr amgylchiadau gwleidyddol pan ddaeth y Natsïaid i rym. Yn wahanol i'r sefyllfa yn Rwsia, nid oedd yna fwlch gwleidyddol yn yr Almaen, felly wynebai'r Blaid beiriant Gwladwriaeth grymus, ynghyd â phersonél oedd wedi ennill enw iddynt eu hunain am eu gwasanaeth i wleidyddiaeth a chymdeithas yn yr Almaen.

Yn ail, nid oedd o fewn y Blaid y drefniadaeth na'r gweithwyr a fyddai wedi ei galluogi i addasu i'r newidiadau ar ôl 1933 a dod o hyd i rôl yn y Reich newydd. O 1926 ymlaen, wedi iddo gael ei ryddhau o garchar, roedd Hitler wedi canolbwyntio ar aildrefnu peirianwaith y Blaid ar sail datganoli fel bod pob awdurdod yn ei ddwylo ef ei hun. Roedd yn rheoli pob penodiad hyd yn oed i lawr i lefel pentref.

Yn drydydd, roedd yr arweinwyr taleithiol, y *Gauleiter*, yn delio'n uniongyrchol ag ef yn hytrach na chyda phencadlys y Blaid yn München. Nid oedd y pencadlys yn gyfrifol am ddim ond rhestri aelodaeth a thaliadau i'r Blaid. Roedd llawer o'r *Gauleiter* hyn, oedd yn eithafwyr o safbwynt eu gwrth-Semitiaeth, yn uchelgeisiol ac yn sylweddoli mai ffyddlondeb i Hitler ddylai ddod yn flaenaf. Y tu allan i München, bu iddynt sefydlu rheolaeth annibynnol ar y Blaid ac roeddent yn elyniaethus tuag at unrhyw ymgais i ymestyn biwrocratiaeth ganolog y Blaid i'w tiroedd hwy. Roedd arnynt angen i Hitler gydnabod eu safleoedd fel *Gauleiter* yn swyddogol fel y gallent sefydlu eu tra-arglwyddiaeth ar weithredwyr lleol y Blaid. Llwyddodd Hitler i reoli ei *Gauleiter* yn llwyr erbyn 1926, ac o hynny ymlaen fe'u cyfrifai yn asiantau allweddol yn y maes, gan eu gwneud yn uniongyrchol gyfrifol iddo ef am holl weithgareddau gwleidyddol eu *Gaue*. Mewn egwyddor, gallai hyn fod wedi arwain at rannu teyrngarwch, ond y drefn oedd eu bod yn edrych at Hitler yn gyntaf. Hyd 1928 roeddent yn llwyddo i sefydlu eu hawdurdod heb fawr o ymyrraeth o bencadlys y Blaid. Ar ôl 1928 tanseiliwyd safle'r *Gauleiter* a Swyddfa Ganolog y Blaid oherwydd twf aelodaeth a roddodd i'r Blaid sylfaen llawer lletach ei chefnogaeth ac un oedd yn llai eithafol yn ei gwrth-Semitiaeth.

Yn bedwerydd, rhannwyd y Blaid ymhellach oherwydd twf adrannau a buddgarfanau ar wahân, fel adain ledfilwrol yr *NSDAP*, yr *SA* a'r *SS*. Roeddent yn ymwneud yn uniongyrchol â Hitler ac yn gweithredu'n annibynnol ar drefniadaeth y Blaid. Datblygodd buddgarfanau eraill a gynrychiolai grwpiau cymdeithasol ac/neu economaidd, oedd eto'n annog datganoli'r Blaid i ffurfio llawer o fudiadau ar wahân. Nid trwy fwriad y Blaid y ffurfiwyd y rhain ond oherwydd dylanwad unigolion, fel Hans Schemm, a drefnodd athrawon, Jakob Sprenger, weision sifil, Hans Frank, cyfreithwyr, ac R.W. Darre, gweithwyr amaethyddol. Arhosodd y dynion hyn nes iddynt gael eu cydnabod yn swyddogol gan bencadlys y Blaid ac yna aethant ati i ddatblygu eu biwrocratiaethau canoledig eu hunain a ddaeth i fod, rai ohonynt, yn ymerodraethau preifat i ledaenu eu grym a bodloni eu huchelgais. Felly, yn achos propaganda, datblygwyd adrannau ar wahân ar lefel *Gau*, *Kreis* (cylch) ac *Ortsgruppen* (cangen leol) oedd yn hynod effeithiol yn cydgysylltu ymgyrchoedd propaganda. Roedd bodolaeth yr adrannau hyn yn dwyn oddi ar yr arweinyddion gwleidyddol, y *Gauleiter*, y *Kreisleiter* ac arweinwyr canghennau lleol, eu rheolaeth ar bropaganda, oedd wedi bod yn brif swyddogaeth iddynt.

Yn olaf, tanseiliwyd y Blaid hefyd am fod Hitler yn gwrthod carthu'r gwasanaeth sifil ar raddfa eang. Nid oedd arno eisiau peryglu ei gyfaddawd â'r elitau Almaenig traddodiadol gan fod ei gyfundrefn wedi ei sefydlu arnynt yn wreiddiol. Roeddent yn barod i gydweithio i gyflawni amcanion y cyfrifent eu bod yn cyd-fynd â'u rhai hwy eu hunain. Nid oedd chwaith am beryglu ei brif flaenoriaethau, sef adfer cyflogaeth i bawb a chyflwyno rhaglen ailarfogi sylweddol.

Wrth gloi, dylid nodi bod methiant y Blaid i reoli'r Almaen yn ganlyniad i benderfyniad Hitler i sicrhau nad oedd ganddo gydymgeisydd ac nad oedd un rhwystr yn ei ffordd. Gallai'r ddau ddatblygiad hyn fod wedi tanseilio ei awdurdod. Roedd bob amser wedi ystyried y Blaid fel ei Blaid ei hun (Plaid Hitler), ac oherwydd bod ei arweinyddiaeth mor gref fe lwyddodd i orfodi'r agwedd hon ar y Blaid.

5 ~ Y BERTHYNAS RHWNG Y GYFUNDREFN A'R FYDDIN, 1933-45

Mewn unrhyw system wleidyddol mae rôl y lluoedd arfog yn hanfodol i sicrhau sefydlogrwydd gwleidyddol. Byddai methu ennill cefnogaeth y fyddin yn golygu y gallai cyfundrefn gael ei thanseilio yn ei pholisïau cartref a thramor, ac, o dan rai amgylchiadau, gallai wynebu her *coup* milwrol.

PRIF YSTYRIAETH

A oedd buddiannau cyffredin gan Hitler a'r fyddin Almaenig?

A *Y berthynas rhwng y fyddin a'r gyfundrefn 1933-38 – blynyddoedd atgyfnerthu*

Cyfeiriwyd eisoes at enw da, bri a'r rôl a chwaraeodd y fyddin dan Weriniaeth Weimar a phan ddaeth Hitler yn Ganghellor (gw. tt. 96-7). O'i ran ef, sylweddolodd Hitler fod angen iddo gamu ymlaen yn ofalus oherwydd roedd cryn ddylanwad gan y prif gadfridogion, fel y dangoswyd yng nghynllwynion 1932-33.

1 Cryfhaodd Hitler y peirianwaith amddiffyn trwy sefydlu, yn Ebrill 1933, gyngor amddiffyn ymerodrol ac ef ei hun yn y gadair. Ar y cyngor, roedd y Gweinidog Amddiffyn, y Gweinidogion Tramor, Cartref, Cyllid a Phropaganda yn ymdrin â dulliau i gryfhau'r Almaen ar gyfer rhyfel. Roedd hyn yn clymu'r Gweinidog Amddiffyn wrth reolaeth y Blaid, tra oedd pryderon y lluoedd arfog ynghylch her byddin breifat y Blaid, yr *SA*, oedd yn fwy niferus na hwy o dri i un, wedi eu hateb ar noswaith 30 Mehefin 1934 (gw. tt. 148-9).

2 Wedi hyn mabwysiadodd Hitler bolisi o dreiddio i mewn yn raddol, gan sylweddoli bod dylanwad syniadau Natsïaidd yn sicr o gynyddu ymysg swyddogion a dynion, yn enwedig fel roedd aelodau o Ieuenctid Hitler yn dod i gynnig gwasanaeth milwrol.

Roedd hefyd yn ymwybodol fod ei benderfyniad i chwalu'r amodau a osodwyd gan Gytundeb Versailles ac i ail-greu'r *Reichswehr* Almaenig i'w llawn nerth yn ddigon i ennill iddo gydymdeimlad a chefnogaeth y swyddogion. Roedd ei farn na ellid adennill tiroedd a gollwyd ond trwy rym arfau yn cyd-fynd â syniadau'r *Reichswehr*. Wedi eu huno am fod eu buddiannau yn gyffredin iddynt, daeth Blomberg yn fwy parod i gydymdeimlo â syniadau Natsïaidd, tra gallai Hitler fod yn sicr y câi ddylanwad graddol yn y *Reichswehr* heb orfod dibynnu ar bropaganda uniongyrchol. Röhm oedd yr unig un a fu'n feirniadol ynghylch strategaeth Hitler wrth ddelio â'r fyddin, ond tawelwyd hyn pan ddienyddiwyd Röhm ym Mehefin 1934. Roedd y *Reichswehr* yn euog o gynllwynio at y 'carthiad gwaed' hwn, er mai'r *SS* dan arweiniad Göring a wnaeth y weithred. Mae'n amheus a fu i Hitler ddod i gytundeb â'r cadfridogion fel mae Alan Bullock yn awgrymu yn ei *Hitler: a Study in Tyrrany* (Odhams 1952), cytundeb a olygai y byddent yn ei gefnogi i olynu Hindenburg pe bai'n cael gwared ar Röhm, ond mae'n amlwg fod gan y ddwy ochr resymau da dros gydweithredu. Ym marn G.A. Craig yn *Germany 1866-1945* (Oxford UP 1981) ceir tystiolaeth ddiamheuol fod y *Reichswehr* wedi darparu arfau a lorïau i'r unedau *SS*. Yn sgil hyn, derbyniodd y *Reichswehr* Hitler fel Pennaeth y Wladwriaeth ac addo ei theyrngarwch iddo gan gredu, pe bai'n dymuno hynny, y gallai ddad-wneud y 'Cesar' roedd wedi ei wneud.

Ar ôl Mehefin 1934 roedd safle'r *Reichswehr* yn un gwir gryf:

- Roedd yn hanfodol o safbwynt hyrwyddo rhaglen ailarfogi Hitler ac ailgyflwyno consgripsiwn.
- Yn wahanol i'r sefydliadau eraill, ni chafodd y *Reichswehr* ei chydgysylltu yn ystod y broses o *Gleichschaltung* (gw. tt. 142-4) ac roedd ei harweinyddion yn hyderus eu bod wedi ennill cryn feistrolaeth gan fod Hitler wedi cytuno i ddinistrio ei *SA* ef ei hun.

Roedd llawer o swyddogion y *Reichswehr* hyd yn oed yn credu bod yr elfen eithafol o fewn Natsïaeth wedi ei dileu ac y gallent wneud i'r Wladwriaeth Natsïaidd weithio er budd iddynt hwy ac yn unol â'u dymuniadau. Profodd digwyddiadau ar ôl 1934 i'r fyddin na allai gadw'i safle gwreiddiol o fod yn 'wladwriaeth o fewn gwladwriaeth'. Wedi carthu Röhm, ac ar yr un noson ag y bu Hindenburg farw, 2 Awst, bu'n rhaid i'r fyddin dyngu llw o ffyddlondeb personol i Hitler. Datganai'r llw newydd hwn, y mynnodd Hitler fod pawb o'i filwyr yn ei dyngu ac a dderbyniwyd gan y Maeslywydd von Blomberg, y Gweinidog Rhyfel, a'r Cadfridog von Fritsch, Cadbennaeth y Fyddin:

> Tyngaf i Dduw y llw cysegredig hwn: y byddaf yn rhoi ufudd-dod diamod i *Führer* y Reich Almaenig a'i phobl, Adolf Hitler, Pencadlywydd y Lluoedd Arfog, ac y byddaf yn barod fel milwr dewr i beryglu fy mywyd unrhyw bryd oherwydd y llw hwn.

Wedyn canolbwyntiodd y *Reichswehr* ar ailarfogi, consgripsiwn ac ailfeddiannu tiroedd a gymerwyd oddi ar yr Almaen yn 1919.

Oherwydd eu hymlyniad wrth anrhydedd a dyletswydd, roedd y llw, a dyngwyd dan faner y gatrawd mewn gorymdaith seremonïol yn unol â thraddodiad, yn golygu y byddai anufuddhau yn y dyfodol yn gyfystyr â gweithred o frad. Yn y blynyddoedd dilynol, dichon fod llawer wedi ffieiddio at bolisïau Hitler, ond fe deimlent eu bod dan rwymedigaeth i'w gyfundrefn oherwydd y llw. Nid oedd hyn yn golygu eu bod yn ymddarostwng fel teclyn iddo, ond roedd yn egluro, yn rhannol, pam na fu i'r fyddin ddangos unrhyw wrthwynebiad hyd 20 Gorffennaf 1944, pan geisiwyd ffrwydro bom mewn cynllwyn i ladd Hitler.

Cynllwyn Gorffennaf, tt. 314-18

Yn ystod y blynyddoedd 1934-37 daliai'r berthynas rhwng y Wladwriaeth Natsïaidd a'r fyddin i fod yn un o gydweithrediad. Twyllwyd Cadlywyddiaeth y Fyddin i feddwl bod ei safle breintiedig yn cael ei ddiogelu oherwydd y rhaglen ailarfogi a'r consgripsiwn a ailgyflwynwyd ym Mawrth 1935, a barodd fod y nifer yn y fyddin wedi cynyddu i 550,000. Y gwir oedd fod yr *SS* yn tyfu mewn grym yn gyflym, ac nad oedd gan Hitler ei hun fawr o barch tuag at yr agweddau ceidwadol roedd llawer o swyddogion yn glynu wrthynt. Dim ond anghenraid gwleidyddol a'i rhwystrodd rhag ymyrryd ym materion y fyddin hyd 1938. Yn ystod y blynyddoedd hyn dechreuodd y bwlch cymdeithasol rhwng swyddog a milwr cyffredin gau, rhoddwyd hyfforddiant mewn theori Natsïaidd, tra anogai Blomberg y fyddin a'r Blaid i gydweithio. Roedd yn ymddangos bod y fyddin wedi dod yn fwy democrataidd ac yn fwy agored. Ar yr un pryd, roedd Hitler yn dal i anelu at ei nod, sef adennill y tiroedd a gollwyd gyda Chytundeb Versailles, yn benodol y Saar a'r Rheindir. Erbyn diwedd 1937 roedd safle diplomyddol yr Almaen wedi gwella; nid oedd bellach ar ei phen ei hun ac roedd Hitler wedi gwneud cryn gynnydd yn darparu ei luoedd arfog ar gyfer rhyfel.

B *Cyfarfod Hossbach, Tachwedd 1937*

Mae haneswyr yn rhanedig ar weithredoedd Hitler yn dilyn ei lwyddiannau yn 1935 ac 1936. Dadleuodd A.J.P.Taylor fod Hitler, ar ôl datgymalu Cytundeb Versailles a Chytundeb Locarno (gw. t. 74) 'mewn penbleth beth i'w wneud nesaf hyd yn oed pe bai ganddo'r grym i'w wneud'. Honnai'r Cynghreiriaid yn Nhreialon Nuremberg a haneswyr yn sgil 1945 fod Hitler wedi cyflwyno glasbrint o amcanion mewn cyfarfod dirgel â phenaethiaid lluoedd arfog yr Almaen a'r Gweinidog Tramor, von Neurath, yn Llys Canghellor y Reich ar 5 Tachwedd 1937. Y Maeslywydd von Blomberg, y Gweinidog Amddiffyn, y Cyrnol-Gadfridog von Fritsch a'r Llynghesydd Raeder, Cadbenaethiaid y Fyddin a'r Llynges, a Göring yn rhinwedd ei swydd fel pennaeth y Llu Awyr, oedd yr aelodau o'r lluoedd arfog oedd yn bresennol.

Soniwyd eisoes am gyfarfod Hossbach ym Mhennod 6, yn nhermau ei arwyddocâd fel trobwynt yn hanes Hitler fel Canghellor, ac am y Memorandwm a'i dilynodd. Derbyniodd yr elitau ceidwadol, oedd yn bresennol yng nghyfarfod Hossbach, ei amcanion pan-Almaenig i

WERNER VON FRITSCH (1880-1939)

Roedd yn Gadbennaeth byddin yr Almaen hyd Chwefror 1938. Wedi'i benodi yn wreiddiol gan Hindenburg, roedd yn swyddog Prwsiaidd nodweddiadol oedd yn credu mewn cadw pellter rhwng y fyddin a gwleidyddiaeth. Derbyniai'r gyfundrefn Natsïaidd ond roedd arno eisiau cyfyngu ar ei dylanwad yn y fyddin. Lleisiodd amheuon ynghylch cynlluniau Hitler, fel y'u dadlennwyd yn y gynhadledd a gynhaliwyd ar 5 Tachwedd 1937 ac a gofnodwyd yn Memorandwm Hossbach. Göring a Himmler a baratodd y cyhuddiadau ei fod yn hoyw, ac o'r herwydd gallodd Hitler ei ddiswyddo ar 4 Chwefror 1938. Dyma un o'r newidiadau staff pwysicaf a alluogodd i'r *Führer* ennill rheolaeth ar bolisi tramor a milwrol yr Almaen. Er bod Fritsch wedi cael ei swydd yn ôl yn fuan, ni allai ei ddarbwyllo ei hun i gyflwyno ei achos fel protest gyffredinol ar ran swyddogion y fyddin yn erbyn y gyfundrefn Natsïaidd. Yn wir, roedd ei agwedd tuag at Sosialaeth Genedlaethol yn un gymysg. Cafodd ei roi yng ngofal catrawd, a chredir yn gyffredinol ei fod wedi mynd ati'n fwriadol i gael ei ladd pan oedd ei gatrawd yn ymosod ar Warszawa ym Medi 1939.

CONSTANTIN VON NEURATH (1873-1956)

Roedd yn ddiplomydd proffesiynol a ddaeth yn Weinidog Tramor yng nghabinet Papen ym Mehefin 1932. Cadwodd y swydd dan Schleicher a Hitler, gan felly roi'r argraff fod yna ddilyniant ym mholisi tramor yr Almaen. Cafodd ei ddiswyddo yn Chwefror 1938 a'i olynu gan Ribbentrop. O 1939 hyd 1943 roedd yn Amddiffynydd y Reich yn Bohemia a Morafia, lle roedd ei rym yn bennaf yn seremonïol, gyda'r gwir rym yn nwylo dynion fel Heydrich, dirprwy Himmler. Cafodd Neurath ei ddedfrydu i 15 mlynedd o garchar yn Nuremburg.

WALTER VON REICHENAU (1884-1942)

Roedd yn filwr proffesiynol a chwaraeodd ran hollbwysig yn 1933 ac 1934, fel cynghorydd i Blomberg yn rhinwedd ei swydd fel cyrnol, yn annog y *Reichswehr* i dderbyn y gyfundrefn Natsïaidd. Ef oedd yn bennaf cyfrifol am y rôl a chwaraeodd y fyddin yn cefnogi'r *SS* ar Noson y Cyllyll Hirion, 30 Mehefin 1934. Dyfeisiodd y llw i Hitler fel Pencadlywydd pan olynodd Hindenburg fel Pennaeth y Wladwriaeth yn Awst 1934. Fodd bynnag, methodd yn ei ymgais i olynu Fritsch fel Cadbennaeth y Fyddin yn Chwefror 1938 a Brauchitsch a gafodd y swydd. Bu'n rheoli safleoedd pwysig ar y Ffrynt Gorllewinol ac ar y Ffrynt Dwyreiniol, ond bu farw'n gynamserol o drawiad ar ôl i'w awyren gael ei gorfodi i lanio.

adennill tir Almaenig ac Almaenwyr oedd ar goll yng Nghanolbarth Ewrop, ond roedd Blomberg, Fritsch a Neurath, o ystyried cyflwr amharod yr Almaen o safbwynt milwrol, yn pryderu'n fawr wrth glywed Hitler yn sôn am ryfel a choncwest. Ystyried yr amseru, y risg a chyflwr yr ailarfogiad yn unig yr oeddent, ond dichon fod Hitler wedi penderfynu y gallai'r rhain a chynrychiolwyr eraill o'r hen elitau oedd yn dal swyddi uchel rwystro ei gynlluniau.

Memorandwm Hossbach, tt. 388-90

Oherwydd yr amheuon hyn penderfynodd Hitler fod arweinyddiaeth y fyddin yn wan, ond roedd hefyd yn ymwybodol y gallent wrthwynebu ei bolisïau. Chwiliai am unrhyw gyfle i gael gwared arnynt, er na allai fod wedi rhag-weld, yn Nhachwedd 1937, amgylchiadau argyfwng Blomberg-Fritsch. Pan ddaeth, fe'i trodd i'w felin ei hun i ennill rheolaeth ar y fyddin. Pan briododd Blomberg, ar 12 Ionawr 1938, â gwraig oedd wedi bod yn butain, a phan gyhuddwyd Fritsch wedyn o fod yn hoyw, rhoddwyd cychwyn ar gyfres o ddigwyddiadau a hwylusodd y ffordd i Hitler wneud newidiadau sylweddol yn staff a threfniadaeth y lluoedd arfog a'r *Auswärtiges Amt* (y Swyddfa Dramor). Bu i'r digwyddiadau hyn, yn Chwefror 1938, niweidio annibyniaeth y fyddin.

Y cyntaf oedd fod Hitler wedi dileu swydd y Gweinidog Rhyfel a dod yn Gadbennaeth yr holl luoedd arfog gyda chadlywyddiaeth bersonol, yr *Oberkommando der Wehrmacht* (*OKW*), yn cael ei harwain gan ddilynydd ffyddlon, y Cadfridog Keitel, mab-yng-nghyfraith Blomberg. Roedd Keitel yn gwbl wasaidd ac wedi dangos brwdfrydedd tuag at Hitler mor gynnar ag o leiaf 1933. Enillodd hyn iddo'r llysenw *Lakeitel* (cynffonnwr). Defnyddiodd ei safle i awdurdodi llawer o orchmynion troseddol Hitler yn ystod y rhyfel, er enghraifft y gorchymyn ym Mehefin 1941 i ladd holl gomisariaid gwleidyddol yr Undeb Sofietaidd. Yn bennaeth yr *OKW* rhwng 1938-45, cafodd ei ddedfrydu i farwolaeth yn Nuremberg a'i ddienyddio.

Penodwyd y Cyrnol Brauchitsch yn Gadbennaeth y fyddin i olynu Fritsch. Ni wrthwynebodd i Hitler gymryd yr awenau yn y Weinyddiaeth Amddiffyn. Derbyniodd Brauchitsch awdurdod Hitler er bod ganddo'i amheuon ynghylch cynlluniau rhyfel Hitler ac fe wyddai am y cynllwynio milwrol yn erbyn Hitler. Roedd ganddo resymau personol dros fod yn ffyddlon i Hitler gan fod Hitler wedi ariannu ei ysgariad oddi wrth ei wraig gyntaf. Roedd ei ail wraig yn Natsi eithafol ac fe ddylanwadodd yn drwm arno.

Manteisiodd Hitler hefyd ar y cyfle a grëwyd gan ddigwyddiadau Chwefror 1938 i gael 16 o gadfridogion i ymddeol ac i adleoli 44 o swyddogion uchel-radd oedd yn fygythiad iddo. Diswyddwyd Hossbach. Yn ddiweddarach, daeth yn gadfridog a bu'n rheoli byddin ar y Ffrynt Dwyreiniol.

O ganlyniad i'r newidiadau hyn cynyddwyd rheolaeth Hitler ar bolisi tramor ac amddiffyn a'i gwneud yn bosibl iddo gwblhau'r broses o sicrhau ei rym. Bellach, roedd mwy o Natsïaid radical yn rheoli, ond creodd y newidiadau hyn ymdeimlad o argyfwng yn ei gyfundrefn hefyd. Ceisiodd Hitler dynnu sylw oddi ar ddigwyddiadau gartref trwy gychwyn symudiad syfrdanol yn ei bolisi tramor – yr *Anschluss* neu uno ag Awstria (gw. tt. 390-1). Roedd Göring, yn arbennig, yn ei gefnogi yn y polisi tramor hwn, a oedd wedi ei fwriadu i dynnu sylw oddi ar y rôl roedd Hitler wedi ei chwarae yn hyrwyddo'r cyhuddiadau ffug a arweiniodd at gwymp Fritsch. Oherwydd argyfwng Blomberg-Fritsch sylweddolodd llawer yn y fyddin beth oedd eu gwir safle, ond ychydig oedd yn barod i weithredu er mwyn amddiffyn eu hannibyniaeth. Daliodd y mwyafrif yn y fyddin i gefnogi'r *Führer* a'i bolisi, naill ai oherwydd ofn neu oherwydd eu hymlyniad wrth deyrngarwch am eu bod wedi tyngu llw fel milwyr. Yn 1938, disgrifiodd y Cadfridog von Fritsch y berthynas rhwng arweinwyr y fyddin a'r gyfundrefn Natsïaidd rhwng 1934-8 (cofnodwyd yn Noakes a Pridham, *Nazism 1919-1945, A Documentary Reader, Vol. 3*):

C

Pam, yn ôl y Cadfridog Fritsch, y cafodd ei ddiswyddo?

Ar 3 Ionawr 1934, cefais fy mhenodi yn Gadbennaeth yn groes i ddymuniad y *Führer*, yn groes i ddymuniad Blomberg, ond dan bwysau eithriadol gryf o du y Maeslywydd von Hindenburg.

Gwelais chwalfa fawr, yn arbennig argyfwng hyder difrifol o fewn y Gadlywyddiaeth.

Dechreuodd ymgyrch Reichenau a'r Blaid yn fy erbyn ar ddiwrnod fy mhenodiad, os nad cyn hynny. Mae gwrthwynebiad Reichenau yn ddealladwy, oherwydd roedd am reoli'r Fyddin ac mae'n dal i ddymuno hynny. Mae'r Blaid yn fy ngweld nid yn unig fel y dyn a wrthwynebodd uchelgais yr *SA*, ond hefyd fel y dyn a geisiodd rwystro y llif o egwyddorion plaid-wleidyddol i mewn i'r Fyddin. Ar wahân i'r ffaith mai sail ein byddin bresennol yw Sosialaeth Genedlaethol a bod yn rhaid iddi fod felly, ni ellir goddef i ddylanwadau plaid-wleidyddol dreiddio i'r Fyddin gan na all dylanwadau o'r fath ond darnio a diddymu. Y dasg a roddodd y *Führer* i mi oedd: 'Creu Byddin mor gref ac mor unedig â phosibl a chyda'r hyfforddiant gorau posibl'. Rwyf wedi dilyn y cyfarwyddyd hwnnw byth wedyn.

Fel Pennaeth Staff Blomberg, roedd cynllwynio Reichenau yn golygu bod fy mherthynas â Blomberg yn anodd trwy'r amser. Gydol y blynyddoedd hyn nid wyf erioed wedi llwyddo i sefydlu perthynas â Blomberg ar sail ymddiriedaeth fel y dylai fod …

Yn hydref 1934, bu cryn gythrwfl oherwydd cynllwynion yr *SS*. Honnai'r *SS* fod y Fyddin yn paratoi ar gyfer *putsch* a deuai adroddiadau i mewn o'r holl ardaloedd milwrol fod yr *SS* yn trefnu *coup* mawr. Yna penderfynodd y *Führer* orchymyn i brif bobl y Blaid a llawer o swyddogion hŷn ddod i gyfarfod. Traddododd y *Führer* araith oedd yn ddatganiad clir o ffyddlondeb i'r Fyddin ac i mi fel ei harweinydd. Ar ôl yr araith, lleihaodd cynnwrf yr *SS* i raddau. Ond o haf 1935 ymlaen cynyddodd eto. Tra bu i ni lwyddo i gadw perthynas dda ag asiantaethau'r Blaid, doedd hyn ddim yn wir am yr *SS*. O ran ein hochr ni, efallai mai'r rheswm oedd nad oedd yna un swyddog hŷn na theimlai fod yr *SS* yn ysbïo arno. Mae'n dod yn fwy amlwg o hyd, yn groes i orchmynion pendant dirprwy'r *Führer*, fod aelodau *SS* sy'n gwasanaethu yn y Fyddin wedi cael eu gorchymyn i anfon adroddiadau ar y rhai sy'n uwch eu gradd na nhw.

Yn olaf, mae'n rhaid bod ***Verfügungstruppe*** yr *SS*, sy'n cael ei ehangu o hyd, yn creu gwrthdaro â'r Fyddin yn rhinwedd ei bodolaeth. Mae'n brawf byw o'r diffyg ymddiriedaeth tuag at y Fyddin a'i harweinwyr.

Er bod gan y Fyddin rywfaint o hawl i oruchwylio'r gwaith o hyfforddi'r *Verfügungstruppe*, mae'r criw *SS* hwn yn datblygu'n gwbl annibynnol ac, hyd y gwelaf i, yn ymwybodol i'r gwrthwyneb i'r Fyddin. Argraff na ellir ei hosgoi yw fod yr agwedd negyddol tuag at y Fyddin a geir ymysg y *Verfügungstruppe* yn cael ei hannog yn gryf.

***Verfügungstruppe*:** trefniannau o'r *SS*, a ymgorfforwyd i'r *Waffen-SS* yn 1939

C *Y berthynas rhwng y fyddin a'r gyfundrefn 1938-40 – blynyddoedd o dra-arglwyddiaethu ond nid o ddarostyngiad*

Nid oes fawr o amheuaeth, o 1938 ymlaen, nad oedd gallu'r fyddin i lywio datblygiadau gwleidyddol o fewn yr Almaen wedi ei leihau'n sylweddol. Yn ystod blynyddoedd cynnar y llywodraeth Natsïaidd roedd Hitler wedi gweld, yn gywir, fod angen iddo gydweithio ag arweinwyr y fyddin, ond erbyn dyddiau cynnar 1938 roedd yn ddigon cryf i fowldio'r fyddin yn nes i'w anghenion ef. Ni ellid eto ei galw yn arf darostyngedig i Hitler, ond roedd wedi gorfod derbyn ei dra-arglwyddiaeth. Felly, roedd gwrthwynebwyr Hitler yn dal i gydnabod mai'r fyddin oedd yr un sefydliad ar ôl oedd â'r gallu technegol i daro yn llwyddiannus yn erbyn y gyfundrefn. Yn haf 1938, cynlluniodd nifer o gadfridogion dadrithiedig i arestio Hitler pe bai rhyfel Ewropeaidd yn datblygu oherwydd argyfwng Gwlad y Swdetiaid, ond cafodd ei droi heibio oherwydd llwyddiant Hitler yn München. O 1938 ymlaen, cafwyd mudiad pendant o fewn rhai cylchoedd milwrol, gyda chefnogaeth rhai sifiliaid oedd yn feirniadol o'r gyfundrefn, i osgoi rhyfel. Unwaith y dechreuodd y rhyfel newidiodd y cynllun i un oedd yn ceisio cyfyngu hyd a lled rhyfel y teimlid na allai Hitler ei ennill. Oherwydd llwyddiannau syfrdanol Hitler a arweiniodd at drechu'r Cynghreiriaid ym Mehefin 1940, diflannodd pob gwrthwynebiad am gyfnod. Yn ogystal, unwaith roedd yr Almaen wedi ei chael ei hun yn rhyfela, gwelid unrhyw wrthwynebu fel brad ac anwladgarwch.

Cytundeb München, tt. 394-6

Ch *Y berthynas rhwng y fyddin a'r gyfundrefn 1942-4 – blynyddoedd yr her*

Erbyn 1943 bu newid dramatig yn sefyllfa filwrol yr Almaen (edrychir yn fanwl ar yr Almaen yn ystod y rhyfel ym Mhennod 15). Cynyddodd y gwrthwynebiad oherwydd bod Hitler wedi ei drechu yn Rwsia ac am fod y Cynghreiriaid wedi glanio yng Ngogledd Affrica. Credai llawer o gadfridogion na ellid ennill y rhyfel ond eto caent eu hunain yn ymladd dros gyfundrefn oedd yn rhan o erchyllterau'r gwersylloedd crynhoi. Yn y sefyllfa hon, cysylltodd nifer o sifiliaid oedd yn gwrthwynebu â chadfridogion fel Ludwig Beck, oedd yn elyniaethus tuag at Hitler, er mwyn cynllunio i lofruddio Hitler a chael llywodraeth sifil yn ei le.

Roedd Beck yn bennaeth staff cyffredinol y fyddin Almaenig o 1935 hyd 1938. Gwrthwynebodd, gyda phenderfyniad cynyddol, gynlluniau Hitler i ymosod ar Tsiecoslofacia yn 1938. Fe deimlai y byddai hynny'n arwain at ryfel cyffredinol, un na allai'r Almaen ei ennill, ac ymddiswyddodd ar 21 Awst 1938. Fe'i cymhellid fwyfwy gan wrthwynebiad moesol i'r elfennau troseddol yn y llywodraeth Natsïaidd a daeth yn brif chwaraewr yn y cynllwyn milwrol i ladd Hitler. Llwyddodd i ennill cefnogaeth rhai o'r cadfridogion eraill: y Cadfridog Henning von Tresckow, pennaeth staff Grŵp Canol y Fyddin ar Ffrynt Rwsia, Olbricht, pennaeth adran gyflenwi'r fyddin wrth gefn, Stuelpnagel, llywodraethwr milwrol yn Ffrainc, Oster, pennaeth staff yr *Abwehr* (gwrthysbïo) a'r Maeslywydd von Witzleben, oedd wedi ymddeol ers 1942, ynghyd â mwy o swyddogion iau: Claus von Stauffenberg, pennaeth staff y Cadfridog Fromm, cadlywydd y fyddin wrth gefn, oedd i mewn ac allan o'r cynllwyn, a Schlabrendorff, swyddog staff o dan Tresckow ar y Ffrynt Dwyreiniol. Ymunodd grŵp o wrthwynebwyr sifil a elwid yn Gylch Kreisau (gw. tt. 310-11) â hwy, yn cynnwys Moltke, cynghorydd cyfreithiol yr *Abwehr* a gynghorai ddull di-drais, a'r arweinydd gwleidyddol Goerdeler, cyn-arglwydd faer Leipzig. Eraill a wyddai am y cynllwyn ond na fu iddynt gymryd rhan weithredol oedd y Maeslywyddion Rommel a Kluge, yr olaf yn Gadlywydd Grŵp y Fyddin yn Ffrainc. Fodd bynnag, roeddent yn bwysig gan fod y cynllwynwyr yn dibynnu arnynt i ddod â'r rhyfel i ben ac i drafod cadoediad â'r Cynghreiriaid cyn i'r Almaen gael ei threchu'n llwyr. Roeddent i gyd yn unol yn eu cred fod 'yn rhaid i ni brofi i'r byd ac i genedlaethau sydd i ddod fod dynion Mudiad Gwrthwynebu yr Almaen wedi meiddio cymryd cam di-droi-nôl a mentro eu bywydau'. Trafodir Cynllwyn Gorffennaf 1944 a'i fethiant ym Mhennod 11.

Roedd cosb Hitler yn eithafol: erlidiwyd y cynllwynwyr i gyd, eu trosglwyddo i'w harteithio gan y *Gestapo*, a'u dwyn o flaen y llys brawychus, Llys y Bobl (*Volksgericht*). Cyflawnodd Beck hunanladdiad. Roedd ffawd y prif gynllwynwyr i fod yn rhybudd i eraill. Amcangyfrifir bod 180-200 wedi eu lladd fel canlyniad uniongyrchol, ond lladdwyd llawer mwy (mae rhai amcangyfrifon, er tybir bod yma or-ddweud, yn nodi 5,000, gyda 2,000 ohonynt, fe gredid, yn swyddogion), mewn carthiad gwaed anferthol, gwaeth nag un 1934. Dilëwyd teuluoedd cyfan, digwyddiad a leihaodd niferoedd y bonedd yn sylweddol, gan gyfrannu yn anfwriadol at lwyddiant chwyldro cymdeithasol Hitler.

Roedd methiant Cynllwyn Gorffennaf yn arwyddo bod safle grymus a breintiedig y fyddin yng nghymdeithas yr Almaen wedi dod i ben. Yn 1924, roedd Hitler wedi ysgrifennu yn *Mein Kampf* ei fod yn edrych ar Staff Cyffredinol y fyddin fel 'y peth mwyaf nerthol a welodd y byd erioed', ond unwaith roedd wedi dod i rym, darganfu nad oedd yn barod i fod yn arf grymus i weithredu ei bolisi ef. Roedd gan y fyddin ei pholisi ei hun. Credai y gallai osod amodau ar Hitler fel roedd wedi ei wneud gyda'r Kaiser. Nid oedd y fyddin wedi ei hennill, ond gan fod Hitler yn dibynnu arni i gefnogi ei uchelgais i ennill tir, roedd yn rhaid iddo ei goddef. Gan na allai ei darostwng yn uniongyrchol, roedd wedi ceisio ei thanseilio o'r tu mewn trwy benodi dynion oedd yn bleidiol i Natsïaeth, ond, erbyn 1938, dim ond rhannol oedd llwyddiant y polisi hwn. Cynllwyniodd y Staff Cyffredinol dan Halder i ddymchwel y gyfundrefn yn 1938 yn ystod argyfwng München, ond penderfynwyd rhoi'r gorau i'r cynllun wedi llwyddiant Hitler yn München (gw. tt. 394-6). Heb gefnogaeth o dramor, roedd gwrthwynebwyr Hitler yn y fyddin yn eu cael eu hunain yn ddirym yn erbyn unben oedd i bob golwg yn syfrdanol o lwyddiannus. Am beth amser aeth gwrthwynebiad y Staff Cyffredinol yn ddibwys, yn enwedig gan fod polisi'r gyfundrefn, hyd at 1942, yn debyg i'w polisi hwy. Roedd y ddwy ochr wedi dymuno i'r Almaen fod yn bŵer mawr, yn abl i gynnal byddin effeithlon, freintiedig a gâi ei thalu'n dda, rhywbeth y gellid ei sicrhau trwy ddychweliad ei Hymerodraeth a chydnabyddiaeth gan bwerau eraill.

> **C**
>
> *Beth oedd yr arwyddocâd i'r fyddin fod Cynllwyn Gorffennaf yn fethiant?*

Ond roeddent wedi gwahaniaethu ynglŷn â graddfa a maint y concro. Credai arweinwyr y Staff Cyffredinol mewn polisi o goncro cyfyngedig a gwrthwynebent gynlluniau Hitler i ryfela yn erbyn Rwsia, cynghreiriad traddodiadol y *Junker*. Gwahanodd eu buddiannau wedi concro Gwlad Pwyl a Ffrainc. Yn 1941, cyhuddodd Hitler y cadfridogion eu bod wedi colli plwc a'u bod yn gwrthod cydnabod ei athrylith strategol ef ('y corporal'). Cymerodd awenau Cadlywyddiaeth y fyddin Almaenig a diswyddo'r cadfridog mwyaf galluog, Halder. Ym marn rhai haneswyr, fel Hugh Trevor-Roper, tyfodd gwrthwynebiad yn erbyn Hitler yn y fyddin rhwng 1941 ac 1944. Roedd ei harweinwyr wedi cynllunio i lofruddio Hitler o Ionawr 1942 ymlaen, er na ellid gweithredu nes y byddai'r myth amdano wedi ei danseilio trwy drechiad. Erbyn 1944 roedd yr amodau hyn wedi eu cyflawni.

D *Y berthynas rhwng y fyddin a'r gyfundrefn 1944-5 – blwyddyn o ddarostwng*

Roedd yna lawer o swyddogion ymhlith y rhai a arestiwyd neu a ddienyddiwyd yn archwiliad creulon y *Gestapo* a ddilynodd fethiant Cynllwyn Gorffennaf. Fodd bynnag, o bosibl yn fwy arwyddocaol na'r carthiad gwaed oedd y gorchmynion a gafwyd wedyn:

1 Daeth y saliwt Natsïaidd yn orfodol drwy'r fyddin i gyd.
2 Penodwyd swyddogion gwleidyddol i arolygu'r gwaith o gyflyru'r fyddin.

3 Penodwyd Himmler, oedd wedi cael llwyddiant personol nodedig, yn Gadbennaeth y Fyddin Gartref, a daeth hyn â'r Fyddin dan reolaeth yr *SS*.
4 Carthwyd pum deg o'r Staff Cyffredinol a channoedd o swyddogion llai, a chyflawnodd eraill hunanladdiad.
5 Rhoddwyd gofal y gwersylloedd carcharorion rhyfel i Himmler yn lle i'r lluoedd arfog. Roedd olion olaf annibyniaeth y fyddin wedi eu dileu.

PRIF YSTYRIAETH

I ba raddau y daeth y fyddin yn arf darostyngedig i Hitler ar ôl i Gynllwyn Gorffennaf 1944 fethu?

Fodd bynnag, er nad oedd Himmler erioed wedi ymddangos yn fwy grymus, roedd y cynllwyn hefyd wedi dangos ei fod yn dirywio. Nid ef oedd yn gyfrifol am fethiant y cynllwyn ond siawns. Yn wir, mae peth amheuaeth a oedd Himmler yn gwybod am y cynllwyn, er bod Schellenberg, oedd yn aelod o'i staff, yn gwybod amdano yn fras. Ar wahân i Keitel a'r Cadfridog Wilhelm Burgdorff (a oedd i aros gyda Hitler drwy'r dyddiau olaf yn Berlin), roedd Hitler yn cyfrif pob swyddog yn fradwr ac yn casglu swyddogion y llynges a'r *Luftwaffe* o'i gwmpas fwyfwy. Trwy wrthod y fyddin a'i Chadlywyddiaeth cafwyd effaith ddifrifol ar gymeriad ei bencadlys. Yn ôl Hugh Trevor-Roper yn *The Last Days of Hitler*, cyflymodd hyn y broses o'i drawsnewid o gabinet rhyfel i 'lys dwyreiniol o wenieithwyr a ffalswyr'. Oherwydd gweithred Hitler yn dinistrio'r Gadlywyddiaeth, digalonnodd yr aelodau oedd ar ôl. Roedd y rhai a arbedwyd yn y carthiad gwaed yn cystadlu â'i gilydd i brofi i Hitler eu bod yn ffyddlon a theyrngar iddo. Roedd Hitler o'r diwedd wedi sicrhau bod ei gadfridogion yn ufuddhau iddo yn ddiamodol, ond erbyn 1945 doedd dim byddinoedd ar ôl i ymladd. Gyda'r ildio daeth y fyddin gyfan yn garcharorion rhyfel i'r Cynghreiriaid a oedd wedi addunedu y byddent yn dinistrio militariaeth Prwsia.

Dd *Arwyddocâd polisïau Hitler ar gyfer y fyddin*

Roedd parodrwydd y fyddin i gydweithio â Hitler yn golygu bod ei gyfundrefn yn ymddangos yn barchus a derbyniol, ac felly, pan ddisodlwyd Blomberg gan y Cadfridog Keitel yn 1938, nid oedd gwir gynnwrf ymysg y swyddogion. Fodd bynnag, er bod Hitler wedi newid y prif ddynion ar y brig, roedd y berthynas rhwng y Blaid a'r *Wehrmacht* yn dal i gydymffurfio â chynllun Blomberg – dim ymdreiddio.

- Mynnodd y fyddin nad oedd neb o'i haelodau i gael ymuno â'r Blaid ac fe geir enghreifftiau o fiwrocratiaid adran arfau'r fyddin yn dyfarnu yn erbyn y *Führer*.
- Ni fu i'r fyddin brofi newidiadau cymdeithasol sylweddol, er bod yr ehangu mawr ar ôl 1933 wedi effeithio ar yr ansawdd yn y pen draw. Roedd y Gadlywyddiaeth yn dal i ddod o rengoedd y bonedd; y bonedd oedd yn dal 20 y cant o holl swyddi'r *Reichswehr*. Ni chafodd dynion oedd yn bleidiol i'r Natsïaid eu dyrchafu'n uwch na gradd uwch-gapten nes dechrau'r rhyfel, pryd y bu iddynt foddi'r rhengoedd uchaf. Oherwydd y twf

cyflym mewn maint, ofnai'r Gadlywyddiaeth y byddai effeithlonrwydd technegol y fyddin a'i hymdeimlad o hunaniaeth yn dioddef. Mewn gwirionedd, arweiniodd y datblygiadau hyn at welliant yn y berthynas rhwng swyddogion a dynion, tra daeth dulliau meysydd ymarfer yn fwy rhesymol. Bu'n fanteisiol i filwyr cyffredin y *Wehrmacht* nid yn unig o safbwynt mwy o wasanaethau cymdeithasol, ac ennill gwell bri a statws, ond hefyd oherwydd eu bod yn derbyn arian, tiroedd, dyrchafiad a medalau.

- Canfyddodd y fyddin fod ei hundod a'i gwrthwynebiad i'r gyfundrefn yn cael eu tanseilio gan y llwgrwobrwyo hwn fel bod polisïau gwrthfreniniaethol Hitler, fel carthu aelodau o'r teuluoedd cyn-frenhinol o'r fyddin, yn cael eu derbyn. Er hynny, roedd yn ymddangos bod y fyddin yn cael ei diogelu rhag rheolaeth wleidyddol, ac felly roedd y rhai oedd yn gwrthwynebu'r gyfundrefn yn chwilio am loches a diogelwch oddi mewn iddi.
- O'i chymharu â'r Blaid neu ei phrif gystadleuydd, yr *SS*, roedd yn ymddangos bod y fyddin yn fwy dynol wrth oresgyn tiroedd a goncrwyd. Fodd bynnag, dylem osgoi gorbwysleisio hyn oherwydd, yn y Dwyrain, nid oedd fawr o wahaniaeth rhwng yr *SS* a'r fyddin o safbwynt y dienyddio a'r lladd (gw. isod).

C

A fu i gyswllt â'r gyfundrefn Natsïaidd effeithio ar y Fyddin?

O ran pethau eraill, fe gafodd cymeriad y fyddin ei danseilio oherwydd ei pherthynas â'r gyfundrefn Natsïaidd:

- Cafodd ei llygru trwy ddylanwad y gyfundrefn; roedd dynion yn cynllwynio am ddyrchafiad, tra ymhlith y milwyr cyffredin gellid yn hawdd ddod o hyd i wirfoddolwyr i saethu encilwyr.
- Defnyddid cyfraith filwrol yn llym i gosbi troseddwyr fel bod y fyddin Almaenig wedi saethu 10,000 am encilio o'i gymharu ag un ar ochr y Cynghreiriaid. Nid oedd fawr o wahaniaeth rhwng ymddygiad yr *SS* a'r fyddin yn y Dwyrain o ran dwyn, lladd a dinistrio cymunedau o Iddewon a ystyrid gan y *Reichswehr* fel 'cludwyr ysbrydol y braw Bolsiefigaidd'. Yn Ukrain dienyddiwyd 55,000 o garcharorion rhyfel Iddewig oedd yng ngofal y *Wehrmacht*.

Yn olaf, diffyg ymddiriedaeth Hitler yn y fyddin yr oedd wedi methu ei darostwng yn arf iddo'i hun oedd yn cyfrif am ei barodrwydd i adael i'r *SS* ddatblygu ei rôl filwrol i gystadlu â'r fyddin.

6 ~ YMERODRAETH YR *SS* – 'GWLADWRIAETH O FEWN GWLADWRIAETH', 1933-45

A *Problem penderfynu ar safbwynt cytbwys*

Cymhlethwyd astudiaeth haneswyr ar y *Schutzstaffel* (*SS*) oherwydd anhawster penderfynu ar safbwynt cytbwys. Bu'n anodd iawn anwybyddu creulondeb dychrynllyd y Crysau Duon yn y gwersylloedd crynhoi a'r dulliau braw a ddatblygwyd wrth iddynt weithredu fel heddlu yn y Wladwriaeth Sosialaidd Genedlaethol. At hynny, er bod byddin yr *SS* wedi gadael ei hôl yn ddwfn ar Ewrop, dim ond am amser byr y buont yn gweithredu o ystyried byd hanes. Bu'n 'byw' am ugain mlynedd yn unig, gyda'r saith gyntaf yn y cefndir fel gwarchodlu Hitler, cyn dod yn heddlu plaid mudiad y Sosialwyr Cenedlaethol. Oherwydd i'r *SS* ehangu ei phŵer mewn modd mor unigryw ni fu iddi gyfnod o sefydlogrwydd o gwbl yn ystod ei hanes byr. Roedd iddi gymeriad hynod amrywiol; roedd yn gasgliad o swyddfeydd a changhennau, pob un â dyletswyddau gwahanol (gw. Diagram 4, tud. 218 ar drefniadaeth yr *SS*). Felly, mae mynegi barn yn dibynnu ar ba gangen neu ar ba agwedd ar y 'wladwriaeth *SS*' a astudir: p'un ai fel byddin trwy ei *Waffen-SS* ac fel yr awdurdod yn y gwledydd a feddiannwyd gan yr Almaen, neu fel yr Unedau Penglog oedd yn gyfrifol am y gwersylloedd angau, neu fel byddin ddiogelu trwy'r *SD* (*Sicherheitsdienst*) a'r gwasanaeth cudd, neu, yn olaf, fel ymerodraeth economaidd. Roedd pob adran o'r *SS* yn wahanol ac felly mae'n anodd dod i gasgliad cyffredinol ar y Crysau Duon. Cedwid y cyfan ynghyd gan Himmler a'r ffaith eu bod yn synied amdanynt eu hunain fel 'milwyr gwleidyddol'. Cyfrifent eu bod yn gyfrifol am ddifa gelynion Sosialaeth Genedlaethol – Marcsiaeth, Saeryddiaeth Rydd a Christnogaeth. Er ei bod yn anodd barnu'n gytbwys, mae haneswyr, megis Bucheim, Reitlinger a Steiner, yn cydnabod pwysigrwydd yr *SS* o fewn y Wladwriaeth Hitleraidd. Fel yr ysgrifennodd D.G. Williamson yn *The Third Reich*:

PRIF YSTYRIAETH

Yr anhawster o gyrraedd at asesiad cytbwys o Ymerodraeth yr SS.

> Mae'n ddigon tebygol, heb ddylanwad diysgog Himmler, y byddai gwladwriaeth ranedig Hitler wedi cwympo oherwydd ei hanghysondebau mewnol ei hun. Bu i Himmler gynnal y Drydedd Reich gyda'i *Gestapo* a'r *SS*.

B *Dechreuad yr SS*

Cychwynnodd yr *SS* yn ystod dyddiau cynnar y Blaid Natsïaidd. Ffurfiwyd yr uned yn 1925 pan ddewiswyd 120 o ddynion cwbl ddibynadwy i edrych ar ôl Hitler a rhoi iddi y teitl swyddogol, *Leibstandarte SS Adolf Hitler*. Roedd ar y Blaid angen carfan ymroddedig o ddynion a fyddai'n barod i wneud 'tasgau arbennig' yn ymwneud â diogelwch. Roedd angen i uned o'r fath fod yn llawer mwy dibynadwy a disgybledig na'r garfan fawr o stormfilwyr dosbarth gweithiol, yr *SA*. Roedd y rhai a recriwtiwyd yn llyncu delfrydau Natsïaidd ac yn cynnig ufudd-dod dall i orchmynion Hitler, ond daliai i fod yn garfan fechan o fewn yr *SA*, gyda dim ond 300 o aelodau hyd at 1929, pan gymerodd Himmler yr awenau. Disgrifiwyd Himmler mewn amryw ffyrdd, er enghraifft fel 'dyn craff yn ymarfer grym gyda golwg ar y prif

LLUN 33
Hitler a Himmler yn arolygu'r Leibstandarte SS Adolf Hitler *yn Rali'r Blaid Natsïaidd yn 1935*

gyfle', a dyn 'mwy sinistr na Hitler ei hunan'. Disgrifiwyd ef gan J. C. Fest fel 'y bersonoliaeth fwyaf di-liw yn y cylch Natsïaidd mewnol', a chan A. Speer fel 'hanner cranc, hanner ysgolfeistr' ac fel 'dyn oedd yn cyfuno cranceiddiwch â normalrwydd'. Beth bynnag a ddywedwyd amdano, bu i'r arweinydd newydd, dyn od, os uchelgeisiol, a chwbl ymroddedig i Hitler, ofalu bod aelodaeth o'r mudiad wedi ei gyfyngu i elit o Natsïaid eithafol. Heb amheuaeth bu i bersonoliaeth Himmler ddylanwadu ar ddatblygiad yr *SS* (gw. tud. 165). Roedd yn feistr ar gasglu grym yng nghanol anhrefn gweinyddol y Drydedd Reich. Yr *SS* oedd cefnogwyr mwyaf eithafol yr ideoleg Natsïaidd, gan rannu cred Himmler mewn **'gwaed a phridd'**.

'gwaed a phridd': y gred Natsïaidd mai gwerin bobl gryf ac iach oedd yr allwedd i iechyd biolegol a moesol y genedl Almaenig

Credai Himmler hefyd, os oedd yr Almaen i ennill y safle a haeddai yn y byd oherwydd ei rhagoriaeth hiliol, y byddai'n rhaid iddi ehangu ai hardal amaethyddol trwy bolisi o adleoli gwerinwyr yn y dwyrain (gorllewin Rwsia) ac yng ngwladwriaethau'r Baltig. Cyflwynwyd y gred hon yn ddiweddarach yn y tiriogaethau dwyreiniol a orchfygwyd, lle meddiannwyd tir a'i ailddosbarthu ymysg hierarchaeth yr *SS*, gyda phob milwr yn cael cyfran hefyd.

Cymerodd Himmler Urdd y Jeswitiaid yn fodel i'w *SS*. Cyfrifai'r urdd mai hwy oedd heddlu ysbrydol yr Eglwys Babyddol, ac roedd ei haelodau yn ymroi'n llwyr yn eu gwasanaeth i'r urdd ac i'r Pab. Defnyddiodd hefyd yr Urdd Diwtonig, urdd o farchogion, a oedd wedi defnyddio eu rôl fel cenhadon Cristnogol i sefydlu ymerodraeth yn Nwyrain Ewrop. Bwriadai Himmler i'w 'urdd' ef fod yn elit hiliol. I sicrhau hynny lluniodd Orchmyn Priodas *SS* ar 31 Rhagfyr 1931 oedd yn mynnu bod gwragedd dynion *SS* i fod yn hiliol bur (o dras Nordig) a'u llinach yn sicr. Cofnodid yr ymgeiswyr llwyddiannus yn Llyfr Clan yr *SS*, er bod y mwyafrif wedi methu bodloni'r holl ofynion rhwng

1932 ac 1940. Roedd ar Himmler eisiau creu elit Natsïaidd newydd, yn cael eu mesur yn ôl hil a safonau personol, er ei fod hefyd yn cydnabod gwerth propaganda recriwtio o blith y bonedd traddodiadol. Erbyn 1933 roedd 52,000 yn yr *SS*; roedd dulliau dewis wedi eu cyfundrefnu, ffyddlondeb ac ufudd-dod llwyr i'r *Führer* oedd yr unig ofynion, a datblygwyd cyltiau a defodau i ddisodli'r rhai oedd â sail Gristnogol.

Hefyd yn 1931 roedd Himmler wedi creu gwasanaeth diogelwch arbennig, *Sicherheitsdienst* (*SD*) i weithredu fel heddlu mewnol y Blaid. Erbyn 1933, roedd wedi defnyddio ei ddylanwad ar Hitler i ddod â holl heddlu'r Almaen dan ei reolaeth ef – roedd y rhain yn cynnwys heddlu cudd gwarthus y wladwriaeth, y *Geheime Staatspolizei* (*Gestapo*). Yn ystod 1933-4 daeth i reoli'r heddlu gwleidyddol ledled y *Länder* (taleithiau), gan gynnwys y *Gestapo* yn Prwsia. Er gwaethaf y datblygiadau hyn, daliai'r *SS* i fod yn rym o fewn grym, yn israddol mewn enw i drefniadaeth gyffredinol yr *SA*. Oherwydd ei ffyddlondeb llwyr i Hitler, yr *SS* oedd y dewis naturiol i weithredu yn erbyn yr *SA* ar 30 Mehefin 1934 (gw. tt. 148-9). Dywedodd Himmler yn ddiweddarach:

> Ar 30 Mehefin 1934 wnaethon ni ddim oedi rhag cyflawni'r ddyletswydd oedd wedi ei nodi ar ein cyfer a rhoi ffrindiau euog yn erbyn y wal a'u saethu ... Wnaethon ni ddim siarad am y peth ymysg ein gilydd ... Roedd pob un ohonom yn ei ystyried yn ddychrynllyd, ac eto, rydym i gyd yn siŵr pe bai angen y fath orchmynion fyth eto, y byddem yn eu gweithredu fel y gwnaethom bryd hynny.

Yn wobr am ei ffyddlondeb a'i effeithlonrwydd creulon, daeth corfflu yr *SS* yn garfan annibynnol o fewn y Blaid. Yn 1936 unwyd holl rym yr heddlu dan reolaeth Himmler fel Pennaeth Heddlu'r Almaen. Fel *Reichsführer SS*, roedd gan Himmler beirianwaith heddlu anferthol oedd yn atebol i Hitler ei hunan. Yn y blynyddoedd oedd i ddod tyfodd system yr *SS*-heddlu-*SD* yn un o'r blociau grym allweddol yn y Drydedd Reich, ac roedd yn cefnogi'r Blaid Natsïaidd, bloc grym allweddol arall.

C *Trefniadaeth yr SS*

Erbyn 1939 roedd yr *SS*, gyda'i 250,000 o aelodau, yn cynnwys elit y Blaid a'r Drydedd Reich. Roedd yna dair prif gangen:

1. Cudd-ymchwil neu *SD* a ymgorfforodd wasanaeth cudd-ymchwil y lluoedd arfog erbyn tua diwedd y rhyfel.
2. Roedd adran filwrol yr *SS* yn cynnwys pedair catrawd a adwaenid gyda'i gilydd fel y *Vertfügungstruppe*, sef milwyr oedd at alw Hitler. Ehangwyd ac aildrefnwyd y rhain yn 1940 i ffurfio'r *Waffen-SS*, neu'r *SS* arfog.
3. Cafodd yr heddlu, dan reolaeth yr *SS*, eu rhannu yn ddwy adran: yr heddlu arferol (*Orpo*) a'r heddlu diogelwch (*Sipo*), yr olaf yn cynnwys heddlu trosedd y wladwriaeth (*Kripo*), a heddlu cudd y wladwriaeth (*Gestapo*), ynghyd â'r gwasanaeth cudd (Swyddfa Diogelwch y Reich neu'r *RHSA*) a'r llysoedd. Wrth chwilio am elynion y wladwriaeth câi'r *Gestapo* weithredu yn anghyfreithlon a dwyn pobl i'r ddalfa. Roedd yn debygol y câi'r 'troseddwyr' eu harteithio a'u hanfon i'r gwersylloedd crynhoi. Unedau arbennig o'r *SS* oedd yng ngofal y gwersylloedd hyn, sef y *Totenkopf Sturmbanne*, yr Unedau Penglog, oedd yn anghredadwy o farbaraidd.

Nid rheoli gwladwriaeth heddlu oedd unig ddiddordeb yr *SS*; tyfodd y mudiad yn gyflym nes dod yn ymerodraeth wasgarog anferth, gyda throedle ym mhob agwedd ar fywyd yn yr Almaen:

- Roedd yn delio â phob mater hiliol, yn awdurdodi priodasau, cynhyrchu tystysgrifau achau a rheoli rhai sefydliadau addysgol.
- Roedd yn rhoi pasportau ac yn awdurdodi teithio dramor.
- Roedd yr *SS* hefyd yng ngofal ymerodraeth fusnes anferth, yn cynnwys 296 o weithfeydd brics a ffatrïoedd llestri, roedd yn rheoli 75 y cant o'r cyflenwad o ddiodydd di-alcohol, ac roedd ganddi adnoddau ariannol sylweddol.

Erbyn 1940 roedd yr *SS* yn annibynnol o safbwynt gweinyddu a recriwtio. Sefydlodd ei byddin ei hun, y *Waffen-SS*, y 'garfan ymladd', nad oedd ond yn recriwtio gwirfoddolwyr oedd yn ateb gofynion corfforol a moesol llym Himmler (er bod y llinynnau mesur hyn wedi newid ar ôl 1942): 'Fydden ni byth yn derbyn unrhyw un oedd ag unrhyw nam corfforol, hyd yn oed dant wedi ei lanw. Llwyddasom i ddwyn ynghyd yn yr *SS* yr elfennau mwyaf rhagorol a berthynai i'n hil'. Yn ystod y rhyfel, cynhyrchodd yr *SS* rai o'r unedau a ofnid fwyaf o fewn y lluoedd oedd yn ymladd dros yr Almaen. Roedd y dynion hyn yn eithafwyr ac yn barod i ymladd hyd farw dros Hitler a Natsïaeth. Roeddent yn cynnwys unedau *SS Panzer* ac unedau gwŷr traed fel yr adran *SS Hitler Jugend* a'r adran *SS Adolf Hitler*. Wedi i'r rhyfel ddechrau ffurfiwyd unedau wrth gefn o ddynion o'r gwledydd meddianedig, yn Ffrancwyr, Iseldirwyr, Belgiaid, Daniaid a Rwsiaid, ac yn enwedig Wcrainiaid, a hyd yn oed uned o wirfoddolwyr oedd yn garcharorion rhyfel o Brydain, a alwyd yn *Freikorps* Prydain neu'n Lleng San Siôr, dan arweiniad John Amery. Am resymau hiliol, roedd yr unedau hyn yn gysylltiedig ond nid erioed yn rhan annatod o'r *SS*. Hyd 1942, sail aelodaeth o'r *Waffen-SS* oedd ymuno gwirfoddol, ond wedi'r dyddiad hwnnw cafodd dynion eu dethol i wasanaethu gydag unedau *SS*.

Ch *Pŵer a Rôl yr SS*

Roedd rôl yr *SS* yn yr Almaen Natsïaidd yn hynod bwysig. Mae rhai haneswyr, megis D. Schoenbaum, wedi dadlau bod Himmler wedi creu mudiad oedd 'â'r gallu i ddisodli'r Wladwriaeth ac efallai hyd yn oed y Blaid'. Fel 'bonedd' Sosialaeth Genedlaethol, roedd ethos arbennig yn perthyn i'r *SS*. Roedd yr aelodau yn gwbl ymroddedig i'r hyn a gyfrifent yn rhinweddau rhagorol ideoleg Natsïaidd, ffyddlondeb ac anrhydedd. Gwelent eu hunain fel amddiffynwyr y dull Almaenig/Ariaidd o fyw ac amddiffynwyr y bobl rhag cynhyrfwyr, y dosbarth troseddol a'r rhai a gyfrifent yn gyfrifol am y bygythiad Iddewig-Bolsiefigaidd. Credent hefyd mai eu dyletswydd hwy oedd arolygu'r broses o ennill *Lebensraum* neu le i fyw a sicrhau bod Almaenwyr yn gwladychu'r gwledydd oedd newydd eu meddiannu yn llwyddiannus. Mae'n wir fod pŵer yr *SS* yn ddyledus i'r ffaith ei bod yn symbol o fraw, a'r tu allan i'r

PRIF YSTYRIAETH

Yr SS: 'gwladwriaeth o fewn gwladwriaeth'.

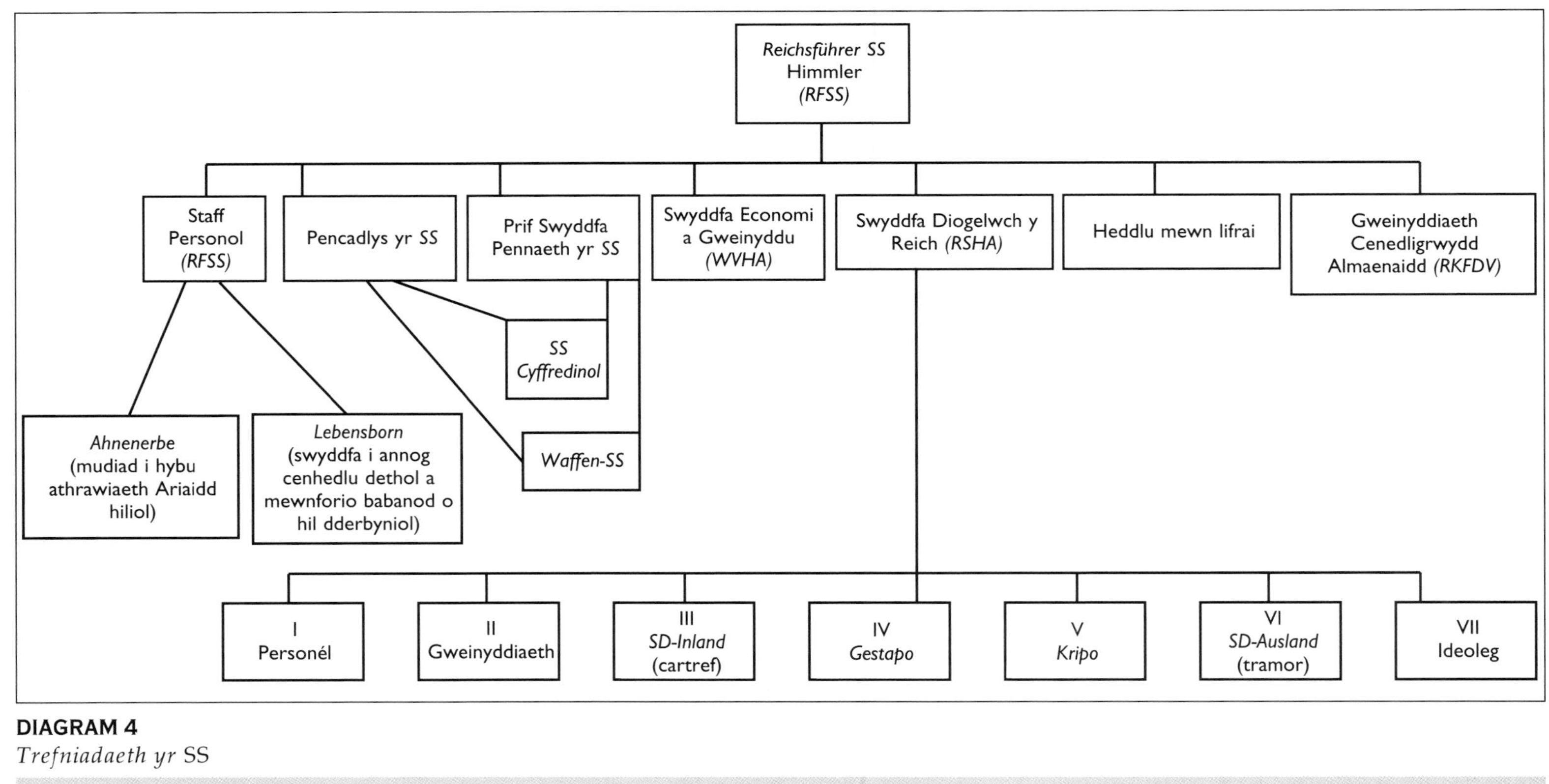

DIAGRAM 4
Trefniadaeth yr SS

mudiad dim ond lluoedd arfog yr Almaen a gadwodd unrhyw wir annibyniaeth, er bod hwnnw hyd yn oed yn gyfyngedig oherwydd statws hŷn derbyniedig yr *SS*.

Erbyn 1941 roedd y 'Wladwriaeth *SS*' yn realiti. Dywedodd Schoenbaum amdani, 'Mewn rhyw fodd neu'i gilydd roedd yr *SS* yn llunio polisi tramor, polisi milwrol a pholisi amaethyddol. Roedd yn gweinyddu tiriogaethau meddianedig fel rhyw fath o Weinyddiaeth Gartref hunangynhaliol ac yn ei chynnal ei hun yn economaidd â mentrau ymreolaethol'.

Ni allai'r swyddfa dramor na'r fyddin eu hamddiffyn eu hunain yn erbyn y fath 'oresgyniad'. Ni allai'r fyddin gynnal ei safle gwreiddiol o fod yn 'wladwriaeth o fewn gwladwriaeth' ar ôl 1938 pan, fel y gwelsom, niweidiwyd ei hannibyniaeth yn ddi-droi'n-ôl wedi helynt Blomberg-Fritsch a roddodd i Hitler y cyfle i ddileu swydd y Gweinidog Rhyfel a chymryd yr awenau ei hun fel Pencadlywydd y fyddin.

PWERAU HELAETH YR *SS*

Trefnodd Himmler, yn wyneb gwrthwynebiad o du Cadlywyddiaeth y fyddin, 'ail fyddin', milwyr wrth gefn yr *SS*, craidd y *Waffen-SS* ddiweddarach, i herio'r cydbwysedd grym bregus oedd rhwng y carfanau gwleidyddol (y Blaid) a milwrol (y *Wehrmacht*) yn yr Almaen. Yn ystod blynyddoedd cynnar ei thwf twyllodd Himmler gadfridogion y fyddin gyda'i maint bychan ac ni welsant y twyll hyd 1938, pan oedd nifer milwyr wrth gefn yr *SS* yn 14,000 ac ar fin ehangu mwy fyth. Collodd y Gadlywyddiaeth ei rheolaeth ar y recriwtio hwn, ac oherwydd helynt Blomberg-Fritsch collwyd dylanwad gwleidyddol yn ogystal. Bu i'r *SS* fanteisio ar y sefyllfa i hyrwyddo ei buddiannau ei hun pan ddatganodd y *Führer* yn 1938 orchymyn a luniwyd gan Himmler yn rhoi i filwyr wrth gefn yr *SS* 'rôl hyblyg fel rhan o'r fyddin adeg rhyfel', ac yn ddiweddarach datblygodd yn adran

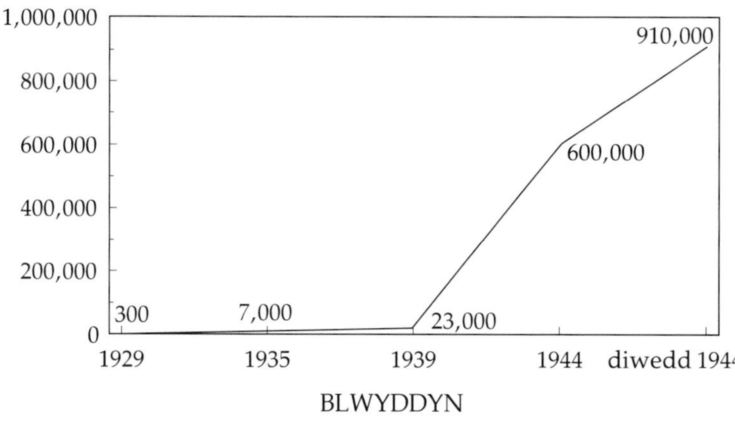

TABL 29
Twf yn nifer y recriwtiaid i'r SS, 1929-44

1929	300
1935	7,000
1939	23,000
1944	600,000
diwedd 1944	910,000

llawn amser. Rhoddodd y datblygiadau hyn fantais i'r *SS* yn ei chweryl gyda'r fyddin a buont yn fodd i benderfynu y byddai'r *SS* yn rhannu'r clod gyda'r fyddin am y buddugoliaethau milwrol oedd i ddod. Yr unig ddadl a gododd oedd ynghylch gorchwylion y fyddin *SS*, ei maint a'i threfniadaeth. Roedd Himmler o'r diwedd wedi sicrhau troedle ar diriogaeth y fyddin. Yn fuan, datblygodd y *Waffen-SS* yn fyddin ar wahân, er na fu iddi herio grym y *Wehrmacht* hyd 1943. Yn 1939 roedd ynddi dair adran a dyfodd yn 35 erbyn 1945, fel ei bod yn y diwedd yn cystadlu â'r fyddin yn ei grym.

Llwyddodd yr *SS* i ennill y cynnydd hwn trwy recriwtio dynion o'r tu allan i ffiniau'r Reich fel bod Almaenwyr yn ne-ddwyrain Ewrop a gwladwriaethau'r Baltig, yn ogystal â rhai nad oeddent yn Almaenwyr yng ngorllewin a gogledd Ewrop, yn cael ymuno. Oherwydd y datblygiad hwn, a orfodwyd oherwydd pwysau rhyfel, daeth y *Waffen-SS* yn rym rhyngwladol. Roedd hyn yn gyson ag amcanion ideolegol a grym-wleidyddol yr *SS*, sef dod yn elit 'Ymerodraeth Almaenaidd Fwy'. Roedd gofynion rhyfel hefyd yn bygwth egwyddor yr *SS* o ymrestru gwirfoddol. Oherwydd y cyfleoedd i orfodi niferoedd mawr o bobl ifanc i ymuno, erbyn 1942 hwn oedd y prif ddull o recriwtio. Enillodd y *Waffen-SS* fri milwrol chwedlonol, ond roedd ei cholledion yn hynod uchel, yn enwedig ymysg swyddogion, a hynny'n bygwth ei hunaniaeth wleidyddol ac ideolegol a'i hundod. Bu i'r adrannau *Panzer* elit ddod yn rhan fechan, ac erbyn 1943, oherwydd y twf yn ei niferoedd, roedd y *Waffen-SS* wedi peidio â bod yn elit milwrol. Derbyniodd arweinyddiaeth yr *SS* hyn yn unig oherwydd ei gobaith o fedru defnyddio'r newid strategol hwn tuag at fyddin dorfol i gyflawni ei hamcanion gwleidyddol tymor hir. Cynhwysai'r rhain raglen ailgyfanheddu anferth a gynlluniwyd gan Himmler yn rhinwedd ei swydd fel Comisâr y Reich dros Gyfnerthu Cenedligrwydd Almaenig. Roedd y cynllunio milwrol ar gyfer y cyfnod wedi'r rhyfel yn cynnwys aildrefnu'r *Waffen-SS* fel blaengyrch milwrol yr *SS*, gydag adrannau elit cyfnod y rhyfel yn graidd. Byddai hyn yn arwain at fyddin Almaenig-Ewropeaidd na fyddai'n rhan o'r *SS* ond a fyddai dan reolaeth yr *SS*, a byddai'n cynnwys y trefniannau eraill oedd â milwyr tramor yn bennaf. Byddai rheolaeth ar fyddin Ewropeaidd o'r fath wedi golygu mai'r *SS* fyddai'r grym allweddol mewn Ewrop dan dra-arglwyddiaeth Sosialaeth Genedlaethol.

Rhoddwyd gofal materion Iddewig i'r *SS*, a anogodd ymfudo, gan ddilyn hynny yn 1939-40 â thrawsgludo i Wlad Pwyl, ac wedi 1941, difodi. Unedau Penglog yr *SS* oedd yng ngofal y gwersylloedd crynhoi (gw. tud. 222) a chawsant y dasg o weithredu'r Ateb Terfynol ar ôl 1941.

Rhoddwyd iddi'r cyfrifoldeb o ofalu am leiafrifoedd Almaenig oedd yn byw y tu hwnt i ffiniau'r Reich yn nwyrain, de a chanolbarth Ewrop a fyddai'n dod yn gynghreiriaid neu'n ddioddefwyr oherwydd polisïau ehangu. Roedd gweithredu fel heddlu yn nhrefedigaethau Almaenig y dyfodol hefyd yn rhan o'i gwaith a ffurfiodd graidd gwasanaeth heddlu'r dyfodol i wynebu Bolsiefigiaeth. Gweinyddai'r *SS* yn y tiriogaethau oedd newydd eu meddiannu, fel Awstria a Gwlad y Swdetiaid, rôl a ehangodd Wladwriaeth yr *SS* yn gyflym. Gosodwyd sail grym yr *SS* yn y tiriogaethau meddianedig yn 1939, pan benodwyd Himmler yn Weinidog Llawnalluog gyda phwerau arbennig, pellgyrhaeddol i ddelio â phroblemau ailgyfanheddu yn yr Ewrop ddarostyngedig. Ceisiodd yr *SS*, ond yn ofer, ddylanwadu ar benderfyniadau Hitler ar bolisïau tramor, er iddi chwarae rôl yn gweithredu'r canllawiau gwleidyddol cyffredinol. Tanseiliwyd rôl ei pholisi tramor gan wrthwynebiad y swyddfa dramor. Er gwaethaf penodi Ribbentrop, cyfaill Himmler a'r *SS*, yn Weinidog Tramor yn 1938, gwelwyd rhaniad yn fuan rhwng Ribbentrop a Himmler.

Ehangwyd y rhwyg pan benodwyd Himmler yn ddiweddarach yn Gomisâr y Reich dros Gyfnerthu Cenedligrwydd Almaenig. Roedd y Weinyddiaeth yn gyfrifol am greu 'Y Drefn Newydd' yn nwyrain Ewrop – ailgyfanheddu a difodi y gwahanol bobloedd 'israddol'. Roedd cynllun o'r fath yn cynnig cyfleoedd i ysbeilio ac i ennill grym ar raddfa anferthol, a manteisiodd aelodau o'r *SS* yn drwyadl ar y cyfleoedd hyn.

SAIL ECONOMAIDD YR *SS*

Ceisiodd Himmler hefyd wneud yr *SS* yn economaidd annibynnol trwy ffurfio cwmnïau i fanteisio ar y llafur roedd y gwersylloedd crynhoi yn ei gynnig. Erbyn 1938 roedd wedi dechrau ar gynllun ehangu systematig ac erbyn 1945 wedi creu ymerodraeth fasnachol anferth yn seiliedig ar gaethlafur. Roedd gan yr *SS* 40 o fentrau gwahanol yn cwmpasu 150 o weithfeydd; chwarela, cloddio, bwyd, diod, amaethyddiaeth a choedwigaeth, prosesu pren a haearn, lledr, tecstilau a chyhoeddi. Roedd Himmler yn cyfarfod yn rheolaidd â diwydianwyr a dynion busnes trwy ei gylchoedd cyfeillion oedd yn cefnogi gwaith yr *SS* gyda symiau mawr o arian a benthyciadau rhad. (Gw. map 14, tud. 439).

TABL 30
Prif fentrau'r SS, *gwanwyn 1944*

Ardal	*Lleoliad*	*Menter*
Yr Almaen Fwy	Flossenbürg, Gross-Rosen, Mauthausen, Stutthof	Ardal o lefelydd graean a cherrig, a gwersylloedd crynhoi
	Buchenwald, Neuengamme, Sachsenhausen	Fel uchod ond hefyd arfau
	Ravensbrück, Dachau	Gwersylloedd crynhoi ac arfau
Tiriogaethau meddianedig	Natzweiler (Alsace-Lorraine)	Lefelydd graean a cherrig, gwersyll crynhoi
	Gwlad Pwyl, e.e. yr ardal o amgylch Lublin	Ardal o lefelydd graean a cherrig, arfau
	Treblinka, Chelmno, Sobibor, Maidenek, Auschwitz-Birkenau, Belzec	Chwe gwersyll difodi

POLISI MEWNOL YR *SS*

Dylanwadodd agwedd elitaidd yr *SS* ar gymeriad ei datblygiad. Syniai Himmler, a gymerodd ofal dros ideoleg a phropaganda yn 1933, mai adfer diwylliant a dull o fyw cyn-Gristnogol Almaenig oedd prif dasg yr *SS*. Byddid yn cyflawni hyn trwy noddi gweithgareddau diwylliannol a gwyddonol gwahanol, erthyglau, llyfrau a ffilmiau, a sefydlu cartrefi sefydliadol ar gyfer plant oedd yn cydymffurfio â'r ddelfryd Ariaidd – gwallt golau, llygatlas. Dyma'r rhaglen *Lebensborn* oedd yn cydnabod fel 'Ariaid pur' y plant hynny oedd wedi eu cipio o'r tiroedd a goncrwyd yn y dwyrain, yn enwedig Gwlad Pwyl, a'u hanfon i'r Almaen i gael eu mabwysiadu. Y dyn delfrydol i Himmler oedd un gwallt golau, llygatlas, athletwr rhagorol, oedd yn dirmygu'r rhan fwyaf o'r datblygiadau yn y diwylliant modern. Roedd yn ddyn oedd yn barod i adael i'w arweinwyr farnu ar bob ystyriaeth wleidyddol a chymdeithasol ac roedd yn ufuddhau yn ddiamod iddynt. Roedd yn ei hanfod yn ddyn dinistriol, yn barod i weithredu ar unrhyw orchymyn waeth pa mor atgas.

Sicrheid diogelwch mewnol trwy gyfrwng tri dull:

1 Y gwasanaeth cudd (*SD*) oedd yn amcanu at reoli pob gweithgaredd cudd-ymchwil o dan Heydrich, er nad oedd yn gyflawn hyd 1944 pan lwyddodd i feddiannu asiantaeth wrthysbïo y *Wehrmacht*, yr *Abwehr*.

2 Y gwersylloedd crynhoi, a gyflwynwyd mor gynnar ag 1934 yn Dachau ac a ddatblygwyd yn beiriant canolog, gormesol, gyda'r Unedau Penglog yn gweithredu fel heddlu oedd, erbyn 1939, yn cynnwys 9,000 o ddynion. Roedd bodolaeth y gwersylloedd hyn yn rhoi rhyddid i'r *SS* weithredu yn annibynnol ar y system gyfreithiol oedd mewn bod. Gallai unrhyw un gael ei arestio a'i anfon i'r gwersylloedd heb ddilyn trefn gyfreithiol, hyd yn oed pe baent wedi cael eu rhyddhau gan y llysoedd. Roedd y diffyg diogelwch cyfreithiol hwn yn help i frawychu pobl ac i barlysu gwrthwynebwyr.

3 Ymgorfforwyd yr heddlu arferol yn raddol, gan ddechrau yn 1933-4 pan enillodd Himmler reolaeth ar heddlu cudd y *Länder*. Ehangwyd hyn yn 1936 pan gafodd ei wneud yn *Reichsführer-SS* ac yn Bennaeth Heddlu'r Almaen, gan ei gwneud yn bosibl i integreiddio'r heddlu i mewn i strwythur gweinyddol yr *SS*. Y cynllun yn y pen draw oedd uno'r ddau i ffurfio 'corff diogelu'r wladwriaeth' anferth. Daeth hyn â'r strwythur ffederal yn yr heddlu i ben a'i newid yn arf ufudd i ewyllys y *Führer*.

Erbyn 1939 roedd y system *SS*-heddlu-*SD* yn fwy na 'gwladwriaeth o fewn gwladwriaeth'. Roedd yn fuddiant breintiedig anferth oedd wedi dechrau bwrw buddgarfanau eraill i'r cysgod o safbwynt grym a dylanwad. Wrth i filwyr yr Almaen ennill rheolaeth ar fwy o rannau o Ewrop, roedd grym yr *SS*, yn anorfod, yn tyfu. Daeth tasg diogelwch mewnol yn un fwy. Erbyn 1945 roedd y *Gestapo* wedi tyfu i 40,000 a chafodd swyddogion yr *SS* yr hawl hollgynhwysol i sathru'n gïaidd ar bob gwrthwynebiad. Fodd bynnag, dim ond 'nawr rydym yn sylweddoli mai'r elfen hanfodol wrth roi cyfrif am lwyddiant yr *SS*-heddlu-*SD* oedd cydweithrediad y bobl, a oedd yn fodlon adrodd wrthynt am y rhai roedd yr *SS* yn tybio eu bod yn elynion i'r gyfundrefn.

Mae'r twf hwn mewn trefniadaeth a dylanwad yn dangos bod yr *SS* yn amcanu at ddiwygio cymdeithas, ond roedd Himmler yn ymwybodol, yn enwedig yn ystod y rhyfel, fod yna berygl i'r *SS* ymrannu i'w gwahanol raniadau. Ceisiai glymu gweithgareddau unigol yr *SS* at ei gilydd mor glòs â phosibl. Ffyddlondeb i Himmler fyddai'r prif fodd i gadw'r *SS* yn unedig, ynghyd ag ymrwymiad i ddelfryd ethnig gyffredin. Grymoedd eraill a fyddai'n eu huno oedd addysgu ar gyfer amrywiaeth eang o weithgareddau, ynghyd â symud arweinwyr *SS* ifanc yn gyson i swyddi newydd a gwahanol, ac integreiddio'r *SS* a phersonél yr heddlu.

CYFYNGIADAU AR BŴER YR *SS*

Erbyn diwedd yr 1930au roedd dylanwad yr *SS* yn eang ac yn amrywiol, ond roedd iddo ei gyfyngiadau. Roedd yr hen elitau yno o hyd, ar wahân i'r heddlu, a golygai hyn fod yr *SS* yn cyrraedd pen draw ei phŵer pan oedd yn gorfod cystadlu ag arweinwyr hen neu newydd heb gael cefnogaeth Hitler. Roedd yr *SS* hefyd yn cael ei rhwystro rhag cyrraedd ei nod o ddod yn fonedd newydd y gymdeithas Sosialaidd Genedlaethol oherwydd y gystadleuaeth o du grwpiau gwleidyddol eraill.

Datblygodd yr *SS* hyd 1938 oherwydd y cyfnod cynnar o ymrafael mewnol. Ar ôl 1938, byddai ehangu yn digwydd oherwydd buddugoliaethau dramor a rhyfel, a roddodd i'r *SS* gyfle unigryw i gynnal ei momentwm ac ehangu y tu hwnt i ffiniau'r Almaen. Roedd Himmler wedi bod yn ymwybodol y byddai angen rhyfel mor gynnar ag 1938 os oedd yr *SS* i ddod yn rym trech yr 'Ewrop Almaenaidd' newydd. Fodd bynnag, ni chafodd Himmler weld cyflawni'r uchelgais hwn oherwydd rhwystrodd cwrs y rhyfel o 1942 ymlaen i'r *SS* lwyddo yn ei hamcanion. Er bod y *Waffen-SS* i brofi ei thwf mwyaf sydyn ar ôl Stalingrad, nes bod ei haelodaeth yn 900,000 erbyn 1944, ar yr un pryd cafwyd newidiadau tyngedfennol yng nghwmpas a strwythur trefniadaeth y gwersylloedd crynhoi.

Defnyddiodd yr *SS* y gwersylloedd fel modd i ormesu, ac roedd i hynny sawl pwrpas gwahanol er bod y canlyniad fel arfer yr un – marwolaeth. Defnyddid y gwersylloedd gan yr *SS* i weithredu'r Ateb Terfynol ac i gasglu ynghyd niferoedd enfawr o garcharorion, a'u llafur yn werthfawr i'r ymdrech ryfel. Sefydlwyd Bwrdd Economi a Gweinyddu yr *SS* yn 1942 fel rhan o gynllun Himmler i ddatblygu diwydiant arfau anferth a fyddai'n golygu y byddai'r *SS* yn annibynnol ar gyllid y wladwriaeth. Newidiodd hyn ei rôl sylfaenol, ond er gwaethaf y niferoedd mawr cynyddol a gâi eu hanfon i'r gwersylloedd i ddarparu llafur rhad, nid oedd yr *SS* yn gofalu amdanynt ac roedd y gyfradd marwolaethau yn uchel oherwydd y gormesu, y modd annynol y caent eu trin, a'r difodi, fel a awgrymir yn y dyfyniad a ganlyn o lyfr Albert Speer, *Inside the Third Reich*:

> Wedi i Hitler ddod yn frwd dros y project V-2, daeth Himmler i ymwneud â'r peth. Daeth at Hitler i awgrymu'r ffordd symlaf i sicrhau bod y rhaglen hanfodol hon yn gyfrinach. Pe bai'r gweithwyr i gyd yn garcharorion o'r gwersylloedd crynhoi, ni fyddai unrhyw gysylltiad â'r byd y tu allan.
>
> Cytunodd Hitler â'r cynllun hwn ac nid oedd gennym unrhyw ddewis … Y canlyniad oedd ein bod wedi gorfod trefnu i gydweithio ag arweinwyr yr *SS* – yr hyn a elwid y Gwaith Canolog … roeddem yn dal i fod yng ngofal y gweithgynhyrchu ond os oedd lle i amau roedd yn rhaid i ni ildio … i arweinyddiaeth yr *SS*. Felly roedd Himmler wedi cael ei droed yn ein drws.

> Mewn dyffryn unig ym mynyddoedd Harz, roedd rhwydwaith o ogofeydd yn ymganghennu wedi ei sefydlu cyn y rhyfel ... Yma yn Rhagfyr 1943, archwiliais y safleoedd tanddaearol eang lle roedd ... carcharorion yn brysur yn gosod peiriannau ... Roedd yr amodau i'r carcharorion hyn yn farbaraidd a theimlaf yn hynod gysylltiedig ac yn bersonol euog bob tro y meddyliaf amdanynt ... Roedd y cyfleusterau iechydol yn annigonol, heintiau yn rhemp: yn yr ogofeydd llaith roedd y nifer oedd yn marw yn eithriadol o uchel. Y diwrnod hwnnw neilltuais y defnyddiau oedd eu hangen i adeiladu barics ar fryn gerllaw. Pwysais ar y rheolwyr *SS* i wella'r amodau ac i ddarparu gwell bwyd ... (ond fis yn ddiweddarach) disgrifiodd fy Ngweinyddiaeth yr amodau hylendid yn y Gwaith Canolog fel rhai gwarthus.

Mae adroddiad gan Otto Brautigam, Pennaeth Adran Wleidyddol y Reich yn y Tiriogaethau Dwyreiniol, Hydref 1942, yn ategu'r agwedd annynol hon (dyfynnir yn G.Pridham a J.Noakes, *Nazism 1919-1945, A Documentary Reader, Vol. 3*):

> Nid yw bellach yn gyfrinach fod cannoedd o filoedd o garcharorion wedi marw o oerfel a newyn yn ein gwersylloedd ... Mae'n wir ein bod, trwy ymdrechion di-baid, wedi llwyddo i wella amodau byw carcharorion rhyfel yn sylweddol. Ond ni ellir dweud mai doethineb gwleidyddol a barodd y gwelliant hwn, ond ein bod wedi sylweddoli'n sydyn fod angen llafurlu yn eu lle ar fyrder. Rydym 'nawr yn gweld y sioe wrthun fod yn rhaid, wedi'r fath newynu ar garcharorion rhyfel, recriwtio miliynau o weithwyr ar frys o diroedd meddianedig y Dwyrain i lenwi'r bylchau.
>
> ... Gyda'r cam-drin di-ben-draw arferol ar bobl Slafaidd ... a heb ystyried iechyd nac oedran, cludwyd pobl ar longau i'r Almaen, lle gwelwyd yn fuan fod yn rhaid anfon dros 100,000 yn ôl oherwydd afiechyd ac anableddau eraill.

C

I ba raddau mae'r ddau ddyfyniad uchod yn tynnu sylw at y problemau oedd yn effeithio ar y cyflenwad o weithwyr yn yr Almaen adeg y rhyfel?

D *Diweddglo*

Daeth gwahanol rannau'r *SS* yn fwyaf amlwg yn ystod y rhyfel. Rhain oedd y gwersylloedd, arfau, *Waffen-SS*, ailgyfanheddu-difodi, a diddordeb yr *SS* mewn materion cartref. Daeth y gwahanol rannau hyn ynghlwm fwyfwy fel y daeth Himmler i reoli mwy a mwy o swyddfeydd a swyddogaethau yn y gyfundrefn. O fod yn *Reichsführe*r *SS*, daeth yn Gomisâr y Reich yn 1939, yn Weinidog Cartref yn 1943, ac yn 1944 cafodd reolaeth ar wersylloedd y carcharorion rhyfel oedd yn dal yn nwylo'r *Wehrmacht*. Yn 1944 cafodd hefyd ei wneud yn Gadbennaeth y Fyddin Wrth Gefn ac yn bennaeth arfau'r fyddin ar ôl Cynllwyn 20 Gorffennaf. Roedd ymerodraeth Himmler yn ganlyniad i sefyllfa hanesyddol eithriadol a ddeilliodd oherwydd cymeriad chwyldroadol Sosialaeth Genedlaethol Hitler. Elwodd yr *SS* ar ddigwyddiadau 1933 a'r broses ddilynol o ailstrwythuro'r Almaen wedi i'r Sosialwyr Cenedlaethol gipio grym, ac yna o'r aildrefnu milwrol yn Ewrop yn ystod y rhyfel. Rhwng 1933 ac 1938 llwyddodd yr *SS* i sefydlu ei grym dim ond ar ôl cryn gystadlu â hen elitau a grwpiau Natsïaidd cystadleuol. Rhwng 1938 ac 1945, bu'r *SS* yn helpu i gynnal y chwyldro Sosialaidd Cenedlaethol a gyflymodd fel roedd siawns y gyfundrefn o oroesi yn dirywio. Daeth Himmler i frig eithaf ei rym ar adeg pan nad oedd bellach unrhyw amheuaeth y câi'r Almaen ei threchu.

7 ~ Y BERTHYNAS RHWNG Y GYFUNDREFN A'R EGLWYSI 1933–45

Yn yr arolwg hwn o strwythur cymhleth a charfanau grym cyfnewidiol y Wladwriaeth Natsïaidd, mae archwilio rôl yr eglwysi hefyd yn berthnasol wrth geisio deall y graddau y bu i Hitler lwyddo i ledaenu ei chwyldro Sosialaidd Cenedlaethol.

Mynegodd Alfred Rosenberg, a benodwyd i ofalu am ideoleg Natsïaidd, beth oedd agwedd sylfaenol y Blaid Natsïaidd tuag at grefydd. Mae'r syniadau hiliol a ddatblygodd yn ei lyfr *The Myth of the Twentieth Century* yn dangos bod Natsïaeth wedi ei sylfaenu ar athroniaeth wrth-Gristnogol yn ei hanfod, a'i bod yn elyniaethus ac yn anghymodlon ei hagwedd at foeseg Gristnogol. Roedd Natsïaeth yn addoli cryfder, trais a rhyfel. Dysgai Cristnogaeth bwysigrwydd cariad, parch a maddeuant ym mherthynas pobl â'i gilydd. At hynny, cysylltid Cristnogaeth â'r Iddewon, a gyfrifid gan y Natsïaid yn hil 'israddol' na allai fod â rhan yng nghynlluniau'r Natsïaid i ffurfio cymuned o bobl (*Volksgemeinschaft*), sef Almaenwyr 'pur'.

A *Safle'r eglwysi yn 1933*

Dangosai rhai Natsïaid blaenllaw, fel Himmler a'i ddirprwy, Heydrich, yn amlwg eu bod yn dirmygu'r ddwy eglwys, y Brotestannaidd a'r Gatholig. Disgrifiai Himmler Gristnogaeth fel 'y mwyaf o bob pla'. Roedd Hitler ei hun yn fwy gofalus, er mae'n debyg iddo ddangos ei wir deimladau mewn sgwrs breifat yn 1933, pan fu iddo honni nad oedd gan y naill enwad na'r llall 'ddyfodol' a fyddai'n rhwystr iddo 'ddileu Cristnogaeth yn yr Almaen, wraidd a changen'. Yn ôl Hitler, gellid bod yn Gristion neu'n Almaenwr, ond nid y ddau. Er hynny, yn ystod blynyddoedd cynnar y gyfundrefn, pan oedd yn diogelu ei safle, nid oedd Hitler yn barod i ddangos yn agored ei fod yn elyniaethus, a chan amlaf roedd yn osgoi ymosod ar yr eglwysi yn uniongyrchol.

PRIF YSTYRIAETH

Y buddiannau oedd yn gyffredin i'r eglwysi a'r gyfundrefn Natsïaidd.

At hynny, nid oedd y berthynas mor ddiamwys ag roedd yr ideolegau cystadleuol yn ei awgrymu. Dylai Crisnogaeth fod wedi cynrychioli agwedd gwbl i'r gwrthwyneb i'r ideoleg Natsïaidd, ond nid felly oedd hi yn ymarferol. Roedd heddwch 1919 wedi effeithio yn niweidiol ar y ddwy eglwys.

1 Roedd Protestaniaeth (oedd ag un gweinidog ar gyfer pob 2,500 o'r boblogaeth) wedi ei thanseilio oherwydd ei statws fel crefydd y wladwriaeth yn yr Almaen ymerodrol. O fewn yr Eglwys Brotestannaidd ceid rhai oedd nid yn unig yn rhannu gelyniaeth Hitler tuag at Gytundeb Versailles a democratiaeth Gweriniaeth Weimar, ond hefyd yr wrth-Semitiaeth a oedd yn gyffredinol bryd hynny. Edrychent ar Weriniaeth Weimar fel un an-Almaenig a di-dduw, honiad a atgyfnerthwyd gan y ffaith fod y Weriniaeth wedi gwahanu'r Eglwys a'r Wladwriaeth.

2 Roedd Catholigiaeth (oedd ag un offeiriad i bob 1,000) yr un mor elyniaethus ei hagwedd tuag at Weriniaeth Weimar ac yn herio ei chyfreithlondeb, gan ystyried digwyddiadau Tachwedd 1918 fel uchel frad. Fodd bynnag, er gwaethaf yr elyniaeth, bu i'r Eglwys Gatholig ehangu adeg Gweriniaeth Weimar, pan gafodd yr hawl i greu esgobaethau ac abatai newydd a thros 1,000 o leoedd addoli newydd. Cafodd Catholigion, a waharddwyd rhag ymarfer grym gwleidyddol yn yr Almaen ymerodrol, eu bod yn cynnal democratiaeth fel aelodau o Blaid y Canol mewn nifer o lywodraethau clymblaid dilynol. Roedd Hitler yn gwbl ymwybodol o gryfder y gefnogaeth i'r Eglwys Gatholig mewn taleithiau fel Bafaria (gw. Map 6), man geni Natsïaeth. Dangosodd Bafaria ei bod yn casáu'r chwith wleidyddol, democratiaeth Gweriniaeth Weimar a'r Iddewon, ac mae hyn yn egluro pam y bu iddi wyro'n eithriadol i'r dde ar ôl 1919.

Cafodd y ddwy eglwys fod yna dir ideolegol oedd yn gyffredin, nid yn unig rhyngddynt hwy ill dwy, ond hefyd rhyngddynt a'r gyfundrefn Natsïaidd. Roedd yr Eglwys Gatholig yn rhannu â Phrotestaniaeth wrth-Semitiaeth llawer o Almaenwyr a gelyniaeth oherwydd dylanwad yr Iddewon, yn enwedig yn y Wasg, y theatr a llenyddiaeth. Er gwaethaf y tebygrwydd, doedd mo'r fath beth â

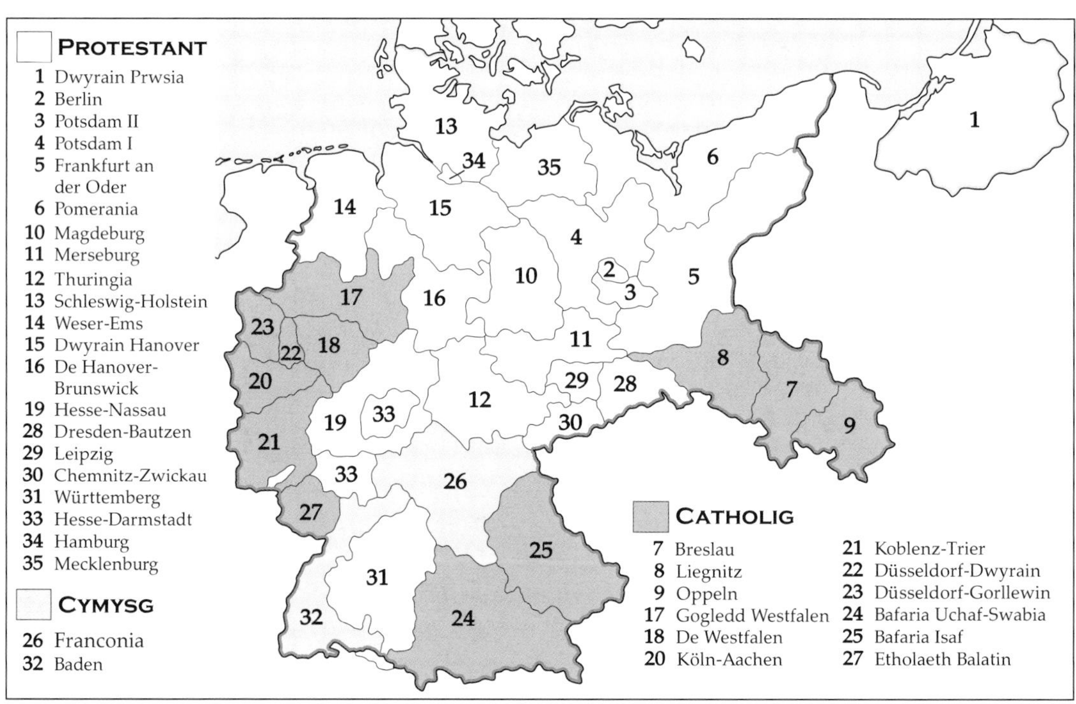

MAP 6
Rhaniadau crefyddol yr Almaen

chytundeb gwleidyddol rhwng y ddwy eglwys. Fel y gwelsom ym Mhennod 5, roedd Protestaniaid yn pleidleisio ac/neu yn perthyn i bleidiau'r dde geidwadol, y *DNVP* a'r *DVP*, y ddwy blaid yn colli i'r *NSDAP* rhwng 1928 ac 1933. Pleidleisiodd Catholigion i Blaid y Canol oedd yn barod i gynghreirio â'r Democratiaid Cymdeithasol.

B *Adwaith yr eglwysi i benodiad Hitler fel Canghellor*

Pan gipiodd y Natsïaid rym gosodwyd y ddwy eglwys mewn sefyllfa anarferol ac anodd. Adwaith anffafriol ddaeth o du'r ddwy eglwys yn wyneb ymgyrch bropaganda y Natsïaid oedd yn cyflwyno Hitler fel gwaredwr yr Almaen, a'i honiad fod gan y Wladwriaeth rym di-ben-draw. Roedd ar Hitler eisiau rheoli a thanseilio'r eglwysi o'r tu mewn ac o'r tu allan, er nad oedd y polisïau hyn yn amlwg o'r dechrau. Ar y cychwyn mabwysiadodd y llywodraeth agwedd gyfeillgar tuag at yr eglwysi, ac yn ei araith gyntaf yn ei swydd fel Canghellor dywedodd Hitler fod ganddynt ran ganolog yn y gwaith o ddiogelu'r genedl. Anogid aelodau o'r *SA* i fynychu gwasanaethau'r eglwysi er mwyn cyfleu bod Natsïaeth yn cytuno â Phrotestaniaeth genedlaethol. Rhoddodd 'Diwrnod Potsdam', 21 Mawrth (gw. tt.138-9), pan agorwyd y *Reichstag* newydd, hefyd argraff o undod rhwng yr Eglwys Brotestannaidd a'r Wladwriaeth. Er bod yr Eglwys Gatholig wedi ei brawychu oherwydd bygythiad o wrthdaro diwylliannol (***Kulturkampf***), roedd yn awyddus i ddiogelu ei safle.

Kulturkampf stad o elyniaeth neu densiwn rhwng Gwladwriaeth ac Eglwys

Cafodd yr eglwysi eu bod mewn sefyllfaoedd gwahanol oedd yn effeithio ar eu hymdrechion i wrthsefyll y bwriad Natsïaidd i 'gydgysylltu' yr Eglwys a'r Wladwriaeth. Roedd gan Hitler, yn ei ymgais i reoli'r eglwysi oddi mewn, well siawns o lwyddo gyda'r Eglwys Brotestannaidd. Roedd hi wedi ei threfnu yn gynghorau a'i rhannu yn amryw o eglwysi rhanbarthol oedd yn fwy agored i ddylanwad Natsïaeth na'r Catholigion, oedd yn fwy annibynnol ac wedi eu trefnu yn gryno. Roedd Catholigion unigol, er eu bod yn rhan o eglwys fyd-eang gyda'i golygon ar Rufain a'r Pab, er hynny'n cefnogi math Hitler ar genedlaetholdeb Almaenig.

C *Adwaith cynnar Hitler i'r eglwysi*

Chwiliodd y gyfundrefn Sosialaidd Genedlaethol am gyfaddawd ag adran o Brotestaniaeth a fyddai'n arwain at sefydlu Eglwys Wladwriaethol Gristnogol Almaenig, ond roedd hyn yn amhosibl gyda Chatholigiaeth. Bu i arweinwyr y Catholigion ar bob lefel, yn ystod blynyddoedd cynnar y gyfundrefn, geisio dod i berthynas weithredol â Berlin trwy Goncordat Mehefin 1933. Mor gynnar ag Ebrill 1933 bu trafodaethau yn Rhufain rhwng Göring, Papen (a wnaeth 'argraff dda yn y Fatican') ac aelodau o hierarchaeth y Catholigion. Cyfeiriwyd at y trafodaethau hyn, a gyfrifid yn 'ddigwyddiad gwleidyddol o'r pwysigrwydd blaenaf', mewn

PRIF YSTYRIAETH

Camau cynnar Hitler i sefydlu perthynas dda â'r Eglwysi.

Cynhadledd Gatholig yn Berlin yn ddiweddarach (25-26 Ebrill 1933), lle dywedwyd 'ni ddylid gwneud dim i beri bod y berthynas rhwng yr Eglwys a'r Wladwriaeth yn fwy anodd' a bod y mudiad Natsïaidd yn cael ei 'werthfawrogi'n arbennig oherwydd y frwydr yn erbyn Bolsiefigiaeth ac anfoesoldeb'. Adroddai cofnodion y Gynhadledd (a ddyfynnir yn *The Third Reich and the Christian Churches*, Peter Matheson):

> Mae Herr von Papen wedi dod i gytundeb â Hitler na ddylid tresmasu ar ryddid yr Eglwys Gatholig, oherwydd byddai '*Kulturkampf*' yn dyngedfennol i'r wladwriaeth ifanc. Disgwylir, ar y llaw arall ... y bydd yr offeiriaid yn ymarfer doethineb yn eu gweithredoedd gwleidyddol ... Bydd lefelau is yr *NSDAP* yn sicr yn cael eu galw i gyfrif os bydd iddynt geisio gweithredu yn erbyn mudiadau Catholig ...

C

Pa gonsesiynau pwysig a wnaed gan yr Eglwys Gatholig yn y Concordat â'r gyfundrefn Natsïaidd?

Yn ôl y Concordat hwn, a wnaed rhwng y Babaeth a'r Drydedd Reich ar 20 Gorffennaf 1933, cytunwyd y byddai'r gyfundrefn Sosialaidd Genedlaethol yn cael ei chydnabod yn ddiplomyddol gan y Fatican ac y byddai'r Eglwys Gatholig yn cael yr hawl i gadw rheolaeth, a ddiffinnid yn fanwl, ar addysg, er y disgwylid i'w harweinwyr ymostwng yn wleidyddol, fel mae'r dogfennau a ganlyn yn dangos (dyfynnir yn *The Third Reich and the Christian Churches*, Peter Matheson):

Erthygl 1

Mae'r Reich Almaenig yn gwarantu rhyddid i gredu'r ffydd Gatholig ac i addoli'n gyhoeddus. Mae'n cydnabod hawl yr Eglwys Gatholig, o fewn terfynau cyfraith gwlad, i drefnu ac i weithredu ei materion ei hun ac i lunio cyfreithiau a rheoliadau ar gyfer ei haelodau mewn materion sydd o fewn ei gallu.

Erthygl 16

Cyn i esgobion ddod i reoli yn eu hesgobaethau bydd yn rhaid iddynt dyngu llw o ffyddlondeb, naill ai i gynrychiolwyr llywodraeth y Reich yn y taleithiau neu i Arlywydd y Reich, gyda'r geiriau a ganlyn: 'Tyngaf gerbron Duw ac ar yr Efengylau Sanctaidd ac addawaf – fel sy'n gweddu i esgob – ffyddlondeb i'r Reich Almaenig ac i'r ... wladwriaeth'.

Erthygl 21

Mae addysgu'r ffydd Gatholig yn rhan reolaidd o'r cwricwlwm yn yr ysgolion elfennol, technegol, canolraddol ac uwch, ac fe'i haddysgir yn unol ag egwyddorion yr Eglwys Gatholig. Rhan arbennig o addysg grefyddol, fel sy'n wir am bob pwnc arall, fydd argymell dyletswydd wlatgar, ddinesig a chymdeithasol yn ysbryd ffydd a moesoldeb Cristnogol.

Erthygl 31

Diogelir eiddo a gweithgareddau y mudiadau Catholig hynny sydd â'u hamcanion yn unig yn rhai crefyddol, diwylliannol neu elusennol yn eu hanfod, ac sydd felly dan awdurdod yr hierarchaeth.

Gwnaeth y gyfundrefn Sosialaidd Genedlaethol nifer o fân gonsesiynau i fodloni ceidwadwyr pryderus yn y ddwy eglwys.

- Cydnabu saith o ddyddiau gŵyl yr Eglwys Babyddol fel dyddiau gwyliau cyfreithlon.
- Diddymodd llywodraeth Prwsia yr ysgolion cydenwadol a gwneud addysg grefyddol yn orfodol.

Dangosodd aelodau'r *SA* gefnogaeth gyffredinol dros wahanol sacramentau eglwysig, yn enwedig y sacramentau o briodas a bedydd. Fodd bynnag, roedd cytundeb y gyfundrefn yn gwbl ffals, a bwriedid i'r consensiynau fod yn rhai dros dro tra oedd yr unbennaeth yn cael ei sefydlu. Erbyn diwedd 1933 roedd ymyrraeth y Natsïaid mewn materion crefyddol yn achosi dig a dadrithiad yn y ddwy eglwys. Darganfu'r arweinyddiaeth Gatholig yn fuan fod y breintiau a addawyd yn y Concordat yn cael eu hanwybyddu:

- Aflonyddwyd ar 44 offeiriad a'u harestio.
- Ymyrrwyd ag ysgolion Catholig a thanseiliwyd mudiadau fel clybiau ieuenctid.

C

Pa obeithion ac ofnau a fynegir gan y Cardinal Bertram? Ar sail hyn, a allai'r Concordat fod wedi ymddangos yn un siomedig i arweinwyr Catholig?

Dengys y dyfyniad a ganlyn o lythyr oddi wrth y Cardinal Bertram i'r Fatican ar 10 Medi 1933 (dyfynnir yn *The Third Reich and the Christian Churches*, Peter Matheson) fod yr Eglwys yn amau gonestrwydd y Concordat. Rhybuddiai:

> Ni ellir cymeradwyo oedi cyn cadarnhau Concordat y Reich. I'r gwrthwyneb, mae'n fanteisiol cadarnhau yn fuan iawn …
>
> Dywedir yn eithaf cyffredin fod y llywodraeth wedi mynd yn rhy bell wrth roi consesiynau; y byddai symud i gyfeiriad cwbl groes yn ddymunol. Dim ond codi'n uwch y bydd lleisiau o'r fath os bydd oedi cyn cadarnhau.
>
> Ni fyddwn yn gallu gweithredu yn fwy penodol yn erbyn gweithredoedd gwrth-Gatholig di-rif nes cael cadarnhad … ac mae'n hynod bwysig mynnu gweld diwedd ar y cwynion yr un pryd â chadarnhau … Gellir cyfeirio yma at y cwynion cyfredol canlynol:
>
> Ar bob tu, mae cymdeithasau Catholig yn cael eu hathrodi yn gyhoeddus, yn cael eu cyhuddo o annibynadwyaeth wleidyddol, o ddiffyg gwladgarwch, o elyniaeth tuag at y wladwriaeth …
>
> Bellach, nid oes ar rieni eisiau i'w plant berthyn i fudiadau Catholig … oherwydd pwysau o du isfudiadau'r *NSDAP* nad ydynt yn cael eu hatal yn effeithiol gan yr awdurdodau uwch … ac ym mhobman mae athrawon dan bwysau i gyfeirio plant i Ieuenctid Hitler … Felly mae'r cronfeydd byw ar gyfer y cymdeithasau Catholig yn cael eu torri i ffwrdd … Gwaherddir i bapurau newydd Catholig eu disgrifio'u hunain fel 'Catholig' … Dywedir na ddylai gwasg Gatholig fodoli bellach, dim ond gwasg Almaenig.

Roedd gwir sail i'r pryder hwn na fyddai'r Concordat yn arwain at heddwch ym materion Eglwys-Gwladwriaeth. Fel y dywedir yn y dyfyniad a ganlyn o adroddiad cyfrinachol gan yr *SS* ar weithgareddau offeiriaid Catholig ym Mai 1934, roedd offeiriaid yn euog o weithredu'n danseiliol a hynny'n bygwth y Concordat (o *The Third Reich and the Christian Churches*, Peter Matheson):

München: Cyfrifir y Cardinal Faulhaber yn gyffredin fel arweinydd deallusol y gwrthwynebiad Catholig i'r wladwriaeth Sosialaidd Genedlaethol, yn enwedig yn y Wasg dramor ... Mae ei anogaeth ysbeidiol i'r offeiriaid 'gydweithio â'r wladwriaeth' ... yn pylu yn ymyl effeithiau aflonyddgar ei bregethau ar Iddewiaeth ac ... Almaengarwch.

... ni ellir cyfrif ei sylwadau ar Almaengarwch ... fel dim ond camddefnydd o'r pulpud, yn enwedig pan y'u defnyddiwyd fel thema gwasanaeth Nos Galan. Denodd y pregethau dyrfaoedd enfawr, ac ar ffurf llyfr roeddent yn gwerthu fel slecs ...

Gweithgaredd mwyaf peryglus niferoedd mawr o offeiriaid Catholig yw'r ffordd maent yn mynd o amgylch yn benisel, yn lledaenu digalondid. Eu hoff bynciau yw 'peryglon cyfnod newydd', 'yr argyfwng presennol', 'y dyfodol diobaith'. Maent yn proffwydo cwymp buan Sosialaeth Genedlaethol neu o leiaf yn sôn mor fyr ei pharhad yw pob ffenomen wleidyddol o'i chymharu â'r Eglwys Gatholig fydd yn goroesi'r cyfan. Caiff yr hyn a gyflawnodd Sosialaeth Genedlaethol a'i llwyddiannau eu diystyru mewn tawelwch.

C

Beth oedd y prif gwynion a wnaed yn yr adroddiad cyfrinachol hwn? Beth fyddai'r canlyniadau yn ôl pob tebyg?

Er gwaethaf yr amheuon hyn a fynegodd yr Eglwys Gatholig, roedd yn ymddangos bod Hitler yn llwyddo gyda'r eglwysi, yn enwedig y Protestaniaid. Ymunodd llefarwyr yr Eglwys â'r nifer cynyddol oedd yn mynegi cefnogaeth i'r gyfundrefn Sosialaidd Genedlaethol yn ei gwaith o ailadeiladu'r genedl. Amcanion llywodraeth y Reich fu amcanion yr Eglwys Gatholig ers amser maith, megis gelyniaeth tuag at gomiwnyddiaeth, rhyddfrydiaeth a phenrhyddid; a derbyniodd y llywodraeth gefnogaeth yr eglwysi Catholig a Phrotestannaidd i hiliaeth y Natsïaid, er enghraifft ymgyrch foicotio Ebrill 1933 (gw. tud. 275).

Fodd bynnag, gwir fwriad y gyfundrefn Sosialaidd Genedlaethol, o ran yr eglwysi, oedd sefydlu rheolaeth y wladwriaeth Sosialaidd Genedlaethol. Amcanai at danseilio teyrngarwch y bobl i grefydd a Christnogaeth oherwydd y gred fod hynny'n cystadlu â'u teyrngarwch i'r Wladwriaeth a'r *Führer*. Anelodd y gyfundrefn ei hymosodiadau at sefydliadau, traddodiadau a gwerthoedd, a gwrthwynebwyd hynny gan yr eglwysi Catholig a Phrotestannaidd.

Ch *Perthynas Hitler â'r Eglwys Brotestannaidd*

Yn yr Eglwys Brotestannaidd gweithredwyd *Gleichschaltung* (gw. tt. 142-4) gan y *Deutsche Christen* (Cristnogion Almaenig) a lwyddodd i gyfuno eu defosiwn efengylaidd â syniadau Natsïaidd am adfer yr Almaen. Roedd ar Hitler eisiau rheoli trwy'r Eglwys Wladwriaethol Gristnogol Almaenig, a fyddai dan dra-arglwyddiaeth y Natsïaid, ac a oedd â'r nod o ailstrwythuro'r Eglwys Brotestannaidd Almaenig yn llwyr o ran ei diwynyddiaeth a'i threfniadaeth. Yn 1933, daeth y cyfle gyda'r etholiadau eglwysig. Gyda chefnogaeth yr *SA*, enillodd y Cristnogion Almaenig dri chwarter y pleidleisiau, gan roi iddynt y mwyafrif yn y rhan fwyaf o'r taleithiau. Lluniwyd cyfansoddiad newydd i'r Eglwys yn 1933 gyda Ludwig Müller, oedd yn cydymdeimlo â'r Natsïaid, yn Esgob cyntaf y Reich.

LUDWIG MÜLLER (1883-1945)

Treuliodd Müller flynyddoedd canol yr 1920au fel caplan Protestannaidd i'r fyddin yn Königsberg, Dwyrain Prwsia lle gwnaeth enw iddo'i hun am ei bregethau gwlatgar a gwrth-Semitaidd brwd. Yn 1926, soniodd y Cadfridog Blomberg, oedd bryd hynny yn Gadlywydd ardal filwrol Dwyrain Prwsia, wrth Hitler amdano. Oherwydd tebygrwydd eu syniadau, pan ddaeth Hitler yn Ganghellor rhoddodd ddyrchafiad cyflym i Müller. Ar 4 Ebrill 1933, cafodd ofal yr holl faterion oedd yn berthnasol i'r Eglwys Efengylaidd. O hynny ymlaen daeth yn ganolog yn y frwydr rhwng Mudiad Ffydd yr Almaen (*Deutsche Glaubensbewegung*), oedd yn cefnogi Hitler, a'r Eglwys Gyffes (*Bekenntniskirche*) a arweinid gan Martin Niemöller. Ar 23 Gorffennaf 1933, penodwyd Müller yn Esgob y Reich gan synod cenedlaethol yn Wittenberg a gweithredodd bolisïau Hitler yn erbyn yr Eglwys Gyffes. Er ei fod yn eithafol yn ei gefnogaeth i'r gyfundrefn Natsïaidd ac athrawiaethau Hitler ar hil ac arweinyddiaeth, ni fu iddo erioed ennill ymddiriedaeth Hitler yn llwyr. Wedi i Hitler ei droi heibio fel 'dyn nad oes iddo statws', dirywiodd ei ddylanwad o 1935 ymlaen wrth i Hitler roi gofal materion eglwysig yn nwylo Comisiwn Eglwysig y Reich. Bu farw yn Berlin ar 31 Gorffennaf 1945.

Cafodd polisïau Hitler eu cefnogi gan rai Protestaniaid eithafol ym Mhalas Chwaraeon Berlin yn Nhachwedd 1933. Roeddent yn galw am garthu o'r Efengylau bob arlliw o syniadaeth an-Almaenig, fel 'diwinyddiaeth fwch dihangol ac israddol y Rabbi Paul'. Arweiniodd hyn at adwaith ymysg llawer o weinidogion Protestannaidd, ac yn fuan datblygodd carfan wrthwynebu, yr Eglwys Gyffesol, oedd yn pleidio Protestaniaeth Lutheraidd Almaenig ac yn gwrthod dylanwad Natsïaeth. Roedd hyn yn wrthwynebiad agored i'r gyfundrefn Sosialaidd Genedlaethol. Yn 1934, yn ardal wledig Brotestannaidd Franconia, gwelwyd tro ar fyd. Roedd wedi bod yn ffyddlon i Natsïaeth yn 1933, ond 'nawr ymyrrodd y gyfundrefn a diswyddo pennaeth yr Eglwys Lutheraidd. Y tro hwn, dim ond protest gymedrol a gafwyd: gofyn am i'r esgob gael ei adfer i'w swydd a rhoi diwedd ar y sialens i'r Eglwys. Ymyrrodd Hitler a chywilyddiwyd y Blaid, ond nid oedd pobl yn gyffredinol yn amghymeradwyo'r gyfundrefn. Parhaodd Hitler i orfodi arweinwyr y Protestaniaid i gydweithio â Müller er bod carfan a dorrodd yn rhydd, yr Eglwys Gyffes, yn gwrthwynebu.

Roedd yr Eglwys Gyffes yn benderfynol o amddiffyn yr Eglwys rhag ymyrraeth y Wladwriaeth ac o herio Müller. Er bod 7,000 o weinidogion wedi ymuno, gwanhawyd ei heffeithiolrwydd oherwydd rhaniadau rhwng dynion cymedrol ac eithafwyr dan arweiniad y Gweinidog Martin Niemöller. Ond er gwaethaf y rhaniadau mewnol, bu i fodolaeth yr Eglwys Gyffes danseilio arweinyddiaeth Müller. Cychwynnoddd ymgyrch brotest yn y wasg. O ganlyniad, newidiodd y gyfundrefn ei thactegau, ac yn 1935 sefydlwyd Adran y Wladwriaeth newydd i ddelio â Materion Eglwysig, dan ofal *Reichsminister* Kerrl yn lle Müller. Roedd y penodiad hwn yn arwyddo newid ym mholisi'r Natsïaid – o ymyrraeth i ddull o achub y cyfle, gan fanteisio o'r tu allan ar y rhaniadau o fewn y grwpiau Protestannaidd.

MARTIN NIEMÖLLER (1892-1964)

Gwasanaethodd Niemöller yn y Rhyfel Byd Cyntaf fel cadlywydd llong danfor Almaenig, gan ennill y prif anrhydedd, *Pour le Mérite*. Astudiodd ddiwinyddiaeth ar ôl y rhyfel a chafodd ei ordeinio yn 1924, gan wasanaethu fel bugail ar Eglwys gyfoethog Berlin-Dahlem rhwng 1931-37. Ac yntau'n genedlaetholwr brwd ac yn gwrthwynebu comiwnyddiaeth, ymunodd â'r Blaid Natsïaidd i ddechrau, ond fe'i dadrithiwyd pan fynnodd Hitler ar oruchafiaeth y Wladwriaeth dros grefydd. Daeth yn arweinydd yr Eglwys Gyffes, a lynai wrth Brotestaniaeth Lutheraidd draddodiadol, a sefydlodd Gynghrair Argyfwng y Gweinidogion. Yn 1934, ymunodd 7,000 o weinidogion â'r grŵp gwrthwynebu hwn, ond gadawodd llawer yn ddiweddarach oherwydd erledigaeth y Natsïaid. Cyfrifai pobl o bob enwad ef yn arwr y werin ac roedd ei wrthwynebiad yn cythruddo Hitler. Wedi ei bregeth olaf yn 1937, pan ddywedodd 'rhaid i ni ufuddhau i Dduw nid i ddyn', cafodd ei arestio. Yn hytrach na'i gadw dan glo am amser amhenodol, penderfynodd Hitler ddwyn achos yn ei erbyn 'am ymosodiadau llechwraidd yn erbyn y wladwriaeth' gerbron llys arbennig oedd â chyfrifoldeb am erlyn ar gyhuddiadau o'r fath. Roedd Hitler yn gynddeiriog pan fu i'r llys ei ddedfrydu i ddim ond saith mis o garchar mewn caer (carchar anrhydeddus ar gyfer swyddogion), a dirwy o 2,000 marc. Pan gafodd ei ryddhau, arestiwyd Niemöller unwaith eto gan y *Gestapo* ac fe'i cadwyd dan glo mewn sawl gwersyll crynhoi nes iddo gael ei ryddhau gan y Cynghreiriaid yn 1945 pan ryddhawyd gwersyll Dachau. Yn 1946, cyfaddefodd fai'r Almaen am y rhyfel mewn araith yng Ngenefa ac yn 1947 daeth yn esgob cyntaf Eglwys Efengylaidd Hesse-Nassau, swydd a ddaliodd hyd ei farw yn 1964.

D *Perthynas Hitler â'r Eglwys Gatholig*

Rheolid perthynas swyddogol yr Eglwys Gatholig â'r gyfundrefn i raddau helaeth gan ei hofn nad oedd dim, er gwaethaf y Concordat yn 1933, yn ei diogelu rhag ymosodiadau. Fel y dangosodd y dyfyniad o lythyr Cardinal Bertram i'r Fatican (ar dudalen 229), roedd yna gred gyffredinol nad oedd y gyfundrefn yn anrhydeddu'r addewidion o anymyrraeth a wnaeth i'r Babaeth.

Atgyfnerthwyd yr ofnau hyn gan ymgyrch fanwl yn erbyn Catholigiaeth wleidyddol, a gymerodd sawl ffurf. Disgwylid i aelodau o Ieuenctid Hitler ymwrthod â dylanwad offeiriaid, a dilynwyd hyn gan orchymyn yn 1936 fod ymaelodi ag Ieuenctid Hitler yn orfodol i bawb dros 10 oed. Roedd hyn yn tanseilio'r clybiau ieuenctid a berthynai i'r Catholigion. Yn Bafaria llwyddodd y Natsïaid yn eu hymgyrch i ddiddymu ysgolion Catholig trwy berswadio'r rhan fwyaf o rieni i anfon eu plant i ysgolion cymysg. Yn olaf, rhwng 1936 ac 1937 cyhuddwyd mynachlogydd a lleiandai, oedd yn cynrychioli maes allweddol yn yr Eglwys Gatholig, o ymddygiad gwarthus, a chanlyniad hyn fu dwyn cannoedd o flaen llysoedd cyfreithiol ar gyhuddiadau o anlladrwydd rhywiol ac o drefnu cytundebau ariannol anghyfreithlon, gyda Goebbels yn mynnu y dylid rhoi cyhoeddusrwydd eang iddynt yn y papurau newydd. Er gwaethaf y mesurau eithafol hyn, methodd y llywodraeth ddinistrio parch y bobl tuag at yr offeiriaid, yn enwedig yn y pentrefi.

Erbyn 1935, roedd yn amlwg mai dim ond peth llwyddiant a gafwyd wrth geisio ennill *Gleichschaltung* Natsïaidd yn yr eglwysi. Er hynny, roedd yr arweinwyr Natsïaidd yn rhanedig rhwng dilyn polisi o ormes, a allai gythruddo niferoedd mawr o Almaenwyr, a pholisi o erlid cyfyngedig, a allai ganiatáu i'r eglwysi radd annerbyniol o annibyniaeth y tu hwnt i reolaeth y llywodraeth. Gan amcanu at gael ymostyngiad llwyr yn y pen draw, o 1935 ymlaen dechreuodd y gyfundrefn ddilyn cyfres o fesurau a fyddai'n lleihau dylanwad yr eglwysi ar y bobl. Sefydlwyd Gweinyddiaeth Materion Eglwysig a gyflwynodd amrywiaeth fawr o fesurau gwrthgrefyddol i wanhau enw da'r ddwy eglwys, gan gynnwys diddymu ysgolion crefyddol ac ymgyrchoedd i waradwyddo'r offeiriaid. Câi'r offeiriaid unigol hynny oedd yn gwrthwynebu eu harestio a'u hanfon i Dachau, a'r enwocaf ohonynt oedd Martin Niemöller. Ymosododd y Babaeth ar y gyfundrefn Natsïaidd yn ei chylchlythyr yn 1937, 'Gyda Phryder Dwys'. O fewn yr Almaen, defnyddiodd offeiriaid Catholig y pulpud i ddarllen cylchlythyrau'r Babaeth oedd yn condemnio'r cyhuddiadau hyn ac yn galw ar Gatholigion i aros yn deyrngar a gwrthsefyll y pwysau. Fodd bynnag, ni allai'r Eglwys arbed colli ei dylanwad ar yr ieuenctid. Rhybuddiodd yr arweinyddiaeth 'y gallai teyrngarwch llawer o Gatholigion tuag at yr Eglwys fethu'r prawf' pe digwyddai rhwyg rhwng yr Eglwys a'r Wladwriaeth. Ofnai'r Eglwys Gatholig y datblygiad hwn a dylanwadodd hynny ar lawer o unigolion gan beri iddynt amrywio yn eu hagwedd, o wrth-Natsïaeth esgob Berlin i'r rhai oedd yn pregethu ffyddlondeb ac ufudd-dod, hyd yn oed pan oeddent yn ymweld â'r gwersylloedd crynhoi. Fodd bynnag, tanseiliwyd effeithiolrwydd gwrthwynebiad yr Eglwys Gatholig oherwydd y buddiannau oedd yn gyffredin rhyngddi a'r gyfundrefn, sef gwrth-Farcsiaeth, gwrth-Semitiaeth a chenedlaetholdeb. O ganlyniad, bu iddi gefnogi Deddfau Nuremberg yn 1935 oedd yn gwahardd priodasau rhyng-hiliol, a rhoddodd sêl ei bendith ar adfeddiannu'r Rheindir a thiroedd eraill wedi hynny.

Ar wahân i'r polisïau a ddisgrifiwyd uchod, ceisiodd Hitler hefyd danseilio'r eglwysi trwy ffyrdd allanol. Yn lle Cristnogaeth ceisiodd y Natsïaid annog paganiaeth hiliol Diwtonaidd, lle mynegid yr elfen wrth-Gristnogol a berthynai i Sosialaeth Genedlaethol trwy dwf y Mudiad Ffydd Almaenig. Gelwid ei ddilynwyr yn 'gredinwyr Duw' ac roeddent yn cynrychioli Natsïaeth ar ei gwedd ysbrydol. Er na ddiffiniwyd y Mudiad yn glir erioed, roedd wedi'i ganoli ar bedair prif thema oedd yn cynrychioli ymwrthodiad llwyr â moesau Cristnogol a chael seremonïau paganaidd i ddisodli'r seremonïau Cristnogol o fedydd a phriodas. Molid personoliaeth Hitler a'r polisi gwaed a phridd (gw. tud. 245). Nid enillodd y Mudiad Ffydd Almaenig gefnogaeth ar raddfa eang – dim ond 5 y cant o'r boblogaeth a gofnodwyd yn aelodau yng nghyfrifiad 1939, ond roedd yn enghraifft arall o'r modd roedd y gyfundrefn yn ceisio tanseilio'r eglwysi.

Dd *Amlder y gwrthdaro rhwng yr Eglwys a'r Wladwriaeth 1933-45*

Arweiniodd y Mudiad Ffydd Almaenig sawl ymgyrch.

Roedd yr 'Ymgyrch Ymwahanu â'r Eglwys' yn annog unigolion i ymwrthod ag aelodaeth â'r Eglwys. Roedd yn llwyddiannus ymysg pobl broffesiynol, fel gweision sifil ac athrawon, oedd yn dibynnu ar y gyfundrefn am eu swyddi. Fe'u gorfodwyd i ddod yn weithwyr llawn amser i'r Blaid. Roedd y mudiad yn datgristioneiddio'r defodau oedd yn perthyn i fedydd, priodas a chladdu, ac yn newid dyddiau gŵyl crefyddol, fel y Nadolig, yn wyliau paganaidd. Ceisiwyd cyflwyno nifer o arferion yn eu lle, yn enwedig gan yr *SS* oedd yn defnyddio llythrennau rwnig cerfiedig, er na fu i'r rhain ddisodli'r seren a'r groes ym meddyliau'r bobl.

Yn ardaloedd Catholig yr Almaen, oedd yn gartref i draean y boblogaeth – Bafaria, y Rheindir, dyffryn Mosel, Baden, yr Etholaeth Balatin, rhannau helaeth o Silesia a Westfalen ac ardaloedd Catholig Oldenburg – cafwyd ymgyrch i gael gwared ar y groes, ac yn 1937 y crogau, o'r ysgolion mewn ymgais i danseilio dylanwad yr eglwysi. Oherwydd gwahardd symbolau Cristnogol yn yr ysgolion, daeth brwydr yr eglwys yn un o wrthwynebiad eang, agored yn erbyn cyflwyno ordinhadau'r llywodraeth, gan greu gelyniaeth oedd yn bygwth datblygu yn derfysg torfol. O ganlyniad i'r don o anufudd-dod sifil oedd yn cynnwys deisebu, anfon llythyrau protest, cyfarfodydd torfol a streiciau yn yr ysgolion, wynebai'r awdurdodau Natsïaidd sefyllfa na ellid ei datrys trwy frawychu. Yn Oldenburg a Bafaria, ildiodd yr awdurdodau yn y diwedd ac roedd barn gyhoeddus wedi ennill buddugoliaeth arwyddocaol, os un gyfyngedig. Fodd bynnag, ni roddwyd y gorau i'r ymgyrchu ac yn ystod yr Ail Ryfel Byd gwelwyd y groes a'r crogau yn graddol ddiflannu o'r ysbytai a'r ysgolion.

PRIF YSTYRIAETH

Graddau llwyddiant yr eglwysi wrth wrthwynebu'r gyfundrefn Natsïaidd.

Ni fu i'r ffaith iddi golli'r dydd yn ei hymgais i wahardd symbolau Cristnogol o'r ystafelloedd dosbarth atal y gyfundrefn rhag deddfu yn 1935 mai dewisol oedd gweddïau mewn ysgolion ac arestio 700 o weinidogion Protestannaidd. Dim ond gweinidogion ac offeiriaid trwyddedig a gâi addysgu crefydd, tra yn yr ysgolion anogid athrawon i ddileu addysg grefyddol yn raddol o'r cwricwlwm erbyn 1941 i blant dros 14 oed.

Er gwaethaf yr ymdrechion hyn, cafodd y gyfundrefn fwy o lwyddiant yn diddymu mudiadau ieuenctid Protestannaidd yn y blynyddoedd cynnar, tra bu i gymdeithas y Dynion Ifanc Catholig barhau hyd 1939 er gwaethaf y ffrwyno fesul tipyn. Yn ystod y rhyfel, llwyddodd mudiadau ieuenctid y ddwy eglwys i ailffynnu i raddau nes i oed consgripsiwn gael ei ostwng i 16.

ewgeneg rheoli epilio dynol, gan felly newid y boblogaeth i gynhyrchu 'hil oruchaf' gyda nodweddion etifeddol dymunol

Ar wahân i'r ymgyrchoedd oedd yn targedu'r eglwysi, cynhyrfwyd teimladau gwrthwynebus ymysg y cyhoedd ar ddwy ystyriaeth foesol nad oedd iddynt berthynas agos ag unrhyw gred grefyddol yn arbennig – y mesurau diffrwythloni a'r rhaglen ewthanasia, dwy elfen ym mholisi **ewgeneg** Hitler. Cafwyd protest eang yn erbyn rhaglen ewthanasia 1939, a oedd yn golygu lladd pobl a oedd yn anabl yn gorfforol a meddyliol. Chwaraewyd rhan allweddol gan bregethau, megis un y Cardinal Iarll von Galen ar Awst 1941, a arweiniodd at drefnu'r ymgyrch brotest a barodd i Hitler ymyrryd yn bersonol yn y diwedd. Argraffwyd a dosbarthwyd miloedd o gopïau o'r bregeth, yn cael eu dilyn gan lythyrau protest oddi wrth arweinwyr Eglwysig eraill, ynghyd â phrotestiadau gwrthwynebus. O dan bwysau oherwydd y digwyddiadau hyn, rhoddodd Hitler y gorau i'r rhaglen ar 24 Awst 1941, er iddi barhau yn answyddogol yn y gwersylloedd (ystyrir y pwnc hwn ymhellach yn yr astudiaeth ar *Volksgemeinschaft* Hitler ym Mhennod 10).

Mae'r ffaith fod y gyfundrefn yn cadw'r polisïau hyn yn gyfrinach yn dangos bod ganddi amheuon ynghylch ymateb y cyhoedd a'i bod yn ymwybodol nad oedd elfen hiliol yr ideoleg Natsïaidd yn llwyr dderbyniol gan y bobl. Daeth arweinwyr y Blaid yn fwyfwy ymwybodol o'r angen i dawelu meddyliau'r bobl. Dylifai llythyrau protest i swyddfeydd y Blaid a'r llywodraeth fel bod Natsïaid blaenllaw wedi dechrau amau doethineb gweithredu'n answyddogol yn hytrach na dilyn cyfraith gyhoeddedig. Fodd bynnag, hyd yn oed yn y meysydd dadleuol hyn, cyfyngedig oedd y gwrthwynebiad. Roedd rhai'n protestio ar sail yr ystyriaethau cyfreithiol, yn hytrach na'r rhai moesol, oedd ynghlwm wrth y rhaglen ewthanasia. Y tu allan i rengoedd y Catholigion, roedd yn ymddangos bod yna wahaniaeth barn ac ni fu i hyd yn oed yr arweinwyr Eglwysig uno i ymosod ar y wladwriaeth Natsïaidd.

Gyda dechrau'r rhyfel cafwyd polisi mwy pwyllog gan fod y gyfundrefn yn awyddus i osgoi tensiynau anorfod. Fodd bynnag, yn dilyn y buddugoliaethau rhwydd yn erbyn Gwlad Pwyl a Ffrainc, ac yna'r ymosodiad ar Rwsia, cynyddwyd yr erledigaeth, er bod offeiriaid oedd yn bleidiol i'r Natsïaid wedi perswadio Catholigion i ymuno â'r lluoedd arfog i gefnogi'r ymosodiad ar Rwsia. Roedd yr erlid hwn yn fwy o ganlyniad i bwysau o du eithafwyr gwrth-Gristnogol, fel Bormann a Heydrich, nag oherwydd gwaith y Gweinidog Materion Eglwysig gwan ac aneffeithiol. Daliodd y gyfundrefn i weithredu ei pholisïau gwrth-Gatholig:

- caewyd mynachlogydd;
- ymosodwyd ar eiddo eglwysig a chyfyngwyd yn llym ar weithgareddau eglwysig;
- yn 1941 caewyd y wasg Gatholig;
- toddwyd clychau eglwysi;
- cyhuddwyd offeiriaid unigol o lyfrdra.

Hyd yn oed wedyn, ni fu i Hitler ganiatáu i ormes ar eglwysi ddatblygu'n ormes ledled yr Almaen. Dim ond yn y rhanbarthau oedd newydd eu meddiannu yng Ngwlad Pwyl, yr ardal oedd wedi ei dewis i fod yn esiampl arbrofol o'r 'Drefn Newydd', y gadawyd i bethau ddatblygu yn rhesymegol. Yma datganwyd bod yr ardal 'yn rhydd o eglwysi', dienyddiwyd llawer o offeiriaid, caewyd eglwysi a gwaharddwyd dylanwad y Babaeth. Yn y diwedd, methiant fu erledigaeth y Natsïaid yn achos yr eglwysi, ond dim ond oherwydd bod y rhyfel ei hun wedi ei golli.

E *Diweddglo*

Dim ond i raddau y llwyddodd y gyfundrefn Natsïaidd i gyflawni ei pholisi crefyddol; llesteiriwyd yr eglwysi yn fawr ond ni ddinistriwyd mohonynt. Yn yr un modd, methodd yr eglwysi hefyd, oherwydd, yn eu gofal dros amddiffyn Cristnogaeth ei hun bu iddynt fethu cynnig arweiniad moesol i wrthsefyll cyfundrefn mor erchyll. Oherwydd eu ceidwadaeth, roeddent yn amheus o wleidyddiaeth y chwith, oedd i bob golwg yn bygwth trefn cymdeithas ar y pryd ac a oedd, ar ei ffurf eithaf, sef comiwnyddiaeth, yn gwrthod bodolaeth crefydd ei hun. Yn yr un modd hefyd, roedd yna gydymdeimlad cenedlaethol â Natsïaeth, yn enwedig ar ôl problemau 1918-33. Roedd yr Eglwys Brotestannaidd, yn enwedig, mewn perygl oherwydd ei chynghrair â'r Wladwriaeth. Yn olaf, roedd y ddwy eglwys, am resymau dilys, yn ofni grym y Wladwriaeth Natsïaidd ac felly dim ond unigolion, yn offeiriad a gweinidogion, oedd yn gwrthwynebu.

Llwyddodd Catholigiaeth Almaenig i gadw ei hundod a chadw teyrngarwch craidd sylweddol o gredinwyr trwy bolisi oedd yn amrywio o wrthwynebu i dderbyn, er enghraifft ni fu i'r eglwys ddwyn cosb ysbrydol ar y Catholigion oedd yn bumed rhan o'r *SS*. Daliai pobl i fod yn ffyddlon, gan droi eu cefn ar y rhai oedd yn gadael yr eglwys, er bod y rhai a ddychwelodd yn ystod y rhyfel wedi eu derbyn yn ôl.

Roedd yr Eglwys Brotestannaidd yn fwy rhanedig ac achosodd hyn ymateb mwy amrywiol, fel yn achos tynged yr Iddewon, yr ystyriaeth foesol oruchaf. Ni fu i'r eglwysi wneud safiad i amddiffyn yr Iddewon yn agored, naill ai oherwydd eu bod yn ofni dialedd y llywodraeth, neu am fod arnynt ofn gweithredu'n groes i'r farn gyhoeddus, neu oherwydd eu bod yn cyfrif bod erledigaeth yn erbyn yr Iddewon yn brawf o felltith Duw.

PRIF YSTYRIAETH

Graddau llwyddiant y gyfundrefn Natsïaidd yn gwneud yr eglwysi yn arf gwasaidd iddi.

8 ~ LLYFRYDDIAETH

Mae'n bosibl cael gafael ar nifer o argraffiadau sy'n gasgliadau o ffynonellau gwreiddiol. Ar y themâu a drafodir yn y bennod hon mae J. Noakes a G. Pridham (gol.) *Nazism 1919–1945, A Documentary Reader, Vol 2 – State, Economy and Society 1933–1939* (Prifysgol Exeter 1984) yn cynnwys penodau (9 a 10) sy'n ymdrin â'r berthynas rhwng y Blaid a'r Wladwriaeth ar lefelau canolog a thaleithiol. Mae Penodau 21 a 22 yn ymdrin â Chyfraith a Threfn a'r Wladwriaeth Heddlu *SS*, yn ôl eu trefn.

Mae nifer o destunau arbenigol ar agweddau ar y Wladwriaeth Natsïaidd y sonnir amdanynt yn y bennod hon yn bodoli. Mae M. Broszat *The Hitler State* (Longman 1981) yn edrych ar y dadleuon strwythurol ynglŷn â rôl Hitler; ymdrinnir â thwf trefniadaeth y Blaid Natsïaidd yn D. Orlow, *A History of the Nazi Party 1933–1945* (David & Charles 1973); ac ymdrinnir â'r problemau oedd yn deillio o gymeriad ei datblygiad cynnar yn J. Noakes, *Government, Party and People in Nazi Germany* (Prifysgol Exeter 1984). Ysgrifennwyd hanes yr *SS* gan Gerald Reitlinger, *The SS: Alibi of a Nation 1922–1945* (Heinemann 1957) a Helmut Krausnick a Martin Broszat, *Anatomy of the SS State* (Paladin 1968); a hanes yr eglwysi gan Peter Matheson, *The Third Reich and the Christian Churches* (T. & T. Clark 1981) a J.S. Conway, *The Nazi Persecution of the*

Churches (Weidenfeld & Nicolson 1968); ac ysgrifennodd G. Lewy ar *The Catholic Church and Nazi Germany* (Weidenfeld & Nicolson 1964). Am ymdriniaeth â'r Fyddin Almaenig gweler R.J. O'Neill, *The German Army and the Nazi Party, 1933–1939* (Cassell 1966) a J.W. Wheeler-Bennett, *The Nemesis of Power: The German Army in Politics 1918–1945* (Macmillan 1961).

9 ~ CWESTIYNAU TRAFOD

A *Mae'r adran hon yn cynnwys cwestiynau y gellir eu defnyddio i drafod neu i brofi eich dealltwriaeth o brif themâu'r bennod hon.*

1. Beth oedd prif wendidau'r Blaid Natsïaidd?
2. Pa rôl a chwaraeodd y Blaid yn y Wladwriaeth Natsïaidd?
3. Beth oedd arwyddocâd Memorandwm Hossbach, Tachwedd 1937 o safbwynt perthynas Hitler â'r fyddin?
4. Beth oedd y prif newidiadau a ddigwyddodd ym mherthynas Hitler â'i gadfridogion rhwng 1938 ac 1945?
5. Pa ran a chwaraeodd y Cadfridogion Blomberg a Fritsch yn eu rheolaeth ar y fyddin ar ran Hitler?
6. Pa newidiadau tyngedfennol a ddaeth i fod yn y berthynas rhwng Hitler a'r fyddin Almaenig oherwydd helynt Blomberg-Fritsch?
7. Pam na fu i Hitler lwyddo i wneud y fyddin yn arf ufudd iddo'i hun?
8. Beth oedd gwraidd a rôl yr *SS*?
9. Pa fudiadau gwahanol a ddatblygodd yr *SS* nes peri ei bod yn 'wladwriaeth o fewn gwladwriaeth'?

10 ~ CWESTIYNAU TRAETHAWD

A *Cwestiynau dwy ran*

1. (a) Pa gyfyngiadau ar ei ryddid i weithredu a wynebodd Hitler yn 1933?
(b) Pam y methodd y Blaid Natsïaidd lywodraethu'r Almaen?

2. (a) Pam oedd budd cyffredin yn bodoli rhwng Hitler a'r fyddin Almaenig?
(b) Pa fesurau a weithredodd Hitler i sefydlu ei reolaeth ar y fyddin rhwng 1933-45?

3. (a) Ym mha ffyrdd y bu i'r *SS* ymestyn ei phwerau a'i dylanwad yn yr Almaen rhwng 1933-45?
(b) Pam y bu i'r *SS* fethu ennill rheolaeth lwyr ar y Wladwriaeth erbyn 1945?

4. (a) Ym mha ffyrdd y bu i Hitler a'i gyfundrefn geisio rheoli'r Eglwysi yn yr Almaen?
(b) Pam y bu i'r gyfundrefn fethu ennill rheolaeth lwyr ar yr Eglwysi erbyn 1945?

B *Cwestiynau Traethawd*

1. 'Roedd yr unbennaeth Natsïaidd yn fwy ymddangosiadol na real.' I ba raddau rydych chi'n cytuno â'r asesiad hwn?

2. I ba raddau oedd yr *SS* wedi dod yn 'wladwriaeth o fewn gwladwriaeth' erbyn 1945?
3. I ba raddau y bu'r Eglwysi yn llwyddiannus yn eu gwrthwynebiad i'r llywodraeth Natsïaidd?

11 ~ GWNEUD NODIADAU

Darllenwch yr adran sy'n rhoi cynghorion ar sut i wneud nodiadau (tudalen xx yn y *Rhagair: Sut i ddefnyddio'r llyfr hwn*), ac yna gwnewch eich nodiadau eich hun yn seiliedig ar y penawdau a'r cwestiynau a ganlyn.

1. *Y fyddin*

Darllenwch Adran 5 ar dudalennau 203-213 ac adolygwch waith blaenorol ar rôl y *Reichswehr* yn dod â Hitler i rym.

(a) Pa undod mewn buddiannau ac amcanion oedd yn bodoli rhwng y Drydedd Reich a'r fyddin a wnaeth lwyddiant Hitler yn bosibl yn 1933?
(b) Ym mha ffyrdd y bu i Hitler ymdreiddio yn raddol i'r fyddin?
(c) Pa rôl a chwaraeodd Cadlywyddiaeth y fyddin yng nghweryl Hitler â Röhm a'r digwyddiadau dilynol ar 30 Mehefin 1934?
(ch) Pam oedd amcanion a buddiannau Hitler a'r fyddin yn gwahaniaethu rhwng 1938 ac 1944?
(d) Pam mai'r fyddin oedd yr un arf na allai Hitler ei ddinistrio na'i orfodi i ymostwng?
(dd) Pa effaith gafodd Cynllwyn Gorffennaf ar berthynas Hitler â'r fyddin a'i Chadlywyddiaeth ac ar gymeriad ei bencadlys?
(e) Beth oedd arwyddocâd polisïau Hitler ar y fyddin?
(f) Sut y bu i'r fyddin ddangos effaith dylanwad llwgr y Drydedd Reich?

2. *Yr* SS

(a) Olrheiniwch wraidd a datblygiad rôl yr *SS* o 1925 hyd benodiad Himmler yn *Reichsführer* yn 1936. Dylech gynnwys dadansoddiad o'i thwf trwy ei hamrywiol gamau:
   (i) y carfanau diogelu (fel yn ystod digwyddiadau 1934);
   (ii) gwarcheidwad gwerthoedd y Blaid;
   (iii) gwarchodwyr personol Hitler;
   (iv) cynrychiolwyr elitaeth y Blaid/Reich;
   (v) y *Waffen-SS* fel model o'r delfrydau yr oedd angen i'r fyddin eu dysgu;
   (vi) rôl wleidyddol yr *SS* – dylid cynnwys cyfeiriad at atal tanseilio mewnol neu *putsch* milwrol o du'r fyddin.
(b) Beth oedd y prif ffactorau a achosodd dwf yr *SS* yn ystod y ddau gyfnod:
   (i) 1933-38;
   (ii) 1941 ymlaen?
(c) Beth oedd prif nodweddion y tair cangen oedd yn ffurfio trefniadaeth yr *SS*:
   (i) cudd-ymchwil – gwaith yr *SD*;

(ii) heddlu – rheolaidd a diogelu (trosedd/*Kripo* a chudd/*Gestapo*);

(iii) milwrol – camau eu twf 1933-36, 1936, 1938, 1940-41?

(ch) Beth oedd prif bwerau yr *SS* erbyn 1941 oedd yn golygu y gellid cyfeirio ati fel 'gwladwriaeth o fewn gwladwriaeth'? Yn eich ateb aseswch gyfraniad yr *SS* ym mhob un o'r meysydd a ganlyn yn y wladwriaeth Natsïaidd:

(i) diogelwch mewnol;

(ii) y *Waffen-SS;*

(iii) gweinyddu tiroedd a feddiannwyd;

(iv) gweinyddu materion Iddewig;

(v) gweinyddu'r gwersylloedd;

(vi) gweinyddu ei hymerodraeth economaidd.

(d) Beth oedd sail y berthynas rhwng yr *SS* a'r Blaid a'r fyddin?

3. *Yr eglwysi*

(a) Safle'r eglwysi yn 1933:

(i) Beth oedd y prif ddatblygiadau yn y ddwy eglwys yn ystod Gweriniaeth Weimar?

(ii) Ym mha ffyrdd y bu i'r ffaith fod y Natsïaid wedi cipio grym beri bod y ddwy eglwys mewn sefyllfa anodd?

(b) Perthynas y gyfundrefn â'r Eglwys Brotestannaidd:

(i) Sut y bu i Hitler geisio rheoli'r Eglwys Brotestannaidd oddi mewn? Cyfeiriwch at ei ymdrechion i ailstrwythuro'r Eglwys Brotestannaidd Almaenig gyfan o ran ei diwinyddiaeth a'i threfniadaeth ac at weithredoedd Müller fel Esgob y Reich.

(ii) I ba raddau y bu i'r polisi o gydgysylltu lwyddo? Soniwch am weithgareddau'r Eglwys Gyffes.

(iii) Beth oedd cefndir penderfyniad y gyfundrefn i gael gwared ar Müller yn 1935 a sefydlu Gweinyddiaeth Materion Eglwysig yn ei le dan y *Reichsminister* Kerrl? Pa newid a gafwyd mewn polisi o ganlyniad?

(c) Perthynas y gyfundrefn â'r Eglwys Gatholig:

(i) Sut y bu i'r gyfundrefn geisio lleihau grym Pabyddiaeth?

(ii) Beth oedd ymateb yr Eglwys Gatholig i'r gweithredoedd hyn ac i ba raddau y bu'n llwyddiannus?

(iii) Pa bolisïau gwrth-Gatholig a gyflwynwyd yn ystod blynyddoedd y rhyfel?

(iv) Pa ran a chwaraeodd yr eglwysi yn gwrthsefyll polisi ewgeneg a rhaglen ewthanasia y gyfundrefn ?

(ch) Ymdrechion Hiler i 'gydgysylltu'r' eglwysi trwy ddulliau allanol:

(i) Beth oedd prif themâu'r Mudiad Ffydd Almaenig a faint o gefnogaeth a gafodd?

(i) Sut y bu i'r Mudiad Ffydd Almaenig geisio tanseilio Cristnogaeth a'r eglwysi? Yn eich ateb cyfeiriwch at:

- yr Ymgyrch Ymwahanu â'r Eglwys;
- datgristioneiddio defodau;
- ymgyrchoedd i ddisodli'r groes a'r grog, i wahardd gweddïau yn yr ysgolion, yn erbyn offeiriaid ac yn erbyn mudiadau ieuenctid yr Eglwys.

12 ~ CYNLLUNIO TRAETHAWD

Darllenwch yr adran sy'n cynnig cynghorion ar sut i ysgrifennu traethodau ar dudalennau xviii-xx yn y Rhagair: Sut i ddefnyddio'r llyfr hwn. Yn dilyn awgrymir cynllun ar gyfer ateb traethawd A2 fel a welir yn y teitl: 'Roedd yr unbennaeth Natsïaidd yn yr 1930au yn fwy ymddangosiadol na real.' I ba raddau rydych chi'n cytuno â'r farn hon?

Mae hwn yn gwestiwn anodd sy'n eich gwahodd i gytuno neu anghytuno â'r gosodiad. Bydd yn rhaid i chi adolygu'r dadleuon ar y ddwy ochr a dyfarnu. Bydd yn rhaid i chi ddangos nid yn unig eich bod yn deall natur yr unbennaeth a strwythurau'r pŵer oedd ar waith, ond hefyd y cyfyngiadau. Mae cydbwysedd yn bwysig yn yr ystyr na ddylech ganolbwyntio ar un honiad yn unig – naill ai ymddangosiadol neu real – er y gallech benderfynu eich bod o blaid un honiad, e.e. fod unbennaeth yn fwy real nag ymddangosiadol. Cofiwch fod cynllunio eich ateb yn hanfodol bwysig i ennill cydbwysedd. Canllaw yw'r strwythur a ganlyn i'ch helpu i ymarfer ysgrifennu ateb i'r math hwn o gwestiwn.

Tudalen Cynllunio Traethawd A2

Teitl: 'Roedd yr unbennaeth Natsïaidd yn yr 1930au yn fwy ymddangosiadol na real.' I ba raddau rydych chi'n cytuno â'r farn hon?

Paragraff 1 Cyflwyniad:
Ailasesiad gan haneswyr o ddilysrwydd yr honiad o 'dotalitariaeth'.

Para.	*Prif thema'r paragraff*	*Tystiolaeth*
A Dadl o blaid – y ffordd roedd yr unbennaeth yn fwy ymddangosiadol		
2	Roedd cyfyngiadau ar bŵer Hitler	• Dull o fyw, diffyg arwyddion clir o'r llinellau awdurdod, gwasanaeth sifil yn cael ei orweithio. • Annibyniaeth lefelau is y peirianwaith: dynion yn gweithredu yn enw'r arweinyddiaeth. • Cyfyngiadau ar bŵer y Blaid: nid oedd yn rheoli'r Almaen.
3	Nid oedd y peirianwaith braw, fel y *Gestapo* arswydus, yn fawr iawn	• Natur gormes yr heddlu: y *Gestapo* yn fychan dros ben ac wedi datblygu o'r heddlu cudd yn Prwsia. Dechrau 1934: 1,700 ledled y Reich, 3,000 yn 1935, yn codi i 7,000 yn 1937 (allan o boblogaeth o 65/70 miliwn). Ar ddechrau 1944 roedd 31,000 i gadw trefn ar Ewrop gyfan. Felly, sut y bu iddynt gyflawni eu hamcanion?

Para.	*Prif thema'r paragraff*	*Tystiolaeth*
B Dadl yn erbyn – y ffordd roedd yr unbennaeth yn real		
4	Mae'r modd y bu i Hitler ddod i rym yn bwysig er mwyn deall sut y bu i'r unbennaeth ddatblygu	• Dinistrio gwrthwynebiad, undebau llafur a phleidiau gwleidyddol, a gyflawnwyd trwy ymarfer grym y wladwriaeth a thrais anghyfreithlon a bygwth gwrthwynebwyr. • Pwysau o du'r *SA*: heddlu a stormfilwyr wedi gorymdeithio trwy ardaloedd dosbarth gweithiol, dim ymgais gan y gyfundrefn i geisio atal hyn. • Creu gwersylloedd crynhoi (ffatrïoedd oedd wedi cau) i gael gwared ar wrthwynebwyr.
5	Nid cyfundrefn dan ormes heddlu oedd hi yn unig, na throsedd yn erbyn dynoliaeth	• Elfen allweddol: absenoldeb lluosrywiaeth wleidyddol, dim gwleidyddiaeth gyfreithlon y tu allan i'r sefydliad gwleidyddol, difetha unrhyw arweiniad newydd o leoedd eraill. • Dinistrio'r rhyddid i fynegi barn: ni ddarlledid unrhyw syniadau ar wahân i rai'r garfan oedd yn rheoli. • Diffyg cyfranogiad gwleidyddol ystyrlon. • Dinistrio trefn y gyfraith: yr arweinyddiaeth yn gallu gwneud beth bynnag a fynnai, troseddau yn erbyn dynoliaeth, dim i rwystro'r gyfundrefn, dim angen ofni *coup d'état.* • Bodolai'r amodau hyn er gwaethaf y ffaith nad oedd Cyfansoddiad Gweriniaeth Weimar wedi ei ddiddymu yn ffurfiol hyd 1945.
6	Polisi cydgysylltu mudiadau yn atgyfnerthu cyfundrefn y Natsïaid	• Gwaharddiadau ar ryddid y wasg, pŵer yr heddlu, radio a ffilm. • Dinistrio cylch cyhoeddus ymreolaethol 1933-34 yn cael ei gymryd gam ymhellach gyda charthu gelynion a gwrthwynebwyr y gyfundrefn, dechreuad ymddatodiad llwyr yn nhrefn y gyfraith. • Pob gwas sifil yn tyngu llw o ffyddlondeb i Hitler yn bersonol fel *Führer* ac nid i'r Wladwriaeth. Erbyn Awst 1934 nid oedd unrhyw ffynhonnell awdurdod ar wahân i'r Natsïaid. • Canoli'r heddlu fwyfwy wedi ei gyflawni erbyn 1936 pan ddaeth Himmler yn bennaeth yr heddlu.
7	Nid trwy orfodaeth yn unig y cafwyd unbennaeth – pobl yn cydsynio hefyd	• Buddugoliaethau gwleidyddol yr 1930au: gostwng nifer y di-waith, enillion mewn polisi tramor, pobl yn elwa. • Cefnogaeth i ormesu elfennau 'anghymdeithasol': y rhai diog, yr hoyw, tramgwyddwyr ifanc.
8	Yr unbennaeth Natsïaidd yn rheoli a gweithredu fel heddlu gyda chaniatâd y bobl	• Pobl yn barod i achwyn ar ffrindiau, gelynion a chymdogion: yn Hamburg yn yr 1940au 100,000 yn cymryd rhan mewn arwerthiant o eiddo Iddewig. • Llwyddwyd i gael cydweithrediad o fewn fframwaith gormes llym: roedd y gwersylloedd y tu allan i'r fframwaith cyfreithiol fel y gwelwyd yn giaidd o amlwg yn ystod dyddiau olaf y rhyfel. • Mae cymryd rhan yn dangos gwahaniaeth rhwng democratiaeth ac unbennaeth ond roedd yr Almaenwyr yn cymryd rhan trwy ddulliau trais a throsedd ac nid o achos democratiaeth wleidyddol.
C Beth arall oedd yn arwyddocaol?		
Diweddglo: Er gwaethaf ei chyfyngiadau, roedd yr unbennaeth Natsïaidd yn real. Elwodd Hitler ar amrywiaeth eang o ymatebion i'w lywodraeth, o ddilynwyr ymroddedig i'r rhai oedd yn cydymddwyn yn anfoddog, ond ychydig iawn oedd yn barod i wrthwynebu, a dim ond un ymdrech fu i'w ddymchwel – yn 1944.		

9

Athroniaeth ac Ideoleg Sosialaeth Genedlaethol y Natsïaid

CYFLWYNIAD

Fel rheol, mae pleidiau gwleidyddol yn cyflwyno eu rhaglen bolisïau mewn termau sy'n debyg o ennill pleidleisiau. Roedd hyn yn arbennig o wir am y Natsïaid, oedd wedi eu dylanwadu gan syniadau Hitler, a fynegwyd yn *Mein Kampf*, y dylid cyflwyno 'pob propaganda ar ffurf boblogaidd a phennu ei lefel ddeallusol fel na fyddai'n rhy anodd i'r lleiaf deallusol o blith y rhai roedd yn eu targedu'. Ychwaneger at hyn y gred Natsïaidd y dylid sylfaenu cefnogaeth i'r Blaid ar ffydd yn yr arweinydd a ffyddlondeb iddo yn fwy nag ar syniadaeth resymegol, ac mae'n hawdd gweld sut y gallai arweinydd Natsïaidd, Hans Frank, ysgrifennu, mor gynnar ag 1924, bod 'ein rhaglen yn cynnwys dau air, "Adolf Hitler"' neu sut y gallai Göring ddweud yn 1934, 'mae'r rhaglen yn datgan "Yr Almaen" '.

Y gwir yw nad Hitler ond Alfred Rosenberg (gw. tud. 66) oedd yn ysgrifennu'n bennaf am ideoleg Sosialaeth Genedlaethol. Roedd yn un o aelodau cynnar y Blaid ac yn olygydd ei phapur newydd, *Völkischer Beobachter*. Ysgrifennodd nifer o bamffledi gwrth-Semitaidd ac ailargraffu pamffledyn o'r bedwaredd ganrif ar bymtheg o awduraeth amheus a elwid *The Protocols of the Elders of Zion*. Honnai hwn ei fod yn disgrifio cynllwyn Iddewig i dra-arglwyddiaethu ar y byd. Yn ddiweddarach darganfuwyd mai ffug ydoedd, ond roedd Hitler yn ei dderbyn. Yn 1925, cyhoeddodd Rosenberg ei brif waith, *The Myth of the Twentieth Century*, a gyfrifid yn feibl y Sosialwyr Cenedlaethol oherwydd ei ddamcaniaethau hiliol. Ynddo ailadroddodd y gorchmynion hiliol a ddatblygwyd yn *Mein Kampf* gan gyfeirio at ragoriaeth yr hil Lychlynnaidd. Cyfystyrai'r hil hon â phobl yr Almaen, tra ar yr un pryd dirmygai'r Iddewon fel parasitiaid. Ymosodai hefyd ar y Seiri Rhyddion, Cristnogaeth a chomiwnyddiaeth. Oherwydd bod Hitler yn cymeradwyo'r syniadau oedd wedi eu mynegi yn y *Myth*, daethant yn athroniaeth swyddogol y Drydedd Reich. Yn 1934 gwnaethpwyd Rosenberg yn gyfrifol am hyfforddi holl aelodau'r Blaid Natsïaidd yn ideoleg Sosialaeth Genedlaethol.

Dan yr amgylchiadau hyn nid yw'n syndod fod pobl ar y pryd, a llawer o haneswyr a sylwebyddion ers hynny, wedi amau a oedd gan Hitler ideoleg gyson go iawn. Cyflwynwyd y darlun traddodiadol o ideoleg Sosialaidd Genedlaethol am y tro cyntaf gan Hermann Rauschning, y cyn-Natsi a fu'n arweinydd Senedd Danzig ac a gwerylodd â Hitler ac ymsefydlu yn ddiweddarach yn UDA. Yn *Hitler Speaks* mae'n ymosod ar Hitler am arddangos 'oportiwnistiaeth ddiegwyddor sy'n bwrw o'r neilltu â rhwyddineb perffaith bopeth oedd funud ynghynt yn cael ei gyfrif yn egwyddor bendant', tra mae Melita Maschmann, sy'n edrych yn ôl yn 1970 ar ei blynyddoedd ym Mudiad Ieuenctid Hitler, yn gofyn 'ble roedden nhw, bryd hynny, y syniadau dwfn a'r gwirioneddau sicr oedd wedi bod yn sylfeini'r byd newydd roedden ni wedi ceisio ei adeiladu. Roedd llais na ellid prin ei glywed o'm mewn yn dweud: "ddim yn unman, ni fu iddynt fodoli erioed" '. Mae sylwebydd arall ar y Drydedd Reich, William Shirer, wedi mynd mor bell â disgrifio ideoleg Hitler fel 'cawlach gwrthun wedi'i lunio gan niwrotig hanner pan, di-ddysg'. Gwelid ideoleg Sosialaeth Genedlaethol fel athroniaeth anghyson, ddryslyd. Fodd bynnag, nid oedd pob hanesydd yn cytuno. Cred Alan Bullock, sy'n arbenigwr blaenllaw ar Hitler, fod Hitler yn arddangos cysondeb eithriadol yn glynu wrth rai syniadau a chysyniadau trwy gydol 25 mlynedd o weithredu gwleidyddol. Mae cofiannydd arall, William Carr, yn disgrifio llwyddiant deheuig Hitler i briodi ei athroniaeth am fywyd â thactegau i ecsbloetio pobl ac amgylchiadau er mwyn ennill grym di-ben-draw fel 'oportiwnistiaeth ddigydwybod'.

Mae'r ddadl ynghylch a fu Hitler yn gyson yn ei nod yn deillio'n rhannol o'r prinder ffynonellau sydd ar gael, gan ei gwneud yn anodd iawn olrhain datblygiad ei syniadau. Dinistriwyd archifau'r Almaen i raddau yn ystod y rhyfel, ond fel y nodwyd eisoes ym Mhennod 7, pwysicach fyth oedd natur rheolaeth bersonol Hitler. Dim ond ychydig o gofnodion mewn ysgrifen a adawodd ac ni chadwai ddyddiadur; arddywedwyd hyd yn oed *Mein Kampf* i'w ysgrifennu gan Emil Maurice a Rudolf Hess. Ni fu iddo ysgrifennu ymylnodau ar ddogfennau swyddogol – roedd yn well ganddo drafod problemau yn answyddogol gydag is-swyddogion yn ei guddfan yn y mynyddoedd, y Berghof. Felly gadewir yr hanesydd gyda dau waith cyffredinol yn dyddio o gyfnod cynnar yr 1920au: *Mein Kampf* a'i *Zweites Buch* (Llyfr Cyfrinachol) a ysgrifennwyd yn 1928 ond nas cyhoeddwyd yn ystod oes Hitler. Mae'r ail yn cynrychioli'r cam olaf yn yr eglurhad ar syniadau Hitler ers ei gyfnod cynnar fel cynhyrfwr cenedlaethol yn 1919. Y cwestiwn i'w ofyn yw a oedd Hitler yn datgelu ei wir fwriad yn y gweithiau hyn. Yn sicr, roedd Hitler yn sôn bob amser fod ganddo athroniaeth sylfaenol oedd wedi datblygu dros y blynyddoedd yng ngoleuni ei brofiadau fel cardotyn yn Wien, yn ystod y Rhyfel Byd Cyntaf a'r amseroedd anodd a ddioddefodd yr Almaen dan Weriniaeth Weimar. Yn ystod ei flynyddoedd yn Wien y datblygodd ei ddelfrydau (*Weltanschauung*), a ddaeth yn brif sbardun ei fywyd. Roedd y grymoedd hyn yn cynnwys cenedlaetholdeb eithafol a'i gysyniadau am hil a gwaed, ymdrech a thra-arglwyddiaeth, yr Ariad yn erbyn yr Iddew, yr hil oruchaf yn erbyn pobl israddol, casineb at yr Iddewon a Marcsiaeth, ac argyhoeddiad fod Ffawd wedi ei ddewis i gyflawni pethau gwych. Er bod haneswyr yn anghytuno ynghylch pwysigrwydd *Mein Kampf* ar gyfer deall polisïau Hitler yn ddiweddarach, mae'n dal i fod yn ffynhonnell bwysig i ddeall ei feddwl a'i gredoau sylfaenol. Dywedodd E. Jäckel nad oedd neb mewn hanes, neu fawr neb, ond Adolf Hitler wedi

PRIF YSTYRIAETH

Ideoleg ac athroniaeth y Blaid Natsïaidd.

ideoleg set o syniadau a gwerthoedd; athroniaeth yw'r ddamcaniaeth y tu cefn i'r syniadau hynny

Volk pobl wedi eu puro o ddylanwadau materol ac ysbrydol pobloedd eraill; term yn cynrychioli hil, cyfriniaeth a gwrth-Semitiaeth.
gemeinschaft cymuned glòs, organig, wledig

C

Beth oedd prif ddadl Hitler dros bwysleisio purdeb gwaed?

amlinellu mor fanwl gywir mewn ysgrifen yr hyn a gyflawnodd yn ddiweddarach. (Gw. tt. 62-6 am gefndir ysgrifennu *Mein Kampf*, a'r prif themâu a ystyrir ynddo.)

1 ~ Y PRIF THEMÂU YN IDEOLEG AC ATHRONIAETH HITLER

A Y Volk *Almaenig a'r angen am burdeb hiliol*

Yn graidd i ideoleg Natsïaidd oedd obsesiwn Hitler ynglŷn â chael cymuned genedlaethol hiliol bur (***Volksgemeinschaft***) yn seiliedig ar egwyddor *Gemeinnutz geht vor Eigennutz* ('Lles y mwyafrif o flaen lles yr unigolyn'). Roedd yn thema a ailadroddwyd o ddyddiau cynnar Rhaglen 25 Pwynt y blaid hyd at Almaeneiddio y dwyrain dan yr *SS* yn yr 1940au. Gweledigaeth Hitler, a gynrychiolai'r ffurf fwyaf radical ar genedlaetholdeb ethnig, oedd creu gwladwriaeth hiliol gyda'i haelodaeth wedi ei chyfyngu i Almaenwyr pur – *ein Volk, ein Reich* (un bobl, un ymerodraeth). Roedd hyn yn golygu cau allan nid yn unig bobl y cyrion, fel Iddewon a Sipsiwn, ond hefyd y gwael a'r anabl. Golygai hefyd adfer tiroedd y Reich (Alsace, Lorraine a rhannau o Wlad Pwyl) ynghyd â phobl a gollwyd gan yr Almaen yng Nghytundeb Versailles. Ehangodd ei feini prawf ar *ein Volk* i groesawu Almaenwyr ethnig ym mhobman, gan gynnwys Awstria, Tsiecoslofacia a Gwlad Pwyl. Yn *Mein Kampf* ysgrifennodd y dylai 'pobl o'r un gwaed fod yn yr un Reich'. Roedd yn bolisi atyniadol i lawer o Almaenwyr, yn enwedig y fyddin, gan fod llawer o ddig oherwydd Cytundeb Versailles. Elwodd Hitler yn fawr oherwydd dymuniad llawer o bobl i adfer mawredd yr Almaen a'i hymerodraeth. Arhosodd yn ffyddlon i'r agwedd hon ar ei ideoleg er bod creu Reich unigol o'r fath, o Almaenwyr ethnig, yn bygwth sefydlogrwydd canolbarth Ewrop a chanolbarth dwyrain Ewrop (gw. Map 10, tud. 395) ac yn y diwedd wedi arwain Ewrop i Ail Ryfel Byd. Roedd pobl i'w hannog i adnabod eu hundod ethnig a gwleidyddol. Yn *Mein Kampf* soniodd Hitler am yr angen i addysgu pobl ifanc i ddeall ystyr purdeb hiliol a'r pwysigrwydd o gadw'r gwaed hiliol heb ei lygru er mwyn sicrhau dyfodol y genedl Almaenig. Dywedodd:

> Yr hyn mae'n rhaid i ni frwydro amdano yw diogelu bodolaeth ac atgenhedliad ein hil a'n pobl, cynhaliaeth ein plant a phurdeb ein gwaed, rhyddid ac annibyniaeth y famwlad, fel y gall ein pobl aeddfedu i gyflawni'r genhadaeth a bennodd creawdwr y bydysawd iddi ... Ni ddylai'r rhai sy'n afiach yn gorfforol a meddyliol barhau eu dioddefaint yng nghyrff eu plant.

Roedd gan Hitler ddarlun rhamantus o'i gymuned genedlaethol, un a fyddai wedi ei seilio ar y werin, a gyfrifid ganddo yn elfen hiliol fwyaf pur y *Volk*. Roedd yn feirniadol o'r gymdeithas ddiwydiannol fodern oedd wedi dinistrio gwerthoedd traddodiadol. Pwysleisiai'r gyfundrefn Natsïaidd na allai Almaen y dyfodol 'fod yn ddim ond gwladwriaeth werin' a soniai Hitler yn *Mein Kampf* am sefydlu gwladwriaeth *völkisch* i'r de o Ukrain. 'Byddwn yn ailboblogi'r Crimea, yn enwedig, gydag Almaenwyr a neb arall. Ni fydd yn achosi unrhyw drafferth i ni wthio'r boblogaeth bresennol i rywle arall. Ffermwr milwrol fydd y cyfaneddwr Almaenig.' O fewn gwladwriaeth werin o'r fath byddai trefn gymdeithasol newydd yn datblygu a fyddai'n cynnwys pedwar dosbarth: bonedd Sosialaidd Cenedlaethol (a enwid yn ddosbarth *Herren*) a fyddai wedi ei galedu gan frwydr; hierarchaeth o aelodau o'r Blaid a fyddai'n ffurfio'r dosbarth canol newydd; y torfeydd dienw di-rym a fyddai'n derbyn arweinyddiaeth y *Führer*; a dosbarth o hil estron israddol a fyddai'n cynrychioli dosbarth o gaethweision modern. Roedd y rhaniadau oedd yn bod eisoes oherwydd dosbarth, gwaith, crefydd neu ardal i'w goresgyn gan gwlwm cryfach gwaed a hil. Byddai cyflawni'r unoliaeth hon o ran buddiannau ac ymroddiad yn golygu chwyldro cymdeithasol, oherwydd byddai aelodaeth o gymuned genedlaethol yn dod yn fwy pwysig na pherthyn i garfan arbennig o fewn cymdeithas. Roedd delfryd Hitler o gymdeithas ddiddosbarth yn cael lle amlwg ym mhropaganda'r Natsïaid a oedd yn ceisio creu rhith o 'fyd newydd dewr', paradwys. Mabwysiadwyd delweddau amrywiol i ddylanwadu ar farn y cyhoedd a'u cael i roi'r gorau i'r rhaniadau dosbarth a gwrthdaro'r blynyddoedd cynt, a newid agweddau. Ceid sloganau yn datgan *Arbeit adelt* ('mae gwaith yn mawrygu') ac *Arbeit macht frei* ('mae llafur yn rhyddhau'). Dangosid delweddau delfrydol o'r gweithiwr a'r gwerinwr yn aml fel propaganda, a chyfeirid at Hitler fel 'gweithiwr blaenaf y genedl'. Gwnaethpwyd Calan Mai yn 'Ddiwrnod Llafur Cenedlaethol'. Cyflwynid y ddelfryd o gydymffurfio cymdeithasol drwy gyfrwng cyfres newydd o ddefodau, gorymdeithiau ac areithiau cyhoeddus y disgwylid i'r *Volksgenossen* (cymrodyr cenedlaethol) eu mynychu a dangos eu brwdfrydedd trwy chwifio baneri. Byddai delweddau cadarnhaol o'r gymuned genedlaethol wrth ei gwaith yn cael eu darparu trwy gynllun lles cyhoeddus estynedig a fyddai ar gael i bawb oedd yn gymwys i fod yn aelodau. (Byddwn yn edrych ar bolisïau cymdeithasol y gyfundrefn ym Mhennod 10.)

Roedd cynlluniau Hitler i adennill tiroedd coll yr Almaen yn golygu ailarfogi ac roedd hyn yn gwrthdaro â'r ddelfryd o ddiogelu dosbarth gwerin cyn-ddiwydiannol. Cyn iddynt gipio grym roedd y Natsïaid wedi sôn llawer yn eu hymgyrchoedd propaganda am ddad-wneud y duedd tuag at fyw trefol ac yn lle hynny greu bonedd newydd o'r werin trwy bolisi *Blut und Boden* (gwaed a phridd). O'u rhan hwy, roedd y gymuned amaethyddol wedi ei denu i achos Sosialaeth Genedlaethol gan yr addewid am gymorth economaidd a chan gydymdeimlad ymddangosiadol Sosialaeth Genedlaethol ynglŷn â'i rôl o fewn cymdeithas. Fodd bynnag, roedd yna anghysondebau difrifol yn ei honiadau, oherwydd methodd Hitler atal y twf trefol a diwydiannol yn yr Almaen. Nid oedd cynlluniau ar gyfer ailgyfanheddu cefn gwlad

PRIF YSTYRIAETH

Beirniadaeth ar gred Hitler yng nghymuned y bobl.

yn cyd-fynd â phenderfyniad Hitler i ddad-wneud telerau Cytundeb Versailles, tra oedd ei gynlluniau i ehangu yn golygu bod yn rhaid ailarfogi a hynny yn ei dro yn dibynnu ar ddiwydianeiddio a threfoli. Roedd ei amcanion hefyd yn anghydnaws â'r duedd i adael cefn gwlad a byw yn y dref. Yn ogystal, fel realydd gwleidyddol, roedd Hitler yn gweld bod angen iddo gadw cefnogaeth yr elitau, ond roedd cefnogaeth y Natsïaid i'r werin fel asgwrn cefn y gymdeithas yn bygwth buddiannau'r tirfeddianwyr.

PRIF YSTYRIAETH

Syniadau Hitler: ei ddyled i'w ragflaenwyr.

Deilliai ideoleg *Volksgemeinschaft* Hitler o amrywiol wreiddiau: o syniadau deallusol y bedwaredd ganrif ar bymtheg a gysylltir â gweithiau llenyddol Johann Fichte oedd yn awyddus i weld ehangu a fyddai'n cynnwys pob Almaenwr y tu allan i ffiniau'r wlad, ac o athroniaeth *völkisch* Rhamantiaeth diwedd y ddeunawfed ganrif. Yn ystod ei flynyddoedd yn München yn yr 1920au cynnar, roedd y *Thule Gesellschaft*, un o tua 75 grŵp *völkisch* dan Weriniaeth Weimar, a sefydlwyd yn ystod y Rhyfel Byd Cyntaf, wedi gwneud argraff ar Hitler hefyd. Gan gymryd ei henw o famwlad chwedlonol Lychlynnaidd yr hen hil Almaenig oedd wedi dod i lawr o'r gogledd, roedd cymdeithas Thule wedi ymrwymo i hybu cenedlaetholdeb eithafol, cyfriniaeth hiliol, ocwltiaeth a gwrth-Semitiaeth. Ymunodd llawer o aelodau'r gymdeithas Thule â Phlaid Gweithwyr yr Almaen ac yn y man â'r Blaid Natsïaidd, gan gynnwys Rudolf Hess ac Alfred Rosenberg. Roeddent yn cefnogi'r freuddwyd ban-Almaenig am Reich rymus, newydd, yn defnyddio symbol y swastica, a'u harwyddair oedd *Gedenke, dass Du ein Deutscher bist. Halte dein Blut rein!* (Cofiwch eich bod yn Almaenwr. Cadwch eich gwaed yn bur!) Yn *Mein Kampf* ysgrifennodd Hitler: 'syniadau sylfaenol y mudiad Sosialaidd Cenedlaethol yw *völkisch* ac mae'r syniadau *völkisch* yn Sosialaidd Genedlaethol'. Er gwaethaf y gwreiddiau hyn, datgysylltodd ei fudiad oddi wrth y clybiau *völkisch* nodweddiadol.

Glynodd Hitler yn gyson wrth ei ideoleg *Volksgemeinschaft* (gw. Pennod 10). Erbyn diwedd 1938 roedd wedi llwyddo i gynnwys pobl o'r un gwaed i'r un Reich neu *Volk* trwy gyfeddiannu Awstria a Tsiecoslofacia. Wedi i'r Rhyfel ddechrau yn 1939, oherwydd llwyddiannau'r fyddin Almaenig yn y dwyrain, penodwyd Himmler yn Gomisâr y Reich i Gyfnerthu Cenedligrwydd Almaenig. Aeth ati i sicrhau purdeb hiliol trwy bolisi trefnus o ddifodi ar raddfa eang. Lladdwyd y rhai a gyfrifid yn 'hiliol ddirywiedig', megis Pwyliaid, Rwsiaid a Tsiecoslofaciaid, yn ogystal ag Iddewon, naill ai trwy wenwyno torfol â nwy neu ddienyddio torfol, neu trwy eu gorweithio neu mewn arbrofion meddygol. Yn 1941 penodwyd Alfred Rosenberg yn Weinidog y Reich yn Nhiriogaethau Meddianedig y Dwyrain. Yn y swydd hon bu iddo hyrwyddo'r Almaeneiddio ar bobloedd y Dwyrain dan amodau creulon, goruchwylio llafur yn y gwersylloedd, casglu ynghyd gwotâu o weithwyr a'u hanfon i'r Almaen i weithio, a threfnu i ddifodi'r Iddewon.

B *Rhagoriaeth hiliol yr Ariaid*

Mae'n dilyn o'r hyn a ddywedwyd am weledigaeth *Volksgemeinschaft* Hitler fod dysgeidiaeth hiliol yn chwarae rhan bwysig yn hanes y Drydedd Reich. Yma, fel gyda chymaint o agweddau eraill ar ei athroniaeth, roedd Hitler yn dibynnu ar syniadau meddylwyr y bedwaredd ganrif ar bymtheg, megis Arthur Gobineau ac, yn arbennig, Houston Stewart Chamberlain, er na fu iddo gydnabod hynny. Heb fod yn fodlon ar gyhoeddi rhagoriaeth y gwyn ar genhedloedd lliw, roedd yr athronwyr hyn hefyd yn honni hierarchaeth o fewn hil y gwynion. Datblygasant y myth am ragoriaeth Ariaidd a gysylltid â phobl Lychlynnaidd Llychlyn. Honnai Gobineau fod gwir wareiddiad wedi bodoli yn Ewrop yn unig lle roedd yr Ariaid yn tra-arglwyddiaethu, gan eu bod yn rhagori o ran deallusrwydd ac egni. Datblygodd Chamberlain ddwy thema yn ei *The Foundations of the Nineteenth Century*: mai'r Tiwtoniaid (Almaenwyr) oedd wedi creu a chynnal gwareiddiad, a bod yr Iddewon yn rym hiliol negyddol ac yn ddylanwad aflonyddgar, dirywiol mewn hanes. Delfrydodd Chamberlain y Tiwtoniaid pur eu gwaed, gan honni mai hwy oedd yn gwbl gyfrifol am gynnydd y byd. Fe'u disgrifodd fel dynion melynwallt, tal, cryf o gorff, gyda thalcen uchel a hir, llygaid glas, croen golau ac ymennydd ar waith trwy'r amser. I'r gwrthwyneb, rhybuddiai, dylid edrych ar yr Iddew, oedd wedi cael safle anghyfartal bwysig ym mywyd yr Almaen yn y bedwaredd ganrif ar bymtheg, fel perygl cymdeithasol a gwleidyddol. Mabwysiadwyd syniadau Chamberlain gan arwr Hitler, Richard Wagner, a honnai fod yr Almaenwyr, oherwydd eu purdeb hiliol rhagorach, yn rhagori ar bobloedd eraill ym mawredd eu harweinwyr. Ofnai Wagner fod yr Iddewon yn rym dadfeiliol ymysg yr Almaenwyr. Daeth y syniadau hiliol hyn yn boblogaidd yn yr Almaen, lle caent eu huniaethu â chenedlaetholdeb.

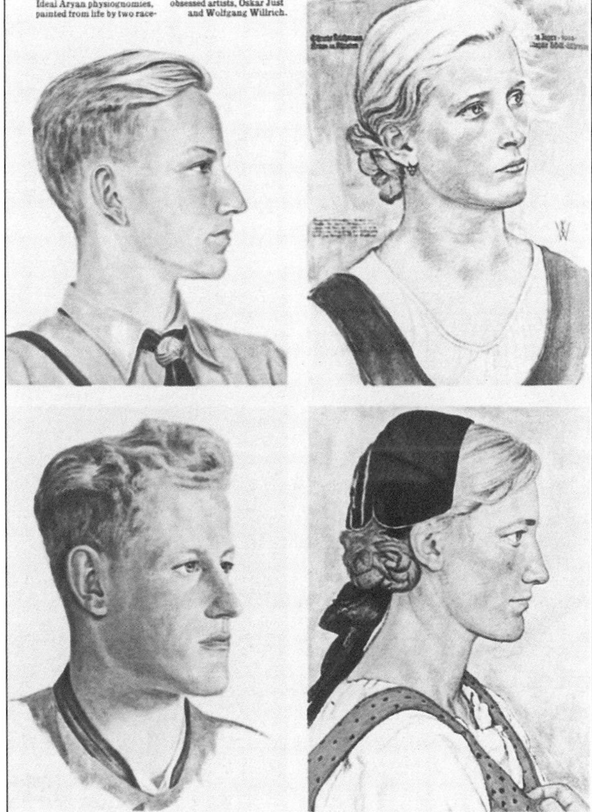

LLUN 34
Enghreifftiau o'r 'nodweddion Ariaidd delfrydol' a beintiwyd gan Oskar Just a Wolfgang Willrich, dau arlunydd oedd ag obsesiwn am hil

Datblygwyd credoau hiliol a rhagfarnau obsesiynol Hitler yn y bennod 'Pobl a Hil' yn *Mein Kampf*. Enwai dri grŵp hiliol: creawdwyr diwylliant sef yr Ariaid; yn ail, y rhai oedd yn cynnal diwylliant, sef y bobl nad oeddent yn abl i greu diwylliant eu hunain ond a allai gopïo esiampl yr hil ragorach a phobloedd israddol; ac yn drydydd, yr Iddewon, a welai fel dinistrwyr diwylliant. Roedd hanes, meddai, wedi profi â chywirdeb ofnadwy – bob tro roedd gwaed Ariaidd yn cael ei gymysgu â gwaed pobl israddol y canlyniad oedd diwedd 'yr hil oedd yn cynnal diwylliant'. Yn *Mein Kampf* rhybuddiodd:

> Cymysgu gwaed a'r cwymp canlyniadol yn y lefel hiliol yw'r unig achos dros farwolaeth yr hen ddiwylliannau; achos nid yw dynion yn marw am iddynt golli rhyfel, ond oherwydd colli'r grym i wrthsefyll a gynhwysir yn unig mewn gwaed pur.

Ni ddylid caniatáu i Almaenwyr gymysgu â phobloedd o hil wahanol, ac felly prif dasg y Wladwriaeth oedd diogelu yr hen elfennau hiliol i sicrhau bod yr hil yn goroesi. Ond roedd lawn mor awyddus i gadw perffeithrwydd yr hil Ariaidd trwy gael gwared ar bawb oedd yn wan neu'n anabl. Byddai'r hil Almaenig Lychlynnaidd Ariaidd ragorach, a alwai ef yn *Herrenvolk*, yn ymroi i frwydr hiliol yn erbyn yr Iddew parasitig. Efallai bod syniadau hiliol Hitler yn ymddangos yn ddryslyd ond roeddent yn gyson. Amlygwyd ei ymdrechion i drawsnewid y genedl Almaenig yn hil ragorach mewn nifer o ffyrdd. Dyna raglen *Lebensborn* Himmler oedd yn dibynnu ar epilio dethol a chipio plant oedd yn 'hiliol dderbyniol' o wledydd oedd wedi eu meddiannu – Gwlad Pwyl, Ffrainc, Norwy, Iwgoslafia, Tsiecoslofacia – i'w mabwysiadu gan deuluoedd Almaenig. Yna ceid polisi ewgeneg y llywodraeth. Gan fod rhagoriaeth Ariaidd yn golygu y gallu i weithio, gwasanaeth cyhoeddus a hunanaberth, ni allai'r sawl oedd yn anabl yn gorfforol neu feddyliol, neu oedd yn hoyw, berfformio'r dyletswyddau hyn, ac felly roeddent i'w diffrwythloni neu eu lladd. Anogid Almaenwyr iach i gymryd rhan mewn hyfforddiant corfforol ac fe gaent eu dysgu am linach, gwyddor hil a theulu. Cyfreithlonwyd hiliaeth Hitler yng Nghyfreithiau Nuremberg ar ddinasyddiaeth a hil yn 1935. Cynigid dinasyddiaeth i 'bob deiliad o waed Almaenig neu gydnaws' ond fe'i gwaherddid i unrhyw un a ddosberthid fel yn perthyn i hil yr Iddewon a Sipsiwn.

C *Gwrth-Semitiaeth*

I Hitler, roedd yr Iddew yn cyferbynnu'n llwyr â'r Almaenwr. Nid oedd casineb Hitler tuag at yr Iddew yn beth newydd. Bodolai gwrth-Semitiaeth ledled Ewrop ers yr Oesoedd Canol ond daeth yn amlwg iawn ym mlynyddoedd olaf y bedwaredd ganrif ar bymtheg yn Hwngari a Rwsia lle ceid niferoedd mawr o Iddewon lleiafrifol. Seiliwyd gelyniaeth nid yn unig ar grefydd, ond hefyd am fod yr Iddewon yn llwyddo yn economaidd, gan ddod yn gyfoethog a grymus. Tebyg fod casineb Hitler yn dyddio o'i flynyddoedd yn Wien lle roedd Iddewon yn fwy niferus nag yn yr Almaen ac yn fwy gweladwy oherwydd eu gwisg a'u hymlyniad wrth eu traddodiad. Edrychai ar yr Iddewon fel rhai oedd heb famwlad ac yn analluog i aberthu er lles y mwyafrif. Disgrifiai hwy fel parasitiaid oedd, trwy gyllid rhyngwladol a chomiwnyddiaeth, yn llygru cenhedloedd ac yn gyfrifol am bob drwg oedd wedi achosi gofid i'r Almaen er pan drechwyd hi yn 1917. Fe gaent eu beio am ddrygau'r byd modern, roeddent yn llygru gwerthoedd moesol, a hwy oedd yn gyfrifol am drechiad yr Almaen yn y Rhyfel Byd Cyntaf, am y chwyldro oedd wedi disodli'r Kaiser, ac am ddyrchafiad y llywodraeth Weimar anffodus. Gwelai Hitler gynllwyn Iddewig anferthol i lygru'r hil Ariaidd. Nid oedd ar ei ben ei hun yn coleddu'r weledigaeth radical hon o fod eisiau cael gwared arnynt, ond yn ystod blynyddoedd cynnar y gyfundrefn fe'i rhwystrwyd rhag gweithredu yn ymarferol oherwydd gwrthwynebiad yr elitau, ofn barn anffafriol o dramor, yr angen am hybu adferiad yr economi, a difaterwch y cyhoedd yn wyneb unrhyw awgrym i erlid. Mae hyn yn egluro pam na fu i wrth-Semitiaeth gael lle amlwg ym mhropaganda cyn-etholiadol 1933 a pham y dywedodd Goebbels nad oedd Hitler i sôn am gwestiwn yr Iddewon yn ei areithiau. Ni siaradai Hitler ond mewn termau cyffredinol iawn ac fe ymbellhaodd oddi wrth wrth-Semitiaeth orffwyll Julius Streicher yn *Der Stürmer*. Er yr anghysondeb ymddangosiadol hwn, nid oedd newid yng ngwrth-Semitiaeth Hitler. Roedd yna bob amser nod cyffredinol i gael gwared ar yr Iddewon, er bod y modd roedd hyn i'w gyflawni wedi newid dros amser. Symudodd y gyfundrefn yn araf ac yn ofalus yn eu herbyn. I raddau, amgylchiadau oedd yn penderfynu ar y polisïau, ac fe ddatblygasant o amddifadu'r Iddewon o'u hawliau sifil a'u bywoliaeth economaidd, i erledigaeth gynyddol a thrais, yn cael eu symboleiddio gan **bogrom** 1938, gan gyrraedd uchafbwynt pan y'u gorfodwyd i'r gwersylloedd angau yn y dwyrain o 1942 ymlaen.

pogrom difodi a lladd trefnedig

Ch *Concro 'lle i fyw'* (Lebensraum) *yn y dwyrain a gelyniaeth tuag at Rwsia*

Nid oedd cynlluniau pan-Almaenig Hitler yn ddigon i'w fodloni. Yn *Mein Kampf* ystyriodd y problemau oedd wedi wynebu llywodraeth y Kaiser yn 1914: cynnydd yn y boblogaeth yn arwain at fwy o alw am dir ac adnoddau gan olygu bod yr Almaenwyr yn bobl heb ofod, *Volk ohne Raum*. Gellid datrys y problemau hyn trwy bolisïau rheoli cenhedlu. Gwrthododd Hitler y fath reolaeth, nid yn unig oherwydd bod hynny'n gwanhau'r hil, ond hefyd am ei fod yn pryderu bod maint yr Almaen yn fychan o'i chymharu â'r pwerau Ewropeaidd eraill. Credai nad oedd yr Almaen yn bŵer byd. Roedd y Kaiser wedi ceisio datrys y broblem trwy gynyddu allforion, ond roedd hynny'n annigonol ac wedi golygu bod yr

Almaen wedi gwrthdaro â Phrydain. Roedd Hitler yn awyddus i annog twf ym mhoblogaeth yr Almaen, ond byddai hynny'n arwain at orlenwi a pherygl o ddirywiad moesol a gwleidyddol. Credai mai *Lebensraum* oedd yr ateb, dod o hyd i le i fyw ar draul eraill. Un ateb posibl oedd meddiannu trefedigaethau ond ni ellid amddiffyn y rhain yn rhwydd, a gallai gweithrediadau llyngesol eu hynysu fel a ddigwyddodd rhwng 1914 ac 1918. At hynny, byddai unrhyw ymgais i feddiannu trefedigaethau yn ennyn gelyniaeth Prydain. Penderfynodd Hitler mai'r ateb oedd dod o hyd i dir i'w gyfanheddu yn nwyrain Ewrop a Rwsia, lle roedd cyflenwad da o fwyd a defnyddiau crai. Fel y mynegodd yn *Mein Kampf*:

PRIF YSTYRIAETH

Rôl ehangiad tiriogaethol yn ideoleg Hitler.

> Mae poblogaeth yr Almaen yn cynyddu yn flynyddol o bron naw can mil o eneidiau. Bydd bwydo'r fyddin hon o ddinasyddion newydd yn sicr o fod yn fwy anodd o flwyddyn i flwyddyn ac yn y pen draw yn arwain at drychineb, oni bai fod modd achub y blaen ar y perygl o newyn a dioddefaint mewn pryd ... Mae manteision di-ben-draw mewn dod o hyd i bridd newydd i leoli'r boblogaeth ychwanegol, yn enwedig os bydd i ni droi o'r presennol i'r dyfodol ... rhaid dweud na ellir cyflawni polisi tiriogaethol o'r fath yn Cameroon, ond bron yn unig yn Ewrop ...
>
> Rhaid i bolisi tramor y wladwriaeth werin ddiogelu, ar y blaned hon, fodolaeth yr hil a ymgorfforir yn y Wladwriaeth, trwy greu perthynas naturiol iach, hyfyw rhwng poblogaeth y genedl a thwf ar y naill law a swm ac ansawdd ei phridd ar y llaw arall. Fel perthynas iach gallwn ystyried yn unig y cyflwr sy'n sicrhau cynhaliaeth pobl ar eu tir eu hunain ... Dim ond gofod digon helaeth ar y ddaear hon sy'n sicrhau i genedl ryddid bodolaeth ... yn ogystal â'i bwysigrwydd fel ffynhonnell fwyd uniongyrchol i bobl, rhaid i arwyddocâd arall, hynny yw, un milwrol a gwleidyddol, gael ei briodoli i arwynebedd gwladwriaeth ... Felly, ni all y genedl Almaenig amddiffyn ei dyfodol ond fel pŵer byd.

C

Beth oedd prif ddadleuon Hitler i amddiffyn ei bolisi ehangu?

Roedd y polisi hwn yn debygol o arwain at ryfel a Hitler yn croesawu hynny am amryw o resymau.

- Roedd rhyfel yn cyd-fynd â'i syniad Darwinaidd, a oedd yn gweld ymryson a rhyfela rhwng pobloedd fel rhan naturiol o hanes. Yn hyn o beth roedd syniadau athronwyr y bedwaredd ganrif ar bymtheg wedi dylanwadu arno, dynion fel Georg Hegel, Heinrich von Treitschke a Friedrich Nietzsche, oedd yn ymhyfrydu mewn trais ac yn gogoneddu rhyfel gan ei fod 'yn gyfiawnadwy ac yn foesol' tra oedd 'heddwch parhaol yn amhosibl'.
- Gwelid rhyfel yn erbyn Rwsia fel croesgad yn erbyn Marcsiaeth a chomiwnyddiaeth. Roedd yr elitau a'r dosbarth canol, a oedd wedi gweld Hitler yn 1933 fel y dewis gorau i lywodraeth Farcsaidd, yn cefnogi hyn.
- Byddai rhyfel yn erbyn Rwsia yn golygu y byddai Ariaid goruchaf yn rhyfela yn erbyn Slafiaid israddol y bwriadai Hitler iddynt fod yn ddosbarth o gaethweision yn ei Drefn Newydd. Byddai hefyd yn ergyd yn erbyn cynllwyn Iddewig rhyngwladol oedd i'w weld mewn Marcsiaeth a chyllid rhyngwladol.

Gwelai Hitler y berthynas â Rwsia fel 'y peth pwysicaf wrth benderfynu ar bolisi tramor yr Almaen'. Os oedd i lwyddo i

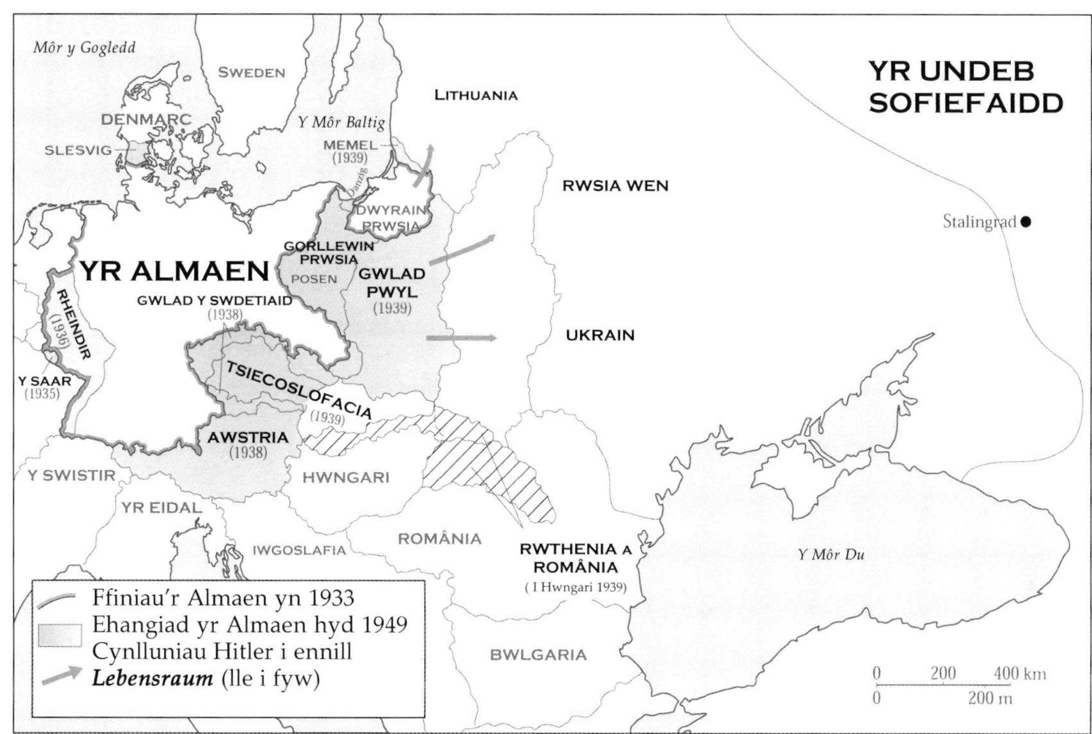

MAP 7
Uchelgais a meddiannau tiriogaethol yr Almaen

sicrhau ei Reich Almaenig a fyddai'n ymestyn o Fôr y Gogledd i Fynyddoedd Ural byddai'n rhaid diogelu ei ardd gefn. Golygai hynny sicrhau heddwch â Ffrainc. Credai Hitler bob amser 'fod Ffrainc ac y bydd hyd byth yn elyn anghymodlon i'r Almaen' a'i bod yn dod yn 'felltith fygythiol i fodolaeth yr hil wen yn Ewrop'. I sicrhau ei diogelwch, dylid cynghreirio â Phrydain, er y byddai hynny'n golygu bod yr Almaen yn ildio'i huchelgais diriogaethol a llyngesol. Wedi concro tiroedd yn y dwyrain a Rwsia byddai yna bolisi o Almaeneiddio, gyda'r boblogaeth frodorol yn ildio lle i ffermwyr Almaenig. Roedd hiliaeth a gwrth-Semitiaeth Hitler wedi eu cyfuno yn ei gynlluniau i amddiffyn yr hil Ariaidd/y bobl Almaenig trwy ehangiad daearyddol ar draul pobl wannach ac israddol. Roedd dylanwad academydd cyfoes, yr Athro Karl Haushofer (y bu Rudolf Hess yn un o'i fyfyrwyr) arno, dyn a oedd wedi poblogeiddio gwyddor **geowleidyddiaeth** ymysg grŵp o academyddion ym Mhrifysgol München.

geowleidyddiaeth gwyddor gymdeithasol yn ymwneud â daearyddiaeth, gwleidyddiaeth, strategaeth a disgyblaethau perthnasol. Gellid dweud bod cysyniadau megis *Lebensraum* o natur geowleidyddol

Fel gyda sawl agwedd arall ar ei gredoau, nid oedd gelyniaeth Hitler at Rwsia a'i gynlluniau ehangu ar ei thraul yn ymddangos yn gyson. Ni chafwyd fawr o sôn am *Lebensraum* rhwng 1930 ac 1933, oherwydd bod Hitler yn pryderu mwy am ymosod ar Weriniaeth Weimar am fethu delio â diweithdra a gwyrdroi telerau Cytundeb Versailles, debyg. Ni soniwyd am Rwsia yn ei gyfarfod gyda'i benaethiaid staff yn Nhachwedd 1937, pan amlinellodd ei gynlluniau i ennill tir ar draul Awstria a Tsiecoslofacia. I bob golwg roedd y cytundeb i beidio ag ymosod a arwyddodd y gyfundrefn â Rwsia yn 1939 yn wrthddywediad pellach. Ond ni fu unrhyw newid yn ei strategaeth dymor hir fel y dangosodd ei ymosodiad ar Rwsia yn 1941. Ar ddiwedd 1944, ac yng ngwanwyn 1945, roedd Hitler yn dal yn gadarn dros ei athroniaeth – trechu Rwsia, ennill tir a difodi'r Iddewon. Nid anghofiodd mo'r syniadau hyn fel y gwelir yn ei ewyllys olaf lle mae'n cyfeirio at ei athroniaeth bersonol gyson. Roedd Hitler yn ymaddasu yn ôl yr amgylchiadau ac felly, er ei fod yn gyson ei nod, roedd yn oportiwnydd o ran ei dactegau.

Mae'n syndod na fyddai gwladweinwyr tramor wedi darllen *Mein Kampf* yn fwy manwl, er bod yna deimlad, i raddau, fod amgylchiadau wedi newid. Ni fyddai Hitler, fel pennaeth y wladwriaeth Almaenig, yn gwneud yr hyn roedd Hitler, y cynhyrfwr, wedi ei ysgrifennu yn ystod dyddiau cynnar y chwyldro Natsïaidd, er ei fod yn ail ran *Mein Kampf* wedi argymell concro tir yn y dyfodol ar draul Rwsia. Nid oedd pawb mor ddall. Rhybuddiodd un academydd, Stephen Roberts o Brifysgol Sydney, oedd yn ymweld â Berlin yn 1936, ynghylch y cyfeiriad roedd yr Almaen yn symud iddo (dyfynnir yn *The House that Hitler Built*):

> … nid oes prin fachgen yn yr Almaen nad yw'n edrych ar y ddarpariaeth ar gyfer rhyfel terfynol fel yr agwedd bwysicaf ar ei fywyd …
>
> Ni all Hitleriaeth gyflawni ei nod heb ryfel; ideoleg rhyfel yw'r eiddo … Mae Hitler wedi cyflyru'r Almaen i'r fath raddau fel bod ei phobl yn barod i dderbyn rhyfel unrhyw funud.

DADL HANESWYR

A fu i Hitler gynllunio'r Ail Ryfel Byd?

Yn gysylltiedig â'r ddadl am ba mor gyson a chlir oedd nod Hitler i sefydlu ymerodraeth eang yn seiliedig ar hil Almaenig 'bur' mae'r cwestiwn eilaidd, sef a oedd yn wir wedi cynllunio i'r Almaen ymladd rhyfel arall. Gwnaethpwyd y gosodiad clasurol ar achosion yr Ail Ryfel Byd mor gynnar ag 1940 gan Michael Foot a Michael Howard yn *Guilty Men*, ac roedd yn cyflwyno'r hyn a ddaeth yn 'stereoteip poblogaidd o Hitler drygionus yn cynllwynio rhyfel er mwyn concwest, ac yn cael ei wrthwynebu ar yr unfed awr ar ddeg gan y democratiaethau ofnus a oedd wedi rhoi min ar ei flys trwy ildio yn waradwyddus' (A.P. Adamthwaite, *The Making of the Second World War*, Allen & Unwin, 1977).

Parhaodd y dehongliad hwn hyd mor ddiweddar ag 1963 gyda *The Appeasers* gan M. Gilbert a R. Gott, am ei bod yn ymddangos ei fod yn gweddu i'r ffeithiau. Teimlid fod yn rhaid i ryfel a ymladdwyd ar y fath raddfa anferthol a chyda'r fath ddinistr fod wedi ei gynllunio'n fwriadol gan ddyn oedd ag un nod yn y pen draw sef, yn ôl Hermann Rauschning, 'pŵer a dominiwn'. Ni chafwyd ymgais i adolygu'r farn hon nes cyhoeddi *The Origins of the Second World War* yn 1961 gan A.J.P. Taylor (Hamish

Hamilton), a heriodd y farn a dderbynnid gan y mwyafrif o haneswyr fod Hitler yn bwriadu mynd i ryfel. Gwrthododd Taylor y posibilrwydd fod Hitler yn gynlluniwr, 'yn paratoi'n fwriadol ... ryfel mawr a fyddai'n dinistrio gwareiddiad fel ag yr oedd ac yn ei wneud ef yn feistr y byd'. Dadleuodd mai 'un ei ragflaenwyr, y diplomyddion proffesiynol yn y Swyddfa Dramor a phob Almaenwr i bob pwrpas' oedd polisi tramor Hitler. Ei nod oedd gwneud yr Almaen yn 'bŵer mwyaf Ewrop oherwydd ei phwysau naturiol'. Cafwyd dadleuon chwerw a ffyrnig yn dilyn dehongliad Taylor, gan gadarnhau iddynt yr hyn roedd llawer o'i feirniaid yn ei gredu, sef mai ymarfer academaidd oedd ei lyfr i ddangos y gellid dod i gasgliadau cwbl wahanol i'r rhai a dderbyniwyd cyn hynny trwy ddefnyddio'r un dystiolaeth.

Polisïau Natsïaidd yn erbyn yr Iddewon, gw. Pennod 10

Ehangiad daearyddol Hitler, gw. tud. 407
Y cytundeb i beidio ag ymosod, gw. tud. 397

Ei feirniaid mwyaf radical oedd rhai o haneswyr Almaenig yr 'Ysgol Raglen' a arweinid gan Andreas Hillgruber, *Hitlers Strategie, Politik und Kreigsführung, 1940-1941* (Bernard & Graefe, 1965) a K. Hildebrand, *The Foreign Policy of the Third Reich* (Batsford, 1973), sy'n dadlau bod polisi tramor Hitler wedi ei lunio yn yr 1920au ac wedi para'n hynod gyson er gwaethaf ei ddull hyblyg o ddelio â manylion. Mae damcaniaeth yr Ysgol Raglen yn dibynnu'n bennaf ar ddarllen *Mein Kampf* a *Zweites Buch* (Llyfr Cyfrinachol) Hitler yn fanwl ac a fu i Hitler ddatgelu ei wir fwriadau yn y llyfrau hyn. Dros y blynyddoedd bu rhaniad clir yn y farn. Mae Trevor-Roper yn ei gyflwyniad yn 1953 i *Hitler's Table Talk* yn ysgrifennu bod *Mein Kampf* 'yn lasbrint cyflawn o'r hyn a fwriadai ei gyflawni ac nad yw'n gwahaniaethu ar unrhyw bwynt arwyddocaol oddi wrth yr hyn a ddigwyddodd go iawn yn y diwedd'. Fodd bynnag, dim ond mewn ystyr gyffredinol iawn mae hynny'n wir gan nad oedd yn cynnwys unrhyw amserlen fanwl ar gyfer ymosod, ac ni ellid cael un chwaith gan fod hanes yr 1930au yn dangos yn hollol amlwg na allai Hitler anwybyddu'r rhyngweithiad oedd rhwng ei gynlluniau a digwyddiadau. Ysgrifennodd Alan Milward bod strategaeth filwrol yr Almaen, ei threfniadaeth economaidd a'i diplomyddiaeth cyn y rhyfel i gyd yn cyd-fynd, gydag ideoleg Sosialaeth Genedlaethol wedi dylanwadu arnynt i gyd. Hyd yn oed yn *Mein Kampf* roedd Hitler yn datgelu ei sinigaeth lwyr ynghylch rhaglenni manwl, a welai fel modd i gyrraedd nod, sef pŵer, ac yn rhywbeth y gellid ei hepgor unwaith roedd y nod wedi ei gyrraedd. Tystiolaeth o'r fath synnwyr o oportiwnistiaeth a arweiniodd A.J.P. Taylor i'r casgliad fod Hitler yn geisiwr pŵer ac oportiwnydd penwag nad oedd ei sylwadau yn *Mein Kampf* a'r *Zweites Buch* wedi dylanwadu fawr ar ei ymddygiad wedi hynny. Wrth honni hyn nid oedd Taylor yn ystyried ewyllys gref Hitler a'r unplygrwydd a ddangosodd wrth ymdrechu i sicrhau tynged yr Almaen i'r dyfodol. Roedd Hitler yn ddeheuig yn y modd roedd yn trin dynion ac amgylchiadau ac mae hyd yn oed haneswyr yr Ysgol Raglen, fel Hillgruber, yn rhybuddio ei bod yn annoeth derbyn yr hyn a ddywedodd Hitler ar unrhyw achlysur fel arwydd pendant o'i fwriadau di-oed.

Yn absenoldeb dogfennau ar wahân i'r rhai a enwyd, sef *Mein Kampf* a'r *Zweites Buch*, mae haneswyr wedi dibynnu ar yr ychydig gofnodion sydd ar gael o'i areithiau cyfrinachol yn yr 1930au i aelodau o'i ddilynwyr, swyddogion uchel-radd y Blaid a chadlywyddion y fyddin. Mae'r rhain yn dangos cysondeb rhyfeddol o safbwynt amcanion polisi tramor y Natsïaid. Gwir sail holl bolisi Hitler bob amser oedd ehangu i'r dwyrain. Roedd yn uno cefnogwyr Sosialaeth Genedlaethol ac yn amlygu cynnwys ymerodrol polisi tramor y Natsïaid. Mae syniadau Taylor a phleidwyr thesis yr Ysgol Raglen wedi denu llawer o feirniadaeth. Cyfraniad Taylor i'r ddadl oedd ei fod wedi gorfodi llawer o haneswyr i adolygu eu barn ynghylch achosion yr Ail Ryfel Byd. Er hynny, cafodd ei feirniadu gan T.W. Mason, ymysg eraill, ei fod wedi tanbrisio cynnwys chwyldroadol syniadau Sosialaidd Cenedlaethol.

Mae sylwebyddion mwy diweddar wedi cysoni, i raddau, y gwrth-ddweud ymddangosiadol oedd rhwng uchelgais Hitler ar gyfer y tymor hir a'i dactegau tymor byr. Cydnabyddir 'nawr nad oedd yn ffanatig gwallgof y farn draddodiadol nac yn oportiwnydd sinigaidd Taylor; roedd y ddau yn wir yn eu tro. Nid oedd i'w weld yn cynllunio'n gyson, ond roedd ganddo weledigaeth o'r hyn roedd arno eisiau ei gyflawni. Yn ganolog i'r weledigaeth ideolegol hon oedd yr angen i buro'r genedl Almaenig ac ennill lle i fyw trwy goncwest, ond nid oedd yn gwybod sut i gyflawni hyn. Nid oedd gan Hitler amserlen na glasbrint ar gyfer ymosod. Yn yr ystyr hon, roedd ei bolisi tramor yn 'cyfuno cysondeb o ran nod ag oportiwnistiaeth lwyr o ran dull a thactegau'.

D *Pŵer y Wladwriaeth ac egwyddor y* Führer

C

Beth oedd prif feirniadaeth Hitler ar ddemocratiaeth seneddol?

Yn *Mein Kampf* condemniodd Hitler ddemocratiaeth fel ffolineb a gwneud yn eglur y byddai'r Drydedd Reich oedd i ddod yn cynnig cyfrifoldeb llwyr arweinydd ac elit o arweinwyr cynorthwyol yn lle llywodraeth seneddol anghyfrifiol. Yn hyn o beth roedd yn rhannu teimladau gwrthseneddol a gwrthddemocrataidd cryf llawer o'i gyfoeswyr oedd yn ystyried bod democratiaeth Gweriniaeth Weimar yn an-Almaenig ac wedi'i hysgaru oddi wrth orffennol ymerodrol yr Almaen. Roedd wedi ei gorfodi fel rhan o'r telerau heddwch atgas ac yn cael ei hystyried yn gyfystyr ag euogrwydd rhyfel, iawndaliadau a gwaradwydd. Beirniadodd Hitler ei gwendid a'i methiant i amddiffyn y bobl rhag argyfyngau economaidd 1923 ac 1929. Ysgrifennodd yn *Mein Kampf*:

Oni raid i'n hegwyddor o fwyafrif seneddol arwain at ddileu'r syniad o arweinyddiaeth? Oes rhywun yn credu bod cynnydd y byd hwn yn deillio o feddyliau mwyafrif yn hytrach nag ymennydd unigolion? Drwy wrthod awdurdod yr unigolyn ac yn ei le dderbyn niferoedd rhyw dorf dros dro, mae'r egwyddor seneddol o lywodraeth fwyafrifol yn pechu yn erbyn egwyddor pendefigaidd sylfaenol Natur, er rhaid dweud nad yw'r syniad hwn, o reidrwydd, wedi ei ymgorffori yn nadfeiliad ein deng mil goruchaf heddiw …

Mae'r ddyfais hon gan ddemocratiaeth yn berthnasol yn bennaf un i ansawdd sydd yn y dyddiau diwethaf wedi dod yn warth go iawn, sef, llyfrdra llawer o'r 'arweinwyr' fel y'u gelwir. Dyna lwc yw gallu cuddio dan gochl yr hyn a elwir yn fwyafrif wrth wneud pob penderfyniad o unrhyw bwys!

Er bod Sosialaeth Genedlaethol i fod yn fudiad torfol, nid oedd gan Hitler fawr o ffydd yn y torfeydd. Beirniadai ddemocratiaeth am ddibynnu ar etholiadau, trafod a chyfaddawd, ac yn ei le cymeradwyai orchymyn, disgyblaeth ac ufudd-dod i arweinydd llwyr rymus. Credai fod democratiaeth yn annog rhaniadau, nid undod, ac na fyddai'n ddigon cryf i drechu comiwnyddiaeth. Gan fenthyca syniadau Hegel a Treitschke credai y dylai'r Wladwriaeth fod yn oruchaf ac y dylai unigolion eu haberthu eu hunain i'w gwasanaethu.

Roedd angen arweinydd cryf a fyddai'n mynegi ewyllys y bobl a'u huno mewn cymuned genedlaethol. Ym meddylfryd y *völkisch* roedd hyn yn cael ei symboleiddio gan y *Führer*. Roedd ef yn ffigur cyfriniol oedd yn cynrychioli tynged y genedl. Yr hyn a olygai hyn yn ymarferol oedd fod penderfyniadau yn cael eu gwneud heb drafodaeth a heb ofyn barn y bobl. Gwreiddiau pedwaredd ganrif ar bymtheg y cysyniad hwn am arweinyddiaeth oedd syniad Friedrich Nietzsche am elit o arweinwyr didostur dan oruwchddyn, a syniadau cyfredol mewn cylchoedd adain dde yng nghyfnod y Kaiser Wilhelm. Dehonglodd y Natsïaid *Führerprinzip* i olygu gŵr tynghedus – penderfynol, grymus a radical – a fyddai'n dinistrio'r hen gymdeithas ddosbarth freintiedig ac yn ei lle yn sefydlu cymuned genedlaethol gymdeithasol unedig a hiliol 'bur'. Roedd y cwlt arweinydd hwn yn ganolog wrth geisio deall apêl Sosialaeth Genedlaethol a Hitler. Mor fuan â Gorffennaf 1921 roedd wedi mynnu y dylai *Führerprinzip* (egwyddor y *Führer*) fod yn gyfraith y Blaid Natsïaidd. Cymhwyswyd yr egwyddor i bob mudiad Sosialaidd Cenedlaethol fel bod yna sawl *Führer* ar raddfeydd gwahanol oedd yn ffurfio'r elit newydd ac yn gweithredu'n annibynnol ar ewyllys y dorf o ddilynwyr. Fel y dywedasom eisoes, y ddelwedd o Hitler fel gwaredwr ac achubwr y bobl oedd un o'r ffactorau a barodd i'r bobl, ar ôl 1930, droi cefn ar bleidiau gwan y Weriniaeth a chefnogi Sosialaeth Genedlaethol. Dewisodd yr elitau ef am fod arnynt eisiau troi'r cloc yn ôl a chael llywodraeth awdurdodol geidwadol genedlaethol. Credent y gallent 'ddofi' Hitler fel y byddent hwy'n dal i fod yn rheolwyr gwirioneddol yr Almaen. Profwyd y dybiaeth hon yn anghywir, ond fe gawsant gadw eu safle cymdeithasol ac economaidd breintiedig. Er na wrthodwyd Cyfansoddiad Gweriniaeth Weimar erioed o ran egwyddor, yn fuan roedd Hitler wedi sefydlu sail gyfreithiol i'w safle fel *Führer* ac unig gynrychiolydd ewyllys y genedl. Cafodd ei gyflwyno gan bropaganda fel *Volkskaiser* oedd yn hawlio teyrngarwch ac ufudd-dod diamod er mwyn llwyddo i ennill *Volksgemeinschaft*. Oherwydd bod y torfeydd yn ei dderbyn, perswadiwyd yr elitau an-Natsïaidd i dderbyn ei awdurdod yn y cyfnod tyngedfennol rhwng 1933 ac 1937, pan oedd yn sefydlu ei unbennaeth yn wyneb pob her o fewn y wlad ac yn y Blaid. Cafodd safle Hitler fel *Führer* ei ddiffinio gan Ernst Huber, y damcaniaethydd gwleidyddol Natsïaidd, fel safle 'rhydd, annibynnol, unigryw a diderfyn'.

Safle gyfreithiol Hitler fel *Führer*, gw. tt. 140-2

Dd *Athroniaeth Bywyd*

Weltanschauung (golwg fyd-eang) oedd y gair a ddefnyddid i ddisgrifio athroniaeth bywyd y Sosialwyr Cenedlaethol. Cred mewn hanes fel ymdrech hiliol, gwrth-Semitiaeth eithafol ac na ellid sicrhau dyfodol yr Almaen heb goncro *Lebensraum*, lle i fyw, ar draul Rwsia oedd y sbardun y tu cefn i olwg fyd-eang bersonol Hitler. Er bod gwraidd ei ideoleg yn ddwfn yng ngorffennol yr Almaen, roedd y modd y bu iddo ymroi i gyrraedd ei nod yn golygu ei fod yn chwyldroadol. Nid oedd yn cyfrif rhyddfrydiaeth yn elyn achos roedd wedi ei dirymu dan fethiant democratiaeth Gweriniaeth Weimar, ond roedd Marcsiaeth yn cystadlu â *Weltanschauung* ac fe allai fod yn ddylanwad grymus ar y tyrfaoedd. Roedd yn cynrychioli democratiaeth y tyrfaoedd a chydraddoldeb, oedd yn groes i gred Hitler mewn gwerth gwladwriaeth awdurdodaidd a rheolaeth bendefigaidd elit. Roedd cred Marcisaeth mewn cydraddoldeb rhwng pobloedd yn her i anghydraddoldeb hiliol y Natsïaid a thra-arglwyddiaeth y cryf. Roedd pwyslais Marcisaeth ar gydlyniad dosbarth yn groes i alwad Hitler am undod cenedlaethol yn seiliedig ar y *Volk*, tra oedd ei rhyngwladoliaeth yn groes i'w genedlaetholdeb. Ni ellid cyfaddawdu â Marcisaeth, yn hytrach byddai'r Almaen yn ymladd hyd angau i ddinistrio Marcisaeth a 'Bolsiefigiaeth Iddewig' yr Undeb Sofietaidd.

Mae'n bosibl nodi sawl gwraidd i *Weltanschauung* Hitler. Daeth ei obsesiwn gyda thrais, ymdrech a rhyfel o weithiau ysgrifenedig Treitschke, oedd yn honni bod rhyfel yn foesol a bod modd ei gyfiawnhau, ac i Ddarwiniaeth gymdeithasol a gamgymhwyswyd. Yr ideoleg Ddarwinaidd oedd sail polisi hil-laddiad Hitler. Dehonglai Ddarwiniaeth gymdeithasol i olygu bod dethol yn rheoli natur, bod buddugoliaeth yn eiddo'r cryf a bod yn rhaid difodi'r gwan. Roedd rhyfel ac ymdrech yn rhan annatod o fodolaeth dyn. Defnyddiai Hitler y gair 'ymdrech' yn aml yn ei areithiau a'i weithiau ysgrifenedig o 1922 ymlaen ac i ddisgrifio'r Natsïaid yn dod i rym yn 1933. Roedd yn graidd i'w athroniaeth oherwydd credai 'fod dyn wedi dod yn fawr drwy ymdrechu' ac mai 'hanfod cyntaf unrhyw *Weltanschuung* rhesymol yw'r ffaith ... mai grym yn unig sy'n troi'r fantol'. Cyfrifai ymdrech fel sylfaen pob cyflawniad, oherwydd 'dim ond trwy ymdrechu mae dyn wedi ei ddyrchafu ei hun yn uwch na byd yr anifail' (areithiau Hitler yn Kulmbach ar 5 Chwefror 1928 ac yn Chemnitz ar 2 Ebrill 1928). Ochr yn ochr â'r cysyniad o ymdrech, credai fod dwy brif egwyddor arall yn rheoli egni pob cenedl, sef purdeb gwaed a chreadigrwydd yr unigolyn (araith Hitler yn Chemnitz, 2 Ebrill 1928). Y tair egwyddor hyn oedd sylfaen gelyniaeth Hitler tuag at gomiwnyddiaeth ryngwladol, democratiaeth a hawliau'r unigolyn, a pholisi o ddyhuddo (araith Hitler yn Essen ar 22 Tachwedd 1926). Dri mis ar ôl dod yn Ganghellor, rhybuddiodd bobl fod yn 'rhaid iddynt ddeall bod y dyfodol yn dibynnu ar eu gallu hwy eu hunain, eu diwydrwydd a'u dewrder. Nid yw'r byd yn helpu o gwbl, rhaid i bobl eu helpu eu hunain ...' (araith Hitler yn Konigsberg, 4 Mawrth 1933). Cyfunwyd y gwahanol elfennau hyn yn *Weltanschauung* Hitler yn ei araith yn rali'r Blaid yn Nuremberg yn 1937, pan ddywedodd wrth ei gynulleidfa: 'Y garreg sylfaen yn rhaglen Sosialaeth Genedlaethol yw diddymu cysyniad rhyddfrydol yr unigolyn a'r cysyniad Marcsaidd ynghylch dynoliaeth, a gosod yn eu lle y gymuned *Volk*, gyda'i gwreiddiau yn y pridd ac wedi ei chlymu ynghyd wrth ei chwlwm gwaed cyffredin'.

Derbyniad cymysg a gafodd *Weltanschauung* Hitler gyda'i bwyslais ar ymdrech:

- Ni chafodd dderbyniad da gan y bobl. Roeddent yn awyddus i weld diwedd ar y trais a gysylltid ag ymladd yr *SA* ar y strydoedd oedd yn herio cyfraith a threfn. Oherwydd ymateb y cyhoedd, bu'n rhaid iddo roi'r gorau i'w bolisi ewthanasia yn 1941, er iddo barhau yn answyddogol yn ystod blynyddoedd y rhyfel. Er bod croeso i'w gynlluniau heddychlon i ddatrys gofynion Cytundeb Versailles, roedd gwrthwynebiad i'r syniad o ail ryfel byd.
- Roedd y swyddfa dramor Almaenig, y corff diplomyddol a'r arweinwyr milwrol yn cefnogi llawer o amcanion Hitler, ond roeddent yn pryderu ei fod yn fodlon gamblo â risgiau uchel. Roedd penderfyniadau a wnâi ar fyrder am resymau ideolegol, i bob golwg, yn achos braw iddynt. Ond roedd eu gwrthwynebiad, os gellir ei alw'n hynny, yn cael ei danseilio fwyfwy oherwydd llwyddiant polisi'r Unben ac am ei fod, o'r herwydd, yn boblogaidd ymysg pobl yr Almaen.

Roedd Hitler yn gwbl ymwybodol o'r derbyniad cymysg hwn ond roedd yn dibynnu ar bropaganda i berswadio'r bobl i dderbyn ei *Weltanschauung*. Ni fu'n hollol lwyddiannus ond ni ddylanwadwyd arno i newid ei brif gredoau.

2 ~ CASGLIAD

Wrth edrych ar *Weltanschauung* Hitler mae haneswyr wedi dadlau a oedd Hitler yn wallgof neu a oedd ganddo raglen neu gynllun yr oedd yn ei weithredu yn rhesymegol. Er bod dirywiad amlwg yng nghyflwr corfforol Hitler ar ôl 1940, a bod ganddo sawl gwahanol ffobia a'i fod yn colli ei dymer yn aml, cytunir yn gyffredinol nad oedd Hitler yn wallgof yn yr ystyr glinigol. Bu llawer mwy o ddadlau ynghylch gwreiddiau hanesyddol ac ideolegol ei *Weltanschauung*. Roedd yn amharod i ymrwymo ar bapur ac roedd y rhan fwyaf o'i ddogfennau ysgrifenedig yn ganlyniad cyfathrebu ar lafar yn ystod cyfnodau cynnar ei yrfa. Y prif eithriad oedd ei sgyrsiau bwrdd a gofnodwyd gan Martin Bormann yn y pencadlys yn ystod yr ymgyrch yn erbyn Rwsia, pan oedd yn siarad yn gymharol blaen. Ac eto, mae'r haneswyr hynny sydd wedi astudio ei ideoleg bob amser wedi synnu at y tebygrwydd hynod sydd rhwng syniadau a gofnodwyd pan oedd yn wleidydd taleithiol aflwyddiannus yn yr 1920au, a chwrs y digwyddiadau fel y bu iddynt ddatblygu ddegawd neu fwy yn ddiweddarach. Honnwyd na fu i brif ffigur hanesyddol erioed ddangos mor glir beth oedd ei fwriadau. Daeth yn feirniadaeth gyffredin ar bolisi dyhuddiad fod y rhai oedd yn ei gymeradwyo wedi methu talu mwy o sylw i *Mein Kampf* Hitler. Pe baent ond wedi ei ddarllen, dadleuid, ni fyddent wedi credu datganiad Hitler fod ei fwriad yn heddychlon.

Fodd bynnag, mae dadansoddiad mwy manwl o *Mein Kampf* a'r *Zweites Buch* yn dangos bod yr amgylchiadau y cynhyrchwyd hwy ynddynt wedi dylanwadu'n fawr arnynt. Fel gwelsom eisoes, ailwampiad anwreiddiol o syniadau cyfredol ymysg cylchoedd *volkisch* (hiliol) oedd Mein Kampf. Roedd yr awgrymiadau mwy manwl ar bolisi Almaenig yn drwm dan ddylanwad presenoldeb parhaol y Ffrancwyr yn y Ruhr yn 1925. Bryd hynny, roedd Prydain, ac i raddau llai yr Eidal, yn cael eu hystyried gan Almaenwyr yn gyffredinol fel cynghreiriaid posibl yn yr ymdrech i gael y Ffrancwyr i adael y Ruhr. Yn wir, roedd Prydain ac UDA yn allweddol i sicrhau bod y Ffrancwyr yn newid eu polisi. Roedd gwrth-Folsiefigiaeth ymosodol yn boblogaidd ymysg pob grŵp adain dde radical yn yr Almaen ar adeg pan oedd y cof am chwyldroadau a helyntion y cyfnod wedi'r rhyfel yn dal yn fyw. Yn ystod y Rhyfel Byd Cyntaf, coleddid y syniad y gallai'r Almaen ffurfio bloc cyfandirol mawr a fyddai'n elwa ar adnoddau Dwyrain Ewrop a Rwsia, ac fe wireddwyd hynny i raddau yn 1918, yn y cyfnod byr rhwng concro Rwsia a chwymp yr Almaen ei hun. Felly, cliw i feddylfryd Hitler yw *Mein Kampf* yn hytrach na glasbrint manwl ar gyfer ehangu.

Memorandwm Hossbach, gw. tt. 388-90

Mae'n amlwg wrth edrych ar ddogfennau diweddarach y gyfundrefn, megis Memorandwm Hossbach, na allai Hitler hyd yn oed bryd hynny rag-weld yn gywir beth fyddai trefn digwyddiadau. Fodd bynnag, mae hefyd yn amlwg o edrych ar Femorandwm Hossbach nad oedd meddylfryd Hitler ynghylch rôl concwest ac arglwyddiaethu wedi newid fawr ers dyddiau *Mein Kampf*. Roedd yn benderfynol o achub ar ei gyfle a chychwyn ar lwybr ehangu peryglus. Yn ei lyfr *The Origins of the Second World War*, mae A.J.P. Taylor yn ei bortreadu fel oportiwnydd a dim mwy, nad oedd yn wahanol i unrhyw genedlaetholwr Almaenig arall, bron. Gwrthodwyd y farn hon yn gyffredinol. O 1938 ymlaen, Hitler oedd â'r fantais bron yn llwyr, ac ni allai'r pwerau eraill wneud fawr ddim ond adweithio i'w symudiadau ef. Gan fod y rheini i bob golwg yn fwyfwy llwyddiannus, daeth oportiwnistiaeth Hitler yn gynllun bwriadol i gyflawni ei ideoleg Ddarwinaidd-gymdeithasol o goncro a thra-arglwyddiaethu. Yn ei gyfrol *Profiles in Power: Hitler* (Longman, 1991), mae'r Athro Ian Kershaw yn dod i'r casgliad na ddylid edrych ar ideoleg Hitler fel 'rhaglen' a ddilynwyd yn gyson ond yn hytrach fel 'fframwaith llac ar gyfer gweithredu na fu iddi ond yn raddol ddatblygu i siâp amcanion y gellid eu cyflawni'.

3 ~ LLYFRYDDIAETH

Y ffynhonnell fwyaf amlwg i'w darllen er mwyn cael gwybodaeth am ideoleg Natsïaidd yw *Mein Kampf* Hitler a gyfieithwyd gan Ralph Mannheim (Hutchinson 1969). Fodd bynnag, mae ideoleg yn fwy na *Mein Kampf*. Ffynonellau gwreiddiol eraill y gellid eu darllen yw *Hitler's Table Talk, 1941-1944*, gol. Martin Bormann, gyda chyflwyniad gan Hugh Trevor-Roper (Oxford UP 1988) a *Hitler Speaks* Hermann Rauschning (Butterworth 1939).

Ymysg y ffynonellau eilaidd sy'n cynnwys dadansoddiadau cyffredinol o ideoleg ac athroniaeth mae A. Bullock, *The Third Reich* (Weidenfeld & Nicolson 1955), a *Hitler: a study in tyranny* (Odhams 1952); D. Geary, *Hitler and Nazism* (Routledge Lancaster Pamphlets 1993); R.G.L. Waite, *Hitler and Nazi Germany* (Holt, Rinehart & Winston 1969) sy'n cynnwys pennod yr un gan Alan Bullock ac A.J.P. Taylor. Mae W. Shirer, *The Rise and Fall of the Third Reich* (Secker & Warburg 1960) yn edrych yn eithaf manwl ar wreiddiau deallusol a hanesyddol Sosialaeth Genedlaethol o'r safbwynt fod Natsïaeth â'i gwreiddiau yn ddwfn yn hanes yr Almaen. Ceir astudiaeth fwy arbenigol o syniadau Hitler yn E. Jäckel, *Hitler's Weltanschauung: A Blueprint for Power* (Middleton, Conn. 1972); ac mae G. Stoakes, *Hitler and the Quest for World Dominion* (Berg 1986) yn edrych ar wreiddiau ideolegol Polisi Tramor Hitler, tra bod Norman Rich, *Hitler's War Aims: Ideology, the Nazi State and the Course of Expansion*, 2 gyfrol (Deutsch 1974), yn canolbwyntio ar y berthynas rhwng ideoleg Hitler a'i amcanion rhyfel.

4 ~ CWESTIYNAU TRAFOD

A *Mae'r adran hon yn cynnwys cwestiynau y gellir eu defnyddio i drafod ac/neu i brofi eich dealltwriaeth o brif themâu'r bennod hon.*

1. A oedd gan Hitler syniadau digyfnewid?
2. I ba raddau roedd ideoleg Natsïaidd wedi'i gwreiddio yng ngorffennol yr Almaen?
3. Beth oedd prif nodweddion ideoleg Natsïaidd pan ddaeth Hitler i rym?
4. Pam oedd carfanau gwahanol yng nghymdeithas yr Almaen yn gweld ideoleg ac athroniaeth Natsïaidd yn ddeniadol?

5 ~ CWESTIYNAU TRAETHAWD

A *Cwestiynau dwy ran*

1. (a) Beth oedd prif nodweddion ideoleg Natsïaidd?
   (b) Disgrifiwch y ffyrdd roedd ideoleg Natsïaidd yn cydymffurfio â syniadau'r Almaen Ymerodrol.

B *Cwestiynau traethawd*

1. 'Roedd ideoleg Natsïaidd yn ddryslyd ac anghyson.'
   I ba raddau rydych chi'n cytuno â'r farn hon?
2. 'Rhesymegol a chyson'
   I ba raddau rydych chi'n cytuno â'r farn hon am ideoleg ac athroniaeth Natsïaidd?

6 ~ GWNEUD NODIADAU

Darllenwch yr adran gynghori ar wneud nodiadau ar dudalen xx y *Rhagair: Sut i ddefnyddio'r llyfr hwn*, ac yna gwnewch eich nodiadau eich hun ar sail y penawdau a'r cwestiynau a ganlyn.

1. *Crynhowch chwe syniad cyson Hitler o dan y penawdau a ganlyn:*
   - y *Volk*
   - Rhagoriaeth yr Ariaid a phurdeb hiliol
   - Gwrth-Semitiaeth
   - Grym y Wladwriaeth, egwyddor y *Führer* ac ufudd-dod yr unigolyn
   - Ehangu/lle i fyw
   - Darwiniaeth gymdeithasol
2. *Pa agweddau ar ideoleg Natsïaidd y bu i Hitler gyfaddawdu arnynt er mwyn cadw cefnogaeth yr elitau?*
3. *Pa agweddau ar ideoleg Sosialaeth Genedlaethol oedd yn ymddangos 'yn ddryslyd ac anghyson'? Yn eich dadansoddiad, ystyriwch yr anghysondebau canlynol, yn enwedig rhwng damcaniaeth ac ymarfer:*
   - polisi Ariaidd
   - Gwrth-Semitiaeth
   - ideoleg gymdeithasol
   - chwyldro cymdeithasol
   - cynnal y werin *v* polisi economaidd ac ailarfogi
4. *Beth oedd y ddelwedd o* Volksgemeinschaft *yr oedd Hitler yn ceisio'i meithrin fel sail i'w drefn gymdeithasol newydd?*

7 ~ YMARFER AR DDOGFENNAU: IDEOLEG AC ATHRONIAETH NATSÏAIDD

Astudiwch y ffynonellau isod ac atebwch y cwestiynau:

Yn ystod ymdrech Hitler i ennill grym roedd canran uchel o'i ddilynwyr yn bobl ifanc. Roedd llawer o bobl ifanc yr Almaen wedi eu siomi gan chwyldro 1918 a'r digwyddiadau dilynol. Credent fod angen newid trwyadl yn yr amodau economaidd, ond roedd democratiaeth yr Almaen, hyd yn oed ei changen Ddemocrataidd Gymdeithasol, yn ei hanfod yn geidwadol. Yn anad dim, roedd delfrydwyr y dosbarth canol is, a oedd yn ystyried Cytundeb Versailles yn sarhad cenedlaethol, yn breuddwydio am Reich gref ... ac roedd yn ymddangos bod Hitler yn cynnig hynny.

Dilynwyd Hitler gan garfan arall o ieuenctid yr Almaen am ei fod yn addo chwyldro cymdeithasol a fyddai ar yr un pryd yn 'genedlaethol'. Credent fod comiwnyddiaeth yn 'Rwsiaidd', yn 'greulon', yn 'gwadu'r unigolyn' ac yn wrthgenedlaethol'; roedd arnynt eisiau chwyldro Almaenig, sosialaeth Almaenig. Addawai Hitler ddyfodol, swyddi, adferiad, anrhydedd cenedlaethol newydd. Ac i'r sawl a'i cefnogai yn weithredol trwy ymladd yn yr *SA*, roedd yn cynnig tri marc y dydd, bwyd, lifrai, a bywyd anturus.

FFYNHONNELL A
Argraff Americanwr o nodweddion deniadol Natsïaeth ar gyfer pleidleiswyr ifanc yr Almaen. Adroddwyd yn y papur newydd 'The Nation' *ar 27 Mehefin 1936.*

Pan fydd tir y Reich yn cofleidio yr holl Almaenwyr ac yn cael nad yw'n gallu sicrhau bywoliaeth iddynt, dim ond bryd hynny y gall yr angen moesol godi, o angen y bobl, i feddiannu tir estron. Yr aradr bryd hynny yw'r cleddyf; a bydd dagrau rhyfel yn cynhyrchu bara beunyddiol am ganrifoedd i ddod.

FFYNHONNELL B
Syniadau Hitler ynghylch ehangiad daearyddol yr Almaen, a gofnodwyd yn Mein Kampf, *1925.*

Pe byddai'r Iddew, gyda chymorth ei gred Farcsaidd, yn ennill buddugoliaeth dros bobl y byd hwn, ei Goron fydd blodeudorch angladd y ddynoliaeth, a bydd y blaned hon eto'n dilyn ei chylch trwy'r ether, heb unrhyw fywyd dynol ar ei hwyneb, fel a wnâi filiynau o flynyddoedd yn ôl.

Felly, rwy'n credu heddiw fod f'ymddygiad yn cyd-fynd ag ewyllys y Creawdwr Goruchaf, wrth sefyll yn erbyn yr Iddew rwy'n amddiffyn gwaith yr Arglwydd.

FFYNHONNELL C
Hitler yn datgelu ei elyniaeth tuag at yr Iddewon, cofnodwyd yn Mein Kampf, *1925.*

Mae Iddewon y byd yn ceisio dinistrio'r Almaen.
Bobl yr Almaen, diogelwch eich hunain! Peidiwch â phrynu oddi wrth yr Iddewon!

FFYNHONNELL CH
Negeseuon propaganda Natsïaidd yn erbyn Iddewon, Mawrth 1933.

Ymysg y digwyddiadau sy'n ddigyfnewid yn eu hanfod, sy'n aros yr un fath ymhob oes a dim ond yn amrywio o safbwynt ffurf y dulliau a ddefnyddir yw rhyfel. Mae Natur yn dysgu i ni gyda phob cip a gymerwn ar ei gweithredoeddd fod egwyddor dethol yn tra-arglwyddiaethu, fod y cryf yn ennill a'r gwan yn colli ... Nid yw Natur yn gyfarwydd â'r cysyniad o ddynoliaeth sy'n dweud bod yn rhaid diogelu'r gwan a'u helpu ar bob adeg ... Mae'r hyn sy'n ymddangos yn greulon i ddyn yn gwbl amlwg yn ddoeth yng ngolwg Natur. Mae cenedl na all ei chynnal ei hun yn diflannu ac un arall yn cymryd ei lle ... Mae Natur yn dosbarthu bodau byw ledled y byd ac yn gadael iddynt ymladd am eu bwyd, eu bara beunyddiol; mae'r cryf yn cadw neu'n ennill ei le a'r gwan yn ei golli neu'n methu ei ennill. Mewn geiriau eraill mae rhyfel yn anochel. Nid yw'r ffaith fod gwladwriaeth, cenedl neu bobloedd yn fach yn llenwi Natur â thosturi, i'r gwrthwyneb, bydd yn difa'n ddidostur unrhyw beth nad yw'n ddigon cryf ac mae'r creulondeb didostur ymddangosiadol hwn yn synnwyr cyffredin yn y pen draw.

FFYNHONNELL D
Hitler yn egluro ei Ddarwiniaeth gymdeithasol i gadfridogion Almaenig ar ddiwedd 1944.

C

1. Beth mae ffynhonnell A yn ei ddatgelu ynghylch y rhesymau pam roedd pobl ifanc yn pleidleisio i'r *NSDAP*?
2. Defnyddiwch eich gwybodaeth eich hun i egluro gelyniaeth Hitler tuag at yr Iddewon.
3. I ba raddau mae astudiaeth o ffynonellau B a D yn cefnogi'r farn fod Hitler wedi newid ei syniadau rhwng adeg ysgrifennu *Mein Kampf* yn 1925 a blwyddyn olaf ei lywodraeth yn 1944?
4. Pa mor ddibynadwy yw ffynonellau A a C i hanesydd sy'n astudio natur ac apêl ideoleg Hitler?
5. Pa mor ddefnyddiol yw ffynonellau A i CH i'n helpu i ddeall ideoleg ac athroniaeth Natsïaidd?

VOLKSGEMEINSCHAFT HITLER 10

TABL 31
Llinell Amser: y prif ddigwyddiadau yng Nghymuned y Bobl

1933	Chwefror	Cyfyngiadau cyntaf ar grwpiau hawliau hoyw
	Mawrth	Sefydlu Adran Hylendid Hiliol yn y Weinyddiaeth Gartref
	Ebrill	Boicot un diwrnod ar siopau a busnesau Iddewig ar 1 Ebrill; gwahardd llenyddiaeth Tystion Jehofa; gwahardd Iddewon a deiliaid an-Almaenig o'r gwasanaeth sifil
	Mai	Dileu'r undebau llafur; sefydlu Ffrynt Gweithwyr yr Almaen
	Mehefin	Cynllun benthyciad i gyplau hiliol gymwys i briodi; deddf i leihau diweithdra
	Gorffennaf	Deddf Diffrwythloni i Atal Geni Plant ag Anabledd Etifeddol
	Medi	Dechrau gweithio ar draffyrdd; Deddf Ffermydd Entaeliedig y Reich
	Rhagfyr	Sefydlu Stad Bwyd y Reich
1934	Ionawr	Deddf Trefnu Llafur Cenedlaethol yn rhoi'r flaenoriaeth i'r rheolwyr yn hytrach na'r gweithlu mewn cysylltiadau diwydiannol
	Medi	Cynllun Newydd i reoli mewnforion
	Hydref	Cynllun Cymorth Gaeaf; sefydlu adran arbennig yn y llywodraeth i ddelio ag erthylu a gwrywgydiaeth; dechrau arestio gwrywgydwyr ledled yr Almaen
1935	Ebrill	Gwahardd derbyn Tystion Jehofa i'r gwasanaeth sifil ac wedyn eu harestio ledled yr Almaen
	Mehefin	Deddf yn gorfodi gwasanaeth llafur
	Medi	Deddf Dinasyddiaeth y Reich (Deddfau Nuremberg) a dechrau mesurau anffafriol yn erbyn yr Iddewon; gwahardd Iddewon rhag priodi ag Almaenwyr
1936	Mehefin	Gwahardd merched o faes y Gyfraith fel proffesiwn
	Gorffennaf	Y grŵp cyntaf o Sipsiwn yn cael eu hanfon i Dachau
	Awst	Cau cyfrinfeydd y Seiri Rhyddion
	Medi	Ail Gynllun Pedair Blynedd
	Rhagfyr	Ieuenctid Hitler yn dod yn fudiad gwladwriaethol i ieuenctid. Sefydlu'r mudiad *Lebensborn* (Ffynnon Bywyd)
1937	Mawrth	Arestio 'troseddwyr cyson' ar raddfa eang
1938	Ionawr	Sefydlu mudiad Ffydd a Harddwch ar gyfer merched 17-21 oed
	Ebrill	Terfynu cyflogi Iddewon mewn busnesau
	Gorffennaf	Gwahardd meddygon Iddewig
	Awst	Dinistrio Synagog yn Nuremberg; gorfodi Iddewon i ychwanegu Sarah neu Israel at eu henwau
	Medi	Gwahardd cyfreithwyr Iddewig; Iddewon yn gorfod cario cerdyn adnabod
	Hydref	Pob pasport Iddewig i gael ei stampio â'r llythyren 'J'
	Tachwedd	*Kristallnacht* (Noson y Gwydr Maluriedig); diarddel myfyrwyr Iddewig o ysgolion a phrifysgolion; gwahardd Iddewon o sinemâu, theatrau a chyfleusterau chwaraeon
	Rhagfyr	Gorfodi cau pob busnes Iddewig a'u gwerthu i Ariaid; gorchymyn fod pob Sipsi i gofrestru â'r heddlu

1939	Awst	Mesurau cynilo adeg rhyfel yn dechrau yn yr Almaen; dechrau'r cynllun ewthanasia
	Medi	Cyflwyno hwyrgloch i Iddewon
	Hydref	Penodi Himmler yn Gomisâr y Reich i Gyfnerthu Cenedligrwydd Almaenig; gosod Iddewon yn nwylo'r *SS*; Iddewon yn gorfod gadael Wien
	Rhagfyr	Dechrau alltudio Iddewon – i Wlad Pwyl, a oedd wedi ei meddiannu gan yr Almaen
1940	Chwefror	Atal cwponau dillad i Iddewon yr Almaen
	Awst	Dyfeisio 'Cynllun Madagascar' (alltudio Iddewon o Ewrop Orllewinol i Madagascar) ond daeth i ben am fod Prydain yn rheoli'r moroedd
1941	Mawrth	Cyflogi Iddewon ar gyfer llafur gorfodol o fewn yr Almaen
	Gorffennaf	Göring yn gorchymyn i Heydrich baratoi'r 'Ateb Terfynol' i ddatrys problem yr Iddewon
	Medi	Gorfodi pob Iddew oedd dros 6 oed i wisgo Seren Dafydd felen; dechrau alltudio Iddewon i wersylloedd crynhoi; dechrau arbrofi ar ladd Iddewon â nwy yn Auschwitz
	Hydref	Iddewon yn gorfod cael caniatâd arbennig i adael eu cartrefi neu i deithio ar gerbydau cyhoeddus; Himmler yn gwahardd ymfudo
	Tachwedd	Atafaelu eiddo Iddewon oedd wedi gadael y wlad; sefydlu'r gwersyll difodi cyntaf
1942	Ionawr	Cytuno ar fanylion terfynol yr Holocost yng Nghynhadledd Wannsee
	Mawrth	Torfladd Iddewon getoau de Gwlad Pwyl; Sauckel yn dod yn Bennaeth Gweithlu i oruchwylio llafur caethweision
	Ebrill	Iddewon yn gorfod arddangos Seren Dafydd ar eu tai
	Mehefin	Iddewon yn gorfod ildio'u dillad i gyd; alltudio Iddewon enwog i'r dwyrain
	Gorffennaf	Gwahardd addysgu plant Iddewig mewn ysgolion Iddewig
	Medi	Iddewon, pobl yn y ddalfa, Sipsiwn, Rwsiaid ac Wcrainiaid yn cael eu trosglwyddo i Himmler ar gyfer 'eu difodi trwy waith'
1943	Mehefin	Diddymu'r mudiad Iddewig olaf, sef Undeb Iddewon y Reich
1944	Gorffennaf	Goebbels yn dechrau casglu ynghyd weddill yr adnoddau ar gyfer rhyfel diarbed; cyflwyno gwasanaeth llafur gorfodol i ferched hyd at 50 oed
	Medi	Galw ar bob dyn cadarn o gorff rhwng 16 a 60 oed i wasanaethu yn y *Volkssturm*
	Hydref	Gohirio difodiant yr Iddewon am fod eu hangen i helpu'r ymdrech ryfel
1945	Ionawr	Darlledu araith olaf Hitler
	Mawrth	'Gorchymyn Nero' Hitler i ddinistrio pob gwaith diwydiannol er mwyn ei arbed rhag syrthio i ddwylo'r gelyn, a Speer yn gwrthod ufuddhau
	Ebrill 16	Dechrau'r frwydr i ennill Berlin;
	Ebrill 28	Himmler yn cynnig ildio i'r Cynghreiriaid;
	Ebrill 29	Ewyllys olaf Hitler yn cydnabod y Llynghesydd Dönitz yn olynydd iddo fel pennaeth y wladwriaeth; Hitler yn annog pobl yr Almaen i barhau â'u 'gwrthwynebiad didostur' tuag at 'Iddewiaeth ryngwladol';
	Ebrill 30	Hitler yn cyflawni hunanladdiad yn y byncer yn Berlin
	Mai 1	Newyddion radio yn adrodd am 'farwolaeth arwrol' Hitler a hunanladdiad Goebbels

1 ~ NATUR CYMDEITHAS YR ALMAEN YN 1933

Roedd yr Almaen yn 1933 yn dal i fod yn wlad gymdeithasol geidwadol, lle roedd y mwyafrif o'r bobl yn dal i fyw mewn pentrefi. Ni fu unrhyw drosglwyddo dramatig ar eiddo a chyfoeth, nac unrhyw gyffro cymdeithasol mawr pan ildiodd y Kaiser ei orsedd yn 1918, ac felly roedd agweddau ceidwadol ac awdurdodol wedi parhau. Bu i newidiadau economaidd a chymdeithasol blynyddoedd Gweriniaeth Weimar a welodd dwf cynyddol mewn strwythur diwydiannol modern, bwysleisio'r gwahaniaethau cymdeithasol a strwythurol cyferbyniol yn yr economi a'r gymdeithas. Ni hoffai'r werin bobl yr oes fodern gyda'i hundebau llafur a'i diwydiant, a daethant yn rym wedi ei radicaleiddio oedd am i'r llywodraeth ofalu am eu buddiannau. Ymunwyd â hwy gan ddynion busnesau bach a chrefftwyr aneffeithlon (yn gwneud clociau a theganau) oedd yn gweld bod y galw am eu nwyddau yn lleihau a democratiaeth yn eu dieithrio. Roedd y dirwasgiad diwydiannol a drawodd yr Almaen yn 1929 yn drychineb waethaf hanes ei byd busnes, a hynny ar ben chwyddiant 1924. Erbyn 1932 roedd dau ym mhob pump o'r llafurlu yn ddi-waith. Roedd y nifer oedd wedi cofrestru yn ddi-waith yn bump i chwe miliwn er bod y gwir nifer yn nes i naw miliwn. Effeithiodd y drychineb hon nid yn unig ar y drefn economaidd newydd ond hefyd ar y werin a'r crefftwyr. Y canlyniad oedd gofid dwys a siom gyda democratiaeth, ac fe holai llawer a oedd Cyfalafiaeth wedi ei thynghedu i fethu. Ymysg yr elit deallusol, oedd dan ddylanwad traddodiad *völkisch* diwedd y bedwaredd ganrif ar bymtheg a dechrau'r ugeinfed, roedd galw ar i'r Almaen gael ei haileni. Mae rhai sylwebyddion wedi ceisio esbonio llwyddiant Hitler yn erbyn y cefndir o drawma torfol a gynhyrchwyd gan straen dwbl profiadau gwleidyddol ac economaidd fel bod y Reich ar ddechrau'r 1930au fel pe bai bron â chwympo'n llwyr. Yn y sefyllfa hon, fe ddewisodd llawer Hitler am ei fod yn addo adferiad moesol, harmoni cymdeithasol ac Almaen wedi ei haileni, lle byddai pob rhwyg dosbarth a gwrthdaro chwerw yn cael eu hiacháu. Fel mae W. Shirer yn nodi yn ei lyfr, *The Rise and Fall of the Third Reich* (1960): roedd yn ymddangos ei fod yn 'arweinydd gwirioneddol gyfareddol', un roeddent yn barod 'i'w ddilyn yn ddall, fel pe bai gan Hitler farn ddwyfol, am y deuddeng mlynedd stormus nesaf'.

A *Yr elitau*

Trfaodwyd yr elitau, fel grŵp, ym Mhennod 8 eisoes. Yn ogystal â'r tirfeddianwyr *Junker* mawr, roedd y grŵp hefyd yn cynnwys rheolwyr, uwch weision sifil, pobl broffesiynol academaidd a dynion busnes. Roedd yr elitau, oedd yn cynrychioli 2.78% o'r boblogaeth gyfan, yn chwilio am bolisïau economaidd a fyddai'n

PRIF YSTYRIAETH

Y gyfundrefn Natsïaidd a'r prif grwpiau cymdeithasol.

diogelu eu buddiannau rhag y werin bobl a'r gweithwyr, gan olygu bod arnynt eisiau gweld gostyngiad mewn cyflogau a thaliadau lles cymdeithasol, a llai o ymyrryd ar ran y wladwriaeth yn yr economi. Roedd eu haelodaeth o'r Blaid Natsïaidd yn 1930-2 yn anghyfartal â'u canran cyfan yn y gymdeithas.

B *Ffermwyr/Y Werin*

Yn 1933, roedd y boblogaeth oedd yn ffermio, er gwaethaf dirywiad cyson ers 1850, yn dal i gyfrif am 35 y cant o'r boblogaeth a gyflogid, ac yn byw yn bennaf ar hyd gwastadedd Gogledd yr Almaen ac i'r dwyrain o afon Elbe. Roeddent yn berchen ar tuag un rhan o chwech o'r tir i gyd, er bod maint eu ffermydd yn amrywio. Ar ris uchaf yr ysgol gymdeithasol yn y pentref oedd y rhai a adwaenid fel' ffermwyr ceffylau' oedd yn berchen ar lawer o dir, rhyw 10 i 30 hectar. Roeddent yn ffermwyr masnachol, yn cynhyrchu ar gyfer y farchnad, ac yn cyflogi llafur amser llawn ac achlysurol. Yn ystod yr 1920au, cododd prisiau eu cynnyrch fferm 30 y cant yn unig o'i gymharu â gweithgynhyrchion a gododd 57 y cant. Hefyd, ni chafwyd twf arwyddocaol mewn cynnyrch amaethyddol am fod mecaneiddio yn lledaenu mor araf. Yn is i lawr na'r ffermwyr ceffylau oedd y rhai oedd yn berchen ar naw hectar. Fe'u gelwid yn 'ffermwyr gwartheg' am eu bod yn defnyddio gwartheg yn hytrach na cheffylau i drin y tir. Roedd y tir a ddalient yn rhy ychydig i'w cynnal yn llwyr, felly roedd yn rhaid iddynt chwilio am waith ychwanegol. Ar y lefel isaf yn y pentrefi oedd y gweithwyr, a elwid yn 'ffermwyr geifr'. Roedd ganddynt naill ai 'stribed bychan o dir' (rhwng un rhan o ddeg ac un hectar) neu roeddent yn rhentu rhandir. Roeddent yn tyfu eu bwyd eu hunain ond ar wahân i hynny yn dibynnu ar gael eu cyflogi, naill ai fel llafurwyr achlysurol ar ffermydd neu mewn diwydiant. Nid oeddent yn uniaethu â'r gweithwyr dosbarth gweithiol, eu cymheiriaid yn y trefi, ond yn ceisio glynu wrth eu ffordd draddodiadol bentrefol o fyw. Ceid tyddynnod bychain iawn yn ardaloedd diwydiant cartref Thuringia ac ardal tyfu gwinwydd y Rhein. Roedd yna wahaniaethau lleol, tra bod incwm cyfartalog y werin yn 1932 tua 600 i 650 marc y flwyddyn, a'r incwm cyfartalog i weithwyr yn y trefi tua 1,000 i 2,000 marc, yn dibynnu ar lefel y sgìl. Erbyn 1933 roedd yr ymdeimlad cryf o gymuned, oedd yn ei amlygu ei hun mewn aelodaeth o gymdeithasau fel cymdeithasau corawl, cymdeithasau darllen a mudiadau cydweithredol lleol, eisoes yn dechrau dadfeilio yn wyneb twf sosialaeth ymysg rhai o'r werin oedd mewn gwaith. O ganlyniad, bu i'r cymdeithasau adloniadol rannu i rai cenedlaethol a sosialaidd. Y twf hwn mewn diwylliant dosbarth gweithiol yn y pentrefi oedd yn gyfrifol am fethiant y Natsïaid i ennill mwyafrif llwyr mewn etholiad lleol rhydd.

TABL 32
Dosbarthiad y boblogaeth yn ôl gweithgaredd economaidd, yn seiliedig ar gyfrifiad Mehefin 16, 1933

Gweithgaredd economaidd	*Canran*
Amaethyddiaeth a choedwigaeth	24.5
Diwydiant a chrefftau llaw	34.2
Masnach	15.6
Gwasanaeth cyhoeddus a'r proffesiynau rhydd	7.1
Gwasanaeth domestig	3.3
Hunangyflogedig, heb broffesiwn	15.3

C *Y Gweithwyr Diwydiannol*

Gweithwyr diwydiannol oedd 46 y cant o'r boblogaeth ond nid oeddent yn garfan gymdeithasol unedig. Amrywient o'r rhai a gyflogid mewn ffatrïoedd mawr neu fwynfeydd i'r rhai oedd mewn gweithdai bach neu'n hunangyflogedig. Tueddent i fod yn grefftwyr yn hytrach na gweithwyr ffatri ac ystyrient eu hunain yn 'feistri' neu 'brentisiaid'. Roedd tua 30 y cant o'r holl wneuthurwyr dosbarth gweithiol yn gweithio â llaw, lle ceid pedwar i bob gweithdy. Fel grŵp roeddent wedi eu tangynrychioli o safbwynt aelodaeth o'r Blaid Natsïaidd rhwng 1930 ac 1932.

Ch *Y dosbarth canol* (*y* Mittelstand)

Erbyn 1933, er gwaethaf twf system gyfalafol fodern o ddiwydiannau mawr, gwlad o fusnesau bach a diwydiannau ysgafn a niferoedd uchel o grefftwyr traddodiadol, siopau adwerthu a chaffis oedd yr Almaen, fel Ffrainc. Yn ystod yr 1920au nid oeddent mewn cystal safle â'r gweithwyr lled grefftus oherwydd eu bod yn cystadlu â nwyddau rhad o UDA. Bu iddynt hwy, fel y werin bobl a gweithwyr clerigol y dosbarth canol is, ddioddef o'r tlodi cyffredinol a achoswyd gan broblemau'r economi yn yr 1920au. Effeithiodd dirwasgiad 1929 arnynt mewn amryw ffyrdd. Cafodd y rhai oedd yn dal mewn gwaith fod eu horiau wedi eu cwtogi'n arw, mewn rhai achosion gymaint ag wyth awr mewn wythnos bum diwrnod, fel bod hyd yn oed gyflogau y sawl oedd yn dal mewn gwaith wedi eu lleihau. Mewn rhai busnesau bach, collwyd hyd at 50 y cant o'r incwm rhwng 1929 ac 1932. Roedd hyn yn drychineb i berchenogion busnes dosbarth canol nad oedd ganddynt ddim wrth gefn. Gan na allent hawlio budd-daliadau cynllun lles y cyhoedd, oedd yn bleidiol i'r gweithiwr ffatri, nid oedd ganddynt ddewis ond dibynnu ar y ceginau cawl.

Ar wahân i'r dynion busnes bach, roedd carfan y dosbarth canol hefyd yn cynnwys y rhai a gyflogid i ddarparu gwasanaethau, fel meddygon, cyfreithwyr, athrawon ysgol a'r deallusion hynny oedd yn cyfrannu tuag at fywyd diwylliannol a chelfyddydol yr Almaen. Ymysg yr olaf oedd enwogion fel Bertolt Brecht, Thomas Mann, Jacob Wassermann, Hermann Hesse, Franz

DIAGRAM 5
Dadansoddiad o aelodaeth y Blaid Natsïaidd yn ôl grwpiau cymdeithasol, 1930-2

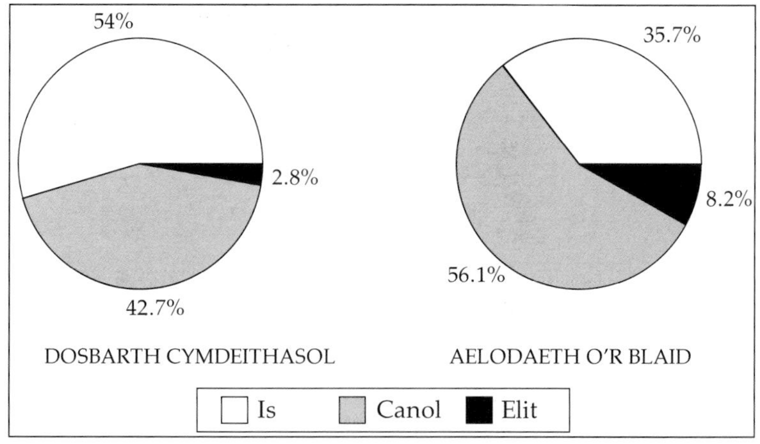

Kafka a'r arlunydd Max Lieberman, yn ogystal â'r cerflunwyr Ernst Barlach a Kathe Kollwitz. Enwogion eraill o'r cyfnod oedd y cyfansoddwr Arnold Schoenberg, a'r gwyddonydd amlwg a dehonglwr 'Damcaniaeth Perthnasedd', Albert Einstein. Roedd llawer o'r rhai a enwyd yn Iddewon Almaenig y bu'n rhaid iddynt adael eu mamwlad a chwilio am loches dramor.

Erbyn 1933, roedd pobl y dosbarth canol wedi eu siomi fwyfwy ac yn fwy eithafol eu hagwedd wleidyddol. Teimlent iddynt fod yn ddioddefwyr yr argyfyngau economaidd dan Weriniaeth Weimar. Cawsant eu siomi gan bleidiau democrataidd y dde, y *DNVP*, y *DVP* a'r *DDP*, oherwydd ni theimlent eu bod wedi gofalu am eu buddiannau. Ar ôl 1930, bu iddynt droi eu cefnau ar y pleidiau democrataidd gwan ac aneffeithiol hyn gan ffafrio'r *NSDAP* mwy ymosodol a oedd yn addo gwaredigaeth, a chanlyniad hyn oedd fod y dosbarth canol yn cael eu gorgynrychioli yn yr *NSDAP* o'i gymharu â'u canran o fewn y gymdeithas.

2 ~ RÔL 'Y GYMUNED GENEDLAETHOL' MEWN IDEOLEG A PHROPAGANDA

A *Ideoleg*

Fel y trafodwyd ym Mhennod 9, roedd ideoleg Hitler ynghylch trefn gymdeithasol newydd, *Volksgemeinschaft*, yn golygu creu cymdeithas ddiddosbarth lle disgwylid i'r cymrodyr cenedlaethol (*Volksgenossen*) fod nid yn unig yn wasaidd a ffyddlon ond hefyd yn weithgar yng ngwahanol fudiadau'r gyfundrefn. Mabwysiadwyd nifer o ddelweddau ac ymgyrchoedd propaganda i ennill yr ymdeimlad hwn o undod cenedlaethol a chyfartaledd, waeth beth oedd y dosbarth cymdeithasol neu'r alwedigaeth.

B *Propaganda*

Seilid y gymuned ar *'ein Volk, ein Reich, ein Führer'* (clymu ynghyd un genedl dan un bobl, un Ymerodraeth ac un Arweinydd).

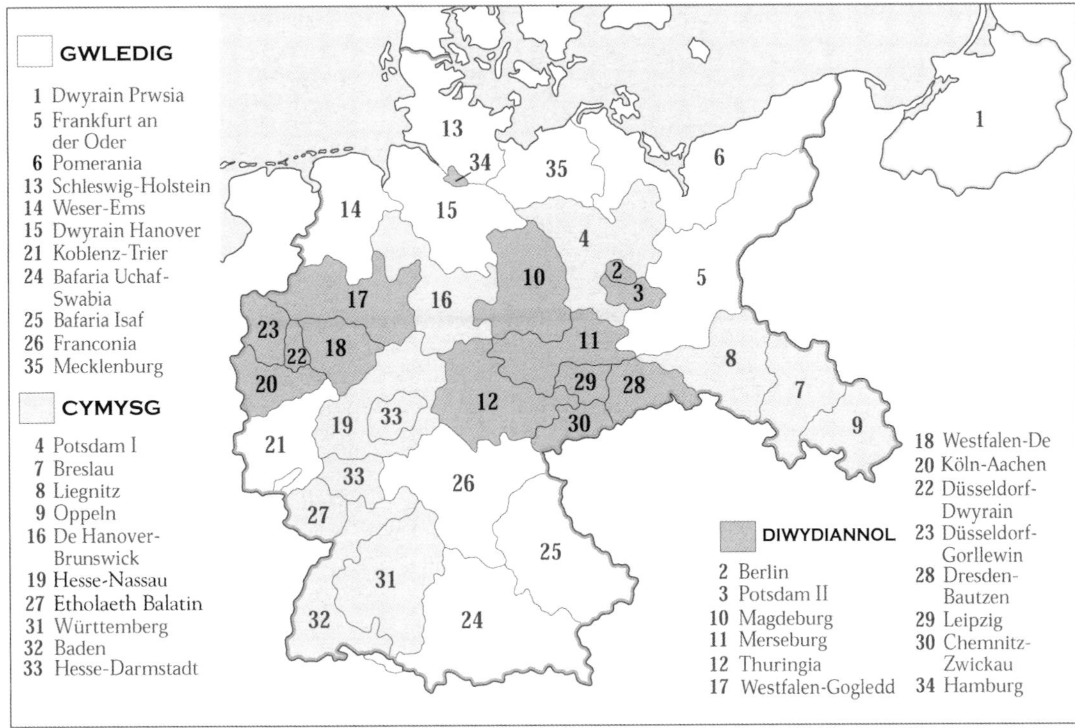

MAP 8

Gweithgaredd economaidd yn yr Almaen yn ôl ardal etholiadol yn yr 1920au

(Addaswyd ac ail-luniwyd o Longman History in Depth: Hitler and Nazism, *Jane Jenkins, © Addison Wesley Longman, 1998, Pearson Education Ltd.)*

Defnyddid propaganda i asio'r gymuned genedlaethol ynghyd ac i gyfleu'r neges o gymuned yn cydweithio, lle byddai pob aelod yn derbyn y rôl a fyddai wedi ei phenodi ar ei gyfer. Gwneid polisi cymdeithasol, sail y *Volk*, yn ddeniadol i bob carfan o fewn cymdeithas er, yn ymarferol, rhoddid y pwyslais ar y ffermwr gwerinol, y datganai Hitler ei fod 'y cyfranogwr pwysicaf yn y trobwynt hanesyddol hwn yn ein tynged', y gweithiwr, yr ieuenctid a'r Iddewon.

Oherwydd propaganda hiliol oedd yn delfrydu'r Ariad, canolbwyntiwyd ar themâu *Volk und Heimat* (pobl heb famwlad) a *Blut und Boden* (gwaed a phridd) oedd yn pwysleisio rhinweddau'r werin a chysegredigrwydd pridd yr Almaen. Roedd arlunwyr yn delfrydu wynepryd y werin a golygfeydd gwledig oedd yn dangos cymuned gefn gwlad mewn cytgord â byd natur. Darlunnid dynion yn aredig y tir â cheffylau yn hytrach na thractorau, gyda stormfilwr gensgwar yn eu hamddiffyn. Ymddiddorid yn nelwedd y fenyw noeth fel symbol o ffrwythlondeb. Cyflwynid y teulu delfrydol ar ffurf darlun o deulu gwerinol â phlant melynwallt a'r neges, 'Os oes angen cyngor neu gymorth arnoch chi, gofynnwch i'ch mudiad Plaid lleol'. Cyhoeddwyd darluniau o deulu'n eistedd o amgylch y bwrdd yn gwrando ar y *Volksempfänger* (derbynnydd y bobl) a ddefnyddid gan Goebbels i hybu etifeddiaeth ddiwylliannol yr Almaen.

PRIF YSTYRIAETH

Rôl propaganda.

LLUNIAU 35-36
Delweddau propaganda o Volksgemeinschaft *Hitler*

Ceisid ennill teyrngarwch y dosbarth gweithiol trwy nifer o ymgyrchoedd propaganda yn gysylltiedig â gweithgareddau mudiadau'r Ffrynt Llafur Almaenig – '*Kraft durche Freude*' (Nerth trwy Ddiddanwch) a '*Schönheit der Arbeit*' (Harddwch Gwaith). Eu nod oedd perswadio gweithwyr fod eu hamodau gwaith a'u statws yn gwella. Gwneid yn fawr o ymgyrchoedd, gyda sloganau yn cael eu dyfeisio i hysbysebu dulliau da o weithio, fel 'Brwydrwch yn erbyn sŵn', 'Awyru'r lle gwaith yn dda', 'Pobl lân mewn lle gwaith glân'. Cyflwynodd y mudiad 'Nerth trwy Ddiddanwch' weithgareddau chwaraeon a rhoi cyfle i'r gweithwyr fwynhau gweithgareddau moethus fel mordeithiau i Madeira a Llychlyn. Dim ond ychydig allai fforddio gwyliau moethus o'r fath, ond manteisiodd llawer ar y teithiau parod rhad oedd yn addo 'Nawr gellwch chithau deithio'. Ceid posteri oedd yn annog gweithwyr i 'gynilo pum marc yr wythnos ar gyfer eich car eich hun, y *Volkswagen*'. Ymatebodd gweithwyr yn frwd a thalu sawl miliwn marc i'r cynllun er nad oedd unrhyw un wedi derbyn car erbyn dechrau'r rhyfel yn 1939.

Roedd pobl ifanc yn arbennig o barod i wrando ar y propaganda a anelid atynt. Roeddent yn ymateb i'r cyfeillgarwch newydd a enillid trwy berthyn i Ieuenctid Hitler, tra oedd negeseuon megis, 'Mae'r llaw hon (un Hitler) yn arwain: lanc Almaenig, dilyn hi yn rhengoedd Ieuenctid Hitler' ac 'Mae Ieuenctid yn gwasanaethu'r *Führer*. Mae'r rhai deg oed i gyd yn ymuno ag Ieuenctid Hitler', yn darbwyllo llawer eu bod yn rhan uniongyrchol o ailenedigaeth yr Almaen. Roedd sloganau fel, 'Rhaid i bobl ifanc gael eu harwain gan yr ifanc' yn apelio at yr awydd i fod yn annibynnol ac i herio awdurdod traddodiadol pobl hŷn, megis rhieni. I lawer, fodd bynnag, roedd rhywbeth mwy ymarferol yn denu, sef yr addewid am waith a dyrchafiad cymdeithasol a oedd wedi eu gwarafun yn ystod blynyddoedd y dirwasgiad rhwng 1929 ac 1933.

Anogwyd yr ymdeimlad o undod cenedlaethol trwy alw'r Iddewon yn fychod dihangol oedd yn gyfrifol am yr holl ddrygau oedd wedi blino cymdeithas cyn i Hitler ddod i'w hachub. Datblygodd darlun stereoteip o'r Iddew yn seiliedig ar y neges, 'Yr Iddewon yw ein trallod', oedd yn darlunio'r Iddew fel comiwnydd dieflig esgud am arian. Caent eu cymharu'n gyson â llygod mawr a pharasitiaid, oedd yn awgrymu bod yr Iddew yn wahanol i'r Ariad nid yn unig o ran corff ond hefyd o ran ei enaid, fel bod yn rhaid cael gwared arno. Roedd y neges yr un fath bob tro, pe bai'r Iddewon yn gadael yr Almaen byddai popeth yn hyfryd. Fodd bynnag, nid oedd propaganda yn dangos sut roedd hyn i'w gyflawni.

3 ~ LLWYDDIANT Y GYFUNDREFN O SAFBWYNT CREU *VOLKSGEMEINSCHAFT* 'BUR'

Cafwyd mai ymgyrch Hitler i greu *Volksgemeinschaft* o Ariaid corfforol a meddyliol iach oedd agwedd fwyaf cyson, cydlynol a chwyldroadol Natsïaeth. Diffiniwyd Natsïaeth fel 'ailenedigaeth cenedlaethol trwy buro hiliol ac Ymerodraeth hiliol'. Yn *Hitler Speaks* (1939), mae Hermann Rauschning yn adrodd syniadau'r Gweinidog Amaeth, Walter Darré:

> 'Bydd y bonedd newydd yn codi fel hyn. Byddwn yn casglu'r gwaed gorau yn unig', meddai Darré, gan bwyntio at ei gypyrddau ffeilio haearn. 'Fel yr ydym unwaith eto wedi llwyddo i fagu yr hen geffyl Hanover o stalwyni a chesig nad oedd fawr o'r hen burdeb ar ôl ynddynt, felly y gallwn eto, yng nghwrs cenedlaethau, fagu'r math pur o Almaenwr Llychlynnaidd trwy gyfrwng croesffrwythloni enciliol. Efallai na allwn buro'r genedl Almaenig gyfan unwaith eto. Ond bydd y bonedd Almaenig newydd o frid pur yn ystyr lythrennol y term.'

Roedd ar Hitler eisiau osgoi dirywiad yn ansawdd yr hil, hyd yn oed pe byddai hyn yn golygu y byddai'n rhaid i'r Almaen 'golli'r gwan er mwyn sicrhau mai'r canlyniad fyddai nerth'. Dechreuodd y gyfundrefn ymgyrchu yn erbyn amryw o garfanau yr ystyrid eu bod yn 'ddieithr i'r gymuned' ac a ddiffinid yn aml trwy ddefnyddio termau biolegol. Roedd Natsïaeth wedi tyfu yn y blynyddoedd ar ôl trechiad a chwyldro 1918. Ym marn Hitler, un o brif achosion cwymp yr Almaen oedd y dirywiad yn y bobl Almaenig oherwydd esgeuluso egwyddorion hil ac ewgeneg (gw. tud. 235). Prif nod y Natsïaid oedd creu allan o bobl yr Almaen, oedd cyn hyn wedi eu rhannu oherwydd hil, crefydd ac ideoleg, 'gymuned genedlaethol' newydd unedig, yn seiliedig ar gwlwm gwaed a hil. Credent y byddai gan y gymuned genedlaethol unedig hon yr ewyllys angenrheidiol wedyn i'r Almaen fedru amcanu at ennill goruchafiaeth fyd-eang. Disgwylid i aelodau'r gymuned genedlaethol hon, y *Volksgenossen*, fod o'r hil Ariaidd,

C

Pam oedd y gyfundrefn mor awyddus i sicrhau purdeb hiliol?

PRIF YSTYRIAETH

'Un genedl, un bobl, un Ymerodraeth, un Arweinydd'.

yn enetig iach, yn gymdeithasol effeithlon, ac yn deyrngar yn wleidyddol ac ideolegol i Natsïaeth. Pan ddaethant i rym roedd y Natsïaid yn benderfynol o anffafrio neu erlid pawb nad oedd yn ateb eu gofynion hiliol. Oherwydd ei bod yn benderfynol o ennill purdeb hiliol, ymosododd y gyfundrefn ar bawb a ystyriai yn fygythiad. Yr awydd i ennill cymuned bur oedd wrth wraidd polisi cymdeithasol y Natsïaid a gyflymwyd yn ystod yr Ail Ryfel Byd. Yn dilyn buddugoliaethau byddin yr Almaen, pan goncrwyd tiroedd eang yn nwyrain Ewrop, cafodd Himmler ei benodi yn *Reichskommissar* dros faterion hiliol gyda'r cyfrifoldeb o gryfhau'r hil Almaenig. Oherwydd y Drefn Newydd, oedd yn amcanu at sefydlu gwladwriaeth *völkisch* 'i'r de o Ukrain', fe ailgyfanheddwyd a difodwyd y bobl oedd o hil a ystyrid yn 'amhur'. O ganlyniad, ffurfiwyd cymdeithas wahanol yn yr Almaen ac yn y gwledydd a drechwyd, ond un a oedd yn seiliedig ar ddinistrio cymdeithas.

A *Trin pobl 'anghymdeithasol'*

Pobl anghymdeithasol oedd y rhai a ddiffinid fel pobl oedd yn gymdeithasol aneffeithlon, gyda'u hymddygiad yn groes i safonau cymdeithasol y gymuned genedlaethol. Roedd y grŵp hwn yn cynnwys y sawl nad oedd yn hoffi gwaith, puteiniaid, troseddwyr, gwrywgydwyr, alcoholigion a throseddwyr ifanc. Gorfodid y rhai oedd yn aneffeithlon yn gymdeithasol i oddef rheolaeth gaeth. Ym Medi 1933, casglwyd ynghyd dramps a chardotwyr, rhyw 300,000 i 500,000, llawer ohonynt yn ifanc, yn ddigartref a di-waith, oherwydd eu bod yn cael eu cyfrif yn fygythiad i'r drefn gyhoeddus. Fe'u trefnwyd yn weithlu symudol i wneud gwaith gorfodol yn dâl am gael eu cadw. Anfonwyd pobl afreolus, llawer ohonynt yn dramps, i ddalfa ataliol a'u diffrwythloni. Gan fod y llafurlu yn prinhau fwyfwy ar ôl 1936, anfonodd y llywodraeth rhyw 10,000 o'r rhai nad oeddent yn hoff o waith i wersylloedd crynhoi lle roedd arbrofion yn cael eu gwneud, yn aml ar yr ifanc. Roedd yn ymddangos bod y polisi hwn yn boblogaidd ymysg llawer o Almaenwyr ac fe'i croesewid gan awdurdodau lleol fel modd o gael gwared ar bobl oedd yn broblem. Dim ond trechiad yn 1945 a ddaeth â'r cynllun i ehangu'r polisi hwn o ddiffrwythloni gorfodol, ac yn ôl pob tebyg farwolaeth trwy lafur caled dan amodau gwersylloedd crynhoi, i ben.

B *Tynged y Sipsiwn fel dieithriaid biolegol*

Y dieithriaid hiliol oedd y rhai nad oeddent yn Ariaid, fel Sipsiwn ac Iddewon, yn ogystal â'r anabl yn gorfforol a meddyliol a gyfrifid yn fygythiad i gryfder yr hil Almaenig yn y dyfodol. Mae llawer o werslyfrau wedi tueddu i anwybyddu tynged y 30,000 o Sipsiwn oedd yn yr Almaen dan y gyfundrefn Natsïaidd. Cafodd y Sipsiwn eu trin yn waeth na'r bobl anghymdeithasol am eu bod yn cael eu cyfrif yn ddieithriaid biolegol ac yn anghymdeithasol. Roedd pryd tywyll y Romani, eu tafodiaith a'u harferion, ynghyd â'u bywyd crwydrol heb gyflogaeth reolaidd, yn golygu bod cymdeithas yn gwgu arnynt. Cyfrifid hwy yn lladron a chardotwyr. Yn ystod yr 1920au, trefnodd yr heddlu, yn Bafaria yn gyntaf, ac yna yn Prwsia, swyddfeydd arbennig i reoli'r Sipsiwn, gan dynnu lluniau ohonynt a chymryd ôl bysedd. Pan ddaeth y Natsïaid i rym, erlidiwyd y Sipsiwn oherwydd eu dull o fyw a'u cymeriad hiliol israddol.

Roedd polisi'r Natsïaid yn erbyn y Sipsiwn, fel yn erbyn yr Iddewon, yn gymysglyd, ac fe newidiodd dros amser. Ni fu iddynt ddenu sylw yn ystod blynyddoedd cynnar y gyfundrefn oherwydd ni thybid eu bod yn gymaint o fygythiad hiliol â'r Iddewon gan mai bach oedd eu nifer a'u rôl yn yr economi. Ond, ar 15 Medi 1935, cawsant eu cynnwys yn Neddf Nuremberg er Gwarchod Gwaed ac Anrhydedd Almaenig, a oedd yn gwahardd priodas a pherthynas rywiol rhwng Ariaid ac an-Ariaid. O hynny ymlaen, roeddent yn destun ymchwil fanwl gan arbenigwyr hiliol y Ganolfan Ymchwil er Hylendid Hiliol ac Astudiaethau Poblogaeth Biolegol. Y nod oedd cofnodi Sipsiwn pur a lled-Sipsiwn, gyda'r erlid i ganolbwyntio ar yr olaf, oedd yn cael eu cynnwys yn y gwaharddiad ar ryngbriodas yn Neddf Nuremberg. Roedd lled-Sipsiwn i'w cyfrif yn anghymdeithasol ac i'w corlannu i wersylloedd cadw a'u gorfodi i weithio, yn ogystal â chael eu diffrwythloni fel rhan o'r polisi glanhau ethnig.

Yn Rhagfyr 1938, cyhoeddodd Himmler Ordinhad ar gyfer y Frwydr yn erbyn y Pla o Sipsiwn oedd yn cyflwyno dull mwy trefnus o gofrestru Sipsiwn, yn seiliedig ar ymchwil yr arbenigwyr hiliol. Rhoddwyd papurau â chod lliw i'r Sipsiwn yn dibynnu ar eu statws hiliol; felly, cafodd Sipsiwn pur rai brown, lled-Sipsiwn rai glas, a chrwydriaid oedd heb fod yn Sipsiwn rai llwyd. Y nod oedd 'unwaith ac am byth sicrhau bod Sipsiwn a'n pobl ni ein hunain wedi eu gwahanu yn hiliol rhag i'r ddwy hil gymysgu' ac i reoli eu hamodau byw. Ar ôl meddiannu Gwlad Pwyl, cafodd y Sipsiwn eu corlannu i wersylloedd gwaith ac yna, gan ddechrau ym Mai 1940, alltudiwyd 2,800 i'r dwyrain. Yna daeth y rhaglen hon i ben oherwydd y problemau trefnu yn yr ardaloedd geto. O fewn yr arweinyddiaeth Natsïaidd, roedd Himmler yn pwyso am fabwysiadu polisi gwahanol ar gyfer y Sipsiwn pur. Roedd yn eu hedmygu am eu purdeb hiliol ac yn dymuno eu rhoi mewn pentrefi i fyw eu bywyd traddodiadol fel pe mewn amgueddfa. Anghytunai Hitler a Bormann a hwy gariodd y dydd. O fis Rhagfyr 1942 ymlaen anfonwyd Sipsiwn i Auschwitz. Yno câi teuluoedd fyw gyda'i gilydd ond roedd Dr Mengele yn arbrofi'n feddygol arnynt. O'r 20,000 a alltudiwyd, llofruddiwyd 11,000 ac anfonwyd y lleill i rywle arall. O fewn dwyrain Ewrop, yn enwedig yn Rwsia, llofruddiwyd miloedd yn ychwaneg (mae rhai yn amcangyfrif 500,000) gan unedau difodi'r *SS*. O fewn yr Almaen, dim ond 5,000 o'r 30,000 a oroesodd y rhyfel.

PRIF YSTYRIAETH

Safle'r Iddewon yng nghymdeithas yr Almaen yn 1933.

C *Tynged yr Iddewon fel dieithriaid biolegol*

Gwelwyd polisi Hitler yn erbyn yr Iddewon, rhyw 500,000 ohonynt yn yr Almaen, yn datblygu gam wrth gam hefyd. Roedd yn rhwydd adnabod Iddewon uniongred a daethant yn destun eiddigedd oherwydd fe dybid eu bod yn freintiedig. Erbyn 1933 roedd yr Iddewon yn llai nag 1 y cant o'r boblogaeth gyfan ac roedd llawer wedi eu hymgorffori yng nghymdeithas yr Almaen. Roedd eu dylanwad ar y byd diwylliannol ac ar agweddau ar fyd busnes a masnach a rhai o'r proffesiynau yn llawer mwy na'r disgwyl o ystyried eu nifer, ffaith oedd yn bryder i'r gwrth-Semitiaid. Fel canran o'r cyfanswm a gyflogid yn 1933, roedd Iddewon yn 16 y cant o'r cyfreithwyr, 15 y cant o'r broceriaid/derbynwyr betiau, 10 y cant o'r meddygon, 8 y cant o'r deintyddion, ac yn y cyfryngau roedd 5 y cant wedi eu cyflogi fel cyfarwyddwyr ffilm a theatr ac fel golygyddion/awduron. Yn wir, roedd llawer mwy mewn swyddi ar gyflogau is/o statws is, fel diwydiant, gwaith llaw, amaethyddiaeth a choedwigaeth, tra oedd 15 y cant o'r gymuned Iddewig yn hunangyflogedig, heb broffesiwn. Dim ond 7 y cant oedd yn ennill cyflog yn y gwasanaeth cyhoeddus a'r proffesiynau.

Yn Almaen y Weriniaeth roedd gwahaniaethu ffurfiol yn erbyn yr Iddewon wedi dod i ben. Teimlid yn gyffredinol yn yr 1920au nad oedd gwrth-Semitiaeth bellach yn bwysig iawn. Pan oedd y Natsïaid yn ennill tir yn gyflym ymysg etholwyr yr Almaen yn yr 1920au hwyr, nid oedd gwrth-Semitiaeth fyth yn absennol o'u neges, ond nid oedd mor flaenllaw ag y bu pan oedd y Blaid yn apelio at garfan fwy cul o etholwyr. Rhaid casglu felly nad oedd o bwysigrwydd eithriadol i etholwyr a oedd wedi dychryn oherwydd y cwymp economaidd. Yn wir, ni ddywedodd Hitler ei hun unrhyw beth am yr Iddewon pan oedd hynny'n fanteisiol iddo, ac felly ymddengys mai ychydig bwysigrwydd a berthyn i wrth-Semitiaeth fel elfen a wnaeth Natsïaeth yn fudiad torfol. Fodd bynnag, yng ngolwg Hitler, yn ôl Richard Grünberger (*A Social History of the Third Reich*), yr Iddewon oedd i'w beio am holl ddrygau blynyddoedd Gweriniaeth Weimar:

C

Pa ddrygau penodol oedd Hitler yn eu beio ar yr Iddewon?

> Roedd ychydig o Iddewon amlwg wedi helpu i sefydlu'r Weriniaeth, neu wedi bod yn weithgar yn y wasg, mewn llenyddiaeth ac yn y theatr – y meysydd lle bu brwydr rhwng trefn a rhyddid, rhwng agweddau henffasiwn a rhai goddefol … Arnynt hwy oedd y bai am gwlt y newydd a'r cynhyrfus yn y dauddegau a barodd fod yr Almaen dan faich bil colur oedd ddwywaith maint yr un cyn y rhyfel, am hybu yr arfer o ysmygu ymysg merched, ac am hoelio sylw'r cyhoedd ar rasus beiciau chwe diwrnod ac ar adroddiadau anllad am achosion llofruddiaethau. Ond y prif gyhuddiad yn erbyn yr Iddewon oedd eu bod yn tra-arglwyddiaethu mewn meysydd fel bancio, busnes, eiddo tiriog, broceriaeth, benthyg arian a'r fasnach wartheg.

Roedd casineb Hitler tuag atynt yn thema gyson ac amlwg trwy ei yrfa wleidyddol. Dadleuodd Lucy Dawidowicz yn *The War against the Jews 1933-45* (Weidenfeld & Nicolson 1975) fod gwrth-Semitiaeth 'yn graidd system credoau Hitler ac yn sbardun canolog i'w bolisïau'. Nid yw A.J.P. Taylor yn cytuno â hi; mae ef yn barnu mai 'rhywbeth rhodresgar i gymryd lle newid cymdeithasol' ydoedd, tra oedd R.A. Brady yn ei gyfrif yn 'fwch dihangol dros y drygau cyfalafol a adwaenid gan bawb'. Roedd trosi syniadau hiliol Hitler i weithredu ymarferol yn mynd i arwain at foicotio economaidd, deddfau hiliol, trais a phogromau dan ysbrydoliaeth y llywodraeth, ac yna, yn y diwedd, gyda chrynhoi miliynau o Iddewon yn nwyrain Ewrop, at y saethu torfol a'r siambrau nwy a gysylltir â'r Ateb Terfynol o 1941 ymlaen. Mae haneswyr Almaenig yn nodi 5.29 i 6 miliwn fel cyfanswm yr Iddewon a laddwyd. Gwnaeth Hitler ddefnydd o draddodiadau gwrth-Semitaidd yr Almaen, er na allai unrhyw Almaenwr fod wedi dirnad yr eithafion y byddai yn eu gweithredu er mwyn ennill purdeb hiliol.

POLISÏAU'R GYFUNDREFN YN ERBYN YR IDDEWON 1933-38

Nid oedd polisïau'r gyfundrefn cyn 1941 yn rhagfynegi tynged yr Iddewon yn ystod yr **Holocost** (byddwn yn trafod hyn eto mewn pennod ddilynol, tt. 438-43). Ar y dechrau roedd Hitler yn ymwybodol nad oedd pobl yn ei gefnogi. Amrywiai agwedd y boblogaeth tuag at yr Iddewon o ddifrawder i gydymdeimlad. Fodd bynnag, fe newidiodd hyn wrth i'r gyfundrefn dynhau ei gafael gormesol ac y daeth pobl i sylweddoli bod safle'r Iddewon yn un anobeithiol. Yna, adweithiodd rhai mewn ofn ac yn hunanamddiffynnol fel bod yr Iddewon yn cael eu herlid a'u bygwth fwyfwy gan Almaenwyr cyffredin oedd yn aml yn cydgynllwynio o'u gwirfodd â'r gyfundrefn.

yr **Holocost**
lladd yr Iddewon yn dorfol dan y gyfundrefn Natsïaidd

Wrth edrych ar linell amser y polisi Natsïaidd yn erbyn yr Iddewon (gw. Tabl 31, tud. 263) gellir nodi rhai sylwadau:

Rhwng 1933 ac 1935 roedd yr Iddewon, ar y cyfan, yn gymharol rydd rhag erledigaeth wrth i Hitler a'r gyfundrefn ganolbwyntio ei hymdrechion ar gyfnerthu ei safle a lleihau diweithdra. Felly, ar ôl yr elyniaeth gychwynnol o du'r *SA* yn erbyn busnesau Iddewig a arweiniodd at y boicot cenedlaethol, cyfyngodd y gyfundrefn ei pholisïau gwrth-Semitaidd i wahardd Iddewon o'r proffesiynau.

Newidiodd y polisi hwn yn ystod 1935, pan oedd Hitler mewn safle cryfach. Er bod yr *SA* dan reolaeth ar ôl carthu Röhm, cafwyd ffrwydrad gwrth-Semitaidd newydd ymysg y rhengoedd oedd yn mynnu gweld 'economi ddi-Iddew'. Gwrthsafodd Hitler hyn am fod cwmnïau Iddewig yn dal i fod yn bwysig i hybu adferiad economaidd. Fodd bynnag, fe ildiodd i'r propaganda a gafwyd yn *Der Stürmer* Julius Streicher oedd yn mynnu cyfyngiadau ar gyswllt rhywiol rhwng Iddewon a phobl an-Iddewig. Deddfwyd hyn yn Neddfau Nuremberg ar 15 Medi 1935. Datganwyd bod yn rhaid i ddinasyddion o'r Reich fod o waed Almaenig a gwaharddwyd priodas rhwng Iddewon a dinasyddion Almaenig. Collodd yr Iddewon eu hawliau pleidleisio i gyd ar wahân i weinyddiaeth gyhoeddus a phensiwn. Ni fu i Hitler orfod wynebu unrhyw wrthwynebiad o du ei weision sifil oedd yn edrych ar gyfreithloni gwrth-Semitiaeth fel arf a fyddai'n diogelu rhag mwy o anhrefn ar y strydoedd. Cafwyd placardiau yn datgan 'Dim croeso i Iddewon' mewn cyrchfannau, adeiladau cyhoeddus, caffis, tai bwyta a busnesau.

Er gwaethaf y cynnydd hwn mewn gelyniaeth, llwyddodd yr Iddewon i gadw rheolaeth ar eu busnesau hyd ddiwedd 1937 a gallent eto ddefnyddio'r rhan fwyaf o'r mwynderau oedd ar gael i Almaenwyr eraill.

Gwelwyd arwyddion o bolisi mwy radical yn ystod gaeaf 1937-38, yn dilyn y pwerau a gawsai Göring yn yr Ail Gynllun Pedair Blynedd i gipio eiddo busnesau Iddewig 'er budd yr economi Almaenig'. Wrth i'r economi ehangu'n gyflym, pwysodd y diwydianwyr mawr, oedd yn awyddus i gael gwared ar eu cystadleuwyr Iddewig, ar y gyfundrefn i ddal ymlaen â'r cynllun i 'Arieiddio''r economi. Lleihaodd Göring, plenipotensiwr y Cynllun Pedair Blynedd, gyfanswm y defnyddiau crai a gâi busnesau Iddewig, ac ar ôl gwanwyn 1938 ni chawsant gontractau cyhoeddus. Wedi'r *Anschluss* gydag Awstria ym Mawrth 1938 (gw. tt. 390-1), gorchmynnodd Göring i Iddewon gofrestru pob eiddo oedd dros 5,000 marc mewn gwerth ac fe'u gwaharddwyd rhag gwerthu heb ganiatâd. Gwaharddwyd cyflogi Iddewon mewn busnesau gan y ddeddf yn erbyn 'cuddliwio mentrau busnes Iddewig' a gwaharddwyd meddygon, deintyddion a chyfreithwyr Iddewig rhag cynnig eu gwasanaeth i Ariaid. Deddfwyd bod yn rhaid cynnwys yr enw Israel neu Sarah yn yr enwau a roddid i blant Iddewig. Cyrhaeddodd y polisïau cynyddol elyniaethus hyn tuag at Iddewon eu huchafbwynt ar 9 Tachwedd, *Kristallnacht* (Noson y Gwydr Maluriedig), a enwyd felly oherwydd yr holl wydr a dorrwyd yn y dinistr eang. Ddeuddydd ynghynt roedd Iddew wedi llofruddio Ernst von Rath, diplomydd yn y llysgenhadaeth ym Mharis, gan roi'r cyfle i'r gyfundrefn roi cychwyn ar ei herledigaeth gyntaf dan arweiniad y wladwriaeth. Dinistriwyd siopau, cartrefi a synagogau Iddewig, lladdwyd 100 o Iddewon ac anfonwyd 20,000 i wersylloedd crynhoi, er bod rhai wedi eu rhyddhau ymhen ychydig fisoedd. Tyfodd llif yr ymfudwyr Iddewig ar ôl digwyddiadau 1938. Bu i *Kristallnacht* syfrdanu'r byd ac arwain at foicotio nwyddau Almaenig, ond ni ddaeth yr erlid i ben.

Dirywiodd sefyllfa'r Iddewon yn gyflymach ar ôl 1938 gyda chyfres o ordinhadau gwahaniaethol. Gwaharddwyd disgyblion Iddewig o ysgolion a phrifysgolion, ac Iddewon o sinemâu, theatrau a chyfleusterau chwaraeon. Mewn llawer o ddinasoedd, lle roedd y nifer uchaf o'r boblogaeth Iddewig yn byw, gwaharddwyd Iddewon rhag mynd i rannau a neilltuwyd i Ariaid. Roedd eithafwyr lleol yn gofalu am weithredu'r ddeddf hon gyda brwdfrydedd mawr, ac erbyn dechrau'r Ail Ryfel Byd roedd yr Iddewon wedi eu hynysu yn y gymdeithas Almaenig.

RHESYMAU DROS GYNYDDU GWRTH-SEMITIAETH

Nid dylanwad Hitler yn unig oedd yn cyfrif am y cynnydd yng ngerwinder polisi gwrth-Semitaidd y gyfundrefn ar drothwy'r rhyfel. Gellir ei egluro hefyd trwy ystyried datblygiadau gwleidyddol, sydd efallai'n cryfhau dadleuon y rhai sy'n tueddu i ddehongli y broses o wneud penderfyniadau yn strwythurol (gw. tud. 279).

1 Yn ystod 1937-8, fel rydym eisoes wedi nodi (gw.tud.152), symudodd grym i ddwylo elfennau mwy eithafol yn y Blaid Natsïaidd wrth i bolisi tramor y gyfundrefn ddod yn fwy ymosodol. Cyfarfu Hitler â'i Benaethiaid Staff ar 5 Tachwedd 1937 (gw. tud. 153) a chyhoeddi cyfnod newydd mewn polisi tramor, a arweiniodd at newid arwyddocaol yn y cydbwysedd grym. Bu'n rhaid i'r aelodau o'r elitau roedd Hitler wedi gorfod eu derbyn yn 1933 ildio'u lle. Ymddiswyddodd Gweinidog yr Economi, Schacht, oedd bob amser wedi bod yn ymwybodol o'r adwaith rhyngwladol i bolisi o Arieiddio, gan adael Göring i lwyr reoli'r economi. Roedd Göring yn benderfynol o greu economi 'ddi-Iddew' mor fuan â phosibl. Ymddiswyddodd y cadfridogion Blomberg a Fritsch a daeth y *Wehrmacht* dan reolaeth Hitler, tra daeth y Swyddfa Dramor dan reolaeth dyn arall oedd yn edmygu Hitler, sef Ribbentrop, a gymerodd le Neurath. Gyda'r newidiadau hyn, roedd y rhai a allai fod wedi ceisio rhwystro cynnydd yn yr erlid ar yr Iddewon wedi eu neilltuo. Bu'r cynnydd yn yr erlid hefyd yn gymorth i uno'r arweinyddiaeth Natsïaidd oedd wedi ei rhannu gan *Kristallnacht*. Goebbels oedd wedi cychwyn yr erlid am ei fod yn awyddus i ennill ffafr gyda Hitler, a oedd yn feirniadol oherwydd carwriaeth Goebbels ag actores o Tsiecoslofacia. Ni chafodd Göring, Himmler a Heydrich, gelynion Goebbels, wybod am y cynllun ac roedd y tri'n achwyn yn chwerw wrth Hitler oherwydd drwgeffeithiau posibl y digwyddiad ar eu polisi ymfudo gwirfoddol. Ochrodd Hitler â Goebbels ond cytunodd ag awgrym Göring ei bod hi'n bryd llunio polisi cydlynol a chanolog. Cytunodd pawb yn y diwedd ar bolisi erlid llymach, ac fe'i rhoddwyd yng ngofal Göring, er budd y diwydianwyr mawr.

2 Wrth i'r bygythiad o ryfel dyfu, rhybuddiodd Hitler y *Reichstag*, gan ddangos ei ddiffyg ymddiriedaeth a'i gasineb tuag at yr Iddewon, y byddai'r hil Iddewig yn Ewrop yn diflannu pe bai yna ryfel yn cael ei achosi gan fuddiannau ariannol Iddewig rhyngwladol. Tua'r un adeg, dywedodd wrth weinidog tramor Tsiecoslofacia 'rydyn ni'n mynd i ddinistrio'r Iddewon. Dydyn nhw ddim yn mynd i gael maddeuant am yr hyn wnaethon nhw ar 9 Tachwedd 1918', pan fu iddynt 'fradychu' yr Almaen trwy gynllunio'r 'Chwyldro' Almaenig. Mae'r haneswyr bwriadol yn dehongli sylwadau fel y rhain, a rhai eraill a wnaeth yng ngwanwyn 1939, fel tystiolaeth fod difodi'r Iddewon yn dal i fod yn nod gan Hitler yn 1939, fel ag yr oedd yn 1919. Gellir dadlau yn erbyn y dehongliad hwn trwy ddweud nad yw'r ffaith fod yr Holocost wedi digwydd ynddi'i hun yn golygu bod pob datganiad gan Hitler yn arwain at y siambrau nwy. Roedd yn aml yn siarad yn wyllt. Nid oedd gan y Natsïaid unrhyw syniad clir i ble roedd eu gwrth-Semitiaeth yn eu harwain ac roedd Hitler yn aml yn tueddu i gefnogi'r grŵp oedd yn tra-arlgwyddiaethu ar y pryd. Mae hyn yn egluro pam roedd yn cefnogi'r polisi ymfudo a ffafriai Himmler a'r *SS*, sef eu hateb hwy i'r 'broblem Iddewig' ers 1934 pan sylweddolwyd bod gweithgareddau'r *SA* wedi niweidio enw da'r Almaen. Nid oedd ymfudo yn wirioneddol lwyddiannus, dim ond 120,000 allan o'r 503,000 o Iddewon a oedd yn yr Almaen oedd wedi gadael erbyn 1937, ac roedd llawer wedi dychwelyd ar ôl hynny gan feddwl eu bod yn ddiogel a bod y gwaethaf drosodd am fod polisïau'r gyfundrefn yn fwy gochelgar.

3 Roedd cyfeddiannu Awstria ym Mawrth 1937, lle trigai 190,000 o Iddewon, wedi brawychu llawer o'r gwrth-Semitiaid am nad oeddent am weld cynnydd yn nifer yr Iddewon. O'i bencadlys yn Wien perswadiodd Adolf Eichmann, o wasanaeth diogelwch yr *SS* (yr *SD*), 45,000 o Iddewon i adael Awstria o fewn chwe mis, a defnyddiodd eiddo atafaeledig yr Iddewon i ariannu'r polisi ymfudo. Roedd Göring, oedd yn dal â'r cyfrifoldeb cyffredinol am bolisïau gwrth-Semitaidd, yn cefnogi'r cynllun. Yn Ionawr 1939, cymeradwyodd a chydnabyddodd gyfrifoldeb Heydrich, pennaeth pencadlys diogelwch y Reich, am weithredu'r cynllun. Yn ystod 1939, gorfodwyd 78,000 o Iddewon i adael yr Almaen a 30,000 i adael Bohemia a Morafia. Daeth yn fwyfwy anodd dod o hyd i wledydd oedd yn barod i dderbyn ffoaduriaid Iddewig, ac felly cydweithiodd yr *SD* â mudiadau Seionaidd i ddanfon Iddewon yn anghyfreithlon i Balestina, polisi a wrthwynebid nid yn unig gan Brydain ond

hefyd gan fudiadau Natsïaidd eraill oedd am weld yr Iddewon yn cael eu dosbarthu ledled Ewrop. Gwyliai Hitler yr ymrysonau hyn am rym ond anaml y byddai'n ymyrryd yn uniongyrchol, er pan wnâi hynny, byddai'n cefnogi'r *SS* yn erbyn ei chystadleuwyr.

DECHRAU'R RHYFEL

Pan ddechreuodd y rhyfel ym Medi 1939 cafwyd polisi newydd a brawychus o eang yn erbyn yr Iddewon. Cysylltir hwn â gweithgareddau'r Unedau Penglog, yr *Einsatzgruppen*, a ddilynodd y fyddin Almaenig i Wlad Pwyl. Llofruddiasant filoedd o swyddogion, offeiriaid a deallusion mewn ymgais i gael gwared ar y dosbarth oedd yn rheoli'r Pwyliaid. Bryd hyn y cafwyd amlinelliad o 'ateb' newydd i'r 'cwestiwn Iddewig'. Dywedodd Hitler wrth ei gydweithwyr agos fod ganddo gynllun i ail-lunio Ewrop ddwyreiniol ar linellau hiliol, gan wneud ei phobl yn gaethweision i hil oruchaf o gyfaneddwyr Almaenig. Fel cam cyntaf, casglwyd ynghyd dair miliwn o Iddewon Pwylaidd mewn getoau mewn trefi penodedig yn nwyrain Gwlad Pwyl ac yna eu hailgyfanheddu mewn gwarchodfa anferth i'r de o Lublin. Cafodd Himmler, fel comisâr y Reich â chyfrifoldeb am gryfhau Almaeniaeth yn y dwyrain, sef penodiad tyngedfennol, bwerau arbennig oedd yn golygu bod yr Iddewon ar drugaredd yr *SS*.

Alltudiwyd dros hanner miliwn o Iddewon o Danzig-Gorllewin Prwsia a thaleithiau penodol eraill i Wlad Pwyl ac fe ddaethant dan weinyddiaeth Hans Frank. Ymunodd y rhain â 1,400,000 o Iddewon oedd yno eisoes, gan beri prinder bwyd, a phrotestiodd Frank wrth Göring a oedd yn dal yn dechnegol gyfrifiol. Rhoddwyd y pŵer i Frank wrthod derbyn mwy o bobl, ac felly daeth yr alltudio i ben. O fewn y tiriogaethau meddianedig yng Ngwlad Pwyl roedd yn rhaid i'r Iddewon ufuddhau i'r hwyrgloch, gwisgo seren felen ar eu dillad a gweithio dan orfodaeth. Ni all y ffaith i Frank wrthod parhau â'r cynllun ailgyfanheddu fod ynddi'i hun yn dyngedfennol. Mae'n debyg fod ar Hitler eisiau canolbwyntio ar ymgyrchoedd y gorllewin. Fodd bynnag, yn ystod haf 1940, dyfeisiwyd cynllun newydd, 'Cynllun Madagascar' ac mae bodolaeth hwn yn herio barn y bwriadolwyr fod yna ymrwymiad diwyro i ddifa'r Iddewon oherwydd, pe bai'r cynllun wedi llwyddo, byddai pedair miliwn o Iddewon wedi cael eu halltudio o orllewin Ewrop i'r ynys lawn haint hon. Roedd Iddewon y dwyrain i aros yng Ngwlad Pwyl fel arf ataliol i rwystro UDA rhag ymuno â'r rhyfel. Roedd Himmler o blaid y cynllun ailgyfanheddu, a oedd wedi bod yn boblogaidd yn yr 1920au, a bu peth archwilio cynnar i benderfynu a oedd yn ymarferol. Roedd Hitler wedi cymeradwyo cynllun drafft, ond gwrthododd Prydain roi caniatâd i fynediad rhydd dros y môr.

CYFEIRIAD NEWYDD 1941-5

Ar ôl 1941 newidiodd polisi Natsïaidd tuag at yr Iddewon pan benderfynodd Hitler ymosod ar Rwsia. Rhybuddiodd ei staff y byddai'r ymgyrch yn cael ei hymladd ar linellau hiliol. Ym Mehefin

1941 arwyddodd y Gorchymyn Comisâr i ladd pob Iddew a gâi ei ddal oedd yn gwasanaethu'r Blaid Gomiwnyddol a'r wladwriaeth. I weithredu'r gorchmynion hyn dilynwyd y fyddin gan bedair sgwad weithredu newydd oedd yn cynnwys heddlu *SS*, heddlu trosedd a heddlu diogelwch. Mae'n ymddangos bod y sgwadiau hyn wedi mynd ymhellach na'r gorchymyn ac wedi casglu ynghyd a lladd yr Iddewon i gyd, cryn hanner miliwn yn ystod gaeaf 1941-2 yn unig. Dyma'r fan yn llinell amser polisïau gwrth-Semitaidd y Natsïaid mae haneswyr yn gwahaniaethu yn eu deongliadau. Crynhoir dadleuon y ddwy ysgol o haneswyr isod:

DADL HANESWYR

Pa bryd y penderfynodd Hitler weithredu'r Ateb Terfynol?

Strwythurwyr

Mae haneswyr megis Martin Broszat a Hans Mommsen yn dadlau mai dim ond yn hwyr yn hydref 1941 y gwnaed y penderfyniad. Cred y 'strwythurwyr', er eu bod yn derbyn bod Hitler yn dylanwadu'n fawr ar gwrs digwyddiadau, nad oedd bob amser yn cychwyn digwyddiadau. Dadleuant nad oedd yr Holocost wedi ei gynllunio gan Hitler ond ei fod wedi datblygu allan o sefyllfa oedd yn dirywio ac nad oedd y Natsïaid wedi ei disgwyl, er ei bod o bosibl yn anochel oherwydd eithafiaeth gynyddol eu gwrth-Semitiaeth. Ar sail tystiolaeth, y byddai llawer yn teimlo ei bod yn wan, maent yn dadlau bod yr Ateb Terfynol wedi ei ragflaenu gan bolisi i ailgyfanheddu Iddewon Ewrop i'r dwyrain o Fynyddoedd Ural, a bod methiant i drechu'r Rwsiaid wedi difetha'r cynllun. Hyd yn oed wedyn, yn Hydref 1941 gorchmynnodd Hitler i'r alltudio i'r tiroedd dwyreiniol ddechrau ac, am nad oedd ffordd dros y mynyddoedd, fe ymgasglodd yr Iddewon yn y getoau yn nwyrain Gwlad Pwyl nes aeth adnoddau yn brin a dechreuodd heintiau ymledu. Ymateb yr SS lleol oedd, o'u pen a'u pastwn eu hunain, dechrau llofruddio Iddewon naill ai trwy ddefnyddio nwy neu drwy eu saethu, ond roedd cael gwared ar y cyrff yn broblem. Rhywbryd yn Hydref neu Dachwedd, roedd Himmler, yn ôl yr honiad, wedi dweud wrth Hitler am y digwyddiadau hyn ac roedd yntau wedi cymeradwyo ehangu'r dull hwn i gynnwys holl Iddewon Ewrop. Mae hyd yn oed yn bosibl mai Himmler, nid Hitler, a benderfynodd fabwysiadu'r cynllun.

Bwriadolwyr

Mae haneswyr fel Eberhard Jäckel ac Andreas Hillgruber yn dadlau bod Hitler wedi penderfynu ar yr Ateb Terfynol rywbryd yn ystod haf 1941. Dadleuant fod Hitler wedi gwneud y penderfyniad yn haf 1941 am ei fod yn credu bod cwymp Rwsia ar fin digwydd a bod y cyfle wedi dod pan allai gyflawni'r nod fu'n uchelgais iddo gydol ei oes. Ni wyddom a fu iddo roi gorchymyn penodol ynteu dim ond 'symbylu'. Ni ddaethpwyd o hyd i unrhyw orchymyn ar bapur ond, fel y gwelsom eisoes, roedd hynny'n nodweddiadol o ddull Hitler o weithredu. Roedd yna nifer o ffactorau yn peri y gellid newid y polisi. Ar y naill law, roedd ehangu wedi dod â llawer mwy o Iddewon, a oedd yn byw dan amodau gwaelach o lawer yng Ngwlad Pwyl nag yn yr Almaen, dan reolaeth y Natsïaid. Wrth eu gorfodi i adael ardaloedd gwledig i fyw mewn getoau crëwyd problemau – dim bwyd a dim lle i fyw. Roedd problemau o'r fath yn gwahodd penderfyniad a arweiniodd at yr Ateb Terfynol. Ar y llaw arall, bu i 'Ymgyrch Barbarossa', a gychwynnwyd yn 1941 fel cynllun i oresgyn Rwsia, ladd degau o filoedd o Iddewon. Yn Rhagfyr 1941 penderfynodd Hitler, dan bwysau, alltudio Iddewon o'r Almaen i'r dwyrain. Deilliodd y penderfyniad i sefydlu gwersylloedd difodi yng Ngwlad Pwyl o'r methiant i drechu Rwsia. Cytunodd Hitler ond gadawodd i eraill weithredu.

Mae amseriad y penderfyniad yn hollbwysig, pa un y'i gwnaed yn yr haf neu'r hydref, oherwydd mae'r ateb yn dweud wrthym beth oedd rôl Hitler a'i reolaeth ar y penderfyniadau, yn enwedig o safbwynt yr Holocost. Nid yw dadansoddiad y strwythurwyr na'r bwriadolwyr yn gwbl foddhaol a bu llawer o ymchwil i'r cwestiwn hwn. Mae yna bellach farn gyffredinol fod y penderfyniad wedi ei wneud yn haf 1941 a'r manylion wedi eu cyflwyno erbyn gwanwyn 1942. Ni ddeilliodd y llanast yn nwyrain Gwlad Pwyl yn yr hydref a'r saethu a'r lladd â nwy oherwydd bod y cynllun ailgyfanheddu, y mae'r strwythurwyr yn mynnu ei fod yn bodoli, wedi methu. Roedd y gorchmynion a roddodd Hitler i'r *Einsatzgruppen* yng ngwanwyn 1941 yn arwydd o benderfyniad Hitler i ddilyn llwybr a fyddai'n difodi'r Iddewon.

Roedd ar Hitler eisiau difodiant yn hytrach na chynllun ailgyfanheddu ond disgwyliai i eraill gyflawni'r gwaith. Mae hyn yn egluro pam nad yw ei rôl benodol yn eglur o gwbl. Mae'n wybyddus fod Göring wedi rhoi gorchymyn i Heydrich, ar 31 Gorffennaf 1939, i orffen y dasg a roddodd iddo yn Ionawr 'i drefnu ateb terfynol i'r cwestiwn Iddewig o fewn cylch dylanwad yr Almaen yn Ewrop' ac felly lunio cynllun yr Ateb Terfynol. Cyfeiriodd Himmler at y gorchymyn hwn mewn cyfarfod o brif swyddogion y Blaid a'r *SS*, dan arweinyddiaeth Heydrich, mewn Cynhadledd yn Wannsee yn Ionawr 1942, pan benderfynwyd ar fanylion terfynol y difodiant. Ni chrybwyllwyd y gair 'difodi' ond roedd y bwriad yn glir – roedd Iddewon i'w gweithio i farwolaeth neu i'w lladd â nwy. Ar y dechrau, cafwyd proses o brofi a methu wrth i'r *SS* geisio penderfynu ar y ffordd orau i gasglu ynghyd a difodi 11 miliwn o Iddewon. Yn ystod y gwanwyn sefydlwyd gwersylloedd difodi yn Auschwitz, Chelmno, Maidanek a Treblinka. Am ddwy flynedd alltudiwyd niferoedd enfawr tua'r dwyrain o bob rhan o Ewrop, cryn bump i chwe miliwn a hanner. Yn ystod hydref 1944, gorchmynnodd Himmler ohirio lladd yr Iddewon a defnyddio'r rhai oedd wedi eu carcharu i hybu'r ymdrech ryfel. Gobeithiai Himmler osgoi peth o'r cyfrifoldeb personol. Daliwyd i symud carcharorion fel roedd y Cynghreiriaid yn ennill tir ond bu llawer farw o newyn a blinder. Yn y diwedd, ar 26 Ionawr 1945, daeth rhyddid i ran carcharorion Auschwitz pan gyrhaeddodd milwyr Rwsia'r gwersyll.

YMATEB Y CYHOEDD I BOLISÏAU GWRTH-SEMITAIDD Y GYFUNDREFN

PRIF YSTYRIAETH

Difrawder y cyhoedd yn wyneb tynged yr Iddewon.

Difrawder oedd ymateb pennaf y cyhoedd i'r erlid ar yr Iddewon. Rhwng 1933 ac 1935 bu yna drais ysbeidiol yn gysylltiedig ag ymdrechion i orfodi'r Iddewon allan o'r economi. Fodd bynnag, cafodd y gyfundrefn hi'n anodd iawn darbwyllo pobl fod angen y 'mudiad boicotio' a'r gorchymyn i dorri'r berthynas economaidd â'r Iddewon. Roedd y rhesymau am hyn yn amlwg. Roedd yna hunan-les materol yn gymysg â chydymdeimlad tuag at yr Iddewon oedd yn dioddef y fath drais, yn ogystal ag atgasedd y dosbarth canol tuag at anhrefn a'r dulliau a ddefnyddiai'r Blaid Natsïaidd. Roedd gelyniaeth o'r fath yn arbennig o gref yn yr ardaloedd Catholig. Ond yn y diwedd cafodd swmp y propaganda gwrth-Iddewig effaith a daeth pobl i gymeradwyo amcanion polisi gwrth-Iddewig y Natsïaid. Amlygwyd diffyg diddordeb sylfaenol y cyhoedd yn y cwestiwn Iddewig yn yr adwaith tawel i Ddeddfau Nuremberg ym Medi 1935. Mewn sawl adroddiad nid oedd sôn o gwbl am y deddfau; awgrymai eraill fod pobl yn gweld y deddfau fel fframwaith cyfreithiol boddhaol a fyddai'n rhoi terfyn ar yr wrth-Semitiaeth wyllt, dreisiol a welwyd yn haf 1935, tra oedd eraill yn eu cymryd yn ganiataol.

Rhwng cyhoeddi Deddfau Nuremberg a haf 1938 nid oedd y Cwestiwn Iddewig yn dylanwadu rhyw lawer ar farn y mwyafrif o bobl. Mae hyn yn amlwg yn ymateb y cyhoedd i lofruddiaeth swyddog Natsïaidd gan Iddew ifanc yn y Swistir yn Chwefror 1936. Ni ddangosodd y cyhoedd fawr o ddiddordeb. Gan sylwi ar y diffyg dicter yn 1936, cynllwyniodd Goebbels i gynhyrfu casineb yn 1938 adeg y *Kristallnacht*. Cymeradwyodd Goebbels ddinistrio holl synagogau'r Iddewon a defnyddio trais yn erbyn cymunedau Iddewig er mwyn dial am lofruddiaeth Ernst von Rath, ysgrifennydd yn y Llysgenhadaeth Almaenig ym Mharis, gan Iddew ifanc. Mae llawer o'r dystiolaeth i'r ymateb i gyflafan Tachwedd yn awgrymu bod y digwyddiad wedi dieithrio barn y cyhoedd fwyfwy yn hytrach na'u hennill i gefnogi mesurau gwrth-Iddewig y gyfundrefn. Cafodd y gyflafan ei gwrthod gan ardaloedd Catholig, mwy poblog a chymharol drefol y de a'r gorllewin, ac ymysg y deallusion a'r *bourgeoisie* rhyddfrydol a cheidwadol. Mae adroddiadau'r heddlu cudd, yr *SD*, yn datgan, 'derbyniad gwael iawn a gafodd y gweithrediadau yn erbyn yr Iddewon yn Nhachwedd'. Credai llawer o Almaenwyr fod yn rhaid iddynt gefnogi'r Iddewon yn agored. Datganwyd bod dinistrio'r synagogau yn weithred ryfygus. Cydymdeimlai llawer â'r 'Iddewon gorthrymedig druan'. Er gwaethaf hyn, ni chafodd y gyflafan effaith barhaol ar farn y cyhoedd. Dyma'r unig amser yn hanes y Drydedd Reich pan oedd Cwestiwn yr Iddewon, oedd yn ganolog i ideoleg y Natsïaid, i bob golwg yn flaenaf ym meddyliau'r cyhoedd ac yn ganolog pan leisient farn. Ymhen ychydig wythnosau yn unig roedd y cof am y digwyddiad wedi darfod. Cafodd y gyfundrefn ei bod hi'n anodd trawsnewid rhagfarn yn erbyn yr Iddew yn gasineb agored a gweithredol gan y mwyafrif, eto roedd yn ddigon i sicrhau na fyddai yna wrthwynebiad i ymdrechion y gyfundrefn i buro'r hil Almaenig.

Yn ystod blynyddoedd yr Ail Ryfel Byd, dirywiodd y diddordeb yn nhynged yr Iddewon fwy fyth, er bod yna enghreifftiau o weithredu unigol i gefnogi teuluoedd unigol. Daliwyd ati i alltudio heb dynnu sylw'r cyhoedd yn agored. Roedd yn ymddangos bod y rhan fwyaf o bobl yn ddigyffro ynghylch tynged yr Iddewon, ffaith sy'n cael ei hegluro'n rhannol gan nifer cymharol a chrynhoad yr Iddewon mewn ardaloedd penodol, ond roedd y rhyfel hefyd yn hawlio sylw uwchlaw popeth arall. Dewisai pobl anwybyddu'r storïau am yr anfadwaith yn y gwledydd meddianedig; clywid sïon am ddifodi, ond, yn ôl yr Athro Ian Kershaw, nid oedd pobl yn gyffredinol yn gwybod am y rhaglen gwenwyno â nwy systematig yn y gwersylloedd. Yn ystod dwy flynedd olaf y rhyfel gwelwyd llai fyth o ddiddordeb er gwaethaf cynnydd mewn propaganda gelyniaethus, efallai am fod yr Iddew wedi dod yn 'grair amgueddfa' erbyn hynny.

Ni lwyddodd propaganda Natsïaidd i gyffroi atgasedd yn erbyn yr Iddew, ar wahân i ambell achos fel yn Nhachwedd 1938. Fel arall, amrywiai'r agwedd o fod yn un a ofnai'r Iddew, i leiafrif oedd yn gwrthod athrawiaeth y Natsïaid ar gasineb hiliol, naill ai oherwydd eu cred Gristnogol neu ddynol, neu yn unig am ei fod yn foesol annerbyniol. Ni lwyddodd y propaganda cyson yn erbyn yr Iddewon i wneud i bobl eu casáu, dim ond dangos bod yna ddifaterwch ar raddfa eang. Fodd bynnag, yr union ddifaterwch hwn a barodd fod yr ychydig wedi cael llonydd i weithredu eu polisi o gasineb hiliol a difodiant.

DIWEDDGLO: GOLWG AR BOLISÏAU'R GYFUNDREFN I LUNIO HIL BUR

PRIF YSTYRIAETH

Rhannu'r bai.

Camgymeriad mawr yw canolbwyntio'r sylw ar Hitler yn unig, ond ni ellir ei anwybyddu chwaith. Er na ddaethpwyd erioed o hyd i orchymyn ysgrifenedig gan Hitler i ladd yr Iddewon, nid yw hynny'n profi, fel mae haneswyr megis David Irving wedi awgrymu, na chafwyd gorchymyn o'r fath. Hitler oedd yr 'ysgogydd' a'r 'galluogwr'. Roedd ei anogaeth gyson yn sicrhau bod y gwaith yn mynd yn ei flaen hyd yn oed pan oedd safle filwrol yr Almaen wedi dirywio ac na ellid mewn gwirionedd ddefnyddio adnoddau prin i ddal ati i ladd ar raddfa dorfol. Fodd bynnag, ni all pobl yr Almaen ddianc yn ddi-fai. Yn y gystadleuaeth ffyrnig am ffafr Hitler roedd pobl yn gwneud yr hyn a dybient roedd ar Hitler ei eisiau. Roedd hyn yn cynnig rhwydd hynt i arbrofi nad oedd wedi ei gyfyngu i bolisïau hiliol. Roedd y gyfraith yn llygredig, fel sy'n amlwg yn hanes y rhaglen ddiffrwythloni. Nid o fewn trefn llywodraeth y dechreuwyd ewthanasia ond yn nefnydd Hitler o bŵer diamod; daeth dan bwysau ac fe ildiodd, gan ddefnyddio papur preifat. Gyda chwymp trefn o fewn y llywodraeth, dirywiodd y gyfundrefn i gyflwr o farbariaeth. Hefyd, defnyddiodd y Natsïaid ragfarnau cymdeithas yn erbyn lleiafrifoedd fel Sipsiwn a gwrywgydwyr. Brawychwyd pobl ac roeddent yn rhy bryderus ynghylch eu bywydau eu hunain i ofyn cwestiynau. Daeth hefyd yn bosibl gweithredu'r polisi difodi oherwydd gweithredoedd lleiafrif troseddol. Roedd rhai o eithafwyr y blaid, Himmler, Heydrich ac Eichmann, yn credu o ddifrif yng nghyfiawnder yr Ateb Terfynol, ond roedd yna hefyd rai seicopathiaid a sadistiaid go iawn. Dynion cyffredin oedd llawer o'r *SS* oedd yng ngofal y gwersylloedd, ac nid yr *SS*, hyd yn oed, oedd y bataliynau a weithredodd yr Ateb Terfynol yng Ngwlad

Pwyl. Roedd hyn yn wir am Fataliwn Heddlu Wrth Gefn 101 oedd yn cynnwys 500 o ddynion nad oeddent yn perthyn i'r *SS* ac a oedd yn rhy hen i ymuno â'r fyddin. Dynion cyffredin, canol oed, dynion teulu o'r dosbarth gweithiol a chanol is yn Hamburg, un o ddinasoedd lleiaf Natsïaidd yr Almaen, oedd y dynion hyn. Ychydig ohonynt oedd yn aelodau o'r Blaid Natsïaidd ac roeddent wedi cael eu recriwtio am fod prinder dynion. Dim ond ychydig wythnosau roeddent wedi eu treulio yng Ngwlad Pwyl feddianedig, ond bu i 80 y cant ohonynt ufuddhau i orchmynion i gasglu ynghyd a lladd 38,000 o Iddewon a chorlannu 42,000 o Iddewon eraill, fel gwartheg, i dryciau i'w halltudio i'r siambrau nwy yn Treblinka. Priodolir parodrwydd Almaenwyr cyffredin i weithredu polisïau hil-laddiad y gyfundrefn i fwystfileiddiwch rhyfel, i hiliaeth, i ufudd-dod i orchmynion, ond i lawer nid oedd yn ddim mwy na chydymffurfio a pheidio â bylchu'r rhengoedd. Câi llawer ei bod hi'n haws saethu na sefyll dros eu hegwyddorion. Roedd y gyfundrefn Natsïaidd wedi gosod safon y daethpwyd i'w hystyried yn safon foesol. Parodrwydd miloedd lawer o blith Almaenwyr cyffredin i helpu a wnaeth yr Holocost yn bosibl. Yn yr ystyr hon, rhaid i'r Almaenwyr dderbyn y bai ar y cyd.

Ch *Trin yr anabl yn feddyliol a chorfforol fel dieithriaid biolegol*

Dioddefodd y rhai oedd yn anabl yn feddyliol a chorfforol hefyd oherwydd bod y gyfundrefn yn derbyn y ddamcaniaeth ewgeneg. Roedd ewgeneg yn gred ei bod hi'n bosibl gwella'r 'hil' trwy annog epilio dethol. Ceid cefnogaeth eang i syniadau o'r fath ar ddiwedd y bedwared ganrif ar bymtheg, yn enwedig ymysg y bobl Almaenig a meddygon. Derbyniai llawer o bobl y syniad o epilio genynnol, nid yn unig yn yr Almaen ond hefyd yn UDA ac Ewrop. Yn 1900, cyfrannodd grŵp o ddiwydianwyr mawr, Krupps yn eu plith, 50,000 marc yn wobr am y traethawd gorau ar egwyddorion esblygiad, a enillwyd gan feddyg. Daeth damcaniaethau o'r fath yn dderbyniol yn ystod yr 1920au a'r 1930au oherwydd bod:

- y cyfraddau genedigaethau yn gostwng a chenhedlaeth iach wedi ei lladd oherwydd y Rhyfel Byd Cyntaf;
- y dirwasgiad economaidd wedi ychwanegu at y ddadl ynglŷn â bwydo pobl ddiwerth;
- ofnau y byddai'r hil yn dirywio yn y genhedlaeth nesaf, ofn oedd wedi cynyddu oherwydd y cynnydd mewn gwyddoniaeth feddygol – roedd mwy o bobl â diffygion etifeddol yn byw i oed cenhedlu.

Yn ystod yr 1920au, dechreuodd nifer o feddygon a seiciatryddion yn yr Almaen awgrymu polisi o ddiffrwythloni ar gyfer y rhai oedd â diffygion etifeddol, fel oedd wedi digwydd ar raddfa gyfyngedig yn UDA ers 1899. O 1929 ymlaen cafodd yr awgrym fwy a mwy o gefnogaeth, ac roedd deddfwriaeth ddrafft

PRIF YSTYRIAETH

Beth oedd gwreiddiau hanesyddol y Ddeddf Ddiffrwythloni a'r rhan a chwaraewyd ganddi hi a'r rhaglen ewthanasia ym mholisïau Hitler i buro'r hil.

ar gyfer mesur diffrwythloni yn bodoli o ddiwedd 1932 pan geisiodd awdurdodau Prwsia gael pobl i wirfoddoli i gael eu diffrwythloni os oeddent yn dioddef o ddiffygion etifeddol. Yr unig wahaniaeth yn Neddf Ddiffrwythloni'r Natsïaid ar 14 Gorffennaf 1933 oedd fod yr elfen wirfoddol wedi ei dileu, ac nid Hitler yn unig fu'n gyfrifol am bwyso am hyn. Sefydlwyd llysoedd i ddiffinio salwch etifeddol ond ni chyfyngwyd y meini prawf i nam meddyliol. Cynhwyswyd yn ogystal bobl oedd yn dioddef o iselder, o afiechydon fel clefyd Parkinson neu alcoholiaeth barhaol. Yn yr enghreifftiau hyn roedd diffrwythloni yn arfer amheus iawn, ond roedd wedi dod yn ffasiynol i feio llawer o ddrygau cymdeithasol, fel alcoholiaeth, tlodi, puteindra a throsedd, ar etifeddeg.

Gwelid ewgeneg fel dull o gael gwared ar wehilion cymdeithas, yn cynnwys yr 'anghymdeithasol' (gw. tud. 272). O 1934 hyd 1945 diffrwythlonwyd rhwng 320,000 a 350,000. Honnai'r gyfundrefn y gellid adfer unigolyn, unwaith roedd wedi ei ddiffrwythloni, i'w lawn statws yn y gymdeithas, ond o gofio'r pwyslais ar ffrwythlondeb nid oedd hyn yn wir. Cychwynnodd y gyfundrefn hefyd ar raglen *Lebensborn* (Gwanwyn Bywyd), a ddechreuodd er mwyn cynnig gofal sefydliadol i famau dibriod oedd yn hiliol dderbyniol. Arweiniodd yn ddiweddarach at 'greoedd' yng ngofal yr *SS* ac at y rhaglen 'caethion', gyda phlant o'r tiriogaethau meddianedig yn cael eu cipio oddi wrth eu rhieni a'u hanfon i gartrefi plant amddifad yn yr Almaen i'w mabwysiadu gan deuluoedd Almaenig. Os nad oedd y plant hyn yn llwyddo i fodloni'r meini prawf 'Ariaidd' caent eu hanfon i wersylloedd llafur neu wersylloedd crynhoi. Ychydig iawn ohonynt a ddychwelodd at eu rhieni iawn.

Cymeradwyid ewthanasia ar gyfer y rhai oedd â nam corfforol neu anaf na ellid ei wella neu oedd yn hynod ddrwg. Soniwyd am y syniad yn y lle cyntaf yn 1920 pan gyhoeddwyd llyfr gan Karl Binding ac Alfred Hoche, *The Granting of Permission for the Destruction of Worthless Life, its Extent and Form*. Roedd Hitler yn barod i dderbyn y mesur mewn egwyddor, ac ar ôl 1933 cafwyd ymgyrch bropaganda i gael gwared ar y rhai oedd yn faich ar gymdeithas, ond nid oedd yr amser yn ffafriol eto. Roedd yn rhaid i'r proffesiwn meddygol roi cychwyn i'r cynllun, a dyna a ddigwyddodd pan fu iddynt bwyso am ddeddf, a basiwyd yn 1939. Cyn hynny roedd rhieni plentyn anabl iawn wedi cyflwyno deiseb yn gwneud cais am ladd tosturiol. Anfonwyd eu cais i Lys Canghellor y *Führer* lle bu i Philipp Bouhler fanteisio ar y cais, cytunodd Hitler ac fe laddwyd y plentyn (gw. tt. 177-8). Yna gofynnodd Llys y Canghellor am gael estyn yr ymarfer a chytunodd Hitler i'r Rhaglen Ewthanasia Plant 1938-9. Roedd gofyn i fydwragedd roi adroddiad am bob baban a gâi ei eni â nam. Diffiniwyd y diffygion hyn mewn cylchlythyr 'Hynod Gyfrinachol', a ddosbarthwyd i lywodraethau'r taleithiau gan Weinyddiaeth Gartref y Reich ar 18 Awst 1939 (dyfynnwyd yn Noakes a Pridham, *Nazism 1919-1945, A Documentary Reader, Vol. 3*):

(i) Ynfydrwydd a mongoliaeth (yn enwedig achosion sy'n cynnwys dallineb a byddardod)
(ii) Microceffali (penglog anarferol o fach)
(iii) Hydroceffalws (penglog anarferol o fawr am fod dŵr ar yr ymennydd)
(iv) Camffurfiad o unrhyw fath, yn enwedig aelod o'r corff yn absennol, spina bifida
(v) Parlys ... (yn cynnwys Sbastigion)

Dylid nodi bod pobl yn 1939 wedi dechrau cwestiynu'r arfer a bod Llys y Canghellor wedi gofyn am awdurdodiad mewn ysgrifen, ac fe'i cafwyd gan Hitler yn Hydref 1939. Nid oedd yn orchymyn nac yn ordinhad, dim ond pum llinell ar bapur ysgrifennu personol Hitler, sy'n arwydd o'r barbareiddiwch roedd y Wladwriaeth Natsïaidd wedi ymostwng iddo. Ar y cychwyn, cafodd mudiad cudd ei sefydlu i weithredu'r rhaglen ar gyfer plant 3 oed, yna hyd at 12 i 16 oed, ac fe laddwyd tua 5,000 o blant naill ai trwy chwistrelliad neu ddiffyg maeth. Roedd y dystysgrif farwolaeth bob amser yn nodi rhyw afiechyd cyffredin fel y frech goch.

Yn Awst 1939, gorchmynnodd Hitler fod y rhaglen ewthanasia i'w hehangu i gynnwys oedolion, a chafodd mudiad cudd arall ei sefydlu. Nid oedd gan unigolion ddewis, caent eu dethol a'u lladd â nwy. Roedd y meini prawf yn amrywio o salwch meddyliol, megis sgitsoffrenia ac epilepsi, i ddryswch henaint neu wendid meddwl, neu am beidio â bod yn berchen ar ddinasyddiaeth Almaenig neu waed perthynol. Teimlai'r Eglwys Gatholig yn fwyfwy anesmwyth fel y deuai mwy o wybodaeth i'r golwg; yn Awst 1941 fe wnaeth gondemniad dewr a rhoddodd Hitler orchymyn fod y cynllun i ddod i ben, er bod y lladd yn parhau yn y dirgel yn y gwersylloeddd crynhoi. Erbyn i'r rhaglen ddod i ben, dan bwysau protest y cyhoedd, amcangyfrifai'r Natsïaid (yn ôl adroddiadau meddygon mewn gwallgofdai) fod 72,000 wedi marw. Fodd bynnag, rhwng 1941 ac 1943, roedd 30,000-50,000 o bobl eraill wedi eu hanfon i wersylloedd crynhoi a'u lladd â nwy ar sail afiechyd meddyliol, anabledd corfforol, neu'n syml oherwydd tarddiad hiliol, yn Iddewon neu'n Sipsiwn. Yn ddiweddarach, cafodd y rhai oedd wedi arbenigo mewn technegau lladd â nwy eu hanfon i Wlad Pwyl i gynghori'r *SS* a oedd yn sefydlu eu gwersylloedd angau rhwng 1941-42 i ddifodi dieithriaid biolegol eraill yr Almaen Natsïaidd, sef yr Iddewon a'r Sipsiwn.

4 ~ LLWYDDO I GREU *VOLKSGEMEINSCHAFT* 'UNEDIG' YN SEILIEDIG AR GYDYMFFURFIO CYMDEITHASOL

Gwnaed argraff ar lawer o Almaenwyr, a thramorwyr, oherwydd y newid ymddangosiadol yn agweddau pobl. Ar ôl 1933, roedd y ddelwedd o gymdeithas yr Almaen a gyfleid gan bropaganda Natsïaidd ar ffilmiau newyddion ac yn y wasg yn un o frwdfrydedd torfol ac ymrwymiad. Cyflwynodd y gyfundrefn nifer o bolisïau i gryfhau cred y bobl eu bod yn perthyn i gymuned genedlaethol newydd. Fel rhan o'r ymgyrch i ennill pobl i gydymffurfio yn gymdeithasol, mabwysiadwyd y term *Volksgenossen* (cymrodyr cenedlaethol). Disgwylid i bawb fynychu'r gorymdeithiau a'r areithiau niferus a ddaeth yn rhan o'r defodau cyhoeddus newydd i ddathlu'r digwyddiadau pwysig yng nghalendr y Natsïaid. Disgwylid i Almaenwyr ddangos y gymuned genedlaethol ar waith, ac yn galon i'r cyfan oedd y ddelwedd bropaganda o'r teulu.

A *Cwlt y teulu fel canolbwynt y gymuned – rôl merched yn ideoleg a phropaganda'r Natsïaid*

Roedd merched yn ffocws hollbwysig ym mholisi cymdeithasol y Natsïaid oherwydd eu rôl ganolog o fewn y gymuned fel mamau a gwragedd, a'r gred Natsïaidd fod gan ddynion a merched rolau gwahanol mewn bywyd yn seiliedig ar eu swyddogaeth fiolegol. Mewn araith a draddododd Hitler yn rali'r blaid yn Nuremberg ar 8 Medi 1934 (dyfynnir yn *The Speeches of Adolf Hitler, April 1922-August 1939, Vol.1*, gol. N.H. Baynes) crynhoir beth oedd safle merched yn Almaen Hitler:

> Os dywedir mai byd dyn yw'r Wladwriaeth, ei frwydr, ei barodrwydd i ymroi i wasanaethu'r gymuned, mae'n bosibl y'n temtir i ddweud mai byd llai yw byd y ferch. Oherwydd ei byd hi yw ei gŵr, ei theulu, ei phlant a'i thŷ ... Mae Rhagluniaeth wedi ymddiried i ferch ofalon y byd sy'n perthyn iddi hi yn arbennig, a dim ond ar sylfaen y byd llai hwn y gall byd dyn gael ei lunio a'i adeiladu. Nid yw'r ddau fyd hyn byth yn gwrthdaro. Mae'r naill yn gymar i'r llall, maent yn perthyn gyda'i gilydd fel mae dyn a merch yn perthyn gyda'i gilydd ... Mae pob plentyn mae merch yn ei ddwyn i'r byd yn frwydr, brwydr a ymleddir dros fodolaeth ei phobl. Rhaid i ddyn a merch felly werthfawrogi a pharchu ei gilydd, y naill y llall, pan welant fod pob un yn perfformio'r dasg mae Natur a Rhagluniaeth wedi ei hordeinio. Ac o'r gwahaniaeth hwn yn swyddogaeth y ddau bydd parch, y naill at y llall, yn deillio o reidrwydd.

C

Ym mha ffyrdd a chyda pha lwyddiant y bu i Hitler newid statws a rôl merched?

Sail yr ideoleg hon am wahanol gylchoedd oedd y ddamcaniaeth mai lle'r ferch oedd y cartref, yn gofalu am ei gŵr a'i phlant, ac fe'i crynhoid yn y slogan bropaganda, '*Kinder, Kirche, Kuche*', (Plant, Eglwys, Cegin). Fe'i hehangwyd i gynnwys merched ifanc, oedd yn cael eu hyfforddi yn y sgiliau domestig traddodiadol i ferched trwy eu haelodaeth o'r *Jungmädel* a Chynghrair Merched yr Almaen. Roedd grwpiau traddodiadol, fel y boblogaeth wledig a'r Eglwysi, yn cefnogi hyn. Fodd bynnag, roedd yn adweithiol gan ei fod yn groes i'r syniadau am ryddfreinio merched oedd yn nodweddiadol o ddiwedd y bedwaredd ganrif ar bymtheg a dechrau'r ugeinfed. Erbyn 1933, pan ddaeth Hitler yn Ganghellor, roedd merched wedi ennill y bleidlais ac wedi cynyddu eu cyflogaeth mewn diwydiant ac yn y proffesiynau a byd masnach, yn enwedig yn y sectorau anllafuriol a di-grefft, er nad oeddent eto wedi ennill hawliau cyfartal â dynion. Personolid eu rhyddid yn nelwedd *Berlinerin* cyfnod Weimar a ystyrid yn ferch wyllt ac anfoesol, er mai merched proffesiynol y dosbarth canol a fyddai'n cael eu heffeithio'n bennaf gan fesurau'r Natsïaid i'w gwahardd o'r byd gwaith. Pan ddaeth i rym, fe geisiodd Hitler reoli gwisg ac ymddygiad merched trwy eu hannog i beidio â gwisgo colur a throwsusau, i beidio ag ysmygu, a'u perswadio i wisgo dillad gwerinol syml. Cafodd beth llwyddiant gyda Chyngrair Merched yr Almaen ond cafwyd gwrthadwaith ymysg merched oedd yn hoffi ffasiwn, gwraig Goebbels yn eu mysg. Gwaharddwyd merched o safleoedd allweddol ym myd gwleidyddiaeth Natsïaidd; nid oedd un ferch yn ddirprwy yn y *Reichstag* ac mewn rheoliad plaid yn 1921 gwaharddwyd merched o bob safle uwch o fewn ei strwythur, ar wahân i'w buddgarfanau arbennig.

Ceisiodd y gyfundrefn wneud 'magu plant' yn ddeniadol yn ariannol. Cyflwynwyd cyfres o grantiau a benthyciadau di-log i barau oedd newydd briodi, ynghyd â chynlluniau gostwng treth, ar yr amod fod gwragedd yn cilio o'r farchnad lafur. Roedd hefyd yn awyddus i gynyddu'r boblogaeth ac fe anogid hyn mewn sawl ffordd:

- Rhoddwyd cyfreithiau mewn grym oedd yn gwrthod caniatáu erthylu, a chyfyngwyd ar gyngor a chyfarpar atal cenhedlu.
- Cafwyd gwell lwfans teulu – 10 marc y mis am y trydydd a'r pedwerydd plentyn ac 20 marc am y pumed.
- Câi parau â theuluoedd mwy wobrau ychwanegol fel cymhorthdal plentyn i'r rhai ar gyflog isel. Un swm cyfan oedd hwn i'w wario ar ddodrefn a dillad. Roedd chwarter y benthyciad priodas yn cael ei drosi yn rhodd lwyr ar enedigaeth pob un o'r pedwar plentyn cyntaf.
- Gwobrwyid mamau ffrwythlon â'r Groes Anrhydedd ar 12 Awst bob blwyddyn (pen-blwydd mam Hitler) – un bres am bedwar a mwy o blant, un arian am fwy na chwech ac aur am wyth.
- Câi mamau flaenoriaeth o ran dogni, a llochesau cyrchoedd awyr mwy diogel yn ystod yr Ail Ryfel Byd pan oedd addoliad o'r fam wedi cyrraedd y brig a'r fam yn brolio, 'Rwy wedi rhoi plentyn i'r *Führer*'.
- Câi mamau help yn y cartref trwy gyfrwng y cynllun oedd yn gorfodi pob person ifanc i gyflwyno blwyddyn o wasanaeth llafur yn ystod y rhyfel, tra oedd llafur tramor yn cael ei neilltuo ar gyfer amaethyddiaeth.
- Trefnid priodasau rhwng pobl sengl ac anogid ysgariad rhwng parau di-blant er mwyn hwyluso ailbriodi ac o bosibl genhedlu plant.
- Roedd archwilio meddygol ynghyd â rhaglen ddiffrwythloni orfodol yn diogelu rhag 'magu stoc hiliol israddol'.

Mae'r ystadegau ar briodas a chyfraddau genedigaethau yn awgrymu nad oedd y mesurau hyn wedi llwyddo (Tabl 33). Dengys yr ystadegau fod y gyfradd genedigaethau wedi cynyddu o bwynt isel yn 1933, a chyrraedd brig yn 1935, ond wedyn ei bod wedi gostwng yn araf eto. Y

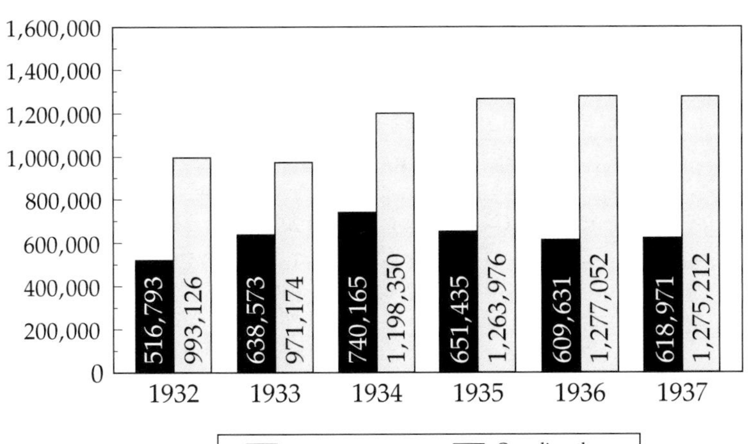

TABL 33
Nifer y priodasau a'r genedigaethau byw yn yr Almaen, 1932-7

Blwyddyn	Priodasau	Genedigaethau byw
1932	516,793	993,126
1933	638,573	971,174
1934	740,165	1,198,350
1935	651,435	1,263,976
1936	609,631	1,277,052
1937	618,971	1,275,212

broblem i haneswyr yw penderfynu ai polisi poblogaeth y Natsïaid a gynhyrchodd y cynnydd hwn neu ai rhesymau cymdeithasol, economaidd a hyd yn oed seicolegol personol eraill oedd yn gyfrifol. Ar y cyfan, mae haneswyr wedi dadlau nad oedd y polisïau, oedd yn cynrychioli teilwrio cymdeithasol Hitler ar ran cymuned y bobl, wedi dylanwadu ar y gyfradd genedigaethau. Roedd yn fwy tebygol o fod yn ganlyniad i ddiwedd y Dirwasgiad a phriodasau ymysg pobl iau, fel a ddigwyddodd mewn gwledydd eraill. Roedd syniadau'r Natsïaid am ferched yn gwrthdaro yn erbyn realiti tueddiadau'r ugeinfed ganrif, a welodd ryddfreinio merched, ac roeddent hefyd yn groes i amcanion ailfarfogi y Natsïaid.

Ceisiai Cynghrair y Merched Natsïaidd gyflyru merched i dderbyn eu rôl, a threfnodd raglen eang i annog gwaith gwirfoddol, er ei fod hefyd yn pwyso am ryddfreinio merched. Collodd llawer o ferched proffesiynol eu swyddi, cawsant eu diswyddo o'r gwasanaeth meddygol a sifil a'u gwahardd o fyd y gyfraith. Ni chaent wasanaethu ar reithgor a lleihaodd y nifer oedd yn y prifysgolion. Derbyniodd rhai merched ymdrechion Hitler i'w cyfyngu i'r cartref gan deimlo, o'u cloriannu, fod y sicrwydd economaidd a'r cwlt mamau yn gwneud iawn am golli cyfartaledd rhywiol. Nid oedd ymdrechion i'w neilltuo o fannau gwaith yn broblem heblaw ymysg merched academaidd a phroffesiynol.

Fodd bynnag, fel gydag agweddau eraill ar yr ideoleg, roedd polisi'r Natsïaid tuag at ferched yn ddryslyd ac anghyson, ac yn y pen draw yn fethiant. Nid oedd merched bob amser yn cael eu gwahardd o fannau gwaith. Roedd hyn yn sicr yn wir am athrawesau; lleihaodd y nifer a gyflogid ar ddechrau'r rheolaeth Natsïaidd, lefelodd erbyn 1938, a chynyddodd eto yn ystod blynyddoedd y rhyfel. Ac nid oedd merched wedi diflannu'n llwyr o'r gwasanaeth sifil chwaith; erbyn 1938 merch oedd ym mhob degfed swydd ac roedd llawer mwy yn cael eu cyflogi yng ngwasanaeth sifil y Blaid, Cynghrair y Merched Natsïaidd, y Cynllun Lles Sosialaidd Cenedlaethol, ac adran merched y Ffrynt Llafur Almaenig. Ni allai'r gyfundrefn atal y duedd gynyddol i gyflogi merched ifanc yn y diwydiant nwyddau traul a'r rheidrwydd i gyflogi merched oherwydd bod llafur yn brin (byddwn yn sôn am hyn eto ym Mhennod 15). Er gwaethaf yr ymdrechion i annog priodi, cododd y gyfradd ysgaru yn gyson, a chynyddodd achosion o droseddu ymysg pobl ifanc o 16,000 yn 1933 i 21,000 yn 1940. Tanseiliwyd y berthynas o fewn teuluoedd oherwydd cwerylon ynglŷn â'r modd y câi gwragedd na allent genhedlu neu rai oedd wedi eu troi heibio eu trin, a chynyddodd gwrthdaro rhwng y cenedlaethau, yn enwedig rhwng mamau a meibion, ynglŷn ag ystyriaethau fel cyfathrach rywiol cyn priodi ac achosion lle roedd plentyn wedi ei genhedlu. Erbyn 1945, roedd y clefyd gwenerol ar 23 y cant o Almaenwyr ifanc, a phuteindra bedair gwaith yn waeth.

B *Polisïau er budd y bobl*

Roedd agweddau eraill ar bolisïau'r gyfundrefn i greu *Volksgemeinschaft* yn seiliedig ar gydymffurfio cymdeithasol yn fwy llwyddiannus.

- Daeth llawer i deimlo'n falch ynglŷn â dyfodol yr Almaen, ac i dderbyn Hitler am fod ei lywodraeth yn gref. Adferiad economaidd oedd sail llwyddiant y Natsïaid, oherwydd roedd Hitler yn sylweddoli bod llwyr gefnogaeth y bobl yn hanfodol. Sicrhaodd hyn trwy leihau diweithdra, cynyddu elw, rheoli chwyddiant a sefydlogi arian cyfred. Llwyddodd polisïau economaidd Hitler rhwng 1933-7 i ostwng diweithdra o chwe miliwn yn Ionawr 1933 i un milwn yn Ionawr 1935. Roedd yn adferiad a arweinid gan y wladwriaeth, yn seiliedig ar adeiladu ffyrdd, draenio tir a gwaith cyhoeddus oedd yn amcanu at roi 'bara a gwaith' i'r bobl. Cyflwynodd gonsgripsiwn yn 1935 a chynllun ailarfogi swyddogol yng Nghynllun Pedair Blynedd 1936. Erbyn 1939 roedd llafur yn brin.
- Wedi eu diogelu rhag ymosodiad oherwydd carthiad Hitler o adain chwith ei Blaid ym Mehefin 1934, parhaodd yr elitau i ffynnu a thra-arlwyddiaethu.
- Derbyniodd diwydianwyr, wedi eu rhyddhau o gyfyngiadau undebau llafur, archebion enfawr ar gyfraddau proffidiol.
- Ni rannwyd stadau mawr y *Junker* Prwsiaidd ac arhosodd Cadlywyddiaeth y fyddin yn nwylo'r bonedd. Bu i raglen ailarfogi'r gyfundrefn adfer y fyddin, a chyda hi ei swyddogion *Junker,* i'w safle urddasol yn y gymdeithas, fel ag yr oedd cyn y rhyfel. Gwrthdrowyd telerau Cytundeb Versailles a barodd gymaint o warth, a bu ehangu heb fynd i ryfel. Roedd hyn yn darparu cyfleoedd i feibion ac yn cymodi'r tirfeddianwyr â'r Natsïaid. Dangosodd Hitler sgìl arbennig yn y modd y deliodd â'r fyddin, oherwydd y fyddin oedd y ffactor hollbwysig ar gyfer sefydlu ei gyfundrefn ar sail gadarn. Daeth polisïau Hitler â buddiannau economaidd i berchenogion stadau mawr hefyd. Sefydlwyd prisiau gwerthu cynnyrch ymhell uwchben y gost. Caent gredyd y wladwriaeth ar delerau hawdd ac nid oedd yn rhaid iddynt ofni colli eu tir. Cododd gwerth tir am fod y llywodraeth yn gwario'n drwm ar adeiladu ffyrdd, meysydd awyr a barics. Roedd y *Wehrmacht* hefyd yn prynu ei cheffylau oddi wrth y *Junker*. Pasiodd y gyfundrefn ddeddf yn pennu cyfradd llog morgeisiau ar 4.5 y cant ym Mehefin 1933, a rhoddodd gredydau hael i wella seilos, draeniad a thai gweithwyr ar stadau mawr. Oherwydd bod miliynau wedi eu hailgyflogi, cynyddodd galw'r farchnad gan ddod â budd i ffermwyr a'u galluogi i gynyddu eu buddsoddiadau. Ond, er gwaethaf y gwelliannau ariannol hyn, nid oedd y *Junker* yn gwbl gefnogol. Er bod y Natsïaid i bob golwg yn parchu teitlau i dir, ac nad oedd cynlluniau ailgyfanheddu yn cael eu gweithredu yn aml, roedd llawer o'r *Junker* yn ymwybodol fod y cynnydd yn eu cyfoeth yn celu cwymp yn eu statws a'u bod wedi dod yn weinyddwyr yn hytrach na pherchenogion ar eu stadau eu hunain.
- Croesawai trefi bychain yr Almaen wledig y camau i ddinistrio'r diwylliant a'r gelfyddyd ddirywiaethol a gysylltid â bywyd nos Berlin.
- Mwynheuai pobl ifanc yr Almaen y rhyddid a'r gweithgareddau oedd yn gysylltiedig ag aelodaeth o Ieuenctid Hitler.
- Cafwyd nifer o fesurau lles i roi i'r bobl gyfle i gyflwyno darlun byw o *Volksgemeinschaft* ar waith a phrofi eu teyrngarwch i'r gyfundrefn. Pwysleisiodd Hitler bwysigrwydd cyfrifoldeb yr unigolyn a'r bobl ar y cyd ragor na chyfrifoldeb y Wladwriaeth. Arwydd amlwg o'r cyfrifoldeb hwn oedd ymroi i gasglu arian (ac ambell waith ddillad gwely, dillad a nwyddau tŷ eraill; a bwyd) o ddrws i ddrws i helpu i ariannu cynllun lles a chynllun 'Cymorth y Gaeaf' y gyfundrefn oedd yn darparu bwyd, lloches a chymorth i'r anghenus.

Fodd bynnag, nid oedd pob adran yn y gymdeithas yn rhannu'r ymateb cadarnhaol hwn. Roedd llawer o'r dosbarth canol wedi eu siomi ac yn teimlo bod eu buddiannau wedi eu 'bradychu' o ganlyniad i ailarfogi. Anwybyddwyd addewidion etholiadol i ddiogelu busnesau bychain yn erbyn siopau adrannol mawr. At hynny, rhwng 1942 ac 1943, fe gaewyd siopau a gweithdai am nad oeddent yn angenrheidiol i'r ymdrech ryfel.

LLUN 37
Merched y Bund Deutscher Mädel *(Cynghrair Merched yr Almaen) yn ymarfer ar arfordir y Baltig*

C *Cefnogaeth boblogaidd i'r llywodraeth?*

PRIF YSTYRIAETH

Sut y bu i bobl adweithio i'r gyfundrefn.

Mae'n anodd asesu adwaith pobl i fywyd yng nghymuned y bobl. Wrth geisio deall sut roedd pobl yn teimlo go iawn yn ystod y blynyddoedd hyn mae'r hanesydd yn wynebu problemau mawr gan nad oedd y fath beth yn bod â barn gyhoeddus annibynnol:

- Collwyd y rhyddid i fynegi barn ac i ymgynnull ac nid oedd y fath beth ag arolwg barn.
- Roedd braw bob amser yn y cefndir, a châi ei weithredu yn ddidostur pan oedd angen.
- Delid yn annonest ag etholiadau a phleidleisiau gwlad a châi'r cyfryngau eu rheoli'n gaeth. Dim ond lled ddefnyddiol yw papurau newydd i'r hanesydd gan eu bod wedi cael eu sensro a than reolaeth Gweinyddiaeth Bropaganda Goebbels.

TABL 34
Polisïau lles a'u hamcanion

Polisi	*Nodweddion*
Winterhilfe (Cymorth y Gaeaf)	Casgliad elusennol blynyddol (Hydref i Mawrth) i helpu'r di-waith neu'r tlawd. Unwaith y flwyddyn, ar ddydd Sul, disgwylid i bob mudiad Natsïaidd ofalu bod ei aelodau ar gael i gasglu yn y strydoedd. Byddai gweithwyr y Blaid ac enwogion y cyfryngau yn ymddangos mewn mannau canolog yn y dinasoedd i helpu gyda'r casgliad. I Natsïaid brwd daeth yn fodd i brofi ffydd wleidyddol y tyrfaoedd. Hyd yn oed wedi llwyddo i sicrhau cyflogaeth lawn erbyn 1937-38 (wedi i 8.9 miliwn dderbyn cymorth), parhaodd y system, gan ddod yn ddefod anferthol gyda'r nod o gyffroi teimladau y bobl ac annog hunanaberth. Condemnid y sawl oedd yn gwrthod rhoi neu nad oedd yn rhoi digon at Gymorth y Gaeaf, fel bod yr hyn a gyflwynid fel elusen wirfoddol wedi dod yn dreth orfodol oedd yn lleihau cyflogau gweithwyr nes bod rhai ohonynt hwy eu hunain wedi dod yn anghenus ac mewn safle i fedru hawlio cymorth.
Eintopfgericht (y Pryd Un Ddysgl)	Ymarferiad propaganda oedd hwn a elwid 'y pryd o aberth dros y Reich', a orchmynnwyd gan y Natsïaid yn ystod blynyddoedd y rhyfel 1939-1945. Y syniad oedd bwyta pryd rhad un ddysgl chwe gwaith y flwyddyn rhwng Medi a Mawrth, gyda'r arian a arbedid yn mynd tuag at gynllun Cymorth y Gaeaf. Yn ogystal â chodi arian, bwriedid i'r cynllun feithrin ysbryd cymdogaethol.

LLUN 38
Hitler a Goebbels wrth y bwrdd yn bwyta'r Eintopfgericht *neu'r pryd un ddysgl*

Roedd yna hefyd anawsterau i'r gyfundrefn fedru dirnad beth oedd pobl yn ei feddwl a'i deimlo. Bodolai nifer o asiantaethau oedd yn gyfrifol am ddarganfod beth oedd barn y cyhoedd. Byddai gwasanaeth diogelwch yr *SS* (yr *SD*), y *Gestapo*, y Blaid, swyddfeydd taleithiol y llywodraeth a'r awdurdodau cyfreithiol, i gyd yn paratoi adroddiadau rheolaidd ar hyder y cyhoedd ac ymateb y bobl i faterion fel prinder bwyd, prisiau uwch, ofnau ynghylch y rhyfel a'r sefyllfa waith. Pryderai adroddiadau felly ynghylch gwrthwynebu gweithredol a/neu wrthsafiad, ac fe'u cesglid oddi wrth ysbïwyr a oedd wedi'u dosbarthu yma ac acw trwy'r boblogaeth ac a fyddai'n adrodd am sgyrsiau â 'chymrodyr cenedlaethol' neu am yr hyn a glywyd ar ddamwain. Er bod yna'n amlwg broblemau ynghylch sut i'w dehongli, mae'r adroddiadau hyn yn cynnig gwybodaeth werthfawr i'r hanesydd.

Ffynhonnell bwysig arall ar farn y cyhoedd yw'r adroddiadau misol a ddarperid gan Sopade, yr *SPD* alltud yn y Swistir, oedd yn seiliedig ar wybodaeth am fywyd yn y Drydedd Reich a gaent yn rheolaidd oddi wrth gyn-aelodau yr *SPD* yn yr Almaen. Unwaith eto, er gwaethaf problemau dehongli, maent yn darparu ffynhonnell arbennig ar agweddau tuag at y gyfundrefn ymysg amrywiol adrannau o'r boblogaeth. Er bod y gyfundrefn wedi sefydlogi teyrnasiad braw, mae'n llawn mor amlwg ei bod yn gweithredu gyda chaniatâd y bobl i raddau rhyfeddol. Craidd hyn oedd y ddelwedd gadarnhaol o Hitler fel *Führer* oedd uwchlaw Plaid a gwrthdaro gwleidyddol. Fe'i cyflwynai ei hun fel dyn y bobl oedd wedi achub yr Almaen rhag dirywiad. Oherwydd y problemau a wynebodd Gweriniaeth Weimar rhwng 1929 ac 1933 teimlai pobl fod ar yr Almaen angen arweinydd cryf. Portreadwyd Hitler fel yr arweinydd oedd yn ymroi i wasanaethu'r bobl ac yn cynnig iddynt yr arweinyddiaeth roeddent wedi bod yn ei deisyf ers 1918. Parhaodd y ddelwedd gadarnhaol hon hyd wedi 1939, er nad oedd yna gefnogaeth boblogaidd i swyddogion y Blaid

Natsïaidd, a ystyrid yn or-frwd. Fodd bynnag, roedd yn rhaid i arweinyddiaeth gadarnhaol hefyd esgor ar lwyddiannau pendant, megis cyflogaeth lawn ac adfer safle'r Almaen fel grym yn y byd. Daw'r dyfyniad a ganlyn o un o adroddiadau Sopade am 1936 (dyfynnir yn Noakes a Pridham, *Nazism 1919-1945, A Documentary Reader, Vol.2*):

C

Pa ffactorau, ym marn ei wrthwynebwyr adain chwith, oedd yn cyfrif am lwyddiant Hitler gyda'r bobl?

> Yn gyffredinol, gellir dweud bod bron bawb yn beio'r system flaenorol am fethu cael y di-waith, yn enwedig yr ieuenctid, oddi ar y strydoedd. Y lleihad mewn diweithdra, ailarfogi a'r blaengarwch mae'n ei ddangos mewn polisi tramor yw'r prif bwyntiau o blaid polisi Hitler, ac, ar sail ei sylwadau ef ei hun, mae'n credu mai dim ond degfed rhan o'r boblogaeth sydd heb adnabod y ffeithiau hyn. Mae pobl yn teimlo bod y llywodraethau blaenorol wedi bod yn wan eu hewyllys, a'r pleidiau hefyd. Fe'm sicrhaodd nad dyna ei farn ef oherwydd gwyddai'n dda am gampau mawr y Weriniaeth, ond dyma deimladau'r cyhoedd bron yn unfarn. Gwyddai Hitler sut i ddelio â hwyliau'r cyhoedd a sut i ennill y tyrfaoedd yn gyson. Nid oedd unrhyw Ganghellor blaenorol yn y Reich wedi deall hynny.

Erbyn gwanwyn 1939 roedd safle Hitler yn ymddangos yn ddiogel ac adroddwyd ar hynny gan Sopade hyd yn oed. Bu i'w lwyddiannau gartref a thramor ddarbwyllo hyd yn oed ei elynion fod 'Hitler, fel gwleidydd, yn fwy na'i wrthwynebwyr i gyd'. Mae nifer o resymau sy'n egluro'r llwyddiant ymddangosiadol hwn.

Roedd polisïau Hitler yn boblogaidd,edrychid ar ei broses *Gleichschaltung* (gw. tt. 142-4) fel un ddynamig, tra byddai ei *Volksgemeinschaft* yn llwyfan i ailadaeiladu'r Almaen fel pŵer Ewropeaidd cryf. I ryw raddau roedd pawb, ar wahân i'r rhai a ystyrid yn hiliol amhur, yn elwa ar y gyfundrefn, yn enwedig oherwydd yr adferiad economaidd.

Ar ben hynny, roedd carfan fawr o'r bobl Almaenig yn rhannu agweddau sylfaenol y Natsïaid, fel cenedlaetholdeb a militariaeth, yn ogystal â gelyniaeth tuag at leiafrifoedd amhoblogaidd. Roeddent hefyd yn cefnogi'r safbwynt cadarn a gymerwyd i oresgyn diweithdra ac anghymeradwyo grwpiau gwyrdroëdig fel gwrywgydwyr, crwydriaid, troseddwyr a'r diog. Er bod yr Almaen yn wladwriaeth heddlu lle roedd gwrthwynebwyr yn cael eu cosbi'n ddidostur, mae astudiaethau diweddar yn pwysleisio maint y gefnogaeth a geid gan bobl gyffredin. Roedd rhwydwaith o ysbïwyr yn cynnal y system fraw, fel bod cymydog yn achwyn ar gymydog. Roedd pobl, yn ymwybodol o'r peryglon o feirniadu'r gyfundrefn, yn ceisio dihangfa trwy fynd yn fewnblyg a chilio i'r cartref ac at y teulu, fel mae'r adroddiad Sopade hwn gan yr arweinwyr *SPD* alltud yn ei nodi am Sacsoni yn 1938 (dyfynnir yn Noakes a Pridham, *Nazism 1919-1945, A Documentary Reader, Vol.2*):

> ... dim erioed y bu ymwneud â digwyddiadau gwleidyddol o ddydd i ddydd mor gyfyngedig ag yw 'nawr. Mae'n ymddangos i ni fod y difaterwch sydd wedi cydio mewn rhannau helaeth o'r boblogaeth wedi dod yn ail biler i gynnal y gyfundrefn. Oherwydd dim ond dal i fyw heb wybod beth sy'n mynd ymlaen o'u cwmpas yw nod y grwpiau di-hid hyn. Ac mae hynny'n taro'r Natsïaid i'r dim. Dim ond y casgliadau parhaus i'r ymgyrch Cymorth Gaeaf a phrinder cyfnodol gwahanol fwydydd sy'n rhoi achos mân gwyno i'r grwpiau hyn. Anaml iawn y clywir gair beirniadol gan weithwyr sydd wedi eu diswyddo oherwydd prinder defnyddiau crai. Ar y llaw arall, ni ellir dweud bod yna frwdfrydedd poblogaidd dros Sosialaeth Genedlaethol. Dim ond y plant ysgol a mwyafrif y llanciau hynny nad ydynt eto wedi gwneud gwasanaeth milwrol sy'n wir frwd ynghylch Hitler.

Deallai'r gyfundrefn hefyd mor bwysig oedd trefnu'r bobl a rheoli nid yn unig eu bywydau trwy'r Ffrynt Llafur Almaenig ond hefyd eu hamdden. Cafodd clybiau a chymdeithasau preifat, oedd wedi bod yn nodweddiadol o fywyd yn yr Almaen, eu rhoi dan reolaeth aelodau dibynadwy o'r blaid fel rhan o'r polisi o gydymffurfio cenedlaethol (Gleichschaltung). Effaith y dechneg Natsïaidd hon o drefnu fu i bobl gilio o fyd gwleidyddiaeth. Fe'u perswadiwyd y dylid gadael gwleidyddiaeth yn nwylo Hitler, a'u gwobrau oedd radio, addewid am gar, gwyliau a gweithgareddau hamdden. Ni chaent eu hannog i ofyn cwestiynau ac ni fu i lawer gwestiynu'r gyfundrefn hyd flynyddoedd y rhyfel, 1939-45.

Ond, roedd yna anfodlonrwydd a gwrthwynebiad yn bodoli ymysg y werin a'r gweithwyr diwydiannol, er na ddangoswyd hynny trwy wrthsefyll yn agored. Roedd gwrthwynebwyr y gyfundrefn yn wan oherwydd anwybodaeth, diffyg ewyllys wleidyddol ac ofn pwerau gorfodol y gyfundrefn (trafodir gwrthwynebiad i'r gyfundrefn yn y bennod nesaf). Fodd bynnag, roedd cronfa fawr o gefnogaeth yn parhau, yn enwedig ymysg yr ifanc, ac felly byddai'n gamgymeriad gorbwysleisio graddau'r farn wrthwynebus yn 1934. Nid oedd yna unrhyw arwyddocâd gwleidyddol i siom y dosbarth canol oherwydd roedd ofn comiwnyddiaeth a diffyg pŵer gwleidyddol yn sicrhau y byddent yn cymeradwyo'r llywodraeth Natsïaidd. Tynnodd Sopade sylw at y rhaniad barn ymysg y rhai oedd yn elyniaethus tuag at y gyfundrefn yn 1934 (dyfynnir yn Noakes a Pridham, *Nazism 1919-1945, A Documentary Reader, Vol.2*):

> Gwendid ei gwrthwynebwyr yw cryfder y gyfundrefn. Mae ei gwrthwynebwyr yn wan yn ideolegol ac o ran eu trefniadaeth. Maent yn wan yn ideolegol gan nad yw'r torfeydd yn ddim ond pobl anfodlon, achwynwyr, gyda'u hanfodlonrwydd yn deillio'n unig o resymau economaidd. Mae hyn yn arbennig o wir ymysg y

Mittelstand (y dosbarth canol) a'r werin. Rhain yw'r carfanau sydd leiaf tebygol o ymladd o ddifrif yn erbyn y gyfundrefn oherwydd hwy sydd fwyaf anwybodus ynghylch yr hyn y dylent fod yn ymladd drosto ... Ofn Bolsiefigiaeth, ofn yr anhrefn a fyddai, ym marn y torfeydd, yn enwedig y *Mittelstand* a'r werin, yn dilyn pe cwympai Hitler yw sail dorfol negyddol y gyfundrefn o hyd cyn belled ag y mae'r torfeydd dan sylw.

Mae gwrthwynebwyr y gyfundrefn yn wan eu trefniadaeth oherwydd, yn ei hanfod, ni all system ffasgaidd ganiatáu i'w gwrthwynebwyr gyd-drefnu ... mae'r mudiad llafur yn dal i fod wedi ei rannu yn Sosialaidd a Chomiwnyddiol, ac o fewn y ddau fudiad mae nifer o garfanau ... Nid yw agwedd gwrthwynebwyr yr Eglwys i'r gyfundrefn yn unffurf. Mae'n amlwg fod eu brwydr yn bennaf dros wella safle'r Eglwysi o fewn y gyfundrefn ...

Mittelstand, tud. 267

C

Pa brif wendidau yng ngwrthwynebwyr y gyfundrefn a bwysleisir yn yr adroddiad hwn?

5 ~ LLWYDDO I GREU *VOLKSGEMEINSCHAFT* GYDA'R WERIN BOBL YN SYLFAEN

Yn rhannol, roedd y gymuned amaethyddol wedi ei denu i gefnogi'r Natsïaid oherwydd yr addewid am gymorth economaidd a'r cydymdeimlad a ddangosai Sosialaeth Genedlaethol, i bob golwg, tuag at rôl y gymuned mewn cymdeithas. Roedd gobeithion y werin wedi eu seilio ar nifer o ddatganiadau lle roedd Hitler wedi pwysleisio pwysigrwydd amaethyddiaeth ac mai'r gwerinwr Almaenig oedd 'y golofn hanfodol roedd yn rhaid i bob bywyd gwleidyddol orffwys arni'. Roedd hyn wedi eu harwain i ddisgwyl y caent ddychwelyd i gyflwr o ffyniant materol a bri cymdeithasol fel rhan o ymdrechion Hitler i sicrhau 'hil werin iach' a ystyriai yn asgwrn cefn cymdeithas, a'r 'amddiffynfa orau bob amser rhag drygau cymdeithasol a gwleidyddol' (*Mein Kampf*). Ym Maniffesto Swyddogol y Blaid ym Mawrth 1930 dywedwyd bod Hitler yn awyddus i'r Almaen fod yn hunanddigonol o safbwynt cynhyrchu bwyd fel na fyddai'n rhaid iddi ddibynnu ar fewnforion bwyd o dramor oedd yn tlodi ei chyfnewidfa dramor brin.

Ar y dechrau enillwyd y werin gan addewidion Hitler. Yn ôl yr addewidion hyn, byddai'n creu dosbarth cadarn o werinwyr gyda ffermydd o faint boddhaol a sicrwydd tenantiaeth. Yn wahanol i'w ragflaenwyr, ceisiai Hitler eu helpu i oresgyn dyledion cynyddol oedd wedi golygu bod 'y ffermwyr yn methu prynu'r stoc angenrheidiol' i ddarparu'r 'sbardun i gynyddu'r cynnyrch' oedd yn ddiffygiol 'gan nad yw ffermio bellach yn talu'. Cyflwynwyd nifer o bolisïau i ddiogelu gwerinwyr a marchnadoedd ffermwyr.

1. Gosodwyd tollau ar fwydydd wedi eu mewnforio a rhoddwyd hwb i'r galw gartref am gynnyrch llaeth.
2. Cynigiwyd benthyciadau rhad i annog cynhyrchu, a chafodd ffermwyr eu hesgusodi rhag y dreth a thaliadau yswiriant iechyd a diweithdra.

3 Roedd budd-daliadau eraill yn cynnwys lwfans teulu, gwell tai a pheth amddiffyn rhag gofynion afresymol perchenogion stadau.

Yn ogystal, sefydlwyd *Reichsnahrstand* (Stad Bwyd y Reich) yn Rhagfyr 1933 i reoleiddio prisiau'r farchnad a rheoli dosbarthu cynnyrch amaethyddol. Roedd yn sefydliad annibynnol gyda chyfrifoldeb am bob agwedd ar gynhyrchu bwyd. Roedd gorfodaeth ar bob ffermwr, gweithiwr fferm a deliwr amaethyddol cyfanwerth i ymuno. Trwy gyfres o fyrddau marchnata ac arolygu roedd yn rheoli prisiau cnydau a dosbarthiad bwyd, yn ogystal â bod yn gyfrifol am gynllunio dyfodol amaethyddiaeth yn yr Almaen. Ar 29 Medi 1933 pasiwyd Deddf Ffermydd Entaeliedig y Reich i sicrhau dyfodol ffermwyr llai a thyddynwyr. Y nod oedd 'cadw'r werin fel stoc gwaed y genedl Almaenig', ac roedd yn un o'r ychydig ddeddfau Natsïaidd a ysbrydolwyd gan ideoleg. Amcanai at roi i'r werin (o waed Almaenig) ddiogelwch perchenogaeth trwy ddeddfu na ellid rhannu ffermydd rhwng 7.5 a 10 hectar wrth drosglwyddo etifeddiaeth. Roedd y ffermydd i aros yn eiddo parhaol y perchenogion gwerin gwreiddiol ac felly ni ellid eu cynnig ar warant i fenthyca arian hyd yn oed. Er nad oedd a wnelo'r ddeddf â dim ond 35 y cant o'r tir amaethyddol yn yr Almaen (37 y cant os cynhwysir y coedwigoedd), roedd yn fesur eithriadol o geidwadol oedd yn clymu'r werin Almaenig wrth y cyflwr roeddent ynddo ar yr adeg pan basiwyd y ddeddf. Roedd yn atal datblygu unedau ffermio modern ar raddfa fawr ac yn groes i fwriad y gyfundrefn i hybu hunanddigonedd. Er creu ambell berchenogaeth fferm rhwng 1933 ac 1936, a bod rhai gwerinwyr hefyd wedi eu cyfanheddu yn nwyrain Ewrop, Gwlad Pwyl a Posen, yr effaith gyffredinol oedd na ellid gwerthu tir a bod plant iau yn colli eu heiddo.

Mae haneswyr yn gwahaniaethu yn eu dehongliad o'r polisïau hyn.

Mae rhai wedi gweld arwyddion chwyldro cymdeithasol yn y polisïau petrus hyn oherwydd eu bod yn herio tueddiadau cymdeithasol mewn mannau eraill, ond nid oes cytundeb ynglŷn â hyn. Fodd bynnag, roedd deddfau etifeddu 1933 ac ailgyfanheddu wedi digwydd cyn cyfnod y Natsïaid ac ni fu i ailgyfanheddu ddatblygu llawer dan y Natsïaid.	Mae eraill wedi gweld y polisi tuag at y werin fel cais i'w cael i weithio'n galetach a chynhyrchu mwy o fwyd yn unol â pholisi **awtarciaeth**.

Er gwaethaf yr addewidion a'r disgwyliadau hyn, methodd y gyfundrefn yn ei nod i greu cymuned yn seiliedig ar ddosbarth cadarn o werinwyr oedd yn dal tir. Roedd cynlluniau i ailgyfanheddu yng nghefn gwlad yn rhwym o fethu am eu bod yn gwrthdaro â chynlluniau ehangu Hitler ac â'r duedd tymor hir i symud o'r ardaloedd gwledig i'r trefi. Roedd realiti gwleidyddiaeth y Drydedd Reich – angen Hitler i gadw cefnogaeth yr elitau, oedd

awtarciaeth
hunanddigonedd economaidd, sy'n lleihau dibyniaeth ar fewnforio nwyddau crai, bwydydd ac ati

â'u buddiannau dan fygythiad oherwydd cefnogaeth y Natsïaid i'r werin – wedi arwain Hitler i ddewis y *Junker*. Nid yn unig roedd eu stadau anferth heb eu rhannu, fe ychwanegwyd at nifer y stadau trwy gynnwys y tiroedd a berthynai i Wlad Pwyl cyn hynny. Daliodd y *Junker* i fyw eu bywyd traddodiadol ac aberthwyd y werin fel na fu unrhyw newid sylweddol yn eu sefyllfa – yn wir, roedd yn waeth yn 1939 nag yn 1932.

Oherwydd bod addewidion y gyfundrefn wedi eu torri, arweiniodd siom y werin at anniddigrwydd cynyddol rhwng 1936 ac 1939. Roedd nifer o ffactorau yn gyfrifol bod y siom cynyddol wedi arwain at newid ym marn y werin am y gyfundrefn, a hwythau wedi bod yn asgwrn cefn i'r gefnogaeth Natsïaidd cyn 1933.

Yn gyntaf, roedd y prinder llafur yng nghefn gwlad oherwydd atyniad swyddi ar gyflogau uwch yn y ffatrïoedd arfau wedi digalonni'r gwerinwyr oedd yn dal ar y tir, a daeth anfodlonrwydd economaidd ei sail i'r amlwg mor gynnar ag 1934 .

C

Ym marn gwrthwynebwyr sosialaidd y gyfundrefn, pa ffactorau a barodd iddi golli cefnogaeth y werin yng ngogledd-orllewin yr Almaen?

Yn ail, oherwydd amodau Deddf Ffermydd Entaeliedig y Reich, Medi 1933, gresynai llawer o werinwyr nad oedd ganddynt y rhyddid i werthu eu heiddo na darparu ar gyfer eu plant fel a wnaent yn y gorffennol. Canlyniad ymarferol tynnu ffermydd oddi ar y farchnad oedd fod y cyflenwad o gredyd gwledig wedi darfod i bob pwrpas. Gwelir yr ymateb cymysg i'r ddeddf yn yr adroddiad a ganlyn gan Sopade yn 1934, sy'n dangos ei heffaith ar ogledd-orllewin yr Almaen (dyfynnir yn Noakes a Pridham, *Nazism 1919-1945, A Documentary Reader, Vol.2*):

> Mae gwerinwyr canolig a mawr Oldenburg a Dwyrain Friesland, oedd unwaith yn Natsïaid brwd, 'nawr bron yn unfrydol yn gwrthod y Natsïaid ac yn ailddatgan eu hymlyniad wrth draddodiadau Ceidwadol. Ymysg y bridwyr anifeiliaid a'r gwerinwyr cyfoethog yn Nwyrain Friesland, Deddf y Ffermydd Entaeliedig sy'n bennaf cyfrifol am hyn. Ymysg y ffermwyr canolig, y rheolaethau ar werthu llaeth ac wyau sy'n atebol. Cyn hyn, roedd y ffermydd oedd yn agos i drefi yn gwerthu llaeth yn uniongyrchol i'r prynwr ac yn cael 16pf. y litr. 'Nawr mae'r prynwr yn talu 20pf. y litr am y llaeth a ddosberthir gan y cwmni cydweithredol, gyda'r gwerinwr yn derbyn dim ond 10-12 pf. Mae'r sefyllfa'n debyg o ran gwerthu wyau. Mae'r colledion i'r ffermydd gwerinol, o ystyried eu maint, yn fawr iawn. Mae'r elyniaeth tuag at y Natsïaid gymaint fel bod ffermwyr Dwyrain Friesland wedi cael gwared ar gynrychiolwyr y blaid leol oedd yn hawlio ailgyflogi gweithwyr oedd wedi eu diswyddo. Pan fygythiodd y Natsïaid ddod yn ôl gyda'r *SA* i'w canlyn, atebodd y gwerinwyr y byddai yna farwolaethau yn dilyn. Pan arestiwyd gwerinwr yn dilyn gwrthdaro yn erbyn Natsïaid, cafodd gefnogaeth ei gydweithwyr, a wnaeth ei waith yn ei le, gan ddangos i'r gyfundrefn eu cydlyniad â'r dyn a gafodd ei arestio.

Yn drydydd, roedd yna hefyd dwf yn anniddigrwydd carfanau eang o'r gwerinwyr am fod Stad Fwyd y Reich yn ymyrryd fwyfwy yn y gwaith o redeg eu ffermydd ac yn gosod rheolaeth ar y dulliau o farchnata cynnyrch amaethyddol. Roedd y cyfan yn cael ei or-reoli ac yn anfanteisiol i ffermwyr da byw oedd yn dibynnu ar fwydydd anifeiliaid a fewnforid.

Yn ôl adroddiadau rhai sylwebyddion, roedd y werin wedi colli hyder yn ddifrifol o achos yr amrywiol ffactorau hyn. Yn wir, honnai rhai fod yr hwyl cynddrwg ag ydoedd yn 1917 ac 1918. Er bod hyn yn or-ddweud, roedd yna anfodlonrwydd ar gynnydd unwaith eto ymysg y werin rhwng 1936 ac 1939. Y rheswm am hyn oedd pwysau ailarfogi, argyfwng prinder llafur, siom ac anfodlonrwydd, ac yn ôl yr adroddiadau, roedd ffermwyr 'ar fin anobeithio'. Gyda'r gweithwyr gwledig yn dylifo i lenwi swyddi ar gyflogau uwch yn y diwydiant arfau 'teimlai'r werin eu bod yn cael eu sathru, a chrëwyd hwyl a drodd yn rhannol yn awydd i ymostwng ac yn rhannol yn un o wrthryfel yn erbyn arweinyddiaeth y werin'. Mewn adroddiad maith a gyflwynodd yng ngwanwyn 1939, ychwanegodd llywodraethwr Bafaria fod 'y diffyg llafur wedi cyrraedd eithafion annisgrifiadwy ... mae hwyl y werin ar fin ffrwydro'. Roedd adwaith y werin yn amrywio o safiad y ffermwyr hŷn oedd yn lleisio anfodlonrwydd mawr yn agored, i wahaniaeth barn dybryd ymysg y werin, gyda'r canlyniad na fu i'r anfodlonrwydd ddatblygu yn her wleidyddol ddifrifol yn erbyn y gyfundrefn.

Er bod y gyfundrefn wedi cael mwy o lwyddiant gyda'r werin na chyda'r gweithwyr diwydiannol (gw. tud. 301) yn *Volksgemeinschaft* Hitler, erbyn 1939 darganfu'r werin, yn hytrach na dod yn asgwrn cefn y gymdeithas, eu bod yn yr un safle o ran dosbarth, a bod eu sefyllfa economaidd wedi dirywio o gymharu ag 1933. Dihangodd cymaint â 10 y cant, o bosibl, o'r tir erbyn 1939, gan achosi prinder llafur trychinebus er gwaethaf ymdrechion y Natsïaid i'w atal, ac roedd yn rhaid i'r rhai oedd ar ôl weithio'n galetach ac am oriau hwy. Roedd eu safon byw yn is, dioddefent o afiechydon a chafwyd gostyngiad o 20% yn y cynhyrchedd. Roedd adroddiadau ar arolygon barn yn dangos yr adwaith negyddol i'r llywodraeth. O safbwynt statws, roedd y gwerinwyr yn sylweddoli mai fel gwerinwyr, heb unrhyw gysyniad am Famwlad na *Volksgemeinschaft*, y'u gwelid eto.

6 ~ LLWYDDO I GREU *VOLKSGEMEINSCHAFT* DDIDDOSBARTH

Honnodd Hitler, mewn araith yn Berlin ar 1 Mai 1937, ei fod wedi llwyddo i chwalu'r hen system ddosbarth gyda'i holl ragfarnau, a chreu cymuned y bobl go iawn. Dyfynnir yma o *The Speeches of Adolf Hitler, 1922-1939, Vol. 1*, a olygwyd gan N.H. Baynes:

> Rydym ni yn yr Almaen yn wir wedi troi cefn ar fyd o ragfarnau ... rwy innau hefyd yn blentyn y bobl hyn; nid wy'n olrhain fy achau o unrhyw gastell; rwy'n dod o'r gweithdy. Doeddwn i ddim yn gadfridog chwaith: roeddwn i'n syml yn filwr, fel roedd miliynau o rai eraill. Mae'n beth ardderchog fod yn ein plith un anhysbys o'r fyddin o filiynau o bobl yr Almaen – yn weithwyr a milwyr – wedi gallu codi i ddod yn bennaeth y Reich a'r genedl. Wrth f'ochr saif Almaenwyr o bob cylch mewn bywyd sydd heddiw ymysg arweinwyr y genedl; mae dynion oedd unwaith yn gweithio ar y tir 'nawr yn llywodraethu taleithiau Almaenig yn enw'r Reich ... Mae'n wir fod dynion a ddaeth o'r *bourgeoisie* a'r bonedd gynt â rhan yn y Mudiad hwn. Ond i ni does dim gwahnaiaeth o ble maen nhw wedi

dod dim ond iddynt fedru gweithio er budd ein pobl. Dyna'r gwir brawf. Nid ydym wedi chwalu dosbarthiadau i osod rhai eraill yn eu lle: rydym wedi chwalu dosbarthiadau i wneud lle i bobl yr Almaen fel un uned gyfan.

PRIF YSTYRIAETH

Asesu effeithiau cymdeithasol y gyfundrefn.

A *Problem dehongli*

Dadleuodd haneswyr yn ffyrnig dros honiad Hitler ei fod 'wedi chwalu dosbarthiadau'. Maent yn anghytuno ar y graddau roedd cymdeithas yr Almaen wedi newid erbyn 1945 dan ddylanwad y gyfundrefn Sosialaidd Genedlaethol. Gan fod rhyfel ynddo'i hun yn arf grymus i beri newid, mae haneswyr wedi tueddu i ganolbwyntio eu dadl ar raddfa'r newid a'r parhad yn y cyfnod 'normal' o heddwch rhwng 1933 ac 1939. Mae peth o'r ddadl hanesyddol yn deillio o natur a phrinder y dystiolaeth. Mae'n rhaid i haneswyr ddefnyddio dulliau ymchwilio'r cymdeithasegwr i allu deall yr hierarchaeth gymdeithasol gyda'i helfennau o ddosbarth, statws, symudedd cymdeithasol a chwyldro cymdeithasol. Mae hyn yn codi problem ddiffinio oherwydd gall termau a chysyniadau o'r fath fod yn amhendant, ac mae safbwynt a gwleidyddiaeth unigolyn yn gallu dylanwadu arnynt. Diflannodd gwyddor cymdeithas yn yr Almaen ar ôl 1933 ac mae hyn yn ei gwneud hi'n anodd ail-greu hanes, er nad yn amhosibl. Daliwyd i gyhoeddi ystadegau, roedd papurau newyddion a chylchgronau yn cyfrannu gwybodaeth, ac fe drafodid llawer o broblemau oedd yn effeithio ar amaethyddiaeth a llafur diwydiannol yn gyhoeddus.

Yn ganolog i'r ddadl mae dadansoddiad o agweddau pobl a phatrymau ymateb i'r gyfundrefn, ac mae hyn yn galw am sylfaen ffynhonnell wahanol, un sy'n cynnwys 'hanes oddi isod'. Nid hyd yr 1960au a'r 1970au, pan fu twf yn y diddordeb mewn 'hanes bywyd bob dydd', y gwelwyd datblygiadau gwirioneddol a olygodd fod tystiolaeth o'r fath ar gael am brofiadau carfanau cymdeithasol gwahanol. Cyhoeddwyd un ffynhonnell felly, 'Life History and Social Culture in the Ruhr 1930-1960' (gol. Lutz Niethammer) yn *History Today* yn Chwefror 1986. Fe'i seiliwyd ar ddarganfyddiadau project hanes llafar enfawr a gynhaliwyd gan brifysgolion Essen a Hagen.

Mae darganfyddiadau arolwg Niethammer, ar weithwyr coler wen a choler las yn y Ruhr, yn dangos bod cof da gan bobl am yr 1930au a'u bywyd o fewn y gymuned genedlaethol. Disgrifir y cyfnod hyd at ganol yr 1930au yn fanwl, ni ddywedir ond ychydig iawn am yr 1930au hyd nes i ryfel, consgripsiwn a bomio yn yr 1940au effeithio'n uniongyrchol arnynt, ac yna mae ganddynt eto lawer i'w ddweud. Digwydd geiriau fel 'tawel', 'da' a 'normal' yn aml i ddisgrifio'r 1930au, a welid fel gwyrth economaidd, yn hytrach na 'braw' a 'llofruddiaeth dorfol', sef yr hyn mae sylwebyddion diweddarach wedi tueddu i'w cysylltu â'r blynyddoedd hyn. Yn amlwg, roedd y bobl a holwyd yn poeni mwy am faterion cyflogaeth, twf economaidd, trefn a heddwch wedi amserau caled yr 1920au, a nodweddid gan ansicrwydd a diweithdra ysbeidiol. Cofir am yr 1930au dan Sosialaeth Genedlaethol fel cyfnod pan oedd yna waith, cyfle am ddyrchafiad yn y gweithle, bywyd teuluol trefnus, datod clymau â hen ffrindiau a chydweithwyr, ac amser rhydd yn cael ei dreulio yng nghôr yr Eglwys heb fawr ddim cyfeiriad at 'yr holl fusnes gwleidyddol'. Rhain oedd y blynyddoedd pan oedd cyflog, pleserau hamdden – ymweliadau â'r theatr a gwyliau tramor neu i rannau pellennig o'r Almaen, yn cael eu trefnu trwy'r cynllun 'Nerth trwy Ddiddanwch' – digon o fwyd a system wleidyddol gadarn wedi eu gwarantu.

Yn amlwg, ceir anawsterau mawr mewn dehongli'r fath ffynonellau o gofio'r ddelwedd o fraw, llofruddio torfol a rhyfel a gysylltir â Sosialaeth Genedlaethol.

B *Safbwyntiau gwahanol*

Dylanwadwyd yn aml ar safbwyntiau haneswyr ynglŷn ag effeithiau Natsïaeth ar gymdeithas yr Almaen gan eu safbwynt wleidyddol ynghyd â'u safle mewn amser a lle. Effeithir ar y ddadl hefyd gan wahaniaethau barn ar natur Natsïaeth, ei hamcanion a'i bwriadau cymdeithasol, ac ynglŷn â'r termau a ddefnyddir i ddiffinio newid cymdeithasol. Mae rhan o'r broblem yn deillio o'r gwrth-ddweud o fewn y Blaid Natsïaidd ei hun a'r ideoleg a goleddai.

Er gwaethaf y problemau dehongli hyn, mae'r deunydd ysgrifenedig diweddaraf am y Drydedd Reich yn gwrthod y farn fod y strwythur cymdeithasol a fodolai wedi ei newid. Mae'r haneswyr sy'n feirniadol o'r farn fod cymdeithas wedi ei hailstrwythuro wedi disgrifio'r newidiadau rhwng 1933 ac 1939 fel 'chwyldro o ran ffurf nid sylwedd', yn deillio o awydd Hitler i 'dwyllo' pobl yr Almaen. Dadleuodd haneswyr yn erbyn y farn, a goleddid yn yr 1960au, fod ymwybod â dosbarth wedi newid yn yr ystyr ei fod wedi dod i ben. Dadleuant fod gwerinwyr a gweithwyr, os rhywbeth, wedi dod yn fwy ymwybodol o'u statws a'u safle mewn cymdeithas yn 1939 nag oeddent yn 1933. Credant fod agweddau goddrychol tuag at y gyfundrefn yn dal i gael eu dylanwadu arnynt gan bobl nad oeddent yn teimlo eu bod yn perthyn i 'gymuned y bobl' yn yr Almaen. Dyfais bropaganda yn unig, ar lawer ystyr, oedd trefn gymdeithasol newydd Hitler a gynhwysid yn y *Volksgemeinschaft*. Yn wir, roedd ei heffeithiau cymdeithasol yn croes-ddweud ei gilydd – rhai yn moderneiddio, eraill yn adweithiol. Realiti'r sefyllfa oedd bod rhaniadau cymdeithasol dwfn ac anfodlonrwydd difrifol yn bodoli y tu ôl i'r ddelwedd bropaganda, a delid â'r rhain trwy ormesu'n ddidostur. Os bu i chwyldro cymdeithasol ddigwydd, fe'i cafwyd o ganlyniad i ddifodiant: yr Iddewon, yr elitau hynny a gyhuddwyd o geisio llofruddio Hitler yng Ngorffennaf 1944, offeiriaid, a'r anabl yn feddyliol a chorfforol yn y rhaglen ewthanasia. Sail y ddadl gryfaf dros chwyldro yw'r dinistr cymdeithasol a barodd y gyfundrefn. Prociodd y rhyfel newid cymdeithasol ond nid yn fwriadol. Parodd y Drydedd Reich fod y gymdeithas wedi'r rhyfel wedi wynebu canlyniadau pwysig o ganlyniad i'w chwymp llwyr a'r dechreuadau newydd oedd yn angenrheidiol yn y gwahanol ardaloedd oedd yn ffurfio'r Almaen a orchfygwyd.

DADL HANESWYR

A fu i Hitler lwyddo i gyflawni chwyldro cymdeithasol?

Dehongliad	Prif nodweddion y dehongliad
Cymeradwyir gan yr haneswyr sy'n tueddu at dderbyn safbwynt Marcsaidd/Sosialaidd: **R. Brady, *The Spirit and Structure of German Fascism* (Gollancz 1937)** **F. Neumann, *Behemoth: The Structure and Practice of National Socialism* (Cass 1967).** **T. Mason, 'Labour in the Third Reich, 1933–1939' *(Past and Present*, 33, 1966*).***	*Mae haneswyr yr ysgol hon yn pwysleisio natur ddosbarth y Drydedd Reich, 'hanfod polisi Sosialaeth Genedlaethol yw derbyn a chryfhau natur ddosbarth gyfredol cymdeithas yr Almaen' (Neumann tud. 298). Dadleuant, pa newidiadau arwynebol bynnag a wnaed o ran ffurfiau cymdeithasol ac ymddangosiad sefydliadol yn y Drydedd Reich, arhosodd cymdeithas yn ei gwir hanfod heb ei newid, gan fod safle cyfalafiaeth wedi ei gryfhau a'r strwythur dosbarth a fodolai eisoes wedi goroesi. Yn ôl T. Mason, 'Methodd Hitler drechu penderfyniad diwyro, diobaith y dosbarth gweithiol i wrthod ymostwng i fod yn was anhunanol y gyfundrefn'.*
Cymeradwyir gan yr haneswyr sydd â safbwynt 'rhyddfrydol', pleidiol i'r gorllewin democrataidd: **R. Grünberger, *A Social History of the Third Reich* (Weidenfeld & Nicolson 1971).** **Ralf Dahrendorf, *Society and Democracy in Germany* (Weidenfeld & Nicolson 1968).** **David Schoenbaum, *Hitler's Social Revolution* (Weidenfeld & Nicolson 1967).**	Mae'r haneswyr hyn yn awgrymu bod y newidiadau yn strwythurau cymdeithas ac mewn gwerthoedd cymdeithasol, a achoswyd yn uniongyrchol neu'n anuniongyrchol gan Natsïaeth, mor sylweddol fel y gellir eu galw yn 'chwyldro cymdeithasol'. Mae Grünberger yn honni (tud. 34) bod 'Hitler wedi llusgo'r Almaen, yn rhyw hanner strancio a sgrechian, i 20fed ganrif y dyn cyffredin', tra mae Dahrendorf, cymdeithasegwr Almaenig, yn dadlau bod 'Sosialaeth Genedlaethol wedi cwblhau i'r Almaen y chwyldro cymdeithasol a aeth ar goll ym methiannau'r Almaen Ymerodrol ac a ataliwyd wedyn gan anghysondebau Gweriniaeth Weimar'. Dadleuai fod y Natsïaid yn ddyfeiswyr radical, yn cael eu gorfodi i chwyldroi cymdeithas er mwyn aros mewn grym, 'trwy ddinistrio normau, teyrngarwch a gwerthoedd traddodiadol, bu i Natsïaeth yn y diwedd amsugno gorffennol yr Almaen fel y'i hymgorfforid yn yr Almaen Ymerodrol. Roedd yr hyn a gafwyd wedyn yn rhydd o'r morgais oedd wedi bod yn faich ar Weriniaeth Weimar ar y dechrau. Ni ellid dychwelyd o chwyldro amseroedd Sosialaeth Genedlaethol' (pennod 25, tud. 402). Heb yn wybod, yn ôl Dahrendorf, roedd Natsïaeth wedi paratoi'r ffordd ar gyfer cymdeithas ddemocrataidd yn yr Almaen wedi'r rhyfel. Gwnaed honiadau tebyg gan David Schoenbaum, hanesydd Americanaidd dylanwadol, oedd yn credu bod chwyldro cymdeithasol Hitler yn gyfystyr â dinistrio'r berthynas draddodiadol oedd rhwng dosbarth a statws. Ysgrifennodd, 'yn y Drydedd Reich, daeth y berthynas agos rhwng dosbarth a statws i ben gan na wyddai neb "beth oedd i fyny a beth oedd i lawr"' (tt. 280-1). Seiliodd ei gasgliadau ar dri phwynt: dinistr yr hen elitau o ganlyniad i ddigwyddiadau gwleidyddol y Drydedd Reich; eu disodli gan ddynion 'newydd' na fyddent wedi dal safleoedd o'r fath yn y gorffennol; ni cheid unrhyw ddangosyddion dibynadwy o ddosbarth na statws ac adlewyrchid yr absenoldeb dosbarth hwn yn y rhai oedd yn ymuno â'r gwrthwynebiad.

C *Effaith y gyfundrefn ar y gweithwyr*

Mesurir llwyddiant *Volksgemeinschaft* Hitler gan amlaf yn ôl y graddau y bu iddi lwyddo i ennill y dosbarth gweithiol, oedd yn garfan allweddol ac yn cyfrif am 46 y cant o'r boblogaeth. Agwedd Hitler tuag atynt oedd nad oedd arnynt angen dim ond 'bara a syrcas', gan olygu y dylid eu cadw yn hapus, er ei fod hefyd yn cydnabod eu pwysigrwydd cymdeithasol. Gyda hyn mewn golwg, darparodd y gyfundrefn raglen drawiadol oedd yn creu gwaith, yn cynnig mwy o weithgareddau hamdden ac yn gwella amodau byw a gwaith. Ni chafwyd newid yn y gwir anghyfartaledd yn y gweithle i gyd-fynd â llwyddiant Hitler i adfer yr economi a sicrhau cyflogaeth lawn. Daliai'r gweithwyr i chwarae rôl draddodiadol fel gweithwyr. Ni fu i ymgyrchoedd propaganda fel 'Nerth trwy Ddiddanwch' a 'Harddwch Gwaith' eu hennill i'r mudiad Sosialaidd Cenedlaethol gan fod llawer yn gweld diddymu'r undebau llafur fel cam oedd yn groes i amcanion a buddiannau'r dosbarth gweithiol. Ni fu i'r dosbarth gweithiol lwyddo i oresgyn ei 'benderfyniad diwyro, diobaith ... i wrthod ymostwng i fod yn was anhunanol y gyfundrefn' ac roedd y gweithwyr yn ddig fod disgwyl iddynt fod dan reolaeth.

1 Collasant amddiffyniad yr undebau llafur a bu'n rhaid iddynt ymuno â'r Ffrynt Llafur, tra pennid eu cyflogau gan Ymddiriedolwyr Llafur y Reich.

2 Oherwydd y prinder llafur ar ôl 1937 roedd yn rhaid i lawer ohonynt weithio oriau hir ar gyflogau isel.

3 Prin oedd eu cyfleoedd i achwyn ond roedd llawer, yn enwedig yn y diwydiannau mwyngloddio, adeiladu a gwaith metel, yn dangos gwrthwynebiad di-drais trwy ffugio salwch, torri contractau, gwrthod gweithio oriau ychwanegol oherwydd blinder ac, yn fwy agored, trwy ddifrodi ac ymosod ar swyddogion Natsïaidd.

4 Roedd yna feirniadu chwerw ar amodau gwaith, y Ffrynt Llafur, y blaid Natsïaidd, y diffyg cyfiawnder cymdeithasol a amlygid yn y cyferbyniad rhwng cyflogau isel y gweithwyr a'r cyflogau mawr a'r buddrannau a gâi dynion busnes, a'r gwastraffu arian ar adeiladau Natsïaidd urddasol ar adeg pan oedd prinder tai.

Cyfeiriai adroddiadau'r Natsïaid at 'dwf drwgdeimlad tuag at y llywodraeth a'r Blaid' ymysg y gweithwyr. Cofnododd adroddiadau Sopade o'r ardaloedd diwydiannol mawr, y Ruhr, Sacsoni a Berlin, 'anniddigrwydd gwyllt ym mhob adran o'r boblogaeth' a thwf ysbryd milwriaethus yn arwain at atal gwaith, streiciau byr, absenoldeb, diffyg disgyblaeth a llawer o newid yn y gweithlu, gyda nifer yn gadael heb rybudd. Fodd bynnag, ni fu i ddim o hyn eu rhwystro rhag manteisio ar yr amrywiol gynlluniau a budd-daliadau a rhoi peth clod i'r gyfundrefn am eu cyflwyno. I ateb y cwestiwn, 'A fu i'r gyfundrefn lwyddo i berswadio'r gweithwyr i fod yn deyrngar yn gyntaf oll i 'gymuned y bobl'?', rhaid dweud iddi fethu, ond fe lwyddodd i wneud yn siŵr eu bod yn cefnogi yn oddefol. Roedd hyn yr un mor wir am garfanau cymdeithasol eraill.

7 ~ LLYFRYDDIAETH

Mae'n hawdd cael gafael ar nifer o argraffiadau sy'n gasgliadau o ffynonellau gwreiddiol ac sy'n ymdrin â'r themâu a drafodir yn y bennod hon, fel J. Noakes a Pridham (gol.), *Nazism 1919–1945, A Documentary Reader, Vol. 2 – State, Economy and Society 1933–1939* (University of Exeter Press 1994); N.H. Baynes (gol.), *The Speeches of Adolf Hitler* (Oxford UP 1942); ac A. Speer, *Inside the Third Reich* (Weidenfeld & Nicolson, 1970).

Ymysg y ffynonellau eilaidd mae nifer o lyfrau hanes cyffredinol sy'n darparu amlinelliad o *Volksgemeinschaft* Hitler fel man cychwyn defnyddiol. Yn eu mysg mae William Carr, *A History of Germany 1815–1945* (Arnold 1992) a Volker Berghahn, *Modern Germany* (Cambridge UP, 1987). Mae llyfr Gordon Craig, *Germany 1866-1945* (Oxford UP 1981) yn cynnig ymdriniaeth naratif lawnach. Yn llyfr John Laver, *Nazi Germany 1933-1945* (Hodder & Stoughton, History at Source, 1991) ceir nifer o ffynonellau ysgrifenedig a darluniadol, yn ogystal â sylwebaeth ddefnyddiol iawn. Casgliad tebyg o ddogfennau a sylwadau yw un William Simpson, *Hitler and Germany* (Cambridge UP, Topics in History, 1991). Cyfrol ddiweddar yn y Saesneg yw un E.J. Feuchtwanger, *From Weimar to Hitler: Germany 1918-1933* (Macmillan 1995). Ceir penodau ar effaith gymdeithasol y Drydedd Reich yn y llyfrau *Germany: the Third Reich 1933-1945* gan Geoff Layton (Hodder & Stoughton, Access to History, 1992) a *The Third Reich* gan D.G. Williamson (Longman Seminar Series 1982). Cynigir dilyniant mwy manwl yn *A Social History of the Third Reich* (Penguin 1974) gan R. Grünberger, *The Hitler File: A Social History of Germany and the Nazis* gan F. Grunfeld (Random House 1974) ac *Inside the Third Reich, Conformity and Opposition in Everyday Life* (New Haven 1987) gan D.J.K. Peukert, tra cynhwysir nifer o draethodau treiddgar yn *Life in the Third Reich* (Oxford UP, 1987) gan R. Bessell. Am ddadansoddiad manwl o'r ddamcaniaeth ar y chwyldro cymdeithasol darllenwch Ralf Dahrendorf, *Society and Democracy in Germany* (1968), David Schoenbaum, *Hitler's Social Revolution* (Weidenfeld & Nicolson, 1967) a J. Noakes (gol.), *Government, Party and People in Nazi Germany* (University of Exeter Press, 1981). I gael dadansoddiad trylwyr penodol ar y werin ceir J.E. Farqharson, *The Plough and the Swastika* (Sage 1976), ac ar wrth-Semitiaeth, M. Gilbert, *The Holocaust* (Fontana/Collins 1986) a Lucy Dawidowicz, *The War against the Jews, 1933-45* (Weidenfeld & Nicolson, 1975).

8 ~ CWESTIYNAU TRAFOD

A *Mae'r adran hon yn cynnwys cwestiynau y gellid eu defnyddio i drafod a phrofi eich dealltwriaeth o brif themâu'r bennod.*

1. Pa ddulliau a ddefnyddiodd y gyfundrefn i reoli'r bobl?
2. Beth oedd y prif bolisïau a barodd fod y gyfundrefn wedi ennill cefnogaeth y bobl?

3. Pa themâu gwahanol a amlygwyd yn ymgyrchoedd posteri Goebbels ar ôl 1933?
4. Oedd propaganda'n effeithiol?

9 ~ CWESTIYNAU TRAETHAWD

A *Traethodau dwy ran*

1. (a) Beth oedd statws a rôl merched yn ideoleg y Natsïaid?
   (b) I ba raddau y bu i'r gyfundrefn lwyddo i berswadio merched i dderbyn eu rôl fel gwragedd a mamau?
2. (a) Beth oedd gobeithion a disgwyliadau'r werin?
   (b) Pam y bu i'r gyfundrefn fethu bodloni'r werin?
3. (a) Ym mha ffyrdd y bu i gymdeithas yr Almaen newid dan lywodraeth y Natsïaid rhwng 1933-45?
   (b) Pam y bu i'r gyfundrefn lwyddo i weithredu ei pholisïau hiliol a chymdeithasol yn ystod y blynyddoedd 1933-45?
4. (a) Pa rôl a chwaraeodd y werin yn ideoleg ac athroniaeth y Natsïaid?
   (b) A oedd cynnydd yn anfodlonrwydd y werin yn ystod y blynyddoedd 1933-45?
5. (a) Pam y bu i Hitler geisio ennill cefnogaeth y gweithwyr i'w gyfundrefn?
   (b) Disgrifiwch y dulliau a ddefnyddiodd y Drydedd Reich i wella safle'r gweithwyr.
6. (a) Disgrifiwch nodweddion allweddol polisïau hiliol y Drydedd Reich 1933-45.
   (b) Pam y bu i bolisïau'r gyfundrefn tuag at yr Iddewon newid rhwng 1941-45 o'u cymharu â rhai 1933-41?

C *Cwestiynau Traethawd*

1. 'Sicrhaodd Hitler fod y mwyafrif o bobl yr Almaen yn cefnogi y rhan fwyaf o'i bolisïau cymdeithasol.'
   I ba raddau rydych chi'n cytuno â'r farn hon?
2. 'Rhoddodd y Natsïaid bopeth yr oedd arnynt ei eisiau i bobl yr Almaen yn ystod y cyfnod 1933-45.'
   I ba raddau rydych chi'n cytuno â'r farn hon?
3. 'Gwnaeth yr Ail Ryfel Byd yr Ateb Terfynol yn anochel.'
   I ba raddau rydych chi'n cytuno â'r farn hon?
4. I ba raddau roedd polisïau Natsïaidd yn erbyn Iddewon a phobl 'anghymdeithasol' eraill yn glir ac yn gyson?
5. Pa mor llwyddiannus oedd y propaganda Natsïaidd a geisiai berswadio merched i dderbyn y rôl oedd yn eu cyfyngu i '*Kinder, Kuche, Kirche*'?
6. I ba raddau y bu i'r gyfundrefn Natsïaidd lwyddo i greu ei delwedd bropaganda o *Volksgemeinschaft*?

10 ~ GWNEUD NODIADAU

Darllenwch yr adran gynghori ar dudalen XX o'r *Rhagair: Sut i ddefnyddio'r llyfr hwn*, ac yna gwnewch eich nodiadau eich hun ar sail y penawdau a'r cwestiynau a ganlyn.

1. *Polisïau Natsïaidd tuag at y werin a'r gweithwyr*

(a) Pa rôl a chwaraeodd (i) y gwerinwr a (ii) y gweithiwr yn ideoleg a phropaganda'r Natsïaid?

(b) Pa gasgliadau ellwch chi ddod iddynt ynghylch apêl atyniadol Sosialaeth Genedlaethol i (i) y werin, a (ii) y gweithiwr?

(c) Sut y bu'n rhaid i Hitler gyfaddawdu ar ei bolisïau er mwyn ennill (i) y gwerinwr, a (ii) y gweithiwr, yng nghyd-destun realiti gwleidyddol?

(ch) I ba raddau y bu i bolisïau'r Natsïaid arwain at welliant yn sefyllfa (i) y gwerinwr, a (ii) y gweithiwr?

(d) Sut y bu i (i) y werin a (ii) y gweithwyr adweithio i'r gyfundrefn?

(dd) Ym mha ffyrdd roedd (i) y gwerinwyr a (ii) y gweithwyr yn waeth eu byd yn 1939 o'i gymharu ag 1933?

(e) Pa gasgliadau y gellir dod iddynt ar effeithiolrwydd neu ddiffyg effeithiolrwydd propaganda a pholisïau Natsïaidd tuag at y gwerinwyr a'r gweithwyr o safbwynt eu perswadio i dderbyn eu rôl a dod yn weision ffyddlon i'r gyfundrefn?

2. *Polisïau'r gyfundrefn i ennill cymuned 'bur'*

(a) Beth oedd gwreiddiau hanesyddol a'r rhan a chwaraewyd gan (i) deddf ddiffrwythloni Gorffennaf 1933 a (ii) ewthanasia ym mholisi ewgeneg Hitler o lanhad ethnig?

(b) Pwy oedd y 'bobl anghymdeithasol' yn Almaen Hitler a sut y bu iddynt gael eu trin?

(c) Pam y cafodd y Sipsiwn eu trin yn fwy llym na phobl anghymdeithasol? Ym mha ffyrdd roedd polisi Natsïaidd yn erbyn y Sipsiwn yn 'ansicr a dryslyd'?

(ch) Beth oedd rôl yr Iddewon yn ideoleg a phropaganda'r Natsïaid?

(d) Pam ac ym mha ffyrdd y bu i bolisïau'r gyfundrefn tuag at yr Iddewon newid yn 1941-5 o'i gymharu ag 1933-41?

(dd) I ba raddau mae haneswyr yn cytuno ynghylch cronoleg polisïau gwrth-Semitaidd ac ar ba bwynt maent yn gwahaniaethu yn eu dehongliad?

(e) Sut y bu i'r cyhoedd ymateb i'r erledigaeth a wynebai'r Iddewon?

3. *Rôl a statws merched yng nghymdeithas y Natsïaid*

(a) Pa ddelwedd plaid swyddogol ar rôl merched yn y gymdeithas a gyflwynodd Hitler yn ei araith yn rali'r Blaid yn Nuremberg ar 8 Medi 1934?

(b) Beth oedd y prif ddylanwadau ar agweddau'r Natsïaid tuag at ferched a sut y bu i Hitler wneud hyn yn amlwg pan ddaeth i rym?

(c) Pa bolisïau a gyflwynodd y gyfundrefn i ennill *'Kinder, Kuche* a *Kirche'* a pha effaith a gafodd y rhain ar gyfraddau priodas a genedigaethau?

(ch) Pam y cafwyd bod polisïau'r gyfundrefn tuag at ferched a'r teulu yn rhai dryslyd ac anghyson, ac yn y pen draw yn fethiant?

Gwrthwynebiad i'r Natsïaid

11

CYFLWYNIAD

Yn etholiad Mawrth 1933 (gw. tt. 116-17) pleidleisiodd 43.9 y cant o'r etholaeth Almaenig dros Blaid Genedlaethol Sosialaidd Gweithwyr yr Almaen (*NSDAP*), Plaid Hitler. Ond hyd yn oed gyda'r ymchwydd hwn o gefnogaeth i'r Natsïaid, pleidleisiodd ymhell dros hanner yr etholaeth dros bleidiau eraill. Llwyddodd y Sosialwyr a'r Comiwnyddion gwaharddedig, ar y cyd, i ddenu 30.4 y cant o'r bleidlais a Phlaid y Canol 14.1 y cant ar ben hynny. Wedi pasio'r Ddeddf Alluogi ym Mawrth 1933 (gw. tud. 140), cafodd pob plaid an-Natsïaidd ei gwahardd a datganwyd bod undebau llafur yn anghyfreithlon. Mewn amgylchiadau oedd wedi newid yn ddirfawr, a fyddai'r Almaenwyr nad oeddent wedi pleidleisio i'r Natsïaid a'r rhai oedd wedi beirniadu'r Natsïaid yn agored yn y *Reichstag* a ledled y wlad yn gyffredinol wedi meiddio dal ati i wrthwynebu?

1 ~ *WIDERSTAND* – GWRTHWYNEBIAD

Wedi gwahardd iddynt eu hawliau sifil a'u rhyddid fel unigolion, bu'n rhaid i bobl yr Almaen oddef cael eu trwytho yn y modd llymaf wrth i Joseph Goebbels ddefnyddio ei beiriant propaganda i annog cefnogaeth i ideoleg a pholisïau'r Natsïaid (gw. tt. 269-71). Fodd bynnag, byddai'n anghywir credu bod mwyafrif pobl yr Almaen wedi cael eu bwlio a'u perswadio i dderbyn rheolaeth y Natsïaid. Fel roedd diweithdra'n gostwng ac amodau byw llawer yn gwella, dechreuodd mwy o weithwyr yr Almaen fwynhau sicrwydd gwaith rheolaidd a chyflog wythnosol. Yn ogystal, roedd llawer yn croesawu'r ymdrech i adfer bri cenedlaethol wrth i Hitler wrthod parhau i dalu iawndaliadau, dechrau cynllun ailarfogi, a gwneud yn hysbys ei gynlluniau i ddileu'r anghyfiawnder a orfodwyd ar yr Almaen bymtheng mlynedd yn gynharach yn Versailles. Roedd y mwyafrif, wedi'u plesio gyda thuedd y digwyddiadau, yn fodlon derbyn polisïau'r Natsïaid. Roedd hefyd rai oedd yn ddigon diniwed i gredu y gallent drechu'r Natsïaid yn yr etholiad nesaf os na fyddai popeth yn gweithio'n iawn. Bu i rai, llawer mwy nag sy'n barod i gyfaddef hynny heddiw, hyd yn oed ddechrau uniaethu â'r slogan Natsïaidd, '*Deutschland erwache, Jude verrecke*!' – 'Yr Almaen deffro, condemniwyd Iddewiaeth'. Byddai'n anghywir tybio hefyd fod holl bobl yr Almaen wedi eu

C

Pam y bu i'r mwyafrif o Almaenwyr dderbyn rheolaeth y Natsïaid?

TABL 35
Llinell amser: gwrthwynebiad i'r Natsïaid

1933	Mawrth	Agor y gwersyll crynhoi cyntaf yn Dachau; y *Reichstag* yn pasio'r Ddeddf Alluogi
	Mai	Dileu'r Undebau Llafur
	Mehefin	Gwahardd yr *SPD*; diddymu pleidiau gwleidyddol eraill yn fuan wedyn
	Gorffennaf	Deddf er Diogelu Iechyd Etifeddol; cytuno i'r Concordat â'r Eglwys Babyddol; sefydlu'r Mudiad Ffydd Almaenig dan Ludwig Müller; Sefydlu'r Eglwys Gyffes i wrthbwyso'r Mudiad Ffydd
	Tachwedd	Popitz, Gweinidog Cyllid Prwsia yn ymddiswyddo oherwydd y modd roedd y Natsïaid yn trin yr Iddewon; ffurfio Cylch Kreisau
1934	Ebrill	Sefydlu Llys y Bobl i ddelio â throseddau bradwrus;
1935		Rhwystro i'r heddychwr Carl von Ossietzky dderbyn Gwobr Heddwch Nobel
1937	Gorffennaf	Arestio Martin Niemöller
1938	Chwefror	Argyfwng o achos Blomberg a Fritsch
	Mai	Ludwig Beck yn cyhoeddi datganiad yn beirniadu Hitler
	Medi	Cynllun i gael gwared ar Hitler adeg argyfwng München
1939	Medi	Cynllun Hammerstein-Equord i lofruddio Hitler
1941	Awst	Hitler yn gorchymyn dod â'r rhaglen ewthanasia i ben
1942		Darganfod cylch ysbïwyr *Rote Kapelle*
1943	Chwefror	Protest Rosenstrasse yn Berlin; dienyddio Hans a Sophie Scholl
	Ebrill	Arestio Dietrich Bonhoeffer
1944	Gorffennaf	Cynllwyn Gorffennaf– Stauffenberg yn ceisio llofruddio Hitler gan fwriadu cyflawni *coup* gwrth-Natsïaidd; dal a dienyddio'r cynllwynwyr
	Tachwedd	Crogi arweinyddion Môr-ladron Edelweiss yn Köln-Ehrenfeld
1945	Ionawr	Dienyddio Julius Leber, arweinydd Sosialaidd; dienyddio Helmuth von Moltke
	Chwefror	Dienyddio Alfred Delp a Carl Goerdeler

ysgubo ymlaen ar lanw o orfoledd pro-Natsïaidd. Roedd rhai yn amlwg yn casáu'r hyn oedd yn digwydd i'w gwlad ond roedd yn rhaid i'r sawl oedd yn gwrthwynebu ymdrechu yn erbyn y *Gestapo* a'r *SS*, gwarchodwyr y wladwriaeth heddlu Natsïaidd, a gochel hefyd rhag ysbïwyr. Roedd y rhai a ddaliai ati i wrthwynebu yn debygol o gael eu cosbi'n llym, gan gynnwys eu carcharu yn y gwersylloedd crynhoi newydd. Nod datganedig y gwersylloedd oedd 'diwygio gwrthwynebwyr gwleidyddol a gwneud pobl anghymdeithasol yn ddinasyddion defnyddiol'.

2 ~ NATUR Y GWRTHWYNEBIAD I'R GYFUNDREFN NATSÏAIDD

Roedd yn ymddangos bod Almaenwyr cyffredin, yn bobl nobl a theg cyn hynny, yn barod i roi blaenoriaeth i sicrwydd economaidd yn hytrach nag ymboeni am eu hawliau a'u rhyddid, ac naill ai'n fodlon gwneud hynny neu'n ddifater. Ac eto, roedd yna rai a wrthododd ymgynefino â rheolaeth y Natsïaid. Cafwyd sawl ffurf ar wrthwynebiad.

A *Gwrthwynebiad di-drais*

Bu i'r mwyafrif o'r rhai oedd cyn hynny wedi cefnogi pleidiau an-Natsïaidd fabwysiadu agwedd amwys, ac roeddent yn barod i gyd-fyw gyda chyfundrefn Hitler. Yn syml, roedd yn haws ac yn fwy diogel. Bu i rai weithredu gwrthwynebiad di-drais. Gall gwrthwynebiad di-drais olygu gwrthod cydweithredu neu, yn y pegwn arall, brotestio yn ddi-drais i ddangos beth yw barn y cyhoedd. Ni ddangosodd Hitler fawr o bryder ynghylch barn y cyhoedd ac roedd yn well ganddo ei ffurfio yn hytrach nag ymostwng iddi. Roedd y Natsïaid yn arbenigwyr ar wyro barn y cyhoedd trwy atgyfodi rhagfarnau greddfol yn erbyn yr Iddewon, Sipsiwn, gwrywgydwyr a charfanau lleiafrifol eraill.

PRIF YSTYRIAETH

Adwaith Hitler i farn y cyhoedd.

Hyd yn oed wedyn, roedd yna adegau pan fu i'r arweinydd Natsïaidd adweithio i anfodlonrwydd ymysg y cyhoedd. Fel y gwelsom, unwaith roedd y bobl Almaenig wedi sylweddoli bod y Ddeddf er Diogelu Iechyd Etifeddol (1933) yn cynnwys diffrwythloni a llofruddio'r anabl yn feddyliol a chorfforol, bu digon o anfodlonrwydd i beri iddo gyfyngu ar y rhaglen ewthanasia ac iddi gael ei gweithredu fwy yn y dirgel. Felly hefyd y dilëwyd y polisi o wahardd y groes o'r ystafell ddosbarth. Cafwyd enghreifftiau eraill pan oedd barn y cyhoedd yn anffafriol. Yn eu hymgais i sicrhau purdeb hiliol a chorfforol cychwynnodd y Natsïaid ar ymgyrch i gael gwared ar ysmygu er mwyn diogelu pobl rhag 'gwenwynau hiliol'. Er gwaethaf yr ymgyrch, yn ystod yr 1930au cynyddodd y defnydd o dybaco. Mae rhai wedi awgrymu bod ysmygu wedi dod yn weithred symbolaidd, yn cynrychioli her neu wrthwynebiad diwylliannol.

Er bod y cosbau y gellid eu disgwyl yn golygu mai dim ond ychydig a fentrai gondemnio dulliau'r Natsïaid o drin y gymuned Iddewig, roedd rhai yn barod i gynnig lloches i deuluoedd Iddewig. Yn 1945, ar ddiwedd y rhyfel ac er gwaethaf mesurau eang a ddygwyd yn eu herbyn, roedd 40,000 o Iddewon yr Almaen, tua 20 y cant o'r nifer gwreiddiol, wedi goroesi. Yn ei lyfr, *Resistance of the Heart: Intermarriage and the Rosenstrasse Protest in Nazi Germany* (W.W. Norton, 1996), mae'r hanesydd Americanaidd, Nathan Stoltzfus, yn sôn am wragedd Almaenig oedd yn briod ag Iddewon a lynodd wrth eu gwŷr. Yn 1943, mewn gwrthdystiad yn y Rosenstrasse yn Berlin, bu iddynt brotestio yn ddigon grymus i sicrhau bod eu gwŷr yn cael eu rhyddhau o'r gwersylloedd crynhoi. Bryd hynny, roedd propagandwyr y Natsïaid yn paratoi pobl yr Almaen ar gyfer **rhyfel diarbed** ac am osgoi cythruddo merched Berlin.

rhyfel diarbed rhyfel sy'n effeithio ar y wlad i gyd – y boblogaeth sifil yn ogystal â'r milwyr

B *Gwrthwynebiad o du'r chwith wleidyddol*

Unwaith y cawsant eu gwahardd, ffurfiodd y pleidiau gwleidyddol adain chwith gelloedd a throi'n fudiadau cyfrin. Cyfarfyddent yn y dirgel, gan argraffu â gweisg cudd a rhannu llenyddiaeth a phosteri gwrth-Natsïaidd. Hyd yn oed o dan amgylchiadau dyrys felly, gwrthodai'r sosialwyr gydweithredu â'r comiwnyddion. Er bod hanner eu haelodaeth wedi eu harestio a'u harweinwyr yn alltud yn Rwsia, y comiwnyddion oedd fwyaf gweithredol eto. Gyda'u gweithredu yn cael ei gyfarwyddo o dramor, roedd yn anodd llunio gwrthwynebiad trefnus. Wedi iddo gael ei arestio, bu i ddewrder Robert Stamm, cyn-ddirprwy *KPD* yn y *Reichstag*, wneud argraff ar ei gyd-garcharorion a'r rhai oedd yn ei ddal. Fe'i cyhuddwyd o frad a'i ddienyddio yng ngharchar Plötzensee yn Berlin yn 1937. Roedd Julius Leber ymysg y miloedd o sosialwyr a arestiwyd. O'r carchar ysgrifennodd, 'Gellir brawychu'r bobl trwy bob dull posibl ond ni all cariad dyfu ond o ddyngarwch a chyfiawnder'. Yn ddig oherwydd bod eu mudiad wedi ei wahardd, ffurfiodd rhai undebwyr llafur garfanau i wrthwynebu yn weithredol. Bu i un ohonynt, Wilhelm Leuschner, deithio'r wlad i ddod i gysylltiad â phobl eraill oedd o'r un farn nes iddo yntau gael ei arestio a'i ladd. Roedd Carl von Ossietzky, heddychwr ymroddedig a beirniad diflewyn-ar-dafod o'r fyddin, wedi ei arestio yn gynharach gan awdurdodau Gweriniaeth Weimar ar gyhuddiad o frad. Fe'i hailarestiwyd yn 1933 a'i anfon i wersyll crynhoi, ac yn 1935 fe'i rhwystrwyd rhag derbyn Gwobr Heddwch Nobel.

C *Gwrthwynebiad o du'r Ceidwadwyr*

Roedd adain geidwadol y mudiad gwrth-Natsïaidd yn cynnwys gwleidyddion, diplomyddion, gweision sifil a swyddogion uwch y fyddin. Roeddent yn ffafrio brenhiniaeth yn hytrach na Sosialaeth Genedlaethol, ac adferiad yr hen drefn ymerodrol. Yn eu plith oedd dynion fel Ulrich von Hassell, y cyn-lysgennad i'r Eidal. Pan ddatganodd yn agored ei fod yn gwrthwynebu'r Natsïaid, fe'i diswyddwyd. Wedi hynny, defnyddiodd ei gysylltiadau lu yng ngwasanaeth y mudiad gwrthwynebu nes iddo gael ei arestio a'i ddienyddio yn 1944. Diplomydd proffesiynol arall oedd yn gwrthwynebu oedd Adam von Trott du Soiz, cyn-ysgolhaig Rhodes yn Rhydychen ac yn ŵr a ystyrid yn un o feddylwyr mwyaf praff swyddfa dramor yr Almaen. Roedd Carl Goerdeler, maer Leipzig, yn gweithredu'n amlwg yn y gwrthwynebiad i Hitler nes iddo gael ei arestio, wedi i ysbïwr ei fradychu, a'i ddienyddio. Roedd Joannes Popitz, a fu'n Weinidog Cyllid Prwsia, wedi croesawu Sosialaeth Genedlaethol ar y dechrau ond, yn 1938, ymddiswyddodd mewn protest ynghylch y modd roedd yr Iddewon yn cael eu trin. Fe'i dienyddiwyd ychydig cyn i'r rhyfel ddod i ben yn 1945.

Ch *Gwrthwynebiad o du'r fyddin*

Roedd y gwrthwynebiad i'r Natsïaid o du'r fyddin ynghlwm wrth adain geidwadol y mudiad. Ni fu erioed fawr o gariad rhwng bonedd y *Junker*, sef y garfan fwyaf yng Nghadlywyddiaeth y Fyddin, a Hitler, ceiliog nad oedd wedi ennill gradd uwch nag un corporal yn y fyddin. Fel y gwelsom, ceisiodd yr Arlywydd

Hindenberg, oedd ei hunan yn gyn-faeslywydd *Junker*, ddefnyddio ei safle i rwystro Hitler rhag dod yn Ganghellor. Er bod hunan-les wedi peri i'r fyddin sefyll o'r neilltu a gadael i'r *SS* lofruddio arweinwyr yr *SA* ar noswaith 30 Mehefin 1934 (gw. tt. 146-9), roedd drwgdeimlad ac amheuaeth yn parhau o hyd. Yn 1938 ceisiodd Hitler ennill mwy o reolaeth ar y fyddin pan ddiswyddodd von Blomberg a von Fritsch a phenodi von Keitel yn eu lle, dyn oedd yn fwy dibynadwy. Ond hyd yn oed wedyn, roedd rhai o fewn Cadlywyddiaeth y fyddin yn pryderu ynghylch dulliau anghyfreithlon y Natsïaid a'r ffaith fod polisïau Hitler yn eu dwyn yn nes at wynebu rhyfel Ewropeaidd mawr arall. Yn flaenllaw ymysg y rhain oedd y Pennaeth Staff, Ludwig Beck. Yng Ngorffennaf 1938 aeth mor bell â pharatoi datganiad ar gyfer Hitler:

> Mae Cadbennaeth y fyddin, ynghyd â'r prif gadfridogion, yn flin na allant dderbyn cyfrifoldeb am weithredu rhyfel o'r natur hwn heb ddwyn rhan o'r bai amdano o flaen y bobl a hanes. Felly, os bydd y *Führer* yn ymroi i'r rhyfel hwn, byddant yn ymddiswyddo.

PRIF YSTYRIAETH

Ymateb y fyddin Almaenig i ddigwyddiadau 1938.

Ymddiswyddodd Beck a daeth y Cadfridog Fritz Halder i'w swydd, dyn nad oedd ganddo fwy o gefnogaeth i Hitler na'i ragflaenydd. Daeth y cyfle gorau am *coup* llwyddiannus yn erbyn y Natsïaid yn 1938, pan gynlluniodd nifer o gadfridogion i fanteisio ar yr argyfwng yn Tsiecoslofacia (gw. tt. 391-6) i gael gwared ar y *Führer*. Cymerent yn ganiataol y byddai Prydain a Ffrainc yn gorfodi Hitler i gamu'n ôl ac y byddai'r gwaradwydd dilynol yn rhoi cyfle iddynt ei ddisodli. Chwalwyd eu cynlluniau pan fu i Chamberlain a Daladier ildio yng Nghynhadledd warthus München. Yn y llys barn yn Nuremberg yn 1945-6, dywedodd Halder y byddent yn sicr wedi ceisio cyflawni *coup* pe bai pwerau'r Gorllewin wedi dal eu tir yn 1938.

D *Gwrthwynebiad yr Eglwysi Almaenig*

Ceisiodd Hitler ddod i gytundeb gweithredol â'r Eglwys Babyddol pan addawodd ofalu am hawliau Catholigion drwy Goncordat y cytunwyd arno yn 1933 (gw. tud. 228). Cafodd lai o lwyddiant wrth geisio dod i ddealltwriaeth â'r Protestaniaid Almaenig ac fe sefydlodd eglwys i gystadlu â hwy, y *Deutsche Glaubensbewegung*. Roedd y Mudiad Ffydd Almaenig hwn yn neo-baganaidd ac yn cefnogi polisi hiliol y Natsïaid. Nid oedd y Catholigion na'r Protestaniaid mewn lle da i fedru gwrthwynbeu'r Natsïaid, er bod y Protestaniaid wedi sefydlu'r Eglwys Gyffes, *Bekenntniskirche*, i wrthbwyso'r Mudid Ffydd Almaenig. Hyd yn oed wedyn, barn llawer o haneswyr yw fod arweinwyr Cristnogol yr Almaen yn pryderu mwy am fuddiannau eu haelodau eu hunain nag am herio'r Natsïaid. Ni ddylai unrhyw wirionedd a berthyn i'r honiadau hyn fychanu ymdrechion yr eglwyswyr unigol a fu'n ddigon dewr i wrthwynebu.

Un gŵr felly oedd Martin Niemöller (gw. tud. 232). Wedi iddo herio Hitler, cafodd ei wahardd rhag pregethu ac yna'i arestio. Treuliodd gyfanswm o wyth mlynedd mewn cell ar ei ben ei hun yng ngwersylloedd crynhoi Sachsenhausen a Dachau. Er ei fod wedi ei ddedfrydu i farwolaeth gan Hitler, cafodd ei ryddhau gan filwyr UDA cyn i hynny ddigwydd. Ar ôl y rhyfel, mynnai Niemöller gymryd rhan o'r bai. Dyma a ddywedodd yn *Here Stand I*:

> Yn gyntaf fe ddaethant i nôl yr Iddewon. Bûm yn dawel, doeddwn i ddim yn Iddew. Yna daethant i nôl y comiwnyddion. Bûm yn dawel, doeddwn i ddim yn gomiwnydd. Yna daethant i nôl yr undebwyr llafur. Bûm yn dawel, doeddwn i ddim yn undebwr llafur. Yna daethant i'm nôl i. Doedd neb ar ôl i siarad drosof i.

C

A oedd yr eglwysi yn ddigon llafar eu gwrthwynebiad i'r gyfundrefn Natsïaidd?

Gwrthododd yr ysgolhaig a'r diwinydd efengylaidd, Dietrich Bonhoeffer, adael i'r Natsïaid ei ddefnyddio. Yn hytrach, rhoddodd ei gefnogaeth i'r Eglwys Gyffes a ddatganai fod Cristnogaeth a Sosialaeth Genedlaethol yn anghymarus. Yn ddiweddarach, daeth yn aelod gweithredol o'r mudiad gwrthwynebu, cynorthwyodd gyda gweithgareddau cudd-ymchwil, a bu'n helpu Iddewon i ddianc i'r Swistir. Yn 1943, fe'i harestiwyd a threuliodd weddill y rhyfel mewn gwersyll crynhoi. Cafodd ei ddienyddio yn 1945. Daeth Alfred Delp, offeiriad Jeswitaidd, yn aelod blaenllaw o Gylch Kreisau (gw. isod) a chaniataodd i rai o'u cyfarfodydd gael eu cynnal yn ei gartref. Amlinellodd gynllun ar gyfer cyfundrefn Gristnogol newydd a fyddai rhyw ddydd, fe obeithiai, yn disodli'r gyfundrefn Natsïaidd yn yr Almaen. Fe'i harestiwyd yn 1944 a'i ddedfrydu i farwolaeth. Cyn ei ddienyddiad ysgrifennodd, 'Mae bara yn bwysig, mae rhyddid yn fwy pwysig, ond yr hyn sydd bwysicaf oll yw teyrngarwch i'ch ffydd a dycnwch wrth addoli'. Arestiwyd Karl Barth, athro mewn diwinyddiaeth, am iddo wrthod dechrau ei ddarlithiau trwy saliwtio a dweud, 'Heil Hitler'. Cyflwynodd Clemens von Galen, Archesgob Pabyddol Münster, lythyr bugeiliol yn beirniadu damcaniaeth hiliol y Natsïaid ac yn ymosod ar y cynllun ewthanasia. Yn 1941 dywedodd mewn pregeth (a ddyfynnir yn y *Guide to the Plötzensee Memorial*, 1975):

> Sylfaen y Wladwriaeth yw cyfiawnder. Rydym yn gresynu, rydym yn pryderu'n fawr wrth weld tystiolaeth fod y sylfaen hon yn cael ei hysgytio heddiw, a'r modd nad yw cyfiawnder ... yn amlwg yn cael ei weithredu a'i gynnal ar gyfer pawb ... Gan na ŵyr neb ohonom am ffordd a fyddai'n rhoi i ni reolaeth ddiduedd dros fesurau'r *Gestapo* ... mae llawer o Almaenwyr yn teimlo nad oes ganddynt hawliau, a'r hyn sy'n waeth, maent yn coleddu ymdeimlad o ofn llwfr ...

Bu Barth a Galen fyw trwy eu profiadau caled.

3 ~ CYRFF OEDD YN GWRTHWYNEBU

A *Cylch Kreisau*

Er nad oedd mewn gwirionedd yn gorff gwrthwynebu, un o'r mudiadau gwrth-Natsïaidd enwocaf oedd un oedd yn seiliedig ar grŵp a elwid yn Gylch Kreisau. Fe'u harweinid gan Helmuth von Moltke a Yorck von Wartenburg, ac fel rheol roedd yn cyfarfod yng nghartref y teulu Moltke ar eu stad yn Kreisau yn Silesia. Roedd Moltke yn Seientiad Cristnogol, a'i fam yn Saesnes, ac roedd yn or-or-nai i gadfridog Prwsiaidd enwog o'r un enw. Am beth amser bu'n gwasanaethu fel cynghorydd cyfreithiol i'r fyddin Almaenig ond, ar ôl 1933, daeth yn un o brif wrthwynebwyr y Natsïaid. Roedd eglwyswyr amlwg, ysgolheigion a gwleidyddion yn aelodau o Gylch Kreisau. O ran safbwynt, roedd yn fudiad Cristnogol sosialaidd, ac yn gwrthwynebu, ar sail foesol, lofruddiaeth wleidyddol neu unrhyw ddull treisiol arall o ddisodli'r gyfundrefn. Roedd yn fath o seiad drafod wrth-Natsïaidd, yn cynllunio mwy ar gyfer cyfnod ôl-Natsïaidd i'w gwlad yn hytrach na bod â rhan mewn gwrthwynebu gweithredol. Yn 1944, cafodd llawer o'r grŵp, gan gynnwys Moltke, eu harestio a'u dienyddio. Buont farw 'nid am yr hyn roeddent wedi ei wneud ond am yr hyn roeddent wedi ei feddwl'.

B *Cylch Freiburg*

Yr hanesydd Gerhard Ritter oedd arweinydd Cylch Freiburg, a'r aelodau oedd academyddion Prifysgol Freiburg. Roeddent yn gwrthwynebu'r Natsïaid ac yn eu cyhuddo o gamarwain pobl yr Almaen. Roeddent yn genedlaetholwyr brwd ac yn barod i ddymchwel Hitler ond yn anfodlon cyfrannu at drechiad yr Almaen yn yr Ail Ryfel Byd. Roeddent yn feirniadol o'r *Rote Kapelle* (gweler isod) ac yn eu cyhuddo o fod â rhan mewn gweithredoedd bradwrus. Arestiwyd Ritter, ffrind agos i Goerdeler, yn 1944 ond goroesodd ei garchariad.

C Rote Kapelle

Roedd y *Rote Kapelle*, y Gerddorfa Goch, yn cynnwys Almaenwyr pro-Sofietaidd oedd yn dymuno dymchwel y Natsïaid a sefydlu cyfundrefn gomiwnyddol. Ymysg yr arweinwyr roedd Arndt von Harnack, mab i hanesydd crefyddol amlwg, a Harro Schulze-Boysen, ŵyr y llyngesydd enwog, Alfred von Tirpitz. Yn derbyn cyfarwyddyd o Moskva, roedd gan y cylch rwydwaith o ysbïwyr ac roedd yn gyfrifol am weithredu difrod yn yr Almaen. Yn 1942, llwyddodd asiantau gwrthysbïo'r Almaen i ddod o hyd iddynt ac fe ddienyddiwyd yr arweinwyr.

Ch *Mudiadau myfyrwyr ac ieuenctid*

Nid yw'n beth anarferol i fyfyrwyr fod yn wleidyddol weithredol ac, er gwaethaf y peryglon, roedd hyn yn wir am yr Almaen Natsïaidd. Rhwng 1939 ac 1941 bu cyn-ddisgyblion Ysgol Rutli yn Neukolin, Berlin, yn dyblygu ac yn dosbarthu pamffledi gwrth-Natsïaidd. Yn enwocach, ffurfiodd myfyrwyr a'u darlithwyr ym Mhrifysgol München fudiad y *Weisse Rose* (Rhosyn Gwyn) i wrthwynebu'r Natsïaid. Lluniodd un o'u harweinwyr, Kurt Huber, athro mewn

LLUN 39
Brawd a chwaer, Hans a Sophie Scholl, myfyrwyr oedd yn aelodau o'r *Weisse Rose*, a gafodd eu dienyddio am ddosarthu taflenni a gwrthdystio yn erbyn y Natsïaid

athroniaeth, daflen a ddosbarthwyd yn eang. Dywedai: 'Yn enw ieuenctid yr Almaen, rydym yn mynnu bod Adolf Hitler yn dychwelyd i ni y rhyddid personol sydd yn eiddo mwyaf gwerthfawr pob Almaenwr ac sydd wedi ei warafun i ni yn y modd mwyaf twyllodrus'.

Roedd aelodau eraill y *Weisse Rose* yn cynnwys y brawd a chwaer Hans a Sophie Scholl. Yn 1943, gyda chymorth myfyrwyr eraill, bu iddynt drefnu'r gwrthdystiad cyhoeddus cyntaf yn erbyn y Natsïaid yn yr Almaen pan aethant ar hyd y strydoedd yn München i ddosbarthu taflenni a ddatganai: 'Bydd enw yr Almaen wedi ei waradwyddo am byth oni bydd i ieuenctid yr Almaen godi ar eu hunion, dial, taflu cerrig, dinistrio ei harteithwyr ac adeiladu Ewrop ysbrydol newydd'.

Arestiwyd Hans a Sophie Scholl gan y *Gestapo* a'u cam-drin yn enbyd. Ar adeg ei dienyddio, ei choes wedi ei thorri, cerddodd Sophie yn herciog at y crocbren. Gweithredodd nifer o unigolion eraill yn heriol hefyd. Yn 1942, crogwyd Helmuth Hubener, tyst Jehova 17 oed, am iddo wrando ar y BBC a dweud wrth ei ffrindiau beth oedd cynnwys bwletinau newyddion. Yn ystod blynyddoedd olaf yr 1930au ymddangosodd grwpiau cwlt yn yr Almaen a adwaenid ar y cyd fel yr *Edelweisspiraten*, Môr-ladron Edelweiss. Mabwysiadodd grwpiau unigol enwau lliwgar fel *Roving Dudes* a *Navajos* ac roedd eu hymddygiad yn achosi pryder. Fe'u cyfrifid yn dramgwyddwyr anghymdeithasol, ac ar y dechrau nid oedd ganddynt nod gwleidyddol er eu bod yn ymladd ag aelodau o Ieuenctid Hitler ar y strydoedd. Yn ystod yr 1940au daeth eu gweithredoedd yn fwy gwleidyddol wrth iddynt ddosbarthu taflenni gwrth-Natsïaidd a darparu lloches i encilwyr o'r fyddin a llafurwyr oedd wedi dianc rhag gwaith gorfodol. Yn 1944 gweithredodd yr *SS* yn eu herbyn a chrogwyd eu harweinwyr yn gyhoeddus. Roedd y *Swing-Jugend* yn ymwrthod â diwylliant cul y Natsïaid ac yn ffafrio cerddoriaeth a dawns

PRIF YSTYRIAETH

Y rhan a chwaraeodd grwpiau cwlt yr ieuenctid.

Americanaidd poblogaidd. Gellid eu hadnabod yn rhwydd oherwydd eu gwisg a steil gwallt tra gwahanol. Roedd clybiau *Swing* i'w cael yn y rhan fwyaf o drefi a dinasoedd yr Almaen. Cyfrifid bod eu hoffter o *jazz* a'r dull Americanaidd o ddawnsio yn ddirywiedig ac, er eu bod yn fwy gwrthsefydliadol na gwrth-Natsïaidd, cawsant eu gormesu a chafodd eu harweinwyr eu hanfon i'r gwersylloedd crynhoi.

4 ~ YMDRECHION I LADD HITLER

Fel y soniwyd, cynlluniwyd i gael gwared ar Hitler ar adeg yr argyfwng dros Tsiecoslofacia ym Medi 1938, gyda Ludwig Beck, Franz Halder a swyddogion uchel-radd yn y fyddin yn rhan o'r cynllwyn. Oherwydd i Ffrainc a Phrydain ddewis dyhuddiad ni chafodd ei weithredu (gw. tud. 394). Wedi hynny, methodd cyfres o ymdrechion i ladd Hitler, naill ai oherwydd methiant technegol neu oherwydd synnwyr **rhagargoel** rhyfedd Hitler. Ym Medi 1939, yn fuan wedi i'r rhyfel gychwyn, gweithredodd y Cadfridog Kurt von Hammerstein-Equord ar ei ben ei hun pan geisiodd yn ofer ddenu Hitler i bencadlys y fyddin a'i 'wneud yn ddiberygl unwaith ac am byth'. Y mis canlynol, bwriadai'r Cadfridog Franz Halder a swyddog ifanc arall, Henning von Tresckow, ddefnyddio bom i lofruddio Hitler ond methodd hwnnw ffrwydro. Roedd llawer mwy o ddychymyg yng nghynllun y Maeslywydd von Witzleben. Bwriadai saethu Hitler pan fyddai'n derbyn y saliwt mewn parêd yn y Champs Elysees. Yn anffodus, ni dderbyniodd Hitler y gwahoddiad i Baris. Yn 1943, cafodd Hitler ei wahodd gan Tresckow, oedd erbyn hyn yn gwasanaethu ar y Ffrynt Dwyreiniol, a'r Is-gapten Fabian Schlabrendorff i bencadlys y fyddin yn Smolensk, gyda'r bwriad o'i saethu pan fyddai ar ginio. Yn anffodus, bu i'r Maeslywydd von Kluge, oedd yn uwch ei radd na Tresckow, wrthod y cynllwyn gan ddweud nad oedd yn weddus i swyddogion Almaenig 'saethu dyn ar ginio'. Nid oedd Tresckow yn un i ildio'n rhwydd! Ddeufis yn ddiweddarach, cynllwyniodd ef a Schlabrendorff i lofruddio Hitler pan fyddai'n dychwelyd i'w awyren ar ôl ymweld â phencadlys y fyddin. Y tro hwn methodd y cynllun am fod y *Führer* wedi dewis dychwelyd hyd ffordd arall. Yn yr un modd, methodd cynllun Tresckow i ffrwydro bom oedd wedi ei guddio mewn potel o frandi ar fwrdd yr awyren oherwydd ffiws diffygiol. Roedd ei ymdrech nesaf yn dibynnu ar hunanaberth ei ffrind, y Cadfridog von Gersdorff. Cytunodd y Cadfridog i guddio ffrwydron yn ei wisg filwrol a chwythu Hitler a'i hunan pan fyddent yn ysgwyd llaw. Pan ddaeth yr amser, methodd Gersdorff ddod o fewn cyrraedd digon agos at y *Führer* a bu'n rhaid iddo ruthro ymaith i gael gwared ar y ffrwydron! Mae papurau a ryddhawyd yn ddiweddar gan yr Archifdy Gwladol yn dangos bod yr Adran Ymgyrchoedd Arbennig (*Special Operations Executive*) hefyd wedi cynllunio i ladd Hitler yn ystod y rhyfel. Nod Ymgyrch Foxley oedd anfon asiantau, sef carcharorion rhyfel Almaenig gwirfoddol oedd yn

rhagargoel ymdeimlad fod rhywbeth ar fin digwydd

casáu Hitler, i Berchestgaden i'w saethu pan fyddai'n cerdded hyd y tir oedd yn amgylchynu ei loches yn y mynyddoedd. Cynlluniau eraill oedd gwenwyno'r dŵr ar drên preifat Hitler, neu ffrwydro'r trên mewn twnnel. Ar adeg pan nad oedd modd cysylltu â Hitler, cynllun mwy beiddgar eto oedd hypnoteiddio Rudolf Hess a'i anfon yn ôl i'r Almaen i lofruddio Himmler. Er bod y cynllwynion adeg rhyfel hyn yn llawn dychymyg, cynllwynion nas gwireddwyd oeddynt.

5 ~ YMGYRCH FALCYRI – CYNLLWYN GORFFENNAF

Yr ymgais enwocaf i ladd Hitler oedd un Claus von Stauffenberg ar 20 Gorffennaf 1944. Bu'n fwy agos i lwyddo nag unrhyw un arall ac fe'i bwriadwyd fel rhagweithred a fyddai'n arwain at *coup* ledled yr Almaen. Rhoddwyd y ffugenw Ymgyrch Falcyri i'r cynllwyn. Ym mytholeg Llychlyn, morynion oedd y Falcyriaid a farchogai i'r frwydr i ddewis o blith y rhai a laddwyd pa arwyr oedd i gael teithio i Falhala.

A *Cefndir*

Erbyn 1944 roedd Trydedd Reich Hitler wedi dod yn drychineb hunllefus. Yn ogystal â'r caledi gartref, roedd yn amlwg fod llanw'r rhyfel wedi troi o blaid y Cynghreiriaid. Erbyn diwedd Ebrill, roedd y Rwsiaid wedi ymlid y goresgynwyr Almaenig o'u mamwlad, tra yn yr Eidal roedd y Cynghreiriaid bron â chyrraedd Rhufain. Ar 6 Mehefin glaniodd y Cynghreiriaid yn Ffrainc i ddechrau rhyddhau Ewrop o'r gorllewin. Cafwyd sawl ymdrech, trwy gyfrwng cyfryngwyr, i drafod heddwch ond yn ofer. Gyda buddugoliaeth ar y gorwel, roedd y Cynghreiriaid yn mynnu dim llai na bod yr Almaen yn ildio yn ddiamod. Ymysg Cadlywyddiaeth y Fyddin Almaenig roedd yna ddynion oedd yn barnu bod yn rhaid dwyn y rhyfel i ben ar fyrder.

B *Y cynllun*

I sicrhau unrhyw siawns o lwyddo byddai'n rhaid i *coup* yn erbyn y Natsïaid fod wedi ei gynllunio a'i amseru yn ofalus. Byddai'n rhaid sicrhau cefnogaeth lawn cydymdeimlad unedau o'r *Wehrmacht* yn ogystal â gwleidyddion amlwg a phobl ddylanwadol eraill. Byddai'n rhaid sicrhau hefyd fod nifer sylweddol o bobl yr Almaen o'i blaid. Yn syml, y cynllun oedd llofruddio Hitler, dirymu'r *SS* a'r gweddill o'r arweinwyr Natsïaidd, a chipio'r awdurdod llywodraethol. Gyda Berlin yn ganolbwynt, bwriedid iddi fod yn ymgyrch filwrol gyda'r gwleidyddion yn ddarostyngol i'r cadlywyddion milwrol. Unwaith y byddid yn sicr fod Hitler wedi marw, byddai unedau teyrngar o'r *Wehrmacht* yn meddiannu'r prif drefi a dinasoedd, yn cyhoeddi cyfraith rhyfel, ac yn carcharu swyddogion Natsïaidd ac

PRIF YSTYRIAETH

Gwendidau'r cynllun.

arweinwyr yr *SS*. Pan fyddai'r amser yn addas, byddid yn sefydlu llywodraeth dros dro a fyddai â'r awdurdod i drafod diweddu'r rhyfel. Bwriedid i'r hen filwr Ludwig Beck fod yn Arlywydd a Carl Goerdeler, cyn-faer Leipzig, neu'r Sosialydd, Julius Leber, yn Ganghellor. Roedd llu o bethau na ellid eu mesur. Pa gadlywyddion *Wehrmacht* oedd yn ddibynadwy ac y gellid eu dewis i gefnogi? Beth fyddai agwedd y swyddogion *Wehrmacht* ifanc, llawer ohonynt wedi eu dyrchafu trwy rengoedd Ieuenctid Hitler? Beth fyddai adwaith pobl yr Almaen i'r hyn y byddai llawer yn ei ystyried yn frad? A allai'r cyfan arwain at erchylltra rhyfel cartref? Yn fwy di-oed, wedi cymaint o fethiannau, a ellid sicrhau y byddai llofruddio Adolf Hitler yn weithred y gellid ei chyflawni?

C *Y cynllwynwyr*

Arweinwyr y cynllwyn oedd nifer o swyddogion *Wehrmacht* uchel-radd oedd yn gwasanaethu ar Ffrynt Rwsia. Yn eu mysg oedd y Cadfridogion Henning von Tresckow, Erich Hoepner, Friedrich Olbricht a Hans Oster. Roedd y Cadfridog Karl von Stuelpnagel, cadlywydd y fyddin Almaenig yn Ffrainc, hefyd wedi cytuno i gydweithredu. Eraill a wyddai am y cynllwyn ond a wrthododd chwarae rhan weithredol ynddo oedd y Maeslywyddion Gunther von Kluge ac Erwin Rommel, y cyn-gadfridog mawr ei fri a fu'n arwain Corfflu Affrica. Er bod llawer o wleidyddion ac enwogion eraill wedi addo eu cefnogaeth, ni fynnai aelodau Cylch Kreisau fod ag unrhyw ran yn y cynllwyn. Eglurodd Moltke: 'Dydyn ni ddim yn gynllwynwyr, dydyn ni ddim yn gallu bod

CLAUS VON STAUFFENBERG (1907-44)

Roedd y teulu von Stauffenberg ymysg y mwyaf pendefigaidd yn yr Almaen. Yn ddisgynnydd i'r maeslywydd Prwsiaidd, von Gneisenau, roedd yr Iarll Claus von Stauffenberg wedi gwasanaethu gydag anrhydedd yn ystod blynyddoedd cynnar y rhyfel ond, yn 1943, cafodd ei anafu'n ddrwg. Ar y dechrau roedd yn edmygu Hitler i ryw raddau, ond newidiodd ei feddwl oherwydd eithafion polisïau hiliol y Natsïaid, a daeth i ddirmygu Hitler a'r Natsïaid yn llwyr. Daeth i berthynas glòs, er nad yn aelod, o Gylch Kreisau. Ymunodd â'r gwrthwynebiad yn gynnar yn 1944 ac ar unwaith rhoddodd ei frwdfrydedd a'i egni gyfeiriad newydd i'r mudiad. Ef oedd y **catalydd**, yr un diysgog a'u cadwodd yn unedig. Wedi ei ddyrchafu yn Bennaeth Staff y Fyddin Wrth Gefn, byddai Stauffenberg yn mynychu pencadlys y *Führer*, y *Wolfsschanze* (Ffau'r Blaidd) yn Rastenberg yn aml. Unwaith y daeth yn amlwg fod lladd Hitler yn allweddol i lwyddiant y cynllwyn cyfan, cynigiodd ei wasanaeth fel llofrudd. Nid oedd yn ei dwyllo'i hun ynghylch y dasg a osododd iddo'i hunan, ac roedd yn gwbl ymwybodol mai dim ond siawns fechan oedd gan y cynllwyn o lwyddo.

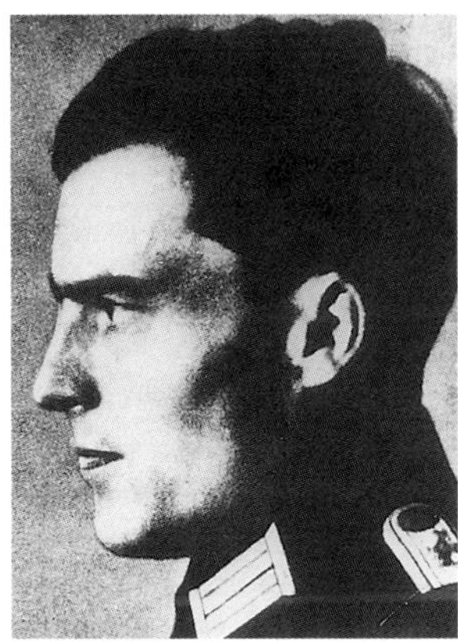

LLUN 40
Claus von Stauffenberg

catalydd rhywbeth sy'n helpu i beri newid

yn gynllwynwyr, dydyn ni ddim wedi dysgu sut i gynllwynio, ddylen ni ddim dechrau 'nawr, byddem yn gweithredu fel amaturiaid ...' Fodd bynnag, roedd aelodau o'r Cylch yn barod i fod â rhan mewn aildrefnu'r Almaen yn wleidyddol pe bai'r *coup* yn llwyddo.
Mynegodd Tresckow deimladau'r cynllwynwyr:

> Rhaid ymdrechu i gyflawni'r llofruddiaeth waeth beth fo'r gost. Hyd yn oed os na fydd yn llwyddiannus, rhaid ceisio cipio grym yn Berlin. Yr hyn sydd o bwys 'nawr yw nid pwrpas ymarferol y *coup* bellach, ond profi i'r byd ac er mwyn cofnodion hanes fod dynion y mudiad gwrthwynebu wedi mentro cymryd y cam tyngedfennol hwn. O'i gymharu â'r nod hwn, does dim byd arall o bwys.

Ch *Digwyddiadau 20 Gorffennaf 1944*

Galwodd Hitler ei gynghorwyr milwrol ynghyd i gynhadledd yn yr *Wolfsschanze* yn Rastenberg ar 20 Gorffennaf 1944. Roedd y cyfarfod i'w gynnal yn y *Gastebarracke*, cwt pren. Cyrhaeddodd Stauffenberg yn fuan wedi 10 o'r gloch gyda bom wedi ei guddio yn ei fag papurau. Ar ôl cyfarch y *Führer*, gosododd ei fag o dan y bwrdd ac yna gwnaeth esgus i adael yr ystafell i wneud galwad ffôn. Bu ffrwydrad, a chan ei fod yn argyhoeddedig fod Hitler wedi marw, gwnaeth esgusion eto i dwyllo'r gwarchodwyr wrth y porth a daliodd awyren i Berlin. Nid oedd yn sylweddoli bod swyddog wedi symud y bag papurau ac, er bod y ffrwydrad wedi rhoi ysgytwad mawr i Hitler, roedd yr arweinydd Natsïaidd yn fyw. Pan gyrhaeddodd Stauffenberg Berlin roedd yn dal i gredu'n gryf fod Hitler yn farw. Ar unwaith, caeodd y cynllwynwyr swyddfeydd y llywodraeth a pharatoi i weithredu eu cynlluniau ar gyfer *coup*. Daeth yn amlwg yn fuan mor anferthol oedd yr hyn y bwriadent ei wneud. Nid oeddent wedi ystyried eu cynllun yn ddigon manwl a chafwyd anhrefn llwyr. Aeth yr anhrefn yn banig pan sylweddolwyd bod Hitler yn dal yn fyw a bod yr *SS* yn dod i adfer trefn. Cyflawnodd Beck hunanladdiad a saethwyd Stauffenberg ac Olbricht gan sgwad saethu. Fe'i lladdodd Tresckow ei hun y diwrnod canlynol a Kluge yn fuan wedyn. Mewn darllediad radio, cyhoeddodd Hitler wrth y genedl ei fod wedi goroesi (dyfynnir yn *Hitler* Joachim Fest):

> Fy nghymrodyr hiliol Almaenig!
> Rwy'n siarad â chwi heddiw ... yn gyntaf er mwyn i chwi glywed fy llais a gwybod fy mod yn ddianaf ac yn iach ac yn ail er mwyn i chwi gael gwybod fod yna drosedd wedi digwydd na fu ei thebyg yn hanes yr Almaen. Cynllwyniodd carfan fechan o swyddogion uchelgeisiol, anghyfrifiol, a disynnwyr a thwp hefyd, i gael gwared arnaf ... Anafwyd rhai o'm cydweithwyr gwir a ffyddlon gan y bom a osododd Yr Iarll-Gyrnol Stauffenberg ond rwy' i fy hunan yn gwbl ddianaf ar wahân i fân gleisiau, crafiadau a llosgiadau. Rwy'n gweld hyn fel cadarnhad o'r dasg a osodwyd i mi gan Ragluniaeth ... Bychan iawn yw cylch y bradwyr hyn ac nid dyna, yn gyffredin, yw ysbryd y *Wehrmacht* Almaenig nac, yn fwy felly, un pobl yr Almaen. Gang o droseddwyr ydyw a gaiff ei ddinistrio yn ddidrugaredd.

Yn *Account Rendered*, a gyhoeddwyd yn 1964, mae Melita Maschmann, cyn-aelod o Gynghrair Morynion yr Almaen, yn cofio sut roedd hi'n teimlo ar y pryd:

> Ar 20 Gorffennaf gadewais y swyddfa i fynd adref ... Fel arfer, y peth cyntaf a wnes i oedd gwrando ar y radio. Bu i'r frawddeg gyntaf fy llorio. Gwnaethpwyd ymdrech i ladd Hitler. Gwaeddais a theimlwn yn sâl; er, daeth yr ail frawddeg â'r newydd calonogol fod y *Führer*, trwy wyrth fel petai, yn ddianaf ... Cyrhaeddodd ffrind oedd yn byw y drws nesaf .. Rwy'n meddwl ein bod ein dwy yn ein dagrau. I ni byddai marwolaeth Hitler wedi golygu dinistrio ein byd yn llwyr ... Ni allai cynllwynwyr y fath drosedd fod yn ddim ond drwgweithredwyr neu ddynion lloerig.

Yn anymwybodol o'r digwyddiadau yn Berlin, dechreuodd cynllwynwyr ym Mharis, Wien a Praha roi eu cynlluniau ar waith. Ym Mharis, llwyddodd y Cadfridog Karl von Steulpnagel, oedd yn llawer mwy trefnus na'r gweddill, i arestio 1,200 o aelodau o'r *SS* a'r *Gestapo* heb unrhyw wrthwynebiad. Wedi i'r cynllwyn fethu, gorchmynnwyd i Steulpnagel fynd i Berlin. Yn ystod y daith ceisiodd ei ladd ei hun ond bu'r cais yn fethiant a chafodd ei grogi yn ddiweddarach.

D *Yn sgil y digwyddiad*

Erbyn canol nos ar 20 Gorffennaf, roedd awdurdod Natsïaidd wedi ei adfer yn Berlin. Yn ystod yr wythnosau canlynol, dialodd Hitler yn ddidostur ar y rhai oedd wedi chwarae rhan, yn uniongyrchol neu'n anuniongyrchol, yn y cynllwyn. Wedi eu hymlid gan yr *SS* a'r *Gestapo*, cawsant eu dwyn o flaen y *Volksgericht* (Llys y Bobl) brawychus, oedd dan lywyddiaeth Roland Freisler. Cawsant eu gwaradwyddo cyn eu cael yn euog a'u dienyddio yn Plötzensee. Cafodd rhai eu crogi â gwifren piano, rhai eu llindagu a thorrwyd pennau eraill i ffwrdd. Gofalodd Hitler fod yr holl ddigwyddiadau cyfoglyd yn cael eu ffilmio. Ymysg y 200 o ddioddefwyr roedd swyddogion *Wehrmacht* eraill, nifer o aelodau o Gylch Kreisau, gan gynnwys Moltke, a dynion amlwg eraill fel Goerdeler a Leber. Arestiwyd teulu Stauffenberg i gyd a dienyddiwyd ei frawd, Berthold. Er mwyn osgoi anfodlonrwydd ymysg y cyhoedd caniatawyd i Rommel, ffrind agos i Steulpnagel, gyflawni hunanladdiad. Roedd dial didiostur o'r fath yn sicrhau na fyddai unrhyw her bellach i reolaeth y Natsïaid ar yr Almaen.

6 ~ ARWYDDOCÂD CYNLLWYN GORFFENNAF

Oherwydd cynllunio anfoddhaol, dim asesiad realistig o faint y gefnogaeth y gellid ei disgwyl o du'r *Wehrmacht* a phobl yr Almaen, a chymaint o rwystrau eraill i'w goresgyn, gellid bod wedi rhag-weld methiant cynllwyn Gorffennaf. Mynnodd yr arweinwyr ddal ati gyda'u cynlluniau er bod rhai yn disgwyl methu. Breuddwyd gwrach oedd tybio y byddai marwolaeth Hitler yn golygu y byddai'r gyfundrefn Natsïaidd yn dymchwel yn syth, a, phan oedd angen arweiniad, nid oedd gan unrhyw un syniad beth oedd yn digwydd. Dim ond lled-frwd oedd rhai o arweinwyr milwrol y *coup* am eu bod yn ansicr ynglŷn â bod â rhan mewn gweithred o frad a cholli anrhydedd. Roedd gan eraill resymau moesol dros beidio â chwarae rhan mewn

PRIF YSTYRIAETH

Hitler yn cael gwared ar y rhai yr oedd ef yn amau eu bod yn annheyrngar.

LLUN 41
Y tu mewn i'r ystafell ddienyddio yn Plötzensee lle gwelir y bachau y crogwyd y dynion a gondemniwyd arnynt. Gellir gweld gilotîn yn yr ystafell hefyd.

digwyddiad a allai arwain at ryfel cartref a cholli gwaed. Doedd gan y cynllwynwyr ddim digon o gefnogaeth o du'r bobl ac roeddent wedi synied yn rhy fach am hyd a lled y teyrngarwch y gallai Hitler ddal i ddibynnu arno. Ar y pryd, disgrifiwyd y cynllwynwyr gan y Cadfridog Heinz Guderian, arbenigwr blaenllaw ar danciau, fel 'dynion llwfr a gwan a ddewisodd lwybr gwarth yn hytrach na'r unig lwybr sy'n agored i filwr gonest, llwybr dyletswydd ac anrhydedd'. Ar ôl y rhyfel dangosodd beth oedd gwendidau'r cynllwyn (yn ei lyfr, *Panzer Leader*):

> Hyd yn oed pe bai Hitler wedi ei ladd a'r cynllwynwyr wedi llwyddo i gipio grym, byddai arnynt angen corff digonol o filwyr dibynadwy o hyd. Nid oedd ganddynt gymaint ag un platŵn i'w cefnogi ... Nid oedd gan y swyddogion a'r dynion a gasglwyd ynghyd ar gyfer Ymgyrch Falcyri unrhyw syniad beth oedd yn digwydd ... Roedd y cysylltiadau rhwng y cynllwynwyr a gwledydd y gelyn yn denau iawn. Pe bai'r llofruddiaeth wedi llwyddo, ni fyddai cyflwr yr Almaen wedi bod un mymryn yn well nag ydyw heddiw. Nid dinistrio Hitler a Natsïaeth yn unig oedd yn bwysig i'n gelynion.

Mynegodd Albert Speer, Gweinidog Arfau Hitler, agwedd fwy hael (dyfynnwyd yn Gitta Sereny, *Albert Speer: His Battle with Truth*):

> Heddiw, a minnau'n ysgrifennu hanner can mlynedd yn ddiweddarach, mae'r Ugeinfed o Orffennaf yn dal yn destun dadl yn yr Almaen ac mewn mannau eraill. Sut roedd hi'n bosibl, mae pobl yn gofyn, fod goreuon Staff Cyffredinol yr Almaen ... wedi camddeall y sefyllfa i'r fath raddau fel bod y *coup* bron yn sicr o fod yn fethiant? Sut na allent fod yn gwybod am fesur y teyrngarwch roedd Hitler yn dal i fedru dibynnu arno? ... Ond, yn sicr, roedd y rhain yn ddynion oedd wedi dod i ben eu tennyn, yn ddynion dewr, a'u nod yn un anrhydeddus.

7 ~ GWERTHUSO'R GWRTHWYNEBIAD ALMAENIG I'R GYFUNDREFN NATSÏAIDD

Beth bynnag oedd ei ffurf, boed yn anfodlonrwydd neu'n wrthod cydweithredu neu'n wrthwynebiad gweithredol, nid oedd gwrthwynebiad yn yr Almaen yn bodoli fel un mudiad unedig. Yn rhanedig, ar hyd llinellau dosbarth yn aml, nid oedd wedi ei drefnu ac nid oedd iddo arweinyddiaeth gydnabyddedig. Ac i wneud pethau'n waeth, roedd yn ymddangos bod y Cynghreiriaid yn amharod i dderbyn bod yna wrthwynebiad i'r Natsïaid. I'r milwyr, roedd cydwybod yn erbyn teyrngarwch yn ystyriaeth bwysig. Roedd pob milwr wedi tyngu llw o ffyddlondeb 'i ufuddhau yn ddiamod i *Führer* y Reich Almaenig a'i phobl, Adolf Hitler' ac wedi addo 'bob amser i fentro fy mywyd dros y llw hwn'. Yn wahanol i'r mwyafrif, roedd y Cadfridog Ludwig Beck yn sicr pryd roedd gofynion cydwybod yn bwysicach na'r llw o ffyddlondeb:

> Bydd hanes yn cyhuddo y cadfridogion hynny o euogrwydd gwaed os na fydd iddynt, yng ngoleuni eu gwybodaeth broffesiynol a gwleidyddol, ufuddhau i ofynion eu cydwybod. Mae dyletswydd y milwr i ufuddhau yn darfod pan fydd ei wybodaeth, ei gydwybod a'i synnwyr dyletswydd yn gwarafun iddo weithredu gorchymyn arbennig.

C

A oedd gwrthwynebiad Almaenig i'r Natsïaid o ddifrif yn fygythiad o gwbl?

Boed filwyr neu ddinasyddion sifil, ar y pryd byddai'r sawl oedd yn gweithredu i wrthwynebu'r gyfundrefn Natsïaidd yn cael eu cyfrif yn elynion y bobl gan y mwyafrif o Almaenwyr ac yn cael eu galw'n fradwyr. Hyd yn oed heddiw, mae rhai'n ei chael hi'n anodd maddau yr hyn maent yn dal i'w ystyried yn frad. Ar y llaw arall, wedi'r rhyfel gwobrwyodd yr Almaen rai o'r rhai oedd wedi gwrthwynebu. Yn 1949, daeth Konrad Adenauer, cyn-faer gwrth-Natsiaidd Köln, yn Ganghellor Gweriniaeth Ffederal yr Almaen, y cyntaf i gael ei ethol. Roedd Willy Brandt, aelod o'r mudiad cyfrin sosialaidd, wedi ffoi dramor yn y diwedd a dod yn ddinesydd yn Norwy. Dychwelodd wedi'r rhyfel a dod yn amlwg yng ngwleidyddiaeth yr Almaen eto. Wedi gwasanaethu fel maer Gorllewin Berlin fe'i penodwyd yn Ganghellor Gorllewin Berlin yn 1969.

Heddiw, mae gan haneswyr syniadau amrywiol ynghylch hyd a lled ac effeithiolrwydd y gwrthwynebiad Almaenig i'r Natsïaid, fel mae'r Ddadl Haneswyr ganlynol yn ei ddangos. Ond wrth geisio asesu'n derfynol, dylid cofio bod Gweinyddiaeth Gyfiawnder y Reich wedi dedfrydu 13,405 o Almaenwyr i farwolaeth ar gyhuddiadau gwleidyddol rhwng 1933 ac 1944. Yn ystod 1945 dienyddiwyd 800 arall. Hefyd, yn ystod y rhyfel saethwyd 9,413 o swyddogion a milwyr Almaenig. Dienyddiwyd llawer am eu daliadau gwleidyddol a chrefyddol, a rhai am wrthod cyflawni erchyllterau.

DADL HANESWYR

Gwrthwynebiad Almaenig i'r Natsïaid

Mae rhai haneswyr yn gweld adroddiadau am wrthwynebiad fel dyfais hwylus wedi rhyfel sy'n anelu at dawelu cydwybod y genedl. Fe'i defnyddiwyd, meddant, er mwyn adfer rhyw radd o barchusrwydd cenedlaethol yn wyneb adwaith o ffieiddiad byd-eang oherwydd eithafion y Natsïaid. Mae Alan Bullock, yn ysgrifennu yn 1952, yn rhybuddio ynghylch y perygl hwn. Mae eraill yn gweld gwrthwynebiad Almaenig i'r Natsïaid fel aberth nobl, na chafodd ddigon o gyhoeddusrwydd, gan nifer o ddynion dewr ac anrhydeddus. Mae'r araith a draddododd Theodor Heuss yn 1960 yn adlewyrchu'r farn hon. Efallai bod yr hanesydd Almaenig, Klaus Hildebrand, yn ysgrifennu yn 1979, yn fwy cywir.

Alan Bullock, *Hitler: a study in tyranny*:
Mae peth perygl, wrth sôn am wrthwynebiad yn yr Almaen, o dynnu darlun rhy eglur o'r hyn oedd yn ei hanfod yn nifer o garfanau bach llac eu cyswllt, yn amrywio o ran aelodaeth, a heb unrhyw drefniadaeth na phwrpas yn gyffredin rhyngddynt ar wahân i'w gelyniaeth tuag at y gyfundrefn oedd mewn bodolaeth. At amrywiaeth cymhellion rhaid ychwangeu gwahaniaeth sylweddol o ran amcanion.

Theodor Heuss, Arlywydd y Weriniaeth Ffederal Almaenig:
... nid yw methiant eu cynllun yn dwyn oddi ar ... eu haberth ddim o'i urddas. Yma, ar adeg pan oedd gwaradwydd a'r cysyniad pitw, llwfr, ac o'r herwydd annynol, o bŵer wedi halogi a maeddu enw'r Almaen, roedd yna benderfyniad pur, cwbl ymwybodol o'r perygl i fywyd, i achub y Wladwriaeth rhag y gyfundrefn ddieflig, filain hon, ac os yn bosibl, i achub y Famwlad rhag dinistr llwyr ... Golchwyd y cywilydd y gorfodwyd ni'r Almaenwyr i'w oddef gan Hitler oddi ar enw halogedig yr Almaen gan eu gwaed.

Klaus Hildebrand, *The Third Reich*:
Nid oes eto adroddiad cynhwysfawr bod y gwrthwynebiad Almaenig yn cynnwys pob grŵp, gan osgoi barnu ar y naill law a phledio arbennig ar y llaw arall. Yn sicr, ni fyddwn yn gallu dod i'w ddeall nes y caiff ei drin, nid yn unig fel ... gwrthwynebiad i unbennaeth Hitler ond hefyd fel rhan o stori'r Drydedd Reich a'i lle yn hanes modern yr Almaen.

8 ~ LLYFRYDDIAETH

Er bod yna nifer o adroddiadau ar gael ar wrthwynebiad Almaenig i'r gyfundrefn Natsïaidd, mae'r mwyafrif o lyfrau yn delio ag agweddau ar y gwrthwynebiad yn unig neu â'r cymeriadau oedd yn gysylltiedig. Ymysg gweithiau sy'n bwrw arolwg cyffredinol mae *The German Resistance* gan G. Ritter (Allen & Unwin 1958), T. Prittie *Germans Against Hitler* (Hutchinson 1964) a *German Resistance to Hitler* gan Peter Hoffman (1988). Ceir ymdriniaeth ddiddorol hefyd yn *The von Hassell Diaries: The Story of the Forces Against Hitler Inside Germany, 1938–1944* gan Ulrich von Hassell (Doubleday 1947).

Mae gweithiau eraill yn cynnwys *Stauffenberg: The Architect of the Famous July 20th Conspiracy to Assassinate Hitler* gan Joachim Kramarz (Macmillan 1967), *The Nazi Persecution of the Churches* gan J.S. Conway (Weidenfeld & Nicolson 1968), *The German Churches Under Hitler* gan E.C. Helmreich (1979), *Count von Moltke and the Kreisau Circle* gan Peter Ludlow (1971), ac yn fwy diweddar, *Plotting Hitler's Death: The German Resistance to Hitler 1933–45* gan Joachim Fest (Weidenfeld & Nicolson 1996). Ceir manylion defnyddiol hefyd mewn llyfryn sydd ar gael o'r Plötzensee Memorial yn Berlin.

9 ~ PYNCIAU TRAFOD A CHWESTIYNAU TRAETHAWD DWY RAN

A *Mae'r adran hon yn cynnwys cwestiynau y gellid eu defnyddio i drafod (neu ysgrifennu atebion) er mwyn ehangu ar y bennod a phrofi dealltwriaeth ohoni.*

1. Pam y bu i gymaint o bobl yr Almaen dderbyn rheolaeth y Natsïaid heb brotest?
2. A fyddai'n gywir dweud na ddangosodd Hitler unrhyw sylw i farn y cyhoedd yn yr Almaen?
3. O'r rhai oedd â rhan weithredol yn y gwrthwynebiad, pa grŵp oedd fwyaf o fygythiad i'r Natsïaid?
4. Yn eich barn chi, pa ganlyniadau tebygol fyddai wedi dilyn ymdrech lwyddiannus i ladd Hitler yn ystod blynyddoedd cynnar yr 1940au?
5. Gyda pha gyfiawnhad y gallai rhai cyfoeswyr yn yr Almaen fod wedi ystyried cynllwynwyr Ymgyrch Gorffennaf yn fradwyr?

B *Cwestiynau traethawd dwy ran*

1. (a) Disgrifiwch hyd a lled a natur gwrthwynebiad yr eglwysi Almaenig i'r Natsïaid.
   (b) I ba raddau y gellid honni mai dim ond y fyddin oedd yn wir fygythiad i gyfundrefn Hitler?
2. (a) 'Mwy o gymdeithas ddadlau na grŵp gwrthwynebu gweithredol.' A yw hwn yn asesiad teg o Gylch Kreisau?
   (b) I ba raddau y gellid honni nad oedd gan gynllwynwyr Gorffennaf unrhyw siawns o lwyddo go iawn?

10 ~ GWNEUD NODIADAU

Darllenwch yr adran gynghorion ar sut i wneud nodiadau ar dudalen xx o'r *Rhagair : Sut i ddefnyddio'r llyfr hwn*, yna darllenwch y bennod hon eto a darparu'r manylion sydd eu hangen i lenwi'r siart a ganlyn:

Gwrthwynebiad	*Yn cynnwys*	*Natur y gwrthwynebiad a'i effeithiolrwydd*
Cyn-bleidiau gwleidyddol adain chwith		
Y ceidwadwyr a'r elitau		
Yr eglwysi a charfanau crefyddol eraill		
Mudiadau gwrthwynebu		
Mudiadau myfyrwyr ac ieuenctid		
Y fyddin		

11 ~ YMARFER AR DDOGFEN: NATUR Y GWRTHWYNEBIAD ALMAENIG I'R GYFUNDREFN NATSÏAIDD

Astudiwch y ffynhonnell a ganlyn yn ofalus ac yna atebwch y cwestiynau sy'n dilyn:

Roedd y mathau o wrthwynebu mor amrywiol â'r cymhellion, o anghymeradwyaeth dawel a chilio i ymdrechion i helpu'r rhai a gâi eu herlid ac yn olaf i weithredu yn erbyn y gyfundrefn Natsïaidd ... Mae'n haws deall y bobl oedd yn hynod feirniadol o'r Natsïaid o'r dechrau i'r diwedd, yn enwedig gwrthwynebwyr gwleidyddol ... Braidd yn fwy cymhleth yw'r rhai ... y bu i'w brwdfrydedd cychwynnol tuag at y Natsïaid droi'n siom, yn ddig, ac yn y diwedd yn wrthodiad chwerw. Cynrychiolir edefyn arall eto gan Ernst von Weizacker, ysgrifennydd y wladwriaeth yn y Swyddfa Dramor, a gerddodd lwybr llithrig rhwng cydymffurfio ar y naill law a gwrthwynebu ar y llaw arall. Rhyfeddach eto yw enghreifftiau fel yr Iarll Wolf-Heinrich von Helldorf, dyn cwrs, anghwrtais, a ddyrchafwyd, am resymau da, trwy rengoedd yr *SA*. Mwy dyrys fyth yw fel y trawsffurfiwyd *SS Gruppenführer* Arthur Nebe, un o adeiladwyr y wladwriaeth heddlu dotalitaraidd ... a ddaeth yn aelod o gylchoedd gwrthwynebwyr ... Does dim un enghraifft yr un fath â'r lleill... Mae'r enghreifftiau byr hyn yn dangos nad oedd gan gynllwynwyr, er eu bod yn aml ynghlwm oherwydd cysylltiadau personol ...unrhyw nodwedd gyffredin na syniad oedd yn eu huno, dim hyd yn oed enw ar y cyd. Yn bell o fod yn cynrychioli elit cymdeithasol clòs ei wead, roedd y gwrthwynebiad i Hitler yn gasgliad brithliw o unigolion oedd yn gwahaniaethu'n ddirfawr o safbwynt eu gwreiddiau cymdeithasol, eu dulliau o feddwl, eu hagweddau gwleidyddol a'u dulliau o weithredu. Ni chafodd y term 'gwrthwynebiad' hyd yn oed ei ddefnyddio nes i'r rhyfel ddod i ben...

FFYNHONNELL:
O Plotting Hitler's Death: The German Resistance to Hitler, 1933-1945 *gan Joachim Fest.*

(a) Eglurwch ystyr (i) *'gwladwriaeth heddlu dotalitaraidd'* a (ii) *'elit cymdeithasol'*.
(b) I ba raddau oedd cymhellion y grwpiau oedd yn gwrthwynebu'r Natsïaid yn gyffredin iddynt?
(c) Pa mor werthfawr yw'r ffynhonnell i'n helpu i ddeall hyd a lled a natur y gwrthwynebiad i'r gyfundrefn Natsïaidd? (Yn eich ateb defnyddiwch wybodaeth gefndirol berthnasol yn ogystal â'r wybodaeth a geir yn y ffynhonnell.)

Addysg a Diwylliant yn yr Almaen Natsïaidd

12

1 ~ RHEOLAETH Y NATSÏAID AR ADDYSG

A *Cyflwyniad*

Nid yw'n syndod fod Adolf Hitler, dyn oedd ag atgofion anhapus am ei ddyddiau ysgol ef ei hunan ac yn chwerw oherwydd ei fethiant i ddod yn hyddysg trwy gyfrwng addysg bellach, yn gwir gasáu byd deallusion. Er hynny, roedd ganddo syniadau pendant ynghylch y rôl y byddai addysg yn ei chwarae i wneud dinasyddion y Reich yn y dyfodol yn ymwybodol o'u hil, eu gwlad a gofynion Sosialaeth Genedlaethol. Yn *Mein Kampf* mae'n nodi, 'y rheol gyffredinol yw na cheir meddwl cryf ac iach ond mewn corff cryf ac iach'. Yna mae'n ychwanegu:

> ... dylai'r system addysg feithrin ysbryd parod i dderbyn cyfrifoldebau yn llawen. Rhaid ystyried hyfforddiant ffurfiol yn y gwyddorau fel yr olaf o ran pwysigrwydd ... Ffolineb yw beichio meddyliau ifanc gyda llawer o ddeunydd ... nad ydynt ond yn cadw rhan fechan ohono ... Ni ddylid gadael i un diwrnod fynd heibio heb i ddisgybl ifanc gael un awr o hyfforddiant corfforol yn y bore ac un yn y prynhawn ... Yn addysg y ferch rhaid cadw'r nod terfynol bob amser mewn golwg, sef y bydd hi un dydd yn fam.

Er mwyn gallu cyflwyno addysg yn null y Sosialwyr Cenedlaethol, roedd yn rhaid i'r Natsïaid reoli'r system addysg – yr athrawon, y disgyblion a'r cwricwlwm.

B *Athrawon a disgyblion*

Er gwaethaf atgasedd Hitler tuag at academyddion, roedd hierarchaeth y Blaid Natsïaidd yn cynnwys tri chyn-athro a chyn-ddarlithydd, Rust, Speer a Streicher, a nifer dda o ddynion oedd wedi derbyn addysg prifysgol, Frank, Frick, Goebbels, Hess, Kaltenbrunner, Neurath a Ribbentrop. Yn wir, dechreuodd y Natsïaid gyda'r fantais fod llawer o athrawon ac academyddion yr Almaen eisoes yn cydymdeimlo â Sosialaeth Genedlaethol. Gyda phasio deddf yn Ebrill 1933, daeth aelodaeth o'r *NSDAP* yn orfodol i weision sifil. Erbyn 1936 roedd 36 y cant o'r athrawon yn aelodau o'r blaid, canran uwch o lawer nag yn y mwyafrif o'r proffesiynau eraill.

Wedi cael gwared ar athrawon annerbyniol, fel Iddewon a'r rhai oedd yn coleddu syniadau adain chwith, roedd tra-arglwyddiaeth athrawon pro-Natsïaidd bron wedi ei gyflawni. Yn 1935, disodlwyd pob grŵp o athrawon oedd eisoes yn bodoli gan Gynghrair yr Athrawon Sosialaidd Cenedlaethol (*NS-Lehrerbund*). Erbyn 1937

TABL 36
Llinell amser: addysg a diwylliant yn yr Almaen Natsïaidd

1926		Sefydlu Mudiad Ieuenctid Hitler
1927		Ffurfio Cynghrair Morynion yr Almaen
1929		Rosenberg yn sefydlu'r Cynghrair Ymgyrchu dros Ddiwylliant Almaenig; Thomas Mann yn ennill Gwobr Lenyddol Nobel
1932	Mawrth	Penodi Goebbels yn Weinidog Gwybodaeth a Phropaganda
	Ebrill	Sefydlu'r Sefydliadau Cenedlaethol er Hyfforddiant Gwleidyddol cyntaf
	Mai	Llosgi llyfrau yn Berlin a mannau eraill yn yr Almaen
	Mehefin	Penodi von Schirach yn Arweinydd Ieuenctid y Reich Almaenig
	Medi	Creu Siambr Ddiwylliant y Reich. Yn ystod y flwyddyn Brecht, Einstein, Heinrich, Thomas Mann, Reinhardt, Schoenberg ac arlunwyr a deallusion eraill yn ffoi o'r Almaen
1934	Chwefror	Rust yn dod yn gyfrifol am addysg yn yr Almaen
	Ebrill	Dyrchafu Rust yn Weinidog Gwyddorau, Addysg a Diwylliant y Reich; ffilm Riefenstahl, *Triumph des Willens*; Gropius yn ffoi i Brydain; penodi Speer yn Bensaer y Reich
1935		Ffurfio Cynghrair yr Athrawon Sosialaidd Cenedlaethol
1936		Ffilm Riefenstahl ar Chwaraeon Olympaidd Berlin; gwahardd pob mudiad ieuenctid an-Natsïaidd
1937		Arddangosfa o Gelfyddyd Ddirywiedig yn München
1938		Pasio deddf yn caniatáu atafaelu celfyddyd ddirywiedig
1939		Speer yn cwblhau Llys Canghellor newydd y Reich
1945	Ionawr	Perfformiad cyntaf *Kolberg* yn Berlin

PRIF YSTYRIAETH

Athrawon ac aelodaeth o'r Blaid Natsïaidd.

roedd yr athrawon i gyd, bron, yn perthyn i'r Cynghrair a than reolaeth gaeth. Er bod peth anfodlonrwydd, derbyniodd y mwyafrif o athrawon fod anghenion *Gleichschaltung* yn golygu bod yn rhaid trwytho eu disgyblion yn yr ideoleg. Canolwyd y cyfrifoldeb am addysg, oedd gynt yn gyfrifoldeb y *Länder*, dan Weinyddiaeth Gwyddorau, Addysg a Diwylliant y Reich. Y Gweinidog Reich cyfrifol oedd Bernhard Rust.

Syrthiodd rhai prifysgolion, oedd eisoes yn gadarnleoedd cenedlaetholdeb, yn rhwydd dan reolaeth y Natsïaid. Wedi i ryw 12,000 o ddarlithwyr annerbyniol gael eu diswyddo, aeth rheolaeth ar y prifysgolion i ddwylo prifathrawon dibynadwy, pleidiol i Natsïaeth. Bu'n rhaid i brifathrawon a darlithwyr ddygymod â gofynion addysgu y gyfundrefn newydd, a châi'r rhai oedd yn gwrthod eu diswyddo. Yn aml, câi eu swyddi eu llenwi gan ddynion nad oedd ganddynt y cymwysterau na'r profiad a ddisgwylid gan athrawon prifysgol. O 1933 ymlaen roedd yn rhaid i bob ysgol a phrifysgol gyfyngu canran yr Iddewon a dderbynnid i 1.5 o'r cyfanswm. Yn ystod y flwyddyn ganlynol, gwaharddwyd myfyrwyr Iddewig o gyrsiau meddygol, deintyddol a chyfreithiol. Yn 1936, gwaharddwyd athrawon Iddewig rhag rhoi hyfforddiant preifat, hyd yn oed, i blant Ariaidd ac yna, yn Nhachwedd 1938, gwaharddwyd plant Iddewig yn derfynol o holl ysgolion yr Almaen. Erbyn hyn, roedd llawer o ysgolhgeigion Iddewig enwog wedi ffoi dramor.

PRIF YSTYRIAETH

Addysgu plant Iddewig.

BERNHARD RUST (1883-1945)

Ganwyd Rust, oedd o gefndir amaethyddol, yn Hanover yn 1883. Aeth i brifysgolion München, Berlin a Halle ac astudio'r clasuron. Yn 1908 enillodd y cymhwyster i fod yn athro ysgol uwchradd. Yn ystod y rhyfel, gwasanaethodd yn y fyddin gydag anrhydedd. Yn 1922, ymunodd â'r Blaid Natsïaidd ac fe'i penodwyd yn *Gauleiter* Hanover a Braunschwing. Daliodd i weithio fel athro hyd 1930, pan gafodd ei ddiswyddo am ymyrryd â merch ysgol. Yn yr un flwyddyn fe'i penodwyd yn ddirprwy Natsïaidd i'r *Reichstag*. Yn 1933 cafodd Rust ei wneud yn Weinidog Diwylliant Prwsia, ac yna, y flwyddyn ganlynol, fe'i penodwyd i Gabinet Hitler. Roedd yn gyfrifol am addysg yn yr Almaen gydol blynyddoedd y Drydedd Reich.

C *Cwricwlwm yr ysgolion*

Fel rhan o'r broses o drwytho, roedd disgyblion yn cyfarch eu hathrawon gyda'r saliwt Natsïaidd a'r cytgan *'Sieg Heil'*. Addurnid ystafelloedd dosbarth â baneri'r swastica, deunydd propaganda, deunydd hiliol a lluniau o Hitler. Cyflwynwyd canllawiau i reoli cynnwys gwerslyfrau, ac er na ddarllenid *Mein Kampf* o glawr i glawr, fe drafodid rhannau o'r llyfr ac ambell waith eu dysgu ar y cof. Bwriedid i'r pwyslais ychwanegol ar addysg gorfforol ddatblygu ffitrwydd, disgyblaeth a ffyddlondeb i'r grŵp y perthynent iddo, ***esprit de corps***. Mewn ysgolion i ddisgyblion hŷn, neilltuid pum awr yr wythnos ar gyfer addysg gorfforol ac roedd bocsio yn orfodol. Gwaherddid disgyblion oedd yn methu cyrraedd safon dderbyniol rhag mynd ymlaen i addysg uwch. Er bod pob pwnc wedi ei effeithio gan newidiadau yn y maes llafur, y rhai mwyaf arwyddocaol oedd y newidiadau yn yr addysg ar ddiwylliant a hanes yr Almaen a bioleg. Daeth Almaenwyr ifainc yn ymwybodol o'u hunaniaeth hiliol, ac roedd gwersi yn pwysleisio'r syniad o'r *Volk*. Testun gwersi hanes yn bennaf oedd stori'r chwyldro Natsïaidd a rhan Hitler yn y chwyldro hwnnw. Caent hefyd eu dysgu am fytholeg yr Almaen a llwyddiannau'r hil Ariaidd. Mewn gwersi bioleg, câi disgyblion eu haddysgu ynghylch materion hiliol, sut i adnabod pobl o hilion gwahanol, yr angen am burdeb hiliol, cyfreithiau etifeddeg a'r athrawiaeth am ragoriaeth yr Ariaid. Roedd daearyddiaeth hefyd yn bwnc pwysig am ei fod yn egluro'r angen am *Lebensraum* ac yn ei gyfiawnhau.

esprit de corps
teyrngarwch i'r grŵp y mae un yn aelod ohono

Mewn erthygl yn *History Today* yn 1985, mae Gerhard Wilke yn dyfynnu disgybl yn yr Almaen yn cofio am ei ddyddiau ysgol:

> Ni ddarllenodd unrhyw un yn fy nosbarth i *Mein Kampf* erioed. Wnes i fy hun ddim ond cymryd dyfyniadau o'r llyfr. Ar y cyfan doedden ni ddim yn gwybod fawr am ideoleg y Natsïaid. Dim ond ar y cyrion hyd yn oed y soniwyd am wrth-Semitiaeth yn yr ysgol ... Er hynny, roeddem wedi ein cyflyru yn wleidyddol i ufuddhau i orchmynion, i feithrin y rhinwedd milwrol o sefyll yn unionsyth ... ac i roi'r gorau i feddwl pan fyddai'r gair hudol 'Mamwlad' yn cael ei ddweud ac anrhydedd a mawredd yr Almaen yn cael eu crybwyll.

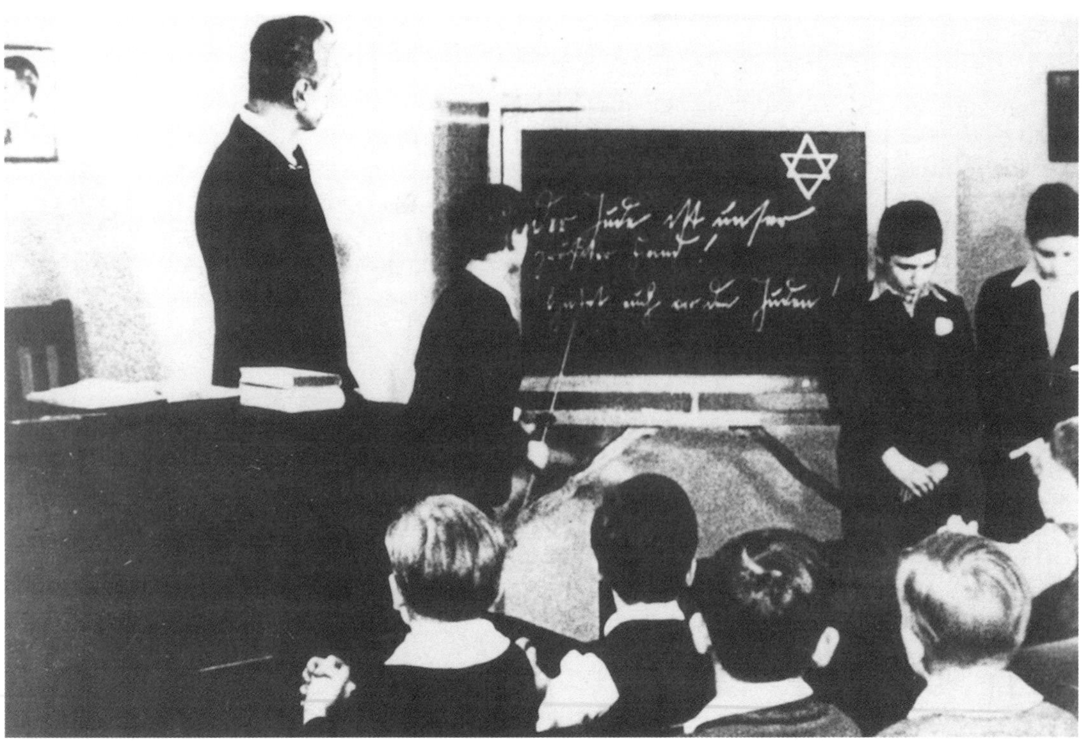

LLUN 42
Addysg yn null y Natsïaid – gwneud hwyl am ben bechgyn Iddewig yn ystod gwers ar hil

Roedd Almaenwr arall yn cofio sefyllfa wahanol (dyfynnir yn *Nazi Culture* gan G. Mosse):

> Cyflwynid pob pwnc 'nawr o safbwynt Sosialaidd Cenedlaethol. Cafwyd llyfrau newydd, wedi eu hysgrifennu a'u sensro gan swyddogion y llywodraeth, yn lle'r rhan fwyaf o'r hen rai. *Mein Kampf* Adolf Hitler oedd ein gwerslyfr yn y gwersi hanes. Roeddem yn ei ddarllen a'i drafod fesul pennod ... pan oeddem wedi ei orffen, roeddem yn dechrau o'r dechrau eto ... Cyflwynwyd pwnc newydd, Gwyddor Hilion, a daeth addysg grefyddol yn bwnc dewisol ...

Ch *Yr ysgolion Natsïaidd*

Yn ogystal â rheoli ysgolion y wladwriaeth, creodd y Natsïaid amrywiaeth o ysgolion a luniwyd yn arbennig i addysgu'r rhai oedd i ddod yn elit y Drydedd Reich.

Ysgolion Natsïaidd

Y *Nationalpolitsch Erziehungsanstalten* (*Napolas*) neu Sefydliadau Cenedlaethol er Hyfforddiant Gwleidyddol
Gyda'r arwyddair 'Credwch, Ufuddhewch, Ymladdwch' roedd yr ysgolion hyn, a adwaenid fel y *Napolas*, yn derbyn bechgyn rhwng 10 a 18 oed. Dan reolaeth August Heissmeyer, roeddent yn denu bechgyn o deuluoedd Natsïaidd dibynadwy. Erbyn 1933, roedd 23 o'r

ysgolion hyn ar gael, gyda 5,000 o ddisgyblion. Wedi gorffen eu hastudiaethau âi'r bechgyn yn syth i'r lluoedd arfog, fel arfer y *Waffen-SS*.

Yr *Adolf Hitler Schule* neu Ysgolion Adolf Hitler
Sefydlwyd y rhain gan Robert Ley yn 1937. Fe'u bwriadwyd fel 'ysgolion perffeithio' ar gyfer yr elit a fyddai'n rheoli'r Almaen Natsïaidd yn y dyfodol. Derbynnid plant rhwng 12 a 18 oed. Fe'u dewisid yn bennaf o blith aelodau o Ieuenctid Hitler oedd wedi ennill bri. Caent eu hyfforddi yn ôl dulliau milwrol ac, fel y sawl a fynychai'r *Napolas*, roeddent yn cael eu trwytho yn gyson mewn egwyddorion gwleidyddol. Wedi graddio, roeddent yn chwilio am leoedd yn y prifysgolion neu'r *Ordensburgen*.

Yr *Ordensburgen* neu'r Cestyll Trefn
Cafodd y rhain eu henwi ar ôl y ceyrydd a godwyd gan y Marchogion Tiwtonaidd, ac roeddent yn cynrychioli'r pinacl godidog o safbwynt yr hyfforddiant a gynigid i elit Natsïaidd y dyfodol. Roedd myfyrwyr yn gymwys i gael eu derbyn ar ôl iddynt dreulio chwe blynedd mewn Ysgol Adolf Hitler, dwy flynedd a hanner yn y *Reichsarbeitsdienst* (Gwasanaeth Llafur y Wladwriaeth) a chyfnod amser llawn yn gwneud gwaith y blaid. Fel arfer, roedd y rhai a dderbynnid yn eu hugeiniau canol a chyfrifid y ffaith eu bod yn cael eu derbyn gan yr *Ordensburgen* yn anrhydedd pendant. Nod Hitler, meddai'r hanesydd Americanaidd Louis L. Snyder yn *Encyclopedia of the Third Reich*, oedd 'creu ieuenctid treisiol weithredol, creulon i dra-arglwyddiaethu. Roedd i fod yn gwbl ddi-hid ynghylch poen, heb wendid na thynerwch'. Wedi graddio, roeddent yn ymuno â phrif rengoedd y Blaid Natsïaidd, gyda rhai yn mynd yn syth i'r lluoedd arfog.

2 ~ IEUENCTID HITLER

Sefydlwyd yr *Hitler Jugend*, Ieuenctid Hitler, yn 1926, gyda Kurt Gruber yn arweinydd. Bryd hynny, roedd yn rhaid iddo gystadlu gydag amrywiaeth eang o fudiadau ieuenctid eraill. Yn 1931, penododd Hitler Baldur von Schirach, dyn mwy dynamig, i arwain y mudiad. Tipyn o ramantydd a hoffai farddoniaeth oedd Schirach. Ymunodd â'r Blaid Natsïaidd yn 1925. Cyfeiriai rhai ato fel bardd llawryfog y Blaid, ac fe wyddai sut i wenieithio i Hitler. Roedd wedi gwneud digon o argraff ar yr arweinydd Natsïaidd i Hitler ei ystyried yn 'wir ddilynydd ac yn ddyn ifanc dibynadwy'. Yn 1929, penodwyd Schirach i ofalu am y *Nationalsozialistischer Deutscher Studentenbund*, Cynghrair Sosialaidd Cenedlaethol Myfyrwyr yr Almaen. Ddwy flynedd yn ddiweddarach, daeth yn arweinydd yr *Hitler Jugend* a gweithiodd yn galed i drwytho'r mudiad 'yng ngwir ysbryd Sosialaeth Genedlaethol'. Er bod rhai'n gwneud hwyl am ei ben oherwydd ei fod yn ymddwyn yn ferchetaidd, dringodd i rengoedd uchaf y Blaid.

O fewn y mudiadau ieuenctid Natsïaidd, y grŵp ieuengaf oedd y *Pimpfen*, neu'r Bechgyn Bach. Rhwng 6 a 10 oed, roeddent yn gwisgo lifrai fel un yr *SA* ond gyda throwsusau byrion, a'r swastica ar rwymynnau breichiau. Hyd yn oed mor ifanc â hyn, roeddent yn dysgu sgiliau milwrol sylfaenol ac yn cael eu trwytho yn egwyddorion y Blaid. Yn 1933, rhannodd Schirach yr *Hitler Jugend* yn ddau grŵp yn ôl oedran. Bwriedid y *Deutsches Jungvolk*, Pobl

TABL 37
Aelodaeth o fudiadau ieuenctid Natsïaidd, 1932-38

1932	107,956
1933	2,292,041
1936	5,437,601
1938	7,031,226

Ifanc yr Almaen, ar gyfer y rhai oedd rhwng 10 a 14 oed. Roedd bechgyn hŷn na hynny yn symud i'r *Hitler Jugend*. I ferched, roedd y *Bund Deutscher Mädel*, Cynghrair Morynion yr Almaen, wedi bodoli ers 1927. Wedi eu rhannu yn yr un modd, yn *Jungmädel* a *Mädelschaft*, roeddent yn mwynhau gweithgareddau tebyg i rai grwpiau'r bechgyn ond gyda phwyslais ychwanegol ar bynciau gwyddor tŷ.

Ledled yr Almaen, trefnid yr *Hitler Jugend* i ardaloedd ac yna'u hisrannu i unedau llai. Roedd *Bann* yn cynnwys 3,000 o fechgyn, ac yna deuai'r *Unterbann*, *Gefolschaft*, *Schar*, ac yn olaf, y *Kameradschaft* gyda dim ond 15 o fechgyn. Ar ddiwedd 1932, nid oedd cyfanswm aelodau'r holl fudiadau ieuenctid Natsïaidd yn fwy na 197,956 ond, dan arweinyddiaeth Schirach, fe gynyddodd yn gyflym. Yn 1936, gwaharddwyd pob mudiad ieuenctid an-Natsïaidd, a thair blynedd yn ddiweddarach gwnaethpwyd aelodaeth o Ieuenctid Hitler yn orfodol. Disgwylid i aelodau'r *Jungvolk* dyngu llw:

> Ym mhresenoldeb y faner waed hon, sy'n cynrychioli ein *Führer*, rwy'n tyngu y byddaf yn cysegru fy holl egni a'm nerth i waredwr ein gwlad ni ein hunain, Adolf Hitler. Rwy'n barod ac yn fodlon rhoi fy mywyd er ei fwyn, yn wir i Dduw. Un Bobl, un Genedl, un *Führer*!

Arwyddair y mudiad oedd 'Gorchymyn y *Führer* – dilyn'. Wrth edrych yn ôl, mae llawer heddiw yn tybio mai apêl y lifrai, dysgu celfyddyd a chrefft, teithiau cerdded, chwaraeon a chanu o gwmpas tân y gwersyll gyda chyfeillion oedd sail eu haelodaeth o Ieuenctid Hitler. Maent yn cofio ysbryd y cystadlu a'r cyflawni a'r ffaith fod yn rhaid i aelodau wneud gwaith elusennol a gwasanaethu'r cyhoedd. Mae'n wir hefyd fod yna gerddorfeydd, corau a grwpiau drama Ieuenctid Hitler a bod y mudiad yn cynnig cyfleoedd i blant difreintiedig. Er hynny, nod sylfaenol y mudiad oedd trwytho meddyliau ifanc yn ideoleg Natsïaeth a'u cael i'w dderbyn yn ddigwestiwn, a bod yn rhan o ysbryd y *Volksgemeinschaft*. Fel y dywed Melita Maschmann yn *Account Rendered*, ' fe ddysgon nhw ufuddhau yn rhy aml ac yn rhy ddioed; fe ddysgon nhw rhy ychydig am feddwl drostynt eu hunain ac ymddwyn ar eu liwt eu hunain'.

Yn *The House that Hitler Built*, mae Stephen Roberts yn cofio pa argraff wnaeth Ieuenctid Hitler arno ef:

> Ym mhob achos roedd ar y plant eisiau ymuno â'r *Hitler Jugend* … Roedd bod y tu allan i fudiad Hitler y math gwaethaf ar gosb …
>
> Gwelais grwpiau o fechgyn yn eu harddegau yn rhythu gydag addoliad, bron, ar un o'u cyfoedion oedd wedi cael ei ddewis i gael saliwt gan Baldur von Schirach …
>
> Mae eu hagwedd meddwl yn un hollol anfeirniadol. Dydyn nhw ddim yn gweld yn Hitler wladweinydd gyda rhinweddau a gwendidau; iddyn nhw mae yn fwy na hanner duw … Y diffyg llwyr hwn yn agwedd wrthrychol neu feirniadol yr ieuenctid, hyd yn oed ymysg myfyrwyr prifysgol, a wnaeth i mi ofni fwyaf am ddyfodol yr Almaen.

3 ~ ASESIAD O ADDYSG Y NATSÏAID A'U POLISÏAU IEUENCTID

Ceisiai athrawon Natsïaidd ddad-wneud dylanwad naturiol rhieni ar eu plant ac arweiniodd hyn at wrth-ddweud rhwng yr hyn a gâi ei ddysgu yn yr ysgol a'r syniadau a fynegid gartref. Mewn araith a draddododd yn Erfut yn 1933, dywedodd Hitler, 'Byddwn yn addysgu ein hieuenctid yn ôl yr hyn y bydd arnom eisiau ei weld ynddynt yn ddiweddarach, ac os oes pobl ... sy'n meddwl na allant newid eu hagwedd, yna byddwn yn mynd â'u plant oddi arnynt'. Yn ddiweddarach, yn fwy ymosodol, rhybuddiodd rieni, 'Beth ydych chi? Byddwch chi'n symud ymlaen. Mae'ch plant yn sefyll mewn gwersyll newydd. Ymhen amser byr, ni fyddant yn gwybod am ddim arall ...'. Roedd yna enghreifftiau pan oedd plant yn cael eu cymryd oddi ar rieni a oedd, fe honnid, wedi dylanwadu arnynt mewn modd 'gelyniaethus i'r Wladwriaeth'.

Rhoddodd y Natsïaid y gorau i'r hen gysyniad o ddarparu addysg ryddfrydol eang ar gyfer pawb, ac yn ei le cafwyd cwricwlwm o'r math angenrheidiol i drwytho mewn ideoleg Natsïaidd. Gyda'r pwyslais wedi ei newid o ddysgu gwybodaeth i gynhyrchu cyrff cryf ac iach wedi eu trwytho yn ysbryd Sosialaeth Genedlaethol, effeithiwyd ar rai pynciau yn fwy nag eraill. Cwtogwyd ar addysg grefyddol er nas gwaharddwyd. Y canlyniad oedd fod safonau addysg yn y wlad, oedd yn enwog fel rhai ardderchog yn ystod blynyddoedd yr ymerodraeth a Gweriniaeth Weimar, wedi dechrau gostwng. Wrth i ansawdd dysg academaidd ddioddef, âi llai i'r prifysgolion. Rhwng 1932 ac 1941 gostyngodd y nifer oedd yn derbyn addysg uwch o 127,580 i cyn lleied â 40,986. O fewn y prifysgolion hefyd, roedd cynnydd yn y gwrthwynebiad i'r Natsïaid. Ym Mhrifysgol München, ffurfiwyd mudiad y *Weisse Rose* gan fyfyrwyr 'i fwrw i lawr y mur haearn o ofn a braw' (gw. tt. 311-12).

Bu'n rhaid i'r Natsïaid newid eu polisi ar addysg merched hefyd. Ar ôl 1940, fel roedd mwy a mwy o ddynion yn gorfod bod yn rhan o'r ymdrech ryfel, daeth gwir angen am ferched oedd wedi derbyn hyfforddiant technegol. Yn 1939, roedd nifer y merched oedd wedi derbyn addysg uwch wedi gostwng i 11.1 y cant o'r holl fyfyrwyr, ond, erbyn 1943, roedd wedi codi'n sylweddol i 44.5 y cant! Oherwydd y penderfyniad i wahardd athrawon a darlithwyr Iddewig, gadawodd rhai y wlad – pobl fel Albert Einstein, enillydd y Wobr Nobel am ffiseg yn 1921, ac 19 o enillwyr Gwobr Nobel y dyfodol. Yn bwysicach na dim, dygwyd oddi ar yr Almaen y safle enwog oedd wedi bod yn eiddo iddi unwaith ym myd gwyddoniaeth.

PRIF YSTYRIAETH

Safonau addysg yn dirywio yn ystod y cyfnod Natsïaidd.

Pa mor llwyddiannus mewn gwirionedd fu ymdrech Hitler i drwytho ieuenctid yr Almaen? A fu iddo, fel yr amcanai, gynhyrchu cenhedlaeth a oedd 'yn denau, mor gyflym â milgi, mor wydn â lledr, mor galed â dur Krupp?' Wedi eu magu yn y gred eu bod yn rhagori yn hiliol ac mai'r *Führer* oedd eu cydwybod, fe'u gadawyd heb yr angen i feddwl yn annibynnol. Bu iddynt droi cefn ar y syniadau henffasiwn am gwrteisi a sifalri, prin oedd eu parch at bobl hŷn, a daethant i fod yn gwrs a diddisgyblaeth. Mae'n amhosibl amcangyfrif yn gywir beth oedd dylanwad addysg a pholisïau ieuenctid y Natsïaid yn gyffredinol, ond yn sicr fe ellir honni iddynt gynhyrchu craidd caled o eithafwyr Natsïaidd oedd yn ufuddhau yn ddall i ewyllys y *Führer*. Nid oes gwell tystiolaeth nag ymddygiad y rhai a wasanaethodd yn ddiweddarach yn y *Leibstandarte Adolf Hitler*, y *Totenkopf*, yr *Hitler Jugend* ac adrannau eraill o'r *Waffen-SS*. Ymladdent gyda ffyrnigrwydd a theyrngarwch na welwyd mo'i debyg mewn lleoedd eraill, a bu iddynt, yn ddigwestiwn, gyflawni'r erchyllterau mwyaf barbaraidd yn erbyn carcharorion rhyfel a sifiliaid. Dynion felly oedd hefyd yn gyfrifol am reoli'r gwersylloedd angau. Ar y llaw arall, arweiniodd aelodaeth orfodol o'r *Hitler Jugend* at adlach fechan ond arwyddocaol. Tra llwyddodd 10 y cant o ieuenctid yr Almaen i osgoi ymaelodi, dewisodd rhai ymuno â grwpiau cwlt i bobl ifanc yn eu harddegau, fel yr *Edelweisspiraten* a'r *Swing-Jugend* (gw. tud. 312), a bod yn ddraenen yn ystlys yr awdurdodau trwy herio Ieuenctid Hitler.

C

Pa mor llwyddiannus oedd ymdrechion y Natsïaid i gyflyru ieuenctid?

4 ~ DIWYLLIANT NATSÏAIDD

A *Cyflwyniad*

Gan gofio bod Hermann Göring, fe ddywedir, wedi dweud, 'Pob tro y clywaf y gair diwylliant, rwy'n estyn am fy ngwn', mae'n bosibl y câi rhai eu temtio i ystyried y term 'diwylliant Natsïaidd' fel croesddywediad. Ond yn *Mein Kampf* roedd Hitler yn gweld yr hil Ariaidd fel 'llumanwr cynnydd y ddynoliaeth' ac yn honni bod ei grym cyhyrog cryf a'i deallusrwydd gwych wedi 'creu cofadeiladau'r gwareiddiad dynol'.

Roedd agwedd y Natsïaid tuag at ddiwylliant yn wrthddeallusol. Yn gul a dogmatig eu tueddfryd, gwelent foderniaeth a phob diwylliant an-Almaenig yn ddirywiedig a cheisient waredu'r Almaen o bob dylanwad an-Ariaidd. Arweiniodd hyn at ddifetha gwaith arlunwyr ac ysgrifenwyr annerbyniol a cholli trysorau artistig a llenyddol. O ganlyniad, bu'n rhaid i lawer o arlunwyr, ysgrifenwyr, cerddorion ac actorion amlwg yr Almaen adael eu mamwlad. Dan y llywodraeth Natsïaidd, roedd pob math ar ddiwylliant dan reolaeth sefydliadol. Gwarchodwyr y diwylliant Natsïaidd oedd Alfred Rosenberg a Joseph Goebbels. Yn 1929, sefydlodd Rosenberg y *Kampfbund für Deutsche Kultur*, sef y Cynghrair Ymgyrchu dros Ddiwylliant Almaenig. Ei nod oedd cael gwared ar ddylanwad yr Iddewon ar fywyd diwylliannol yr Almaen a hyrwyddo syniadau amgen y Natsïaid. Yn 1937 cyfeiriodd Hitler at hyn fel 'glanhau diwylliannol' ac addawodd 'ddadeni diwylliannol yn yr Almaen'. Fel ym mhob agwedd ar fywyd yr Almaen, roedd gweithgareddau diwylliannol i'w cydlynu fel eu bod yn cydymffurffio ag anghenion *Gleichschaltung*. Roedd agwedd Goebbels, nad oedd yn edmygu

Rosenberg o gwbl, yn wahanol. Yn 1933, fe'i penodwyd i ofalu am y *Reichskulturkammer*, Siambr Ddiwylliant y Reich. Roedd wedi ei rhannu yn saith adran ar gyfer llenyddiaeth, cerddoriaeth, ffilm, theatr, radio, y celfyddydau cain a'r wasg, a nod y Siambr oedd sicrhau bod y gyfundrefn yn rheoli pob ffurf ar fynegiant diwylliannol. Roedd pob awdur, cerddor, actor ac eraill a waherddid rhag dod yn aelodau o'r Siambr wedi eu gwahardd o'u proffesiwn i bob pwrpas. Roedd cysylltiad clòs rhwng gweithgareddau'r Siambr a dyletswyddau eraill Goebbels fel pennaeth y Weinyddiaeth Wybodaeth a Phropaganda.

B *Rôl propaganda*

Diffiniad y geiriadur o bropaganda yw 'unrhyw weithgaredd neu gynllun sy'n amcanu at ledaenu barn'. Yn yr Almaen Natsïaidd, bu i gyflyru, fel agwedd ar bropaganda, ledaenu i bob agwedd ar fywyd, yn enwedig addysg a diwylliant. Ac yntau'n feistr ar seicoleg dorfol a chyda'r gallu i ecsbloetio'r cyfryngau, profodd Joseph Goebbels ei fod yn bropagandydd gwych.

Mae dau **ragamod** i bropaganda llwyddiannus. Yn gyntaf, rhaid iddo reoli'r cyfryngau er mwyn gwthio ei neges ei hun; yn ail, rhaid iddo fod â'r modd i wahardd barn wrthwynebus rhag cael ei mynegi. Llwyddodd Goebbels i gyflawni'r ddau. Roedd ganddo reolaeth lwyr ar y cyfryngau a phob ffurf ar fynegiant, a gorfododd gyfreithiau sensro llym.

rhagamod amodau y mae'n rhaid eu bodloni

5 ~ Y CYFRYNGAU

A *Y Wasg*

Gan fod angen ystyried dros 4,700 o bapurau newyddion cenedlaethol a rhanbarthol a llawer o gylchgronau, nid oedd yn hawdd ennill rheolaeth ar y wasg Almaenig. Cynted ag y daeth y Natsïaid i rym yn 1933, gwaharddwyd pob papur newydd oedd yn bleidiol i'w gwrthwynebwyr. Galwodd Deddf Gwasg y Reich, yn Hydref 1933, am 'newyddiaduraeth hiliol bur' ac felly cafwyd gwared ar olygyddion a gohebwyr Iddewig, adain chwith a rhyddfrydol. Gosodwyd y sefydliad oedd eisoes mewn bodolaeth, sef Cymdeithas Papurau Newyddion yr Almaen, dan ofal Max Amann, cyfarwyddwr y cyhoeddwyr Natsïaidd, *Eher Verlag*. Gan fod aelodaeth o'r Gymdeithas yn orfodol, diflannodd pob cyhoeddiad a ystyrid yn ideolegol annerbyniol. Roedd Amann, oedd wedi bod yn rhingyll yn y cwmni roedd Hitler yn gwasanaethu ynddo yn ystod y Rhyfel Byd Cyntaf, yn un o'i ddilynwyr cynharaf. Ef hefyd fu'n gyfrifol am gyhoeddi *Mein Kampf*. Aeth ati wedyn i aildrefnu papurau newydd yr Almaen a gosod y mwyafrif dan ei *Eher Verlag* ef ei hun. Erbyn diwedd 1942 roedd llai na mil o bapurau newydd Almaenig ar ôl ac roedd Amann yn rheoli 70 y cant ohonynt. Papur newyddion dyddiol y Blaid Natsïaidd oedd y *Völkischer Beobachter* (Sylwebydd Hiliol).

PRIF YSTYRIAETH

Sensro'r wasg.

Fe'i golygid gan Rosenberg a hwn oedd y gwerthwr gorau, gyda chylchrediad dyddiol o dros filiwn. Roedd papurau Natsïaidd eraill yn cynnwys *Der Angriff* Goebbels a *Der Stürmer* (Y Stormfilwr) Julius Streicher, papur lled-bornograffig. Trefnai'r Weinyddiaeth Bropaganda gynadleddau dyddiol i'r wasg i gyfarwyddo golygyddion ar beth y gellid ei gyhoeddi a pha luniau y gellid eu defnyddio. Roedd yn rhaid cael newyddion tramor o un ffynhonnell, sef Asiantaeth y Wasg Almaenig a reolid gan y Natsïaid. Nid oedd gan y papurau newyddion unrhyw ddewis ond glynu wrth bolisi'r Blaid. O ganlyniad, roedd y papurau newyddion yn ddiflas ac ailadroddus, ac wrth i bobl flino ar ddiet o bropaganda, lleihaodd nifer y darllenwyr.

B *Y Radio*

Dangosodd Joseph Goebbels ei fod yn gwerthfawrogi bod gan ddarlledu werth o safbwynt propaganda pan ddywedodd, 'Bydd radio yn yr ugeinfed ganrif yr hyn oedd y wasg yn y bedwaredd ganrif ar bymtheg'. Ar ôl 1933 symudodd yn gyflym i roi darlledu dan reolaeth Cwmni Radio'r Reich Eugen Hadamovsky. Oherwydd bod radios, neu Dderbynyddion y Bobl, ar gael yn rhad neu drwy dalu amdanynt fesul tipyn, a'r drwydded yn ddim ond 2 farc y mis (tua £4 y flwyddyn), roedd pob Almaenwr yn gallu cael un. Trwy gydol y dydd, byddai setiau a oedd wedi'u gosod mewn cartrefi, ysgolion, swyddfeydd, ffatrïoedd, a hyd yn oed yn y strydoedd, yn darlledu propaganda yn canmol rhinweddau Hitler a'r ideoleg Natsïaidd. Byddai yna hefyd fwletinau newyddion, areithiau gan Natsïaid enwog, a cherddoriaeth glasurol, werin a milwrol y cyfansoddwyr Almaenig. Gwnaed llawer o sylw o lwyddiannau'r Natsïaid a buddugoliaethau milwrol yn ystod y rhyfel, gan anwybyddu methiannau ac enciliadau. Defnyddiai Goebbels y radio hefyd i ddarlledu propaganda Natsïaidd i weddill y byd. Yn ystod yr Ail Ryfel Byd llwyddodd i gael gwasanaeth Americanwr Gwyddelig o'r enw William Joyce. Roedd Joyce, y daethpwyd i'w adnabod fel 'Lord Haw-Haw', yn byw yn yr Almaen ar ddechrau'r rhyfel a chytunodd i weithio i'r Natsïaid. Roedd gwrando ar ddarllediadau o dramor yn weithred o frad ac, yn ystod blwyddyn gyntaf y rhyfel yn unig, fe gosbwyd rhyw 1,500 o Almaenwyr am wrando ar y BBC.

C *Y Sinema*

Yn argyhoeddedig fod ffilmiau'n cael effaith bwerus ar yr isymwybod ac y gellid eu defnyddio i ddylanwadu'n llwyddiannus ar y dorf, un o brif gampau Goebbels oedd ei gyfraniad i ddiwydiant ffilm yr Almaen. Nid oedd yn ddieithr iddo. Roedd wedi astudio technoleg ffilm o ran diddordeb ac yn hoff iawn o'r lluniau symudol. Gartref hoffai wylio ffilmiau arwrol a sioeau cerdd Hollywood. Ei hoff ffilmiau oedd *Gone with the Wind* a *Snow*

LLUN 43
Hitler a Leni Riefenstahl

White and the Seven Dwarfs. Ystyriai'r olaf yn 'gampwaith artistig hyfryd'. Pan ddaeth y diwydiant sinema dan ei reolaeth, cafodd wared ar y cynhyrchwyr, y cyfarwyddwyr a'r actorion Iddewig i gyd. Yn eu mysg oedd Fritz Lang ac Ernest Lubitsch, yn ogystal â Kurt Weill, oedd wedi cyfansoddi'r gerddoriaeth ar gyfer *The Threepenny Opera*. Ymysg yr actorion a'r actoresau a adawodd oedd Fritz Kortner a Conrad Veidt. Er bod hynny'n gelwydd, datganodd Veidt ei fod yn Iddew mewn holiadur hiliol ac yna gadawodd yr Almaen. Gadawodd Marlene Dietrich, sy'n enwog am ei rhan yn *Blue Angel*, yr Almaen yn 1933 gan ymgartrefu yn Hollywood. Bu i rai sêr ym myd y ffilm, fel Renate Müller hardd, gyflawni hunanladdiad. Bu i deulu'r actor poblogaidd Joachim Gottschalk farw gyda'i gilydd wedi cytuno i gyflawni hunanladdiad yr un pryd. Roedd gwraig Gottschalk yn Iddewes.

Roedd cyfarwyddwyr ffilm eraill yn awyddus i weithio i Goebbels. Ei farn ef oedd y dylent gynhyrchu'r ffilmiau roedd ar y cyhoedd eu heisiau, sef dihangdod yn hytrach na phropaganda. Un o'r cynhyrchwyr ffilmiau mwyaf galluog oedd Leni Riefenstahl. Bu i ansawdd y gwaith camera a ddefnyddiwyd yn ei ffilm ddogfen am chweched cynhadledd y Blaid Natsïaidd yn Nuremberg yn 1934, *Triumph des Willens* (Goruchafiaeth yr Ewyllys), wneud argraff fawr ar Hitler. Yn ddiweddarach, gwnaeth ffilm lawn mor wych am y Gêmau Olympaidd yn Berlin. Caniateid iddi gryn ryddid, ac roedd ei chyfeillgarwch â Hitler yn golygu nad oedd hi dan reolaeth y Gweinidog Propaganda ac roedd hynny'n bryder i Goebbels. Roedd Goebbels yn ddyn trwsiadus, dengar, a'i agwedd at ei sêr yn un amddiffynnol. Bu'n caru ar y slei â sawl actores ac roedd y rhai a'i gwrthodai yn colli eu gwaith. Rhwng 1936 ac 1938 roedd wedi gwirioni ar actores 22 oed o Tsiecoslofacia, Lida Baarova. Parodd hyn gryn helynt pan ofynnodd ei wraig, Magda Goebbels, oedd wedi goddef anffyddlondeb ei gŵr am amser hir, am ysgariad. Gorchmynnodd y *Führer*, gan anfon Albert Speer yn gyfryngwr, i'r garwriaeth ddod i ben. Yn groes i ddymuniad Goebbels, mynnodd Hitler wneud ffilmiau gwrth-Semitaidd. Roedd yr enwocaf ohonynt, *Der Ewige Jude* (Yr Iddew Tragwyddol), yn cynnwys lluniau mor erchyll fel bod Almaenwyr wedi eu cynhyrfu ac wedi cadw draw. Roedd *Jud Suss* yn fwy cynnil o lawer, tra dim ond cynulleidfaoedd gweddol gymedrol a ddenwyd i weld *Ich Klage* (Rwy'n cyhuddo), ffilm am raglen ewthanasia y Natsïaid. Ar ôl 1940, cafwyd ymdrech i gyflwyno'r dihangdod roedd ar y cynulleidfaoedd adeg rhyfel ei eisiau. Bu *Die Abenteuer des Baron Münchhausen* (Anturiaethau'r Barwn Münchhausen), comedi foethus am ddyn a gafodd anfarwoldeb gan ddewin, yn boblogaidd, ond nid i'r un graddau â'r ffilm *Kolberg* oedd yn fwy moethus fyth. Cyfrifai Goebbels mai hon oedd ei gymynrodd i ddiwydiant ffilm yr Almaen. Cafodd ei chynhyrchu yn ystod camau olaf y rhyfel a thynnwyd miloedd o filwyr o'r ffrynt i actio fel ecstras. Rhwng 1933 ac 1945 roedd stiwdios ffilmio Goebbels, y mwyaf blaengar yn Ewrop, wedi cynhyrchu 1,361 o ffilmiau.

6 ~ CELFYDDYD A PHENSAERNÏAETH

Roedd Hitler, a'i cyfrifai ei hun yn dipyn o awdurdod ar gelfyddyd a phensaernïaeth, yn dangos diddordeb mawr ynddynt. Cyfrifiai'r Natsïaid fod pob math ar gelfyddyd fodern – argraffiadaeth, mynegiadaeth, ciwbiaeth, Dadaiaeth – yn ddirywiedig ac yn enghreifftiau o 'Folsiefigiaeth ddiwylliannol'. Roedd yn well ganddynt arlunwaith *genre*, sef lluniau oedd yn portreadu pethau mewn modd realistig, fel tirluniau a golygfeydd o fywyd bob dydd, ac yn dangos y gwir ysbryd Ariaidd. Roedd y ffurf noeth i'w chymeradwyo cyn belled â'i bod yn dangos esiamplau o hil Ariaidd iach a phur.

Yn 'y frwydr dros gelfyddyd', fel y'i gelwid, roedd Siambr Celfyddyd Weledol y Reich, oedd yn cynnwys arlunwyr a phenseiri, yn rheoli pob math ar gelfyddyd. Roedd yn rhaid i arlunwyr gael trwydded i addysgu ac i arddangos ac roedd y *Gestapo* yn debygol o ymosod ar orielau a stiwdios. Gwaherddid gwerthwyr rhag cyflenwi paent i arlunwyr oedd wedi eu gwahardd. Yn 1936 sefydlodd y Natsïaid dribiwnlys i ymweld ag orielau, asesu gweithiau a chael gwared ar bob enghraifft ddirywiedig. Cymerwyd meddiant o 13,000 o luniau i gyd, yn cynnwys rhai Cezane, Gauguin, Picasso a Van Gogh. Defnyddid rhai fel tystiolaeth o arlunwaith dirywiedig mewn arddangosfeydd penodol. Ymysg y llu o arlunwyr a ddihangodd dramor oedd Walter Gropius, sylfaenydd y Bauhaus, a George Grosz. Ymysg yr arlunwyr a barhâi'n dderbyniol gan y Natsïaid oedd Adolf Ziegler a Hermann Hoyer, a oedd yn enwog am ei bortread o Hitler a'i gefnogwyr adeg *Putsch* München. Yn ystod yr Ail Ryfel Byd, dygwyd trysorau celfyddyd o'r gwledydd meddianedig a'u hanfon i'r Almaen. Aeth llawer yn rhan o gasgliadau celfyddyd dynion fel Hermann Göring.

Roedd y *Führer* yn edrych ar bensaernïaeth fel y dull gorau o fynegi rhagoriaeth hiliol a mawredd cenedlaethol. Ar y dechrau, hoff bensaer Hitler oedd Paul Troost. Roedd Troost, a gynlluniodd bencadlys newydd y blaid yn München, yn hoffi arddull glasurol, braidd yn foel, heb fawr ddim addurn. Yn 1934, daeth Albert Speer yn bensaer newydd y Reich. Roedd Speer wedi dod i sylw Hitler yn y lle cyntaf yn 1933 pan gafodd y gwaith o drefnu rali'r blaid. Wedyn, fe'i comisiynwyd i adeiladu'r arena ar gyfer rali Nuremberg, y stadiwm ar gyfer Gêmau Olympaidd Berlin yn 1936, ac ailadeiladu Llys Canghellor y Reich. Gweithiodd Speer yn ddiflino i wireddu breuddwydion pensaernïol Hitler, gan gynnwys ei gynllun mwyaf uchelgeisiol i ailadeiladu Berlin. Er bod cynlluniau gwych wedi eu llunio ar gyfer rhodfeydd, adeiladau, colofnau a chromenni mawreddog, gohiriwyd y cynllun yn gyntaf ac yna'i roi o'r neilltu oherwydd dechrau'r rhyfel.

7 ~ LLENYDDIAETH, CERDDORIAETH A'R THEATR

Fel gydag enghreifftiau eraill o ddiwylliant Almaenig, bu i'r Natsïaid gondemnio cannoedd o awduron, gan ddweud eu bod yn ddirywiedig, a gwahardd eu gweithiau. Gosodwyd y llwyfan pan, ar noson y 10 Mai 1933, gorymdeithiodd myfyrwyr a Natsïaid ifanc wrth olau ffaglau ar hyd yr Unter den Linden i chwalu llyfrgelloedd preifat a chyhoeddus a llosgi miloedd o lyfrau mewn coelcerthi anferth. Yr awduron Almaenig a thramor a dargedwyd oedd Iddewon, heddychwyr a sosialwyr, gan gynnwys Karl Marx, Maxim Gorky, Thomas a Heinrich Mann, Erich Maria Remarque, Emile Zola, H. G. Wells a Jack London. Roedd L.P. Lochner, gohebydd oedd yn gweithio i'r Associated Press, yn llygad-dyst:

> Yma tyfodd y pentwr yn uwch ac yn uwch, a phob ychydig funudau roedd tyrfa swnllyd arall yn cyrraedd, gan ychwanegu mwy o lyfrau at y goelcerth syfrdanol. Yna fel roedd hi'n nosi, dan ysgogiad y doctor bach, perfformiodd myfyrwyr ddawnsfeydd Indiaidd ... wrth i'r fflamau ddechrau ymestyn i'r awyr. Pan oedd y loddest ar ei hanterth, daeth rhes o geir i'r golwg. Y Gweinidog Propaganda ei hun oedd yno, gyda'i warchodwyr a nifer o gludwyr ffaglau a berthynai i'r *Nazi Kultur* newydd. 'Gyd-fyfyrwyr, ddynion a merched yr Almaen!' gwaeddodd ... 'Mae oes deallusrwydd eithafol yr Iddewon wedi darfod, ac mae llwyddiant y chwyldro Almaenig wedi agor y ffordd eto i'r ysbryd Almaenig ... Rydych chi'n gwneud y peth iawn yn taflu ysbryd aflan y gorffennol i'r fflamau. Mae'n weithred symbolaidd wych, yn weithred sy'n tystio i'r byd y ffaith fod sylfaen ysbrydol Gweriniaeth Tachwedd wedi diflannu. O'r lludw bydd ffenics ysbryd newydd yn codi.'

Siambr Lenyddiaeth y Reich, oedd yn rheoli awduron, cyhoeddwyr a siopau llyfrau, oedd â'r gair olaf ar yr hyn oedd yn dderbyniol. Câi pob llyfr ei archwilio'n fanwl cyn ei gyhoeddi. Yr awduron mwyaf poblogaiddd a gymeradwyid gan y Natsïaid oedd Gottfried Bean a Hans Grimm. Ymgartrefu dramor oedd hanes llawer o'r 2,500 o awduron a ddihangodd o'r Almaen, gan ysgrifennu llyfrau ac erthyglau yn beirniadu'r Natsïaid. Ond bu i gyfnod y Natsïaid gynhyrchu un llyfr gwych ei werthiant. Erbyn 1939 roedd 5.2 milwn o gopïau o *Mein Kampf* wedi eu gwerthu!

Nid oes unrhyw wlad yn fwy cyfoethog ei thraddodiad cerddorol na'r Almaen, cartref y cyfansoddwyr Beethoven, Brahms, Mendelssohn, Schumann a Wagner. Roedd y Natsïaid yn cymeradwyo cerddoriaeth Beethoven a Wagner yn arbennig, ond yn gwahardd cerddoriaeth Mendelssohn, y cyfansoddwr Iddewig, a theimlent fod cyfansoddwyr tramor, fel Mahler, Schoenberg a Stravinsky, yn rhy fodern. Cyfrifid bod jazz Americanaidd wedi ei ysbrydoli gan y Negro ac felly yn ddirywiedig. Roedd gwrth-Semitiaeth a gwrth-foderniaeth y Natsïaid yn golygu bod llawer o gyfansoddwyr, cerddorion a chantorion talentog iawn wedi eu gyrru yn alltud ac wedi ymsefydlu dramor, yn bennaf yn yr Unol Daleithiau. Aeth Otto Klemperer, arweinydd Iddewig rhagorol, y cyfansoddwr Arnold Schoenberg, a Bruno Walter, fu'n gyfarwyddwr tai opera München a Wien, i gyd i UDA. Yn 1940, symudodd Artur Rubinstein, y pianydd o Wlad Pwyl oedd yn alltud yn Ffrainc, i'r Unol Daleithiau. Daeth y tenor o Awstria, Richard Tauber, yn ddinesydd Prydeinig. Arhosodd rhai yn yr Almaen i ddilyn eu gyrfaoedd. Daeth Norbert Schultze, ffrind i Goebbels, yn enwog oherwydd ei gân *Lili Marlene*, a ddaeth yn hynod boblogaidd ymysg milwyr yr Almaen a Phrydain. Ysgrifennodd Schultze ganeuon eraill oedd yn codi'r hwyliau, fel *Bombs on England*.

Yn ystod blynyddoedd Gweriniaeth Weimar, enillodd theatr yr Almaen fri oherwydd ei chynyrchiadau ardderchog (gw. tud. 79). Fel gyda'r diwydiant ffilm, gofalodd y gyfundrefn Natsïaidd fod pob drama yn cydymffurfio â'r ideoleg newydd. Gwaharddwyd dramodwyr, cynhyrchwyr, cyfarwyddwyr ac actorion oedd yn Iddewon. Ymhlith y rhai a aeth dramor roedd Max Reinhardt a Bertolt Brecht. Cyfarwyddwr talentog y *Deutsches Theatre* yn Berlin oedd Reinhardt, a gafodd ei eni yn Max Goldmann; cyrhaeddodd Brecht, dramodydd Marcsaidd, yr Unol Daleithiau drwy Ddenmarc. Tra'n alltud, ymosododd ar gyfundrefn Hitler ac ysgrifennodd *The Private Life of the Master Race*. Dramodwyr blaenllaw yn yr Almaen a gydweithredodd â'r Natsïaid oedd Hanns Johst, pennaeth Siambr Theatr y Reich, a'r gŵr uchel ei barch, Gerhart Hauptmann, oedd wedi ennill Gwobr Lenyddol Nobel yn 1912. Roedd yr awdurdodau yn caniatáu dramâu gan rai dramodwyr tramor, yn cynnwys William Shakespeare a George Bernard Shaw.

PRIF YSTYRIAETH

Deallusion a phobl amlwg ym myd celfyddyd yn ffoi o'r Almaen.

Pwy oedd yn dderbyniol i'r Natsïaid?

Ar y siart isod, nodwch pa agwedd ar ddiwylliant yr Almaen y bu i bob un o'r canlynol gyfrannu ati ac a oeddent yn dderbyniol i'r llywodraeth Natsïaidd ai peidio:

Erich Maria Remarque
Marlene Dietrich
Kurt Weill
Bertolt Brecht
Conrad Veidt
Joachim Gottschalk
Paul Troost
George Grosz
Norbert Schultze
Leni Riefenstahl
Hans Grimm
Albert Speer
Otto Klemperer
Gerhart Hauptmann
Thomas Mann

	Derbyniol	*Annerbyniol*
Sinema		
Celfyddyd		
Pensaernïaeth		
Llenyddiaeth		
Cerddoriaeth		
Theatr		

8 ~ YSTYRIAETHAU MOESOL

Roedd y Natsïaid ers amser maith wedi bod yn feirniadol o'r hyn a gyfrifent yn llacrwydd a rhyddid Gweriniaeth Weimar. Beient y Weriniaeth am ddirywiad moesol a chwalfa ddiwylliannol y cyfnod, gan honni bod Berlin wedi dod yn '**Gomorra** bechadurus gwareiddiad dirywiedig'. Daethant i awdurdod fel hyrwyddwyr cyfraith a threfn, gan addo creu moesoldeb newydd, uwch yn seiliedig ar syniadau am falchder cenedlaethol a phurdeb hiliol. Yn ôl Hitler, roedd yn rhaid i Ariaid ddangos bod ganddynt safonau moesol o'r radd flaenaf yn seiliedig ar hunanreolaeth ac ymatal. Yn anffodus, roedd gwahaniaeth mawr rhwng y safonau ideolegol a bregethai'r Blaid a'r moesau a ymarferai llawer o'r hierarchaeth Natsïaidd. Roedd Hitler i bob golwg yn ddyn hynod rinweddol, nid oedd yn ysmygu nac yn yfed, roedd yn llysieuwr, ni hoffai hiwmor cras ac ni welai unrhyw reswm dros i ferched ddefnyddio colur. Ond, yn yr 1920au hwyr cafodd garwriaeth danbaid â'i nith, oedd yn ei harddegau, ac yna, wedi iddi hi gyflawni hunanladdiad, dechreuodd berthynas ag Eva Braun a fu'n feistres iddo am 12 mlynedd ac yn wraig am ddiwrnod. Ymhlith y bobl ryfedd eraill oedd yn gysylltiedig â'r *Führer* oedd Goebbels, gyda'i garwriaethau â gwahanol actoresau yn wybyddus i bawb; Göring, y dyn hoff o foethau, oedd yn gaeth i'r cyffur morffin ac yn gallu ymddwyn yn blentynnaidd bron; Robert Ley, oedd yn gaeth i alcohol; Julius Streicher, oedd yn dreisiwr sadistaidd a phornograffydd, ac Ernst Röhm, oedd yn wrywgydiwr amlwg.

Gomorra tref y sonnir amdani yn y Beibl, enwog am ei drygioni

Ym materion moesoldeb roedd yna lawer o groesddywediadau yn bodoli. Yn swyddogol, cyfrifid mai pwrpas rhyw oedd cenhedlu ac nid pleser. Bu i'r Athro Max von Gruper o Brifysgol München, llefarydd Natsïaidd ar faterion rhywiol ac awdur *Hygiene des Geschlechtslebens* (Hylendid Rhywiol), fynd cyn belled â datgan pa mor aml roedd cyfathrach rywiol yn dderbyniol, a dweud na ddylid disgwyl i unrhyw wraig oddef beichiogrwydd fwy na saith neu wyth gwaith.

Roedd y Natsïaid yn ystyried bod gwrywgydiaeth yn ddirywiedig ac yn groes i'r cysyniad o gymuned hiliol iach. Ond roedd Röhm ac arweinwyr eraill o'r *SA* yn wrywgydwyr ac ni falient am eu henw da. Er bod Hitler yn gwybod bod Röhm yn ymddwyn mewn modd amlwg ac yn mynychu mannau lle roedd gwrygydwyr yn cyfarfod, roedd arweinydd yr *SA* yn rhy werthfawr iddo gymryd camau. Fodd bynnag, unwaith y llofruddiwyd Röhm yn 1934, cafodd gwrywgydwyr eu herlid fwyfwy a'u hanfon i wersylloedd crynhoi i gael eu hadfer. Aeth Himmler cyn belled ag awgrymu y dylid adfer yr arferiad Rhufeinig o foddi troseddwyr o'r fath mewn pyllau mawn! Câi unrhyw aelod o'r *SS* oedd yn wrywgydiwr ei ddienyddio. Condemnid puteindra fel tystiolaeth o benrhyddid rhywiol ac am ei fod yn arwain at ledaeniad clefydau gwenerol. Cafodd siffilis, a elwid y 'clefyd Ffrengig' cyn hynny, ei alenwi fel y 'clefyd Iddewig'. Gwaharddwyd puteindai, anfonwyd pimpiaid i wersylloedd crynhoi a cheisiwyd dileu puteindra ar y strydoedd trwy annog priodi cynnar. Yn ddiweddarach, ailymddangosodd puteindai dan reolaeth meddygol, yn bennaf ar gyfer defnydd milwyr Almaenig a gweithwyr o dramor. Defnyddid Salon Kitty yn y Giesebrechstrasse yn Berlin gan Natsïaid uchel-radd a dynion pwysig o dramor. Gofalodd Reinhard Heydrich, pennaeth yr heddlu diogelwch, am osod bygiau yn ystafelloedd y puteindy er mwyn gallu clywed y sgyrsiau yn y gwelyau.

Er nad oedd erthylu yn dderbyniol gan y Natsïaid a'u bod yn condemnio geni plant siawns, roedd plant a enid i famau Ariaidd dibriod yn cael pob gofal. Croesddywediad arall yn rhaglen *Lebensborn* (Ffynnon Bywyd) Himmler oedd fod merched Almaenig hiliol bur yn cael eu hannog i feichiogi, gorau oll gan ddynion *SS*. Caent eu hafnon i ganolfannau mamolaeth arbennig lle derbynient ofal da. Yn ystod y rhyfel, câi plant â nodweddion Ariaidd yn y gwledydd meddianedig eu herwgipio er mwyn chwyddo'r stoc hiliol Almaenig.

Roedd y Natsïaid yn plesio Almaenwyr parchus â theuluoedd trwy drefnu ymgyrchoedd i ddileu pornograffi, atal gwrywgydiaeth, clirio puteindra oddi ar y strydoedd, delio'n llym â throseddwyr a tramgwyddwyr ifanc, a dal crwydriaid, cardotwyr a'r rhai y tybid eu bod yn ddiog. Barnai'r Natsïaid fod sail fiolegol i weithredu troseddol ac ni chredent y dylid goddef unrhyw drosedd heb ei chosbi. Roedd system gyfreithiol yr Almaen, dan reolaeth Gweinyddiaeth Gyfiawnder y Reich, yn caniatáu i'r llysoedd ddyfarnu a dedfrydu ar fympwy. Ceid cosbau llym iawn ar gyfer y sawl oedd yn gwrthwynebu'r Wladwriaeth neu'n cynllwynio yn ei herbyn, ac erbyn 1945 cyfrifid bod 43 trosedd yn haeddu marwolaeth. Gellid dyfarnu cosb o farwolaeth ar gyfer troseddwyr oedd mor ifanc â 14 oed. Ar wahân i garcharu mewn gwersylloedd, defnyddid cosbedigaethau a'r cyffion hefyd. Roedd troseddwyr rhywiol yn debygol o gael eu hysbaddu. Yn ystod y rhyfel, cynyddodd troseddu ymysg yr ifanc i'r fath raddau fel bod gwersyll crynhoi arbennig ar eu cyfer wedi ei sefydlu yn Moringen yn ymyl Hanover. Bu'n rhaid i'r awdurdodau hefyd ddelio â chynnydd mewn alcoholiaeth yn ogystal â phroblemau a grëwyd gan encilwyr o'r fyddin, llafurwyr tramor oedd wedi dianc, masnachwyr du ac ysbeilwyr.

9 ~ LLYFRYDDIAETH

Mae bron pob testun safonol ar y Drydedd Reich yn cynnwys adrannau ar addysg a diwylliant yn yr Almaen Natsïaidd. Ymysg y llyfrau arbenigol ar addysg Natsïaidd a pholisi ieuenctid mae *Education in the Third Reich* gan G.W. Blackburn (1985), *Youth in the Third Reich* (Penguin 1987) gan Detlev Peukert, a *Hitler Youth and Catholic Youth* gan D. Walker (1970). Yn *Account Rendered* (1963) mae Melita Maschmann yn cofio am ei phrofiadau ei hun yn yr ysgol ac yn Ieuenctid Hitler. O safbwynt diwylliant, ceir casgliad o ffynonellau gwreiddiol yn *Nazi Culture* gan George L. Mosse (Grosset & Dunlap 1966), tra ymdrinnir â sawl agwedd yn *Hitler and the Artists* gan Henry Grosshans (1983), *German Literature Under National Socialism* gan J.M. Ritchie (1983), *Captive Press in the Third Reich* gan O.J. Hale (Princeton UP 1964) a *Propaganda and the German Cinema, 1933–1945* gan D. Welch (1983). Ystyrir rhyw a moesau yn *Strength Through Joy: Sex and Society in Nazi Germany* gan H.P. Bleuel (Lippincott 1970).

10 ~ PYNCIAU TRAFOD A CHWESTIYNAU TRAETHAWD

A *Mae'r adran hon yn cynnwys cwestiynau y gellid eu defnyddio i drafod (neu ysgrifennu atebion) er mwyn ehangu ar y bennod a phrofi dealltwriaeth ohoni.*

1. I ba raddau y cafodd meysydd llafur ysgolion eu newid i gynnwys addysgu ideoleg Natsïaidd?
2. Pa ddarpariaeth a wnaed i baratoi dynion ifanc dewisol ar gyfer bod yn arweinwyr yn yr Almaen Natsïaidd?

3. Pam y bu i ansawdd addysg academaidd ddirywio mewn ysgolion a phrifysgolion yn ystod cyfnod y Natsïaid?
4. Beth oedd y Natsïaid yn ei olygu wrth sôn am 'lanhau diwylliannol'?
5. Pa mor llwyddiannus oedd y Natsïaid mewn gwirionedd yn eu hymdrechion i wahardd rhyddid mynegiant yn yr Almaen?
6. Pa mor ddilys fyddai disgrifio'r Natsïaid fel plaid cyfraith a threfn?

B *Cwestiynau traethawd*

1. I ba raddau y bu'r Natsïaid yn llwyddiannus yn eu hymdrech i drwytho ieuenctid yr Almaen yn yr ideoleg Natsïaidd?
2. 'Anialwch diwylliannol.' Pa mor ddilys yw'r asesiad hwn o'r Almaen Natsïaidd?

11 ~ YMARFER AR DDOGFEN: IEUENCTID HITLER

Astudiwch y ffynhonnell a ganlyn yn ofalus ac yna atebwch y cwestiynau:

> Ni phwysodd fy nhad na neb arall arnaf i ymuno â Ieuenctid Hitler – yn syml, penderfynais ymuno yn annibynnol am fod arnaf eisiau bod mewn clwb bechgyn lle gallwn ymgyrraedd at ddelfryd genedlaetholgar. Roedd Ieuenctid Hitler yn trefnu gwyliau gwersylla, teithiau cerdded, a chyfarfodydd grŵp ... ymunais yn 1930. Roedd yno fechgyn o bob dosbarth o deuluoedd, er yn bennaf y dosbarth canol a'r gweithwyr. Doedd dim gwahaniaethau cymdeithasol na dosbarth, a chymeradwywn hynny'n fawr. Doedd dim trwytho gwleidyddol amlwg nac uniongyrchol hyd yn nes ymlaen ... Rwy'n meddwl bod y rhan fwyaf o'r bechgyn eraill wedi ymuno am yr un rheswm â fi. Roedden nhw'n chwilio am rywle lle gallent ddod ynghyd gyda bechgyn eraill i wneud gweithgareddau cyffrous. Roedd hefyd yn gyfnod dirwasgiad ac roedd llawer o ddylanwadau dieflig o gwmpas a bechgyn parchus am ddianc rhagddynt.
> (Dyfyniad o *The Nazi Seizure of Power* gan W.S. Allen, c. 1984)

C

(a) Eglurwch ystyr (i) *delfryd genedlaetholgar a* (ii) *llawer o ddylanwadau dieflig o gwmpas.*
(b) A barnu oddi wrth y ffynhonnell, beth oedd y prif resymau pam roedd bechgyn yr Almaen yn ymuno â Ieuenctid Hitler?
(c) Pa mor werthfawr yw'r ffynhonnell i'n helpu i ddeall amcanion a natur Mudiad Ieuenctid Hitler? (Yn eich ateb defnyddiwch eich gwybodaeth gefndirol berthnasol eich hun yn ogystal â'r wybodaeth a geir yn y ffynhonnell.)

13 Economi'r Almaen yn ystod y Drydedd Reich

CYFLWYNIAD

Fel gyda chymaint o agweddau ar y Drydedd Reich, bu llawer o ddadlau ynglŷn ag economi'r Almaen – a fu i Hitler gyflawni gwyrth economaidd? Oedd busnesau mawr yn degan yn nwylo'r gyfundrefn? Ar ba adeg y bu i'r gyfundrefn ddechrau ailarfogi? Oedd Hitler wedi cynllunio ar gyfer ymfyddiniad llwyr yn 1939? Mae peth o'r ddadl yn deillio o'r anghytundeb ynghylch dibynadwyedd ystadegau ar y Drydedd Reich, yn enwedig rhai sy'n ymwneud â hyd a lled yr ailarfogi. Mae'r ystadegau a ddefnyddir yn y bennod hon yn adlewyrchu'r deongliadau gwahanol.

1 ~ CYFLWR ECONOMAIDD YR ALMAEN YN 1933

Yn Ionawr 1933, roedd gan yr Almaen holl nodweddion economi ddirwasgedig:

- roedd masnach dramor wedi lleihau;
- roedd cynnyrch diwydiannol, a chydag ef yr incwm gwladol, wedi gostwng 40 y cant;
- roedd yna ddiweithdra dybryd, gyda thraean o'r boblogaeth yn ddi-waith;
- roedd cyflogau ac incwm real wedi gostwng, gan arwain at ganlyniadau anorfod i'r rhai oedd yn cynhyrchu nwyddau traul.

Roedd yr economi ddirwasgedig hon yn debygol iawn o arwain at drychineb gymdeithasol a masnachol enfawr. Teimlai llawer nad oedd unrhyw obaith am adfer cyflogaeth a bod diwedd cyfalafiaeth yn agos. Roedd yna dlodi dybryd ac roedd effeithiau anawsterau economaidd yr 1920au oherwydd chwyddiant ar ôl y rhyfel yn pwysleisio hyn. Anwastad oedd yr effeithiau: roedd byd busnes a'r undebwyr llafur wedi gwneud yn dda, ond y werin a deallusion a gweithwyr coler wen yn llai felly, o gymharu â phrofiad y blynyddoedd cyn 1914 pan oedd pethau'n well arnynt. Incwm cyfartalog y werin bobl oedd 600 marc y flwyddyno'i gymharu â 1,000 i weithwyr. Fel Ffrainc yn yr 1920au, gwlad o fusnesau bach a gweithgynhyrchu ysgafn oedd yr Almaen, gyda nifer fawr o grefftwyr traddodiadol, siopau adwerthu a thai bwyta. Roedd eu safon byw ymhell islaw lefel gweithwyr lled grefftus. Roedd busnesau bach dan anfantais oherwydd eu bod yn cystadlu â nwyddau rhad o UDA ac yn gorfod talu mwy mewn taliadau lles.

TABL 38
Llinell amser: y prif ddigwyddiadau yn yr economi, 1933-9

1933	Mawrth	Hjalmar Schacht yn dod yn Llywydd y *Reichsbank*; yr *SA* yn ymosod ar fusnesau Iddewig
	Ebrill	Boicot undydd cenedlaethol ar fusnesau Iddewig
	Mai	Diddymu undebau llafur; sefydlu Ffrynt Llafur yr Almaen; contractau cyflogi i'w rheoleiddio gan Ymddiriedolwyr Llafur y Reich
	Mehefin	Deddf i leihau diweithdra; cwmnïau Almaenig yn dechrau cyfrannu 0.5 y cant o gostau cyflogau i'r *NSDAP*
	Medi	Sefydlu Swyddfa Fwyd y Reich; dechrau gwaith ar y traffyrdd (*autobahns*); Deddf Ffermydd Entaeliedig y Reich
	Tachwedd	Sefydlu mudiadau Harddwch Llafur a Nerth trwy Ddiddanwch
1934	Ionawr	Deddf i Drefnu Llafur Cenedlaethol yn ffafrio rheolwyr yn erbyn gweithwyr mewn cysylltiadau diwydiannol; Deddf ar gyfer Ail-lunio'r Reich
	Mawrth	Dechrau'r 'Frwydr am Waith'
	Awst	Penodi Schacht yn Weinidog Economeg
	Medi	Schacht yn cyflwyno Cynllun Newydd i adfer yr economi
	Hydref	Cyflwyno Cynllun Cymorth y Gaeaf
1935	Mawrth	Cyflwyno gwasanaeth milwrol gorfodol
	Mehefin	Cyflwyno gwasanaeth llafur gorfodol
1936	Ebrill	Penodi Göring yn Gomisiynydd Defnyddiau Crai
	Medi	Yr Ail Gynllun Pedair Blynedd yn amcanu at wneud yr economi Almaenig yn hunanddigonol ac yn darparu ar gyfer economi ryfel
	Hydref	Dewis Göring i ofalu am yr Ail Gynllun Pedair Blynedd
1937	Chwefror	Gosod y *Reichsbank* a'r *Reichsbahn* (y rheilffyrdd) dan reolaeth y llywodraeth
	Gorffennaf	Sefydlu gwaith dur Göring
	Tachwedd	Schacht yn ymddiswyddo o fod yn Weinidog Economeg
1938	Ebrill	Terfyn ar gyflogi Iddewon mewn busnesau
	Rhagfyr	Gorfodi cau a gwerthu busnesau Iddewig i gyd i gystadleuwyr Ariaidd
1939	Ionawr	Diswyddo Schacht o'i swydd fel Llywydd y *Reichsbank*
	Awst	Cyflwyno dogni bwyd
	Medi	Ordinhadau Economi Ryfel
	Hydref	Cyflwyno cwponau dillad

Cafodd hyn effaith niweidiol yn y trefi a'r pentrefi bychain drwy gyfrwng eu rôl fel ffynhonnell credyd. Cafodd y grŵp hwn ei **ymyleiddio** yn economaidd yn yr 1920au. Dioddefodd oherwydd y tlodi ledled cymdeithas a rhannai gyda'r werin a chlercod tlawd anawsterau'r economi yn yr 1920au.

ymyleiddio cael eich gwthio i'r pen, yn enwedig yn yr ystyr o fod heb neu fethu gwneud mwy o elw

Nid Cwymp Wall Street yn 1929 oedd achos cwymp yr economi yn yr Almaen. Roedd dirwasgiad yno eisoes erbyn gwanwyn 1929, felly gwaethygu pethau wnaeth y cwymp. Roedd yna brinder aur ac arian tramor a hynny'n golygu na ellid prynu technoleg, defnyddiau crai na bwydydd o dramor, ond rhaid i ni fod yn glir ynghylch effeithiau tynnu arian Americanaidd o gylchrediad. Roedd yna arian net yn llifo i mewn hyd at 1931, ond symudodd buddsoddwyr Almaenig eu harian i fannau mwy diogel yn y Swistir, yr Iseldiroedd a Lloegr fel bod yna fuddsoddiad oedd

PRIF YSTYRIAETH

Y problemau oedd yn wynebu'r economi yn Ionawr 1933.

â'i sail yn yr Almaen yn llifo allan. Felly nid sgil gynnyrch yr economi ryngwladol oedd y dirwasgiad yn yr Almaen, er bod yr economi ryngwladol wedi effeithio ar yr Almaen.

Mae'r dirywiad yn yr economi fewnol wan rhwng 1929 ac 1933 yn bwysicach. Nododd gwerslyfrau fod y nifer oedd wedi cofrestru'n ddi-waith ar frig y dirwasgiad wedi cyrraedd chwe miliwn, ond mae ymchwil ddiweddar wedi dangos bod y nifer yn nes at wyth miliwn a hanner. Mae'r gwahaniaeth yn cynrychioli nifer y di-waith a dynnwyd oddi ar y gofrestr gan y llywodraeth drwy ei rhaglen o wasanaeth llafur gwirfoddol, mathau gwahanol ar nawdd lles neu am eu bod yn ferched. Nid y di-waith oedd yr unig rai i ddioddef; roedd y rhai oedd mewn gwaith yn cael mai wythnos fer o bedwar diwrnod oedd ar gael iddynt, a'r cyflogau'n is o'r herwydd. Cwympodd incwm siopau a busnesau bach gymaint â 50 y cant rhwng 1929 ac 1932 wrth i alw defnyddwyr ostwng. Roedd hyn yn drychineb i'r perchenogion gan nad oedd ganddynt arian wrth gefn. Effeithiodd yn arbennig ar ddynion busnesau bychain, yn cynnwys bancwyr. Difethwyd cymaint â 10,000 o fusnesau y flwyddyn rhwng 1929 ac 1933. Effeithiodd hyn yn anochel ar y dosbarth canol oherwydd, fel perchenogion busnesau, ni allent hawlio taliadau lles ac felly nid oedd dim i'w wneud ond dibynnu ar elusennau preifat, megis yr hyn a gynigid gan geginau cawl. Mae'n dilyn, o'r hyn a ddywedwyd, fod pob carfan gymdeithasol wedi dioddef o ganlyniad i argyfwng economaidd 1929-1933 ac mae hyn yn egluro, i raddau helaeth, pam y bu i'r *NSDAP* lwyddo a denu cefnogaeth ledled yr Almaen.

2 ~ YMATEB HITLER I'R CWYMP ECONOMAIDD

Er bod yr addewid *Arbreit und Brot* (bara a gwaith) wedi ei ailadrodd sawl gwaith yn ystod gwahanol ymgyrchoedd etholiadol y *Reichstag* yn 1928-33, nid oedd gan Hitler gynllun na rhaglen benodol ar sut i ddelio â'r argyfwng ym myd busnes. Yn 1933, credai mai 'mater o ewyllys' oedd ei angen, er bod ganddo amcanion economaidd yn seiliedig ar ei addewidion etholiadol i ddarparu gwaith a bara i weithwyr, i achub y dosbarth canol, i drefnu diwygiadau tir er budd y werin ac i adfer byd busnes. Nid oedd yn bosibl cyflawni'r addewidion hyn i gyd gan eu bod yn milwrio yn erbyn ei gynlluniau i ailarfogi'r Almaen yn gyflym a datblygu economi hunanddigonol. Roedd yn barod i wario arian cyhoeddus i hybu'r economi, ond roedd hefyd yn awyddus i reoli chwyddiant. Yn yr un modd, roedd yn ymwybodol na allai, yn wleidyddol, fforddio cyflwyno dogni nac aberthu safon byw y dosbarthiadau gweithiol.

Fodd bynnag, mae deongliadau cynharach ar economi'r Drydedd Reich, a oedd yn canolbwyntio ar Hitler neu Göring ac yn awgrymu bod y cynllunio economaidd yn ddryslyd ac yn dioddef am fod dadleuon cystadleuol gan wahanol garfanau, wedi eu disodli gan gred iddynt ddilyn rhaglen economaidd glir. Nid yw hyn yn golygu na allai hefyd fod yn oportiwnistaidd. Yn ystod dyddiau cynnar y gyfundrefn y duedd oedd i bolisïau ddatblygu o ofynion y sefyllfa yn hytrach na bod yn ganlyniad cynllunio gofalus. Nid oedd un system economaidd unedig yn bodoli, a mabwysiadodd Hitler agwedd wleidyddol yn hytrach nag un economaidd wrth ystyried y problemau. Er gwaethaf tinc gwrthgyfalafol y maniffestos Natsïaidd cynnar, roedd y sefyllfa wleidyddol go iawn yn golygu ei fod yn aml yn gorfod cyfaddawdu rhwng nifer o rymoedd cystadleuol, ac yn aml gwrthdrawiadol, er mwyn cyflawni ei addewidion etholiadol a bodloni'r buddgarfanau economaidd gwahanol. Roedd ar Hitler eisiau uno'r bobl mewn 'cymuned y bobl' dan arweinyddiaeth Natsïaidd. Byddai'n rhaid i'r Almaenwyr droi cefn ar wahaniaethau dosbarth, economaidd a chrefyddol a dod yn un bobl, yn gwbl ymroddedig i anghenion y Wladwriaeth. Byddai diwydianwyr, tirfeddianwyr, y dosbarth canol a'r dosbarth gweithiol trefol a gwledig i gyd yn ymostwng i'r budd cyffredin (gw. Pennod 10). Roedd yn rhaid i bawb dderbyn yr angen i weithio'n galed ac aberthu er mwyn adfer bri yr Almaen. Roedd Hitler yn barod i weithio gydag arweinwyr busnesau mawr am fod arno angen eu harbenigedd a'u cefnogaeth i adfer hyder a ffyniant (byddwn yn edrych ar y berthynas hon yn fwy manwl yn adran 6, tud. 360). Nid hyd ddiwedd 1937, pan oedd yr economi wedi ei hadfer, y bu i'r rheolaeth ddod i ddwylo Natsïaid mwy radical. Roedd Hitler yn gwrthwynebu arbrofion gwyllt ac roedd yn well ganddo ddal ati gydag ymdrechion cymedrol y cyfnod cyn 1932 i reoli chwyddiant ac ehangu gwariant y llywodraeth a chyflogaeth. Aeth ati hefyd i geisio gwella cyflwr cyllid y Reich trwy benodi Hjalmar Schacht, ym Mawrth 1933, yn Llywydd y *Reichsbank*, ac yn Awst 1934 yn Weinidog Economeg.

PRIF YSTYRIAETH

Rôl Hitler yn datrys y problemau economaidd.

HJALMAR SCHACHT (1877-1970)

Ganwyd Schacht yn Schlesswig yn Ionawr 1877 i deulu â'u gwreiddiau yn Denmarc. Roedd ei rieni wedi treulio'r 1870au cynnar yn yr Unol Daleithiau cyn dychwelyd i'r Almaen. Astudiodd Schacht feddygaeth, yna gwyddor gwleidyddiaeth ac yn olaf gweithiodd am ddoethuriaeth mewn economeg yn Berlin.

Roedd yn uchelgeisiol ac yn abl iawn a dewisodd ddilyn gyrfa yn y banc, gan ennill enw yn fuan fel dewin gydag arian. Yn 1923, ac yntau yn gomisiynydd arian cyfred arbennig yn y Weinyddiaeth Gyllid, roedd yn bennaf cyfrifol am roi terfyn ar chwyddiant enbyd y flwyddyn honno a sefydlu arian cyfred newydd, y *Rentenmark*. Ar ddiwedd 1923 fe'i penodwyd yn llywydd y *Reichsbank*, prif sefydliad ariannol yr Almaen, swydd a ddaliodd nes iddo ymddiswyddo yn 1930 mewn protest yn erbyn Cynllun Young (gw. tud. 85). Roedd yn genedlaetholwr brwd ac yn feirniadol o'r swm o arian y disgwylid i'r Almaen ei dalu i'r Cynghreiriaid fel iawndalidau ac o ddyled dramor gynyddol llywodraeth Gwerianiaeth Weimar.

Yn 1930, wedi darllen *Mein Kampf*, penderfynodd fod Hitler yn athrylith gwleidyddol a allai, yn wahanol i wleidyddion di-glem Gweriniaeth Weimar, o bosibl achub yr Almaen trwy gefnogi economi gadarn mewn gwladwriaeth gref. Gadawodd Schacht y *DDP* (yr oedd wedi helpu i'w sefydlu yn 1919) a dod yn gefnogwr i'r Blaid Natsïaidd, er ddim erioed yn aelod. Fe helpodd Hitler i sicrhau cefnogaeth ariannol diwydianwyr cyfoethog y Rheindir o 1930 ymlaen. Cefnogodd achos Hitler yn y trafodaethau maith a gafwyd cyn i'r Natsïaid ddod i rym gwleidyddol yn 1932-33. Gwobrwyodd Hitler ef am ei deyrngarwch ym Mawrth 1933 trwy ei wneud yn llywydd eto ar y *Reichsbank*. Yna fe'i penodwyd yn Weinidog Economeg y Reich, o Awst 1934 hyd Dachwedd 1937, pan ymddiswyddodd mewn protest yn erbyn polisïau Göring dan yr ail Gynllun Pedair Blynedd. Cafodd ei ddiswyddo o'r *Reichsbank* yn 1939 wedi iddo anghytuno â Hitler, ei gyhuddo o frad a'i garcharu gan y Natsïaid. Yn y llys yn Nuremberg ar ôl y rhyfel fe'i cafwyd yn ddieuog o droseddau yn erbyn dynoliaeth.

3 ~ RÔL SCHACHT YN ADFERIAD ECONOMAIDD YR ALMAEN 1933-37

Roedd penod Schacht yn Weinidog Economeg yn adlewyrchu'r angen i'r arweinyddiaeth Natsïaidd gydweithio â grymoedd busnesau mawr, oherwydd roedd Hitler yn dibynnu ar enw da Schacht fel bancer rhyngwladol a dyn galluog tu hwnt. Trwy ddeddf 3 Gorffennaf 1934 cafodd Schacht alluoedd unbenaethol dros yr economi ac fe wnaeth gymaint â Hitler i adfer y Drydedd Reich. Mae Schacht yn cofio am ei berthynas â'r arweinyddiaeth Natsïaidd yn ei lyfr, *Account Settled*, a gyhoeddwyd yn 1949:

> Cyhyd ag roeddwn i'n dal yn y swydd, naill ai yn y *Reichsbank* neu'r Weinyddiaeth Economeg, ni fu i Hitler ymyrryd â'm gwaith o gwbl. Ni cheisiodd erioed roi cyfarwyddiadau i mi, ond gadael i mi weithredu yn ôl fy syniadau fy hun a heb feirniadaeth ... Fodd bynnag, pan sylweddolodd fod cymedroldeb fy nghynllun ariannol yn rhwystr yn ffordd ei gynlluniau gwyllt (mewn polisi tramor) dechreuodd, gyda chefnogaeth Göring, fynd tu ôl i 'nghefn a dad-wneud fy nhrefniadau.

Dylanwadwyd ar ei ddull o drafod problemau diweithdra uchel a dirwasgiad yn economi'r Almaen gan yr economegydd Prydeinig cyfoes, John Maynard Keynes. Anogai Keynes bolisi o ymyriad gwladol yn yr economi trwy gynlluniau gwaith cyhoeddus a fyddai'n annog cyflogaeth a hybu gofynion defnyddwyr. Gelwid hyn yn gysyniad y lluosydd.

Ar y dechrau, cychwynnodd y gyfundrefn dan Schacht bolisi o **ariannu diffyg**. Yn hyn o beth roedd y gyfundrefn yn glynu wrth bolisïau ei rhagflaenwyr, Brüning a Schleicher, oedd eisoes yn dechrau profi'n effeithiol. Erbyn i Hitler ddod yn Ganghellor, roedd yr economi yn dechrau gwella o'r dirwasgiad, a diweithdra wedi mynd heibio'r brig (gw. Tabl 43 ar dudalen 351). Hefyd, Schacht oedd yr arbenigwr economaidd y tu cefn i ailarfogiad yr Almaen, a defnyddiodd adnoddau ariannol y *Reichsbank* i'r eithaf. Roedd y mwyafrif o'r buddgarfanau diwydiannol yn ei gefnogi'n llwyr oherwydd fe deimlent ei fod yn llwyddo'n wych. Cynyddodd yr elw yn y diwydiannau allweddol, cadwyd cyflogau yn isel a chafodd y cyflogwyr wared ar ymyrraeth undebau llafur.

ariannu diffyg gwario arian ar waith cyhoeddus i greu gwaith fel sbardun ffals i'r galw o fewn yr economi, tra'n rheoli prisiau a chyflogau yn gaeth

Roedd yn ymddangos bod yr Almaen yn adennill ei safle fel pŵer economaidd o'r radd flaenaf.

Mae asesiadau o gyfraniad Schacht wedi amrywio, o'r rhai a honnai ei fod wedi 'cyfrannu cymaint â Hitler i'r gwaith o adeiladu'r Drydedd Reich', i'r rhai a'i beirniadai am 'wneud dim ond papuro dros y craciau'. Mae'n wir iddo chwarae rhan bwysig yn gosod i lawr sylfeini economaidd y wladwriaeth Natsïaidd. Erbyn diwedd 1935 roedd gan yr Almaen warged masnachol hyd yn oed, roedd diweithdra wedi gostwng, a chynnyrch diwydiannol wedi cynyddu 49.5 y cant ers 1933. Fodd bynnag, roedd llwyddiannau o'r fath yn cuddio gwendid sylfaenol oherwydd, er fod Schacht wedi cuddio problem y fantol daliadau trwy gyfres o gynlluniau ariannol clyfar, ni allai ddelio'n foddhaol â'r gofyn a'r cystadlu am adnoddau prin. Roedd amaethyddiaeth a diwydiant yn cystadlu am arian tramor, tra rhwng 1936 ac 1937 bu cynnydd o 80 y cant yn y gwariant ar arfau. Yn 1936 daeth dydd o brysur bwyso gydag argyfwng mantoli taliadau. Credai Schacht na ellid cynnal diffyg cyllidol a mantol daliadau dros gyfnod diderfyn. Yn gynnar yn 1936, daeth yn eglur iddo y byddai mantol daliadau yr Almaen yn mynd i ddyled drom wrth i ofynion ailarfogi a defnyddwyr gynyddu. Felly cynigiodd gwtogi'r gwariant ar arfau er mwyn cynyddu'r cynhyrchu mewn allforion diwydiannol ac ennill arian tramor. Nid oedd hyn yn dderbyniol i'r fyddin na'r arweinyddiaeth Natsïaidd a dirywiodd dylanwad Schacht, fel y disgrifiodd yn *Account Settled*:

> Ymrôdd Göring, gyda holl ffolineb ac anfedrusrwydd yr amatur, i gynnal rhaglen o hunanddigonedd economaidd, neu *awtarciaeth*, a ragwelwyd yn y Cynllun Pedair Blynedd. Yn rhinwedd ei swydd fel pennaeth y Cynllun Pedair Blynedd cawsai hawl gan Hitler i weithredu er mwyn ehangu ei ddylanwad ei hun ar bolisi economaidd, rhywbeth nad oedd yn anodd iddo gan ei fod yn awr, wrth gwrs, mewn safle i gynnig contractau mawr … Ar 17 Rhagfyr 1936, dywedodd Göring wrth gyfarfod o ddiwydianwyr mawr nad oedd bellach yn fater o gynhyrchu yn economaidd ond yn syml o gynhyrchu. A chyn belled ag roedd dod o hyd i arian tramor yn y cwestiwn, doedd hi ddim yn bwysig a oedd gofynion y ddeddf yn cael eu parchu ai peidio … bu i bolisi Göring o fanteisio'n wyllt ar gyfoeth economaidd yr Almaen ddod â mi fwyfwy, yn anorfod, i wrthdrawiad difrifol ag ef, ac o'i ran ef bu iddo fanteisio ar ei bwerau, gyda Hitler a'r Blaid y tu cefn iddo, i danseilio fy ngwaith fel Gweinidog Economeg i raddau mwyfwy cynyddol …

awtarciaeth, tudalen 295

Methodd Schacht ddarbwyllo Hitler ynglŷn â'r angen i leihau ailarfogi, a chafodd fod ei gyfrifoldeb am yr economi wedi ei leihau yn 1936 pan gyflwynwyd yr ail Gynllun Pedair Blynedd ac y penodwyd Göring yn weinidog i ofalu amdano. Ymddiswyddodd yn Nhachwedd 1937 ar ôl Cynhadledd Hossbach a phenodwyd Walter Funk i'w swydd. O 1936 ymlaen dilynwyd polisi mwy

C

Pa resymau roir gan Schacht fod ei ddylanwad wedi lleihau?

egnïol i hyrwyddo hunanddigonedd neu awtarciaeth yn seiliedig ar greu cymuned fasnachu yng Nghanolbarth Ewrop dan dra-arglwyddiaeth yr Almaen. I gyd-fynd â hyn roedd yna economi amddiffyn, *Wehrwirtschaft*, a olygai fod yr economi adeg heddwch i gael ei 'haddasu ar gyfer rhyfel'.

4 ~ RÔL GÖRING YN ADFERIAD ECONOMAIDD YR ALMAEN 1936-9

Gyda phenodi Göring yn Weinidog Llawnalluog ar yr ail Gynllun Pedair Blynedd, ef, i bob pwrpas, oedd mechdeyrn economaidd yr Almaen a'r un yng ngofal ailarfogi. Cafodd bwerau eang i gasglu eiddo a chyfarwyddo diwydiant. O 1937 ymlaen daeth i feddu cyfoeth anferth trwy'r Reichswerke-Hermann-Göring, menter ym myd diwydiant a mwyngloddio o eiddo'r wladwriaeth a ddefnyddid i reoli byd diwydiant. Daeth yn fenter ddiwydiannol fwyaf Ewrop, yn rheoli cloddio mwyn haearn a glo, mwyndoddi a phuro haearn a dur, a chynhyrchu'r haearn yn arfau neu beiriannau trwm. Cynhyrchai betrol synthetig ac roedd yng ngofal busnesau cludo. Trwy ei Gwmni Mwyn a Ffowndri Hermann Göring, chwaraeodd Göring ran weithredol yn cynllunio datblygiad meysydd mwyn haearn yr Almaen yn Salzgitter yn Hanover ac yn Franconia yn y de er mwyn lleihau'r ddibyniaeth ar fwyn haearn gwell a fewnforid o Sweden. Roedd hefyd yn cynllunio datblygiad tebyg ar gyfer gweithfeydd haearn a dur gan ddefnyddio glo golosg o'r Ruhr. Roedd y cynllun yn aneconomaidd ac ni chafodd fawr o lwyddiant. Roedd swm y cynnyrch o Salzgitter yn is na'r disgwyl ac nid adeiladwyd y gweithfeydd haearn a dur yn Franconia. Gydag ehangu tiriogaethol daeth meysydd mwy cyfoethog dan reolaeth yr Almaen a chafodd y rhain eu hymgorffori yn ymerodraeth ddiwydiannol Göring. Erbyn diwedd yr 1930au roedd yr Almaen wedi dod yn ail i'r Unol Daleithiau yn unig fel prif gynhyrchydd haearn a dur.

Datblygodd Göring berthynas glòs hefyd â'r cwmni cemegion anferth, I. G. Farben, busnes preifat mwyaf yr Almaen. Roedd y cwmni'n ymroi i ddatblygu cemegion synthetig, rwber, petrol, olew a thecstilau, a pherswadiodd y gyfundrefn i gynyddu ei buddsoddiad ar yr addewid y gallai helpu'r Almaen i sicrhau hunanddigonedd economaidd. Yn gyfnewid, rhoddodd y cwmni gyfraniadau ariannol cynyddol i'r Blaid, er nad ar raddfa ei elw, a chafodd Natsïaid blaenllaw eu derbyn yn aelodau o'i Fwrdd Cyfarwyddwyr (Tabl 39).

Datblygodd Göring strwythur gweinyddol yn seiliedig ar Gyngor Cyffredinol, oedd â'i bersonél ei hun, i weinyddu'r Cynllun Pedair Blynedd a ddaeth, yn y diwedd, i gystadlu â'r Weinyddiaeth Economeg ac yna i'w disodli (gw. Diagram 6). Ef oedd yn gwneud y penderfyniadau i gyd a daeth hefyd i ymwneud â materion arian tramor a defnyddiau crai, yn ogystal â derbyn cyfrifoldeb am glustnodi llafur, am amaethyddiaeth, am reoli prisiau a buddsoddi mewn diwydiannau, ac am fasnach dramor. O ddiwedd 1936 ymlaen roedd Göring yn codi benthyciadau ac yn buddsoddi symiau mawr yn

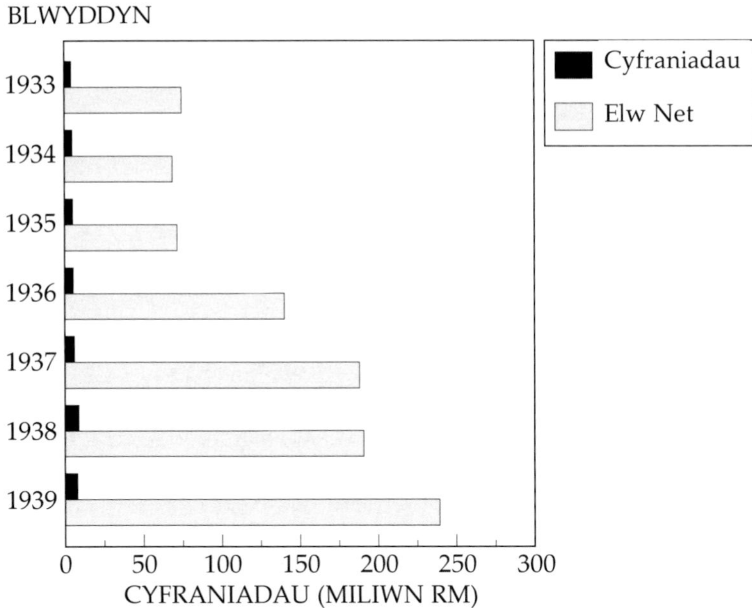

TABL 39
Cyfraniadau i'r NSDAP ac elw net I.G. Farben, 1933-9 (miliwn ***RM****)*

Blwyddyn	*Cyfraniad*	*Elw Net*
1933	3.6	74
1934	4.0	68
1935	4.5	71
1936	4.9	140
1937	5.5	188
1938	8.2	191
1939	7.5	240

RM *Rentenmark* neu farc wedi'i ailbrisio. Yn 1923, wedi'r gorchwyddiant a gysylltir â'r adeg pan feddiannodd Ffrainc y Ruhr, cafwyd arian cyfred newydd, y *Rentenmark*, yn lle'r hen farc oedd wedi colli ei arwyddocâd fel arian (gw. hefyd tt.46-7).

enw'r Wladwriaeth. Cynyddodd reolaeth y llywodraeth hefyd fel ei fod erbyn diwedd 1938 yn ystyried gwladoli diwydiant trwm yn llwyr er mwyn cyflawni rhaglen economaidd a milwrol y Natsïaid. Gellir gweld effaith dylanwad Göring ar yr economi yn y newidiadau ym mhatrwm y buddsoddi diwydiannol. Yn 1937-8, roedd y Wladwriaeth yn gyfrifol am 66 y cant o gyfanswm y cyfalaf sefydlog a fuddsoddid mewn diwydiant drwy gyfrwng y Cynllun Pedair Blynedd, a oedd wedi ei grynhoi mewn haearn, dur, cemegion a pheirianneg ar draul cynnyrch ar gyfer defnyddwyr ac adeiladu tai. Penododd Göring ei gomisiynwyr ei hun i arolygu'r diwydiannau allweddol er mwyn sicrhau eu bod yn cwrdd â'r targedau oedd wedi eu nodi yn y Cynllun Pedair Blynedd. Cafodd hefyd bwerau arbennig i feddiannu busnesau Iddewig a fyddai'n cael eu defnyddio i bwrpas 'cenedlaethol' ac a gafodd eu hymgorffori yn ei gynlluniau i hyrwyddo ailarfogi. Cafodd busnesau mawr eu bod 'nawr yn gorfod gweithio fwyfwy o fewn y fframwaith a osodid gan yr arweinyddiaeth Natsïaidd (gw. adran 6 ar dud. 360).

5 ~ POLISÏAU I ENNILL ADFERIAD ECONOMAIDD 1933-9

A *Rheolaeth y llywodraeth*

Oherwydd argyfwng arian tramor ym Medi 1934 bu'n rhaid i Schacht wneud defnydd o'r pwerau economaidd a gafodd yng Ngorffennaf 1934. Gwrthododd dalu iawndaliadau a bargeiniodd â chredydwyr yr Almaen, er enghraifft Prydain, i gael talu llai o'i dyledion.

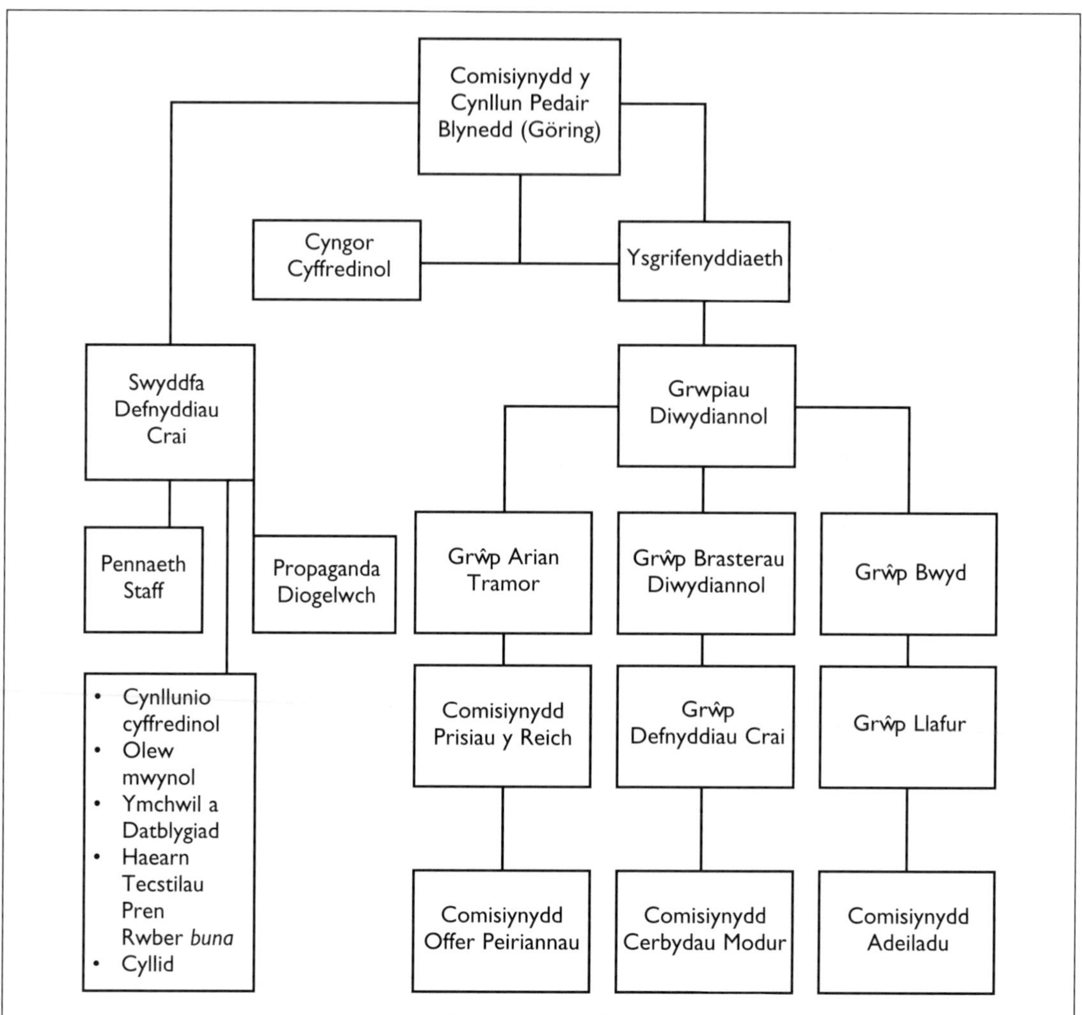

DIAGRAM 6
Trefniadaeth yr Ail Gynllun Pedair Blynedd

Cyflwynodd y Cynllun Newydd ym Medi oedd yn ehangu rheolaeth y llywodraeth ar arian tramor a mewnforio. Roedd yn rhaid i fewnforwyr gael hawl i ddefnyddio arian tramor cyn, yn hytrach nag ar ôl, mewnforio nwyddau. Roedd yn rhaid cael trwyddedau ar gyfer pob dêl o un o'r swyddfeydd arolygu arbennig a sefydlwyd i reoleiddio a rheoli nwyddau penodol. Roedd y trefniant hwn nid yn unig yn caniatáu i'r llywodraeth benderfynu ar y blaenoriaethau o safbwynt y nwyddau a'r defnyddiau crai oedd i'w mewnforio, ond hefyd i ddewis pa bartneriaid masnachu oedd i gael y flaenoriaeth. Rhoddai'r Cynllun Newydd y pŵer i Schacht ddilyn polisi diffynnaeth egnïol yn erbyn gwledydd Gorllewin Ewrop a'r Unol Daleithiau, gwledydd yr oedd ar ei cholled wrth fasnachu â hwy. Gan ddilyn polisi o hunanddigonedd neu awtarciaeth, arwyddodd y gyfundrefn gytundebau masnach dwyochrol gyda gwledydd oedd yn economaidd wan, fel De America, y Balcanau a dwyrain Ewrop (Iwgoslafia, România a Hwngari), a allai gyflenwi'r defnyddiau angenrheidiol i sicrhau adferiad economaidd yr Almaen. Sail y fasnach oedd cyfnewid – allforiai'r Almaen weithgynhyrchion i'w phartneriaid yn y Balcanau yn gyfnewid am ddefnyddiau crai fel crôm, bocsit ac olew. O dan y cynllun cyfnewid hwn câi gwerth y marc ei drafod a'i amrywio. Hefyd, cyflwynodd Schacht gymorthdaliadau allforio graddfa fawr i ostwng prisiau i lefel oedd yn gystadleuol ar y farchnad fyd-eang. Er gwaethaf dilyn polisi hunanddigonol, arweiniodd gofynion cynyddol y diwydiannau arfau at fwy o fewnforio defnyddiau crai diwydiannol (o 27 y cant yn 1932 i 37 y cant yn 1937), yn enwedig mwyn haearn o Sweden, tra bu gostyngiad yn y mewnforion bwyd (o 46 y cant yn 1932 i 35 y cant yn 1937).

B *Buddsoddiad y Wladwriaeth*

Fel rhan o'r ymgyrch i leihau diweithdra, roedd Hitler yn barod i ddibynnu ar brofiad y gymuned fusnes. Roedd arno eisiau osgoi ymddangos fel pe bai'n rheoli'r economi yn rhy gaeth, gwell ganddo ddibynnu ar ddarparu cyfleoedd addas ar gyfer twf. Gobeithiai y byddai busnes preifat yn creu'r adferiad economaidd. Fodd bynnag, ni ddigwyddodd hyn, ac felly daeth y gyfundrefn ynghlwm yn barhaol wrth yr economi, a ddaeth dan arweiniad y wladwriaeth. Arweiniodd polisïau'r wladwriaeth ar ôl 1933 at system gyflawn o reoli, yr hyn a alwai Franz Neumann yn 'economi gyfalafol dan orchymyn'. Heb ymyrraeth o'r fath, mae'n bosibl na fyddai'r economi wedi ei hadfer cystal nac yn y ffordd roedd cynlluniau rhyfel Hitler i'r dyfodol yn ei orchymyn. Gwelwyd adferiad economaidd sylweddol yn y cyfnod 1933-38, oedd yn ymddangos fel gwyrth i lawer o gyfoeswyr, gwyrth na ellid bod wedi ei chyflawni mewn cyfnod mor fyr gan y sector breifat. Gwariodd y llywodraeth ar raddfa uchel, gan gynyddu o 17.9 y cant yn 1932 i 33.5 y cant yn 1938, a chynyddu'n gyflym ar ôl 1936 wedi lansio yr ail Gynllun Pedair Blynedd a'r polisi ailarfogi. Tyfodd **Cynnyrch Gwladol Crynswth (*GNP*)** yr Almaen ar raddfa anhygoel o gyflym yn ystod yr 1930au, gan basio'r lefel a gyrhaeddwyd cyn blynyddoedd y dirwasgiad.

Cynnyrch Gwladol Crynswth (*GNP*) term yr economegydd ar gyfer mesur 'gwerth' cyflawn yr economi

Chwaraeodd buddsoddiad y llywodraeth mewn adeiladu a chludiant (a ddisodlwyd gan ailarfogi ar ôl 1936) ran allweddol yn cynhyrchu'r twf dechreuol a ddaeth â'r adferiad economaidd.

TABL 40
Gwariant y llywodraeth, 1928-38

	1928	*1932*	*1934*	*1936*	*1938*
Cyfanswm y gwariant (prisiau cyfredol) (bn RM)	11.7	8.6	12.8	15.8	29.3
Gwariant y llywodraeth fel canran o'r *GNP*	14.8	17.9	22.9	22.5	35.5

TABL 41
Gwariant cyhoeddus yn ôl categori, 1928-38 (bn RM)

	1928	*1932*	*1934*	*1936*	*1938*
Cyfanswm y gwariant	23.2	17.1	21.6	23.6	37.1
gan gynnwys					
Adeiladu	2.7	0.9	3.5	5.4	7.9
Ailarfogi	0.7	0.7	3.0	10.2	17.2
Cludiant	2.6	0.8	1.8	2.4	3.8
Creu gwaith	–	0.2	2.5	–	–

isadeiledd
gwasanaethau sy'n hanfodol er mwyn creu economi fodern (ac i ryfela): pŵer, cludiant, tai, addysg, gwasanaethau iechyd, ac ati.

Ceisiodd Hitler ddatrys y broblem diweithdra trwy gychwyn rhaglen adeiladu newydd enfawr i greu **isadeiledd** y byddai pobl yn ei gysylltu â'r Reich Fil Blynedd. Roedd y ddelwedd bropaganda gyson ohono yn agor y darn olaf o draffordd yn symbol o'r weledigaeth hon. Gobeithiai y byddai safon byw uwch i bob Almaenwr yn dilyn hefyd.

Fodd bynnag, ar ôl 1936, roedd swm yr arian a gâi ei wario ar ailarfogi yn eithriadol o uchel i economi adeg heddwch, gan gyfrif am ddwy ran o dair o'r gwariant. Ailstrwythurwyd yr economi i'w haddasu i fynd i ryfel. Gosodwyd rhwystrau yn ffordd gwariant defnyddwyr fel y gellid symud adnoddau prin o nwyddau traul i nwyddau cyfalaf a defnyddiau crai diwydiannol (gw. Tabl 42). Elwodd diwydiant trwm, a gwelwyd twf enfawr mewn haearn, dur a chemegion yn enwedig. Tyfodd elw'r busnesau mawr, nad oedd wedi'i ddosbarthu, o 1.3 i 5 biliwn RM. Erbyn 1939, roedd gan yr Almaen economi gyfalafol dan orchymyn gyda 40-50 y cant o'r llafurlu yn gweithio ar brojectau perthnasol i'r rhyfel.

C

Am ba resymau y gellid honni 'na fu i bob dyn busnes elwa ar yr adferiad yn yr economi'?

TABL 42
Twf cymharol nwyddau cynhyrchwyr a nwyddau traul yn yr Almaen 1929-38 (blwyddyn sail 1928 = 100 er mwyn cymharu)

	1929	*1932*	*1938*
Cyfanswm cynnyrch	10.9	58.7	124.7
Nwyddau cyfalaf	103.2	45.7	135.9
Nwyddau traul	98.5	78.1	107.8
Haearn crai	113.8	33.4	157.3
Peiriannau	103.8	40.7	147.7
Cemegion	91.8	50.9	127.0
Tecstilau	92.4	79.2	107.5
Dodrefn tŷ	104.2	69.6	113.6

C *Brwydr am waith*

Roedd hon yn un o nifer o ymgyrchoedd propaganda a gychwynnwyd yn y blynyddoedd cynnar. Ei nod oedd adfer hyder a rhoi'r argraff fod 'rhywbeth yn cael ei wneud'.

- Cynhwysai ddileu o gofnodion y di-waith enwau pawb oedd yn ynghlwm wrth y Gwasanaeth Llafur a'r Cynlluniau Cymorth Brys, oedd wedi llyncu miliwn o bobl ifanc.
- Dilynwyd hyn gyda nifer o gynlluniau creu gwaith, yn dechrau ym Mehefin 1933 gyda'r Ddeddf i Leihau Diweithdra. Nod hon

oedd gwneud adferiad dan arweinyddiaeth y llywodraeth yn fwy effeithiol, ond roedd cyfyngiadau ar gynlluniau o'r fath oedd yn golygu na allent gyflogi mwy na 600,000 ar y gorau.

- Daeth y gwir hwb i gyflogaeth pan ddarparodd y Wladwriaeth yr arian i sefydliadau preifat lunio cynlluniau creu gwaith, a chontractau llywodraeth ar gyfer rheilffyrdd, ffyrdd, pontydd a chamlesi. Llusgodd hyn ddiwydiant trwm yr economi allan o'r dirwasgiad ynghynt na'r diwydiant nwyddau traul. Tywalltwyd arian i waith cyhoeddus fel adeiladu a rhoddwyd cymorthdaliadau ar gyfer adeiladu preifat neu i atgyweirio hen adeiladau.
- Cafwyd deddf arall ar wahân i hybu cynllun adeiladu anferth, sef 7,000 cilometr o draffordd, oedd yn annog cyflogaeth a diwydiannau atodol.

Ond ni fu cynnydd enfawr o safbwynt nwyddau traul. Roedd yna wahaniaethu yn erbyn diwydiannau nwyddau traul o ran buddsoddiad a chontractau, fel bod eu perfformiad erbyn diwedd 1938 yn is nag yn yr 1920au. Cafwyd ad-daliadau treth incwm a benthyciadau i gynyddu gweithgaredd diwydiannol yn y sector breifat. Roedd yna hefyd ymdrech ar ran y Ffrynt Llafur Almaenig i wella amodau gwaith trwy hyrwyddo gwahanol fudiadau fel *Kraft durche Freude* (Nerth trwy Ddiddanwch) a *Schönheit der Arbeit* (Harddwch Gwaith).

Roedd y cynlluniau 'brwydr am waith' yn hynod lwyddiannus ac, ynghyd â gwelliant yn y **cylch masnach**, daethant â dirwasgiad 1929 i ben. Gostyngodd diweithdra yn gyflym o nifer cofrestredig 1932, sef 5.6 miliwn, i 2.7 miliwn erbyn 1934, ac roedd wedi ei ddileu erbyn gwanwyn 1939, pan oedd prinder gweithwyr hyd yn oed a phwysau mawr ar lafur. Roedd y lleihad hwn mewn diweithdra yn gamp rhyfeddol ac yn un a enillodd edmygedd gartref a thramor.

cylch masnach
cyfnodau o ffyniant a dirwasgiad bob yn ail

C

Pa mor llwyddiannus oedd y polisïau hyn?

	1928	*1932*	*1934*	*1936*	*1938*
GNP (prisiau 1928) (bn RM)	89.5	57.6	66.5	82.6	104.5
Cynnyrch diwydiannol 1928 = 100	100	58	83	107	122
Di-waith (mewn miliynau)	1.4	5.6	2.7	1.6	0.4

TABL 43
Adferiad economaidd a'i effaith ar ddiweithdra, 1928-38

Ch *Diogelu amaethyddiaeth*

Rydym eisoes wedi edrych ar rôl y werin ym mhropaganda ac ideoleg y Natsïaid a chymuned y bobl mewn penodau blaenorol. Mae'r adran hon yn edrych ar bolisïau'r gyfundrefn tuag at amaethyddiaeth fel diwydiant. Roedd y problemau oedd yn wynebu'r diwydiant amaeth yn 1933 yn bodoli yn rhannol oherwydd prinder arian cyfred tramor yn yr Almaen ynghyd â'r cwymp ym masnach y byd, oedd yn golygu bod mewnforion bwyd tramor wedi lleihau. Cafwyd problemau hefyd oherwydd tywydd gwael: achosodd methiant cynhaeaf 1928 ddirwasgiad yn yr economi hyd yn oed cyn Cwymp Wall Street. Nod polisi'r Sosialwyr Cenedlaethol tuag at amaethyddiaeth oedd sicrhau hunanddigonedd, yn enwedig mewn brasterau, yn rhannol er mwyn arbed defnyddio arian cyfred tramor prin ond hefyd rhag ofn rhyfel yn y dyfodol. Dechreuwyd 'brwydr gynhyrchu' i gynyddu'r cynnyrch grawn ond rhwystrwyd y cynllun hwn gan gynaeafau gwael yn 1934 ac wedyn yn 1935. Yn 1936, cyflwynwyd mesurau newydd ar gyfer cynhyrchu amaethyddol dan Gynllun Pedair Blynedd Göring, ond roedd y rhain yn ffafrio ffermwyr tir âr yn hytrach na ffermwyr da byw. Roedd y mesurau yn cynnwys lleihau prisiau gwrtaith, cymhorthdal i brynu peiriannau a grantiau i drin tir newydd, ac, ynghyd â chynaeafau da yn 1938-39, arweiniodd hyn at gynnydd o 20 y cant mewn cynhyrchu o'i gymharu ag 1928-29. Fodd bynnag, roedd yn rhaid i ffermwyr da byw ddal i ddibynnu ar fewnforio bwydydd da byw a chaent lai o gymhorthdal. Cafodd cynllun y gyfundrefn i gefnogi amaethyddiaeth beth llwyddiant. Erbyn 1938-39 roedd hunanddigonedd wedi ei gyflawni gyda grawn bara, tatws a siwgr, ac yna'n gyflym wedyn gyda llysiau a chig, ond roedd prinder dybryd mewn brasterau. Ceisiwyd tyfu planhigion had olew ond roedd hyn yn aneconomaidd a phrin yn arwyddocaol. Fodd bynnag, y prif rwystr i sicrhau twf ym myd amaeth oedd prinder llafur, oedd yn ddifrifol erbyn 1939, a dim ond yn rhannol y llwyddwyd i ddatrys y broblem trwy ddefnyddio llafur tramor. Cynyddodd y galw am fwyd yn ôl y pen yn y boblogaeth tua

TABL 44

Incwm a chostau amaethyddiaeth 1928-39 (blwyddyn sail 1932/33 =100 er mwyn cymharu)

Blwyddyn	Incwm	Costau
1928/29	163	145
1932/33	100	100
1933/34	117	102
1934/35	132	103
1935/36	141	111
1936/37	145	116
1937/38	157	124
1938/39	172	133

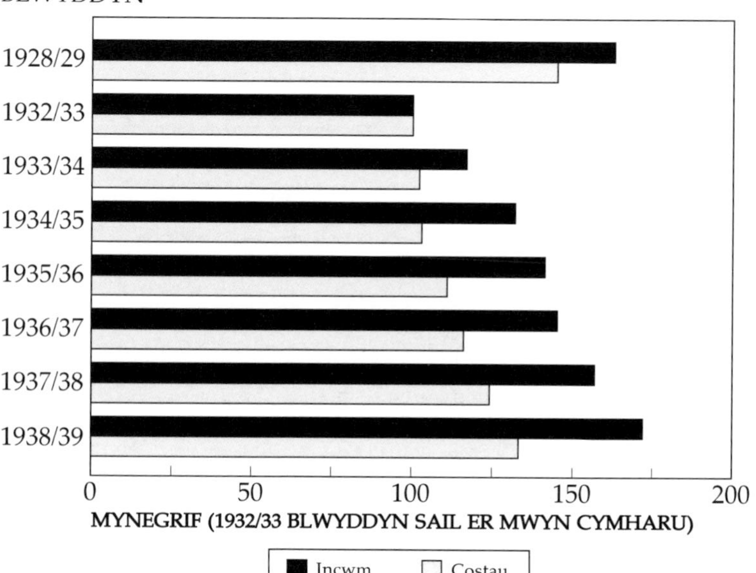

4-5 y cant, ond dim ond 57 y cant o'r galw am frasterau a gynhyrchwyd. Roedd prisiau bwydydd wedi eu rheoli'n gaeth ar ôl 1935, ond fe ganiatawyd iddynt godi'n uwch na chostau ffermio. Amrywiai'r cynnydd mewn prisiau, ond roeddent yn dal yn is na rhai 1928-29. Er hynny, o ganlyniad i'r cynnydd mewn cynnyrch ar ôl 1935, aeth incwm ffermwyr i fyny 41 y cant rhwng 1933 ac 1938; roedd hyn yn fychan o'i gymharu â'r 116 y cant o gynnydd ym myd masnach a diwydiant, ond yn arwyddocaol o'i gymharu â'r 25 y cant a enillodd gweithwyr diwydiannol.

D *Yr ail Gynllun Pedair Blynedd, 1936*

Erbyn 1936 roedd y gyfundrefn wedi mynd ffordd bell tuag at gyrraedd nod gwreiddiol Hitler i gyflawni ei addewidion etholiadol, 'bara a gwaith', llwyddiant oedd yn diogelu ei safle. Yn 1936 cyflwynodd ei Memo Cyfrinachol lle roedd yn trafod y 'rhaglen i gyflenwi yn derfynol ein gwir anghenion'. Dyma un o ddogfennau pwysicaf y Drydedd Reich ac mae'n cynrychioli ateb Hitler i'w feirniaid, fel Schacht, Gweinidog Economeg y Reich, a gwrthwynebiad busnesau Almaenig i bob cynllun graddfa fawr i sicrhau hunanddigonedd (awtarciaeth) economaidd er budd ailarfogi.

Mae'r Memo Cyfrinachol yn werthfawr i haneswyr:

- mae'n datgelu amcanion rhyfel Hitler;
- mae'n dystiolaeth ei fod yn cynllunio rhyfel o 1936 ymlaen;
- mae'n dystiolaeth o syniadau Hitler am yr economi a'i pherthynas ag amcanion gwleidyddol ac ailarfogi;
- mae'n gofnod o amcanion ailarfogi'r Natsïaid yn 1936.

Mewn geiriau eraill, mae'n *werthfawr* am ei fod yn ddatganiad o ddifrif o'r bwriad i fynd i ryfel. Mae'n *gyfyngedig* yn yr ystyr na ellir dweud pa fath o ryfel roedd Hitler yn ei gynllunio, na beth oedd gradd y ddarpariaeth yn yr Almaen yn 1939.

Roedd y Memo, a'r ail Gynllun Pedair Blynedd a gyflwynwyd ganddo, yn amlinellu ei gynlluniau i drawsnewid yr economi a'r lluoedd arfog yn llwyr ar gyfer rhyfel o fewn pedair blynedd. Mae'r dyfyniad hwn o'r Memorandwm ar y Cynllun Pedair Blynedd, Awst 1936, yn cael ei ddyfynnu yn Noakes a Pridham, *Nazism 1919-1945, A Documentary Reader, Vol. 2:*

PRIF YSTYRIAETH

Addasu'r economi ar gyfer rhyfel, 1936-39.

> Mae'r byd wedi bod yn symud gyda chyflymder cynyddol tuag at wrthdaro newydd, a'r canlyniad mwyaf eithafol fyddai Bolsiefigiaeth ... Rwy felly'n amlinellu'r rhaglen a ganlyn fel darpariaeth derfynol o'r hyn y byddem ei wir angen:
> i. Ochr yn ochr ag ailarfogiad ac ymfyddiniad milwrol a gwleidyddol ein cenedl rhaid cael ailarfogiad ac ymfyddiniad economaidd ... Yn y dyfodol ni all buddiannau unigolion chwarae unrhyw ran bellach yn y materion hyn. Nid oes ond un budd, budd y genedl; dim ond un ystyriaeth, dod â'r Almaen i'r pwynt lle bydd yn hunanddigonol yn wleidyddol ac yn economaidd.
> ii. ...rhaid arbed arian tramor yn yr holl fannau hynny lle gellir bodloni ein hanghenion â chynnyrch Almaenig ...
> iii. ... rhaid i'r broses cynhyrchu tanwydd yn yr Almaen gael ei chyflymu ar unwaith a'i chwblhau o fewn deunaw mis.
> iv. Rhaid trefnu masgynhyrchu rwber synthetig hefyd gyda'r un brys. O hyn allan rhaid gofalu na fydd

yna unrhyw sôn am brosesau heb eu cyflawni neu esgusodion eraill tebyg ... Nid oes a wnelo hyn ddim oll â'r Weinyddiaeth Economeg. Naill ai mae gennym heddiw ddiwydiant preifat, ac os felly ei waith yw pendroni ynghylch dulliau cynhyrchu; neu rydym yn credu mai gwaith y Llywodraeth yw penderfynu ar ddulliau cynhyrchu, ac os felly does arnon ni ddim angen diwydiant preifat bellach.
v. ... Os ydyn ni o ddifrif yn gorfod adeiladu ein heconomi fewnol ar linellau awtarcaidd, ac felly mae hi ... yna nid yw pris defnyddiau crai o'i ystyried yn unigol yn allweddol bellach.

Mae'n rhaid hefyd gynyddu cynhyrchiad haearn yr Almaen i'r eithaf ... Gwaith y Weinyddiaeth Economeg, yn syml, yw gosod y tasgau economaidd cenedlaethol; rhaid i ddiwydiant preifat eu cyflawni. Ond os yw diwydiant preifat yn meddwl nad yw'n gallu gwneud hyn, yna bydd y Wladwriaeth Sosialaidd Genedlaethol yn gwybod sut i ddatrys y broblem ar ei phen ei hun. ... Mae bron bedair blynedd gostus wedi mynd heibio bellach ... Bu digon o amser yn ystod y pedair blynedd i ddod i wybod beth na allwn ni ei wneud. 'Nawr rhaid i ni wneud yr hyn a allwn.

Felly rwy'n gosod y tasgau a ganlyn:

i. Rhaid i luoedd arfog yr Almaen fod yn barod i weithredu o fewn pedair blynedd.
ii. Rhaid i economi'r Almaen fod yn gymwys i wynebu rhyfel o fewn pedair blynedd.

C

Pam roedd awtarciaeth yn flaenoriaeth mor bwysig i Hitler yn 1936?

Roedd y Memo yn amlygu pedair blaenoriaeth: cynyddu cynnyrch amaethyddol; ailhyfforddi rhannau allweddol o'r llafurlu; gosod rheoliadau'r llywodraeth ar y fasnach allforio a mewnforio, a dod yn hunanddigonol o safbwynt defnyddiau crai. Gosodwyd cyrchnodau swyddogol ar gyfer cynhyrchu defnyddiau crai oedd yn angenrheidiol i'r ymgyrch ailarfogi – olew, rwber a metelau.

Pwysleisiai'r Cynllun Pedair Blynedd fod yna brinder bwydydd a defnyddiau crai yn yr Almaen o ystyried gofynion y boblogaeth ac ailarfogiad, thema y cyfeirir ati dro ar ôl tro yn areithiau Hitler. Roedd prinder adnoddau yn golygu gwrthdaro rhwng 'gynnau o flaen menyn' ac nid oedd pobl yn fodlon 'tynhau'r gwregys'. Cydnabyddid o'r dechrau fod yna berthynas uniongyrchol rhwng ailarfogi a safon byw y bobl oherwydd ni allai arian tramor wrth gefn yr Almaen dalu am gyflenwad di-ben-draw o'r ddeubeth. Lluniwyd y Cynllun Pedair Blynedd i ailgyfeirio yr economi ar gyfer rhyfel, a hynny trwy lwyddo i ddod yn hunanddigonol yn yr angenrheidiau rhyfel – olew, rwber a dur. Byddai hyn yn llacio'r pwysau ar arian tramor prin gan alluogi'r Almaen i barhau i fewnforio bwyd hyd nes y byddid wedi datrys am byth y broblem o 'lle i fyw'. Fel sy'n ymddangos o'r diweddglo i'r Memo, pryder Hitler oedd sicrhau bod 'lluoedd arfog yr Almaen yn barod i weithredu o fewn pedair blynedd' a bod 'yr economi yn gymwys i wynebu rhyfel'.

Erbyn 1936 roedd y gyfundrefn wedi cyrraedd trobwynt.

1 Wedi sicrhau gostyngiad sylweddol mewn diweithdra, twf mewn buddsoddiad, a masnach dramor gadarn, nad oedd wedi gadael yr Almaen mewn dyled, disgwyliai Hitler i'r economi well fod yn gymwys ar gyfer ailarfogiad. Roedd wedi sylweddoli bod angen economi gref os oedd i lwyddo i gael y peiriant milwrol anferth a fyddai'n ei alluogi i wireddu cyrchnodau ei bolisi tramor tymor hir o ennill *Lebensraum*, gyda'r bygythiad o ryfel yn erbyn Rwsia a ddeuai yn ei sgil.

TABL 45
Twf cynnyrch yr Almaen wrth weithredu'r Ail Gynllun Pedair Blynedd

Nwydd	*1936 Allbwn (000 tunnell)*	*Allbwn yn 1936 fel canran o darged Cynllun 1940*	*1938 cynnyrch (000 tunnell)*	*Allbwn yn 1938 fel canran o darged Cynllun 1940*	*Targed y cynllun (000 tunnell)*
Olew mwynol, yn cynnwys petrol synthetig	1,790	12.9	2,340	16.9	13,830
Alwminiwm	98	35.9	166	60.8	273
Rwber *buna*	0.6	0.6	5	4.2	120
Nitrogen	770	74.0	914	87.9	1,040
Ffrwydron	18	8.1	45	20.2	223
Dur	19,216	80.1	22,656	94.4	24,000
Mwyn haearn	2,255	40.6	3,360	60.5	5,549
Glo brown	161,382	67.1	194,985	81.1	240,500
Glo caled	158,400	74.4	186,186	87.4	213,000

2 Ni chafodd y cynllun ailarfogi fawr o groeso gan Schacht na dynion busnes pwysig, yn cynnwys y barwn arfau, Gustav Krupp, oedd yn credu y dylai'r gyfundrefn ddal ati â'i hymgyrch i wella safon byw pobl ac ehangu masnach dramor. Nid oeddent yn gwrthwynebu peth ailarfogi cyfyngedig ond nid ar draul defnyddwyr.

Arweiniodd y gwahaniaethau barn ynghylch cyfeiriad yr economi i'r dyfodol at ddadl angerddol rhwng gweinidogion, y fyddin ac arweinwyr busnes. Roedd Memo Cyfrinachol Hitler a'r Cynllun Pedair Blynedd a gyflwynwyd gan y Memo yn gychwyn ar gyfnod newydd yn strategaeth economaidd y gyfundrefn. Aeth rheolaeth ar yr economi fwyfwy i ddwylo'r Göring uchelgeisiol, a wnaed yn Weinidog Llawnalluog yr ail Gynllun Pedair Blynedd, tra lleihawyd dylanwad Schacht (gw. adrannau 3 a 4, tt. 344-7). Tynhawyd gafael y Wladwriaeth a chyfeiriad diwydiant er mwyn darparu'r economi ar gyfer rhyfel. Cwblhaodd Hitler ei reolaeth ar ddechrau 1938 pan fu iddo'i benodi ei hun yn Bencadlywydd y lluoedd arfog. Bellach nid oedd yn ddibynnol ar yr elitau a oedd wedi llesteirio ei ryddid i weithredu, a gallai fynd rhagddo gyda'i gynllun ailarfogi anferth.

Dd *Rôl ailarfogi 1936-9 – ymchwil gynnar ar ymdrech ryfel yr Almaen*

PRIF YSTYRIAETH

Pa fath o ryfel oedd Hitler yn ei gynllunio?

Beth oedd lefel yr ailarfogi yn yr 1930au? Oedd yr economi wedi'i pharatoi'n llawn ar gyfer rhyfel? Mae atebion haneswyr i'r ddau gwestiwn hyn wedi newid dros amser wrth i fwy o ffynonellau ddod i'r amlwg ac fel y daeth y dechneg o ddefnyddio ystadegau yn fwy soffistigedig. Cymhlethdod arall yw'r camargraffiadau ynghylch maint y lluoedd arfog. Roedd y Natsïaid bob amser yn gor-ddweud, yn enwedig wrth gyfeirio at eu hawyrennau, er mwyn hyrwyddo propaganda. Golygai hyn fod rhai cyfoeswyr, megis Churchill, ac yn ddiweddarach y Cynghreiriaid yn yr Ail Ryfel Byd, yn meddwl bod y Natsïaid wedi bod yn paratoi at ryfel mor gyflym ag oedd modd. Hefyd, er gwaethaf yr holl wybodaeth ynghylch Natsïaeth, mae bylchau yn yr wybodaeth am yr 1930au, a ph'run bynnag, mae'n anodd didoli gwariant ar arfau oddi wrth fuddsoddiad arall. Roedd traffyrdd Hitler yn rhan o'i ymgyrch 'brwydr am waith', ond roedd iddynt arwyddocâd milwrol yn ogystal gan eu bod yn ei gwneud hi'n bosibl symud niferoedd mawr o ddynion a defnyddiau yn gyflym ar y ffordd. O ganlyniad, nid yw haneswyr wedi gallu cytuno a ddylid cynnwys y gwaith adeiladu traffyrdd fel rhan o'r ailarfogi. Maes arall lle ceir amheuaeth yw cyhoeddi y **biliau *MEFO*** oedd yn fodd i godi arian i helpu adfer diwydiannau trwm. Mae'n anodd dweud pa gyfran o'r biliau *MEFO* oedd ar gyfer ariannu arfau, er bod un ffynhonnell yn honni ei fod cymaint â 50 y cant yng nghanol yr 1930au.

Biliau *MEFO* math o ariannu diffyg, wedi'i enwi ar ôl y *Metallurgische Forschung GmbH (Metallurgical Research Inc)*, a ddefnyddid i guddio eu pwrpas cyfrinachol sef ariannu ailarfogi

Blitzkrieg rhyfel cyflym

O ystyried cyfyngiadau'r ffynonellau, tueddai haneswyr hyd ganol yr 1980au i gytuno bod:

- Hitler yn cynllunio cyfres o ryfeloedd cyflym, ***Blitzkrieg***, nad oeddent yn galw am yr ailarfogi anferth a gysylltir â rhyfel diarbed. Roedd yn awyddus i osgoi'r caledi y bu'n rhaid i'r Almaenwyr ei ddioddef yn ystod y Rhyfel Byd Cyntaf oedd wedi peri i'r Kaiser golli ei orsedd.
- Nid oedd yr economi'n gwbl barod hyd o leiaf 1942, pan ddaeth Albert Speer yn Weinidog Arfau, ac ni chafwyd ymroddiad llwyr hyd 1944.
- Roedd uchelgais Hitler yn anghydwedd â chynllunio economaidd a milwrol.

DADL HANESWYR

Natur ymdrech ryfel yr Almaen

A.J.P. Taylor: 'Hitler and the Origins of the Second World War', yn E.M. Robertson (gol.), *The Origins of the Second World War* (Macmillan, 1971)

*Barnai yn hynod eithafol 'nad oedd Hitler mewn gwirionedd yn paratoi at ryfel yn 1939 ac mai'r prawf o hyn oedd lefel ailarfogi'r Almaen, nad oedd erbyn 1939 yn ddigon i gynnal rhyfel Ewropeaidd heb sôn am ryfel byd-eang'. Ychydig iawn o'r ystadegau sydd ar gael ers 1960 sy'n cefnogi dehongliad Taylor. Dim ond y ffigurau cynnar a gyhoeddwyd yn 1959 gan B.H. Klein (*Germany's Economic Preparations for War*), pan oedd yr astudiaeth ar yr economi Almaenig dan y Drydedd Reich yn dal yn amrwd a'r deunydd ffynhonnell yn anfoddhaol ac anghyflawn, sy'n cefnogi barn Taylor nad oedd ar Hitler eisiau rhyfel ac mai cyfyngedig oedd rhaglen ailarfogi yr Almaen.*

Er pan gyhoeddwyd barn Taylor bu llawer o ddadlau ynghylch lefelau arfau yn yr 1930au a'r cwestiwn a oedd Hitler wedi cynllunio mynd i ryfel. Arweiniodd ffyrnigrwydd y ddadl at geisio profi ei ddehongliad yn feirniadol drwy ddefnyddio ystadegau diwygiedig ar economi'r Almaen. Disodlwyd ffigurau Klein gan rai B.E. Carroll yn 1968.

T.W. Mason: 'Some Origins of the Second World War' yn E.M. Robertson (gol.), *The Origins of the Second World War* (Macmillan)
Beirniadai A.J.P. Taylor am iddo anwybyddu effeithiau ailarfogi ar economi'r Almaen, a welodd newid yn ei strwythur yn ystod yr 1930au: cynnydd mewn gwariant cyhoeddus a roddodd fwy o bwys ar ddiwydiant trwm, y duedd tuag at awtarciaeth, a ffrwyno gwariant defnyddwyr. Erbyn 1939, roedd argyfwng tymor hir wedi ymddangos yn gysylltiedig â phrinder llafur difrifol, allforio annigonol ac economi a oedd yn gyffredinol wedi gorboethi. Gosododd hyn rwystrau pwysig ar allu'r Almaen i ailarfogi ac ni ellid eu goresgyn ond trwy ddod o hyd i ffynonellau newydd o ddefnyddiau crai, bwyd a llafur. Gorfodwyd Hitler i fynd i ryfel er mwyn tynnu'r sylw oddi ar y problemau strwythurol hyn, a oedd wedi ymddangos gyntaf yn 1937 ac a oedd yn gynhenid yn yr economi. Yn ôl Mason, nid oedd gan yr Almaen yr arfau yn 1939 i gynnal rhyfel hir, felly "roedd Hitler yn cynllunio defnyddio *Blitzkrieg* neu 'ryfel cyflym'" yn hytrach na pharatoi am ymgyrchoedd rhyfela mewn ffosydd maith.

A.S. Millward: *The German Economy at War* (Athlone Press, 1965)
Dadleua fod cysylltiad sylfaenol rhwng economi, strategaeth ac ideoleg Natsïaidd. Roedd prinder defnyddiau crai yn golygu mai rhyfeloedd byr oedd fwyaf dewisol. Byddai hyn yn golygu na fyddai angen addasu holl economi'r Almaen ar gyfer rhyfel – byddai hynny wedi gosod straen anferthol ar yr economi ac wedi arwain at anfodlonrwydd ymysg sifiliaid. Nid oedd Hitler yn llwyr ymddiried yn y bobl, felly roedd yn rhaid iddo gynnig buddugoliaethau ar y gost leiaf iddynt gan na allai ddisgwyl iddynt gytuno i aberthu. Ni fu i Hitler baratoi'n gyfan gwbl ar gyfer rhyfel ac felly nid oedd holl economi'r Almaen ar unrhyw adeg wedi ei neilltuo i gynhyrchu at ryfel.

B.E. Carroll: *Design for Total War: Arms and Economics in the Third Reich* (Mouton, 1968)
Mae'r teitl hwn yn gamarweiniol yn yr ystyr nad yw B.E. Carroll yn cytuno â'r farn fod y Natsïaid wedi cynllunio rhyfel diarbed. Ei chasgliadau yw fod yr Almaen, o 1934 ymlaen, wedi symud tuag at economi oedd yn ystyried rhyfel. Yn 1936, roedd arfau yn tra-arglwyddiaethu yng ngwariant y llywodraeth ar nwyddau a gwasanaethau, yn ogystal â buddsoddiadau. Yn 1938, roedd yr economi ar delerau rhyfel ond ni fu i wariant milwrol dra-arglwyddiaethu ar yr economi

TABL 46
Amcangyfrif Klein o'r gwariant ar arfau, 1933-9 (miliwn RM)

1933–5	5
1935–6	6
1936–7	10
1937–8	14
1938–9	16
Ebrill–Medi 1939	4

hyd 1942, pan oedd 50 y cant neu fwy o'r adnoddau economaidd wedi eu neilltuo'n llwyr at ryfel. Erbyn 1939, roedd Prydain yn gwario canran tebyg o'r gwariant gwladol crynswth sy'n awgrymu nad oedd yr Almaen yn fwy parod am ryfel na Phrydain – ar wahân, wrth gwrs, i'r ffaith ei fod yn tyfu o sail arfau fwy eang o ganlyniad i bentyrru arfau ers 1934.

TABL 47

Cymharu gwariant milwrol yr Almaen a Phrydain fel canran o'r GNP/Incwm Gwladol (a ystyrir yn gywerth), 1933-9

	Yr Almaen (biliwn RM)		*Prydain (biliwn o £)*	
Blwyddyn	GNP	%	*Incwm Gwladol*	%
1933	59	3	3.7	3
1934	67	6	3.9	3
1935	74	8	4.1	2
1936	83	13	4.4	5
1937	93	13	4.6	7
1938	105	17	4.8	8
1939	130	23	5.0	22

Mae *GNP* yn fwy nag Incwm Gwladol ond i bwrpas y tabl hwn gellir cyfrif bod y ddau yr un fath.

C

Pwy oedd fwyaf parod am ryfel yn 1939?

E *Ymchwil ddiweddar i ymdrech ryfel yr Almaen*

Mae R.J. Overy yn 'Hitler's War and the German Economy – a Re-interpretation' (*Economic History Review*, Mai 1982) wedi gwrthod y dehongliad cyffredin fod Hitler wedi cynllunio ar gyfer rhyfel cyfyngedig gydag adnoddau cyfyngedig. Dadleua fod haneswyr wedi anwybyddu'r ffigurau manwl. Roedd Hitler wedi cynllunio ar gyfer rhyfel diarbed a phan ddechreuodd y rhyfel bu i'r Almaen baratoi mor gyflym â phosibl. Mae Overy yn cefnogi ei ddadl trwy dynnu sylw at:

- Y chwyldro ym myd gwleidyddiaeth a'r economi o ganol yr 1930au, yn enwedig ar ôl 1938, pan benododd Hitler bobl oedd yn cytuno â'i syniad ef am ymdrech ryfel ar raddfa fawr.
- Cynllunio economaidd oedd yn amcanu at drawsnewid yr economi i ddarparu at ryfel. Byddai'n digwydd mewn dau gam: ehangu yng nghanolbarth a dwyrain Ewrop i ddarparu sail gyflenwi fawr o ddefnyddiau crai ac aur ar gyfer yr ymdrech ryfel. Ni chyflawnwyd y cam hwn yn llwyr hyd nes y meddiannwyd Awstria a Tsiecoslofacia yn 1938, ac yna Wlad Pwyl yn 1939. Yr ail gam, a gyflwynwyd yn 1936, oedd polisi o awtarciaeth fel paratoad ar gyfer yr ymdrech ryfel fawr.
- Göring yn 1938 yn cyfeirio at yr hyn a alwai yn 'rhyfel ar raddfa fawr' a allai barhau am amser maith (15 mlynedd), ac a fyddai'n dechrau tuag 1943 neu 1944, ac at 'adeiladau buddugoliaeth' Speer a fyddai wedi eu cwblhau erbyn tuag 1951.
- Areithiau Hitler a soniai am Rwsia fel y gelyn, un oedd â'r gallu posibl i ddod yn rym economaidd rhagorol, a'r un roedd yn rhaid i'r Almaen fod yn gyfartal â hi.
- Rôl drechol ailarfogiad yn yr economi rhwng 1936 ac 1939, pan oedd dwy ran o dair o'r buddsoddiad diwydiannol wedi ei neilltuo ar gyfer paratoi at ryfel, yn cynnwys ehangu ar y diwydiannau cemegion, alwminiwm, awyrennau a pheirianneg. Erbyn 1939, roedd dros

chwarter y gweith diwydiannol yn gweithio ar archebion i'r lluoedd arfog. Roedd hyn yn darparu llawer mwy na'r hyn oedd ei angen ar gyfer *Blitzkrieg*.

Roedd yr Almaen yn mynd i 'neidio dros' Brydain a Ffrainc i wynebu UDA a'r Undeb Sofietaidd. Yn 1938, cytunwyd ar gynlluniau i ddatblygu awyren fomio ryng-gyfandirol, yr *American Bomber*; roedd y llu awyr Almaenig i'w ehangu bumplyg; byddid yn adeiladu llynges frwydro enfawr; a châi'r fyddin ei modureiddio. Ni ddisgwylid i'r cynlluniau hyn ddod i ben hyd ganol yr 1940au. 'Fydd hyn ddim fel 1914,' meddai Hitler wrth ei gadfridogion yn 1939. Roedd yn bolisi mentrus iawn oherwydd roedd llawer ymhlith yr elitau, y fyddin a pherchenogion busnes nad oeddent yn cytuno â strategaeth Hitler a'i pheryglon i'r economi. Fodd bynnag, ddaeth dim o'r cynlluniau hyn. Nid oedd Hitler yn meddwl y byddai'r rhyfel yn erbyn Gwlad Pwyl yn ehangu gan nad oedd yn credu y byddai Prydain yn gwneud dim am ei bod yn pwyso ar y Pwyliaid i ildio Danzig. Cyngor gwael a gafodd Hitler gan ysbïwyr yr Almaen, sef mai darpariaeth sâl oedd ym Mhrydain, ac felly credai mai rhyfel bychan a lleol fyddai unrhyw ryfel â Gwlad Pwyl. Nid oedd yr Almaen yn barod o ddifrif am ryfel yn 1939, ac, yn ôl Overy, nid oedd y paratoi cyfyngedig wedi ei gynllunio ond yn hytrach yn ganlyniad i aneffeithlonrwydd mawr cynllunio economaidd yr Almaen.

TABL 48
Y canran o weithlu diwydiannol yr Almaen oedd yn gweithio ar archebion i'r lluoedd arfog erbyn 1939

	1939
Pob diwydiant, yn cynnwys	21.9
Defnyddiau crai	21.0
Cynhyrchu metelau	28.6
Adeiladu	30.2
Nwyddau traul	12.2

PRIF YSTYRIAETH

Pa mor llwyddiannus oedd y cynlluniau hyn?

TABL 49
Ystadegau dethol yn cymharu ymdrech ryfel yr Almaen a Phrydain erbyn 1939

Cymhariaeth	*Yr Almaen*	*Prydain*
Indecs o wariant defnyddwyr (y pen) 1938 = 100	95.0	97.2
Cyflogaeth mewn diwydiannau rhyfel. % o'r cyflogedig i gyd	21.9	18.6
% y merched yng nghyfanswm y gyflogaeth sifil	37.3	26.4
% y gwariant rhyfel yng nghyfanswm yr incwm gwladol	32.2	15.0

Ni chyrhaeddwyd y cyrchnodau cynhyrchu o gwbl (gw. Tabl 45 ar dud. 355) oherwydd problem ariannu. Bu cais i ddatrys hyn trwy gynyddu rheolaeth y llywodraeth fel rhan o'r 'economi gyfalafol dan orchymyn.' Codwyd trethi, cyflwynwyd **addawebau** a rheolwyd prisiau (1936-7).

Bu peth llwyddiant gyda'r ail Gynllun Pedair Blynedd, oherwydd ni ellid bod wedi cael rhyfel yn 1939 heb y Cynllun, er gwaethaf amheuon Schacht. Roedd ei olynydd, Walter Funk, yn credu y dylai'r Cynllun Pedair Blynedd ddargyfeirio adnoddau o sectorau eraill, yn enwedig rhai defnyddwyr, er mwyn cwrdd â gofynion arfau a rhyfel. Roedd hyn yn golygu gwahaniaethu yn erbyn nwyddau traul a gweithwyr, sef yr hyn a hawliwyd gan ddiwydiant, y fyddin a'r gwasanaeth sifil am fod arnynt eisiau rhoi'r flaenoriaeth i arfau. Gwrthododd yr arweinwyr Natsïaidd weithredu fel hyn am eu bod yn 'ofni' y bobl ac yn amau eu

addawebau dogfennau wedi eu harwyddo yn cynnwys addewid ysgrifenedig i dalu swm penodol i'r person a enwir neu'r daliedydd ar ddyddiad penodedig neu ar alwad teyrngarwch mewn argyfwng, fel a ddigwyddodd yn 1918. Cafodd y polisi braw a phropaganda beth llwyddiant ac arweiniodd hyn at gonsesiynau materol o du'r arweinyddiaeth. Darparwyd stadau tai i'r gweithwyr, trwy'r cynllun 'Nerth trwy Ddiddanwch', a gweithgareddau hamdden, yn enwedig i'r rhai ar gyflogau isel (gw. Pennod 10). Cafwyd addewid am berchenogi car, tra oedd prinder llafur yn golygu y gallai gweithwyr hawlio ac ennill cyflogau uwch, er bod y rhain yn ddirym am fod costau byw yn codi.

Roedd y crynhoi llafur yn ddangosydd clir o lefel y crynhoi cyfan. Cynyddwyd niferoedd y gweithwyr mewn diwydiannau trwm a gweithfeydd metel (lle roedd prinder) tra crebachodd y diwydiannau adeiladu a nwyddau traul hyd at 1941, ond yna tyfodd y niferoedd yn y diwydiant nwyddau traul eto yn 1943. Yn y diwydiant gweithgynhyrchu metelau, oedd yn cynnwys y rhan fwyaf o'r cynhyrchiad arfau, bu cynnydd nodedig yn y nifer oedd yn gweithio ar archebion i'r fyddin, gan godi o 28.6 y cant yn 1939 i 68.8 y cant erbyn 1941, ond dim ond i 72 y cant erbyn 1943. Cododd y gyfran yn y sector defnyddwyr oedd yn gweithio ar archebion milwrol o 12.2 y cant yn 1939 i 27.8 y cant yn 1941, ar adeg pan gafwyd cwymp yn y cyfanswm oedd yn gweithio yn y sector hwn o 3.58 miliwn yn 1939 i 2.56 miliwn erbyn 1942. Yn 1941, roedd y lluoedd arfog yn cymryd 40 y cant o'r allbwn tecstilau a 44 y cant o'r holl ddilladau, oedd yn gadael llawer llai o gyfle i fodloni anghenion sifiliaid nag mae'r ffigurau allbwn yn ei awgrymu.

Mae Overy hefyd yn gwrthod, fel rhith ystadegol, yr honiad fod yr Almaen, yn wahanol i Brydain, wedi methu crynhoi merched ar gyfer gwaith y rhyfel. Mae ei ystadegau mwyaf diweddar yn dangos bod merched, erbyn 1939, eisoes yn fwy niferus yn y gweithlu yn yr Almaen nag ym Mhrydain, sef 37.3 y cant o'i gymharu â 26.4 y cant, ac iddynt barhau felly ar y cyfan.

6 ~ Y BERTHYNAS RHWNG Y GYFUNDREFN A BYD BUSNES

Bu safle byd busnes dan y Drydedd Reich yn destun peth dadl ymysg haneswyr. Oedd y berthynas wedi ei seilio ar waseidd-dra, cydweithrediad neu wrthwynebiad? Cydraddoldeb neu israddoldeb? Mae'r ddadl yn dangos yn glir fod hwn yn destun lle nad yw ymchwil ond megis dechrau. Mae'r berthynas yn bwysig gan ei bod yn berthnasol i'r cwestiwn – sut y bu i Hitler ddod i rym?

A *Oedd Hitler yn degan yn nwylo eraill, yn ildio i fuddiannau byd busnes?*

Y cwestiwn sy'n ganolog i'r dadansoddiad Marcsaidd o holl ffenomen Natsïaeth yw'r ddamcaniaeth 'asiant' – ai dim ond tegan oedd Hitler yn nwylo cyfalafiaeth fonopoli yr Almaen yn ei huchelgais ymerodrol? Yn 1935 dyna'n sicr oedd barn y Comintern, ffederasiwn rhyngwladol y pleidiau Comiwnyddol a reolid gan y Sofiet, pan ddisgrifiodd ffasgaeth yr Almaen fel 'unbennaeth frawychol amlwg yr elfennau mwyaf adweithiol, y mwyaf siofinaidd a'r mwyaf imperialaidd mewn Cyfalafiaeth gyllid'. Nid oedd hyd yn oed bropaganda'r pleidiau Democrataidd Cymdeithasol yn yr 1930au yn aml yn wahanol iawn, a châi Hitler ei bortreadu'n syml fel asiant byd busnes.

Yn ôl yr haneswyr penderfyniadol eu safbwynt, creadigaeth grymoedd economaidd pwerus oedd y Drydedd Reich. Maent yn honni bod buddiannau byd busnes wedi ceisio defnyddio gallu Hitler i ddenu ac i reoli'r tyrfaoedd i osgoi her y grymoedd sosialaidd/comiwnyddol oedd ar eu twf yn yr Almaen. Trwy gymorth ariannol ac ystrywiau carfannau pwyso, roeddent wedi cynnig swydd y Canghellor iddo ond yn disgwyl cadw'r grym yn eu dwylo eu hunain. Disgwylient i Hitler sathru'r chwith wleidyddol, gormesu'r mudiad llafur ac felly ganiatáu rhyddid i'w busnesau weithredu.

PRIF YSTYRIAETH

Oedd Hitler yn degan yn nwylo byd busnes?

Ceir y drafodaeth orau ar reolaeth byd busnes ar y Natsïaid yn 'Nazis and Monopoly Capital' A. Merson yn H.A. Turner (gol.) *Nazism and the Third Reich*. Ei ddadl yw fod y Natsïaid wedi colli eu safiad gwrthgyfalafol yn fuan oherwydd bod sefydlu'r Ffrynt Llafur wedi rhoi'r rheolaeth yn nwylo'r cyflogwyr. Yn ôl ei ddehongliad ef, gwelodd yr Almaen Natsïaidd yn yr 1930au ddatblygiad cyflym mewn cyfalafiaeth fonopoli lle roedd ailarfogi yn cael y flaenoriaeth. Term Marcsaidd i ddisgrifio byd busnes yw cyfalafiaeth fonopoli. Mae'n golygu crynhoi'r dulliau o gynhyrchu/diwydiant yn nwylo un neu ychydig o bobl. Roedd diwydiant wedi ei ganoli ym Masn y Ruhr, gogledd y Rhein, Westfalen a'r Saar, ac yn cynnwys teuluoedd fel y Krupps (arfau), Farben, Flick a Mercedes-Benz. Un enghraifft y soniwyd amdani eisoes yn y tudalennau blaenorol oedd y cwmni cemegion anferth, I.G. Farben, y busnes preifat mwyaf yn yr Almaen. Roedd y cwmni'n rheoli'r gwaith o gynhyrchu cemegion synthetig, rwber, petrol, olew a thecstilau.

Ym marn Merson, ehangodd pŵer y monopolïau nid yn unig yn ystod cyfnod y ffyniant mewn cynhyrchu arfau yn yr 1930au, ond hefyd yn ystod cyfnod y goresgyn, 1938-42. Daeth Göring yn bennaeth yr economi, nid fel llefarydd y Natsïaid yn erbyn byd busnes ond, i'r gwrthwyneb, am ei fod yn gymeradwy gan y monopolïau hyn. Bu i rai o'r cwmnïau monopoli mawr, fel I.G. Farben, Krupp a Flick, ecsbloetio'r gwledydd a goncrwyd. Defnyddiodd Friedrich Flick lafur caethion yn ei ddiwydiannau yn y Ruhr a bu farw'r mwyafrif ohonynt, tra ysbeiliodd cwmni arfau Alfred Krupp, sef Krupp von Böhlen und Halbach, weithfeydd diwydiannol yr Ewrop feddianedig a manteisio ar lafur o'r gwersylloedd crynhoi. Ar ôl 1942, gwelwyd buddiannau cyfalafiaeth fonopoli yn cael llais drwy Speer a dirywiodd dylanwad Göring. Tynnodd Merson sylw at yr hyn a ystyriai yn absenoldeb arwyddocaol cynrychiolwyr pwysig cyfalafiaeth fonopoli yng nghynllwyn bom Gorffennaf 1944. Barna fod arweinwyr cyfalafiaeth fonopoli wedi cefnogi Hitler hyd y diwedd, hyd nes i fyddinoedd Eingl-Americanaidd ddechrau cymryd drosodd.

Nid yw syniadau o'r fath wedi ennill llawer o ffafr na chefnogaeth ymysg ysgrifenwyr ar Natsïaeth yn y gorllewin. Gwadodd ysgrifenwyr fel Karl Bracher yn ei gyfrol ddylanwadol *The German Dictatorship* (Weidenfeld & Nicolson 1971) a H.A. Turner, 'German Big Business and the Rise of Hitler' (*American Historical Review*, LXXV, 1969) fod unrhyw wir berthynas rhwng Natsïaeth a chyfalafiaeth. Dadl Turner yw er nad oedd byd busnes yn hoffi Gweriniaeth Weimar a democratiaeth seneddol, nid oeddent yn cefnogi'r Natsïaid chwaith. Mae'r ymchwil fwyaf diweddar yn awgrymu na fu i'r teuluoedd mawr dalu symiau sylweddol o arian, ac mai eithriad oedd y miliwn marc a gyfrannodd Fritz Thyssen, etifedd un o weithfeydd dur anferth y Ruhr. Aeth mwyafswm arian y byd busnes i wrthwynebwyr ceidwadol y Natsïaid, yn enwedig Papen. Gobeithiai llawer na fyddai'r *NSDAP* yn dod i rym, ar wahân i fel dewis arall i'r comiwnyddion yn cipio'r Wladwriaeth. Dim ond wedi iddo dod yn Ganghellor y cafodd Hitler arian, a bu hyn yn help iddo gyfnerthu ei rym. Daeth y rhan fwyaf o'r gefnogaeth ariannol oddi wrth ddynion busnesau bach neu ganolig eu maint, y rhai oedd wedi dioddef fwyaf oherwydd y dirwasgiad. Ni ellir disgrifio'r rhain fel 'cyfalafwyr monopoli'. Gwyddai busnesau enfawr y wlad o brofiad eu bod mor bwysig i'r economi genedlaethol fel na allai unrhyw lywodraeth fforddio gadael iddynt fynd yn fethdalwyr. P'un bynnag, roedd byd busnes yn rhy rhanedig ac yn rhy ansicr i chwarae rôl hanfodol yn dod â Hitler i rym a chredent mai Papen, nid Hitler, fyddai'r dyn allweddol yn llywodraeth newydd Ionawr 1933. Os bu unrhyw ddolen gydiol rhwng Natsïaeth a chyfalafiaeth, yna y fantais a enillodd Hitler o ganlyniad i'r problemau economaidd a chymdeithasol tymor hir a effeithiodd ar economi 1928-33 oedd honno. Yn yr ystyr hwnnw, roedd Sosialaeth Genedlaethol, heb os, yn blentyn y drefn gyfalafol.

B *Oedd byd busnes yn ddarostyngedig i Sosialaeth Genedlaethol 1933-45?*

Ceir y drafodaeth orau ar y Natsïaid yn rheoli byd busnes yn erthygl T. Mason, 'The Primacy of Politics – Politics and Economics in National Socialist Germany' yn H.A. Turner (gol.), *Nazism and the Third Reich* (1972). Dadl Mason yw fod y Natsïaid wedi honni erioed eu bod wedi sefydlu 'goruchafiaeth gwleidyddiaeth'. Daeth y Natsïaid i rym gan addo datrys yr argyfwng economaidd a sefydlu cytgord cymdeithsol newydd. Yn y broses hon o ailadeiladu, nid oes fawr o dystiolaeth fod gan garfannau pwyso economaidd unrhyw ddylanwad pan drefnwyd polisi economaidd y Drydedd Reich. Yn ôl Mason, roedd yr 1930au yn gyfnod anodd i'r bloc grym diwydiannol oherwydd prinder arian tramor, defnyddiau newydd a llafur. Collodd diwydiant trwm ei hen safle gwleidyddol ar y brig a daeth y diwydiant cemegol i ddylanwadu. Roedd cwmnïau eraill yn cystadlu ymysg ei gilydd am ddefnyddiau newydd a llafur. Oherwydd llwyddiant cyflym y fyddin yn ehangu cylch dylanwad yr Almaen, roedd hyn nid yn unig yn gwneud ysbeilio yn bosibl ond hefyd yn rheidrwydd oherwydd prinder defnyddiau crai a llafur yn yr Almaen.

Yn ei ymdrechion i greu Almaen newydd yn economaidd, yn gymdeithasol ac yn foesol, roedd yn rhaid i Hitler ailchwyddo'r economi fewnol i sicrhau cyflogaeth lawn a thwf. Roedd hyn yn galw am bolisïau a fyddai'n fwriadol yn torri'r dolennau cydiol rhwng economi gyfalafol yr Almaen ac un gweddill y byd, yn enwedig Ewrop ac UDA. Mae hyn yn amlwg yn y cyfyngiadau eithriadol ar fasnach, ar gyfnewid ac ar ganiatáu trwyddedau mewnforio/allforio. Oherwydd prinder arian tramor ni allai allforion dalu am y mewnforion angenrheidiol a threfnwyd hapfasnachu mewn arian cyfred ar raddfa fawr. Erbyn 1935, roedd rheolaeth economaidd ryngwladol yn erbyn masnach yr Almaen hefyd wedi dod yn fwy eithafol, ac erbyn 1936 roedd yn amlwg na allai economi'r Almaen asio wrth economi gweddill Ewrop mewn unrhyw ffordd. Bu i bolisi tramor ymosodol y gyfundrefn ei gwahanu fwy fyth. Ar yr un pryd, yn 1936 dechreuodd cynllunio economaidd mewnol ddod yn ail o ran pwysigrwydd i ailarfogi. Lleihawyd cyfran y gwariant mewnol a neilltuwyd at gynlluniau creu gwaith wrth i'r ail Gynllun Pedair Blynedd geisio creu diwydiannau newydd – rwber synthetig ac olew – a datblygu, i raddau mwy, hen ddiwydiannau megis dur.

PRIF YSTYRIAETH

Oedd byd busnes yn degan yn nwylo Sosialaeth Genedlaethol?

Nid oedd cyflwyno economi gyfalafol dan orchymyn o reidrwydd er budd yr holl ddiwydianwyr a dynion busnes. Roedd cytundebau masnachu dwyochrol yn anffafrio rhai diwydiannau oedd yn seiliedig ar allforion. Nid oedd gan y gyfundrefn ddiddordeb mewn helpu busnesau preifat i feithrin cysylltiadau â gwledydd eraill. Fel rhan o'r rhaglen ailarfogi anferth gadawyd i ymerodraeth ddiwydiannol Hermann Göring ddatblygu gweithfeydd dur oedd yn anffafrio buddiannau busnesau preifat. Roedd Hitler yn gynddeiriog fod yna feirniadaeth mewn cylchoedd busnes ynglŷn â chostau cynhyrchu, ac fe fygythiodd y byddai'r wladwriaeth yn ymyrryd er mwyn cyflawni ei nod os na allai'r sector breifat fodloni gofynion awtarciaeth. Adwaith o'r fath i wrthwynebiad o du'r diwydianwyr dur oherwydd costau uchel cynhyrchu mwynau oedd sefydlu'r Hermann Göring-Werke, dan reolaeth y wladwriaeth, i brosesu mwyn dur o radd isel.

Yn ei bennod 'Fascism and the Economy' yn W. Laquer (gol.), *Fascism, A Reader's Guide* (Penguin 1979) mae Alan Milward yn dadlau bod natur wrthgyfalafol polisïau'r Natsïaid wedi dod yn fwy amlwg yn ystod y rhyfel. Roedd rhyfel o fantais i'r diwydiannau arfau wrth i gynhyrchu ehangu ar raddfa anferthol. Daeth cyfarwyddwyr I.G. Farben yn swyddogion cyhoeddus yn y gwaith o gyfarwyddo'r ail Gynllun Pedair Blynedd, tra oedd llawer o ddiwydiannau, yn enwedig y rhai oedd yn dibynnu ar ofynion defnyddwyr, yn cael fod eu buddiannau'n cael eu hanwybyddu fwyfwy. Roedd hi'n anodd denu gweithwyr gan fod trwyddedau gwaith yn sicrhau bod llafur yn cael ei neilltuo ar gyfer diwydiannau rhyfel, gan anffafrio diwydiannau defnyddwyr. Ond yn fwy difrifol fyth i ddiwydiant o 1941 ymlaen, er gwaethaf yr angen amlwg am fwy o weithwyr, oedd fod Hitler wedi dechrau difodi'r Iddewon a cham-drin pobl y dwyrain yn y gwersylloedd, oedd yn marw o newyn neu afiechyd. Hefyd, rhoddid blaenoriaeth i gludo Iddewon i'r gwersylloedd ar y rheilffyrdd yn hytrach na chludo defnyddiau crai ar gyfer cynnyrch rhyfel.

Mae Milward yn cydnabod nad yw ei ddehongliad wedi ei seilio ar ddadansoddiad ystadegol gwrthrychol ond ar ei gred fod gan Natsïaeth a chyfalafiaeth weledigaeth wahanol ynghylch cymdeithas. Mae cadarnhad o'r dehongliad hwn yn amhosibl gan ei fod yn gofyn am ateb i un o gwestiynau mawr hanes – beth fyddai wedi digwydd pe bai'r Almaen wedi ennill y rhyfel?

C *A fu i fyd busnes gydweithredu â Hitler?*

Mae'r dystiolaeth ystadegol sydd ar gael ar hyn o bryd yn rhoi mwy o bwys ar berthynas yn seiliedig ar gydweithrediad yn hytrach na gelyniaeth. Yn ystod y blynyddoedd diwethaf mae haneswyr fel Ian Kershaw wedi pwysleisio pwysigrwydd ideoleg wrth benderfynu ar bolisi. Dadleua fod cyfalafwyr blaenllaw, oedd yn gweld na allai Gweriniaeth Weimar ddatrys problemau economaidd yr Almaen, yn barod i dderbyn Natsïaeth gan y gallai hyrwyddo eu buddiannau. Credent y byddai llywodraeth Hitler yn datrys yr argyfwng economaidd trwy gyfrwng mesurau gwleidyddol, gan ddechrau gyda threchu'r chwith. Roedd y ffaith fod y gyfundrefn wedi cadw cyflogau yn isel yn ystod y blynyddoedd canlynol, ynghyd â'r cynnydd enfawr ym muddsoddiad, elw a buddrannau'r llywodraeth, yn dangos yn glir y gallent elwa ar yr unbennaeth Natsïaidd. Canolbwyntiodd dynion busnes yn ystod blynyddoedd canol yr 1930au ar ailadeiladu eu cwmnïau a chynyddu eu helw, gyda chryn lwyddiant mewn rhai achosion.

Er nad oedd y Cynllun Pedair Blynedd o fudd i'r diwydiannau hynny oedd yn dibynnu ar y farchnad allforio neu'r farchnad defnyddwyr, dangosai pa mor glòs oedd y berthynas rhwng arweinwyr y wladwriaeth ac arweinwyr diwydiant. Cafodd cyfarwyddwyr I.G. Farben, oedd yn gweinyddu'r Cynllun, fod eu buddiannau a'u helw mor gysylltiedig â'i lwyddiant fel y daethpwyd i'w adnabod fel 'cynllun I.G. Farben'. Cred Kershaw nad oedd yr arweinwyr diwydiannol wedi sylweddoli y byddai polisïau'r gyfundrefn yn arwain at ddinistr, nid adferiad, hyd at gyfnod olaf y rhyfel yn 1944, pan oedd trechiad yn amlwg. Ni wêl unrhyw wrthdaro rhwng elfennau a ogwyddai at ryfel ym myd diwydiant ac arweinyddiaeth y Sosialwyr Cenedlaethol, fel sy'n amlwg yn absenoldeb cynrychiolwyr o fyd busnes, neu adrannau penodol ohono, ymysg cynllwynwyr Gorffennaf 1944. Daeth yr economi ryfel ag elw i nifer o adrannau ym mhlith mentrau cyfalafol, tra nad oedd polisïau hiliol y gyfundrefn, yn enwedig o 1941 ymlaen, yn gwrthdaro yn erbyn buddiannau byd busnes. Ni bu i fyd busnes brotestio yn erbyn difodi'r Iddewon, ceid gweithdai yn cyflogi caethion yn y prif wersylloedd fel Auschwitz, ac roedd cyfalafwyr, fel y Krupps, yn barod i redeg gwersylloedd/ffatrïoedd caethion oedd yn 'cyflogi' pobl o'r dwyrain.

Arwydd arall o'r cysylltiad clòs hwn rhwng buddiannau'r gyfundrefn a rhai rhannau o ddiwydiant oedd y cydweithrediad clòs rhwng yr *SS* ac arweinwyr diwydiant trwy 'gylchoedd ffrindiau' Himmler (*Freundeskreis*). Roedd y rhain yn cwrdd yn gyson, unwaith y mis, i drafod polisïau a fyddai

TABL 50
Elw cwmnïau yn yr Almaen, 1933-7 (biliynau RM)

CWMNI	1933	1934	1935	1936	1937
United Steel	8.87	21.24	22.85	27.01	27.60
Krupp	6.65	11.40	16.60	17.61	17.80
Mannesmann	2.09	3.39	5.84	7.30	8.35
Daimler-Benz	2.47	4.12	4.10	6.23	2.51
Ford, Köln	–	–	0.06	0.36	0.41
Cyfanswm ar gyfer y 1400 cwmni mwyaf	36,000	45,000	50,000	59,000	–

o fudd i'r ddwy ochr ac i helpu'r *SS* i wneud penderfyniadau ar sut i redeg yr ymerodraeth economaidd oedd ar ei thwf. Felly, roedd gwladwriaeth *SS* y dyfodol yn un lle roedd prif ran i'w chwarae o hyd gan fenter gyfalafol. Synia Kershaw am ddatblygiadau o'r fath fel rhai a fyddai'n cynhyrchu cymdeithas gyfalafol 'hynod' a fyddai, wedi i'r rhyfel ddod i ben, yn cyflwyno 'Trefn Newydd' yn y dwyrain.

7 ~ CYFYNGIADAU AR LWYDDIANT Y GYFUNDREFN

Erbyn 1939 roedd yr economi wedi adfywio dan reolaeth y gyfundrefn ond, fel mae'r diffygion yn yr ail Gynllun Pedair Blynedd yn ei ddangos, nid oedd yn hunanddigonol.

Roedd mannau gwan o hyd: mewn cyllid; mewn prinder llafur, defnyddiau crai ac arian tramor. Cafwyd asesiad treiddgar ar y straen a achosid gan y galw cystadleuol am adnoddau prin ac anawsterau'r gyfundrefn o'u herwydd yn yr adroddiad a ganlyn gan ddadansoddwr *SPD* yng Ngorffennaf 1938 (dyfynnir yn Noakes a Pridham, *Nazism 1919-1945, A Documentary Reader, Vol.2*):

PRIF YSTYRIAETH

Ai byr eu parhad oedd llwyddiannau'r gyfundrefn?

> Dan chwip yr unbennaeth, mae lefel gweithgaredd economaidd wedi cynyddu'n sylweddol. Manteisiwyd i'r eithaf ar lafur; mae mwy o ferched yn cael eu cyflogi er gwaethaf y ddelfryd Natsïaidd gwbl groes o'r ferch; ac mae nifer fawr o'r *Mittelständlern* (pobl hunangyflogedig) wedi eu trawsnewid yn weithwyr cyflogedig er gwaethaf y ddelfryd Natsïaidd gwbl groes ynghylch eu statws ... Ond ni all coed, hyd yn oed rhai Natsïaidd, dyfu at y nefoedd. Mae'n wir ... bob blwyddyn caiff 12-13 biliwn RM eu gwasgu o'r incwm gwladol ar gyfer ailarfogi ... Ond ni ellir gwneud popeth 'run pryd gyda biliynau'r ordreth ... cynyddu'r arfau i luoedd y tir a'r awyr yn ddi-ben-draw, adeiladu llynges anferth, codi muriau i amddiffyn ffiniau newydd estynedig, adeiladu safleoedd anferth i gynhyrchu defnyddiau *ersatz* (synthetig), codi adeiladau mawreddog megalomanaidd ... gall rhywun wneud y naill beth neu'r llall neu ychydig o bopeth, ond nid popeth 'run pryd ac ar raddfa ddifesur ...

C

Sut mae'r ffynhonnell hon yn eich helpu i egluro methiant cymharol y Cynllun Pedair Blynedd? (Edrychwch hefyd ar Dabl 43)

Fodd bynnag, nid oedd hyn i gyd yn ddigon i greu, fel mae rhai haneswyr wedi dadlau, argyfwng economaidd yn 1939 a berswadiodd Hitler i fynd i ryfel. Ond roedd yn golygu bod yna gyfyngiadau ar gyflawniadau'r gyfundrefn ar gyfer nifer o'r buddgarfanau economaidd roedd Hitler wedi addo eu hamddiffyn a'u gwobrwyo.

A *I'r gweithiwr*

Llwyddodd y gyfundrefn i leihau diweithdra, i'r graddau bod llafur hyd yn oed yn brin erbyn 1938, ac i sefydlogi'r economi, ar draul rhai gweithwyr. Fodd bynnag, mae angen nodi cyfyngiadau'r llwyddiannau economaidd hyn. Ni welwyd cystal gwelliannau yn safon byw yr Almaen ag yng ngwledydd eraill y gorllewin ac ni chyrhaeddodd lefel y blynyddoedd cyn 1914. Cafwyd gwobrau fel radio, car, gwyliau a chyfleusterau hamdden, caeau chwarae a phyllau nofio, ond ar yr un pryd oriau gwaith hir, amodau byw cyntefig a gostyngiad yng ngallu prynu cyflogau. Ymysg gweision sifil ar gyflogau isel a gweithwyr ar gyflog bu dirywiad yn eu cymeriant o fwydydd pwysig – cwrw, ffrwythau trofannol, cig, cig moch, llaeth ac wyau – a chynnydd yn y cymeriant o fwydydd rhatach fel tatws a bara rhyg. Lleihaodd treuliant preifat fel canran o'r incwm gwladol o 64 y cant yn 1936 i 59 y cant erbyn 1938. Roedd hyn draean yn is nag ym Mhrydain a hanner yn is nag yn UDA. Roedd yna ddau brif reswm i egluro hyn. Yn gyntaf, am fod Hitler yn awyddus i reoli chwyddiant fe aberthid unrhyw welliant arwyddocaol yn safon byw y gweithwyr. Yn ail, roedd y syniad o economi gynlluniedig lle roedd ailarfogi yn cael blaenoriaeth ar sefyllfa faterol pob grŵp cymdeithasol ('gynnau o flaen menyn') yn golygu bod yn rhaid cwtogi ar sector y defnyddwyr. Golygai hyn nad oedd pawb o'r gweithwyr yn dioddef gostyngiad tebyg yn eu safon byw, ac felly roedd ymateb y dosbarth gweithiol yn amrywio ac yn gymhleth. Roedd y rhai oedd yn gweithio yn y diwydiannau seiliedig ar ddefnyddwyr, fel y diwydiant cotwm, yn dioddef oherwydd cwtogi ar eu horiau gwaith a'u cyflogau o gymharu â'r rhai a gyflogid yn y sector nwyddau cyfalaf. Dan amodau ffyniant cafwyd cystadlu ffyrnig am lafur prin a arweiniodd at 'ddwyn' gweithwyr a chynigion am well cyflog er gwaethaf rheolaeth y gyfundrefn ar gyflogau. Profodd mwynwyr, gweithwyr metel ac adeiladwyr godiad yn eu hincwm real erbyn 1939, ond roedd pris i'w dalu – blinder cynyddol oherwydd diwrnod gwaith hwy, sifftiau nos a goramser. Methodd y gyfundrefn ennill cefnogaeth y gweithwyr, a oedd yn anfodlon eu bod yn cael eu disgyblu a'u cyfeirio. Dim ond i raddau y gallent fynegi eu hanfodlonrwydd, ond fel mae adroddiadau Ymddiriedolwyr Llafur y Reich yn ei ddangos, roedd carfanau o weithwyr digalon, yn enwedig yn y diwydiannau mwyngloddio, adeiladu a gwaith metel, yn protestio'n oddefol ar ffurf salwch, torri contractau, gwrthod gweithio oriau ychwanegol oherwydd blinder, ac yn fwy agored, trwy ddifrodi ac anafu'n gorfforol. Er gwaethaf y nodweddion negyddol hyn, ni wnaeth llawer o

TABL 51

Cyflogau real a threuliant preifat yn yr Almaen yn 1932-8 o'i gymharu ag 1928

	1928	*1932*	*1934*	*1936*	*1938*
Cyflogau real (1913/14)=100)	110	120	116	112	112
Enillion real (1925/29 = 100)	106	91	88	93	101
Cyflogau fel canran o Incwm Gwladol	62	64	62	59	57
Treuliant preifat fel canran o Incwm Gwladol	71	83	76	64	59

Cyflogau real – gwerth cyflogau arian yn ôl swm y nwyddau a gwasanaethau y gellir eu prynu.
Enillion real – gwerth pob incwm gwaith, fel uchod, gan roi ystyriaeth i oramser, amser byr ac absenoldeb.

C

A ellir honni bod 'adferiad economaidd wedi ei gyflawni ar draul y gweithwyr'? (Defnyddiwch Dabl 43 ar dudalen 351 gyda Thabl 51)

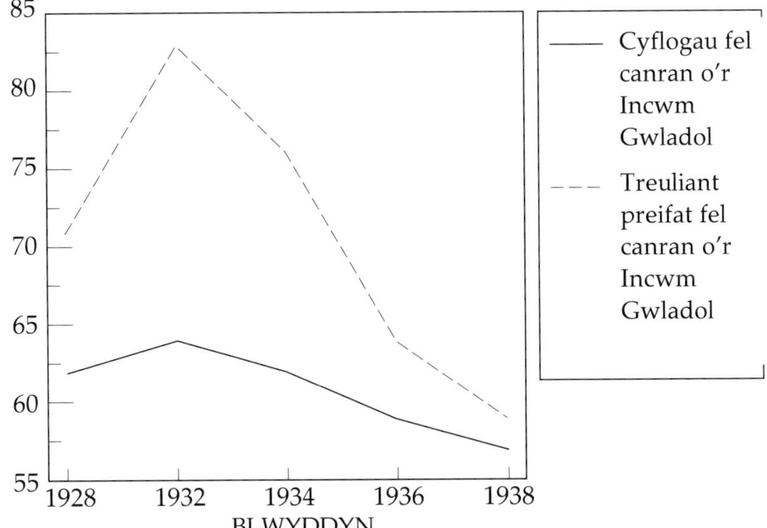

DIAGRAM 7
Graff yn dangos cyflogau real a threuliant preifat yn yr Almaen yn 1932-8 o'i gymharu ag 1928 (gw. Tabl 51)

weithwyr fwy na grwgnach, ac i lawer roedd *Volksgemeinschaft* Hitler, oedd wedi sicrhau gwaith iddynt, yn rym oedd yn sefydlogi ac yn uno.

B *I'r ffermwr*

Cafwyd rhai enillion tymor byr yn ystod blynyddoedd cynnar y gyfundrefn ymysg rhai carfanau o'r gymuned ffermio. Cafodd ffermwyr mawr a chanolig help i dalu eu dyledion trwy gyfrwng cyfraddau llog isel a dileu rhan o'r ddyled, ond ni chafodd ffermwyr llai yr arian hwn hyd 1935. Cafodd ffermwyr tir âr help gyda chymorthdaliadau ond bu'n rhaid i ffermwyr da byw brynu bwydydd drud wedi eu mewnforio. Oherwydd cyfyngiadau ar brynwyr – dim codiad cyflog a rheolaeth ar brisiau bwydydd – erbyn 1938 dim ond mymryn o godiad a welwyd mewn cymeriant bwyd ac, o ganlyniad, ym marchnadoedd y ffermwyr, oddi ar flwyddyn argyfwng 1932. Dioddefai'r ffermwyr i gyd o brinder llafur am fod cymaint wedi gadael y tir. Dan amodau fel hyn, roedd incwm ffermwyr, a gododd 41 y cant, yn llusgo y tu ôl i incwm diwydiant, a gododd 116 y cant. Effaith polisi'r gyfundrefn i sicrhau awtarciaeth oedd gor-reoli a dagai fenter fasnachol, ac annog masnachu trwy'r farchnad ddu. Fel ym myd diwydiant, cwynai llawer eu bod yn gorweithio ac yn afiach, a theimlent fod eu buddiannau wedi cael eu haberthu i'r ymgyrch ailarfogi.

Ffoi o'r tir, gw. tud. 297

C *I ddynion busnes*

Roedd mantais gyffredinol i bob dyn busnes oherwydd rheoliadau'r gyfundrefn i leihau ei dyled dramor, sefydlogi'r strwythur credyd a rheoli'r banciau. Ar ôl 1933 cafodd llawer o ddynion busnes ei bod hi'n bosibl benthyca o fanciau'r wladwriaeth i ariannu eu gweithgareddau, ond câi'r rhai oedd yn cynhyrchu nwyddau traul eu hanffafrio yn gynyddol. Cyflwynodd y gyfundrefn amrediad eang o fesurau rheoli – ar fewnforion, dosbarthu defnyddiau crai, prisiau, cyflogau a lleoli llafur – oedd yn pennu lefelau cynhyrchu, prisiau'r farchnad a lefel elw. Arhosodd busnes mewn dwylo preifat ond roedd perfformiad diwydiannau seiliedig ar ddefnyddwyr yn is nag yn yr 1920au, gan orfodi perchenogion busnesau naill ai i werthu neu i newid i'r sector arfau. Tymherwyd yr anfodlonrwydd gan y ffyniant cyffredinol tua diwedd yr 1930au, ond gadael y wlad wnaeth y dynion busnes hynny nad oeddent yn barod i weithio gyda'r gyfundrefn.

8 ~ LLYFRYDDIAETH

Nid oes yna lyfr hanes cynhwysfawr ar economi'r Natsïaid yn bodoli er bod nifer o gasgliadau o ffynonellau gwreiddiol ar gael yn rhwydd. Ar y themâu a drafodwyd yn y bennod hon tebyg mai J. Noakes a G. Pridham (gol.) *Nazism 1919-1945, A Documentary Reader,Vol.2 – State, Economy and Society 1933-1939* (University of Exeter Press 1984) yw'r mwyaf addas ar gyfer myfyrwyr. Mae'n ddefnyddiol oherwydd y sylwadau yn ogystal â'r dogfennau. Ymysg y ffynonellau eilaidd niferus ceir llyfrau hanes cyffredinol sy'n sôn am yr economi yn gyffredinol megis D.G. Williamson, *The Third Reich* (Longman Seminar Series, 1982). Ceir nifer o destunau arbenigol ar themâu penodol a archwiliwyd yn y bennod hon. I gael dadansoddiad o'r berthynas rhwng byd busnes, diwydiant a'r gyfundrefn porwch yn H.A.Turner, *German Big Business and the Rise of Hitler* (Oxford UP 1985), a *Nazism and the Third Reich* (1972). Ymdrinnir â hanesyddiaeth y berthynas rhwng y gyfundrefn a byd busnes yn T.W. Mason, 'The Primacy of Politics – Politics and Economics in National Socialist Germany' yn H.A.Turner (gol.), *Nazism and the Third Reich*; Alan Milward, 'Fascism and the Economy', yn W. Laqueur (gol.), *Fascism. A Reader's Guide* (Penguin 1979). Ceir yr ymchwil ddiweddaraf ar yr economi a Göring gan R.J.Overy, *The Nazi Economic Recovery 1932–1938* (Macmillan 1982) a *Göring The Iron Man* (Routledge, Kegan & Paul 1984). Mae hefyd wedi ysgrifennu nifer o erthyglau ar gyfer myfyrwyr Safon Uwch: 'Hitler and the Third Reich', *Modern History Review*, Tachwedd 1989; 'German Domestic Crisis and War in 1939', *Past and Present*, Awst 1987; 'Hitler's War and the German Economy, A Re-Interpretation', *Economic History Review*, Mai 1982; 'Business and the Third Reich', *History Review*, 13, 1992. Am adroddiad manwl ar y werin ac amaethyddiaeth darllenwch J.E. Farqharson, *The Plough and the Swastika* (Sage 1976). Ar yr economi Natsïaidd ceir B.E. Carroll, *Design for Total War: Aims and Economics in the Third Reich* (Mouton 1968). Ar economi'r Almaen adeg rhyfel, gweler A. Milward, *War, Economy and Society, 1939–1945* (University of California Press 1977).

9 ~ CWESTIYNAU TRAFOD

A *Mae'r adran hon yn cynnwys cwestiynau y gellid eu defnyddio i drafod ac/neu i brofi eich dealltwriaeth o brif themâu'r bennod.*

1. (a) A fu i'r gyfundrefn Natsïaidd roi cychwyn ar adferiad economaidd dan arweinyddiaeth y wladwriaeth nad oedd yn sicr hyd nes ar ôl 1936?
   (b) Oedd yr adferiad wedi ei ennill ar draul y gweithiwr?
2. Oedd yr Almaen yn wynebu argyfwng economaidd o 1936 ymlaen?
3. I ba raddau y bu i Hitler fynd i ryfel i osgoi argyfwng economaidd?
4. I ba raddau roedd yr economi wedi ei haddasu ar gyfer rhyfel yn ystod y blynyddoedd 1933-39?

10 ~ CWESTIYNAU TRAETHAWD

A *Cwestiynau dwy ran*

1. (a) Dechreuodd y gyfundrefn Natsïaidd ar raglen o adferiad economaidd yn 1933. Disgrifiwch y prif ddulliau a fabwysiadwyd.
   (b) Eglurwch pam roedd y polisïau hyn yn bygwth creu argyfwng economaidd o 1936 ymlaen.

B *Cwestiynau traethawd*

1. Pa mor llwyddiannus fu'r gyfundrefn Natsïaidd yn ei hymdrechion i ailchwyddo'r economi?
2. I ba raddau roedd economi'r Almaen yn barod ar gyfer rhyfel yn 1939?
3. 'Cyflogaeth lawn oedd unig rodd Hitler i'r tyrfaoedd.'
   I ba raddau rydych chi'n cytuno â'r farn hon?
4. I ba raddau y bu i'r gyfundrefn Natsïaidd gyflawni gwyrth economaidd erbyn 1939?
5. 'Byr ei pharhad fu gwyrth economaidd yr Almaen ac fe'i cyflawnwyd ar gost aruthrol'. I ba raddau rydych chi'n cytuno â'r farn hon?

11 ~ GWNEUD NODIADAU

Darllenwch yr adran gynghori ynglŷn â gwneud nodiadau ar dudalen xx o'r *Rhagair: Sut i ddefnyddio'r llyfr hwn*, ac yna gwnewch eich nodiadau eich hun ar sail y penawdau a'r cwestiynau a ganlyn.

1. *Adferiad yr economi 1933-39*

(a) Beth oedd y prif broblemau economaidd oedd yn wynebu'r Almaen yn 1933?

(b) Nodwch y pum prif strategaeth ym mholisïau economaidd y Natsïaid i sicrhau adferiad a gynrychiolir gan bob un o'r canlynol:

- i ymgyrchoedd propaganda;
- ii penodi Schacht;
- iii economi gynlluniedig/cynlluniau pedair blynedd;
- iv gwahaniaeth yn erbyn diwydiannau a gweithwyr oedd yn cynhyrchu nwyddau traul;
- v ffafrio byd busnes.

(c) Beth oedd effaith paratoadau rhyfel ar dwf economaidd yn y cyfnodau:
  i 1933-36;
  ii 1936-39?

(ch) Pa broblemau sy'n wynebu haneswyr wrth geisio asesu rôl gwariant ailarfogi o'i gymharu â buddsoddiad arall yn yr 1930au?

(d) Nodwch effeithiau gwael y rhaglen ailarfogi ar:
- gyllid;
- galw defnyddwyr;
- y fantol daliadau
- perthynas y gyfundrefn â:
  i gweithwyr diwydiannol;
  ii byd busnes;
  iii y *Mittelstand*.

(dd) Diweddglo –cyflwr yr economi erbyn 1939:
- Pa wendidau oedd yn bodoli o hyd?
- I ba raddau roedd yr economi'n barod am ryfel?
- Pa gasgliadau gwahanol mae haneswyr wedi dod iddynt wrth drafod cynlluniau rhyfel Hitler?

12 ~ YMARFER AR DDOGFENNAU: ADFERIAD ECONOMAIDD Y GYFUNDREFN HYD 1939

Astudiwch y ffynonellau isod ac atebwch y cwestiynau sy'n dilyn:

FFYNHONNELL A
Gohebydd Americanaidd yn yr Almaen yn disgrifio'r adferiad economaidd (W.L. Shirer, The Rise and Fall of the Third Reich*).*

Roedd sylfaen llwyddiant Hitler yn ystod y blynyddoedd cyntaf yn gorffwys ... ar adferiad economaidd yr Almaen a gyfrifid yn wyrth yng nghylchoedd y blaid a hyd yn oed ymysg yr economegwyr dramor ... Gostyngwyd diweithdra, melltith y Dauddegau a blynyddoedd cynnar y Tridegau, o 6 miliwn yn 1932 i lai na miliwn ... Cododd cynnyrch cenedlaethol 102% rhwng 1932 ac 1937 a dyblwyd yr incwm gwladol. I sylwebydd, roedd yr Almaen ynghanol yr 1930au yn ymddangos fel cwch gwenyn anferth. Roedd olwynion diwydiant yn chwyrlïo a phawb yn brysur fel lladd nadroedd.

Erbyn diwedd 1937, roedd yn ymddangos, yn arwynebol, fod y gyfundrefn Natsïaidd wedi cynhyrchu adferiad economaidd i raddau helaeth. Achoswyd hyn yn bennaf trwy sbarduno diwydiant i baratoi at ryfel. Roedd diweithdra wedi gostwng i 1,870,000 – dim ond 600,000 yn fwy nag yn 1929, y flwyddyn orau ers y Rhyfel: ac roedd swm y cynhyrchu diwydiannol yn ôl bron i lefel 1929-30. Ond dim ond ar gost ddychrynllyd y cafwyd y ffyniant digon ansylweddol hwn. Roedd gwead economaidd y wlad yn ymestyn ac yn ysigo.

Yn 1929, roedd allforion yr Almaen yn werth bron 13,000,000,000 *Reichsmark*. Erbyn 1933, roeddent wedi gostwng i brin 5,000,000,000 *Reichsmark*, ac yn 1934 i ddim ond 4,187,000,000 ... Mae diwydiant yr Almaen, fel arfer, yn byw ar ei masnach dramor. Dechreuodd [hon] ddiflannu oherwydd gwerth aur uchel y *Reichsmark*, cynnydd cyfyngiadau mewnforio dramor, a'r boicot rhyngwladol.

Eto roedd yn rhaid i'r Almaen barhau i dalu am fewnforion ... Roedd arni angen sidan, rwber, nicel, manganîs, cromiwm, twngsten, tecstilau crai, tun, copr, petrol. Gan ddefnyddio pob ffynhonnell arian a chredyd, prynodd yr Almaen storau anferth o'r pethau hyn. Bu i swm y mwyn haearn o Sweden a brynid gan Ymddiriedolaeth Ddur yr Almaen ... [ddyblu erbyn] ... Awst 1934. Treblodd y mewnforion o nicel crai – defnydd hanfodol yn amser rhyfel – rhwng 1932 ac 1935. A gwnaed pob ymdrech i sicrhau hunanddigonedd ym myd amaeth, fel y gallai'r Reich ei bwydo'i hun er gwaethaf gwarchae ...

Cafodd cyflogau eu dadchwyddo yn anhrugarog trwy fynnu taliadau ar gyfer lles, y ffrynt llafur, cynghrair amddiffyn yr awyr, ac yn y blaen ...

Does gan Hitler ddim diddordeb mewn economeg ... ond gall y bydd economeg yn ei ddinistrio. Nid yw realiti parhaol y sefyllfa economaidd yn yr Almaen yn gwasanaethu unrhyw Hitler, Schacht na Thyssen. Os bydd i Schacht fethu, bydd Hitler yn dod o hyd i Schacht arall ...

[Ond] mae'n rhaid i'r Almaen fwydo chwe deg pum miliwn o bobl; rhaid iddi fenthyca neu allforio digon i dalu am fewnforion: mae'n byw trwy gynhyrchu defnyddiau crai, ac ni all unrhyw ystrywiau ariannol newid y ddeddf gwbl ddidostur fod yn rhaid talu am nwyddau, rhywsut neu'i gilydd.

Fe ddaw dydd o brysur bwyso ar Hitler – mewn aur yn ogystal â gynnau.

FFYNHONNELL B

Newyddiadurwr Americanaidd yn rhoi sylwadau ar bolisïau i adfer yr economi (John Gunther, Inside Europe*).*

FFYNHONNELL C (TABL 43)

Adferiad economaidd a'i effaith ar ddiweithdra a chyflogaeth, 1928-38 (addaswyd o R.J. Overy, The Nazi Economic Recovery 1932-1938*).*

	1928	*1932*	*1934*	*1936*	*1938*
GNP (prisiau 1928) (bn RM)	89.5	57.6	66.5	82.6	104.5
Cynnyrch diwydiannol 1928 = 100	100	58	83	107	122
Di-waith (mewn miliynau)	1.4	5.6	2.7	1.6	0.4

FFYNHONNELL CH (TABL 51)

Cyflogau real yn yr Almaen, 1932-8 (addaswyd o R.J. Overy, The Nazi Economic Recovery 1932-1938*).*

	1928	*1932*	*1934*	*1936*	*1938*
Cyflogau real (1913/14=100)	110	120	116	112	112
Enillion real (1925/29 = 100)	106	91	88	93	101
Cyflogau fel canran o Incwm Gwladol	62	64	62	59	57
Treuliant preifat fel canran o Incwm Gwladol	71	83	76	64	59

Cyflogau real – gwerth cyflogau arian yn ôl swm y nwyddau a gwasanaethau y gellir eu prynu.
Enillion real – gwerth pob incwm gwaith, fel uchod, gan roi ystyriaeth i oramser, amser byr ac absenoldeb.

C

1. *Beth mae ffynhonnell B yn ei ddatgelu am hyd a lled adferiad yr economi yn yr Almaen hyd at 1938?*
2. *I ba raddau mae astudio ffynonellau A ac C yn cefnogi'r honiadau a wneir yn ffynhonnell B am lwyddiant polisïau economaidd y Natsïaid?*
3. *Pa mor ddibynadwy yw ffynonellau B ac CH fel tystiolaeth i hanesydd o hyd a lled adferiad yr economi yn yr Almaen yn yr 1930au?*
4. *Gan ddefnyddio tystiolaeth yr holl ffynonellau a'ch gwybodaeth eich hun, eglurwch i ba raddau rydych chi'n cytuno â'r farn mai 'cyflogaeth lawn oedd unig rodd Hitler i'r tyrfaoedd'?*

Polisi Tramor y Natsïaid

14

CYFLWYNIAD

Prif ddiddordeb gwleidyddol Hitler oedd materion tramor, ac roedd llawer o'i bolisi mewnol wedi ei lunio i'w helpu i gyflawni amcanion ei bolisi tramor. Mae'n sicr yn wir mai ef oedd yn rheoli'n llwyr yn y maes hwn ac anaml y byddai'n gofyn cyngor eraill. Yn y llys barn yn Nuremberg yn 1945-46, dywedodd Hermann Göring, 'Teyrnas y *Führer* ei hun oedd polisi tramor yn anad dim. Wrth hynny, golygaf mai polisi tramor, ar y naill law, ac arweinyddiaeth, ar y llaw arall, oedd yn hawlio diddordeb y *Führer* fwyaf'. Barn yr hanesydd Almaenig, Klaus Hildebrand, yw fod Hitler yn trin materion tramor bron yn gyfan gwbl fel ei faes preifat ei hun, tra mae Ian Kershaw yn dod i'r casgliad nad oes yna fawr o anghytuno mai Hitler oedd yn gwneud y penderfyniadau 'mawr' mewn polisi tramor. Neilltuwyd llawer o *Mein Kampf* i faterion polisi tramor, ac ynddo mae Hitler yn manylu ar ei gynlluniau yn rhyfeddol o blaen. Ar y dudalen gyntaf, ysgrifennodd:

> Mae'n ffodus i mi fod Ffawd wedi dewis Braunau-am-Inn i fod yn fan geni i mi ... mae'r dref fechan honno yn sefyll ar y ffin rhwng y ddwy wladwriaeth y mae eu hailuno yn ymddangos yn dasg ... y dylem gysegru ein bywyd iddi. Rhaid adfer yr Almaen-Awstria i fod yn Famwlad Almaenig fawr ... Pan fydd tiriogaeth y Reich yn cofleidio'r holl Almaenwyr ac yn cael na all sicrhau bywoliaeth iddynt, dim ond bryd hynny y bydd yr hawl moesol yn codi, o angen y bobl, i feddiannu tir estron. Yr aradr bryd hynny yw'r cleddyf; a bydd dagrau rhyfel yn cynhyrchu bara beunyddiol i'r cenedlaethau sydd i ddod.

Mae'n thema y mae'n dod yn ôl ati dro ar ôl tro:

> ... ein tasg heddiw yw gwneud ein cenedl yn rymus ... fel y gallwn weithredu polisi tramor fydd yn fodd i warantu bodolaeth ein pobl yn y dyfodol, gan ddiwallu eu hanghenion a darparu iddynt yr angenrheidiau bywyd hynny y maent hebddynt ...
>
> Os yw pobl yr Almaen wedi eu caethiwo o fewn ardal diriogaethol amhosibl ac am y rheswm hwnnw yn wynebu dyfodol diflas ... Felly hefyd yn y dyfodol ni fydd ein pobl yn derbyn tir ... fel ffafr gan bobl eraill, ond bydd yn rhaid iddynt ei ennill trwy rym y cleddyf buddugoliaethus.

Roedd hefyd yn barod i ddweud ble byddai *Lebensraum* neu le i fyw i'w gael: 'Mae hanes yn profi bod y bobl Almaenig yn bodoli yn unig oherwydd eu penderfyniad i ymladd yn y dwyrain a chael tir trwy goncwest filwrol. Ni ellir cael tir yn Ewrop ond ar draul Rwsia.'

TABL 52
Llinell Amser: Polisi tramor y Natsïaid

1933	Gorffennaf	Yr Almaen Natsïaidd a'r Babaeth yn cytuno ar Goncordat
	Hydref	Yr Almaen yn gadael y Cynadleddau Diarfogi a Chynghrair y Cenhedloedd
1934	Ionawr	Yr Almaen a Gwlad Pwyl yn cytuno i gytundeb deng mlynedd i beidio ag ymosod ar ei gilydd
	Mawrth	Protocolau Rhufain
	Gorffennaf	Ymgais y Natsïaid i weithredu *putsch* yn Wien; llofruddio Dollfuss, Canghellor Awstria; Prydain a Ffrainc yn gwarantu annibyniaeth Awstria
1935	Ionawr	Pleidlais gwlad y Saar
	Mawrth	Hitler yn gwrthod cymalau diarfogi Cytundeb Versailles; cyflwyno consgripsiwn milwrol yn yr Almaen
	Ebrill	Dechrau Cynhadledd Stresa
	Mehefin	Cynhadledd Lyngesol Prydain-Yr Almaen
	Hydref	Yr Eidal yn ymosod ar Abysinia
1936	Ionawr	Mussolini yn tynnu'n ôl o'r addewid i sicrhau annibyniaeth Awstria ac yn gadael Ffrynt Stresa
	Chwefror	Mussolini yn cytuno i beidio â gwrthwynebu i'r Almaen feddiannu'r Rheindir
	Mawrth	Hitler yn terfynu Cytundeb Locarno; milwyr yr Almaen yn gorymdeithio i'r Rheindir
	Mehefin	Dechrau Rhyfel Cartref Sbaen
	Awst	Gêmau Olympaidd Berlin
	Medi	Cyhoeddi'r Cynllun Pedair Blynedd
	Tachwedd	Cyhoeddi Axis Rhufain-Berlin; yr Almaen a Japan yn arwyddo'r Cytundeb Gwrth-Gomintern
1937	Ebrill	Dinistrio Guernica gan Leng Condor yr Almaen
	Tachwedd	Cynhadledd Hitler gyda'i arweinwyr milwrol (cofnodwyd yn Memorandwm Hossbach)
1938	Chwefror	Penodi Ribbentrop yn Weinidog Tramor yr Almaen; cyfarfod rhwng Hitler a Changhellor Awstria, Schuschnigg, yn Berchtesgaden; penodi Seyss-Inquart yn Weinidog Cartref Awstria
	Mawrth	Schuschnigg yn galw am refferendwm ar annibyniaeth Awstria; yr Almaen yn ymosod ar Awstria; cyflawni'r *Anschluss*
	Ebrill	Almaenwyr Gwlad y Swdetiaid yn hawlio ymreolaeth
	Awst	Runciman yn mynd ar neges i Tsiecoslofacia
	Medi	Chamberlain yn cyfarfod â Hitler yn Berchtesgaden; ail gyfarfod rhwng Chamberlain a Hitler yn Bad Godesberg; Cynhadledd München; Cytundeb München
1939	Mawrth	Milwyr yr Almaen yn meddiannu gweddill Tsiecoslofacia; Hitler yn hawlio dychwelyd Danzig a'r Coridor Pwylaidd; lluoedd yr Almaen yn meddiannu Memel; Hitler yn cyhoeddi cytundeb i beidio ag ymosod â Gwlad Pwyl; Prydain a Ffrainc yn gwarantu annibyniaeth Gwlad Pwyl.
	Ebrill	Arlywydd UDA, Roosevelt, yn apelio ar i Hitler barchu annibyniaeth cenhedloedd Ewrop; Prydain, Ffrainc a Rwsia yn methu cytuno ar gynghrair amddiffyn
	Mai	Hitler a Mussolini yn arwyddo'r Cytundeb Dur
	Awst	Cytundeb Natsïaidd-Sofietaidd; y Pab Pius XII a'r Arlywydd Roosevelt yn apelio am heddwch
	Medi	Yr Almaen yn ymosod ar Wlad Pwyl; Prydain a Ffrainc yn cyhoeddi rhyfel ar yr Almaen.

1 ~ POLISI TRAMOR HITLER

Yn *Europe 1919-1938: Prelude to Disaster*, mae'r hanesydd Americanaidd, J.H. Huizinga, yn ysgrifennu:

> ... ar Ionawr 30, 1933 deffrodd cenhedloedd Ewrop i wynebu Almaen gwbl wahanol i'r un roeddent wedi delio â hi yn y dauddegau – Almaen yng nghrafangau lleiafrif lloerig, yn addunedu yn agored i'r cyltiau mwyaf barbaraidd, yr ehangu mwyaf di-flewyn-ar-dafod, yr hiliaeth fwyaf milain.

PRIF YSTYRIAETH

Angen yr Almaen am Lebensraum.

A *Amcanion a gwreiddiau*

Wrth ystyried polisi tramor Hitler, mae barn haneswyr yn syrthio'n fras i ddau gategori, sef y bwriadol a'r strwythurol.

Mae'n amlwg mai amcan pwysicaf polisi tramor Hitler oedd creu lle digonol i fyw, *Lebensraum*, a hynny trwy goncro tir fel y gallai'r bobl Almaenig ymsefydlu yno yn y dyfodol. Yn ddelfrydol, byddai wedi hoffi adfer y ffiniau a gytunwyd â Rwsia yn Brest-Litovsk yn 1917 ac a gollwyd wedyn yn 1919. I gyflawni hyn

Syniadau haneswyr ynghylch amcanion polisi tramor Hitler

Barn y bwriadolwyr	***Barn y strwythurwyr***
Mae'r bwriadolwyr yn gosod y pwyslais mwyaf ar benderfyniad personol Hitler i weithredu rhaglen polisi tramor ragdrefnedig. Gwelant Hitler fel dyn o ewyllys gref a gweledigaeth fawr, gyda'i gymeriad a'i egni yn ffactorau allweddol yn y broses o lunio polisi tramor yr Almaen. At hynny, syniant fod ei bolisi wedi ei seilio ar raglen o amcanion diffiniedig. Ystyria rhai mai ei amcan oedd gweithio tuag at ei nod terfynol gam wrth gam, gan ddilyn ***Stufenplan***.	*Yn ôl y strwythurwyr, penderfynwyd ar bolisi tramor yr Almaen ar y cyd gan nifer o ffactorau gwahanol, rhai wedi'u penderfynu gan y Blaid Natsïaidd a rhai heb. Maent yn gwrthod y syniad fod polisi tramor yr Almaen wedi ei osod i ddilyn cwrs diffiniedig caeth. Yn lle hynny, honnant ei fod yn aneglur a heb amcanion penodol, a bod Hitler yn ddyn i addasu'n fyrfyfyr ac i arbrofi.*

DADL HANESWYR

Stufenplan cynllun a weithredir fesul cam

byddai'n rhaid adleoli neu ddifodi'r hil Slafaidd israddol oedd bryd hynny yn berchen ar y tir hwnnw, sef y Pwyliaid a'r Rwsiaid. Gwelai'r arweinydd Natsïaidd yr Iddewon fel y brif her i'w gynlluniau gan eu bod, ynghyd â'r Marcsiaid, yn ei farn ef, yn amcanu at dra-arglwyddiaethu ar y byd. Rhan o'i strategaeth oedd meithrin cyfeillgarwch â Phrydain. Gobeithiai, pe bai'r Almaen yn cefnogi'r Ymerodraeth, y byddai Prydain yn gadael iddo wneud fel y mynnai yn nwyrain Ewrop. Roedd hefyd yn cynllunio i ynysu Ffrainc a dinistrio'r *Entente* Fechan, y system o gynghreiriau a drefnwyd gan Ffrainc yn y gobaith y byddai'n diogelu'r *status quo* yng nghanolbarth Ewrop ac yn helpu i sicrhau ei diogelwch ei hun. Hynny yw, gosodai ***cordon sanitaire*** o amgylch yr Almaen.

Roedd amcanion eraill polisi tramor Hitler yn rhai adolygiadol yn bennaf, yn seiliedig ar yr angen i adolygu'r telerau a orfodwyd ar yr Almaen ar ôl y rhyfel. Roedd am wyrdroi Cytundeb Versailles ac adennill y tiroedd a gollwyd yn 1919. Roedd arno eisiau croesawu i mewn i *Grossdeutschland*, Reich Fwy, yr holl bobl â gwreiddiau Almaenig oedd yn byw y tu hwnt i ffiniau'r Almaen. Cyfrifai yn eu plith Awstriaid, Almaenwyr oedd yn byw yn rhanbarth Gwlad y Swdetiaid yn Tsiecoslofacia, a'r rhai oedd wedi aros yn y tiroedd a ildiwyd i Wlad Pwyl yn 1919. Roedd yna hefyd leiafrifoedd sylweddol yn Hwngari a Gwladwriaethau'r Baltig. Yn ogystal â hyn, addawodd wrthod talu mwy o iawndaliadau ac ailarfogi'r Almaen. Roedd polisïau adolygiadol a anelai at wyrdroi annhegwch Versailles ac adfer bri y genedl yn boblogaidd ymysg Almaenwyr yn gyffredinol.

cordon sanitaire ardal ddiogel

B *Rhai deongliadau hanesyddol*

Fel y gwelsom, mae gan haneswyr syniadau gwahanol am wreiddiau a bwriadau polisi tramor Hitler. Barnai'r hanesydd Almaenig, Fritz Fischer, mai parhad o bolisi a ddilynwyd yn gynharach gan Bismarck a Wilhelm II oedd un Hitler. Nid Hitler a ddyfeisiodd y dywediad *Lebensraum*; roedd yn gyfarwydd ers amser. Cyn 1914 fe'i defnyddid i ddisgrifio twf ymerodraeth yr Almaen dramor, oedd eisoes yn sylweddol. Yn 1896, broliodd y Kaiser, 'Mae'r Ymerodraeth Almaenig wedi dod yn ymerodraeth fyd' a phum mlynedd yn ddiweddarach meddai, 'Rydym wedi ymladd am ein lle yn yr haul a'i ennill'. Ar ôl 1918, fe'i defnyddid i fynegi hawl yr Almaen i'r trefedigaethau a gollodd trwy Gytundeb Versailles. Roedd yna ddimensiwn newydd yn nefnydd Hitler o'r gair – concro tiroedd yn nwyrain Ewrop er mwyn i'r Almaenwyr fedru eu cyfanheddu yn y dyfodol, a chaethiwo'r bobl oedd eisoes yn byw yno. Dadleuwyd hefyd nad oedd rhai o amcanion Hitler fawr gwahanol i rai Stresemann. Yn Locarno yn 1925, gwrthododd y cyn-Weinidog Tramor dderbyn ffiniau dwyreiniol ei wlad a cheisiodd eu newid trwy drafodaeth. Roedd Hitler yn fwy uniongyrchol ac yn siarad yn agored am angen yr Almaen am '*Lebensraum* newydd yn y dwyrain' a'i fwriad i sicrhau y câi'r ardal ei 'Halmaeneiddio yn ddidostur'. Bu i A.J.P. Taylor, yr hanesydd Prydeinig, achosi dadl pan honnodd mai adfer safle'r Almaen yn Ewrop oedd dymuniad syml Hitler, fel pob gwleidydd Almaenig. Yn ei farn ef, roedd polisïau'r *Führer* wedi eu pennu gan gwrs digwyddiadau ac ni wnaeth fwy na manteisio ar y cyfleoedd a gynigiwyd iddo. Yn y diwedd, nid oedd mynd i ryfel yn fwriad ganddo, digwydd wnaeth. Yn *The Origins of the Second World War*, ysgrifennodd Taylor:

> Roedd *Lebensraum*, yn ei ystyr mwyaf bras, yn golygu galw am ofod gwag y gallai Almaenwyr ei gyfanheddu. Nid oedd yr Almaen wedi ei gorboblogi o'i chymharu â'r rhan fwyaf o wledydd Ewrop; ac nid oedd gofod gwag yn unman yn Ewrop ... Yn fyr, ni fu i *Lebensraum* yrru'r Almaen i ryfel. Yn hytrach, rhyfel, neu bolisi rhyfelgar, a gynhyrchodd alw am *Lebensraum*. Nid oedd Hitler na Mussolini wedi eu gyrru i weithredu gan gymhellion economaidd. Fel y mwyafrif o wleidyddion, chwant llwyddiant oedd arnynt. Roeddent yn wahanol i eraill yn unig am fod eu chwant yn fwy ...

Mae'r rhan fwyaf o haneswyr yn anghytuno, ac mae rhai yn ddeifiol o feirniadol o syniadau Taylor. Pwysleisiant yr hyn a welent fel tystiolaeth ddigamsyniol *Mein Kampf*, datganiadau polisi Hitler yng Nghynhadledd Hossbach yn 1937 (gw. tud. 388), a'r ffaith fod Hitler wedi addasu economi'r Almaen i anghenion ei raglen ailarfogi a'i bolisïau ehangu ymosodol. Barn Hugh Trevor-Roper (yn *Hitler's Table Talk*) yw fod *Mein Kampf* yn 'lasbrint cyflawn o'r hyn a fwriadai ei gyflawni' a bod Hitler yn feddyliwr trefnus y dylid bod wedi talu sylw o ddifrif i'w syniadau. Yn ogystal, ei nod uwchlaw popeth oedd sicrhau *Lebensraum* digonol. Mae Hildebrand yn cytuno i raddau helaeth. Yn ei farn ef, lluniwyd polisi tramor Hitler yn yr 1920au a pharhaodd yn hynod ddigyfnewid. Mae hyd yn oed y bwriadolwyr yn anghytuno ynghylch hyd a lled uchelgais Hitler i ehangu. Mae rhai, y cyfandirwyr, yn barnu mai goruchafiaeth yn Ewrop yn unig oedd nod ei bolisïau tramor. Mae eraill, fodd bynnag, yn gweld ei awch am goncro tiroedd yn ymestyn y tu hwnt i Ewrop i Affrica ac Asia ac, yn y diwedd, i America. Ei nod yn y pen draw, fe honnant, oedd tra-arglwyddiaethu ar y byd cyfan.

2 ~ DECHRAU PWYLLOG

Yn ystod y cyfnod yn union wedi iddo ddod i rym yn 1933, roedd yn rhaid i Hitler symud ymlaen yn bwyllog. Roedd yr Almaen mewn safle anodd a bregus. Yn swyddogol, roedd ei byddin yn parhau wedi ei chyfyngu i 100,000 o ddynion, roedd consgripsiwn wedi'i wahardd ac, er bod trefniadau cyfrinachol wedi'u gwneud i osgoi'r cyfyngiadau ar ei harfau, roedd yn dal yn filwrol wan. Wedi'i hamgylchynu â gwledydd oedd yn amau ei bwriadau, roedd yr Almaen wedi ei hynysu. Yn ystod yr 1920au, roedd Tsiecoslofacia, România ac Iwgoslafia wedi ffurfio'r *Entente* Fechan gyda'r bwriad o ddiogelu'r sefyllfa fel ag yr oedd yng nghanolbarth Ewrop. Gwyliai Ffrainc bob cam a eiddo Hitler ac roedd Mussolini yn pryderu ynghylch bwriadau'r Almaen yn Awstria. Roedd Rwsia Gomiwnyddol, gwlad ag ideoleg a gaseid yn ddirfawr, yn ymddangos yn gynghreiriad annhebygol. Gartref, roedd yn rhaid i Hitler droedio'n ofalus gan fod angen iddo barhau i gadw cefnogaeth aelodau ceidwadol, an-Natsïaidd ei lywodraeth.

A *Yr Almaen yn tynnu'n ôl o'r Cynadleddau Diarfogi a Chynghrair y Cenhedloedd*

Ers 1932, roedd cynrychiolwyr chwe phrif genedl wedi cyfarfod yn rheolaidd dan adain Cynghrair y Cenhedloedd i ystyried gweithio tuag at ddiarfogi byd-eang. Cynhelid y cyfarfodydd yng Ngenefa yn y Swistir. Araf oedd y cynnydd, yn bennaf am fod Ffrainc yn mynnu bod yn rhaid cael cynllun i warantu diogelwch rhyngwladol yn gyntaf, cyn cytuno ar ddiarfogi. Yn gyfrwys, cefnogodd Hitler gynlluniau Prydain i leihau arfau yn gyffredinol gan wybod yn iawn y byddai Ffrainc yn anghytuno. Yn Hydref 1933, pan wrthododd Ffrainc yn ôl y disgwyl, roedd gan yr arweinydd Natsïaidd yr esgus roedd arno ei angen i dynnu cynrychiolwyr yr Almaen o'r gynhadledd. Gyda pheth cyfiawnhad, dywedodd fod yr Almaen eisoes wedi diarfogi, ac er mwyn heddwch, y dylai pwerau eraill ddilyn ei hesiampl. Gan nad oeddent yn barod i wneud hynny, roedd yr Almaen yn cael ei thrin yn annheg.

Bedwar diwrnod yn ddiweddarach, ar 17 Hydref, aeth Hitler gam ymhellach a thynnu'n ôl aelodaeth yr Almaen o Gynghrair y Cenhedloedd. Nid oedd y cam hwn, a gefnogwyd gan bleidlais gwlad yn yr Almaen, heb ei beryglon. Roedd yn cryfhau pryderon ynghylch bwriadau yr Almaen i'r dyfodol a gallai fod wedi arwain at sefyllfa lle byddai'r Cynghrair yn gosod sancsiynau. Fel y digwyddodd, ni weithredwyd. Fel y dywed Bullock, 'Dyna'r gambl gyntaf ar ran Hitler mewn polisi tramor ac fe lwyddodd'.

Yr un pryd, trwy bropaganda, ceisiodd Hitler berswadio eraill mai bwriad yr Almaen oedd byw mewn heddwch. Mewn araith i'r *Reichstag* dywedodd, 'Am ddegawd a hanner bu pobl yr Almaen yn gobeithio ac yn disgwyl am adeg pan fydd diwedd y rhyfel o leiaf yn golygu diwedd ar gasineb a gelyniaeth'. Dywedodd wrth ohebydd o'r *Daily Mail*, 'Does neb yma yn deisyf ... rhyfel. Roedd bron bawb o arweinwyr y Mudiad Sosialaidd Cenedlaethol yn y lluoedd arfog. Rwy eto i gwrdd ag ymladdwr sy'n dymuno gweld ailadrodd erchylltra'r blynyddoedd hynny'.

B *Cytundebau a chynghreiriau*

I ddangos i'r byd fod bwriadau'r Almaen yn rhai heddychlon, ymddangosai Hitler fel pe bai'n ymgartrefu i batrwm o berthynas normal â gwledydd eraill. Yn ganolog i'w amcanion cyntaf o safbwynt polisi tramor oedd ynysu Ffrainc a sefydlu perthynas fwy clòs â chenhedloedd eraill, yn enwedig Prydain a'r Eidal. Roedd yna arwyddion gobeithiol. Roedd Prydain wedi gwrthwynebu meddiannu'r Ruhr yn 1923 ac wedi ymddangos fel pe bai'n deall yn well beth oedd safbwynt yr Almaen ar iawndaliadau. Roedd yr Eidal wedi rhannu siom yr Almaen ynglŷn â thelerau'r cytundebau wedi'r rhyfel ac, ers 1922, roedd yr unben Ffasgaidd, Mussolini, yn ei rheoli. Ar y cychwyn, dangosai Hitler edmygedd tuag at yr arweinydd Eidalaidd, gan hyd yn oed ei efelychu. Fodd bynnag, roedd Mussolini yn amau bwriadau'r Almaen yn Awstria. Yng Ngorffennaf 1933, cytunodd y llywodraeth Natsïaidd ar

Goncordat â'r Babaeth (gw. tud. 228). Yn dilyn cyfarfodydd rhwng swyddogion Almaenig a'r Cardinal Eugenio Pacelli, sef y Pab Pius XII wedi hynny, arwyddwyd cytundeb yn y Fatican oedd, i bob golwg, yn datrys y gwahaniaethau rhwng y Natsïaid a'r Babaeth. Roedd y Concordat yn fuddugoliaeth ddiplomyddol i Hitler gan fod Catholigion ledled y byd yn ei groesawu, a gartref yn yr Almaen roedd yn sicrhau y byddai'r Eglwys Gatholig yn llai tebyg o ymyrryd mewn gwleidyddiaeth. Yn Ionawr 1934, arwyddodd Hitler gytundeb deng mlynedd i beidio ag ymosod ar Wlad Pwyl. O ystyried gelyniaeth Gweriniaeth Weimar cyn hynny tuag at ei chymydog dwyreiniol a'r syniadau a fynegwyd yn gynharach gan y *Führer*, roedd hyn yn rhyfeddol. Gwyddai Hitler i'r dim y byddai'r cytundeb yn niweidio'r system o gynghreiriau roedd Ffrainc yn ddibynnol arni ac felly'n gwanhau'r ffrynt unedig oedd yn wynebu'r Almaen. Hyd hynny, roedd Gwlad Pwyl wedi bod yn gynghreiriad i Ffrainc ac wedi chwarae rhan bwysig yng nghynllun Ffrainc i sicrhau system o gyd-ddiogelwch. Roedd Hitler hefyd yn ymwybodol fod byddin Gwlad Pwyl wedi bod ar ymarferion milwrol a byddai'r cytundeb yn sicrhau na fyddai'n ymosod ar yr Almaen. Mewn gwirionedd, bu'r cytundeb yn siom wrthgynhyrchiol gan mai'r effaith a gafodd oedd gwthio Ffrainc a Rwsia yn agosach at ei gilydd. Y mis canlynol, arwyddodd y rhain hefyd gytundeb i beidio ag ymosod. Ar yr un pryd, dangosodd Mussolini ei anesmwythder ynglŷn â digwyddiadau yn yr Almaen trwy gryfhau ei gysylltiadau ag Awstria a Hwngari gyda Phrotocolau Rhufain.

PRIF YSTYRIAETH

Angen Hitler i danseilio ac ynysu Ffrainc.

3 ~ GORFFENNAF 1934, Y CAMAU CYNTAF TUAG AT *ANSCHLUSS*

Gwyddai pawb am uchelgais Hitler i gyflawni *Anschluss*, sef uniad gwleidyddol Awstria a'r Almaen. Yn 1931, cyn i'r Natsïaid ddod i rym, datganwyd gan Lys Barn Cydwladol yr Hâg fod cynnig i ffurfio undeb tollau rhwng yr Almaen ac Awstria yn anghyfreithlon. Ar ôl 1933, atgyfododd Hitler yr hawliad i uno gwlad ei eni â'r wlad roedd wedi ei mabwysiadu. Roedd Canghellor Awstria, Engelbert Dollfuss, yn gwrthwynebu y fath uno. Er mwyn achub y blaen ar fwriadau'r Natsïaid, sefydlodd ei unbennaeth ei hun a delio'n ddidostur â gwrthwynebwyr gwleidyddol y chwith a'r dde. O fewn Awstria, bu grwpiau o Natsïaid Awstriaidd yn gyfrifol am ymgyrch fraw a gyrhaeddodd ei brig ar 25 Gorffennaf 1934 pan fu i nifer ohonynt fynd i mewn i adeilad y Canghellor a llofruddio Dollfuss. Bwriedid cyflawni *coup* ond fe fethodd am fod Kurt von Schuschnigg wedi cynnull ynghyd luoedd teyrngar i'r llywodraeth ac wedi llwyddo i adennill rheolaeth. Yn yr Eidal, cynullodd Mussolini bedair adran o'r fyddin a'u hanfon i ffin Awstria. Bu'n rhaid i Hitler, a wadodd fod ganddo unrhyw ran yn y *coup*, roi'r gorau i'w gynlluniau i gyfeddiannu Awstria, o leiaf am y tro. Yn Awst, gwarantwyd annibyniaeth Awstria gan Brydain a Ffrainc.

PRIF YSTYRIAETH

Rôl Natsïaid Awstria.

DIAGRAM 8
Gwariant milwrol yn yr Almaen, 1932-38 (swm mewn biliynau o farciau)

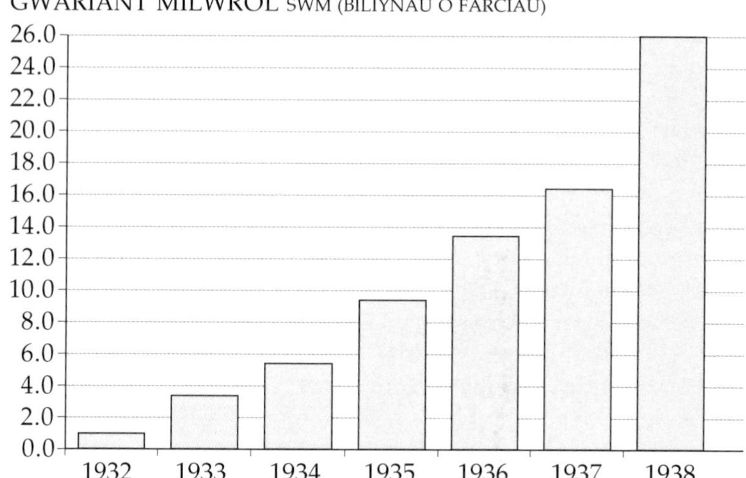

DIAGRAM 9
Maint y fyddin Almaenig, 1933-38 (mewn bataliynau)

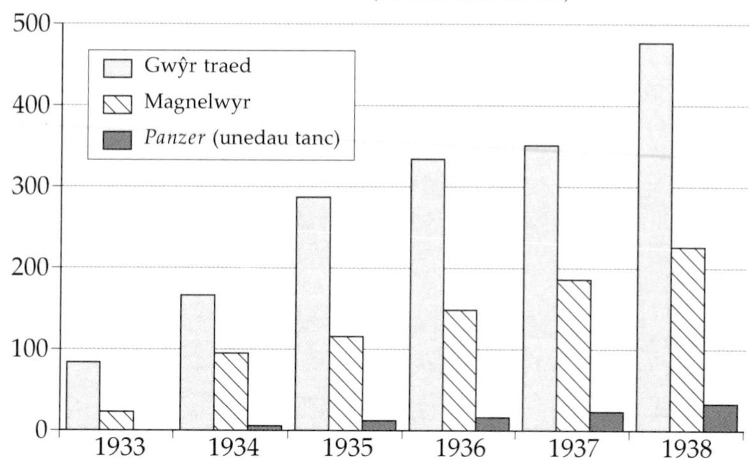

DIAGRAM 10
Cynhyrchu awyrennau yn yr Almaen, 1933-39 (mewn miloedd)

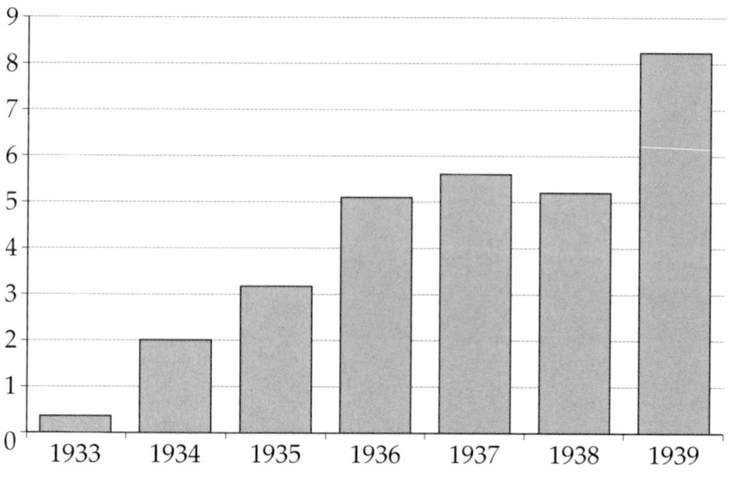

(Yn seiliedig ar Dabl 3.3, tud. 145 yn The Longman Companion to Nazi Germany, *Tim Kirk, © Longman Group Limited, 1995, Pearson Education Ltd.)*

4 ~ HERIO VERSAILLES

Fel y gwelsom, roedd yr Almaen wedi bod yn cynyddu ei nerth milwrol yn y dirgel, y tu hwnt i'r cyfyngiadau a osodwyd yn Versailles, ers amser. Wedi cerdded allan o'r Cynadleddau Diarfogi a Chynghrair y Cenhedloedd, roedd yn amlwg mai dim ond mater o amser oedd hi cyn y byddai Hitler yn datgan yn agored ei fwriad i ddechrau ailarfogi'r Almaen. Yn ystod Ebrill 1934, recriwtiwyd 50,000 o ddynion i luoedd arfog yr Almaen, ac ym mis Hydref, 70,000 arall. Roedd hyn yn mwy na dyblu cryfder y fyddin Almaenig. Erbyn diwedd 1934, roedd gan yr Almaen eisoes lu awyr o 2,000 o awyrennau. Ac eto, mewn araith i'r *Reichstag* ym Mai 1933, roedd Hitler yn dal i allu honni mai'r Almaen oedd yr unig wlad oedd wedi diarfogi ac yn mynnu bod gwledydd eraill Ewrop yn dilyn ei hesiampl.

A *Pleidlais gwlad y Saar, 1935*

Dechreuodd 1935 yn syfrdanol o dda i Hitler. Yn 1919, roedd rheolaeth ar y Saar, ardal Almaenig ar lan chwith afon Rhein, wedi ei rhoi i Gynghrair y Cenhedloedd, gyda Ffrainc yn elwa ar allbwn ei maes glo. Ar ôl 15 mlynedd, roedd dyfodol y rhanbarth i'w benderfynu trwy bleidlais gwlad. Ar 13 Ionawr 1935, pleidleisiodd dros 90 y cant o bobl y Saar dros ddychwelyd i'r Almaen. Roedd y *Führer* wrth ei fodd. Arwyddocâd pleidlais y Saar oedd ei bod yn rhoi hyder i'r arweinydd Natsïaidd fwrw ymlaen gyda materion dadleuol eraill.

Ar 16 Mawrth, datganodd yn gyhoeddus fod yr Almaen yn gwrthod cymalau diarfogi Cytundeb Versailles ac yn cyflwyno consgripsiwn. Ei nod oedd cynyddu maint y fyddin i 550,000 ac, er mawr lawenydd i'r garfan filwrol a byd busnes, cyhoeddodd ei fod yn bwriadu ailarfogi'r Almaen. Âi ailarfogi law yn llaw â chynnydd aruthrol yn y gwariant milwrol. Yn 1935, roedd yn cynrychioli 14.1 y cant o'r cynnyrch mewnwladol net ond, erbyn dechrau'r Ail Ryfel Byd yn 1939, roedd wedi codi i 38.1 y cant. Protestiodd Prydain, Ffrainc a'r Eidal oherwydd penderfyniadau Hitler ond ni weithredwyd.

B *Cynhadledd Stresa, Ebrill 1935*

Yn ystod Ebrill 1935, cyfarfu prif weinidogion Prydain, Ffrainc a'r Eidal, Ramsay Macdonald, Pierre Flandin a Benito Mussolini, yn Stresa ar lan Llyn Maggiore yn yr Eidal i drafod ffurfio ffrynt ar y cyd yn erbyn yr Almaen. Cwynodd Ffrynt Stresa, fel y daethpwyd i'w adnabod, ymhellach ond anwybyddodd Hitler eu protest. Dyma ddywedodd A.J.P. Taylor ynghylch y weithred hon a wnaed gan y cyn-Gynghreiriaid rhyfel ar y cyd yn erbyn eu cyn-elyn cyffredin (yn *The Origins of the Second World War*):

> Dyna'r tro olaf y bu i'r Cynghreiriaid amlygu cydlyniad, adlais gwawdlyd o ddyddiau buddugoliaeth ... Roedd yn sioe eiriau drawiadol, er braidd yn hwyr yn y dydd ... Oedd unrhyw un o'r tri yn golygu yr hyn a ddywedodd? ... mewn gwirionedd roedd pob un o'r tri phŵer yn gobeithio cael help oddi wrth y lleill heb roi dim yn gyfnewid; a phob un wrth ei fodd yn gweld y lleill mewn anhawster.

Er gwaethaf popeth, ym mis Mai ailddatganodd Hitler fod yr Almaen yn awyddus i sicrhau heddwch ac yn barod i weithredu yn unol â Chytundeb Locarno, ond ni lwyddodd hyn i atal ymdrechion eraill i chwilio am ddiogelwch. Arwyddodd Ffrainc a Rwsia gytundeb yn addo cefnogi ei gilydd pe bai gelyn yn ymosod arnynt yn ddiachos. Arwyddodd Rwsia gytundeb â Tsiecoslofacia hefyd, gan addo amddiffyn y weriniaeth ifanc, cyn belled â bod Ffrainc yn anrhydeddu ei haddewid i Tsiecoslofacia yn gyntaf. Nid amharodd y datblygiadau hyn ar Hitler. Roedd yn hyderus fod digon o amheuaeth yn bodoli rhwng y gwledydd hyn i sicrhau bod y cytundebau yn ddiwerth, ac roedd yn argyhoeddedig fod ar Prydain a Ffrainc eisiau cadw'r heddwch yn Ewrop waeth beth fyddai'r gost. Er hynny, roedd yn dal i feddwl bod dealltwriaeth rhyngddo ef a Phrydain yn bwysig i'w bolisi tramor.

C *Cytundeb Llyngesol Prydain –Yr Almaen, Mehefin 1935*

O ganlyniad i drafodaethau a gynhaliwyd yn Llundain, arwyddodd Prydain a'r Almaen gytundeb oedd yn caniatáu i lynges yr Almaen fod yn 35 y cant o faint llyngesoedd Prydain a'i Chymanwlad. Daeth y trafodaethau i ben yn sydyn gydag wltimatwm gan brif gynrychiolydd yr Almaen, Joachim von Ribbentrop, fod y telerau a gynigid yn 'benodedig ac yn ddigyfnewid' a bod angen i Brydain ymateb erbyn y penwythnos. Fe'u derbyniwyd heb ymgynghori â'r Cynghreiriaid. O ganlyniad, roedd Ffrainc a'r Eidal yn ystyried bod Prydain wedi ymddwyn yn drahaus ac yn anonest. Roedd Prydain hefyd yn rhoi'r argraff ei bod yn cymeradwyo hawl yr Almaen i anwybyddu cymalau diarfogi Cytundeb Versailles. Roedd Paul Schmidt, y cyfieithydd Almaenig oedd yn bresennol, yn synnu at y canlyniad, a dywedodd yn ddiweddarach, 'Rhaid fod y Prydeinwyr yn hynod awyddus i ddod i gytundeb i ildio mor llwyr o fewn ychydig ddyddiau ...' O safbwynt y Prydeinwyr, gellid honni bod yr Almaenwyr wedi cytuno i gwtogi ar faint eu llynges i'r dyfodol, ond, yn ddi-os, roedd yr holl episod yn fuddugoliaeth i Hitler. Bu gweithred **unochrog** Prydain yn gyfrifol am roi diwedd ar undod Ffrynt Stresa, ac ymddangosai fel pe bai'n gam cyntaf tuag at ffurfio cynghrair rhwng Prydain a'r Almaen. Nid oedd y cyfyngiad y cytunwyd arno yn broblem go iawn i'r Almaen. Byddai'n cymryd cryn amser iddynt adeiladu llynges o hyd yn oed 35 y cant maint un Prydain. Cofnododd Michael Bloch adwaith yr Almaen i'r digwyddiadau hyn yn *Ribbentrop*:

unochrog yn cynnwys un garfan yn unig

Gadawodd Ribbentrop Loegr ... a hedfan i ymuno â Hitler yn Hamburg, ble cafodd dderbyniad gwresog. Dywedodd y *Führer* mai diwrnod arwyddo'r cytundeb oedd yr hapusaf yn ei fywyd ... Yn yr Almaen, Ribbentrop oedd arwr yr awr, a chafodd ei ganmol a'i anrhydeddu. Cadarnhaodd Ribbentrop gred yr arweinwyr Natsïaidd fod ganddo ddylanwad eithriadol yn Lloegr a sgiliau arbennig fel trafodwr ... Roedd Ribbentrop, na fu brin yn weladwy fel ffigur yn y blaid yn ystod y ddwy flynedd cyn hynny, yn enwog a phawb eisiau ei gyfarfod.

Yn olaf, penodwyd Ribbentrop yn llysgennad yr Almaen i Lundain yn y gobaith y gallai wella ymhellach y berthynas rhwng yr Almaen a Phrydain.

JOACHIM VON RIBBENTROP (1893-1946)

Yn fab i swyddog yn y fyddin oedd wedi ymddeol, ganwyd Joachim von Ribbentrop yn 1893, yn Wesel ar lan afon Rhein. Wedi gadael yr ysgol, bu'n teithio llawer, ac am beth amser bu'n gweithio yn Llundain fel clerc llongau cyn symud i'r Swistir ac yn olaf i'r Unol Daleithiau. Yn Efrog Newydd cafodd waith fel newyddiadurwr. Ar ddechrau'r rhyfel yn 1914, dychwelodd adref a gwasanaethu am amser byr yn y fyddin Almaenig. Roedd yn ieithydd dawnus a siaradai Saesneg yn rhugl, ac yn 1915 cafodd ei atodi i lysgenhadaeth yr Almaen yn Efrog Newydd. Ar ôl y rhyfel, fe'i penodwyd yn ysgrifennydd i'r ddirprwyaeth Almaenig a aeth i Versailles. Roedd yn cymdeithasu â'r bonedd cyfoethog ac, yn 1920, priododd ferch Otto Henkel, dyn oedd wedi gwneud ei ffortiwn yn cynhyrchu gwin pefriog. Roedd ei wraig gyfoethog, ond uchelgeisiol, yn tra-arglwyddiaethu ar bob agwedd ar ei fywyd. Roeddent yn byw yn dda ac yn cyfrif ymysg eu ffrindiau fancwyr Iddewig blaenllaw. Am nad oedd ganddo'r teitl bonheddig 'von' talodd Ribbentrop i fodryb, oedd yn berchen ar y teitl, ei fabwysiadu. Cyfarfu â Hitler am y tro cyntaf yn 1929 ac yna, yn gynnar yn yr 1930au, defnyddiodd ei ddylanwad i gael dynion cyfoethog i gefnogi'r Blaid Natsïaidd. Roedd yn ffafr nad anghofiodd Hitler mohoni. Daeth yn ymgynghorydd ar bolisi tramor i'r arweinydd Natsïaidd ac, yn 1934, yn gynrychiolydd yn y Cynadleddau Diarfogi. Flwyddyn yn ddiweddarach, fe'i hanfonwyd i Lundain i drafod y Cytundeb Llyngesol rhwng yr Almaen a Phrydain, ac yna dychwelodd i Brydain fel y llysgennad Almaenig. Roedd yn mwynhau mynd i bartïon yn gyson ac roedd ei foesau yn rhagorol, a rhoddodd y cylchgrawn *Punch* lysenw iddo – 'yr Ariad Crwydrol'. Syniai'n hynod uchel am ei bwysigrwydd ei hun, roedd yn ffroenuchel ac yn awdurdodus, a daeth pobl i'w gasáu'n fawr. Gwrthodwyd iddo ymaelodi yng nghlybiau Llundain a chafodd ei fab ei wrthod yn Eton. Gallai gymryd camau gwag ofnadwy a bu ei gyfnod fel llysgennad yn drychineb. Wedi ei siomi, dychwelodd i'r Almaen, yn casáu Prydain. Roedd Natsïaid eraill yn meddwl ei fod yn ffŵl. Dywedodd Goebbels ei fod 'wedi prynu ei enw, priodi cyfoeth a thwyllo ei ffordd i swydd', a barn Schacht oedd 'nid oedd yn ddigon da i fod yn lanhäwr esgidiau'. Er hynny, penododd Hitler ef yn Weinidog Tramor yr Almaen yn 1938.

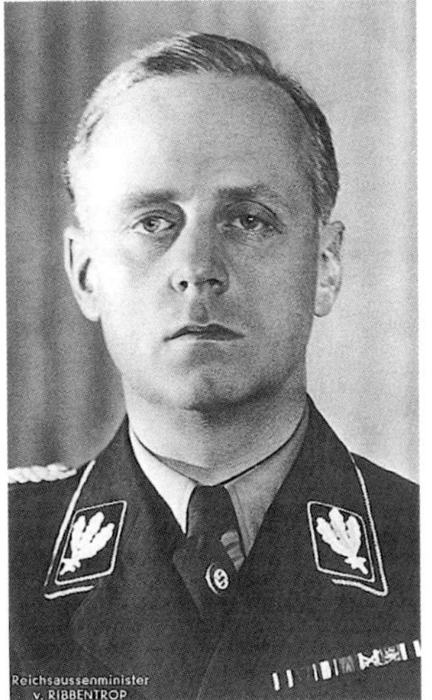

LLUN 44
Joachim von Ribbentrop, Gweinidog Tramor yr Almaen

5 ~ YR ALMAEN A'R EIDAL: AILFFURFIO'R CYDBWYSEDD GRYM YN EWROP

A *Trasiedi Abysinia*

Ar 2 Hydref 1935, ymosododd milwyr yr Eidal ar wladwriaeth annibynnol Abysinia yn Affrica, sef Ethiopia heddiw. O'r dechrau, roedd Prydain a Ffrainc yn hynod feirniadol o weithred Mussolini ac yn cefnogi penderfyniad y Cynghrair i osod sancsiynau economaidd ar yr Eidal. Roedd yr arweinydd Ffasgaidd yn ddig fod ei gyn-gynghreiriaid, ill dwy yn brif bwerau trefedigaethol y byd, yn gwarafun hawl yr Eidal i gornel o Affrica. Ei adwaith buan oedd tynnu'n ôl y gwarant a roes yr Eidal i ddiogelu annibyniaeth Awstria ac ymadael yn ffurfiol â Ffrynt Stresa. Yn Chwefror 1936 datganodd hefyd na fyddai'n gwrthsefyll unrhyw ymdrech ar ran yr Almaen i adfeddiannu a milwroli y Rheindir. Mewn araith danbaid i Gynghrair y Cenhedloedd ym Mai, dyma Ymerawdwr Abysinia, Haile Selassie, yn atgoffa'r byd beth oedd yn y fantol:

> Rwy ... yma heddiw i hawlio'r cyfiawnder hwnnw sy'n ddyledus i'm pobl ... Rwy'n mynnu nad setlo gormes yr Eidal yn unig ... yw'r broblem. Bodolaeth Cynghrair y Cenhedloedd ydyw. Gwerth yr addewidion a wnaed i wladwriaethau bychain y bydd eu hannibyniaeth yn cael ei barchu ydyw. Bydd Duw a hanes yn cofio eich dyfarniadau.

Ar y cyrion, roedd Hitler yn aros ei dro. Yn swyddogol, arhosodd yr Almaen yn niwtral yn yr anghydfod, ond gwrthododd Hitler ufuddhau i orchymyn y Cynghrair i osod sancsiynau economaidd, a daliodd ati i fasnachu â'r Eidal. Tra oedd yr Undeb Sofietaidd yn pwyso am fwy o sancsiynau, gan gynnwys olew, ni wnaeth Prydain a Ffrainc ddim. Mewn ymgais i adfer y berthynas â'r Eidal, cynigiodd Syr Samuel Hoare, Gweinidog Tramor Prydain, a Pierre Laval, Prif Weinidog Ffrainc, gynllun cyfaddawd a fwriedid i fodloni Mussolini. Cafwyd cymaint o wrthwynebiad i'r Cytundeb Hoare-Laval arfaethedig fel y gorfodwyd y ddau i ymddiswyddo. Roedd y sefyllfa yn amlwg i bawb. Nid oedd Cynghrair y Cenhedloedd yn gallu rhwystro gormes a, phan ddigwyddai, nid oedd Prydain na Ffrainc yn fodlon gwrthsefyll y gormeswr. Gyda'r Eidal Ffasgaidd yn symud yn nes at yr Almaen Natsïaidd, roedd Hitler 'nawr yn ymwybodol fod cyfleoedd newydd yn dod i'w ran.

B *Ailfeddiannu'r Rheindir*

Yn Chwefror 1936, protestiodd Hitler yn chwerw fod y Cytundeb Ffrengig-Sofietaidd diweddar yn torri cytundebau Locarno. Gan ddefnyddio hyn fel esgus, ar 7 Mawrth 1936 torrodd gytundebau Versailles a Locarno a gorchymyn i filwyr yr Almaen fynd i mewn i'r Rheindir. Nid oedd ei gadfridogion o blaid hyn gan eu bod yn rhag-weld y gallai milwyr Ffrainc ymyrryd a hyd yn oed Wlad Pwyl. Nid oedd yr Almaen eto'n ddigon cryf i wynebu her o'r fath a gorchmynnodd Hitler i'w filwyr gilio dan ymladd pe bai yna her o du Ffrainc. Er bod llywodraeth Prydain wedi protestio, roedd yna beth cydymdeimlad â sefyllfa'r Almaen. Fel y dywedodd yr Arglwydd Lothian, 'Wedi'r cwbl dim ond symud yn ôl i'w gardd gefn eu hunain maen nhw'. Heb gefnogaeth Prydain, nid oedd y Ffrancwyr yn barod i weithredu'n filwrol. Gyda'r Rheindir yn croesawu milwyr yr Almaen, roedd Hitler wedi profi iddo farnu'n fwy doeth na'i gadfridogion. Wrth edrych yn ôl, gellid honni bod Prydain a Ffrainc wedi colli cyfle i herio polisïau ehangu Hitler cyn iddynt fynd yn rhemp.

C

I ba raddau roedd penderfyniad Hitler i feddiannu'r Rheindir yn gambl?

Wedi cwblhau'r ailfeddiannu yn y Rheindir, dychwelodd Hitler at agwedd fwy cymodlon trwy gynnig arwyddo cytundeb i beidio ag ymosod â Ffrainc a Gwlad Belg a gâi ei warantu gan Brydain a'r Eidal. Aeth cyn belled ag awgrymu y byddai'r Almaen o bosibl yn ailymuno â Chynghrair y Cenhedloedd. Gyda'r anogaeth fod Hitler yn derbyn hawl Mussolini i Abysinia a Mussolini yn derbyn hawl yr Almaen i ailfeddiannu'r Rheindir, daeth y ddwy genedl yn agosach at ei gilydd. Cam arwyddocaol arall oedd penodi'r Iarll Ciano yn Weinidog Tramor yr Eidal. Roedd Ciano yn briod â hoff ferch Mussolini, Edda, ac yn bleidiol iawn i'r Almaen. Yng Ngorffennaf 1936, gwellodd y berthynas rhwng y ddwy wlad yn fwy eto pan, o ganlyniad i Gynulliad Awstriaidd-Almaenig, addawodd Hitler beidio ag ymyrryd ym materion Awstria a chafodd Natsïaid Awstria fwy o lais ym materion gwleidyddol y wlad.

PRIF YSTYRIAETH

Gwerth propaganda Gêmau Olympaidd Berlin.

Ynghanol yr holl gynnwrf hwn, enillodd y Natsïaid lwyddiant mawr o safbwynt propaganda pan roddwyd canmoliaeth ledled y byd iddynt am drefnu Gêmau Olympaidd Berlin mewn ffordd mor wych yn ystod haf 1936, fel y cofnodwyd yn y dyfyniad hwn o 'Berlin Olympics, 1936' gan Brian Glanville (*Purnell's History of the Twentieth Century*, Rhan 54):

> Roedd y paratoadau yn drylwyr. Roedd y Blaid wedi anfon allan orchmynion i lanhau cefn gwlad a sicrhau bod pobl yn gyfeillgar ac yn helpu twristiaid. Gwnaed yn fach o wrth-Semitiaeth … Roedd y seremoni agoriadol yn gampwaith o safbwynt rheolaeth llwyfan. Chwaraewyd ffanffer, cafwyd bloedd o'r dyrfa ac ymddangosodd Hitler … Canodd y dyrfa ***Deutschland über Alles*** a Chân Horst Wessel, a dechreuodd y gorymdeithio heibio (i Hitler). Ufuddhaodd y rhan fwyaf o'r timau i'r dymuniad swyddogol i roi'r saliwt Ffasgaidd. Enillodd y Ffrancwyr fonllef o gymeradwyaeth pan fu iddynt gyfarch Hitler. Ond distawrwydd bygythiol gafodd y Prydeinwyr pan fu iddynt edrych yn gonfensiynol i'r dde. Ystyriai Hitler hyn yn sarhad personol. Wedi i'r gêmau athletaidd ddechrau, cafodd Hitler ergyd drom gan fod y canlyniadau yn gwrthbrofi'n llwyr y gred Natsïaidd am ragoriaeth yr hil Lychlynnaidd. Bu'n rhaid iddo wylio'r naill gamp gwych ar ôl y llall gan athletwyr 'israddol' negroaidd …

Deutschland über Alles Yr Almaen Uwchlaw Popeth, anthem genedlaethol yr Almaen

C *Ymyrraeth estron yn Rhyfel Cartref Sbaen*

Yng Ngorffennaf 1936, dechreuodd rhyfel cartref yn Sbaen pan geisiodd y fyddin, dan arweinyddiaeth cadfridog Ffasgaidd, Francisco Franco, ddymchwel llywodraeth Ffrynt y Bobl adain chwith etholedig y wlad. Nid oedd y rhyfel cartref i aros yn fater i Sbaen yn unig – yn fuan daeth yn faes brwydr yr ideolegau gwrthdrawiadol, comiwnyddiaeth a ffasgaeth. Derbyniai ochr y llywodraeth, y Gweriniaethwyr, arian a chymorth materol o'r Undeb Sofietaidd a chefnogaeth gwirfoddolwyr estron a ffurfiodd Frigâd Ryngwladol. Câi Cenedlaetholwyr Franco gefnogaeth lwyr Hitler a Mussolini. Anfonodd yr Eidal 50,000 o ddynion ynghyd â thanciau ac awyrennau, tra cyfrannodd yr Almaen 16,000 o ddynion yn unig. Yn fwy arwyddocaol, anfonasant un sgwadron ar ddeg o awyrennau a ffurfiai'r Lleng Condor. Yn 1937, defnyddiwyd yr awyrennau hyn i brofi effeithiolrwydd bomio braw ar dargedau sifil. Ar 26 Ebrill, lladdwyd dros 1,600 o bobl pan ddinistriwyd tref Guernica yng ngwlad y Basg gan fomio o fath newydd, *Blitzkrieg*. Parhaodd y rhyfel cartref hyd 1939 pan fu Franco yn fuddugoliaethus a dod yn unben Ffasgaidd Sbaen.

Ch *Arwyddocâd Rhyfel Cartref Sbaen*

Gobeithiai Hitler ennill sawl mantais o ganlyniad i'w ran yn y rhyfel. Byddai llywodraeth bleidiol i'r Almaen yn Sbaen yn embaras ychwanegol i Ffrainc, byddai'n darparu defnyddiau crai i'r Almaen, sef mwyn haearn Sbaen, a byddai'n sicrhau cefnogaeth Franco i strategaeth ei bolisi tramor. Enillodd Hitler a Mussolini y bri hefyd o fod yr unig arweinwyr cenedlaethol, i bob golwg, oedd yn barod i wrthsefyll twf comiwnyddiaeth. Wedi cyfres o ymweliadau diplomyddol rhwng Berlin a Rhufain, yn Hydref 1936 arwyddodd Hitler a Ciano y Protocolau Hydref cyfrinachol oedd yn addo y byddai'r Almaen a'r Eidal yn cydweithredu ar amrywiaeth eang o faterion. Roedd y ddau bŵer wedi dod mor glòs erbyn hyn fel bod Mussolini, yn siarad yn Milano ar 1 Tachwedd, wedi brolio 'Nid **llengig** mo'r cysylltiad Berlin-Rhufain ond yn hytrach echelin y gall holl wladwriaethau Ewrop sy'n ewyllysio cydweithrediad a heddwch droi o'i chwmpas'. Wedi hyn cyfeirid at y cydweithrediad clòs rhwng yr Almaen Natsïaidd a'r Eidal Ffasgaidd fel Axis Rhufain-Berlin, er nad oedd unrhyw gytundeb ffurfiol yn cysylltu'r ddwy wlad hyd nes iddynt arwyddo'r Cytundeb Dur yn 1939 (gw. tud. 397).

llengig gwahanfur tenau

Er bod yr Eidal wedi cymryd lle Prydain fel gobaith gorau Hitler am gynghrair, roedd Hitler yn dal i fod eisiau cwlwm tynnach â Phrydain. Dyna pam y bu iddo, yn 1936, benodi Ribbentrop yn llysgennad i Brydain. Ei genhadaeth oedd ennill cytundeb ym Mhrydain a fyddai'n rhoi tragwyddol heol i'r Almaen yn nwyrain Ewrop yn gyfnewid am gefnogaeth yr Almaen i'r Ymerodraeth Brydeinig. Methodd Ribbentrop, a dychwelodd adref yn ddyn chwerw, yn benderfynol o ddod o hyd i gynghreiriaid eraill i'r Almaen.

D *Y Cytundeb Gwrth-Gomintern, 1936*

Yn 1919, sefydlodd Lenin, arweinydd chwyldroadol Rwsia, Drydedd Gymdeithas Gydwladol, y daethpwyd i'w hadnabod fel y Comintern neu'r Comiwnydd Rhyngwladol. Gyda'r pencadlys yn Moskva, bwriadai'r Comintern gefnogi gweithgaredd chwyldroadol ledled y byd. Roedd ei asiantau yn chwilio am gyfleoedd i achosi cythrwfl a chreu amgylchiadau a fyddai'n ffafrio chwyldro. Bu'r Comintern yn weithredol yn yr Almaen yn ystod blynyddoedd Gweriniaeth Weimar ac roedd Hitler yn dal i ystyried eu dylanwad yn fygythiad. Yn Nhachwedd 1936, cafodd Ribbentrop lwyddiant diplomyddol arall pan fedrodd drafod cytundeb rhwng yr Almaen a Japan, cytundeb i gydweithredu i wrthsefyll y Comintern ac atal lledaeniad comiwnyddiaeth ryngwladol. Y flwyddyn ganlynol, ymunodd yr Eidal â'r Cytundeb.

C

I ba raddau roedd safle'r Almaen yn Ewrop wedi cryfhau erbyn diwedd 1936?

Erbyn diwedd 1936, roedd y sefyllfa wleidyddol yn Ewrop wedi newid cryn dipyn. Roedd Hitler wedi ennill cyfres o lwyddiannau diplomyddol nodedig – dychweliad y Rheindir, cynghreiriau â'r Eidal a Japan, cwymp a chwalfa Ffrynt Stresa, a'r system o gyd-ddiogelwch a gefnogid gan Ffrainc. Roedd hefyd wedi llwyddo i gryfhau safle'r Almaen o'i chymharu â Ffrainc. Roedd yn ymddangos bod y Ffrancwyr, yn wyneb problemau mewnol difrifol, wedi digaloni. Er eu bod yn dal i fod yn ymwybodol o bwysigrwydd diogelwch, roeddent wedi dod i gredu'n gryf yn Llinell Maginot, system o gaerau amddiffyn gwych oedd yn ymestyn ar hyd y ffin oedd yn gyffredin rhyngddynt a'r Almaen, o Luxembourg hyd ffin y Swistir. Roedd gwrthwynebiad Gwlad Belg yn eu rhwystro rhag parhau i'r gogledd hyd at arfordir y Sianel. Roedd yr arweinydd Natsïaidd, oedd eisoes wedi profi ei fod yn barod i gymryd mantais ar ofnau Eingl-Ffrengig ynghylch rhyfel arall, yn sôn yn barhaus am ei fwriadau heddychlon. Mewn areithiau i'r *Reichstag* ac mewn cyfarfodydd â gohebwyr tramor, mynnai mai ei nod oedd heddwch yn Ewrop. Roedd y mwyafrif o bobl Ewrop yn ddigon diniwed i dderbyn ei sylwadau ac, er nad oedd y gair yn cael ei ddefnyddio'n gyffredinol i ddisgrifio'r agwedd Eingl-Ffrengig at yr Almaen, roedd **dyhuddiad** wedi dechrau ennyn awydd yn Hitler am goncro mwy. Yn 1936, bu i Göring, oedd yn gyfrifol am y Cynllun Pedair Blynedd, siarad yn blaen pan ddywedodd wrth bobl yr Almaen, 'Bydd gynnau yn ein gwneud yn rymus; ni fydd menyn ond yn ein gwneud yn dew'. Y flwyddyn ganlynol, diswyddodd Hitler ei Weinidog Economeg, Schacht, pan brotestiodd ynghylch y drwg roedd gwariant uchel ar arfau yn ei wneud i economi'r Almaen.

dyhuddiad gwneud consesiynau yn wyneb gormes posibl er mwyn cadw'r heddwch

6 ~ O BWYLL I DRAIS GORMESOL

Wrth edrych yn ôl, mae'n bosibl gweld 1937 fel blwyddyn baratoi, y tawelwch cyn y storm. Roedd yn gyfnod pan aethpwyd rhagddi i ailarfogi'r Almaen ac y gwnaeth Hitler gynlluniau i droi cefn ar bwyll a dechrau ar bolisïau mwy anturus. Fel y cawn weld, roedd yna risgiau ynghlwm wrth ei weithredoedd gormesol, risgiau a arweiniodd yn y diwedd at yr Ail Ryfel Byd.

A *Memorandwm Hossbach*

Ar 5 Tachwedd 1937, mewn cynhadledd gyfrinachol a gynhaliwyd yn Llys Canghellor y Reich yn Berlin, amlinellodd Hitler amcanion a strategaeth ei bolisi tramor i'r dyfodol. Yn bresennol oedd y Gweinidog Tramor, Constantin von Neurath, y Gweinidog Amddiffyn, Werner von Blomberg a phenaethiaid y lluoedd arfog Almaenig, Werner von Fritsch (y fyddin/*Wehrmacht*), Erich Raeder (y llynges/*Kriegsflotte*) a Hermann Göring (y llu awyr/*Luftwaffe*). Hefyd yn bresennol oedd y Cyrnol Friedrich Hossbach, dirprwy milwrol Hitler, ac, yn groes i'r gorchymyn, fe wnaeth nodiadau o gryn lawer o'r hyn a ddywedwyd. Wedyn, gan ddefnyddio ei nodiadau a'r hyn a gofiai, cynhyrchodd ddogfen yn seiliedig ar fonolog ddwy awr Hitler a adwaenid yn ddiweddarach fel yr *Hossbach Niederschrift*, Memorandwm Hossbach. Mae'r ddogfen hon yn ymdrin â thair prif ystyriaeth, Yn gyntaf, amlinellodd Hitler amcanion polisi tramor yr Almaen i'r dyfodol (dyfynnir o *Documents on German Foreign Policy*):

> Nod polisi tramor yr Almaen oedd diogelu a chadw'r gymuned hiliol [*Volksmasse*] a'i hehangu. Roedd felly yn fater o ofod. Roedd cymuned hiliol yr Almaen yn cynnwys dros 85 miliwn o bobl ac, oherwydd eu nifer a chyfyngiadau cul y gofod trigiadwy yn Ewrop, roedd yn graidd hiliol oedd wedi ei gywasgu'n dynn fel na welid ei debyg mewn unrhyw wlad arall ac yn un a awgrymai'r hawl i fwy o le i fyw... Felly roedd dyfodol yr Almaen yn gwbl ddibynnol ar ddatrys yr angen am ofod.

Daeth i'r casgliad wedyn na ellid datrys y problemau hyn un ai trwy ymdrechu i sicrhau hunanddigonedd, awtarciaeth, na thrwy feddiannu trefedigaethau tramor. Gofynnodd 'ble gallai hi (yr Almaen) ennill y wobr fwyaf am y gost leiaf?' Am y tro cyntaf sonia am Brydain fel pŵer gelyniaethus pan ddywed, 'Bu'n rhaid i bolisi'r Almaen wynebu dau elyn a ysbrydolid gan gasineb, Prydain a Ffrainc, i'r rhai yr oedd cawr Almaenig yng nghanol Ewrop yn ddraenen yn yr ystlys, ac roedd y ddwy wlad yn gwrthwynebu i'r Almaen gryfhau ei safle naill ai yn Ewrop neu dramor ...'. Roedd o'r farn na allai Prydain wrthsefyll ehangiad Almaenig yn effeithiol oherwydd yr helyntion o fewn ei Hymerodraeth, yn enwedig yn India ac Iwerddon; roedd Ffrainc hefyd mewn sefyllfa wael i ymyrryd oherwydd anawsterau mewnol. Datganodd mai ei flaenoriaethau cyntaf oedd cyfeddiannu Awstria a dinistrio Tsiecoslofacia ac mai 'dim ond trwy ddefnyddio grym y gellid datrys problem yr Almaen ac nid oedd hyn fyth heb berygl ynghlwm wrtho'. Mae, meddai, yn fater o 'pryd' a 'sut'. Yn olaf, disgrifodd dri senario a fyddai, o bosibl, yn caniatáu iddo gyflawni ei amcanion (cofnodwyd yn *Documents on German Foreign Policy*):

> **Achos 1.** Gweithredu yn ystod y cyfnod 1943-5; ar ôl y dyddiad hwn, o'n safbwynt ni, ni allai'r sefyllfa ond gwaethygu. Roedd paratoadau ar gyfer ein byddin, y llynges a'r *Luftwaffe* bron yn gyflawn. Roedd offer ac arfau yn fodern ... Pe na baem yn gweithredu erbyn 1943-5, gellid ystyried unrhyw flwyddyn fel 'pwynt cilio'. P'un bynnag, erbyn hynny byddai'r byd yn disgwyl ein hymosodiad ... Byddai'r cyfle i weithredu cyn 1943-5 yn dod pe bai dau ddewis arall yn digwydd.
> **Achos 2.** Pe bai problemau o fewn Ffrainc yn peri'r fath argyfwng fel bod byddin Ffrainc yn gwbl ynghlwm â hwy ac yn ei gwneud yn amhosibl ei defnyddio mewn rhyfel yn erbyn yr Almaen, yna byddai'n bosibl gweithredu yn erbyn Tsiecoslofacia.
> **Achos 3.** Pe bai Ffrainc yn mynd i ryfela yn erbyn gwlad arall fel na allai weithredu yn erbyn yr Almaen.

Bedwar diwrnod ar ôl y gynhadledd, galwodd Fritsch ar Hitler i fynegi ei bryder ynglŷn â'r posibilrwydd y gallai'r Almaen orfod wynebu gwrthwynebiad Prydain a Ffrainc ar y cyd i'w gynlluniau. Lleisiodd Blomberg a Neurath bryderon tebyg. Wedi hynny, daeth Hitler o hyd i esgusodion i ddiswyddo'r tri (gw. tud. 206). Daeth Alfred Jodl a Walter von Brauchitsch, oedd yn fwy gwasaidd, yn gadlywyddion newydd y *Wehrmacht*, a phenodwyd Ribbentrop yn Weinidog Tramor. Trefnwyd i bedwar ar ddeg o gadfridogion eraill ymddeol fel rhan o'r cliriad i gael gwared ar yr hen ddylanwad ceidwadol yn y fyddin.

PRIF YSTYRIAETH

Hitler yn ystyried tri senario posibl.

B *Ystyried Memorandwm Hossbach*

Oedd Memorandwm Hossbach yn ddilys? Os felly, a oedd wir yn lasbrint o gynlluniau Hitler i ormesu yn Ewrop yn y dyfodol? Mae'n wir nad y gwreiddiol yw'r un sydd wedi goroesi ond copi o gopi. Er hynny, fe'i defnyddiwyd i ddarparu'r dystiolaeth fwyaf damniol o fwriadau rhyfel y Natsïaid yn y Llys yn Nuremberg (1945-6) (Pennod 16). Heddiw, mae'r mwyafrif yn derbyn bod Memorandwm Hossbach yn ddilys er bod peth gwahaniaeth barn ynghylch ei arwyddocâd. Er bod gwahaniaethau yn yr amserlen a'r manylion strategol pan ddechreuodd Hitler weithredu ei bolisi, yn yr ystyr eang roedd y Memorandwm yn dangos yn gywir y digwyddiadau oedd i ddod. Un hanesydd a anghytunai oedd A.J.P. Taylor (*The Origins of the Second World War*):

> I raddau helaeth, breuddwyd liw dydd oedd traethiad Hitler, heb berthynas â'r hyn a ddigwyddodd wedyn mewn bywyd go iawn. Hyd yn oed os oedd yn ei fwriadu o ddifrif, nid oedd yn alwad i weithredu, o leiaf nid i'r weithred o ryfel mawr; roedd yn dangos na fyddai angen rhyfel mawr ... Pam felly y bu i Hitler gynnal y gynhadledd hon? ... roedd yn gynulliad rhyfedd. Dim ond Göring oedd yn Natsi. Ceidwadwyr o'r hen ryw oedd y gweddill oedd wedi aros yn eu swyddi i gadw rheolaeth ar Hitler; diswyddwyd pob un ohonynt ar wahân i Raeder o fewn tri mis ... Pam y bu iddo ddatgelu ei feddyliau dyfnaf i bobl nad oedd yn ymddiried ynddynt? Mae ateb hawdd i'r cwestiwn; ni fu iddo ddatgelu ei feddyliau dyfnaf ... Ystryw ym maes materion mewnol oedd y gynhadledd ...
>
> ... nid yw Memorandwm Hossbach yn cynnwys cynlluniau o unrhyw fath ... Mae'r Memorandwm yn dweud wrthym yr hyn roeddem yn ei wybod eisoes, fod Hitler (fel pob gwladweinydd Almaenig arall) yn bwriadu i'r Almaen ddod yn brif bŵer i dra-arglwyddiaethu yn Ewrop. Mae'n dweud wrthym sut roedd yn dyfalu y gallai hyn ddigwydd. Roedd ei ddyfaliadau yn anghywir ... Ni fyddai tipiwr rasio, na allai ond cyrraedd at lefel cywirdeb Hitler, yn gaffaeliad i'w gleientiaid.

A beth ddaeth o awdur y ddogfen, y Cyrnol Hossbach? Yn 1938, fe gollodd ei swydd fel dirprwy milwrol Hitler am iddo ragrybuddio'r Cadfridog von Fritsch ei fod ar fin gorfod wynebu cyhuddiadau o wrywgydiaeth (gw. tud. 206). Y flwyddyn ganlynol, fe'i derbyniwyd yn ôl i'r Staff Cyffredinol. Yn ystod y rhyfel, cododd i radd cadfridog a bu yng ngofal y Bedwaredd Fyddin Almaenig ar Ffrynt Rwsia. Yn Ionawr 1945, cafodd ei ddiswyddo eto am anufuddhau i orchmynion Hitler.

C *Cyflawni'r* Anschluss

Er bod Cytundeb Versailles yn gwahardd hynny, cynllun cyntaf Hitler oedd osgoi gormes a, thrwy amryw ffyrdd, ymgorffori Awstria yn raddol i'r Reich. Yng Ngorffennaf 1934, roedd Natsïaid Awstria yn gyfrifol am gynnwrf a arweiniodd at lofruddiaeth y Canghellor Dollfuss a phresenoldeb milwyr Eidalaidd ar y ffin ag Awstria (gw. tud. 379). Gwadodd Hitler fod ganddo unrhyw beth i'w wneud â'r digwyddiadau hyn a thawelodd y dyfroedd trwy addo parchu niwtraliaeth Awstria. O'i ochr ef, caniataodd y Canghellor newydd yn Awstria, Kurt von Schuschnigg, i'r Natsïaid fod â rhan mewn materion gwleidyddol, a daeth un o arweinwyr y Natsïaid yn Awstria, Arthur Seyss-Inquart, yn aelod o'r llywodraeth. Yn ystod 1937, cynyddodd pwysau'r Natsïaid ar lywodraeth Awstria. Roedd Schuschnigg mewn safle anodd. O fewn Awstria, roedd ei ragflaenydd, Dollfuss, wedi ddidymu'r Sosialwyr ac felly nid oedd ganddo eu cefnogaeth. Yn rhyngwladol, roedd Mussolini, oedd wedi cefnogi Awstria yn 1934, 'nawr yn datgan nad oedd yn gwrthwynebu i'r Almaen gyfeddiannu'r wlad. Roedd yn ymddangos fod Prydain a Ffrainc yn cydnabod ei bod yn anorfod y byddai'r Natsïaid yn meddiannu Awstria. Gwaeth fyth, ar ymweliad â Berlin, roedd yr Arglwydd Halifax, Gweinidog Tramor Prydain, wedi dweud bod ei lywodraeth yn 'dymuno cywiro cwynion yr Almaen mewn modd heddychlon'.

Yn Ionawr 1938, aeth heddlu Awstria ar gyrch i bencadlys y Blaid Natsïaidd yn Wien a dod o hyd i dystiolaeth o gynllun Natsïaidd i feddiannu Awstria. Bwriadai'r Natsïaid gyffroi anfodlonrwydd ac yna wahodd milwyr yr Almaen i'r wlad i adfer trefn. Ar 12 Chwefror, cyfarfu Schuschnigg â Hitler yn Berchtesgaden. Rhefrodd a rhuodd y *Führer* yn erbyn y Canghellor, gan rybuddio nad oedd ganddo fwy o amynedd. Ildiodd Schuschnigg dan y llifeiriant o ddwrdio ac addawodd ddilyn camau i sicrhau bod polisïau tramor ac economaidd Awstria yn cael eu hintegreiddio â rhai'r Almaen ar fyrder. Cytunodd hefyd i roi rhyddid llwyr i Natsïaid Awstria ac i benodi Seyss-Inquart yn Weinidog Cartref ac Edmund von Glaise-Horstenau yn Weinidog Rhyfel. Roedd hyn yn golygu ei fod, i bob pwrpas, yn trosglwyddo rheolaeth ar yr heddlu a'r fyddin i Natsïaid Awstria.

Pan ddychwelodd i Awstria, ufuddhaodd Schuschnigg i gychwyn. Yna daeth ei ddewrder yn ôl a, chyn i Hitler fedru hawlio mwy ganddo, galwodd am bleidlais gwlad fel y gallai pobl Awstria gael llais yn eu dyfodol. Gwylltiwyd Hitler gan y weithred heriol hon.

Ni allai ganiatáu'r bleidlais gan y byddai pleidlais yn erbyn uno â'r Almaen yn gywilydd ac yn ei gwneud hi'n anodd iddo gyfiawnhau ei gynlluniau. Digwyddodd pethau'n gyflym. Dan bwysau aruthrol, bu'n rhaid i Schuschnigg roi'r gorau i'w gynllun i gynnal pleidlais gwlad ac ymddiswyddo. Ar 12 Mawrth 1938, gorymdeithiodd milwyr yr Almaen i Awstria. Penderfynodd Hitler ar unwaith na fyddai'r ddwy wlad yn uno ond y byddai Awstria'n dod yn dalaith o'r Reich. Ar y cyfan, cafodd milwyr yr Almaen groeso brwd. Safodd y pwerau Ewropeaidd o'r neilltu wrth i hyn ddigwydd. Gwrthododd yr Eidal ystyried gweithredu mewn unrhyw fodd; nid oedd gan Ffrainc, oedd ynghanol argyfwng gwleidyddol, lywodraeth. Fe brotestiodd Prydain ond wedyn honnodd bod Schuschnigg ei hun, i raddau, i'w feio am yr argyfwng.

O ganlyniad i gyfeddiannu Awstria, roedd gan yr Almaen gyd-ffiniau â'r Eidal, Hwngari ac Iwgoslafia ac roedd mewn gwell safle strategol i fygwth Tsiecoslofacia. Hefyd, roedd yr Almaen wedi ennill adnoddau ychwanegol gwerthfawr ar ffurf gweithlu, defnyddiau crai ac arian tramor. Yn Ebrill 1938, gorchmynnodd Hitler ei bleidlais gwlad ei hun ar fater annibyniaeth Awstria. Mewn araith ar drothwy'r bleidlais, dywedodd, 'Yfory boed i bob Almaenwr adnabod yr awr a mesur ei phwysigrwydd ac ymgrymu mewn gwyleidd-dra o flaen yr Hollalluog sydd, mewn ychydig wythnosau, wedi cyflawni gwyrth ynom ni'. Roedd canlyniad y bleidlais yn dangos bod 99.75 y cant o Awstriaid o blaid uno â'r Almaen! Mae'r hanesydd Mary Fulbrook yn nodi yn *The Fontana History of Germany, 1918-1990*:

> Er gwaethaf mythau mwy diweddar am 'dreisio Awstria' a bod 'yn ddioddefwr cyntaf Hitler', cyfarchodd llawer o Awstriaid y milwyr Almaenig â chryn frwdfrydedd. Tra oedd Awstriaid adain chwith a rhyddfrydol eu syniadau yn argoelus ynghylch yr *Anschluss*, rhoddodd eraill groeso llawn gorfoledd i ddychweliad buddugoliaethus Adolf Hitler i'w fro enedigol, y fan lle roedd, chwarter canrif ynghynt, wedi casglu ynghyd ei syniadau ac annog ei gwdyn rhacs o ragfarnau. Roedd gan Iddewon Awstria reswm da dros bryderu – rhoddwyd ffrwyn i wrth-Semitiaeth filain, a wnaeth eu sefyllfa yn fuan hyd yn oed yn fwy digalon ac annymunol nag un yr Iddewon yn yr Almaen.

C

I ba raddau y gellid cyfiawnhau rhesymau Hitler dros gyfeddiannu Awstria?

7 ~ ARGYFWNG TSIECOSLOFACIA, 1938

Roedd Tsiecoslofacia, gweriniaeth a grëwyd ar ôl y Rhyfel Byd Cyntaf, yn cynnwys y cyn-daleithiau Awstriaidd, Bohemia a Morafia, rhannau o Silesia Awstriaidd, a'r cyn-diroedd Hwngaraidd, Slofacia a Rwthenia. Roedd gan y wlad system ddemocrataidd o lywodraethu, roedd yn ffyniannus ac yn filwrol gref. Er bod camau wedi eu cymryd i ddiogelu buddiannau y gwahanol genhedloedd, roedd gwrthdaro yn bodoli rhwng y Tsieciaid a'r Slofaciaid. Ac yn fwy trafferthus fyth oedd y tair miliwn o Tsieciaid a siaradai Almaeneg oedd yn byw yng Ngwlad y Swdetiaid, ardal oedd yn ffinio â Reich Hitler. Er gwaethaf ymdrechion y llywodraeth Tsiecaidd i ddelio â'u cwynion, roeddent yn dal i honni, gyda pheth cyfiawnhad, eu bod yn cael cam.

PRIF YSTYRIAETH

Hawliadau Karlsbad.

A *Henlein a'r Natsïaid Swdetaidd*

Yn 1933, ffurfiodd Konrad Henlein, cyn-glerc banc ac ysgolfeistr, y *Sudeten Deutsche Partei*, plaid wleidyddol Natsïaidd ei dull oedd yn galw am fwy o ryddid i'r Almaenwyr Swdetaidd ac am eu cynnwys o fewn yr Almaen yn y pen draw. O'r dechrau, roedd plaid Henlein yn debyn cefnogaeth sylweddol o'r Almaen Natsïaidd ac, yn etholiadau 1935, enillodd 44 sedd yn senedd Tsiecoslofacia. Roedd dileu'r Weriniaeth Dsiecaidd yn hanfodol i amcanion polisi tramor Hitler, ac roedd cyflawni'r *Anschluss* wedi golygu bod hynny'n fwy posibl. Yn Ebrill 1938, mewn araith yn Karlsbad, mynnodd Henlein nifer o hawliadau oddi wrth y llywodraeth Dsiecaidd, yn eu plith fwy o ymreolaeth i'r Almaenwyr Swdetaidd, newidiadau yn y polisi tramor a chysylltiadau mwy clòs â'r Almaen. Er dan fygythiad, roedd Llywydd y Tsieciaid, Eduard Benes, yn teimlo'n ddiogel o wybod y gallai ei wlad ddibynnu ar gefnogaeth addawedig Ffrainc a'r Undeb Sofietaidd, a bod Tsiecoslofacia, o leiaf mewn enw, wedi cynghreirio â România ac Iwgoslafia. Hefyd, roedd gan ei wlad fyddin aruthrol, diwydiant arfau o'r radd flaenaf yn seiliedig ar waith Skoda yn Pilsen, a llinell gadarn o amddiffynfeydd yn barod i wrthsefyll unrhyw ymosodiad Almaenig. Y gwir oedd, nid oedd y gefnogaeth y gallai ddibynnu arni yn gwneud argraff ond ar bapur. Nid oedd Prydain wedi addo dim i Tsiecoslofacia, ac fe wnaeth Ffrainc hi'n amlwg na fyddai'n ymyrryd heb gefnogaeth Prydain. Yn yr un modd, ni fyddai'r Undeb Sofietaidd yn gweithredu heb gefnogaeth Ffrainc. A beth bynnag, ni fyddai'r Pwyliaid, a hwythau'n casáu'r Tsieciaid ers cyn cof, fyth yn gadael i filwyr Rwsia deithio trwy eu gwlad. Roedd Hwngari yn pryderu am ffawd y lleiafrif Hwngaraidd yn Slofacia, a phan ddeuai'r amser, gobeithiai Gwlad Pwyl a Hwngari gael siâr fechan o'r ysbail. Yn y cyfamser, ni chafodd awgrym o'r Undeb Sofietaidd y dylid ffurfio ffrynt ar y cyd yn erbyn gormes y Natsïaid fawr o ymateb. Yn wir, roedd Prydain a Ffrainc eisoes yn pwyso ar Benes i fod yn fwy cymodlon tuag at yr Almaenwyr Swdetaidd.

B *Argyfwng 1938*

Ym Mai 1938, gwaethygodd yr argyfwng pan saethwyd dau Almaenwr Swdetaidd ar feiciau modur gan heddlu Tsiecoslofacia a chondemniwyd erchyllterau yng Ngwlad y Swdetiaid gan y wasg Almaenig. Pan ledawgrymodd Ffrainc a'r Undeb Sofietaidd y gallent anrhydeddu eu haddewid i Tsiecoslofacia, ciliodd y

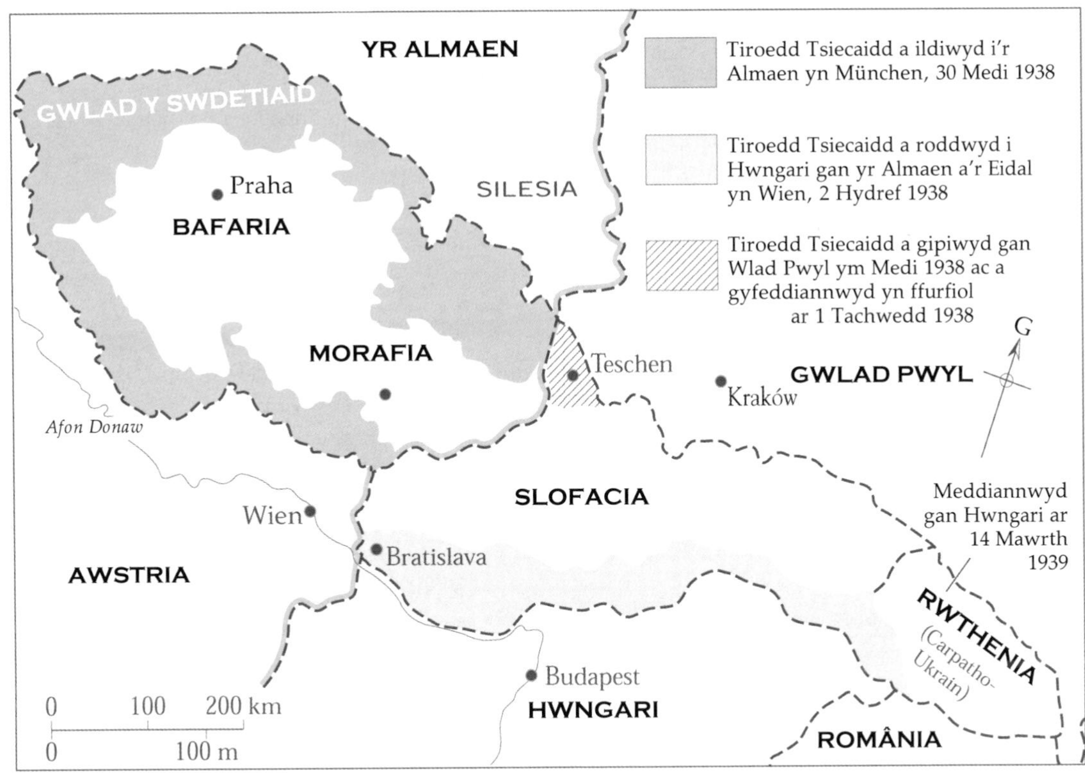

MAP 9
Yr Almaen yn meddiannu Tsiecoslofacia

bygythiad o ymosodiad o'r Almaen. Roedd Hitler wedi ei gythruddo fod y wasg ym Mhrydain yn gweld hyn fel arwydd ei fod yn camu'n ôl. Yn Berlin, rhybuddiwyd llysgennad Prydain gan Ribbentrop, pe bai'r sefyllfa yng Ngwlad y Swdetiaid yn cael 'rhwydd hynt … a bod yna golli gwaed, byddai'n rhaid i Hitler weithredu ar fyrder, beth bynnag fyddai'r gost i'r Almaen a'r byd'.

Mewn sgwrs â llysgennad Ffrainc, beirniadodd Gweinidog Tramor yr Almaen y cynghrair Ffrengig-Tsiecoslofacaidd hefyd, gan ddweud 'mor wrthun meddwl y gallai dau lew ymladd dros lygoden Tsiecaidd'. Gwaethygodd y rhyfel geiriau pan, yn yr un mis, soniodd Hitler am ei 'fwriad i falurio Tsiecoslofacia trwy rym yn y dyfodol agos'. Ar yr un pryd, gorchmynnodd baratoi'r Ymgyrch Werdd, sef cyfeddiannu taleithiau Bohemia a Morafia. Yn ystod gweddill yr haf, gwaethygodd y berthynas rhwng yr Almaen a Tsiecoslofacia er bod Benes wedi gwneud ymdrech arbennig i gwrdd â rhai o hawliadau Karlsbad. Yn Awst, anfonodd llywodraeth Prydain yr Arglwydd Runciman i Praha i geisio trefnu cytundeb. Cythruddwyd y Tsieciaid gan y cam llawdrwm hwn oherwydd roedd y negesydd yn ymddangos fel pe bai'n ochri gyda'r Almaenwyr Swdetaidd. Erbyn dechrau Medi, roedd y sefyllfa'n ddifrifol. Unwaith eto, rhybuddiodd Hitler nad oedd yr Almaenwyr Swdetaidd 'naill ai'n ddiamddiffyn nac wedi eu gadael'. Yn dilyn cyfnod o wrthdaro, yn bennaf wedi ei gyffroi gan bropaganda Almaenig, cyhoeddodd y llywodraeth Dsiecaidd gyfraith rhyfel. O ganlyniad, dihangodd Henlein a channoedd o Natsïaid Awstriaidd i'r Almaen i osgoi cael eu harestio. Dyma oedd yr hinsawdd pan benderfynodd Neville Chamberlain, Prif Weinidog Prydain, chwarae rhan cymodwr ac, ar 15 Medi, aeth ar y gyntaf o'i dair taith i'r Almaen i drafod â Hitler. Cynhaliwyd eu cyfarfod cyntaf yn Berchtesgaden. Er na fu i Chamberlain wneud argraff ar Hitler, a feddyliai ei fod yn wan, cafodd groeso cwrtais. Dywedodd yr arweinydd Almaenig wrtho yn blaen, os na fyddai Gwlad y Swdetiaid yn cael ei rhoi i'r Almaen, byddai yna ryfel. Cynigiodd Chamberlain drafod trosglwyddo'r rhanbarthau oedd yn cynnwys mwyafrif o Almaenwyr. Cytunodd Hitler yn bennaf am ei fod yn credu na fyddai'r Prif Weinidog Prydeinig yn gallu argyhoeddi Benes. Wedi ymgynghori â'i gyd-weithwyr ei hun ac â'r Ffrancwyr, ond nid â llywodraeth Tsiecoslofacia, pwysodd Chamberlain ar y Tsieciaid i gytuno i'r cyfaddawd. Heb gefnogaeth Ffrainc a Prydain doedd ganddynt ddim dewis. Dychwelodd Chamberlain i'r Almaen i gyfarfod â Hitler eto, y tro hwn yn Bad Godesberg. Roedd y *Führer* wedi synnu ac yn flin fod Chamberlain wedi ennill consesiynau gan y Tsieciaid oherwydd golygai hyn nad oedd ganddo esgus i fynd i ryfel. Yn hytrach na bodloni, ymateb Hitler oedd datgan nad oedd y telerau cynharach yn gwneud y tro erbyn hyn ac ychwanegodd at ei hawliadau. At hyn, bygythiodd y byddai yna ryfel os na fyddai ei delerau wedi eu cwrdd erbyn 1 Hydref. Ynghanol yr argyfwng, galwodd Mussolini am gynhadledd o'r pedwar pŵer i drafod y mater. Cytunodd Hitler, ac mewn ysbryd cymodlon dywedodd na fyddai'n hawlio mwy o dir yn Ewrop unwaith y byddai mater Gwlad y Swdetiaid wedi ei setlo.

C *Cytundeb München, 29 Medi 1938*

Wrth i Ewrop baratoi am ryfel, hedfanodd Chamberlain i'r Almaen am y trydydd tro. Yn Berlin, bu i Ribbentrop, oedd i bob golwg yn benderfynol ar ryfel, ddefnyddio ei safle i rwystro'r arweinyddion a'r diplomyddion hynny oedd o blaid canlyniad heddychlon i'r argyfwng rhag mynd i ŵydd Hitler. Hefyd yn bresennol yn y gynhadledd olaf, a gynhaliwyd yn München, oedd Hitler, Mussolini a'i fab-yng-nghyfraith yr Iarll Ciano, a Daladier, Prif Weinidog Ffrainc. Ni chafodd cynrychiolwyr yr Undeb Sofietaidd wahoddiad a bu'n rhaid i ddirprwyon Tsiecoslofacia aros, heb eu galw, mewn gwesty cyfagos. Roedd buddugoliaeth Hitler yn gyflawn pan dderbyniodd Chamberlain a Daladier ei hawliadau o'r diwedd. Roedd Gwlad y Swdetiaid i'w meddiannu gan filwyr yr Almaen ar 10 Hydref hyd at ffin oedd i'w phenderfynu gan gomisiwn rhyngwladol. Yna, wedi cwrdd â gofynion ychwanegol Hwngari a Gwlad Pwyl, roedd y pedwar pŵer i warantu ffiniau yr hyn oedd yn weddill o Tsiecoslofacia. Wedi hyn ymddiswyddodd Benes, oedd wedi ceisio mor galed i amddiffyn ei famwlad ac wedi ymbil am wrandawiad ar ran Tsiecoslofacia. Pan ddychwelodd Chamberlain i Lundain dywedodd wrth bobl Prydain, 'Rwy'n credu y bydd heddwch gydol ein hamser ni'. Yn Berlin, cellweiriodd Hitler, 'Roedd yn ymddangos yn hen fonheddwr neis, roeddwn yn meddwl y gallwn roi fy llofnod iddo yn gofrodd'. Wythnos yn ddiweddarach, yn Nhŷ'r Cyffredin, dywedodd Winston Churchill, 'Mae'r cyfan drosodd. Mae Tsiecoslofacia fud, drist, wrthodedig, chwilfriw yn cilio i'r tywyllwch ... Rydym wedi ein trechu heb ryfel'.

C

A fu i Brydain a Ffrainc fradychu'r Tsieciaid?

Ch *Arwyddocâd Cytundeb München*

O safbwynt Tsiecoslofacia, roedd canlyniadau Cytundeb München yn bellgyrhaeddol. Nid yn unig y collodd 2,850,000 hectar o dir, gan gynnwys 70 y cant o'i gwaith cynhyrchu haearn a dur, ond roedd yn rhaid iddi hefyd gilio o'i safle strategol amddiffynnol ym mynyddoedd Gwlad y Swdetiaid. Golygai hyn y gellid goresgyn yr hyn oedd yn weddill o Tsiecoslofacia yn rhwydd ar unrhyw adeg. Arweiniodd y cytundeb at lwyr ddigalondid ymysg y Tsieciaid, a daeth yr enw München yn gyfystyr â brad. Daliwyd y rhai oedd â chyswllt â'r cytundeb, a alwyd yn ddiweddarach yn 'ddynion München', yn gyfrifol am weithred lwfr i sicrhau dyhuddiad. Mewn gwirionedd, nid oedd mor syml â hynny. Ychydig haneswyr heddiw fyddai'n ystyried cymhellion Chamberlain yn rhai llwfr ond yn hytrach yn gymhellion gŵr oedd mor awyddus i gadw'r heddwch fel bod addewidion ffug Hitler wedi ei dwyllo yn hawdd. Mae rhai'n ei weld hefyd fel dyn a brynodd amser i genedl nad oedd wedi paratoi i fynd i ryfel. Fel gyda'r Rheindir ac Awstria, gamblo wnaeth Hitler – yn gywir – na fyddai Prydain a Ffrainc yn ymyrryd â'i gynlluniau ar gyfer Tsiecoslofacia. Er gwaethaf ofnau ei gadfridogion a'i ddiplomyddion, cafwyd ei fod yn gywir unwaith eto. Dyma'i fuddugoliaeth fwyaf hyd yn hyn o safbwynt polisi tramor a dechreuodd llawer o Almaenwyr gredu ei fod yn anffaeledig. Fel yr ysgrifennodd William Shirer yn *The Rise and Fall of the Third Reich*:

> Roedd Hitler wedi cael yr hyn roedd arno'i eisiau, wedi cyflawni concwest fawr arall heb danio ergyd. Esgynnodd ei fri i entrychion newydd. Ni all unrhyw un oedd yn yr Almaen yn y dyddiau ar ôl München, fel oedd yr ysgrifennydd, anghofio gorfoledd pobl yr Almaen. Roeddent yn ddiolchgar fod rhyfel wedi ei osgoi; roeddent wrth eu bodd ac yn chwyddo o falchder oherwydd buddugoliaeth ddi-waed Hitler, nid yn unig ar Dsiecoslofacia ond hefyd ar Brydain Fawr a Ffrainc.

Wrth i'w fri'n esgyn, roedd yn gwneud argraff gynyddol ar hyd yn oed y rhai oedd un amser wedi ei ystyried yn anturiwr gwyllt, ac roedd y rhai oedd wedi cynllwynio *coup* yn ei erbyn yn anobeithio oherwydd y dyhuddiad Eingl-Ffrengig, ac wedi rhoi'r gorau i'w cynllwyn

MAP 10
Yr Almaen yn ehangu, 1933-39

(gw. tud. 309). I bawb ond y naîf, roedd München yn dangos nad oedd uchelgais Hitler wedi ei bodloni o bell ffordd. Roedd ei nod sylfaenol yn dal yr un – creu Reich Fwy gyda *Lebensraum* digonol ar draul Gwlad Pwyl a'r Undeb Sofietaidd.

8 ~ 1939 – ARWAIN AT RYFEL

Roedd dadrith llwyr yn aros y rhai oedd wedi ymddiried yn addewidion Hitler. Yn Ionawr 1939, mewn ymdrech arall i gymedroli bwriadau gormesol Hitler, aeth Chamberlain i Rufain i geisio ennill cefnogaeth Mussolini. Cafodd siwrnai seithug.

A *Diwedd Tsiecoslofacia*

ymreolaeth yr hawl i'w llywodraethu eu hunain

Gyda'r Slofaciaid yn mynnu mwy o **ymreolaeth** oddi wrth y Tsieciaid, roedd yr hyn oedd yn weddill o Tsiecoslofacia wedi ei rhwygo gan wrthdaro mewnol. Gan weithredu'n gwbl hurt, gofynnodd arweinyddion y Slofaciaid am help Hitler. Mewn sefyllfa oedd yn gwaethygu yn gyflym, ar 15 Mawrth aeth Emil Hacha, Arlywydd Tsiecoslofacia, i Berlin i apelio at Hitler. Bu i'r *Führer* ddifenwi'r Arlywydd 67 oed, a phan fygythiodd fomio Praha, llewygodd Hacha. Wedi hynny, arwyddodd Hacha gytundeb yn caniatáu i filwyr yr Almaen fynd i mewn i Dsiecoslofacia i adfer trefn, gan felly roi cyfiawnhad cyfreithiol i Hitler feddiannu ei wlad. Fel roedd milwyr yr Almaen yn croesi'r ffin, broliodd Hitler, 'Byddaf yn cael fy nghofio mewn hanes fel yr Almaenwr mwyaf'.

Tua diwedd mis Mawrth, mewn gweithred ormesol arall eto, cyfeddiannwyd Memel gan filwyr yr Almaen. Almaenwyr oedd mwyafrif poblogaeth y dref hon yn Lithuania, oedd yng nghornel ogledd-ddwyreiniol Dwyrain Prwsia.

B *Gwreiddiau argyfwng Gwlad Pwyl*

O'r holl golledion tiriogaethol a orfodwyd ar yr Almaen yng Nghytundeb Versailles, colli rhan o Silesia, Danzig a'r coridor Pwylaidd i Wlad Pwyl oedd y rhai mwyaf chwerw i bob Almaenwr. I Hitler, roedd bodolaeth Gwlad Pwyl yn annioddefol. Mewn erthygl yn *The Sunday Express* ar 28 Medi 1930 (a ddyfynnir yn *The Speeches of Adolf Hitler 1922-1939, Vol. 2,* gol. N.H. Baynes) dywedodd:

> Rydym yn hawlio dychwelyd i ni y Coridor Pwylaidd, sydd fel stribyn o gnawd wedi ei dorri oddi ar ein corff. Mae'n rhannu'r Almaen yn ddwy. Mae'n glwyf cenedlaethol sy'n gwaedu yn gyson, a bydd yn dal i waedu nes bydd y tir wedi ei ddychwelyd i ni.

Dechreuodd y pwysau ar Wlad Pwyl yn Hydref 1938 pan oedd ar yr Almaenwyr eisiau adeiladu ffordd a chysylltiadau rheilffordd ar draws y Coridor Pwylaidd i gysylltu'r Almaen yn fwy rhwydd â Dwyrain Prwsia. Hefyd, nid oedd yn gyfrinach bod arnynt eisiau Danzig yn ôl. Roedd y Pwyliaid yn barod i ystyried y cysylltiadau cludo ond yn gwrthod hyd yn oed drafod trosglwyddo unrhyw borthladd nac aildrefnu eu ffiniau. Cafwyd mwy o dyndra wedi i'r Almaenwyr feddiannu Memel. Yna, gan ddilyn y polisi roeddent wedi ei ddefnyddio yn erbyn y Tsieciaid ynglŷn â Gwlad y Swdetiaid, dechreuasant gyhuddo'r Pwyliaid o gam-drin Almaenwyr oedd yn byw dan eu rheolaeth. Ar 31 Mawrth 1939, arwyddodd llywodraeth Prydain gytundeb yn amddiffyn Gwlad Pwyl. Er bod y cytundeb wedi cythruddo Hitler, roedd ymateb Prydain i'w ormes cynharach yn peri iddo feddwl mai bygythiad gwag ydoedd. P'un bynnag, pe bai yna ryfel, byddai'n amhosibl i Brydain anfon unrhyw help buddiol i Wlad Pwyl. Yn Ebrill, gwawdiodd Hitler apêl Arlywydd UDA, Franklin D. Roosevelt, pan ofynnodd i'r arweinydd Almaenig barchu annibyniaeth cenhedloedd Ewrop, ond fe'i cynhyrfwyd gan ymdrechion Prydain a Ffrainc i ddod i gytundeb â Rwsia ynglŷn â Gwlad Pwyl ac yntau wedi meddwl bod Prydain a Ffrainc yn llugoer ac yn amharod i wneud dim ar frys. Fodd bynnag, daeth y trafodaethau i ben yn y diwedd pan wrthododd y Pwyliaid gytuno i adael i luoedd Rwsia ddod i Wlad Pwyl pe byddai'r Almaenwyr yn ymosod. Wedi ei galonogi gan y methiant, gorchmynnodd Hitler ddechrau paratoadau ar gyfer yr Ymgyrch Wen i oresgyn Gwlad Pwyl. Pennwyd y dyddiad, sef 1 Medi 1939.

C *Y Cytundeb Dur, Mai 1939*

Ar 22 Mai, daeth Axis Rhufain-Berlin (gw. tud. 386) yn gynghrair milwrol ymosodol pan arwyddodd yr Almaen a'r Eidal Gytundeb Dur. O dan delerau'r cytundeb, byddai'r ddwy genedl yn cefnogi ei gilydd pe bai un yn rhyfela â phŵer arall. Roedd yr Iarll Ciano yn pryderu y gallai cytundeb ffurfiol o'r fath arwain yr Eidal i ryfel ond addawodd Ribbentrop na fyddai hynny fyth yn digwydd. Aeth Hitler cyn belled â dweud, 'Rwy'n gwbl argyhoeddedig na fydd Lloegr na Ffrainc yn cychwyn rhyfel cyffredinol'.

Ch *Y Cytundeb Natsïaidd-Sofietaidd, Awst 1939*

Er syndod mawr i weddill y byd, ar 23 Awst 1939, arwyddwyd cytundeb yn Moskva gan Ribbentrop ac Ysgrifennydd Tramor Rwsia, Vyacheslav Molotov. Roedd y Cytundeb (a elwir weithiau yn Gytundeb Ribbentrop-Molotov), a arwyddwyd gan gynrychiolwyr dwy wlad oedd ag ideolegau mor elyniaethus, yr un mor annisgwyl ag ydoedd o gymhleth. Cytunodd y ddwy wlad i beidio â chefnogi unrhyw drydydd pŵer os byddai'r pŵer hwnnw yn ymosod ar y naill neu'r llall ohonynt. Hefyd, addawsant y byddent yn ymgynghori â'i gilydd ar faterion yn

C

Pam oedd y Cytundeb wedi synnu gweddill y byd?

LLUN 45
Cartŵn o'r Washington Star, *9 Hydref 1939, 'Tybed am ba hyd y bydd y mis mêl yn para?'*

WONDER HOW LONG THE HONEYMOON WILL LAST?

ymwneud â'u buddiannau cyffredin ac na fyddent yn ymuno ag unrhyw gynghrair oedd yn gwrthwynebu'r naill neu'r llall. Ond ni ddatgelwyd yn gyhoeddus fod yna gytundeb cyfrinachol i ymosod ar Wlad Pwyl ac yna ei rhannu rhyngddynt, gan gadael i'r Undeb Sofietaidd feddiannu Gwladwriaethau'r Baltig – Latvia, Lithuania ac Estonia. Roedd y Cytundeb yn drefniant sinigaidd rhwng dau garn-elyn a'i nod oedd dod â manteision tymor byr i'r ddwy wlad. Bu i Stalin fargeinio'n galed ac ef a gafodd yr enillion gorau, tra i Hitler, mater o hwylustod oedd y Cytundeb. O safbwynt arweinydd Rwsia, roedd yn rhyw fath o ad-daliad am gael ei ddiystyru gan Brydain a Ffrainc ac roedd yn cael gwared ar fygythiad cynghrair cyfalafol yn erbyn comiwnyddiaeth Rwsia. Roedd hefyd yn rhoi amser i Rwsia adeiladu ei nerth milwrol, a byddai rhannu Gwlad Pwyl yn darparu gwladwriaeth glustog rhwng yr Undeb Sofietaidd a'r Almaen. I Hitler, roedd yn cael gwared ar yr ofn y byddai'n rhaid, efallai, ymladd ar ddau ffrynt yr un pryd. Roedd hefyd yn rhoi'r cyfle iddo ddinistrio Gwlad Pwyl ac ennill Danzig heb ryfel, tra bod rhannu Gwlad Pwyl yn golygu y byddai mewn sefyllfa ddelfrydol i gynllunio i ymosod ar Rwsia yn y dyfodol. Pan ddychwelodd o Moskva, croesawyd Ribbentrop gan Hitler yn bersonol, a'i cyfarchodd fel 'ail Bismarck'. Parodd y Cytundeb bryder yn Ewrop a ledled y byd. Pe na bai'n ddim arall, roedd y ffaith fod Hitler yn barod i arwyddo cytundeb â gwlad roedd yn cynllunio i ymosod arni yn dystiolaeth arall o'i ddiffyg egwyddor. Mewn gwirionedd, y dyhuddiad hwn ar ran Rwsia a benderfynodd dynged Gwlad Pwyl ac a wnaeth ryfel yn fwy anochel.

D *3 Medi 1939: cyhoeddi rhyfel*

Er gwaethaf yr addewidion gan Brydain a Ffrainc i gynorthwyo Gwlad Pwyl pe ymosodid arni, a rhybudd Mussolini nad oedd yr Eidal yn ddigon parod i ryfela, aeth Hitler rhagddo â'i gynlluniau. Er ei fod yn honni bod yr her o Wlad Pwyl yn annioddefol bellach a'i fod yn ei chyhuddo o nifer o helyntion ar y ffiniau, mor ddiweddar â 29 Awst roedd yn dal i ddangos parodrwydd i drafod sut y gellid datrys y broblem. Gwrthododd y Pwyliaid ei gynnig a dechrau ymfyddino. Anwybyddwyd apêl y Pab Pius XII, hefyd rai Roosevelt, Arlywydd UDA, a Daladier. Wedi cyfres o helyntion eraill ar y ffin oedd wedi'u rigio, cyhoeddodd Hitler orchmynion ar gyfer rhyfel. Cofnodwyd y gorchmynion gan William Shirer yn *Berlin Diary: The Journal of a Foreign Correspondent*:

> 'Nawr fod yr holl bosibiliadau gwleidyddol o derfynu'n heddychlon sefyllfa ar y Ffin Ddwyreiniol sy'n annioddefol i'r Almaen wedi'u disbyddu, rwy wedi penderfynu ar ddatrys trwy rym. Dyddiad yr ymosodiad: Medi 1, 1939. Amser yr ymosodiad: 4.45 a.m.

Felly dechreuodd milwyr yr Almaen ymosod ar Wlad Pwyl ar fore 1 Medi 1939. Ar unwaith, anfonodd llywodraethau Prydain a Ffrainc wltimatwm yn mynnu bod milwyr yr Almaen yn cilio o Wlad Pwyl. Ar 3 Medi, pan na chafwyd ateb, cyhoeddodd y ddau bŵer ryfel ar yr Almaen. Y diwrnod canlynol, mewn darllediad i bobl yr Almaen, traddododd Neville Chamberlain ei asesiad ef o bolisi tramor Hitler (cofnodwyd yn *Documents on German-Polish Relations*):

> Rhoddodd ei air y byddai'n parchu Cytundeb Locarno; fe'i torrodd. Addawodd nad oedd yn dymuno nac yn bwriadu cyfeddiannu Awstria; fe dorrodd ei addewid. Datganodd na fyddai yn ymgorffori'r Tsieciaid yn y Reich; fe wnaeth hynny. Rhoddodd ei air ar ôl München nad oedd ganddo hawliadau tiriogaethol eraill yn Ewrop; fe'i torrodd. Addawodd nad oedd arno eisiau taleithiau yng Ngwlad Pwyl; torrodd ei addewid. Mae wedi tyngu i chi ers blynyddoedd ei fod yn elyn marwol i Folsiefigiaeth; mae 'nawr yn gynghreiriad iddi. Ydych chi'n rhyfeddu nad yw ei addewid, i ni, yn werth y papur yr ysgrifennwyd ef arno?

9 ~ LLYFRYDDIAETH

Ceir ymdriniaeth lwyr ar bolisi tramor Hitler yn K. Hildebrand *The Foreign Policy of the Third Reich* (Batsford 1973), *Arms, Autarky and Aggression* gan William Carr (Edward Arnold 1972) a *Germany and Europe* gan J. Hiden (Longman 1977). Mae rhai testunau yn ystyried polisi tramor Natsïaidd fel cefndir i ddyfodiad yr Ail Ryfel Byd. Mae'r rhain yn cynnwys 'Hitler and the Origins of the Second World War' gan Alan Bullock yn *The Origins of the Second World War*, E.M. Robertson, gol. (Macmillan 1971), *The Approach of War* gan C. Thorne (Macmillan 1967), *Hitler's War Aims* gan N. Rich (André Deutsch, 1974) ac yn fwy diweddar, *The Origins of the Second World War* gan R. Overy (Longman 1987). Mae *The Origins of the Second World War* gan A.J.P. Taylor (Hamish Hamilton 1961) ac *The War Path: Hitler's Germany 1933–1939* gan David Irving (Papermac 1983) yn ymdrin â'r un testun ond yn fwy dadleuol.

10 ~ PYNCIAU TRAFOD A CHWESTIWN TRAETHAWD DEONGLIADOL

A *Mae'r adran hon yn cynnwys cwestiynau y gellid eu defnyddio i drafod (neu ysgrifennu atebion) er mwyn ehangu ar y bennod a phrofi dealltwriaeth ohoni.*

1. Wrth ystyried polisi tramor yr Almaen, ym mha ffordd mae barn bwriadolwyr yn gwahaniaethu oddi wrth farn strwythurwyr?
2. I ba raddau y gellir cyfiawnhau gweithred Hitler yn galw dirprwywyr yr Almaen adref o'r Cynadleddau Diarfogi yn 1933?
3. Yn eich barn chi, oedd y Cytundeb Llyngesol Prydeinig-Almaenig (1935) yn fuddugoliaeth ddiplomyddol i'r Almaen?
4. Pam y bu i ymosodiad yr Eidal ar Abysinia beri ailffurfio'r cydbwysedd grym yn Ewrop?
5. I ba raddau y bu i'r Rhyfel Cartref yn Sbaen ddatblygu yn ymryson i brofi eu cryfder rhwng ffasgaeth a chomiwnyddiaeth?
6. Beth oedd Mussolini yn ei olygu pan soniai am Axis Rhufain-Berlin?
7. Eglurwch arwyddocâd Memorandwm Hossbach.
8. I ba raddau y bu i'r Awstriaid eu hunain gyfrannu tuag at gyfeddiannu eu gwlad gan yr Almaen yn 1938?
9. Ai'r Almaen neu'r Undeb Sofietaidd a enillodd fwyaf o'r Cytundeb Natsïaidd-Sofietaidd yn 1939?

B *Cwestiwn traethawd deongliadol*

Amcanion polisi tramor Hitler

Astudiwch y ddau ddehongliad isod ac atebwch y cwestiwn sy'n dilyn.

Prif nod polisi tramor Hitler oedd cael gwared ar y cyfyngiadau a osodwyd gan Gytundeb Versailles. Roedd eisoes wedi cefnu ar yr iawndaliadau, ond roedd y cyfyngiadau ar luoedd arfog yr Almaen yn dal mewn bodolaeth, ac roedd y Rheindir yn dal yn ardal ddadfilwriedig.
(M.L.R. Isaac, hanesydd Prydeinig, yn *A History of Europe since 1870*, 1960)

Roedd yn dymuno dod â'r holl bobl oedd yn siarad Almaeneg dan lywodraeth yr Almaen ... Roedd ei gynlluniau tymor hir yn fwy uchelgeisiol. Oherwydd bod yr Almaenwyr yn hil Ariaidd oruchaf, tybiai Hitler fod hawl ganddo i goncro 'lle i fyw' ychwangeol neu *Lebensraum* ... Heb fod yn llai pwysig, byddai concro'r Undeb Sofietaidd yn dinistrio 'Bolsiefigiaeth Iddewig'.
(Neil DeMarco, hanesydd Prydeinig, yn *The World This Century: working with evidence*, 1987)

Dadansoddwch a gwerthuswch y ddau ddehongliad hyn o amcanion polisi tramor Hitler.

11 ~ YMARFER AR DDOGFENNAU: POLISI TRAMOR YR ALMAEN YN YSTOD YR 1930AU

Astudiwch y ffynonellau a ganlyn yn ofalus ac yna atebwch y cwestiynau.

Y mae, fodd bynnag, er budd pawb i ddatrys problemau heddiw mewn modd rhesymol a therfynol. Ni allai unrhyw ryfel Ewropeaidd newydd wella amodau anfoddhaol heddiw ... Er hynny, mae'r Almaen bob amser yn barod i ymgymryd â rhwymedigaethau sy'n ymwneud â diogelwch rhyngwladol, os yw pob cenedl arall yn barod ar eu rhan hwy i wneud yr un peth, ac os yw'r diogelwch hwn o fantais i'r Almaen.

FFYNHONNELL A
Hitler mewn araith i'r Reichstag *ar 17 Mai 1933*

Yn yr awr hanesyddol hon, pan fo lluoedd arfog yr Almaen yn meddiannu eu garsiynau yn nhaleithiau gorllewinol yr Almaen ar gyfer dyddiau heddwch yn y dyfodol, rydym yn uno i dystio i ddwy o erthyglau sanctaidd y ffydd. Yn gyntaf, i'r llw na fyddwn yn ildio i unrhyw bŵer na grym wrth ailsefydlu anrhydedd ein cenedl. Yn ail, i'r cadarnhad y byddwn yn awr yn gweithio fwyfwy dros ddealltwriaeth Ewropeaidd ac yn enwedig dros ddealltwriaeth gyda'r pwerau Gorllewinol a'n cymdogion Gorllewinol.

FFYNHONNELL B
Datganiad Hitler ar 7 Mawrth 1936 wrth i filwyr yr Almaen orymdeithio i mewn i'r Rheindir, a adroddwyd yn The Times.

FFYNHONNELL C
(LLUN 46) *'Beth nesa'?' Cartŵn yn y* St Louis Post-Dispatch, *25 Medi 1938 yn dangos Hitler ar ben stêm-roler Natsïaidd gyda Tsiecoslofacia wedi ei mathru oddi tano.*

FFYNHONNELL CH

Dyfyniad o'r cytundeb a arwyddwyd gan Hitler a Neville Chamberlain yn München ar 30 Medi 1938.

Rydym yn ystyried y Cytundeb a arwyddwyd neithiwr, a'r Cytundeb Llyngesol Eingl-Almaenig, fel symbolau o awydd ein dwy genedl i beidio â mynd i ryfel yn erbyn ein gilydd fyth eto. Rydym yn benderfynol mai dull cyd-drafod fydd y dull a fabwysiedir i ddelio ag unrhyw gwestiynau eraill a allai fod yn destun pryder i'n dwy wlad ... ac felly i gyfrannu tuag at sicrhau heddwch yn Ewrop.

FFYNHONNELL D

Hitler yn traddodi araith gyfrinachol i gynrychiolwyr y wasg Almaenig yn Nhachwedd 1938.

Pwysau amgylchiadau sydd wedi peri i mi sôn am heddwch yn ddiddiwedd am ddegawdau. Oherwydd dim ond wrth bwysleisio dro ar ôl tro fod yr Almaen yn deisyf heddwch ... y gallwn obeithio yn raddol sicrhau i bobl yr Almaen ... y math iawn o arfogaeth sydd wedi bod erioed yn hanfod angenrheidiol cyn cymryd cam pellach. Cafodd propaganda heddwch o'r fath dros gyfnod o ddegawd ei sgil effeithiau amheus. Oherwydd gall fod llawer o bobl yn meddwl bod y gyfundrefn [Natsïaidd] bresennol yn cytuno â'r gosodiad a'r dymuniad i gadw'r heddwch waeth beth fo'r gost.

FFYNHONNELL DD

O ddarllediad gan Neville Chamberlain ar 4 Medi 1939.

Rhoddodd ei air ar ôl München nad oedd ganddo hawliadau tiriogaethol eraill yn Ewrop; fe'i torrodd. Addawodd nad oedd arno eisiau taleithiau yng Ngwlad Pwyl; torrodd ei addewid. Mae wedi tyngu i chi ers blynyddoedd ei fod yn elyn mawrol i Folsiefigiaeth; mae 'nawr yn gynghreiriad iddi. Ydych chi'n rhyfeddu nad yw ei addewid, i ni, yn werth y papur yr ysgrifennwyd ef arno?

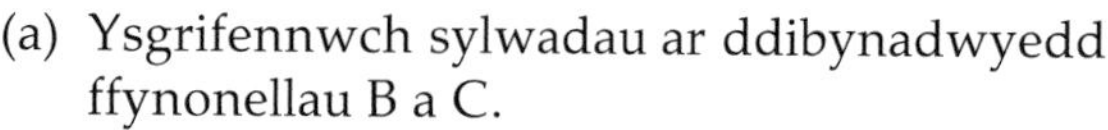

(a) Ysgrifennwch sylwadau ar ddibynadwyedd ffynonellau B a C.

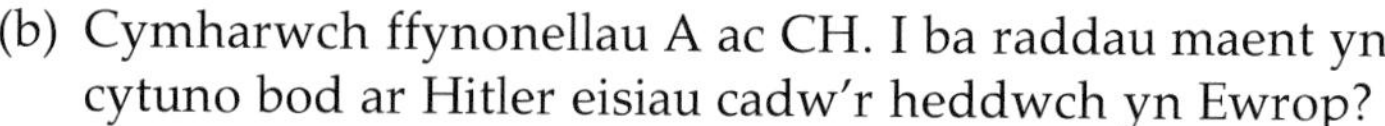

(b) Cymharwch ffynonellau A ac CH. I ba raddau maent yn cytuno bod ar Hitler eisiau cadw'r heddwch yn Ewrop?

(c) Pa mor werthfawr yw'r ffynonellau i'n helpu i ddeall polisi tramor yr Almaen yn yr 1930au? (Yn eich ateb, defnyddiwch eich gwybodaeth gefndirol berthnasol yn ogystal â'r wybodaeth sydd yn y ffynonellau.)

Rhyfel Hitler

15

CYFLWYNIAD

Efallai nad yw'r term 'Rhyfel Hitler' yn ymddangos yn gwbl addas gan fod ffactorau eraill wedi cyfrannu tuag at ddechrau gwrthdrawiad Ewropeaidd o'r radd flaenaf ym Medi 1939. Er bod methiant Cynghrair y Cenhedloedd, yr esiampl a gafwyd mewn mannau eraill trwy bolisïau ehangu Japan a'r Eidal, a'r modd y bu i Brydain a Ffrainc ddyhuddo'r Almaen, i gyd wedi chwarae eu rhan, does dim amheuaeth mai uchelgais polisi tramor Hitler oedd prif achos y rhyfel. Roedd y rhyfel, oedd wedi ei gyfyngu'n bennaf i Ewrop ar y dechrau, i ddod yn rhyfel byd, gyda chenhedloedd ar bum cyfandir ynghlwm ag ef. Mae modd ystyried y rhyfel mewn tri chyfnod. Roedd y cyfnod 1939 hyd ddiwedd 1942 yn un o lwyddiant di-fwlch, bron, i'r Almaen, gyda byddinoedd Hitler yn goresgyn llawer o dir Ewrop. Yn ystod y deuddeng mis o Dachwedd 1942 ymlaen gwelwyd y llanw'n troi o blaid y Cynghreiriaid. Roedd gweddill y rhyfel yn gyfnod pan fu'n rhaid i bwerau'r Axis a'u cynghreiriaid wynebu rhwystrau a cholledion, nes cael eu trechu'n derfynol ym Mai 1945. Daeth y rhyfel yn erbyn Japan i ben bedwar mis yn ddiweddarach, ym Medi y flwyddyn honno.

1 ~ Y RHYFEL – AMLINELLIAD

A *Llwyddiannau cynnar a choncwest y Natsïaid yn Ewrop*

1939

Llwyddodd byddinoedd yr Almaen i ruthro ar draws gwastadeddau gorllewin Gwlad Pwyl trwy ddefnyddio *Blitzrieg* ac adrannau *Panzer* cyflym, ynghyd â bomio brawychus y *Lufftwaffe*. Fel y cytunwyd arno cyn hynny, goresgynnodd byddinoedd Rwsia o'r dwyrain ar 17 Medi ac, erbyn diwedd y mis, roedd Warszawa wedi cwympo a gwrthwynebiad Gwlad Pwyl wedi dod i ben. Wedyn, cyfeddiannodd y Sofietiaid wladwriaethau'r Baltig, sef Estonia, Latvia a Lithuania ac, ym mis Hydref, ymosodasant ar y Ffindir.

1940

Daeth cyfnod o ddiffyg gweithredu, y cyfeirir ato fel arfer fel 'y Rhyfel Ffug', i ben yn Ebrill 1940 pan orchmynnodd Hitler ymosod ar Ddenmarc a Norwy. Gan fod 51 y cant o'r mwyn haearn a fewnforid i'r Almaen yn dod o Sweden ac yn pasio trwy borthladdoedd Norwy, roedd rheoli dyfroedd ei harfordir yn hanfodol bwysig i ymdrech ryfel yr Almaen. Hefyd, byddai ffiordau Norwy yn darparu angorfa ddiogel i longau'r Almaen. Nid oedd byddinoedd Norwy yn barod am ryfel, ond fe lwyddodd y Natsïaid yn rhannol oherwydd bod bradwr yn eu llywodraeth, Vidkun Quisling. Dim ond am ychydig oriau y llwyddodd Denmarc i wrthsefyll ac, er iddynt gael help Prydain, roedd Norwy yn nwylo'r Almaen erbyn diwedd Ebrill. Ym Mhrydain, gwelid tynged Norwy fel llanast a thystiolaeth o anghymwyster y llywodraeth. Bu'n rhaid i Chamberlain ymddiswyddo a daeth Winston Churchill yn arweinydd rhyfel newydd y wlad.

PRIF YSTYRIAETH

Cyfle a gollwyd – ymgilio o Dunkerque

Ar 10 Mai, ymosododd yr Almaenwyr ar Holand, Gwlad Belg a Luxembourg ar yr un pryd. Fel rhan o'r ymosodiad, gwthiodd adrannau *Panzer* yr Almaen trwy'r Ardennes coediog a chyrraedd arfordir y Sianel yn Abbeville. Golygai hyn fod Byddin Ymgyrchol Prydain (y *BEF*) a nifer fawr o filwyr Ffrainc wedi eu hamgylchynu mewn poced yn agos at borthladd Dunkerque yng Ngwlad Belg. Roedd Hitler yn amharod i alw am ymosodiad llwyr ar y dynion oedd dan warchae gan fod cyflymder ymosodiad yr Almaen wedi golygu bod gwrthymosodiad ar eu hystlys yn bosibl. Roedd hefyd yn hyderus y gallai'r *Luftwaffe* ddelio â'r byddinoedd oedd wedi eu hamgylchynu. Oherwydd iddo bwyllo, llwyddodd nifer o longau bach i groesi Môr y Gogledd a chyflawni ymgyrch achub syfrdanol, 'gwyrth Dunkerque' fel y'i gelwir. Er bod tua 330,000 o filwyr Prydain a Ffrainc wedi eu hachub o'r traethau i ymladd ar ddiwrnod arall, syrthiodd y rhan fwyaf o'u peiriannau i ddwylo'r Almaenwyr. Yn *The Ordeal of Total War* mae Gordon Wright yn nodi bod 'camgymeriad Hitler yn Dunkerque wedi caniatáu i ymgyrch arbed o bwysigrwydd milwrol a seicolegol aruthrol gael ei gweithredu, a fu'n fodd i adfer hyder pobl Prydain'. Gyda Llinell Maginot 'nawr wedi ei gorasgellu, chwalodd gwrthwynebiad Ffrainc. Pan orymdeithiodd milwyr yr Almaen i Baris ar 14 Mehefin 1940, symudodd llywodraeth Ffrainc i Bordeaux. Fel y dywedodd Rommel, 'Roedd y rhyfel wedi troi'n gylchdaith gyflym drwy Ffrainc'. Wyth diwrnod yn ddiweddarach gofynnodd Ffrainc am gadoediad. Trefnodd Hitler gorfoleddus fod y Ffrancwyr i arwyddo yn Compiègne, yn yr un cerbyd trên ag a ddefnyddiwyd gan y Cynghreiriaid i dderbyn ildiad yr Almaenwyr yn 1918. Aeth i Baris ar gyfer gorymdaith o fuddugoliaeth lle dawnsiodd ei jig lawen enwog dan yr Arc de Triomphe. Yn y cyfamser, ymunodd Mussolini â'r Almaen yn y rhyfel, yn hyderus ei fod yn ymuno â'r buddugwyr. Penderfynodd Hitler feddiannu gogledd a gorllewin Ffrainc yn unig, gan adael y gweddill, rhyw 60 y cant o'r wlad, dan weinyddiaeth llywodraeth byped yn Vichy a arweinid gan y Cadlywydd Philippe Pétain, cyn-arwr o gyfnod y Rhyfel Byd Cyntaf.

C

Pam y llwyddodd yr Almaenwyr i oresgyn Ffrainc mor rhwydd ym Mehefin 1940?

Pam oedd yr Almaenwyr mor llwyddiannus? Barn A.J.P. Taylor yw fod yn rhaid rhoi'r clod am lwyddiannau'r fyddin Almaenig yn ystod cyfnod cynnar y rhyfel i Hitler. Gan fynd yn groes i gyngor ei gadfridogion, gweithredodd ar ei dybiaeth y byddai diffyg hyder y Ffrancwyr yn peri bod ei dactegau *Blitzkreig* yn anorchfygol. Yn Heinz Guderian ac Erwin Rommel roedd ganddo gadlywyddion *Panzer* o allu eithriadol a oedd yn llawer rhy gyfrwys i gadfridogion y Cynghreiriaid. Yn sicr, nid yw'n wir fod gan yr Almaenwyr lawer iawn mwy o ran niferoedd oherwydd, o safbwynt adrannau, roedd yr Eingl-Ffrengig a'r Almaenig yn bur gyfartal. Y gwahaniaeth oedd ansawdd yr arfau oedd ar gael. Roedd llinell y Cynghreiriaid yn un hir ac, ar wahân i Linell Maginot, nid oedd dyfnder ynddi. Golygai hyn fod colofnau arfog cyflym, gyda chefnogaeth y *Luftwaffe*, yn gallu taro'n ddwfn i mewn i Ffrainc. Ni allai cadfridogion y Cynghreiriaid, oedd yn brin o filwyr wrth gefn a heb fodd i symud yn gyflym, ymdopi â symudedd yr Almaenwyr. Hefyd, roedd Ffrainc wedi bod â thuedd at amddiffyn yn rhy hir ac roedd hyder ei gwleidyddion a'i milwyr yn hawdd ei ddifetha.

Tybiai Hitler y byddai Prydain, ar ei phen ei hun ac i bob golwg mewn safle anobeithiol, yn ceisio heddwch. Nid oedd ganddo gweryl â Phrydain eto, cyhyd ag y câi wneud fel y mynnai yn Ewrop, ac roedd hyd yn oed yn gobeithio gallu trefnu crwsâd Eingl-Almaenig yn erbyn comiwnyddiaeth. Roedd Churchill yn heriol, yn gweld pethau'n wahanol, a rhybuddiodd, 'Fyddwn ni byth yn ildio'. Pan fethodd popeth, gorchmynnodd Hitler baratoi Ymgyrch Morlew (*Sea Lion*), ymosodiad ar Brydain. Dywedodd, 'Gan nad yw Lloegr, er gwaethaf ei safle milwrol anobeithiol, yn dangos unrhyw barodrwydd eto i ddod i delerau, rwy wedi penderfynu paratoi ymgyrch lanio yn erbyn Lloegr, ac os oes raid, ei gweithredu'. Dywedodd wrth ei gadfridogion, 'Gobaith Lloegr yw Rwsia ac UDA ... os dinistrir Rwsia, bydd gobaith olaf Lloegr yn chwilfriw. Yna bydd yr Almaen yn feistr ar Ewrop a'r Balcanau ... Gorau po gyntaf y trechir Rwsia'.

Cyn y gellid gweithredu'r ymosodiad ar Brydain, roedd yn rhaid i'r Almaen ennill goruchafiaeth yn yr awyr trwy ddinistrio Lluoedd Awyr Prydain. Ar ddechrau Awst 1940 collodd *Luftwaffe* Göring 1,733 o awyrennau (hawliai'r *RAF* 2,698). Gyda llawer llai o awyrennau i gychwyn, collodd yr *RAF* 915 ac, i'r Rheolaeth Awyrennau Ymladd, roedd y sefyllfa yn dyngedfennol. Oherwydd eu methiant, ac i ddial ar yr *RAF* am gyrch ar Berlin, newidiodd y *Luftwaffe* eu tactegau a gorchmynnodd Göring iddynt drefnu cyrchoedd braw ar Lundain yng ngolau dydd. Unwaith eto bu colledion trwm a bu'n rhaid iddo newid ei gynlluniau a threfnu cyrchoedd nos ar drefi a dinasoedd Prydain. Methodd Göring werthfawrogi ei fod, trwy ganolbwyntio ar gyrchoedd awyr yn erbyn ardaloedd poblog, yn rhoi cyfle i'r *RAF* gael seibiant. Erbyn canol Medi, derbyniai Hitler na ellid ennill Brwydr Prydain a phenderfynodd ohirio ei gynlluniau i ymosod am gyfnod amhenodol. Yn lle hynny, dechreuodd gynllunio ar gyfer yr hyn oedd wedi bod yn brif nod o'r dechrau, sef ymosodiad ar yr Undeb Sofietaidd. Yn Hydref, dilynodd Mussolini esiampl y *Führer* a dechrau ymosod ar Roeg. Ar y llaw arall, gwrthododd Franco ildio i bwysau i ymuno â'r rhyfel.

1941

Ar ddechrau'r flwyddyn gwelwyd yr Almaen yn gorfod talu'r pris am fod ynghlwm wrth gynghreiriad gwan, yr Eidal. Yn Chwefror, bu'n rhaid anfon Corfflu Affrica, dan Rommel, i helpu'r byddinoedd Eidalaidd i ymladd yn erbyn y Prydeinwyr yng Ngogledd Affrica; yn Ebrill, bu'n rhaid i Hitler orchymyn ymosod ar Iwgoslafia i helpu milwyr Eidalaidd oedd yn methu yn eu cais i ymosod ar Roeg. Cafwyd un o ddigwyddiadau mwyaf hynod y rhyfel ar 10 Mai pan hedfanodd Rudolf Hess, dirprwy Hitler, o'r Almaen a disgyn gyda pharasiwt yn yr Alban. Ei neges oedd perswadio Churchill na ddylai Prydeinwyr ac Almaenwyr, 'brodyr gwaed Ariaidd' ymladd yn erbyn ei gilydd ond ymuno mewn rhyfel yn erbyn Rwsia Folsiefigaidd. Roedd Hitler wedi dychryn a dywedodd Goebbels wrth bobl yr Almaen fod Hess yn dioddef o rithweledigaethau. Carcharwyd y negesydd, fel y'i galwai ei hun, gan y Prydeinwyr. Ar 22 Mehefin, dechreuodd yr Almaenwyr ar Ymgyrch Barbarossa, ymosodiad ar yr Undeb Sofietaidd. Unwaith eto, gweithredodd Hitler yn groes i gyngor ei gadfridogion, oedd yn annog mwy o gefnogaeth i ymgyrch Rommel yng Ngogledd Affrica ac ymdrech arbennig i ennill Camlas Suez. Fodd bynnag, roedd y *Führer* yn benderfynol o ymosod ar Rwsia, ac ystyrai Ogledd Affrica yn sioe eilradd, lai pwysig.

Pam y bu i Hitler orchymyn ymosod ar Rwsia ym Mehefin 1941?

- Roedd dod o hyd i *Lebensraum*, lle i fyw i bobl Almaenig, yn obsesiwn ganddo.
- Ystyriai fod Bolsiefigiaeth/comiwnyddiaeth yn gwbl groes i Sosialaeth Genedlaethol, ac felly roedd yn gred wleidyddol roedd yn rhaid ei dinistrio.
- Credai y byddai trechu Rwsia yn gorfodi Prydain allan o'r rhyfel.
- Nid oedd ganddo hyder tymor hir yn ewyllys da Stalin.
- Roedd arno angen adnoddau grawn ac olew Ukrain a'r Cawcasws.

Dechreuodd Ymgyrch Barbarossa fel ymosodiad tridaint tuag at Leningrad yn y gogledd, Moskva yn y canol ac Ukrain yn y de. Er gwaethaf rhybuddion y Cynghreiriaid a'i ysbïwyr ef ei hun, syfrdanwyd Stalin. Roedd cyflymder y symudiadau *Blitzkrieg*, gydag unedau *Panzer* eto ar y blaen, yn drawiadol, ac erbyn dyddiau cynnar Hydref roedd Leningrad dan warchae a byddinoedd yr Almaen wrth byrth Moskva. Roedd colledion Rwsia yn erchyll, gyda miliynau o ddynion wedi eu lladd neu'n garcharorion. Daethpwyd â milwyr wrth gefn o'r dwyrain ac achubwyd y brifddinas trwy wrthymosodiad a orchmynnwyd gan y Cadlywydd Zhukov, a ystyrid gan lawer yn gadfridog gorau'r rhyfel. Oherwydd cyflymder a llwyddiant eu symudiadau i mewn i Rwsia roedd y llinellau cyfathrebu wedi eu hymestyn ac roedd hi'n anodd cyflenwi anghenion. Hefyd, roedd Stalin wedi gorchymyn i'r Fyddin Goch weithredu polisi ymddiffeithio o losgi unrhyw gnydau a thai annedd oedd ar ôl. Pan ddaeth y gaeaf cynyddodd yr anawsterau hyn, ond gorchmynnodd Hitler i'w luoedd aros yn gadarn, waeth beth oedd y colledion. Nid oedd y

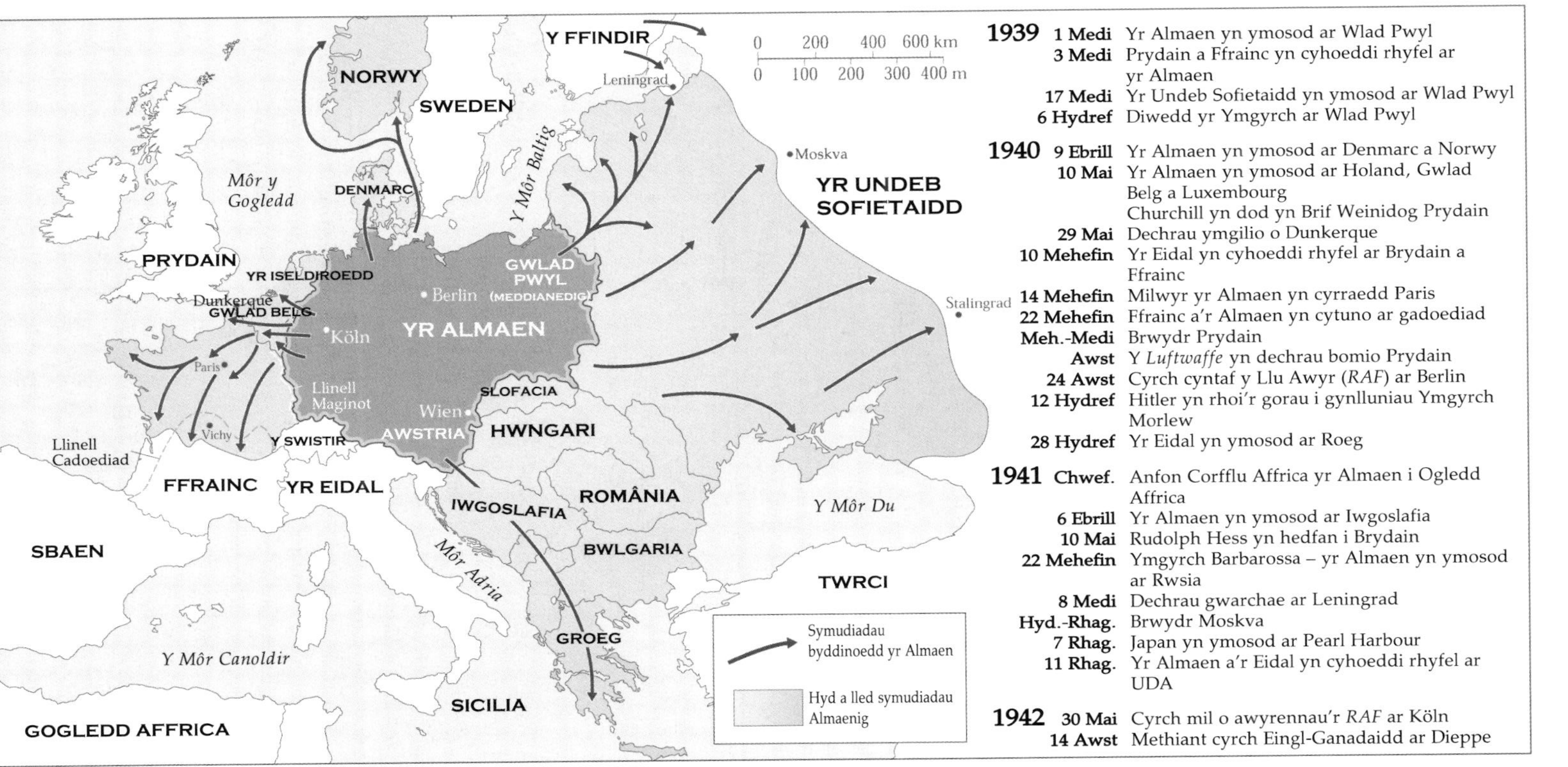

1939	**1 Medi**	Yr Almaen yn ymosod ar Wlad Pwyl
	3 Medi	Prydain a Ffrainc yn cyhoeddi rhyfel ar yr Almaen
	17 Medi	Yr Undeb Sofietaidd yn ymosod ar Wlad Pwyl
	6 Hydref	Diwedd yr Ymgyrch ar Wlad Pwyl
1940	**9 Ebrill**	Yr Almaen yn ymosod ar Denmarc a Norwy
	10 Mai	Yr Almaen yn ymosod ar Holand, Gwlad Belg a Luxembourg
		Churchill yn dod yn Brif Weinidog Prydain
	29 Mai	Dechrau ymgilio o Dunkerque
	10 Mehefin	Yr Eidal yn cyhoeddi rhyfel ar Brydain a Ffrainc
	14 Mehefin	Milwyr yr Almaen yn cyrraedd Paris
	22 Mehefin	Ffrainc a'r Almaen yn cytuno ar gadoediad
	Meh.-Medi	Brwydr Prydain
	Awst	Y *Luftwaffe* yn dechrau bomio Prydain
	24 Awst	Cyrch cyntaf y Llu Awyr (*RAF*) ar Berlin
	12 Hydref	Hitler yn rhoi'r gorau i gynlluniau Ymgyrch Morlew
	28 Hydref	Yr Eidal yn ymosod ar Roeg
1941	**Chwef.**	Anfon Corfflu Affrica yr Almaen i Ogledd Affrica
	6 Ebrill	Yr Almaen yn ymosod ar Iwgoslafia
	10 Mai	Rudolph Hess yn hedfan i Brydain
	22 Mehefin	Ymgyrch Barbarossa – yr Almaen yn ymosod ar Rwsia
	8 Medi	Dechrau gwarchae ar Leningrad
	Hyd.-Rhag.	Brwydr Moskva
	7 Rhag.	Japan yn ymosod ar Pearl Harbour
	11 Rhag.	Yr Almaen a'r Eidal yn cyhoeddi rhyfel ar UDA
1942	**30 Mai**	Cyrch mil o awyrennau'r *RAF* ar Köln
	14 Awst	Methiant cyrch Eingl-Ganadaidd ar Dieppe

MAP 11
Rhyfel Hitler: llwyddiannau cynnar a choncro Ewrop

penderfyniad mor annoeth ag yr awgryma rhai; pe baent wedi ceisio encilio dan amodau dychrynllyd y tywydd gaeafol, gallai fod wedi troi yn rhuthr gwyllt.

Roedd ymgyrch y llongau tanfor yn erbyn Prydain yn hynod lwyddiannus. Gan hela mewn heidiau, yn ystod 1941 roeddent yn gyfrifol am suddo 30 y cant o holl longau masnach Prydain. Ym Mrwydr yr Iwerydd, bu i helwyr ar wyneb y dyfroedd [y *Graf Spee*, *Bismarck*, *Scharnhorst* a'r *Tirpitz]* hefyd dlodi'r Pydeinwyr. Bob amser dan fygythiad o du'r Llynges Frenhinol, roedd y pedair wedi eu suddo gan y Prydeinwyr erbyn diwedd 1944.

PRIF YSTYRIAETH

Arwyddocâd y ffaith i UDA ymuno â'r rhyfel yn Rhagfyr 1941.

Ar 7 Rhagfyr, ymosododd y Japaneaid ar ganolfan llynges yr Unol Daleithiau yn Pearl Harbour. Heb oedi, cyhoeddodd Hitler ryfel ar yr Unol Daleithiau gan droi'r rhyfel, a oedd wedi bod yn un Ewropeaidd yn bennaf, yn un byd-eang. Mae llawer o haneswyr wedi cyfrif bod herio grym milwrol ac economaidd yr Unol Daleithiau wedi bod yn gamgymeriad mawr. Ar y llaw arall, nid oedd Hitler ond yn rhagflaenu'r hyn oedd yn anochel, ac fe roddodd gyfle i'w gadlywyddion llyngesol daro llongau UDA cyn i'r wlad fod wedi paratoi go iawn. Camgymeriad neu beidio, roedd mynediad yr Unol Daleithiau i'r rhyfel yn gyfraniad a arweiniodd at drechu'r Almaen.

1942

Pan ddaeth y gwanwyn, daliodd yr Almaenwyr i lwyddo yn Rwsia. Ym Mehefin gorchmynnodd Hitler i'w filwyr ymosod yn Ukrain; symudodd colofnau *Panzer* ymlaen i'r Cawcasws tuag at feysydd olew Baku ac aeth milwyr yr Almaen i mewn i Stalingrad ar afon Volga. Cafwyd llwyddiannau tebyg yng Ngogledd Affrica gyda Rommel, lle symudodd Corfflu Affrica cyn belled ag El Alamein yn yr Aifft a bygwth Camlas Suez. Yn Awst, cafwyd diwedd trychinebus i gyrch Eingl-Ganadaidd ar borthladd Dieppe yn Ffrainc a roddodd gyfle i'r *Führer* honni bod lluoedd yr Almaen wedi gwrthsefyll ymdrech i ymosod. Yn yr un mis, penderfynodd Hitler fod yr amser wedi dod i feddiannu gweddill Ffrainc, a oedd dan reolaeth Vichy. Er ei bod yn ymddangos bod yr Almaenwyr yn llwyddo ar bob ffrynt, roedd datblygiadau arwyddocaol ar waith. Yn ystod y flwyddyn, dechreuodd allbwn milwrol Prydain a Rwsia ragori ar un yr Almaen, tra dechreuodd milwyr ac arfau o UDA grynhoi hefyd. Yn 1939, roedd pennaeth y *Luftwaffe* wedi brolio, 'Ni fydd y Ruhr yn dioddef oddi wrth un bom. Os bydd i unrhyw awyren fomio yn perthyn i'r gelyn gyrraedd y Ruhr, nid fy enw i yw Hermann Göring!' Ar 30 Mai 1942, Köln oedd targed cyrch mil o awyrennau cyntaf y Llu Awyr Prydeinig.

B *Y llanw'n troi*

Yn hwyr yn 1942

Yn Hydref 1942, dioddefodd yr Almaenwyr eu trechiad milwrol arwyddocaol cyntaf pan fu'n rhaid i Gorfflu Affrica Rommel gilio mewn rhuthr gwyllt o'r Aifft wedi Brwydr El Alamein. Roedd gwaeth i ddod. Oherwydd bod y Fyddin Goch yn amddiffyn Stalingrad mor benderfynol, cafodd Chweched Byddin Freidrich von Paulus ei bod mewn perygl ac yn wynebu gaeaf caled arall yn Rwsia. Gofynnodd am gael encilio ond gwrthodwyd ei gais. 'Dydw i ddim yn gadael y Volga,' meddai Hitler 'Bydd y Chweched Byddin yn gwneud ei dyletswydd hanesyddol yn Stalingrad hyd y dyn olaf'. Ymladdwyd y frwydr a ddilynodd, y cyfeirir ati ambell waith fel 'Verdun yr Ail Ryfel Byd', gyda ffyrnigrwydd dychrynllyd, a pharhaodd hyd 2 Chwefror 1943. Ysgrifennodd Rwsiad, y Cadlywydd Chuikov (dyfynnir yn *Purnell's History of the Second World War*):

> ... dychmygwch Stalingrad, wyth deg diwrnod ac wyth deg nos o ymladd lawlaw. Nid yw'r stryd bellach yn cael ei mesur fesul metrau ond fesul cyrff ... Nid yw Stalingrad yn dref bellach. Yn ystod y dydd cwmwl anferth o fwg yn llosgi ac yn dallu ydyw; ffwrnais anferth wedi ei goleuo gan adlewyrchiad y fflamau. A phan ddaw'r nos, un o'r nosau deifiol, dolefus, gwaedlyd hynny, mae'r cŵn yn plymio i'r Volga ac yn nofio'n wyllt i gyrraedd y lan arall. Mae nosau Stalingrad yn fraw iddynt. Mae anifeiliaid yn ffoi o'r uffern hon; ni all y cerrig caletaf ei dioddef; dim ond dynion sy'n goddef.

1943

Heb unrhyw ddewis rhesymol, ildiodd Paulus ar 31 Ionawr 1943 ac ymhen deuddydd daeth yr ymladd yn y ddinas i ben. Yng ngharchar, cytunodd Paulus, a oedd newydd gael ei ddyrchafu yn faeslywydd gan Hitler, i weithio i'r Rwsiaid a darlledu apeliadau ar i filwyr yr Almaen ildio. Roedd y frwydr, a gostiodd golledion o 200,000 i'r Almaenwyr, gyda 91,000 arall yn garcharorion, yn drychineb i Hitler ac yn brif drobwynt yn y rhyfel. Wedi hynny, o ran milwyr yr Almaen, roedd cael eu hanfon i'r Ffrynt Dwyreiniol yn gam i'w osgoi! Erbyn gwanwyn 1943, roedd byddinoedd yr Almaen yn cilio o Rwsia. Yng Ngorffennaf, ceisiodd yr Almaenwyr adennill y fantais pan gychwynnodd Grŵp Canol y Fyddin dan y Cadfridog von Kluge wrthymosodiad, sef Ymgyrch Caer (*Citadel*). Yn y frwydr danciau fwyaf a ymladdwyd erioed, defnyddiodd yr Almaenwyr bron 3,000 o danciau gyda chefnogaeth awyrennau i geisio dinistrio **ymwthiad** o amgylch tref Kursk. Daeth y brwydro i ben gyda threchiad trawiadol arall a cholled o 2,900 o danciau, 1,392 o awyrennau a 70,000 o ddynion. Dyna'r ymosodiad olaf gan yr Almaenwyr ar y Ffrynt Dwyreiniol.

ymwthiad tir yn nwylo un ochr yn ymwthio allan i'r tir sydd yn nwylo'r ochr arall

Roedd hynt y rhyfel yng Ngogledd Affrica yn wael i'r Almaenwyr hefyd. Cafodd Corfflu Affrica, wedi eu gyrru ar ffo ar draws Libya i Tunisia, eu bod wedi eu dal rhwng Wythfed Byddin Prydain a milwyr Eingl-Americanaidd oedd wedi glanio yn y rhan Ffrengig o Ogledd Affrica. Ar 12 Mai, wedi tair blynedd o frwydro yn yr anialwch, ildiodd y milwyr Almaenig ac Eidalaidd yng Ngogledd Affrica. Yng Ngorffennaf, glaniodd lluoedd y Cynghreiriaid yn Sicilia. Ar y 26ain o'r mis hwnnw cwympodd Mussolini a chytunwyd ar gadoediad cyfrinachol rhwng y Cynghreiriaid a'r Eidal. Ar 3 Medi, y diwrnod y croesodd y Cynghreiriaid i'r tir mawr, ildiodd yr Eidal. Yna daeth olynydd

Mussolini, y Cadlywydd Badoglio, a'i wlad i'r rhyfel ar ochr y Cynghreiriaid. Bu cwymp Mussolini a'r hyn a ystyriai ef yn frad yr Eidal yn ergyd i Hitler.

Roedd Llu Awyr Prydain wedi cychwyn cyrchoedd bomio trwm ar yr Almaen yn 1942. Yn ystod 1943 roedd y rhain yn gynyddol ar ffurf cyrchoedd mil o awyrennau ar Hamburg, Bremen, Köln a phrif drefi diwydiannol y Ruhr. Ym Mai, cafwyd y cyrch 'bom sbonciog' enwog ar argaeau Mohne ac Eder a'r canlyniad oedd llifogydd eang a lladd 1,000 o sifiliaid. Trwsiwyd y ddau argae yn rhyfeddol o fuan ac ni chafodd y cyrch fawr o effaith ar gynnyrch rhyfel yr Almaen. Ar noson y 24 Gorffennaf bu i gyrch ar Hamburg greu stormydd tân a laddodd 30,000 o sifiliaid a gadael miliwn yn ddigartref. Fel ym Mhrydain, ni fu i'r bomio ladd hyder yr Almaenwyr ond, os rhywbeth, fe'i hatgyfnerthodd. Hefyd, roedd y *Luftwaffe* ac amddiffynfeydd gwrthawyrennol yr Almaen yn peri bod bomio nos y Prydeinwyr a chyrchoedd bomio golau dydd yr Americanwyr yn gostus iawn. Yn ystod cyrch ar waith pelferynnau Schweinfurt collwyd 60 o awyrennau bomio Americanaidd mewn un noson.

Yn ystod 1943, dwysaodd y Llyngesydd Dönitz ei ymgyrch llongau tanfor. Er bod 50,000,000 tunnell o longau'r Cynghreiriaid wedi eu suddo, collwyd y nifer mwyaf erioed o longau tanfor. Roedd y colledion yn rhy drwm a galwodd Dönitz ei longau tanfor i'r porthladd i orffwyso ac i'w trwsio.

C *Enciliad a chwymp y Drydedd Reich 1944*

Yn ystod misoedd cynnar 1944, llwyddodd y Cynghreiriaid i wrthsefyll gwrthsafiad Almaenig cryf ac i symud ymlaen i'r gogledd ar hyd penrhyn yr Eidal. Wedi glaniad costus yn Salerno (Medi 1943), ac yna Anzio (Ionawr 1944), cwympodd Monte Cassino, oedd wedi ei amddiffyn yn gadarn, ar 15 Chwefror. Ar 2 Mehefin, aeth milwyr yr Almaen i mewn i Rufain. Ar y Ffrynt

PRIF YSTYRIAETH

Bomio canolfannau diwydiannol yr Almaen.

NO CURE FOR INSOMNIA

LLUN 47
Cartŵn Punch *1944 yn dangos Hitler yn methu cysgu'r nos am ei fod yn rhag-weld y byddai'r Cynghreiriaid yn ymosod*

Cyn Mai 1940, roedd cyrchoedd yr *RAF* ar yr Almaen wedi eu cyfyngu i dargedau arfordirol, safleoedd milwrol a gollwng taflenni.

1940	15 Mai	Ymosododd 99 o awyrennau bomio yr *RAF* ar weithfeydd olew ac ierdydd trefnu yn y Ruhr. Y cyrch bomio mawr cyntaf ar yr Almaen.
	25 Awst	Cyrch cyntaf yr *RAF* ar Berlin. Roedd Göring wedi sicrhau Hitler na allai hyn fyth ddigwydd.
	16 Rhagfyr	Cyrch nos cyntaf yr *RAF* ar ganol dinas Almaenig pan fomiodd 134 o awyrennau Mannheim.
1942	28 Mawrth	Cyrch nos yr *RAF* ar Lübeck. Bomiodd 234 o awyrennau ganol y ddinas yn y cyrch bomiau tân cyntaf ar raddfa fawr.
	17 Ebrill	Cyrch yr *RAF* ar *MAN*, gwaith peiriannau diesel Augsburg. Saethwyd 7 o'r 12 awyren i lawr. Dangosodd y cyrch y perygl o gynnal cyrchoedd bomio heb awyrennau ymladd i amddiffyn.
	30 Mai	Y cyrch mil o awyrennau bomio cyntaf ar ddinas Almaenig. Dinistriwyd Köln, lladdwyd 474 o sifiliaid a gadawyd mwy na 40,000 yn ddigartref. Collodd yr *RAF* 40 o awyrennau.
1943	5 Mawrth	Cyrch nos yr *RAF* ar weithfeydd Krupps yn Essen. O'r 442 awyren fomio, saethwyd 14 i lawr.
	16 Mai	Cyrch 'bom sbonciog' yr *RAF* ar argaeau Mohne ac Eder. Boddwyd 1,000 o bobl yn y llifogydd. Ni chafodd fawr o effaith ar economi ryfel yr Almaen.
	24 Gorff.	Cyrch yr *RAF* ar Hamburg, yn cael ei ddilyn gan dri arall wedyn. Gadawyd y ddinas yn adfeilion a 42,000 wedi eu lladd. Dryswyd radar yr Almaen gan stribedi o dunffoil. Dim ond 12 o'r 791 awyren fomio a gollwyd.
	14 Hydref	Cyrch golau dydd Americanaidd ar waith pelferynnau Schweinfurt. Collwyd 60 o'r 291 o awyrennau. Daeth bomio golau dydd yr Americanwyr i ben.
	13 Tachwedd	Cyrch nos yr *RAF* ar Berlin – y cyntaf o 16 o gyrchoedd mawr ar y brifddinas Almaenig, gyda dros 9,000 o awyrennau bomio yn cymryd rhan.
1944	8 Mawrth	Cyrch Americanaidd ar Berlin. Awyrennau *Mustang* P-51 pell-ehedol gyda thanciau tanwydd gwaredadwy yn gwarchod yr awyrennau bomio.
	30 Mawrth	Cyrch yr *RAF* ar Nuremberg. O'r 705 awyren a ddefnyddiwyd, saethwyd 95 i lawr. Dyma brif lwyddiant amddiffynfeydd awyr yr Almaen gydol y rhyfel.
	23 Medi	Cyrch yr *RAF* ar Gamlas Dortmund Ems. Defnyddiwyd bomiau *'Tallboy'* (5430 cilo). Draeniwyd 10 cilometr o'r gamlas.
1945	13 Chwef.	Llwyr ddinistriwyd dinas hynafol a hanesyddol Dresden, oedd yn llawn ffoaduriaid ar y pryd, gan 805 o awyrennau bomio'r *RAF*. Er na chyfrifwyd y nifer a laddwyd yn gwbl gywir, amcangyfrifir bod 130,000 wedi eu lladd – sy'n rhif uwch na'r rhai a laddwyd yn Hiroshima ar 6 Awst. Hwn oedd cyrch awyr mwyaf dadleuol y rhyfel.

(Seiliwyd ar ystadegau a gasglwyd gan yr Imperial War Museum)

TABL 53
Bomio'r Almaen: cyrchoedd o bwysigrwydd strategol

Rwsiaidd, daeth y gwarchae ar Leningrad i ben o'r diwedd yn Ionawr, tra enillodd y Fyddin Goch dir yn y de i ryddhau Ukrain a chroesi ffin România.

Yn ymddangosiadol anystyriol fod ei gynghreiriaid eisoes ynghlwm ar y Ffrynt Eidalaidd ac yn y Dwyrain Pell yn erbyn Japan, roedd Stalin wedi bod yn pwyso ers amser am i'r Eingl-Americaniaid agor 'ail ffrynt' yng ngorllewin Ewrop. Digwyddodd hyn ar 6 Mehefin 1944, *D-Day*, pan laniodd milwyr o Brydain, Canada ac UDA ar arfordir Normandie, fel rhan o Ymgyrch Mechdeyrn (*Overlord*). O fewn wythnos, roedd 440,000 o ddynion wedi glanio. O safbwynt yr Almaen, roeddent wedi bod yn disgwyl y symudiad ers amser, a mater o ble a phryd oedd hi. Gan rag-weld ymosodiad o du'r Cynghreiriaid yn y gorllewin, roedd Hitler wedi gorchymyn adeiladu amddiffynfeydd anferth ar hyd yr arfordir i greu *Festung Europa*, Ewrop Gaerog. Wedi eu hadeiladu gan Fritz Todt gyda gwasanaeth caethion, ymestynnai Wal yr Iwerydd o Fae Biscay i ddwyrain Pas de Calais. Rhoddwyd y cyfrifoldeb o amddiffyn *Festung Europa* i'r Maeslywydd Karl von Rundstedt. Roedd y Maeslywydd Rommel yng ngofal *Armeegruppe B*, oedd wedi eu lleoli ar draws Llydaw a Normandie. Pe bai yna ymosodiad, cynllun Rundstedt oedd cadw ei adrannau *Panzer* wrth gefn nes y byddai'r ymosodwyr wedi cyrraedd ymhell i dir. Yna fe'u defnyddid i'w gwthio'n ôl i'r môr. Roedd Rommel yn anghytuno'n frwd. Roedd arno ef eisiau i'r *Panzers* gael eu defnyddio yn syth, yn union wedi i'r gelyn lanio. Credai Hitler, gan ddibynnu ar adroddiadau ysbïwyr, y byddid yn ymosod ar hyd y Pas de Calais, a phenderfynodd ddatrys y broblem trwy ddweud y byddai ef yn gorchymyn y *Panzers*. Unwaith roedd yr ymosodiad wedi dechrau, daliai Hitler i gredu mai ffug ymosodiad oedd yr un yn Normandie a bod yr ymosodiad go iawn i ddod yn nes ymlaen ymhellach i'r dwyrain. Aeth deuddydd heibio cyn iddo sylweddoli ei gamgymeriad a chaniatáu i Rundstedt adleoli ei unedau. Nid oedd ymosodiad y Cynghreiriaid o Normandie yn hawdd. Wedi brwydr ffyrnig, cipiodd y Prydeinwyr a milwyr Canada Caen ac ymladdodd yr Americanwyr nes ennill eu llwybr i St Lo. Ceisiodd yr Almaenwyr wrthymosod, ond trodd y cyfan yn drychineb pan gafodd eu byddinoedd eu dal mewn symudiad gefail yn ymyl Falaise. Unwaith roedd bwlch Falaise wedi ei gau, ildiodd mwyafrif wyth adran o wŷr traed a dwy adran *Panzer*. O ganlyniad, bu i Kluge, oedd wedi colli ei gadlywyddiaeth, gyflawni hunanladdiad. Mewn llythyr at Hitler, ysgrifennodd Kluge: 'Wn i ddim a all Model (oedd yn ei olynu) adfer y sefyllfa ... os na all, ac os na fydd i'ch arfau newydd, y rhai mae cymaint o ffydd tanbaid ynddynt, ddod â llwyddiant, yna, *mein Führer*, cymerwch y penderfyniad i ddiweddu'r rhyfel'. Roedd Hitler wedi honni ers tro fod ganddo arfau cyfrinachol, *Wunderwaffen* neu arfau gwyrthiol, a fyddai'n gallu ennill y rhyfel. Gwyddai ysbïwyr y Cynghreiriaid fod gwyddonwyr yr Almaen yn ymchwilio i'r posibilrwydd o wneud arfau atomig. Yn 1943 dinistriodd cyrchluwyr Prydeinig safle **dŵr trwm** yn Norwy a bomio

PRIF YSTYRIAETH

Mehefin 1944 – agor 'ail ffrynt' yn Ewrop.

dŵr trwm dŵr sy'n cael ei newid yn gemegol er mwyn cynhyrchu arfau niwclear

Peenemunde ar y Baltig lle roedd lluniau archwiliad strategol wedi darparu tystiolaeth o safleoedd lansio rocedi. Wythnos ar ôl *D-Day* syrthiodd y bomiau hedfan V-1 cyntaf ar Brydain. Y rocedi bychain jet-yredig hyn, a elwid yn '*Doodlebugs*', oedd arfau dial Hitler, ei *Vergeltungswaffen*. Yn gallu cyrraedd hyd at bellter o 450 cilometr, fe'u defnyddiwyd yn erbyn Llundain a'r Siroedd Cartref. Ym Medi 1944, daeth y rocedi V-2. Roedd y rhain yn llawer mwy bygythiol, yn dod yn ddirybudd ac yn gwneud cryn ddifrod. Parhaodd ymosodiadau roced ar Loegr nes roedd eu safleoedd lansio ar hyd arfordir Ffrainc wedi eu cipio. Erbyn hynny, roeddent wedi lladd 8,000 o bobl. O safbwynt y Cynghreiriaid, roedd ganddynt yn awr reolaeth ar yr awyr a neb yn eu herio. Gyda'u hawyrennau bomio wedi eu hamddiffyn gan yr awyrennau ymladd *Mustang* P-51, roedd pob targed o fewn eu cyrraedd. Nid oedd y *Luftwaffe* bellach yn llu effeithiol i'w gwrthwynebu.

Roedd diwedd haf 1944 yn gyfnod hynod lwm i'r Almaen. Yng Ngorffennaf cafwyd Cynllwyn Gorffennaf (gw. tt. 313-18), cais i lofruddio Hitler, a phenodiad Goebbels i arolygu ymrwymiad yr Almaen i ryfel diarbed. Ar 11 Awst, yn Ymgyrch Einion (*Anvil*), glaniodd lluoedd y Cynghreiriaid yn ne Ffrainc, tra yn y gogledd, ar 25 Awst, rhyddhawyd Paris gan fyddinoedd Eingl-Americanaidd. Ddeng niwrnod yn ddiweddarach, aeth unedau Prydeinig i mewn i Brwsel. Ganol Medi, rhoddodd y Cynghreiriad gais ar Ymgyrch Gardd Fasnachol (*Market Garden*), symudiad cyflym ymlaen dros 90 cilometr i sicrhau pont dros afon Rhein. Er mwyn cyflawni hyn, disgynnodd lluoedd o'r awyr fesul cam yn Eindhoven, Grave, Lek ac Arnhem. Profodd y pedwerydd cam yn garreg sarn rhy bell *('a bridge too far'*). Ar 21 Hydref, syrthiodd y dref Almaenaidd gyntaf i ddwylo'r Cynghreiriaid, sef Aachen. Mewn ymgais derfynol i ddod o hyd i ddigon o luoedd wrth gefn i amddiffyn yr Almaen, ffurfiodd Hitler y *Volkssturm*, Byddin y Bobl. Yn cynnwys hen ddynion a bechgyn ifainc, rhai dan 16 oed, roedd yn cyfateb i Warchodlu Cartref Prydain. Y bwriad oedd eu defnyddio yn eu cymunedau lleol ond gwelwyd rhai unedau ohonynt yn ymladd ar y ffrynt.

Ar y Ffrynt Dwyreiniol, gyda'r Fyddin Goch yn symud ymlaen, penderfynodd rhai o ymladdwyr y gwrthwynebiad yn Warszawa achub y blaen ar gael eu rhyddhau a chodi mewn gwrthryfel yn erbyn yr Almaenwyr. Yn annisgwyl, arhosodd y Rwsiaid ar lan afon Wisla. Yn ystod 60 diwrnod o ymladd ffyrnig, llwyddodd y Natsïaid i drechu'r gwrthwynebiad. Mewn mannau eraill roedd y sefyllfa yn dyngedfennol. Roedd Ffrynt y Balcanau yn chwilfriw, România wedi ildio, Bwlgaria wedi ei meddiannu gan y Rwsiaid, Belgrade yn nwylo Partisaniaid Tito a'r Prydeinwyr yn Athen.

Yn sydyn collodd Hitler ddiddordeb yn y digwyddiadau yn y dwyrain a throi at y rhyfel yn y gorllewin. Yn Rhagfyr, yn annisgwyl, gwelwyd yr Almaenwyr yn ymladd yn ôl pan orchmynnodd Hitler iddynt wrthymosod yn yr Ardennes. Mae rhai haneswyr yn meddwl mai dyma gamgymeriad milwrol mwyaf Hitler. Dyna safbwynt John Strawson yn *Hitler as Military Commander*:

> Wrth benderfynu gwneud defnydd mor ddiofal o'r adnoddau yr oedd wedi eu crafu ynghyd, roedd Hitler ar fin gwneud y camgymeriad mwyaf posibl ac, wrth wastraffu'r owns olaf o'r nerth i wrthsefyll, roedd yn sicrhau na ellid amddiffyn y Reich ei hun. Nid oedd unrhyw apêl yn tycio. Ni ellid fyth orchfygu'r Cynghreiriaid trwy ymladd yn amddiffynnol. Dim ond gwrthymosod fyddai'n ateb ei ddiben. Roedd y gamblwr yn benderfynol o daflu'r dis unwaith eto.

Cynllun Hitler oedd creu bwlch rhwng byddinoedd Prydain ac UDA, cipio Antwerp yn ôl ac yna gwthio'r Cynghreiriaid yn ôl i'r môr – yn wir, ailadrodd llwyddiant yr Almaen yn yr Ardennes yn 1940. I ddechrau, roedd yn ymddangos fel pe bai cynllun gorffwyll Hitler yn mynd i lwyddo, pan ymosododd 250,000 o ddynion a 1,100 o danciau ar hyd ffrynt 75 cilometr o hyd. Gyda'u llu awyr wedi eu hatal rhag hedfan oherwydd niwl, bu'n rhaid i'r Americanwyr encilio yn ddi-drefn.

1945

Newidiodd y sefyllfa ym Mrwydr yr Ymchwydd (*Battle of the Bulge*) yn gynnar yn y Flwyddyn Newydd pan gliriodd y niwl ac y dechreuodd gwrthymosodiad y Cynghreiriaid. Heb ddim petrol, roedd minteioedd o gerbydau Almaenig yn ymestyn drwyn wrth din yn dargedau hawdd i'r 5,000 o awyrennau'r Cynghreiriaid a ddefnyddiwyd i drechu'r gwrthymosodiad. Er iddynt lwyddo i ohirio symudiad y Cynghreiriaid dros y Rhein am ryw chwe wythnos, roedd yn her derfynol a gostiodd yn ddrud i'r Almaenwyr. Heb ddim wrth gefn, roedd yn rhaid i'r cadfridogion Almaenig 'nawr wynebu gwrthymosodiadau yn y dwyrain a'r gorllewin. Ar 17 Ionawr, rhyddhaodd y Rwsiaid Warszawa o'r diwedd, a deng niwrnod yn ddiweddarach cyraeddasant Auschwitz i weld erchylltra y gwaethaf o wersylloedd angau'r Natsïaid. Erbyn dechrau Chwefror, roedd y Fyddin Goch ar lannau afon Oder.

C

A yw hi'n bosibl cyfiawnhau bomio Dresden yn 1945?

Er y gellir honni gyda pheth cyfiawnhad mai'r Almaen yn bomio Warszawa, Rotterdam, Llundain, Coventry a threfi a dinasoedd eraill ym Mhrydain oedd dechrau'r bomio braw, fel y gwelsom roedd y gwrthymosodiad Eingl-Americanaidd o'r awyr yn erbyn yr Almaen wedi creu dimensiwn newydd arswydus. Ar 13 Chwefror, ymosododd yr *RAF* ar Dresden yn un o gyrchoedd mwyaf dinistriol y rhyfel. Roedd y ddinas yn llawn ffoaduriaid ac nid oedd iddi bwysigrwydd strategol, ond dioddefodd storm dân. Cafwyd cyrchoedd eraill gan yr Americanwyr yn syth wedyn. Gall fod cyfanswm y sifiliaid a laddwyd cymaint â 130,000. Roedd amcangyfrif y Natsïaid yn llawer uwch. Yn y blynyddoedd ar ôl y rhyfel, daeth y penderfyniad i fomio Dresden yn achos dadl. Yn y gorllewin, cyfrifai'r Almaenwyr mai afon Rhein oedd eu hamddiffynfa olaf. Aethant ati i chwythu pontydd wrth baratoi i wneud eu safiad olaf ar hyd glan yr afon. Ar 7 Mawrth, cyrhaeddodd yr Americanwyr at bont yn Remagen yn ymyl Koblenz, nad oedd wedi ei pharatoi i'w dymchwel ac, o fewn 24 awr, roedd 8,000 o ddynion wedi sicrhau safle ar yr ochr draw. I'r gogledd, bu i'r Prydeinwyr, oedd wedi rhyddhau Holand, groesi'r Rhein ar 23 Mawrth. Yn fuan wedyn cyraeddasant y gwersyll crynhoi dychrynllyd yn Belsen. Er bod pocedi o wrthwynebiad eto yn y Ruhr ac mewn mannau eraill, daliodd y Cynghreiriaid i symud ymlaen ac, ar 25 Ebrill, cyfarfu patrolwyr Rwsiaidd ac Americanaidd yn Torgau ar lan afon Elbe, 40 cilometr i'r de o

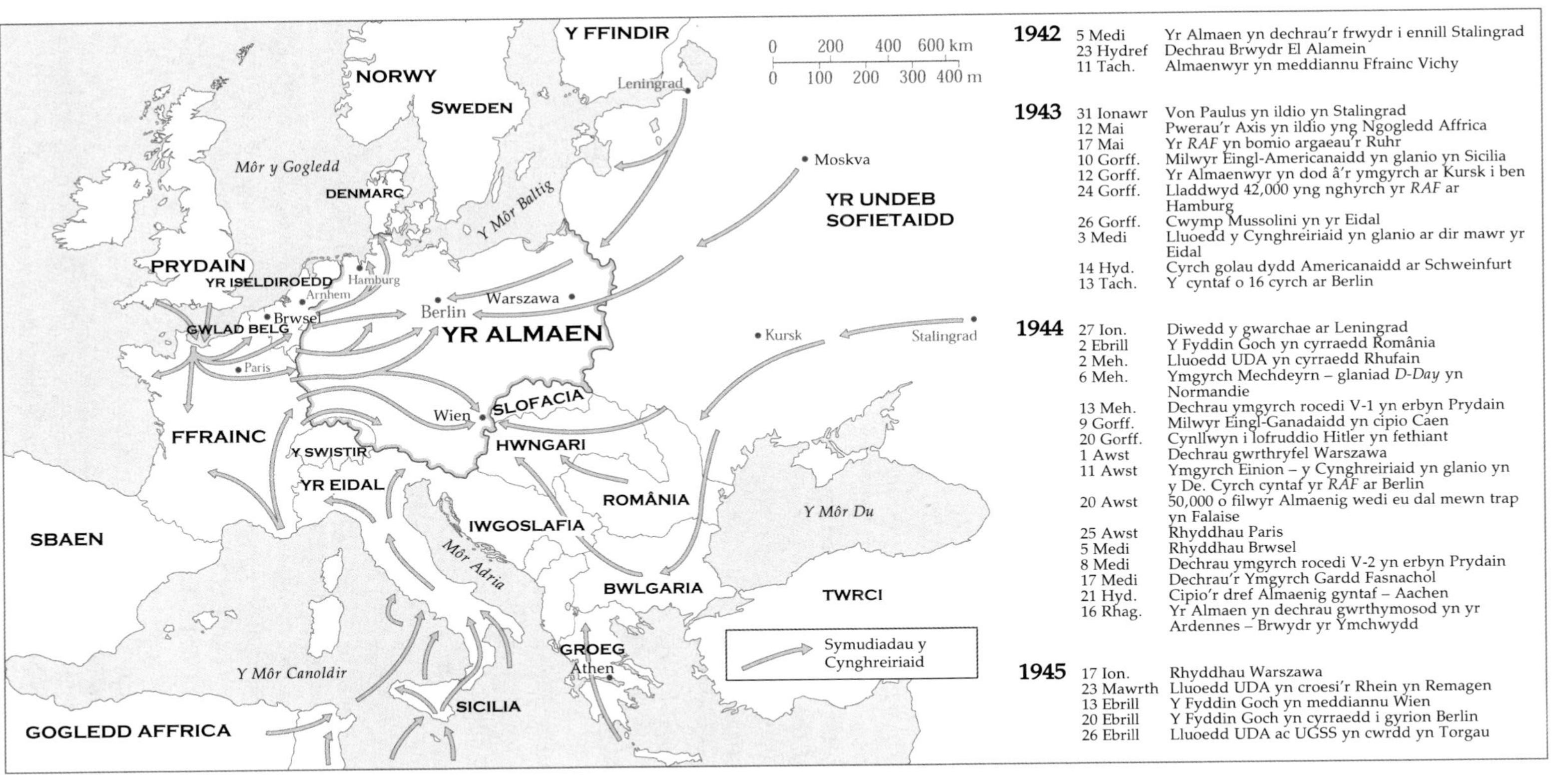

1942	5 Medi	Yr Almaen yn dechrau'r frwydr i ennill Stalingrad
	23 Hydref	Dechrau Brwydr El Alamein
	11 Tach.	Almaenwyr yn meddiannu Ffrainc Vichy
1943	31 Ionawr	Von Paulus yn ildio yn Stalingrad
	12 Mai	Pwerau'r Axis yn ildio yng Ngogledd Affrica
	17 Mai	Yr *RAF* yn bomio argaeau'r Ruhr
	10 Gorff.	Milwyr Eingl-Americanaidd yn glanio yn Sicilia
	12 Gorff.	Yr Almaenwyr yn dod â'r ymgyrch ar Kursk i ben
	24 Gorff.	Lladdwyd 42,000 yng nghyrch yr *RAF* ar Hamburg
	26 Gorff.	Cwymp Mussolini yn yr Eidal
	3 Medi	Lluoedd y Cynghreiriaid yn glanio ar dir mawr yr Eidal
	14 Hyd.	Cyrch golau dydd Americanaidd ar Schweinfurt
	13 Tach.	Y cyntaf o 16 cyrch ar Berlin
1944	27 Ion.	Diwedd y gwarchae ar Leningrad
	2 Ebrill	Y Fyddin Goch yn cyrraedd România
	2 Meh.	Lluoedd UDA yn cyrraedd Rhufain
	6 Meh.	Ymgyrch Mechdeyrn – glaniad *D-Day* yn Normandie
	13 Meh.	Dechrau ymgyrch rocedi V-1 yn erbyn Prydain
	9 Gorff.	Milwyr Eingl-Ganadaidd yn cipio Caen
	20 Gorff.	Cynllwyn i lofruddio Hitler yn fethiant
	1 Awst	Dechrau gwrthryfel Warszawa
	11 Awst	Ymgyrch Einion – y Cynghreiriaid yn glanio yn y De. Cyrch cyntaf yr *RAF* ar Berlin
	20 Awst	50,000 o filwyr Almaenig wedi eu dal mewn trap yn Falaise
	25 Awst	Rhyddhau Paris
	5 Medi	Rhyddhau Brwsel
	8 Medi	Dechrau ymgyrch rocedi V-2 yn erbyn Prydain
	17 Medi	Dechrau'r Ymgyrch Gardd Fasnachol
	21 Hyd.	Cipio'r dref Almaenig gyntaf – Aachen
	16 Rhag.	Yr Almaen yn dechrau gwrthymosod yn yr Ardennes – Brwydr yr Ymchwydd
1945	17 Ion.	Rhyddhau Warszawa
	23 Mawrth	Lluoedd UDA yn croesi'r Rhein yn Remagen
	13 Ebrill	Y Fyddin Goch yn meddiannu Wien
	20 Ebrill	Y Fyddin Goch yn cyrraedd i gyrion Berlin
	26 Ebrill	Lluoedd UDA ac UGSS yn cwrdd yn Torgau

MAP 12
Y llanw'n troi: enciliad a chwymp y Drydedd Reich

Berlin. Er bod y Rwsiaid ar gyrion y ddinas nid oedd eto wedi ei hennill. O fewn y ddinas, yn ddiogel ar y foment yn ei fyncer, yr oedd Hitler a'r hyn oedd yn weddill o'r hierarchaeth Natsïaidd oedd yn dal yn deyrngar i'w achos.

2 ~ HITLER Y CADLYWYDD MILWROL

Er bod rhai ymhlith hierarchaeth filwrol yr Almaen yn dal i ystyried Hitler yn ddim ond 'corporal hunandybus' a bod propagandwyr y Cynghreiriaid yn ei ddibrisio fel 'twpsyn strategol' ac 'amatur arwynebol', mae llwyddiannau'r fyddin Almaenig yn awgrymu bod y safbwyntiau hyn ymhell o fod yn iawn. Roedd Hitler, a gyfrifai lwydd mewn rhyfel fel y brif gamp ddynol, yn strategydd hunanddysgedig. Yn ystod ei flynyddoedd cynnar roedd wedi darllen llyfrau hanes milwrol yn eang ac, er nad oedd erioed wedi bod yn uchel ei radd fel milwr nac wedi cael cyfrifoldebau milwrol, roedd wedi gwasanaethu fel milwr ar y llinell flaen. Honnai fod hyn wedi rhoi iddo ddealltwriaeth o fyd rhyfel nad oedd gan ei gadfridogion. Roedd heb amheuaeth yn ddyn dewr a hunanhyderus gyda chred ffanatig yn ei allu ei hun a'i achos. Roedd yn ymddangos yn naturiol iddo ef y dylai, fel *Führer*, orchymyn lluoedd arfog y Reich. Daeth yn Gadbennaeth yn swyddogol pan olynodd Walter von Brauchitsch yn Rhagfyr 1941. Cafodd Brauchitsch, oedd wedi olynu Fritsch a waradwyddwyd yn 1938 (gw. tud. 206), ei feio am fethiant yr Almaen i gipio Moskva. Ar ddechrau'r rhyfel, triniai Hitler ei gadfridogion fel pe baent bron yn gyfartal ag ef a chaniatâi iddynt wneud penderfyniadau a phenderfynu ar dactegau. Gyda phob llwyddiant deuai'n fwy hyderus nes dod i'r casgliad ei fod yn anffaeledig ac yna ni allai oddef barn wahanol o gwbl. Roedd y Maeslywyddion Keital, oedd bob amser yn cytuno â Hitler ac yn siarad drosto, ac Alfred Jodl, ei brif gynghorydd milwrol, ill dau yn ystyried Hitler yn athrylith milwrol, ond nid oedd arweinyddion milwrol yr Almaen i gyd o'r un farn.

Un o'r ychydig rai oedd yn barod i herio penderfyniadau Hitler oedd Heinz Guderian, oedd yn esboniwr gwych ar sut i ddefnyddio'r tanc a *Blitzkrieg*. Roedd trefniadaeth Hitler yn seiliedig ar yr *OKW*, yr *Oberkommando Der Wehrmacht*, a châi penderfyniadau eu gwneud mewn cynadleddau a gynhelid yn rheolaidd. Hoffai gael ei gyfarch fel *Grofaz*, **acronym** am yr Almaeneg am 'y cadlywydd gorau erioed'. Er bod hyn yn or-ddweud, ceisiai ei wireddu! Prif fai Hitler fel arweinydd milwrol oedd na wnâi fyth ystyried bod encilio yn ddewis ac roedd yn diswyddo cadfridogion a ystyriai yn ddifenter. Roedd yn amharod i dynnu byddinoedd yn ôl o sefyllfaoedd amhosibl ac i'w weld yn 'barod i adael i'w fyddinoedd waedu i farwolaeth i warantu llw'. Roedd hefyd yn euog o fethu barnu ac o gamgymeriadau mawr. Fel y gwelsom, methodd ddirnad y sefyllfa yn Dunkerque, esgeulusodd ei fyddinoedd yng Ngogledd Affrica, aberthodd y byddinoedd Almaenig oedd yn amddiffyn Stalingrad (1943), roedd yn araf yn symud unedau arfog ar ôl *D-Day* (1944), a gwastraffodd adnoddau yn yr ymosodiad yn y gorllewin yn ystod gaeaf 1944-45. Fe'i beirniadwyd hefyd am ymosod ar Rwsia ym Mehefin 1941, ond

acronym gair a luniwyd gyda llythyren gyntaf geiriau eraill gan fod hyn yn rhan o'i strategaeth fawreddog i ennill *Lebensraum* roedd yn anorfod. Dadleuwyd hefyd nad oedd angen iddo gyhoeddi rhyfel yn erbyn UDA yn Rhagfyr y flwyddyn honno ond byddai hyn hefyd wedi bod yn anochel.

Rhaid cofio bod gan Hitler y fyddin ymarferedig ac arfog orau yn Ewrop dan ei orchymyn, yn cael ei chefnogi gan unedau *Panzer* strategol bwysig ac awyrennau modern y *Luftwaffe*. Pan oedd angen cryfhau penderfyniad y *Wehrmacht*, gallai ddibynnu ar y *Waffen-SS* gyda'i swyddogion Natsïaidd ifanc brwd. Er y gellid dadlau nad oedd yr Almaen ei hun yn gwbl barod am ryfel maith, enillodd Hitler ei lwyddiannau cynnar yn erbyn cenhedloedd oedd yn wan yn filwrol a heb fod yn barod. Erbyn diwedd 1942, pan 'nad oedd hud y *Blitzkrieg* bellach yn gweithio'n effeithiol', daeth trychineb i'r Almaen yn El Alamein a Stalingrad. Roedd dyddiau gorfoleddus Hitler ar fin dod i ben. Yn 1945, a'r Drydedd Reich yn chwalu o'i amgylch, defnyddiodd ofn fel sbardun pan rybuddiodd mewn gorchymyn ar 15 Ebrill:

> Mae ein gelynion marwol y Bolsiefigiaid Iddewig wedi dechrau ar eu hymosodiad anferth. Eu nod yw darostwng yr Almaen i adfeilion a difodi ein pobl. Mae llawer ohonoch chi filwyr yn y dwyrain yn gwybod yn barod pa dynged sy'n bygwth ... Tra bydd yr hen ddynion a'r plant yn cael eu llofruddio, bydd y gwragedd a'r merched yn cael eu diraddio i fod yn buteiniaid y barics. Caiff y gweddill eu hanfon i Siberia ... Os bydd i bob milwr ar y Ffrynt Dwyreiniol wneud ei ddyletswydd ... bydd ymosodiad olaf Asia yn chwalu.

Pan ddaeth y diwedd chwerw, trodd Hitler ar ei arweinwyr milwrol (dyfynnir yn *The Last Days of Hitler* gan Hugh Trevor-Roper):

> ... mae f'ymddiriedaeth wedi ei gamddefnyddio gan lawer o bobl. Mae anheyrngarwch a brad wedi tanseilio gwrthwynebiad trwy gydol y rhyfel. Felly, ni chefais arwain y bobl i fuddugoliaeth. Ni ellir cymharu Staff Cyffredinol y Fyddin â Staff Cyffredinol y Rhyfel Byd Cyntaf. Roedd eu cyflawniadau yn llawer llai na rhai'r dynion hynny a ymladdodd.

3 ~ O FEWN YR ALMAEN NATSÏAIDD – BLYNYDDOEDD Y RHYFEL

Ar ddechrau'r Ail Ryfel Byd, bu i Hitler i bob pwrpas roi'r gorau i fywyd cyhoeddus a gadael materion mewnol yr Almaen yng ngofal Göring, Goebbels, Himmler a Bormann. Yn 1939, sefydlwyd Cyngor Amddiffyn y Reich dan Göring ond methodd gydlynu gwahanol fuddiannau'r gweinyddiaethau ac asiantaethau i ffurfio dim tebyg i gorff canolog. Yn wir, gyda chymaint o swyddogion plaid yn ceisio hyrwyddo eu buddiannau eu hunain a dod i fri, mae'n syndod fod system o lywodraethu mor ddi-drefn wedi llwyddo i gynnal yr ymdrech ryfel am yn agos i chwe blynedd. Disgrifiwyd yr Almaen Natsiaidd adeg y rhyfel gan yr hanesydd Louis L. Snyder fel 'corstir o gynllwynio ac ymgyrchu i ennill grym'.

Goebbels oedd yn gyfrifol am ysgogi'r genedl a chynnal ei hyder. Y Gweinidog Gwybodaeth a Phropaganda, yn hytrach na

Hitler, oedd yn gwneud yr areithiau gwlatgar ac yn mynd ar gylchdeithiau trwy'r trefi a'r dinasoedd oedd wedi eu bomio. Ar ddechrau'r rhyfel, nid oedd yn anodd cynnal hyder gan fod hyd yn oed y rhai oedd yn amau gynt wedi eu hennill gan lwyddiannau Hitler yn 1939, 1940 ac 1941. Daeth dadrith yn ddiweddarach wedi i'w byddinoedd gael eu trechu yn El Alamein a Stalingrad. Cynyddodd hyn fel roedd cyrchoedd awyr y Cynghreiriaid yn dwysáu ac fel y dechreuodd y Cynghreiriaid ennill tir yn y dwyrain a'r gorllewin, gan gau'r rhwyd. Ar Himmler y disgynnodd y cyfrifoldeb o orfodi ufudd-dod a disgyblaeth. Roedd ganddo'r *SS*, y *Gestapo*, y *Sicherheitsdienst* neu'r *SD* (cangen ddiogelwch yr *SS*) a'r heddlu i'w helpu. Yn ystod cwrs y rhyfel, ymledodd awdurdod yr *SS* i bob agwedd ar fywyd cenedlaethol (gw. Pennod 8). Gan ddefnyddio'r *Gestapo* yn ogystal â rhwydwaith o ysbïwyr, llwyddodd Himmler i ddod i wybod pwy oedd yn gwrthwynebu'r rhyfel neu'n dangos unrhyw arwydd o anghytuno. Fe'i penodwyd i sawl swydd – Gweinidog Cartref y Reich yn 1943, a ehangwyd yn ddiweddarach i gynnwys Cadbennaeth Grŵp Byddin y Rhein (1944) a Grŵp Byddin y Wisla (1945). Roedd ei bŵer bron yn ddiderfyn a'r unig un a allai gystadlu ag ef oedd Martin Bormann, ysgrifennydd a chyfaill Hitler.

PRIF YSTYRIAETH

Dylanwad Martin Bormann.

Yn y dirgel, roedd Bormann yn atgyfnerthu polisïau gwrth-Semitaidd Hitler, yn taranu yn erbyn Cristnogaeth, yn annog lynsio criwiau awyrennau bomio y Cynghreiriaid oedd wedi eu dal, ac yn awgrymu y dylai arwyr rhyfel gael eu gwobrwyo drwy gael yr hawl i fwynhau amlwreiciaeth. Hyd y diwedd chwerw daliodd yn gwbl ffyddlon ond mae'r hyn a ddigwyddodd iddo yn dal yn un o ddirgelion y cyfnod wedi'r rhyfel.

Nid oedd gweithredwyr llai pwysig y blaid yn ymddwyn dim gwell na'r rhai uwch eu pennau. Roeddent yn cystadlu â'i gilydd ac yn ysbïo ar ei gilydd wrth geisio gwella'u safle. Roeddent yn arddangos eu breintiau yn agored, breintiau a gâi eu gwahardd i Almaenwyr cyffredin. Ceisiodd rhai osgoi gwasanaeth milwrol gan chwilio am safleoedd gweinyddol proffidiol yn y gwledydd meddianedig, lle gallent ymelwa a chasglu ysbail. Mae'r Archifdy Gwladol yn ddiweddar wedi rhyddhau manylion am gynllun adeg rhyfel gan yr *OAS* i waradwyddo Natsïaid amlwg trwy ddatgelu adroddiadau erchyll am eu bywydau rhywiol a'r rhan a gymerent mewn trythyllwesti a phornograffi craidd caled. Honnir hefyd fod cynllwyn wedi ei drefnu yn 1942 i ffugio stampiau Almaenig fel eu bod yn dangos pen Himmler yn lle Hitler. Gobeithient y byddai'r *Führer* yn credu bod arweinydd yr *SS* yn ceisio ei ddisodli. Fel yr âi'r rhyfel rhagddo daeth ffaeleddau llawer o weinyddwyr y Natsïaid yn fwyfwy amlwg. Ond hyd yn oed wedyn, tueddai Hitler i'w cefnogi. Gallai oddef blerwch di-glem ond nid llyfrdra nac annheyrngarwch!

Oherwydd y cwymp brawychus yn y niferoedd oedd yn ymuno, yn 1939 daeth aelodaeth o'r Blaid, oedd cyn hyn wedi ei gyfyngu i ddim ond 10 y cant o'r boblogaeth, yn agored i bob Almaenwr Ariaidd. Yn 1942, caewyd y rhestr aelodaeth eto, ond nid i'r ifanc. Yn 1944 gostyngwyd yr isafswm oed o 18 i 17. Trwy gyfyngu ar aelodaeth fel hyn gobeithiai Hitler sicrhau purdeb ideolegol ac egni'r

Blaid. Roedd y colofnau o gefnogaeth i'r Blaid – diwydianwyr a gweithgynhyrchwyr, gweithwyr coler wen a chrefftwyr y dosbarth canol is, y dosbarth gweithiol oedd yn dal mewn gwaith rheolaidd ac yn ennill cyflogau da, y gymuned amaethyddol – yn dal yn gadarn. Os oedd anniddigrwydd, fe'i ceid ymysg carfanau o'r elit a'r dosbarth canol proffesiynol uwch megis meddygon, athrawon a chyfreithwyr. Roedd llawer wedi blino ar agwedd wrthddeallusol Hitler, yr erydu ar hawliau sifil a'i ddaliadau hiliol hallt. Roedd yna hefyd gynnydd sylweddol yn nifer y merched oedd yn ymuno â'r Blaid (gw. tud. 286). Digwyddodd hyn oherwydd bod prinder llafur wedi golygu bod yn rhaid newid y polisi Natsïaidd ynghylch cyflogi merched, a rhoddodd hyn bwysigrwydd newydd iddynt. Rhwng 1939 ac 1944, cynyddodd aelodaeth merched o'r Blaid o 16.5 y cant i 34.7 y cant o'r cyfanswm.

Er na fu dathlu gwyllt pan ddechreuodd y rhyfel yn 1939, roedd llwyddiannu milwrol yr Almaen yn ddigon i sicrhau bod brwdfrydedd gwlatgar wedi para hyd ddechrau 1943. Hyd yn oed pan ddechreuodd pethau fynd o chwith ac y daeth realaeth rhyfel diarbed yn amlwg trwy'r bomio cyson, roedd pobl yn fwy parod i feio'r Blaid yn hytrach na'r *Führer*. Cafwyd enghreifftiau o bobl yn gwadu eu haelodaeth ac yn cuddio eu bathodynau. Pwysai Goebbels ar i bob Almaenwr wneud mwy o gyfraniad i'r ymdrech ryfel. Anogid pobl i gasglu at gymorth y gaeaf, i ymuno â'r cynllun amddiffyn sifil ac, ar ôl 1944, i ymuno â'r *Volkssturm*. Hefyd rhoddodd y rhyfel gyfle i Himmler ehangu dylanwad y Blaid dros y gwasanaeth sifil a'r system gyfreithiol. Câi prif weision sifil ac aelodau o'r farnwriaeth oedd yn gwrthod cydymffurfio ag ef eu diswyddo. Gweinyddid cyfraith gan y *Volksgerichtshof*, Llys y Bobl, dan Roland Freisler. Estynnwyd y cod penyd fel y gellid dienyddio pobl am ledaenu sibrydion neu wangalonni, am wneud sylwadau beirniadol, am elwa ar y farchnad ddu, am wrando ar ddarllediadau o dramor ac am unrhyw drosedd a gyflawnid yn y nos pan oedd tywyllu wedi ei orfodi.

Cafwyd colledion trwm oherwydd y bomio gan yr *RAF* a llu awyr UDA (gw. Tabl 53 ar dud. 411). Yn ystod cwrs y rhyfel, hedfanodd lluoedd awyr y Cynghreiriaid 1,442,280 o gyrchoedd a gollwng 2,700,000 tunnell o fomiau ar yr Almaen gan ladd, ar amcangyfrif, 650,000 o sifiliaid. Ni fu i'r cyrchoedd ddifetha hyder yr Almaenwyr na gostwng cynnyrch diwydiannol i'r lefel a ddisgwylid. Os rhywbeth, roedd gweld eu cartrefi wedi eu chwalu, cael eu gorfodi i fyw mewn llochesau neu selerydd a goddef prinder a chaledi yn gwneud yr Almaenwyr yn ddidaro. Roedd y dinistr yn aml yn peri mwy o fraw i'r milwyr a glwyfwyd neu'r rhai oedd ar seibiant o'r ffrynt nag i'r boblogaeth sifil. Cyflwynwyd dogni ar fwyd ar ddechrau'r rhyfel a darparodd hyn ddiet rhesymol i'r Almaenwyr hyd ganol 1944. Er bod bwyd a ddygid o'r gwledydd meddianedig yn ychwanegu at yr hyn a gynhyrchid gartref, yn 1944 lleihawyd y dogn yn ddifrifol. Ond fe wneid pob ymdrech i ofalu am y rhai oedd ynghlwm wrth gynhyrchu ar gyfer y rhyfel. Nid prinder bwyd oedd y broblem bob amser; roedd yna hefyd gryn anawsterau dosbarthu. Defnyddiwyd yr hyn oedd yn weddill o gynhaeaf Ukrain i fwydo'r rhai oedd yn gwasanaethu ar y Ffrynt Dwyreiniol. Yn yr Almaen, roedd yr ardaloedd gwledig yn well eu byd na'r canolfannau trefol lle roedd y farchnad ddu, er gwaethaf y cosbi, yn dal i ffynnu. Nid ystyriodd y llywodraeth symud sifiliaid hyd gyfnod hwyr yn ystod y rhyfel.

4 ~ EFFAITH CYNLLUNIAU RHYFEL HITLER AR ECONOMI'R ALMAEN

A *Oedd yna ddarparu llwyr yn 1939?*

PRIF YSTYRIAETH

Ar ba adeg y bu i'r Almaen baratoi yn llwyr ar gyfer rhyfel?

Mae haneswyr wedi dadlau i ba raddau roedd yr economi wedi ei pharatoi yn llwyr ar gyfer rhyfel yn 1939. Mae rhai fel A.S. Milward (*The End of the Blitzkrieg*, 1963) wedi dadlau bod yr economi yn gweithredu ar sail rhyfel 'megis heddwch' hyd cyn hwyred ag 1942-43, tra na chafwyd ymrwymiad gwirioneddol hyd 1944. Credant fod bwlch clir rhwng uchelgais Hitler a pholisi economaidd a milwrol. Mae ymchwil ddiweddar, megis un R.J. Overy, wedi herio'r dehongliad hwn ac 'nawr mae barn gynyddol ymysg haneswyr fod Hitler wedi paratoi'r economi ar gyfer rhyfel diarbed gyda chylchrediad ei Memo Cyfrinachol (gw. tud. 353) yn 1936, a oedd yn lansio'r ail Gynllun Pedair Blynedd. Yn ôl tystiolaeth y Cadfridog Thomas, pennaeth staff economaidd y lluoedd arfog, oedd mewn cyswllt cyson â'r peiriant rhyfel, roedd yr Almaen yn gwbl barod ar gyfer rhyfel diarbed erbyn Gorffennaf 1941.

Gosodwyd sail y paratoad economaidd llawn hwn cyn 1939, yn ailarfogiad 'cudd' 1933-36, cyn i Göring ddatgan ei orchymyn i 'baratoi'r economi ar gyfer rhyfel diarbed' a gysylltir â'r Cynllun Pedair Blynedd 1936-39. Roedd y trefniadau hyn yn darparu ar gyfer ailarfogiad cynhwysfawr (gallu cynhyrchu ffatri, peiriannau, defnyddiau crai, llafur) yn ogystal ag eang (pentyrru arfau), ac ar gyfer y defnydd llawnaf posibl o adnoddau sifil ar adeg rhyfel. Cyn dechrau'r rhyfel roedd y Cynllun Pedair Blynedd wedi awdurdodi'r Weinyddiaeth Economeg i ddechrau ar gynllun trawsnewid llwyr ar gyfer adeg rhyfel ac wedi llunio cofrestri o'r gweithlu i sicrhau y gellid recriwtio dynion a merched yn gyflym ar gyfer gwaith yn y diwydiannau rhyfel. Gwelid bod llafur merched yn hynod arwyddocaol, fel ag oedd paratoi'r bobl yn seicolegol i'w perswadio i dderbyn y toriadau mewn safon byw a'r prinder a fyddai'n digwydd oherwydd rhyfel diarbed. Yn 1939, roedd y paratoadau hyn yn anghyflawn a'r economi yn dal i fod mewn cyflwr amharod i adeiladu sail ar gyfer rhyfel a fyddai'n dibynnu'n fawr ar ddiwydiant. Disgwyliai Hitler i'r rhyfel barhau am o leiaf bump neu saith mlynedd ac felly rhoddwyd cynlluniau ar waith i sicrhau trawsnewidiad graddol i ryfel diarbed, cynlluniau a ddibynnai ar gyllid, defnydd o'r gweithlu ac ehangu'r gallu i gynhyrchu arfau. Erbyn 1939, roedd yr Almaen yn neilltuo 32.2 y cant o'i hincwm gwladol i ddibenion rhyfel, o'i gymharu â 15 y cant ym Mhrydain – gwahaniaeth a barhaodd trwy gydol y rhyfel, fel y dengys Tabl 54 (a). Nid yw'r ystadegau mwyaf diweddar ar economi'r Almaen yn cefnogi honiad y strwythurwyr fod

	1939	1940	1941	1942	1943	1944
(a) Canran gwariant rhyfel o'r Incwm Gwladol cyfan						
Yr Almaen	32.2	48.8	56.0	65.6	71.3	–
Prydain	15.0	43.0	52.0	52.0	55.0	54.0
(b) Indecs o wariant defnyddwyr (y pen) (1938 =100)						
Yr Almaen	95.0	88.4	81.9	75.3	75.3	70.0
Prydain	97.2	89.7	87.1	86.6	85.5	88.2
(c) Cyflogaeth yn y diwydiannau rhyfel (canran o'r cyfanswm a gyflogid)						
Yr Almaen	21.9	50.2	54.4	56.1	61.0	–
Prydain	18.6	–	50.9	–	–	–
(ch) Canran y merched yn y cyfanswm a gyflogid yn y gwasanaeth sifil						
Yr Almaen	37.3	41.4	42.6	46.0	48.8	51.0
Prydain	26.4	29.8	33.2	34.8	36.4	36.2

TABL 54
Ystadegau dethol ar ymdrech ryfel yr Almaen a Phrydain, 1939-44

C

Ai'r Almaen neu Brydain oedd fwyaf parod am ryfel?

Hitler yn meddwl yn nhermau cyfres o gyrchoedd *Blitzkrieg* i ehangu ei sylfaen economaidd ac i ddianc rhag cyfyngiadau'r economi fel paratoad ar gyfer rhyfel diarbed.

Nid yw'r dystiolaeth ystadegol na'r hyn a ddywedodd Hitler ar nifer o achlysuron yn dangos bod y *Blitzkrieg* wedi ei ystyried fel dewis arall yn hytrach na dilyn y rhaglen ailarfogi fwyaf eang bosibl. Roedd Hitler yn pryderu'n fawr y gallai'r Almaen gael ei threchu, fel yn 1918, oherwydd diffyg adnoddau. Felly ei nod oedd ailarfogi go iawn, fel mae ei Memo o'r Cynllun Pedair Blynedd yn 1936 yn tystio. Yr unig gyfyngiad ar yr ymrwymiad i ailarfogi oedd y ffaith y gallai niweidio hyder trwy beri bod gormod o faich ar y boblogaeth, fel ag a ddigwyddodd yn ystod y Rhyfel Byd Cyntaf. Yn dilyn yr ymchwil ddiweddaraf i'r economi, honnir 'nawr na welwyd unrhyw newidiadau mawr yn y polisi economaidd yng nghanol y rhyfel. Yn wir, 'roedd yr economi Almaenig wedi trawsnewid y rhan fwyaf o'i gweithlu a'i gallu i ryfel erbyn diwedd 1941' (R.J. Overy, 'Mobilisation for Total War in Germany 1939-1941,' *English Historical Review*, 103, Gorffennaf 1988). Mae Overy'n gwrthod y farn na fu i'r economi Almaenig wneud dim ond ymrwymiad cyfyngedig i'r rhyfel cyn 1942 ar ei gynharaf. Dadleua fod yr holl dystiolaeth ar baratoadau rhyfel a chynllluniau cynhyrchu milwrol yn cadarnhau mai'r disgwyl yn gyffredinol yn yr Almaen oedd y byddai unrhyw ryfel yn y dyfodol yn rhyfel diarbed o'r dechrau. Gwelir y Cynllun Pedair Blynedd fel strategaeth ar gyfer paratoad economaidd cyflawn o safbwynt arfogiad llwyr, tra oedd peiriant propaganda Goebbels wedi ei lunio i baratoi'r bobl yn seicolegol ar gyfer y toriadau oedd i'w disgwyl yn eu safon byw ac i dderbyn 'rhyfel diarbed'. Mae Tabl 54(a) yn dangos mai hanner yr hyn a gâi ei wario yn yr Almaen oedd gwariant rhyfel Prydain fel canran o'r incwm cyfan yn 1939, er bod llai o wahaniaeth yn nhermau'r gweithwyr a gyflogid yn y diwydiannau rhyfel fel canran o'r cyfanswm a gyflogid.

B *Oedd yr economi ryfel yn cael ei rheoli yn effeithiol?*

Daeth y problemau o gyflenwi defnyddiau rhyfel hanfodol i'r lluoedd arfog, o ganlyniad i ymladd rhyfel Ewropeaidd yn rhy fuan yn hytrach na rhyfel lleol dros Wlad Pwyl, yn amlwg yn 1941. Nid oeddent wedi llwyddo i gynhyrchu'r nifer o arfau, llongau tanfor, awyrennau a bomiau roedd Hitler wedi eu nodi yn Rhagfyr 1939. Roedd sawl rheswm am y methiant hwn:

- Yn ôl safonau rhyfel 1914-18 roedd y rhaglen arfogi yn un uchelgeisiol a gormodol fel bod diwydiant hyd yn oed ar y pryd yn amau a ellid ei chyflawni. Roedd hyn ar waetha'r ffaith fod yna eisoes gynnydd dramatig wedi bod yng nghanran y gweithlu diwydiannol oedd yn gweithio ar gontractau milwrol. Erbyn haf 1941, roedd 54.5 y cant o'r gweithlu yn gweithio ar gontractau milwrol o'i gymharu â dim ond 21.9 y cant yn 1939. Wrth i adnoddau gael eu hailgyfeirio i'r ymdrech ryfel, gostyngodd treuliant sifiliaid fwy nag 20 y cant yn yr un cyfnod. Gallai'r sefyllfa hon awgrymu bod yr economi wedi ei gorymestyn.
- Yn bwysicach, roedd yna ddiffyg cydlynu a chynllunio canolog. Roedd strwythur di-drefn y llywodraeth, yr un roedd Hitler wedi caniatáu iddo ddatblygu, wedi arwain at sefyllfa lle ceid nifer o weinyddiaethau gorgyffyrddol – Gweinyddiaeth Economeg, Gweinyddiaeth y Cynllun Pedair Blynedd, Gweinyddiaeth Cyllid, Gweinyddiaeth y lluoedd arfog – oedd yn cystadlu yn hytrach na chydlynu gweithgareddau a phenderfyniadau. Gyda chymaint o bobl yn rheoli, ceid dryswch oedd yn peri tagfeydd oherwydd problemau difrifol mewn darparu cludiant.
- Roedd rheolaeth ar gynnyrch rhyfel yn nwylo'r lluoedd arfog yn hytrach na phenaethiaid diwydiant, ac arweiniodd hyn at arolygaeth aneffeithiol lle roedd pob cam yn y broses gynhyrchu, o'r dylunio i'r cynnyrch terfynol, dan ofal peirianwyr milwrol. Gosodai'r rhain, safonau afresymol oedd yn aml yn achosi gwastraff, er enghraifft yn y diwydiant awyrennau, lle, er gwaethaf dyblu'r adnoddau, dim ond cynnydd o 20 y cant a gafwyd yn yr allbwn rhwng 1939 ac 1941. Ni foderneiddiwyd ffatrïoedd er mwyn gwella effeithlonrwydd ac allbwn, ac nid oedd y gweithlu wedi ei hyfforddi yn dda. Yn ogystal â'r gwastraff hwn wrth ddefnyddio adnoddau, methwyd manteisio ar adnoddau'r gwledydd meddianedig. Bu i ymchwilwyr cynnar, fel Klein, dybio bod y methiant hwn yn tystio nad oedd yr Almaen yn paratoi o ddifrif am ryfel diarbed. Roedd diwydianwyr yn ei chael yn amhosibl cynllunio cynhyrchu yn y sefyllfa hon.

C *Ymateb Hitler i'r methiant i sicrhau paratoad llwyr 1939-41*

Yn y diwedd rhoddwyd y sbardun i wella'r gwendidau oedd wedi dod i'r amlwg yn 1941 gan y cynllun i ymosod ar yr Undeb Sofietaidd. Roedd Hitler wedi bod yn ymwybodol erioed o fygythiad rhaglen ddiwydiannu Stalin yn ystod yr 1930au, a oedd wedi canolbwyntio fwyfwy ar baratoi at ryfel. Rhyfel yn erbyn Rwsia oedd canlyniad rhesymegol ffantasïau Hitler ynghylch hil a thir, ac roedd y Memo Cyfrinachol a roddodd gychwyn i'r Cynllun Pedair Blynedd yn brawf fod hyn ar fin digwydd. Ynddo rhybuddiodd Hitler y byddai 'buddugoliaeth Bolsiefigiaeth dros yr Almaen yn arwain, nid at Gytundeb fel un Versailles, ond at ddinistr terfynol, yn wir at ddifodiant y bobl Almaenig'. Oherwydd methiant diwydiant i gyrraedd y targedau cynhyrchu oedd wedi eu nodi yn Rhagfyr 1939, penderfynodd Hitler, ym Mai 1941, drefnu ymchwiliad i weld beth oedd y rhesymau am hyn. Targedwyd diffyg cynllunio canolog ac ymyrraeth afresymol ar ran y lluoedd arfog fel y prif broblemau, a deliwyd â'r rhain yng Ordinhad Ad-drefnu Rhagfyr Hitler. Rhoddwyd rheolaeth ar economi'r rhyfel yn nwylo Gweinidog Arfau a gafodd yr awdurdod i wneud y newidiadau a dybiai ef oedd eu hangen i gynyddu'r nifer o arfau a gynhyrchid o'r un ffynonellau. Dewisodd Hitler rywun o blith ei staff ei hun, sifiliad, i ddangos mai ef, yn hytrach na phenaethiaid y lluoedd arfog, fyddai'n arolygu'r economi yn gyffredinol yn y dyfodol. Pan fu'r Gweinidog Arfau cyntaf, Fritz Todt, farw yn Chwefror 1942, cafodd gyfle i benodi ei bensaer, Albert Speer, oedd i arddangos dawn dechnegol wych a gallu rhagorol i drefnu.

5 ~ RÔL ALBERT SPEER, GWEINIDOG ARFAU 1942-5

Gyda chefnogaeth y *Führer* a'i awdurdod y tu cefn iddo, sefydlodd Speer, ym Mawrth 1942, Fwrdd Cynllunio Canolog oedd yn cynnwys nifer o bwyllgorau, pob un â chyfrifoldeb am adran bwysig o'r economi. Roedd ei aelodau yn arbenigwyr o fyd diwydiant a byd masnach. Fel cyfarwyddwr, aildrefnodd ddiwydiant i sicrhau effeithlonrwydd ym mhob cam o'r broses gynhyrchu a dosbarthu. Roedd ganddo'r awdurdod i reoli'r dosbarthu a'r dyrannu ar defnyddiau crai ac i fynnu bod dulliau modern o fasgynhyrchu yn cael eu cyflwyno er mwyn codi'r cynhyrchedd. Gofalodd na châi penaethiaid y lluoedd arfog na'u staff ymyrryd, a chafodd diwydianwyr y rhyddid i gwrdd â thargedau cynhyrchu. O 1942 roedd y sefydliadau hanfodol ar gyfer yr ymdrech ryfel wedi eu hadeiladu ac felly gellid rhyddhau mwy o adnoddau i gynhyrchu arfau. Daeth effaith yr ad-drefnu hwn ar gynhyrchu arfau yn amlwg yn fuan iawn.

Cynyddodd y cynhyrchu o 1942 nes iddo gael ei effeithio gan y bomio yn 1943. Gan fod adnoddau ychwanegol ar gael o 1942 hyd 1944, ynghyd â gweithlu estron, ehangodd yr allbwn. Erbyn 1944 roedd y cynhyrchiad arfau wedi treblu, cynnydd a gafwyd oherwydd gwell effeithlonrwydd yn y technegau cynhyrchu yn hytrach nag oherwydd cynnydd yn y defnyddiau crai. Erbyn 1944 roedd 100,000 tunnell o ddur yn cynhyrchu 40,000 tunnell o arfau o'i gymharu â dim ond 10,000 tunnell o arfau yn 1941. Roedd llwyddiannau o'r fath yn hanfodol oherwydd bod gan Speer ryfel gwahanol i'w ragflaenwyr i'w ymladd o safbwynt terfynau, graddfa a thrylwyredd.

PRIF YSTYRIAETH

Llwyddiant Speer yn cyflawni darpariaeth lwyr.

Fodd bynnag, cyfyngedig oedd llwyddiannau Speer. Cafodd rhai o'i bolisïau eu tanseilio oherwydd rhannu cyfrifoldeb. Rhoddwyd llafur dan ofal y *Gauleiter* Fritz Sauckel a wnaed yn Weinidog Llawnalluog dros Lafur, tra oedd Himmler yng ngofal y gwersylloedd crynhoi. Cwerylodd Speer â'r ddau Natsi uchel-radd hyn ynghylch ffynhonnell y llafur oedd ei angen i ddal ati i gynhyrchu a chwrdd â gofynion yr ymdrech ryfel. Roedd ystyriaethau ideolegol yn golygu bod Speer wedi methu cyflogi mwy o ferched na thrin llafur y gwersylloedd yn fwy dynol. Bu farw tua chwarter y 30,000 a gyflogwyd i adeiladu'r gwaith tanddaearol ym mynyddoedd Harz i gynhyrchu'r arf V-2 o ludded. Fel y dywedodd Sauckel wrth sôn am y rhaglen consgripsiwn llafar a gyhoeddwyd ar 20 Ebrill 1942 (dyfynnir yn Noakes a Pridham, *Documents on Nazism 1919 to 1945*):

> Mae lluoedd arfog yr Almaen Fwy wedi rhagori arnynt eu hunain yn eu harwriaeth a'u dycnwch ar y Ffrynt Dwyreiniol, yn Affrica, yn yr awyr ac ar y môr. I sicrhau eu buddugoliaeth dan bob amgylchiad, mae'n rhaid i ni'n awr gynhyrchu mwy a gwell arfau, peiriannau a bwledi ... Amcan y crynhoi gweithlu anferthol hwn yw defnyddio'r adnoddau cyfoethog a gwych, a drechwyd ac a sicrhawyd i'n lluoedd arfog dan arweinyddiaeth Adolf Hitler, i arfogi'r lluoedd arfog ac i ddarparu bwyd i'r famwlad. Rhaid manteisio'n llwyr ac yn gydwybodol, er budd yr Almaen a'i chynghreiriaid, ar ddefnyddiau crai yn ogystal ag ar ffrwythlondeb ac adnoddau llafur y gwledydd a drechwyd ... Rhaid ymgorffori'r carcharorion rhyfel i gyd ... o diroedd y gorllewin yn ogystal â'r dwyrain, i'r diwydiannau arfau a bwydydd Almaenig. Rhaid codi lefel eu cynnyrch mor uchel ag sy'n bosibl ... rhaid dod o hyd i swmp ychwanegol sylweddol o lafur estron i'r Reich. Bydd y tiroedd meddianedig yn y dwyrain yn darparu'r gronfa fwyaf i'r pwrpas hwn ... rhaid i ni hawlio gwasanaeth llafur dynion a merched crefftus neu ddi-grefft o diroedd y Sofiet ... rhaid bwydo'r dynion, eu cartrefu a'u trin mewn modd a fydd yn caniatáu manteisio i'r eithaf ar y gost leiaf ...

C

A ddylanwadodd ystyriaethau ideolegol ar Sauckel pan oedd yn recriwtio llafur ar gyfer yr ymdrech ryfel?

Awgrymodd Speer gyflogi merched yr Almaen (cofnodir yn ei lyfr *Inside the Third Reich*):

> ... Ni lwyddodd Sauckel i gyflawni ei addunedau. Ni ddaeth dim o siarad gwych Hitler am gael gweithlu allan o boblogaeth o 250 miliwn, yn rhannol am fod y gweinyddu Almaenig yn y tiroedd meddianedig yn aneffeithiol, yn rhannol am fod yn well gan y dynion oedd dan sylw fynd i'r fforestydd ac ymuno â'r partisaniaid yn hytrach na chael eu llusgo i lafurio yn yr Almaen ... Ymddangosai'n llawer mwy ymarferol i gyflogi merched yr Almaen yn hytrach nag amrywiaeth o lafur estron. Daeth dynion busnes ataf gydag ystadegau yn dangos bod nifer merched yr Almaen mewn cyflogaeth yn sylweddol uwch yn ystod y Rhyfel Byd Cyntaf nag oedd 'nawr ...
>
> Euthum at Sauckel gyda'r awgrym ein bod yn recriwtio ein gweithlu o rengoedd merched yr Almaen. Atebodd yn sarrug mai ei gyfrifoldeb ef oedd ble i ddod o hyd i ba weithwyr a sut i'w dosbarthu. At hynny, meddai, fel *Gauleiter* roedd yn ddirprwy i Hitler ac yn gyfrifol i'r *Führer* yn unig. Ond cyn i'r drafodaeth ddod i ben, cynigiodd ofyn y cwestiwn i Göring gan mai ef, fel Comisiynydd y Cynllun Pedair Blynedd, a ddylai gael y gair olaf ... Prin y caniatawyd i mi ddadlau f'achos; roedd Sauckel a Göring yn torri ar draws o hyd. Roedd Sauckel yn gosod llawer o bwys ar y perygl y gallai gwaith ffatri beri niwed moesol i ferched yr Almaen; nid yn unig y gallai effeithio ar eu 'bywyd seicig ac emosiynol' ond hefyd gallai effeithio ar eu gallu i feichiogi. Cytunai Göring yn llwyr. Ond i fod yn gwbl sicr, aeth Sauckel at Hitler yn syth ar ôl y drafodaeth a'i gael i gadarnhau'r penderfyniad. Felly taflwyd fy holl ddadleuon o'r neilltu ...

Pam y methodd Speer drechu'r gwthwynebiad i gyflogi merched Almaenig?

Fodd bynnag, daeth y rhwystr pwysicâf o 1943 ymlaen, pan ddechreuodd y Cynghreiriaid fomio yn drwm, ac, yn hwyr yn 1944, pan oedd eu milwyr yn ennill tir yn y dwyrain a'r gorllewin. Cydnabyddir yn awr fod hyn wedi cael effaith lawer mwy niweidiol ar gynhyrchiad arfau'r Almaen, a ddisgynnodd 50 y cant yn ôl pob tebyg. Dros y cyfnod hwn, adroddodd Speer fod yna ostyngiad o 31 y cant mewn cynhyrchu awyrennau, 40 y cant mewn cynhyrchu cludiant a 35 y cant mewn cynhyrchu tanciau. Ni lwyddodd bomio ar raddfa o'r fath i ddod â'r cynhyrchu i ben, ond fe osododd gyfyngiadau arwyddocaol. Gwastraffwyd amser a dynion yn symud ffatrïoedd angenrheidiol dan ddaear tra symudwyd dynion, gynnau a radar i gwrdd â'r bygythiad i ddinasoedd Almaenig. Roedd yn rhaid dwyn yr amrywiol adnoddau hyn oddi ar yr ymdrech ryfel, ac effaith hynny fu gostwng cynhyrchedd hefyd. Ni allai'r Almaen gystadlu â'r Cynghreiriaid, yn enwedig Rwsia ac UDA, a golygai hynny na allai economi'r Almaen gynnal rhyfel diarbed am amser amhenodol.

Ym marn R.J. Overy, 'Pe bai rhyfel wedi ei ohirio hyd 1943-5, fel y gobeithiai Hitler, yna byddai'r Almaen wedi bod yn llawer mwy parod a byddai ganddi hefyd rocedi, awyrennau jet, awyrennau bomio rhyng-gyfandirol, hyd yn oed fomiau atomig o bosibl. Er nad oedd Prydain a Ffrainc yn sylweddoli hynny, trwy gyhoeddi rhyfel yn 1939 rhwystrwyd yr Almaen rhag bod yr archbŵer roedd ar Hitler ei eisiau. Roedd yr ymrwymiad i baratoi'n llwyr yno o'r dechrau ond, fel y cwynai Hitler, bu 'camweinyddu'. Daeth yr ysgogiad am ryfel diarbed yn *Blitzkrieg* oherwydd methu cyflawni'. Ond, hyd y diwedd daliodd diwydiant yr Almaen i weithio gyda'r gyfundrefn Natsïaidd, yn enwedig y rhai oedd yn cynhyrchu arfau, lle roedd y buddiannau materol yn ddeniadol iawn. Daliai elw i godi ac roedd hyn yn annog cydweithredu, er mai'r arweinyddiaeth Natsïaidd yn amlwg, yn enwedig o 1936 ymlaen, oedd yn penderfynu ar bolisi.

6 ~ EFFAITH RHYFEL AR Y GWEITHLU

A *Newidiadau yn y patrymau cyflogaeth ar gyfer llafur*

Oherwydd bod yr Almaen yn ymladd rhyfel diarbed, gosododd hyn straen difrifol ar y cyflenwad o ddynion oedd ei angen ar gyfer y lluoedd arfog a'r ffatrïoedd ehangol. Ceisiodd y gyfundrefn ddelio â'r gofynion hyn, a oedd yn cystadlu â'i gilydd, trwy lunio cofrestr o'r gweithlu a chyfeirio llafur i ble roedd ei angen fwyaf. Drafftiwyd tua 13 miliwn o ddynion i'r lluoedd arfog erbyn hydref 1944, gan beri gostyngiad yn y gweithlu o 39.1 miliwn ym Mai 1939 i 30.4 miliwn erbyn Medi 1944. Ailgyfeiriwyd gweithwyr o'r diwydiant adeiladu a'r sector defnyddwyr i ddiwydiannau trwm megis cemegion, haearn a dur, olew synthetig a gwaith metel er mwyn cwrdd â'r prinder yn y diwydiannau oedd yn cynhyrchu ar gyfer rhyfel. Yn y gwaith metel y gwelwyd y cynnydd mwyaf; cododd y gweithlu o 28.6 y cant yn 1939 i 68.8 y cant yn 1941 ac i 72.1 y cant yn 1943. Ceisiai'r diwydiannau arfau gadw a diogelu eu gweithwyr crefftus trwy roi statws flaenoriaethol arbennig iddynt oedd yn golygu na allent gael eu gorfodi i ymuno â'r lluoedd arfog. Digwyddodd y newidiadau mwyaf ym mhatrwm dosbarthiad llafur yn ystod y ddwy flynedd gyntaf, ragor na rhwng 1941 i 1943, sy'n cefnogi barn yr haneswyr sy'n dadlau bod Hitler wedi cynllunio ar gyfer rhyfel diarbed o'r dechrau. Bu i ffatrïoedd, oedd cyn hynny yn cynhyrchu dillad, ceir a chelfi, ddechrau cynhyrchu awyrennau, arfau a lifrai. Yn 1941, y lluoedd arfog oedd yn defnyddio 40 y cant o'r allbwn tecstilau a 44 y cant o bob dillad. Golygai hyn fod llawer llai o gyfle i gynhyrchu ar gyfer defnyddwyr nag y mae'r ffigurau allbwn yn ei awgrymu (gw. Tablau 55 a 56). Creodd yr holl newidiadau llafur hyn broblemau hyfforddi gan fod angen i'r gweithlu ddysgu sgiliau newydd ar gyfer technoleg oedd yn newid.

Nid oedd y strategau hyn yn ddigon i wrthweithio'r prinder llafur oedd wedi bod yn broblem ers 1937. Ceisiodd y Weinyddiaeth Lafur ddatrys y broblem trwy gyhoeddi, yn gyson, restrau gwirio o'r anghenion llafur fel y gallai eu hasiantau wybod pa fath o weithwyr oedd eu hangen. Hefyd, roedd yn rhaid i'r gweithlu weithio oriau ychwanegol fel rhan o'r strategaeth i chwyddo cynnyrch diwydiant, ond roedd hyn yn amhoblogaidd ac yn aneffeithlon. Cynllun mwy effeithiol oedd dod â gweithwyr estron o'r gwledydd meddianedig neu wledydd cynghreiriaid a defnyddio carcharorion rhyfel. Daeth yr olaf yn rhan o'r cynllun llafur caethion anferth a gysylltir â'r gwersylloedd crynhoi ac ymerodraeth economaidd yr *SS*.

Gwersylloedd caethweision a gwersylloedd crynhoi, gw. tud. 439

TABL 55
Ystadegau dethol ar lafurlu'r Almaen, Mai 1939-Mai 1943 (mewn miliynau)

	1939	*1940*	*1941*	*1942*	*1943*
Diwydiant i gyd, yn cynnwys	10.9	10.1	10.3	9.6	10.6
Gweithgynhyrchu trwm	3.75	3.87	4.21	4.36	4.81
Nwyddau traul	3.58	2.94	2.84	2.54	2.59

B *Cyflogi llafur estron*

Nid oedd cyflogi llafur estron yn beth newydd. Pan gafwyd argyfwng llafur gyntaf yn 1937, cwrddwyd â'r angen yn rhannol trwy recriwtio gweithlu crefftus o Ffrainc a Gwlad Belg. Erbyn 1939 dim ond 0.8 y cant oedd y rhain o blith y cyfanswm a gyflogid (gw. Tabl 57 ar dud. 429), ond cyflymodd y broses ym Medi 1940 oherwydd y diweithdra uchel a'r rheolaeth ar gyflogau yn eu gwledydd eu hunain. Caent eu recriwtio gan asiantaethau a sefydlwyd gan Ffrynt Llafur y Reich a'u cyflogi ar yr un telerau â gweithwyr Almaenig. Methodd y gyfundrefn ddefnyddio'u sgiliau

TABL 56
Y canran o lafurlu diwydiannol yr Almaen oedd yn gweithio ar archebion i'r lluoedd arfog, 1939-43

	1939	*1940*	*1941*	*1942*	*1943*
Diwydiant i gyd, yn cynnwys	21.9	50.2	54.5	56.1	61.0
Defnyddiau crai	21.0	58.2	63.2	59.9	67.9
Cynhyrchu metel	28.6	62.3	68.8	70.4	72.1
Adeiladu	30.2	57.5	52.2	45.2	46.7
Nwyddau traul	12.2	26.2	27.8	31.7	37.0
Blwyddyn sail 1939 = 100 i gymharu	100	229	248	256	278

masnach yn effeithiol. Cafodd llawer eu bod yn cael eu hanfon i wneud gwaith di-grefft, fel gweithio ar y tir, er bod lleiafrif bychan wedi eu cyflogi fel gweithwyr crefftus mewn ffatrïoedd. Ychydig, fodd bynnag, a gyflogid mewn swyddi coler wen. Caniateid iddynt weithio yn gyson ac, yn wahanol i'r Pwyliaid a'r Rwsiaid, caent chwilio am lety drostynt eu hunain. Erbyn gwanwyn 1941 roedd yna 1.75 miliwn o weithwyr estron o wledydd meddianedig neu wledydd cynghreiriaid yn cynrychioli 8.5 o'r gweithlu cyfan. Roedd hyn yn fwy na'r llafur a ddarparai carcharorion rhyfel. Ar ôl 1942, wedi i Speer aildrefnu'r ymdrech ryfel, rhoddwyd pwysau ar lywodraeth Ffrainc i annog gweithwyr diwydiannol i symud i'r Almaen. Yn Chwefror 1943, cyflwynodd Ffrainc y Deddfau Llafur oedd yn consgriptio gweithwyr crefftus ifanc ar gyfer llafur gorfodol. Gadawodd 400,000 Ffrainc yn gynnar yn 1943 a miliwn eto yn 1944. Am gyfnodau maith ar ôl 1942 roedd niferoedd mawr o ddynion o Ffrainc yn gweithio yn yr Almaen, ac er mai enw gwael oedd iddynt – eu bod yn esgeulus ac yn difrodi – roedd eu sgiliau yn golygu eu bod yn anhepgor. Gan eu bod wedi eu dilladu yn dda ac yn iach pan gyrhaeddent roedd cyflogwyr yn falch o'u cael. Erbyn Tachwedd 1943, roedd gweithwyr o Ffrainc yn 1.7 y cant o'r boblogaeth Almaenig gyfan. Cafwyd polisi o orfodaeth tebyg ar gyfer gwledydd meddianedig eraill gorllewin Ewrop. Erbyn 1943, er enghraifft, roedd gweithwyr o'r Iseldiroedd yn 3.4 y cant o'r boblogaeth Almaenig gyfan ac fe'u hystyrid fel y gweithwyr gorau, tra bod gweithwyr yr Eidal, a gyflogwyd yn nes ymlaen, yn cael eu hystyried fel y rhai gwaethaf.

O 1940 ymlaen, daeth Pwyliaid i chwyddo'r nifer o weithwyr estron. Cipiwyd y rhain dan orchymyn Hans Frank, llywodraethwr-gadfridog Natsïaidd Gwlad Pwyl. Trawsgludwyd rhywle rhwng 1.3 ac 1.5 miliwn, tua'u hanner yn ferched, i'r Almaen i weithio fel gweithwyr di-grefft ar y tir. Ymunodd tua 400,000 o garcharorion rhyfel â hwy. Defnyddid y rhain fel gweithwyr neu eu hanfon i'r gwersylloedd crynhoi. Yn wahanol i'r gweithwyr o Ffrainc a'r Iseldiroedd, nid oedd gan y Pwyliaid statws cyfreithiol, mwy na'r Rwsiaid a ddaeth yn ddiweddarach. Fe'u trinid fel caethion a'u cam-drin o safbwynt eu hamodau byw.

Ar ôl Mawrth 1942, newidiodd cymeriad, cyfansoddiad a statws cyfreithiol llafurlu estron yr Almaen. Gyda'r ymosodiad ar yr Undeb Sofietaidd cipiwyd niferoedd mawr o Rwsiaid, 1.2 filiwn yn ystod y flwyddyn gyntaf. Yn groes i ryw y gweithwyr estron eraill, roedd llawer o'r rhai a alltudiwyd yn ferched ifanc a gwragedd. Erbyn hydref 1943 roedd y llafurlu Rwsiaidd yn 1.2 y cant o'r boblogaeth Almaenig gyfan. Ar y dechrau, roedd Hitler wedi bwriadu cyflogi merched Rwsia fel morynion yn y cartrefi i helpu gwragedd yr Almaen. Fodd bynnag, oherwydd eu cryfder mewn gwaith diwydiannol, yn fuan cawsant eu cyflogi yn y diwydiannau awyrennau, glo, dur ac offer peiriannol lle bu iddynt ennill yr enw o fod y gweithlu mwyaf disgybledig a pharotaf i weithio'n galed. Dirmygid y Rwsiaid fel 'slafiaid' israddol, ond fe'u hofnid hefyd fel Bolsiefigiaid, ofn y bu i ymgyrch bropaganda Goebbels, yn seiliedig ar 'nerth trwy ofn' a bod y rhyfel yn frwydr ideolegol hyd farw, ei hybu. Mynnai cyfraith yr Almaen fod gweithwyr o ddwyrain Ewrop, yn wahanol i weithwyr eraill, i wisgo bathodyn, i dalu treth arbennig, i'w gwahardd rhag derbyn budd-daliadau, a'u cyfyngu i un o'r gwersylloedd arbennig oedd wedi eu hadeiladu i letya gweithwyr estron. Roedd y cyfleusterau yn arswydus a dim ond ychydig o sylw meddygol a gaent. Caent ddogn gwael o fwyd ac roedd y gyfradd marwolaethau yn uchel. Yn Hydref 1942 cwynodd Otto Brautigam, Pennaeth Adran Wleidyddol y Reich yn y Rhanbarthau Dwyreiniol, am y cam-drin a ddioddefai carcharorion (dyfynnir yn Noakes a Pridham, *Nazism 1919-1945, A Documentary Reader*, Cyf.3):

> Nid yw'n gyfrinach bellach … fod cannoedd ar filoedd o garcharorion wedi marw yn llythrennol o newyn ac oerfel yn ein gwersylloedd. Honnir nad oedd digon o gyflenwad o fwyd ar eu cyfer. Ond mae'n syn fod bwyd yn brin i garcharorion o'r Undeb Sofietaidd yn unig, lle na chafwyd cwynion ynghylch y dull o drin carcharorion eraill – Pwyliaid, Serbiaid, Ffrancwyr a Saeson. Mae'n amlwg nad oedd dim yn fwy sicr o gryfhau gwrthwynebiad y Fyddin Goch na gwybod eu bod yn wynebu marwolaeth araf a phoenus yng ngharchar yn yr Almaen …
>
> Rydym 'nawr yn profi'r sioe wrthun, wedi newynu'r carcharorion rhyfel yn ddifrifol, fod angen recriwtio miliynau o weithwyr o'r Rhanbarthau Dwyreiniol meddianedig er mwyn llenwi'r bylchau sydd wedi ymddangos yn yr Almaen. 'Nawr nid oedd y cwestiwn bwyd yn bwysig bellach. Gyda'r cam-drin arferol di-ben-draw ar bobl Slafaidd, defnyddiwyd dulliau recriwtio na ellir ond eu cymharu â rhai gwaethaf y fasnach gaethweision … Heb ystyried oedran nac iechyd, cludwyd pobl mewn llongau i'r Almaen, ble y gwelwyd bod yn rhaid anfon ymhell dros 100,000 yn ôl oherwydd gwaeledd difrifol neu anabledau eraill.

C

I ba raddau y bu i ideoleg ddylanwadu ar y ffordd roedd gweithwyr estron yn cael eu trin?

	1939	*1940*	*1941*	*1942* (miliynau)	*1943*	*1944*
Almaenwyr	39.1	35.2	34.5	33.0	31.7	30.4
Sifiliaid estron	0.30	0.85	1.75	2.6	4.85	5.3
Carcharorion rhyfel	–	0.35	1.35	1.5	1.65	1.8
Cyfanswm o Estroniaid	0.30	1.2	3.1	4.1	6.5	7.1
Estroniaid fel canran o'r holl gyflogaeth	0.8	3.2	8.5	11.6	17.7	19.9

TABL 57
Y gweithlu estron a gyflogid yn yr economi drwyddi draw, 1939-44

Roedd Speer yn rhannu pryder Otto Brautigam ynghylch aneffeithlonrwydd a gwastraff y dull o drin y llafurlu estron. Dadleuai dros gadw gweithwyr diwydiannol mewn ardaloedd meddianedig i weithio ar gontractau arfau fel y dull mwyaf effeithiol o fwyhau yr allbwn arfau. Methodd ei ymdrech i weithredu'r polisi hwn oherwydd bod Sauckel a Hitler yn anghytuno ar sail ideolegol (gw. adran 5, tud. 424). Daliodd Sauckel i ddefnyddio llafur estron mewn modd anhrefnus ac aneffeithlon gyda'r canlyniad fod y gyfundrefn yn ei chael hi'n fwyfwy anodd ailgyflenwi'r colledion uchel. Arafodd y recriwtio ar lafur estron yn sylweddol rhwng 1943 ac 1944 (pan gododd 12.4 y cant) o'i gymharu â 1942 i 1943 (pan gododd 52.6 y cant), er gwaethaf y ffaith fod Sauckel wedi sicrhau bron un filiwn o weithwyr ychwanegol (gw. Tabl 57).

C *Newidiadau mewn cyflogi merched*

Mae ymchwil ddiweddar bellach wedi gwrthod fel myth hawliad y propaganda Natsïaidd na fynnai'r Almaen ddefnyddio merched i wneud gwaith rhyfel. Er gwaethaf y nifer uchel o weithwyr estron a charcharorion a gyflogid yn yr economi Almaenig, nid oedd yn ddigon i wrthweithio'r niferoedd mawr a ddrafftiwyd i'r lluoedd arfog. Merched a lanwodd y bwlch hwn, yn enwedig ar y tir. Yn wir, roedd cyfran y merched yn yr Almaen oedd yn gweithio yn eithriadol o uchel. Yn 1939, roedd 37.3 o'r gweithlu yn ferched, o'i gymharu â 26.4 ym Mhrydain, a pharhaodd y gwahaniaeth hwn gydol y rhyfel (gw. Tabl 54 (ch) ar dud. 421). Roedd merched yr Almaen yn cael eu trin fel y dynion; roeddent yn debyg o gael eu hailddosbarthu yn orfodol o'r diwydiannau nwyddau defnyddwyr i'r diwydiannau rhyfel – gwaith metel, peiriannau a chemegion – a disgwylid iddynt weithio'n galetach ac am oriau hwy, gan gynnwys shifftiau nos oedd yn eu gadael yn flinedig a di-hwyl. Cafodd merched oedd yn gweithio ar y tir beth rhyddhad pan ddaeth merched o Rwsia o haf 1942 ymlaen. Cydnabyddid cyfraniad merched yn ffilmiau newyddion wythnosol Goebbels oedd yn eu dangos yn gweithio'n frwd dros yr ymdrech ryfel. Daeth llawer o'r dosbarth gweithiol i fod yn anfodlon oherwydd roeddent yn credu, a pheth gwir yn hynny, na ddisgwylid i

DIAGRAM 11
Cymharu'r canran o ferched oedd yn cael eu cyflogi yn yr Almaen ac ym Mhrydain 1939-45

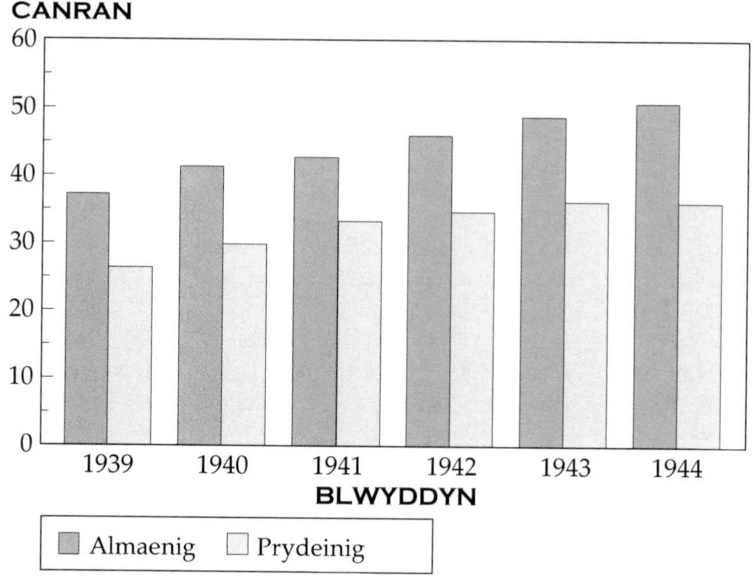

ferched y dosbarth canol weithio cyn galeted nac mewn diwydiant. Cafodd llawer o ferched y dosbarth gweithiol fod bywyd yn fwy heriol a chaled yn enwedig oherwydd y dogni a'r prinder. Ym marn llawer, cymdeithas ddosbarth oedd un yr Almaen hyd y diwedd.

7 ~ EFFAITH RHYFEL AR Y BOBL

Pryderai Hitler ynghylch peidio ag amddifadu'r bobl o'r isafswm angenrheidiol o fwyd a pheidio â gorfodi dogni, ond yn ofer. Arweiniodd treth ryfel uwch, prinder nwyddau a dogni, ynghyd â rheolaeth y wladwriaeth ar gyflogau, at gwymp o chwarter yng ngwariant defnyddwyr rhwng 1939 ac 1944, o'i gymharu a degfed ran ym Mhrydain (gw. Tabl 54(b) ar dud. 421). Bu i'r dogni effeithio mwy o lawer ar yr Almaenwyr na'r Prydeinwyr, yn enwedig gan fod safonau byw yr Almaen yn is nag ym Mhrydain ac UDA hyd yn oed cyn dechrau'r rhyfel. Cafodd nwyddau eu dogni drwy gydol y rhyfel nas dognwyd o gwbl ym Mhrydain. Anfonwyd cwponau dogni i'r holl Almaenwyr oedd yn eu cyfyngu i ddiet ddiflas o fara rhyg du, tatws a llysiau yn lle pysgod, wyau, caws, llaeth a brasterau. Bu i'r lleihad mewn treuliant greu prinder yn fuan mewn dilladau hanfodol i weithwyr, fel esgidiau ac oferôls, ynghyd ag offer hanfodol eraill i sifiliaid a gâi eu cyfeirio i gyflenwi anghenion y lluoedd arfog. Roedd yn rhaid cyfnewid esgidiau newydd am hen rai, ni chaniateid gwisgo esgidiau gwaith ond i'r gwaith, ac roedd swyddogion Natsïaidd yn chwilio cartrefi dan amheuaeth yn gyson ac yn cymryd meddiant o unrhyw esgidiau ychwanegol.

Cynyddodd y caledi i'r sifiliaid ar ôl 1943 wrth i gyrchoedd bomio'r Cynghreiriaid ddinistrio llawer o ddinasoedd ac wrth i fwy o filwyr gael eu lladd, gan olygu mai dim ond ychydig deuluoedd oedd heb eu heffeithio. Erbyn haf 1944 gorfodwyd y gyfundrefn i greu'r *Volksstrum*, sef bod y gymdeithas Almaenig i gyd yn ymroi i'r ymdrech ryfel. Ar y dechrau, cryfhawyd ewyllys y bobl i ymladd oherwydd y bomio, ond dim ond am amser byr. Amcangyfrifir bod 400,000 o sifiliaid wedi eu lladd ynghyd â dinistrio gweithfeydd diwydiannol, yn cynnwys rhai olew synthetig. Aflonyddwyd yn ddifrifol ar rwydweithiau cyfathrebu. Dinistriwyd hyder y bobl yn y gyfundrefn er gwaethaf anogaeth Goebbels i 'frwydro dros y ffrynt cartref' a'i ganmoliaeth i 'ddewrder poblogaeth y dinasoedd oedd wedi eu bomio'. Beirnadwyd y gyfundrefn am iddi fethu amddiffyn y dinasoedd Almaenig na'u trigolion, a chynyddodd y chwerwder oherwydd profiad llawer o ffoaduriaid a gafodd fod eu cydwladwyr yn gwarafun lloches a bwyd iddynt. Symudwyd niferoedd mawr o bobl o'r ardaloedd oedd wedi eu bomio, gan achosi prinder llafur enbyd yn yr ardaloedd hynny. Cynyddodd absenoldeb o'r gwaith a chynyddodd teyrnasiad braw y gyfundrefn. Erbyn 1945, roedd hanner miliwn o Almaenwyr mewn 20 prif wersyll a 165 is-wersyll o'i gymharu â 100,000 yn 1942. Daliai'r gyfundrefn, trwy bropaganda, i bwysleisio bygythiad Bolsiefigiaeth, nes yn y diwedd teyrngarwch anfoddog yn seiliedig ar ofn oedd yn sbarduno pobl i wrthwynebu.

8 ~ EWROP DAN Y NATSÏAID

Ledled yr Almaen a'i hymerodraeth newydd o wledydd oedd wedi eu cyfeddiannu neu eu goresgyn, bwriadai Hitler sefydlu *Neuordung*, Trefn Newydd, a fyddai, fe froliai, yn para am fil o flynyddoedd. Wrth sôn am Drefn Newydd, golygai Ewrop wedi ei hymgorffori yn wleidyddol ac economaidd dan arglwyddiaeth yr Almaen ac yn seiliedig ar ddeddfau hiliol Natsïaidd. Yn 1934, dywedodd Hitler:

> Nod ein brwydr o anghenraid fydd creu Ewrop unedig. Dim ond yr Almaenwyr all drefnu Ewrop go iawn … Heddiw, ni fwy neu lai, yw'r unig bŵer ar dir mawr Ewrop sydd â'r gallu i arwain. Bydd y Reich yn feistr ar Ewrop gyfan … Bydd pwy bynnag fydd yn arglwyddiaethu ar Ewrop o ganlyniad yn dod yn arweinydd y byd.

Defnyddiai'r Natsïaid y term *Weltanschauung* i olygu eu syniad am athroniaeth bywyd newydd sbon (gw. tud. 256). Ceisient nid yn unig newid y system o lywodraethu ond achosi newid chwyldroadol mewn agweddau a dull o fyw.

A *Ymerodraeth Ewropeaidd Hitler*

O fewn Ewrop, ailddiffiniwyd y ffiniau. Ymgorfforwyd gwledydd a ystyrid yn Ariaidd eu hil ac a oedd o bwysigrwydd arbennig i'r Almaen yn syth o fewn y *Grossdeutches Reich*, yr Almaen Fwy. Cynhwysai'r rhain Awstria, y taleithiau Tsiecoslofacaidd Bohemia a Morafia, Alsace a Lorraine, Luxembourg, ardal eang o orllewin Gwlad

MAP 13
Yr Almaen Fwy a thiriogaethau a feddiannwyd gan y Natsïaid

Pwyl a ffurfiodd ddwy dalaith Almaenig newydd, a thiriogaeth yng ngogledd Iwgoslafia. Yng ngorllewin Ewrop roedd gogledd Ffrainc, Gwlad Belg, yr Iseldiroedd, Denmarc a Norwy i gyd yng ngofal byddinoedd y goresgynwyr. Roedd gan bob un ei llywodraeth ei hun gyda chomisiynydd Natsïaidd, *Gauleiter* neu amddiffynydd y Reich, yn ei harolygu. Gyda Berlin yn eu rheoli, roedd gweinyddwyr sifil a milwrol yn ceisio help cydweithredwyr i lywodraethu ac ecsbloetio'r tiroedd dan eu rheolaeth. Câi'r tiroedd oedd wedi eu meddiannu eu hysbeilio yn gyson am ddefnyddiau crai, gweithgynhyrchion, bwyd a llafur. Yn nwyrain Ewrop, yr ardal oedd wedi ei chlustnodi ar gyfer *Lebensraum*, roedd y bobl i'w Halmaeneiddio, i'w symud i rywle arall neu i'w difodi.

Yn Norwy, y bradwr Quisling oedd yn bennaeth y llywodraeth, ond gorweddai'r pŵer go iawn gyda chomisiynydd y Reich, Joseph Terboven, dyn oedd i ddod yn enwog am lymder ei reolaeth. Rhoddwyd Gwlad Belg yn uniongyrchol dan reolaeth cadlywydd milwrol tra oedd yr Iseldiroedd dan reolaeth Seyss-Inquart, yr Awstriad Natsïaidd cyn hynny. Ei nod oedd Almaeneiddio pobl yr Iseldiroedd. Rheolid taleithiau Bohemia a Morafia gan Reinhard Heydrich. Yn y dwyrain, y *Reich Kommissariat für des Osland* oedd yn gyfrifol am y tiriogaethau Rwsiaidd meddianedig. O dan Alfred Rosenberg, byddai'n rheoli'r wlad gyda'r ffyrnigrwydd gwaethaf. Penodwyd Hans Frank yn

Gauleiter Gwlad Pwyl. Broliai, 'Bydd Gwlad Pwyl yn cael ei thrin fel trefedigaeth; bydd y Pwyliaid yn dod yn gaethweision yr Ymerodraeth Almaenig Fwy'. Heinrich Lohse oedd yng ngofal gwladwriaethau'r Baltig ac Erich Koch Ukrain. Gwarchodwyr Ewrop Hitler oedd yr *SS*. Roedd gweinyddiaeth y gwledydd meddianedig yn ddryslyd ac aneffeithlon, gyda'r awdurdodau milwrol a sifil fel arfer yn gweithio'n annibynnol. Mewn rhai ardaloedd roedd gweinyddwyr lleol yn gweithredu ar eu liwt eu hunain ac mewn mannau eraill ni wnaent unrhyw beth heb geisio barn awdurdod uwch. Fel a ddigwyddai yn aml, roedd gwrthdaro rhwng y *Wehrmacht* a'r *SS*.

B ***Y cydweithredwyr***

Hyd yn oed cyn y rhyfel, roedd gan bron bob gwlad yn Ewrop ei phlaid ffasgaidd ei dull. Rhai felly oedd pleidiau Franco a Salazar yn Sbaen a Phortiwgal, a Degrelle yng Ngwlad Belg. Yn Ffrainc, roedd yna nifer o bleidiau ar y dde eithaf – *Action Francaise*, *Croix de Feu* a *Solidarité Française*, ac ym Mhrydain, ceid Undeb Ffasgwyr Prydain dan arweinyddiaeth Syr Oswald Mosley. Yn y gwledydd meddianedig, roedd aelodau'r pleidiau hyn wrth eu bodd oherwydd llwyddiannau Hitler ac yn edrych ymlaen at fod â rhan barhaol yn llywodraeth eu gwledydd. Mewn cyfarfod rhwng Hitler a Pétain ym Montaire yn Hydref 1940, dywedodd arweinydd Ffrainc Vichy, ' I ddiogelu undod Ffrainc o fewn y Drefn Newydd yn Ewrop, rwy heddiw'n dewis llwybr cydweithrediad'. Mewn hinsawdd o wangalondid, credai'r mwyafrif y byddai Prydain yn colli'r dydd yn fuan ac y byddai'r Natsïaid yn meddiannu gweddill Ewrop. Roedd y pleidiau Comiwnyddol mewn peth penbleth. Fel arfer byddent wedi bod ar y blaen yn ymladd yn erbyn ffasgaeth ond roedd cynghrair yn bodoli rhwng Rwsia Gomiwnyddol a'r Almaen Natsïaidd. I'r mwyafrif, doedd dim i'w wneud ond derbyn yr anochel, gwneud y gorau o'r sefyllfa a gweithio gyda'r pŵer oedd wedi eu trechu.

Roedd sawl math ar gydweithredu. Roedd rhai, gan obeithio cael dyrchafiad gwleidyddol neu fantais ariannol, yn cydweithredu'n llawn ac yn gweithio dros yr Almaenwyr. Roedd rhai yn masnachu â hwy neu'n eu difyrru, ac fe gytunodd rhai i gydweithredu am fod arnynt ofn gwneud dim arall. Roedd rhai merched yn gyfeillgar â milwyr Almaenig a chawsant blant. Temtiwyd gweithwyr o rai o'r gwledydd meddianedig, yn bennaf Ffrainc, Gwlad Belg a'r Iseldiroedd, i fynd i'r Almaen oherwydd yr addewid am gyflogau ac amodau byw da ac y câi carcharorion rhyfel eu rhyddhau yn fuan. Gwnaeth llywodraethau oedd yn cydweithredu eu trefniadau eu hunain i restru a chasglu ynghyd Iddewon a ffurfio heddlu cudd i frawychu'r boblogaeth sifil. Nid oedd yn unman rai a ofnid ac a gaseid yn fwy na'r *Malice* yn Ffrainc Vichy. Fel yr âi'r rhyfel rhagddo, newidiodd yr *SS* ei rhaglen recriwtio i gynnwys gwirfoddolwyr o'r gwledydd meddianedig. Roedd estroniaid oedd yn gymwys o ran hil i fod yn aelodau Almaenig, *Volksdeutsche*, yn cael eu derbyn i'r *SS* o ledled Ewrop. Dywedid wrthynt y byddid yn eu defnyddio i helpu i ddechrau cyfnod newydd yn hanes Ewrop ac na ddisgwylid iddynt ymladd ond ar y Ffrynt Rwsiaidd. Gwirfoddolodd tua 300,000 i wasanaethu yn y fyddin Almaenig. Yn barod i ymladd yn erbyn comiwnyddiaeth Stalin, ymunodd 100,000 o Wcrainiaid â byddin Ryddhau y Cadfridog Andrei Vlasov ynghyd â nifer fawr o Gawcasiaid, Cosaciaid, Georgiaid a Rwsiaid Gwyn. Eglurodd carcharor rhyfel oedd yn Rwsiad pam y bu iddo ef ymuno (Dyfynnir yn *Victims of Yalta* gan Nikolai Tolstoy):

> Ydych chi'n meddwl ... ein bod wedi ein gwerthu ein hunain i'r Almaenwyr am damaid o fara? Dywedwch wrtha' i, pam y bu i'r Llywodraeth Sofietaidd droi cefn arnon ni? Pam y bu iddi droi ei chefn ar filiynau o garcharorion? Gwelsom garcharorion o bob cenedl ac roedden nhw'n cael gofal. Trwy'r Groes Goch, derbynient barseli a llythyrau o gartref; doedd y Rwsiaid yn cael dim byd ... Oedden ni ddim wedi ymladd? Oedden ni ddim wedi amddiffyn y llywodraeth? ... Os oedd Stalin yn gwrthod gwneud dim â ni, doedd arnon ni ddim eisiau gwneud dim â Stalin!

Mae'n ddiddorol fod dynion o Ukrain oedd yn ffurfio rhan o'r fyddin oresgynnol yn Ffrainc yn cael eu hystyried yn fwy creulon na'r Almaenwyr. Gwirfoddolodd 50,000 o Iseldirwyr, tra ymunodd Ffrancwyr ag Adran *SS* Charlemagne, a Sgandinafiaid â'r Adran Lychlynnaidd. Roedd 2,000 yn perthyn i Leng India, ac roedd yna hefyd wirfoddolwyr o Sweden a'r Swistir oedd yn niwtral. Recriwtiwyd Cyngrair Sant Siôr o blith carcharorion rhyfel o Brydain i wasanaethu dan John Amery, mab i wleidydd Prydeinig amlwg. Er bod recriwtio i'r *SS* wedi bod yn llwyddiant digamsyniol, nid oedd heb ei broblemau. Nid oedd nifer fawr o'r recriwtiaid yn cytuno â syniad Hitler am elit hiliol. Roeddent wedi ymuno oherwydd eu daliadau gwrthgomiwnyddol cryf. Ystyriai'r *Waffen-SS* Almaenig fod yr unedau newydd yn israddol ac roedd Himmler yn anhapus fod ei fudiad wedi ei lastwreiddio.

9 ~ Y GWRTHWYNEBIAD

PRIF YSTYRIAETH

Y Cynghrair Rwsiaidd-Almaenig – penbleth i Gomiwnyddion Ewrop.

Fel yr âi amser heibio ac y deuai'n llai sicr y byddai'r Almaen yn ennill buddugoliaeth hawdd, cafwyd adfywiad mewn ymwybyddiaeth genedlaethol a chydag ef yr ewyllys i wrthsefyll. Daeth sawl brenin a gwleidydd oedd wedi dianc dramor i sefydlu llywodraethau alltud yn symbolau o'r gwrthwynebiad. Ymunodd Pwyliaid, Tsieciaid, Ffrancwyr a Belgiaid â llu awyr Prydain yn ystod Brwydr Prydain ac ymladdodd eu milwyr mewn ymgyrchoedd ar sawl ffrynt. Yn 1941, pan ymosododd yr Almaen ar yr Undeb Sofietaidd, daeth penbleth y comiwnyddion i ben ac mewn sawl gwlad fe ddaethant yn asgwrn cefn y gwrthwynebiad.

Yn Ffrainc, y penderfyniad i ddechrau gorfodi gweithwyr i fynd i'r Almaen a gythruddodd y bobl. Diflannodd llawer o ddynion ifainc Ffrainc i gefn gwlad i ffurfio grwpiau gwrthwynebu a elwid y *Maquis*. Byddai gweithredoedd yr 50,000 *Maquisard* yn dod yn chwedl. O Brydain, galwodd y Cadfridog Charles de Gaulle, arweinydd y Ffrancwyr Rhydd, ar ei gydwladwyr i ymuno â'r Fyddin Gêl. Mewn mannau eraill ledled Ewrop hefyd, tyfodd y gwrthwynebiad a lluniwyd byddinoedd cyfrin. Yng Ngwlad Belg, recriwtiodd yr *Armée Secrete* 50,000 o aelodau. Yn yr Iseldiroedd, cartref y ferch ysgol Anne Frank a ysgrifennodd ddyddiadur, methiant llwyr fu propaganda'r Almaenwyr wrth i'r Iseldirwyr adweithio mewn arswyd o weld sut roedd y Natsïaid yn trin yr Iddewon. Manteisiodd y Daniaid ar y ffaith eu bod yn agos i Sweden ac achub 7,000 o'r 8,000 o Iddewon y bygythid eu difodi. Cafwyd sawl math ar wrthwynebu, yn amrywio o wrthod cydweithredu, ysgrifennu graffiti gwrth-Natsïaidd, defnyddio gweisg dirgel, helpu dynion y Llu Awyr oedd wedi eu saethu i lawr i ddianc yn ôl adref a chasglu gwybodaeth, i drefnu rhagodau, llofruddio a difrodi, fel gosod ffrwydron ar reilffyrdd a phontydd. Yn nwyrain Ewrop, gallai grwpiau o wrthwynebwyr fanteisio ar fforestydd a thir mynyddig i weithredu rhyfeloedd gerila a rheoli ardaloedd eang. Yn Iwgoslafia roedd **Partisaniaid** comiwnyddol Tito ar un adeg yn ymladd yn erbyn yr un nifer o filwyr Pwerau'r Axis ag oedd yn wynebu'r Cynghreiriaid yn yr Eidal. Cyrhaeddodd gwrthwynebiad Gwlad Pwyl ei uchafbwynt yng ngwrthryfel Warszawa yn Awst 1944 (gw. Tabl 58). Yn yr Undeb Sofietaidd, roedd Partisaniaid yn gweithredu dros ardaloedd eang y tu ôl i linellau'r Almaenwyr ac yn defnyddio amodau'r tywydd gaeafol i boenydio'r Almaenwyr oedd yn encilio. Agwedd bwysicaf y gwrthwynebiad oedd ei fod yn clymu cymaint o filwyr Almaenig a'u rhwystro rhag ymladd ar y llinell flaen. Honnai'r Cadfridog Eisenhower fod gwerth y Gwrthwynebiad

Partisaniaid milwyr nad oeddent yn perthyn i'r fyddin yn ymladd y tu ôl i linellau'r gelyn

Ebrill 1942	Norwy	Televaag. Dinistriwyd y pentref yn llwyr am fod pobl leol wedi rhoi lloches i ysbïwyr y Cynghreiriaid.
Mai 1942	Tsiecoslofacia	Lidice. Dienyddiwyd 1,255 o bobl a dinistriwyd y pentref i ddial am lofruddiaeth Heydrich.
Mawrth 1944	Yr Eidal	Rhufain. Saethwyd 335 o sifiliaid yn ddial am ymosodiad bom ar filwyr Almaenig.
Mehefin 1944	Ffrainc	Oradour-sur-Glane. Llofruddiwyd 662 o bobl a llosgwyd y dref i'r llawr oherwydd ymosodiad ar uned *Panzer SS*. Dewisodd yr Almaenwyr y dref anghywir i ddial arni.
Gorffennaf 1944	Ffrainc	Llwyfandir Vercors. Cymerodd fis i'r Almaenwyr drechu gwrthryfel yn ardal fynyddig Vercors. Lladdwyd neu dienyddiwyd mwy na mil o bobl.
Awst 1944	Gwlad Pwyl	Warszawa. Lladdwyd ar amcangyfrif 200,000 o sifiliaid pan dreuliodd yr Almaenwyr fis yn trechu gwrthryfel yn y ddinas.
Medi 1944	Denmarc	Arestiwyd pob heddwas a gwarchodwr ffin Danaidd ar ôl gwrthryfel yn Copenhagen pan laddwyd 97 o bobl.

TABL 58
Prif droseddau'r Natsïaid yn erbyn sifiliaid

Ffrengig ar *D-Day*, pan oedd y Cynghreiriaid yn glanio yn Normandie, cystal â deg adran o filwyr arferol.

Wrth gwrs, roedd yr *SS*, y *Gestapo* a gwasanaethau diogelwch Almaenig eraill yn taro'n ôl. Mewn sefyllfa lle nad oedd safonau ymddygiad arferol yn cael eu parchu a Chytundeb Genefa yn cael ei anwybyddu, roedd y Natsïaid yn trin y boblogaeth sifil yn erchyll. Yr *SS* oedd waethaf, ond nid hwy oedd yr unig ddrwgweithredwyr. Arferent ddial trwy gymryd gwystlon a'u dienyddio, ac ambell waith ddileu trefi neu bentrefi cyfan.

Er mor ddychrynllyd yw'r erchyllterau hyn, maent yn pylu o'u cymharu â chreulondeb aruthrol y Natsïaid pan ddechreuwyd lladd Iddewon Rwsia a cheisio difodi bywyd Iddewig ledled Ewrop – yr *Endlösung* neu yr Ateb Terfynol.

C

Pa mor llwyddiannus oedd yr Almaenwyr yn delio â'r gwrthwynebiad yn y gwledydd a meddianedig?

10 ~ YR HOLOCOST YN EI ANTERTH – YR ATEB TERFYNOL

Diffiniad y geiriadur o'r gair 'holocost' yw 'aberth lle mae'r dioddefwr yn cael ei losgi'n ulw'. Rhoddodd y Drydedd Reich ystyr newydd gwrthun i'r gair – gweithred ddidrugaredd o hil-laddiad oedd yn golygu difodi Iddewon Ewrop yn gyfan gwbl a dinistrio eu ffordd o fyw. Fe gewch fod haneswyr yn defnyddio'r term mewn ffyrdd gwahanol. Mae'r mwyafrif yn ei ddefnyddio i ddisgrifio polisi'r Natsïaid tuag at yr Iddewon gydol y cyfnod 1933-45; mae rhai yn fwy dethol ac yn cyfeirio at y blynyddoedd 1942-5, blynyddoedd yr 'Ateb Terfynol'. Ym mhenodau cyntaf y llyfr hwn (gw. tt. 275-278) byddwch wedi darllen am bolisïau gwrth-Semitaidd y Natsïaid. Mae'n amhosibl dweud ar ba adeg y bu i Hitler benderfynu'n derfynol ar ddifodi'r Iddewon yn gorfforol. Yn *Mein Kampf* ac yn ei areithiau roedd yn aml yn bygwth 'difodi'r Iddewon yn Ewrop'. Roedd arweinwyr Natsïaidd eraill lawn mor ddiamwys. Soniai Himmler am yr angen i 'gael gwared ar yr Iddewon a glanhau'r hil Ariaidd', tra yn *Der Stürmer* ysgrifennodd Streicher, 'Os oes raid i waed Iddewig ddod i ben, yna does ond un ffordd – difa'r bobl hynny sydd â'r diafol yn dad iddynt'. Dywedodd Heydrich wrth ei swyddogion *SS*, 'Iddewiaeth yw cronfa ddeallusol Bolsiefigiaeth a rhaid ei dileu'.

A *Yr* Einsatzgruppen *a'r* Ordnungspolizei

Cymerwyd y cam cyntaf tuag at lofruddio'r Iddewon yn dorfol yn 1938 pan ffurfiwyd unedau symudol arbennig i ddifodi'r Iddewon yn Awstria a Tsiecoslofacia, oedd newydd eu cyfeddiannu. Ar y pryd, roedd yr unedau, a adwaenid fel yr *Einsatzgruppen*, yn gweithredu mewn ffordd gymharol fechan. Daethant i'w llawn dwf ar ddechrau'r rhyfel yn 1939 ac yn fwy felly ar ôl haf 1941. Wrth i'r byddinoedd Almaenig buddugoliaethus symud ymlaen ar draws Ewrop, roeddent yn meddiannu ardaloedd lle roedd miliynau o Iddewon yn byw. Ar ei brig, roedd ymerodraeth newydd Hitler yn Ewrop yn gartref i dros wyth miliwn o Iddewon, gyda'r mwyafrif yng Ngwlad Pwyl (3,300,000) a'r Undeb Sofietaidd (2,100,000). Wedi i Wlad Pwyl ildio, gorchmynnodd Heydrich fod yn rhaid i'r holl Iddewon a oedd yn byw yng nghefn gwlad ymuno â'r rhai oedd yn y trefi ac ymgasglu ynghyd mewn ardaloedd a neilltuid ar eu cyfer, y getoau. Sefydlwyd y geto Iddewig cyntaf yn Lodz yn Ebrill 1940. Chwe mis yn ddiweddarach, cyfyngwyd Iddewon yn Warszawa yn yr un modd a sefydlwyd getoau yn Lublin, Kraków a mannau eraill. Amgylchynid y geto â waliau neu wifren bigog ac ni fwriedid i'r Iddewon oroesi. Fel y dywed Daniel Goldhagen yn *Hitler's Willing Executioners* (1996) 'fe'u rhoddid mewn trefedigaethau gwahangleifion cwbl seliedig, anymarferol yn economaidd, na fyddent yn derbyn digon o fwyd ...'. O fewn y getoau daliodd yr Iddewon i geisio byw bywyd mor normal ag oedd modd. Âi eu plant i'r ysgol ac âi'r bobl i'r synagogau. Gyda'r *Einsatzgruppen* yn arolygu, gweinyddid pob geto gan gyngor Iddewig, *Judenrate*, gyda chefnogaeth heddlu Iddewig cynorthwyol. Gydag ychydig neu ddim bwyd, yn raddol roedd newyn, oerfel a heintiau yn eu difodi. Fel yr ysgrifennodd Mary Fulbrook yn *The Fontana History of Germany, 1918-1990*:

> Erbyn haf 1941, roedd y sefyllfa orlawn [yn geto Warszawa], y diffyg bwyd a'r afiechydon heintus yn ddifrifol. Roedd bodau dynol gwâr cyn hyn wedi eu darostwng yn fwndeli o rhacs oedd yn crynu, yn newynu, yn wael, darlun byw o'r hyn roedd y Natsïaid yn ceisio ei bortreadu er mwyn gwneud gwrthrychau eu herlid yn annynol.

Yn yr Undeb Sofietaidd, roedd yr *Einsatzgruppen* ac unedau arbennig o'r heddlu, yr *Ordnungspolizei* neu Heddlu Trefn, yn dilyn yn union y tu ôl i'r byddinoedd oedd yn ymosod, i ddechrau ar y glanhau ethnig. Lladd torfol annynol fu ffawd miloedd o Iddewon, waeth beth oedd eu hoedran na'u rhyw, ledled y wlad. Lladdwyd hyd at 33,000 yn Babi Yar ar gyrion Kiev ym Medi 1941, 20,000 yn Kharkov yn Ionawr 1942 a 30,000 yn Bialystak yn Awst 1943. Fel arfer fe'u saethid a'u claddu mewn beddau torfol roeddent hwy eu hunain wedi eu cloddio yn gynharach. Roedd hefyd enghreifftiau o bobl yn cael eu gwenwyno â nwy mewn faniau gydag offer arbennig neu'n cael eu gadael i farw o oerfel, a chafodd eraill eu curo i farwolaeth gan y boblogaeth leol an-Iddewig. Mae llyfr dadleuol Goldhagen yn honni nad oedd prinder gwirfoddolwyr ymhlith yr Almaenwyr cyffredin i ymuno â'r llofruddwyr a bod yna orchymyn oedd yn caniatáu i ddynion yn yr *Einsatzgruppen*, a oedd yn teimlo bod y gwaith o ladd yn wrthun, i symud i wneud gwaith arall. Dywed, 'Mae'r dystiolaeth na chafodd un Almaenwr ei ladd na'i garcharu am wrthod lladd Iddewon yn ddiymwad'.

B *Cynhadledd Wannsee, 1942*

Ar 31 Gorffennaf 1941, rhoddodd Göring orchymyn mewn ysgrifen i Heydrich i gymryd camau tuag at ddod o hyd i ateb terfynol i'r broblem Iddewig yn yr ardaloedd oedd dan ddylanwad yr Almaen yn Ewrop.

Yn Ionawr 1942, chwe mis ar ôl yr ymosodiad ar Rwsia, cynhaliwyd cyfarfod o Natsïaid blaenlaw yn Grossen-Wannsee, un o faestrefi Berlin. Trafodwyd yr angen brys i gytuno ar ac i gynllunio'r *Endlösung*, ateb terfynol i'r cwestiwn Iddewig. Dywedodd Heydrich wrth y cynulliad nad oedd y Cynllun Madagascar (gw. tud. 278) bellach yn ymarferol gan na ellid trawsgludo'r Iddewon i Affrica erbyn hyn. Yn lle hynny, roedd y *Führer* wedi cytuno y byddid yn symud yr Iddewon i'r dwyrain a'u gorfodi i weithio. Dim ond y rhai cryfaf fyddai'n goroesi oherwydd yr amodau caled a byddid yn delio â'r rhain, 'craidd caled Iddewiaeth a'r mwyaf peryglus oherwydd gallent ailadeiladu bywyd Iddewig', yn ôl yr angen. Wrth hynny, golygai y byddid yn eu hanfon i wersylloedd difodi. Amcangyfrifai y byddai'r ateb a gynllunid yn delio â thua 11 miliwn o bobl. Rhoddwyd gofal peirianwaith y rhaglen ddifodi i Adolf Eichman ac roedd gwneuthurwyr yr Almaen yn cystadlu i gynhyrchu'r dull mwyaf effeithiol o lofruddio'n dorfol ac yna gael gwared ar ddegau ar filoedd o gyrff.

Eglurwch arwyddocâd Cynhadledd Wannsee.

C Yr 'Ateb Terfynol' ar waith

Roedd y gwersylloedd angau i'w hadeiladu yng Ngwlad Pwyl gan mai yno oedd prif ganolfan Iddewiaeth yn Ewrop. Roedd yr Iddewon i'w casglu ynghyd o ledled yr Ewrop feddianedig a'u cludo mewn trenau i'r gwersylloedd. Dechreuodd y gwenwyno â nwy, gan ddefnyddio nwy *Zyklon* B, hydrogen cyanid crisialog neu asid prwsig, yn Auschwitz-Birkenau ym Mawrth 1942. Adeiladwyd gwersylloedd cyffelyb ond llai yn Belzec, Chelmno, Maidanek, Sobibor, Treblinka a Stutthof. Roedd y gwersylloedd crynhoi sefydledig, megis y rhai yn Bergen-Belsen, Buchenwald, Dachau a Ravensbrück, hefyd i fod i gyfrannu eu cwota. Disgrifiwyd dioddefaint y rhai a drawsgludid i'r gwersylloedd gan feddyg o Ynysoedd y Sianel – un o'r cymharol ychydig o bobl Prydain i ddioddef – Madeleine Bunting, yn *The Model Occupation – The Channel Islands Under German Rule*:

> Cawsom ein llwytho i wagenni gwartheg, chwe deg pump neu wyth deg o bobl i bob wagen, ac roedd y ffenestri a'r drysau yn gwbl seliedig. Yn ystod y siwrnai, wedi ein gwasgu'n dynn yn erbyn ein gilydd, dioddefem syched difrifol ac roedd yn rhaid i ni aberthu cornel y wagen i gael tŷ bach. [Dridiau yn ddiweddarach] pan safodd y trên, rhoddodd yr *SS* ar ddeall i ni fod pawb i adael y wagen a dadlwytho'r paciau. Gorchmynnwyd i ni ffurfio pum rheng. Roedd yn bwrw glaw … deallodd pawb a geisiodd wisgo cot law, oherwydd ergydion i'r pen, nad oedd hawl i wneud hynny.

Ysgrifennwyd nifer fawr o lyfrau am y dioddefaint erchyll a brofodd y rhai a anfonwyd i'r gwersylloedd. Mae *The Scourge of the Swastika* gan yr Arglwydd Russell o Lerpwl (Cassell 1954) yn adrodd y ffeithiau manwl, oer am yr amddifadrwydd, yr arteithio, yr arbrofi meddygol yn ogystal â'r gwenwyno â nwy a'r llosgi cyrff. Mae'r ffilm *Schindler's List* hefyd yn darparu tystiolaeth. Pan gyrhaeddent y gwersylloedd byddai newydd-ddyfodiaid yn gorfod trosglwyddo eu dillad a'u heiddo personol. Yna byddai eu gwalltiau'n cael eu torri yn fyr, caent eu chwistrellu â diheintydd a thynnid eu lluniau. Yna byddai tatŵ yn cael ei ysgythru ar y garddwrn gyda rhif penodol. Caent wisg lwyd â rhesi glas, gyda symbol ar bob un yn dangos y rheswm pam roeddent wedi eu carcharu. Seren Dafydd felen oedd yn dynodi'r Iddewon, trionglau lliw coch yn dynodi carcharorion gwleidyddol, du i'r sipsiwn, gwyrdd i droseddwyr a phinc i wrywgydwyr. Roedd Tystion

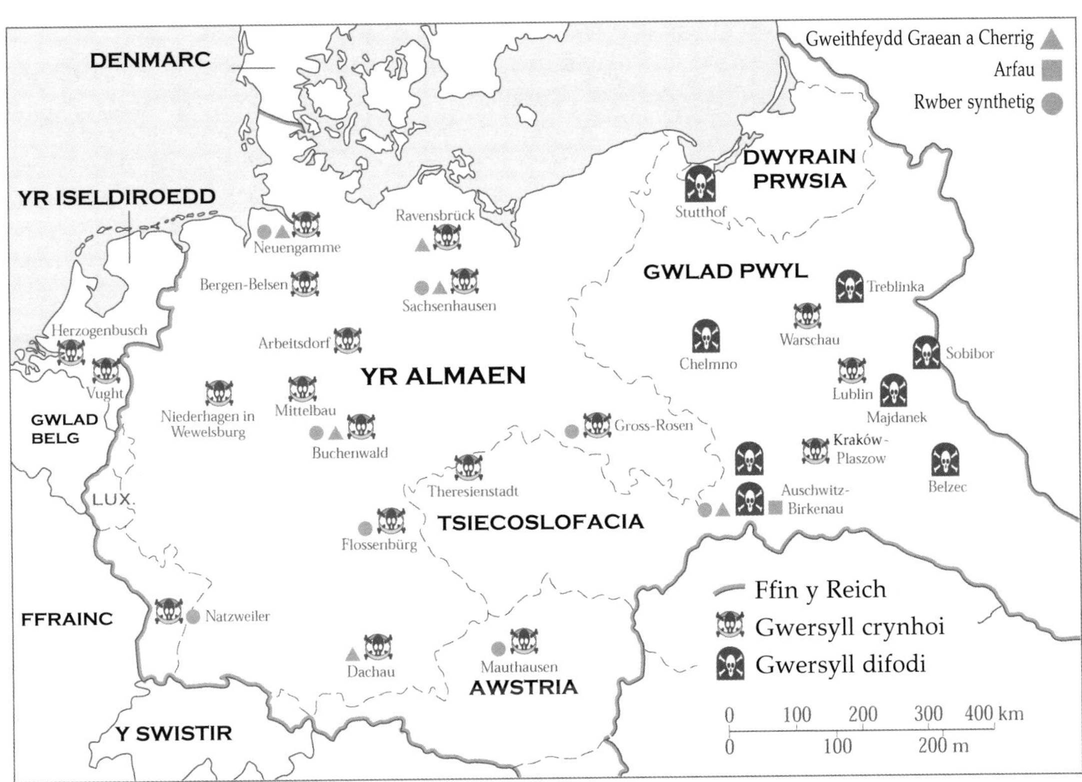

MAP 14
Dosbarthiad gwersylloedd crynhoi y Natsïaid a mentrau SS yn seiliedig ar lafur caethweision o'r gwersylloedd

Jehofa yn gwisgo triongl lliw fioled, ond caent eu rhyddhau pe baent yn gwadu eu crefydd. Ychydig iawn wnaeth hynny! Roedd y gofrestr yn cael ei galw yn aml a phryd hynny caent eu poenydio a'u bwlio. Gyda'r dogn bwyd dyddiol wedi ei gyfyngu i ddim ond 1,300 calori, disgwylid i garcharorion weithio o doriad gwawr hyd iddi dywyllu ar ddiet o gawl a wnaed o lysiau drwg a bara du. Lletyid hwy mewn cytiau, 40 neu 50 ym mhob un, a chysgent ar welyau trillawr a wnaed o ystyllod gyda blancedi wedi hen wisgo arnynt. Heb fawr neu ddim darpariaeth ar gyfer hylendid personol neu driniaeth feddygol, roedd y colera, teiffws a'r teiffoid yn gyffredin. Pan fyddai eu cyrff wedi gwanhau cymaint fel na allent weithio, fe'u hanfonid i'r siambrau nwy.

Yn *Life in the Third Reich*, mae'r hanesydd Almaenig, Hannah Vogt, yn ysgrifennu:

> … arweinid cerbydau cludo oedd yn dod i mewn i'r man 'dethol'. Câi dynion eu gwahanu oddi wrth ferched, plant eu rhwygo oddi ar eu rhieni. Anfonid y gwael, yr oedrannus, y gwan a'r plant i'r chwith: eu ffawd oedd marwolaeth. Anfonid y rhai y tybid eu bod yn dal i allu gweithio i'r barics i weithio fel caethweision am eu bwyd diflas nes eu bod yn marw o newyn neu haint neu'n cael eu dethol i'w difodi. Roedd bygythiad marwolaeth yn crogi uwchben y gwersylloedd bob amser; roedd arogl yr amlosgfa fel cwmwl uwchben y gwersylloedd … Galwai'r gwarchodwyr *SS* y gofrestr bob dydd a gorfodi'r carcharorion di-gnawd, yn eu dillad carpiog, i sefyll yn y glaw, yr eira a'r haul … Byddai'r rhai oedd yn syrthio i lawr yn cael eu cicio neu eu curo … Ni all neb fyth sylweddoli'n llawn faint y dioddef … y gwaradwydd, y cywilydd, yr ing. Ni allwn ddianc trwy ddweud na wyddem ni ddim …

TABL 59
Cyfanswm y marwolaethau yn y gwersylloedd

Gwersyll	Nifer a lofruddiwyd (yn fras)
Auschwitz	2,000,000
Maidnek	1,380,000
Treblinka	731,800
Belzec	600,000
Chelmno	600,000
Sobibor	250,000
Mauthausen	138,500
Sachsenhausen	100,000
Ravensbrück	92,000
Flossenbürg	74,000
Dachau	70,000
Stuffhof	67,500
Buchenwald	63,500
Belsen	50,000

Amcangyfrifir bod tua chwe miliwn o Iddewon Ewrop wedi marw yn yr Holocost, 72 y cant o'r cyfanswm. Tra bu i 85 y cant o Iddewon Gwlad Pwyl farw, bu gwledydd eraill yn fwy llwyddiannus yn eu hymdrech i amddiffyn eu dinasyddion Iddewig. Yn Bwlgaria goroesodd 86 y cant, yn yr Eidal 74 y cant ac yn Ffrainc 70 y cant. Dim ond 19 y cant o Iddewon yr Almaen, rhyw 40,000, oedd yn dal yn fyw ar ddiwedd y rhyfel.

D *A yw hi'n bosibl egluro'r Holocost?*

Fel yr ysgrifennodd Daniel Goldhagen yn *Hitler's Willing Executioners*:

> Egluro'r Holocost yw'r broblem ddeallusol ganolog wrth geisio deall yr Almaen yn ystod cyfnod y Natsïaid ... Sut y daeth y Natsiaid i rym, sut y bu iddynt sathru'r Chwith, sut y bu iddynt adfer yr economi, sut roedd y Wladwriaeth wedi ei strwythuro ac yn gweithredu, sut y bu iddynt fynd i ryfel a'i ymladd ... mae'n ddigon hawdd deall hyn. Ond mae'r Holocost y tu hwnt i eglurhad.

Mae'n ymddangos yn wrthun trafod lladd chwe miliwn o bobl fel pe bai'n astudiaeth academaidd. Ond, mae llawer o haneswyr yn ogystal â nifer o seicolegwyr a chymdeithasegwyr wedi ceisio egluro'r cwymp hwn i farbareiddiwch yn yr ugeinfed ganrif. Mae eu safbwyntiau yn aml mor ddadleuol ag ydynt o ddryslyd. Nid Hitler a ddyfeisiodd wrth-Semitiaeth ac nid yr Holocost oedd y cais cyntaf i lofruddio'r Iddewon yn dorfol. Yn yr henfyd, gormeswyd y bobl Iddewig gan y Babyloniaid, yr Eifftiaid a'r Rhufeiniaid i gyd yn eu tro. Ceisiwyd lladd Iddewon yn ddiwahân yng nghyfnod y Croesgadau yn yr unfed ganrif ar ddeg a'r ddeuddegfed, a chydol yr Oesoedd Canol câi Iddewon eu herlid ledled Ewrop. Roedd Iddewon ymysg prif ddioddefwyr y Chwilys yn Sbaen ac, yn ystod yr ail ganrif ar bymtheg, dihangodd hanner

TABL 60
Tynged yr Iddewon yn yr Almaen a'r gwledydd a feddiannwyd gan yr Almaen yn Ewrop

Gwlad	Yr Iddewon a gollwyd	Canran yr Iddewon a oroesodd
Gwlad Pwyl	2,800,000	15
Tsiecoslofacia	260,000	18
Yr Almaen	170,000	19
Groeg	60,000	20
Iwgoslafia	55,000	27
Yr Undeb Sofietaidd	1,500,000	28
Awstria	40,000	34
Yr Iseldiroedd	90,000	40
România	425,000	50
Hwngari	200,000	51
Gwlad Belg	40,000	56
Ffrainc	90,000	70
Yr Eidal	15,000	74
Bwlgaria	7,000	86

LLUN 48
Gwersyll angau Auschwitz fel y mae heddiw

miliwn o Iddewon o Rwsia Bwylaidd i osgoi erledigaeth. Roedd gwrth-Semitiaeth wedi bod yn rhemp yn Rwsia ers cenedlaethau a chafwyd cyflafanau, sef lladdfeydd trefnedig i ddifa Iddewon, yn y bedwaredd ganrif ar bymtheg. Dywedodd Gweinidog Cartref Rwsia, Konstantin Pobedonostev, 'Rhaid i draean yr Iddewon farw, traean ymfudo a thraean gymhathu'. Roedd llawer o'r mesurau a gyflwynwyd gan y Natsïaid yn yr 1930au a'r 1940au yn rhai oedd wedi eu defnyddio yn erbyn Iddewon Rwsia yn yr 1890au, yn cynnwys eu gorfodi i ymsefydlu mewn getoau. Oedd y Natsïaid yn syml yn cydymffurfio â phatrwm oedd eisoes wedi ei hen sefydlu?

PRIF YSTYRIAETH

Gwrth-Semitiaeth – nid ffenomen a berthyn i'r Almaen Natsïaidd yn unig.

Mae'r bwriadolwyr ymysg haneswyr yn gweld yr Holocost fel canlyniad uniongyrchol a rhesymegol system o syniadau oedd eisoes mewn bod, hynny yw casineb ideolegol Hitler tuag at Iddewon a amlygwyd yn ei weithiau ysgrifenedig ac yn ei areithiau. Yn *The War Against the Jews, 1933-45* ysgrifenna Lucy Dawidowitz:

> Llofruddio'r Iddewon yn ddiwahân oedd uchafbwynt credoau sylfaenol Hitler a'i argyhoeddiadau ideolegol ... Oherwydd syniadau Hitler ynghylch yr Iddewon oedd y man cychwyn i ddatblygu ideoleg hiliol ffiaidd a fyddai'n cyfiawnhau llofruddiaeth dorfol.

Mae strwythurwyr yn barnu fod yr Holocost wedi digwydd, nid oherwydd cynlluniau un dyn, ond o ganlyniad i nifer o ddatblygiadau di-drefn. Digwyddodd, ni chafodd ei gynllunio. Mae'r hanesydd Almaenig Martin Broszat yn dweud, er bod gwrth-Semitiaeth Hitler wedi chwarae ei ran nid oedd ond yn un achos cyfrannol ymysg llawer a arweiniodd at erchylltra'r gwersylloedd angau. Roedd ar yr Almaenwyr angen bwch dihangol i'w feio am eu bod wedi eu trechu mewn rhyfel ac am y problemau economaidd a gwleidyddol a ddaeth yn sgil hynny, ac roedd yr

Iddewon yn darged hwylus. Rhoddwyd hwb i hyn gan y momentwm o fewn y mudiad Natsïaidd, ac unwaith roedd wedi dechrau ar ei dreigl aeth yn gaseg eira na ellid ei rheoli. A yw naill ai'r strwythurwyr neu'r bwriadolwyr yn egluro'r Holocost yn foddhaol?

Mae cwestiynau eraill angen eu hateb. Pam y bu i'r rhaglen Natsïaidd wrth-Semitaidd ddwysáu yn ystod y rhyfel? Pa ran a chwaraeodd Hitler yn y digwyddiadau hyn? Oedd pobl yr Almaen yn gwybod? Pam y bu i'r Iddewon ymddwyn mewn modd mor oddefol? Roedd ymosodiad yr Almaen ar Rwsia yn rhoi cyfle i Hitler gyflawni ei ddau amcan sef ennill *Lebensraum* a dinistrio Bolsiefigiaeth Rwsia. Iddo ef, roedd y Slafiaid, Iddewon a Marcsiaid yn fygythiad i ddatblygiad yr hil Ariaidd. Rhaid oedd dileu'r Iddewon a'r Slafiaid cyn y gellid dechrau ailgartrefu'r Almaenwyr. Fel y dechreuodd hynt y rhyfel newid, roedd mwy o frys. Roedd dinistrio Iddewiaeth yn Ewrop yn garreg sylfaen yn ideoleg y Natsïaid ac roedd yn rhaid cyflawni hynny, hyd yn oed pe collid y rhyfel. Soniodd Eichman am 'gyfiawnder yr Ateb Terfynol' a disgrifiodd Himmler yr Holocost fel 'tudalen o orchest yn ein hanes'.

PRIF YSTYRIAETH

I ba raddau roedd pobl yr Almaen yn ymwybodol o'r hyn oedd yn digwydd i'r Iddewon?

Ni all fod fawr o amheuaeth nad oedd pobl yr Almaen yn gwybod, ond mater gwahanol yw faint oeddent yn ei wybod. Er mai eu bod yn mynd i'r dwyrain i gael eu hailsefydlu oedd yr hyn a ddywedid, rhaid bod y modd y caent eu harestio a'u cludo a'r siarad cyffredinol wedi tystio i ryw raddau i'r hyn oedd yn digwydd go iawn. Mewn cyfweliad, dywedodd ystadegydd Himmler, 'Roedd pawb yn gwybod am y gwenwyno â nwy. Y nefoedd fawr, roedd adar y to yn ei chwibanu o doeau'r tai'. Yn ei lyfr *Infiltrations*, ysgrifennodd Albert Speer:

> Pan feddyliaf am dynged Iddewon Berlin, caf fy llethu â theimlad o fethiant ac anghymwyster. Pan welais dyrfaoedd o bobl ar y platfform, gwyddwn mai Iddewon yn cael eu trawsgludo oeddent. Teimlwn yn anniddig … Efallai hefyd ein bod, wrth gladdu ein hunain mewn gwaith, yn gwneud ymdrech anymwybodol i leddfu ein cydwybod.

Nid oes yna dystiolaeth mewn ysgrifen fod Hitler wedi gorchymyn yr Ateb Terfynol. Nid oedd yn Wannsee yn 1942 ac nid oes gofnod ei fod wedi ymweld â'r gwersylloedd. Mae hyn wedi arwain rhai apolegwyr i amau a oedd Hitler yn uniongyrchol yn ymwneud â'r polisi. Yn *Hitler's War* (Viking 1977), mae David Irving yn barnu nad oedd Hitler yn gyfrifol. Honna nad oedd y *Führer* yn gwybod bod yr Iddewon yn cael eu difodi hyd 1943, ac wedyn ei fod wedi gorchymyn i'r lladd ddod i ben. Ychydig yw'r rhai sy'n derbyn casgliadau Irving. Er bod peth amheuaeth a fu i Hitler ei hunan awdurdodi'r Holocost, mae toreth o dystiolaeth sy'n awgrymu bod Hitler yn gwybod yn iawn beth oedd yn digwydd. Gwyddai pawb am ei syniadau eithafol ef, ac yn 1939 proffwydodd y byddai rhyfel yn dinistrio'r hil Iddewig yn Ewrop. Wrth ystyried mor oddefol oedd yr Iddewon, rhaid cofio eu bod yn ddioddefwyr y barbareiddiwch mwyaf eithafol. Gyda rhifau nid enwau, ceisiai'r Natsïaid ddad-ddyneiddio a dwyn oddi arnynt eu nodweddion dynol normal. Wedi eu dal rhwng y fath greulondeb a difaterwch ymddangosiadol y byd y tu allan, nid oedd ganddynt fawr o ddewis ond derbyn bod eu sefyllfa yn un anobeithiol. Ac eto, roedd yna enghreifftiau pan drefnodd yr Iddewon wrthryfeloedd yn y getoau a'r gwersylloedd, ond roedd y rhai a ddihangai yn cael eu trosglwyddo'n ôl i'r Natsïaid yn aml gan y sifiliaid y ceisiwyd lloches ganddynt. A beth am gymynrodd yr Holocost? I'r Almaenwyr, cydwybod anniddig fydd yn parhau am genedlaethau; i weddill y byd, gwarth moesol a phenderfyniad cryf na fydd i'r fath beth fyth ddigwydd eto. Fel yr ysgrifennodd yr hanesydd Almaenig, Hannah Vogt, yn *The Burden of Guilt: A Short History of Germany, 1914-1945*:

> Rhaid i ni beidio ag ychwanegu at yr anghyfiawnder a wnaethpwyd yn ein henw yr anghyfiawnder o anghofio. Tra mae perthnasau yn dal i alaru am eu meirwon, allwn ni anghofio am fod cysgodion y gorffennol mor boenus i ni? Nid oes unrhyw iawndal am y fath ddioddefaint aruthrol. Ond trwy drysori'r cof am y dioddefwyr, gallwn gyflawni dyletswydd gysegredig a osodir arnom gan yr euogrwydd a deimlwn tuag at ein cyd-ddinasyddion, yr Iddewon.

11 ~ CWYMP TERFYNOL Y DRYDEDD REICH

Ar 16 Ionawr 1945, y diwrnod cyn i'r Fyddin Goch ryddhau Warszawa, symudodd Adolf Hitler i fyncer o dan Lys Canghellor y Reich yn Berlin. Y *Führerbunker*, oedd rhyw 50 metr o dan y ddaear, fyddai cartref a phencadlys Hitler, a lloches Eva Braun a Natsïaid blaenllaw weddill y rhyfel. Yn y byncer y derbyniodd y *Führer* y newydd fod Budapest wedi ei rhyddhau (13 Chwefror), fod Wien wedi syrthio (13 Ebrill) ac ar ddiwrnod ei ben-blwydd yn 56 oed, fod milwyr Sofietaidd wedi cyrraedd cyrion ei ddinas (20 Ebrill). Roedd swyddog Almaenig wedi synnu pan welodd gyflwr truenus ei arweinydd (dyfynnir yn 'The End of the Dictators' gan Alain Decaux yn *Purnell's History of the Twentieth Century*):

> Mae ei ben yn ysgwyd ychydig. Mae ei fraich chwith yn hongian fel pe bai wedi ei pharlysu, ei law yn crynu trwy'r amser. Mae ei lygaid yn disgleirio mewn ffordd na ellir ei disgrifio, yn awgrymu ing annynol bron. Mae ei wyneb a'r pocedi o dan ei lygaid yn dangos mor flinedig ydyw, ac mor lluddedig. Mae'n symud fel hen ŵr. Roedd ei wallt yn llwyd a cherddai yn ei gwman.

Roedd ei ymddygiad mor od â'i ymddangosiad. Pan oedd pawb arall yn deall bod y rhyfel wedi ei golli, mynnai ef alw cynadleddau ac anfon gorchmynion i fyddinoedd nad oeddent mewn bodolaeth. Pan glywodd fod Göring wedi awgrymu y gallai ef gymryd yr arweinyddiaeth, gorchmynnodd ei arestio. Roedd yr

LLUN 49
Hitler gyda'i feistres, Eva Braun

un mor gynhyrfus pan sylweddolodd fod Himmler yn ceisio dod i delerau heddwch â'r Cynghreiriaid Gorllewinol trwy ganolwr o Sweden. Daeth brad yr *SS* fel ergyd farwol. Yn wallgof wyllt, cyhuddodd ei gadfridogion o fod wedi ei fradychu, honnodd nad oedd pobl yr Almaen yn deilwng ohono a dechreuodd orchymyn dinistrio pob tref a dinas yn yr Almaen ac unrhyw adnoddau a fyddai'n ddefnyddiol i'r gelyn. Mewn byd afreal, gorchmynnodd i'r fyddin Almaenig wrthymosod a gyrru'r Rwsiaid allan o Berlin. Pan ddywedwyd wrtho bod hynny'n amhosibl, gwylltiodd yn gaclwm eto.

Ar 29 Ebrill, priododd Hitler ag Eva Braun ffyddlon, ac ar ôl dathliad byr, ysgrifennodd ei ewyllys a'i ewyllys wleidyddol. Yn y ddogfen faith hon, gwadai unrhyw gyfrifoldeb am y rhyfel gan ei feio, ynghyd â methiannau'r Almaen, ar Iddewiaeth ryngwladol. Bwriodd Göring allan o'r Blaid Natsïaidd a phenodi'r Llyngesydd Dönitz yn olynydd iddo, gyda Goebbels yn Ganghellor. Datganodd ei fod wedi 'penderfynu aros yn Berlin ac y byddai, o'i wirfodd, yn dewis marw ar y foment pan fyddai'n teimlo na ellid bellach gynnal safle'r *Führer* a'r Canghellor'. Y diwrnod canlynol, 30 Ebrill, gyda Berlin yn wenfflam a milwyr Rwsia o fewn rhyw gan metr iddo, dewisodd ei wraig ac yntau ffarwelio a chilio i'w hystafelloedd. Am 3.35 y p'nawn fe'i saethodd ei hun. Roedd yn well gan ei wraig gymryd gwenwyn. Cyn hynny roedd wedi gofyn am i'w cyrff gael eu llosgi fel na chaent eu darnio gan filwyr Rwsia. Wythnos yn ddiweddarach, ar 7 Mai, ildiodd yr Almaen yn ddiamod i'r Cynghreiriaid.

12 ~ LLYFRYDDIAETH

Mae hanes yr Ail Ryfel Byd wedi ei groniclo mewn llyfrau a chylchgronau yn ogystal ag ar ffilm a theledu. Cofiwch, fodd bynnag, fod angen gwahaniaethu bob amser rhwng ffaith a ffuglen! Mae *The World at War*, Mark Arnold Forster (Collins 1973) yn cynnig adroddiad trylwyr a darllenadwy iawn ar y rhyfel. Cymeradwyir hefyd *A World in Flames: A Short History of the Second World War in Europe, 1939–1945* gan M. Kitchen (Longman 1990) ac *The Ordeal of Total War, 1939–1945* gan G. Wright (Harper Torchbooks 1968). Ni ellir dod o hyd i well adroddiad na'r un a geir yn *History of the Second World War* a gyhoeddwyd gan Purnell gyda chydweithrediad yr *Imperial War Museum*. Mae *The Times Atlas of the Second World War* a olygwyd gan John Keegan a'r hanes cronolegol darluniedig, *2194 Days of War* (Windward/WH Smith 1979) hefyd yn darparu adroddiadau manwl iawn. Yna ceir llyfrau sy'n ymdrin â phynciau arbenigol – *The German Economy At War* gan A.S. Milward (Athlone Press 1965), E.L. Homze *Foreign Labour in Germany* (Princetown University Press 1967), *Hitler's War and the Germans: Public Mood and Attitude During the Second World War* gan M. Steinert (Ohio University Press 1977), *The Bombing Offensive Against Germany* gan Noble Frankland (Faber & Faber 1956), A. Werth *Russia at War, 1941–45* (Barrie & Rockliff 1964) a *Hitler as Military Commander* gan John Strawson (Batsford 1971).

Mae llyfrau sy'n sôn am y modd roedd y Natsïaid yn trin yr Iddewon yn cynnwys *The Final Solution* gan G. Reitlinger (Sphere 1971), *The Holocaust. The Destruction of European Jewry, 1933–45* gan N. Levin (Cromwell 1968) a *The Scourge of the Swastika* gan yr Arglwydd Russell o Lerpwl (Cassell 1954).

13 ~ PYNCIAU TRAFOD A CHWESTIYNAU TRAETHAWD

A *Mae'r adran hon yn cynnwys cwestiynau y gellid eu defnyddio i drafod (neu ysgrifennu atebion) er mwyn ehangu ar y bennod a phrofi dealltwriaeth ohoni.*

1. Yn eich barn chi, beth oedd y prif gymhelliad a barodd i Hitler ymosod ar yr Undeb Sofietaidd ym Mehefin 1941?
2. 'Prif drobwynt y rhyfel'. Pa mor ddilys yw'r asesiad hwn o Frwydr Stalingrad?
3. I ba raddau yn gellir honni bod cynghrair yr Almaen â'r Eidal Ffasgaidd wedi bod yn gam gwag y bu'n rhaid i'r Almaen ateb drosto?
4. Pam y bu i angen y Natsïaid i gytuno ar 'Ateb Terfynol' ar gwestiwn yr Iddewon ddod yn fwy pwysig ar ôl 1941?
5. A allai Almaenwyr cyfoes gyfiawnhau'r honiad na wyddent beth oedd yn digwydd i'r Iddewon adeg yr Holocost?

B *Cwestiynau traethawd*

1. I ba raddau y gellid cyfrif mai bwnglera strategol Hitler a barodd i'r Almaen fethu ennill yr Ail Ryfel Byd?
2. Pa mor llwyddiannus fu'r Natsïaid wrth geisio gorfodi eu Trefn Newydd ar y gwledydd meddianedig yn ystod yr Ail Ryfel Byd?

14 ~ YMARFER AR DDOGFEN: BRWYDR STALINGRAD

Darllenwch y ffynhonnell a ganlyn yn ofalus ac yna atebwch y cwestiynau.

Roedd yn ymddangos bod Stalingrad yn obsesiwn gan Hitler ... Gorweddai fwy na 200 milltir i'r dwyrain o'r llwybr uniongyrchol o Wlad Pwyl feddianedig, i'r Cawcasws. Mae'n wir ei bod yn brif ganolfan ddiwydiannol Rwsia a'i bod ar lan afon Volga. Roedd y Volga yn un o brif linellau cyfathrebu Rwsia. Roedd yn ymddangos bod Hitler yn ofni y byddai'r Rwsiaid yn amddiffyn Stalingrad waeth beth fyddai'r gost a hyd farw.

... Byddai [Hitler] yn diswyddo cadfridogion yn bennaf, mae'n ymddangos, oherwydd eu bod yn dweud pethau wrtho am Stalingrad nad oedd yn dymuno eu clywed. Dywedasant wrtho, er enghraifft, fod y llinell Almaenig wedi ei hymestyn yn ormodol ... Dywedasant fod y llinell gyfathrebu ... yn amhosibl o denau. Nid oedd ar Hitler eisiau clywed y math hwn o newydd. Diswyddwyd y Maeslywydd List yn gyntaf. Dilynodd Halder ef ddiwedd Medi. Erbyn hyn roedd y Cadfridog von Paulus wedi gwthio'r Rwsiaid yn ôl i'r ddinas ei hun lle roedd y Rwsiaid dan y Cadfridog Chuikov yn dal gafael yn gadarn wrth naw milltir o lan afon, ambell waith yn ddim mwy na stryd neu ddwy ... Gyda'r afon y tu cefn iddynt, roedd y Rwsiaid yn glynu wrth bob adeilad, yn amddiffyn adfeilion pob ffatri, yn adennill yn y nos y tir roedd yr Almaenwyr, gyda'u grym tanio rhagorach, wedi ei ennill yn ystod y dydd ... Erbyn 22 Tachwedd ... roedd von Paulus a thua chwarter miliwn o ddynion wedi eu hamgylchynu. Dywedodd Hitler nad oeddent i ildio. Addawodd Göring y byddai'r *Luftwaffe* yn danfon anghenion iddynt. Ni ddigwyddodd hynny. Roedd von Paulus yn parhau i fod wedi ei amgylchynu. Roedd sefyllfa'r Almaenwyr 'nawr yn anobeithiol. Ffars oedd addewid Göring. Roedd yn rhaid lleihau'r dogni. Roedd ffrwydron yn prinhau. Yn Ionawr galwodd y Rwsiaid am i von Paulus ildio. Gorchmynnodd Hitler iddo wrthod a'i wneud yn Faeslywydd ... ar 2 Chwefror ildiodd von Paulus. Erbyn hynny roedd 70,000 o Almaenwyr wedi marw yn Stalingrad. Casglodd y Rwsiaid 91,000 o garcharorion, yn cynnwys dau ddeg a phedwar o gadfridogion.

FFYNHONNELL
O The World at War *gan Mark Arnold-Foster*

(a) Eglurwch ystyr (i) *un o brif linellau cyfathrebu Rwsia* a (ii) *'grym tanio rhagorach'*.
(b) I ba raddau mae'n ymddangos bod Hitler yn ymwybodol o'r anawsterau oedd yn wynebu von Paulus yn Stalingrad?
(c) Pa dystiolaeth sydd yn y ffynhonnell i awgrymu bod milwyr Rwsia yn rhagori mewn tacteg ac wedi ymladd yn well na'r Almaenwyr?
(ch) Pa mor werthfawr yw'r ffynhonnell i'n helpu i ddeall arwyddocâd Brwydr Stalingrad i'r canlyniad a gafwyd yn y rhyfel ar y Ffrynt Dwyreiniol? (Defnyddiwch eich gwybodaeth gefndirol berthnasol yn ogystal â'r wybodaeth a geir yn y ffynhonnell.)

15 ~ CWESTIYNAU SYNOPTIG

Darllenwch adran 4 ar dudalen xxi yn y *Rhagair: Sut i ddefnyddio'r llyfr hwn*. Cofiwch y dylech, wrth ateb cwestiynau synoptig, arddangos eich bod yn casglu ynghyd, pan fo hynny'n bosibl, agweddau gwleidyddol, cymdeithasol, economaidd, crefyddol a diwylliannol y pwnc sydd dan sylw.

1. I ba raddau y byddech chi'n cytuno na fu i'r Almaen, yn ystod y cyfnod 1919-45, brofi unrhyw fath ar lywodraeth ddemocrataidd?
2. 'Wedi ei anelu yn bennaf at wyrdroi telerau Cytundeb Versailles.' Pa mor ddilys yw'r gosodiad hwn am bolisi tramor yr Almaen rhwng 1919 ac 1945?

16 Ôl-nodyn: Dydd Barn yn Nuremberg

CYFLWYNIAD

Cynted ag roedd y rhyfel drosodd, dechreuodd y dasg o adfer yr Almaen i normalrwydd y dyddiau cyn Hitler, y broses o ddadnatsïeiddio. Golygai hyn ddod â'r rhai oedd yn gyfrifol am droseddau'r cyfnod Natsïaidd i wynebu llys barn. Byddai Stalin wedi bod yn hapus gyda 'chyfiawnder y sgwad saethu' ond cytunwyd y dylid cynnal prawf ar y troseddwyr rhyfel Natsïaidd ym Mhalas Cyfiawnder Nuremberg, gan ddechrau yn Nhachwedd 1945. Dim ond crib y mynydd rhew oedd treialon Nuremberg, y 13 ohonynt. Ledled y wlad, cafodd miloedd eu dwyn i brawf o flaen llysoedd milwrol y Cynghreiriaid a llysoedd sifil yr Almaen oherwydd iddynt fod â rhan yn nhroseddau'r Natsïaid.

1 ~ Y CYHUDDIEDIG

Yn gyntaf, roedd yn rhaid dod o hyd i'r prif Natsïaid. Dilynwyd hunanladdiad Hitler gan un Goebbels. Gwenwynodd Magda, gwraig y pennaeth propaganda, eu chwe phlentyn ac yna cyflawnodd hithau hunanladdiad. Daliwyd Himmler ar unwaith, gyda'i fwstas wedi ei eillio ac yn gwisgo mwgwd dros un llygad, ond cyflawnodd yntau hunanladdiad. Ildiodd Göring ei hun ac roedd yn siomedig na chafodd ei drin fel person enwog; darganfuwyd Seyss-Inqart gan y Canadiaid; arestiwyd Rosenberg yn Flensburg. Ceisiodd Ribbentrop ddychwelyd i fywyd sifil yn Hamburg ond cafodd ei fradychu, tra oedd Schacht, wedi ei ryddhau o wersyll crynhoi, yn syn ac yn flin ei fod wedi ei arestio. Schirach oedd y mwyaf rhyfygus. Gweithiodd fel cyfieithydd i'r Americanwyr nes iddynt ddarganfod pwy ydoedd. Ymhlith eraill a arestiwyd roedd Frank, Frick, Fritzsche, Funk, Neurath, Papen, Sauckel, Speer, Streicher a'r arweinyddion milwrol Dönitz, Jodl, Keital a Raeder. Anfonwyd Hess yn ôl i'r Almaen o Brydain lle roedd wedi bod yng ngharchar. Llwyddodd rhai i osgoi cael eu dal. Gadawodd Bormann y byncer ac ni welwyd mohono byth wedyn. Dihangodd Eichmann, prif bensaer yr Ateb Terfynol, ond yn 1960 daethpwyd o hyd iddo yn yr Ariannin ac fe'i smyglwyd i Israel i wynebu llys barn. Cafodd ei grogi flwyddyn yn ddiweddarach.

WITNESSES FOR THE PROSECUTION

LLUN 50
Cartŵn yn y *St Louis Post-Dispatch*, Ebrill 1945, 'Llygad-dystion ar ran yr Erlyniaeth'

2 ~ Y CYHUDDIADAU A'R PRAWF

Cyhuddwyd y 22 (Bormann yn ei absenoldeb) ar bedwar cyfrif:

1. cynllunio neu gydgynllwynio â Hitler i ryfela a chyflawni troseddau rhyfel;
2. cyflawni troseddau yn erbyn heddwch – cynllunio, paratoi a dechrau rhyfeloedd treisiol;
3. rhyfela a chyflawni troseddau rhyfel;
4. cyflawni troseddau yn erbyn y ddynoliaeth.

Roedd barnwyr Prydeinig, Americanaidd, Sofietaidd a Ffrengig yn llywyddu dros y profion ac roedd pob un o'r cyhuddiedig yn cael ei gynrychioli gan gyngor amddiffyn. Yn ystod y prawf, Göring oedd fwyaf llafar. Gwadodd bob cyhuddiad, ymddangosai'n falch, honnai mai ffug oedd y ffilmiau o'r gwersylloedd angau, a cheisiai sgorio pwyntiau ar draul yr erlynydd Americanaidd. Dangosodd rhai beth edifeirwch, darganfu rhai grefydd, ond dim ond Speer oedd i'w weld yn sylweddoli anferthedd yr eithafion Natsïaidd ac na wnaeth unrhyw ymgais i osgoi ei ran o'r euogrwydd. Yn ei araith derfynol, dywedodd yr erlynydd Americanaidd, 'Pe baech yn dweud nad yw'r dynion hyn yn euog, byddai llawn cyn wired â dweud na fu dim rhyfel, dim lladdedigion, dim trosedd'.

3 ~ Y RHEITHFARNAU

Pan gyhoeddwyd rheithfarnau'r llys, dyfarnwyd 12 o'r cyhuddiedig i farwolaeth, tri i garchar am oes, pedwar i gyfnodau yng ngharchar a thri yn ddieuog.

Hermann Göring (53)	marwolaeth	Rudolf Hess (52)	carchar am oes
Joachim von Ribbentrop (53)	marwolaeth	Walther Funk (56)	carchar am oes
Wilhelm Keitel (64)	marwolaeth	Erich Raeder (70)	carchar am oes
Ernst Kaltenbrunner (43)	marwolaeth	Baldur von Schirach (39)	20 mlynedd
Alfred Rosenberg (53)	marwolaeth	Albert Speer (41)	20 mlynedd
Hans Frank (46)	marwolaeth	Konstantin von Neurath (73)	15 mlynedd
Wilhelm Frick (69)	marwolaeth	Karl Dönitz (55)	10 mlynedd
Julius Streicher (61)	marwolaeth	Hjalmar Schacht (69)	dieuog
Fritz Sauckel (51)	marwolaeth	Franz von Papen (66)	dieuog
Alfred Jodl (56)	marwolaeth	Hans Fritzsche (46)	dieuog
Arthur Seyss-Inquart (54)	marwolaeth		
Martin Bormann (45)	marwolaeth		

TABL 61
Y rheithfarnau yn erbyn y 22 arweinydd Natsïaidd yn Nuremberg

Twyllodd Göring y crogwr trwy ddod o hyd i fodd i gyflawni hunanladdiad. Crogwyd gweddill y rhai oedd wedi eu dedfrydu i farwolaeth ar 16 Hydref 1946. Aed â'u cyrff i München i'w hamlosgi a 'chwalwyd eu llwch ar afon rhywle yn yr Almaen'. Bu rhai farw yng ngharchar cyn talu'r pris yn llawn. Er gwaethaf ceisiadau am iddo gael ei ryddhau am fod ei iechyd yn fregus ac oherwydd ei oedran, bu Rudolf Hess farw yng ngharchar Spandau yn 1987, yn 93 oed. Wedi iddo gael ei ryddhau ar derfyn ei gyfnod yng ngharchar, ysgrifennodd Albert Speer am y Drydedd Reich ac roedd galw mawr amdano gan ei fod yn un o'r ychydig rai a allai honni ei fod wedi adnabod Hitler yn dda. Bu farw ar 1 Medi 1981 yn Ysbyty Sant Mair, Paddington tra'n gweithio ar raglen ddogfen ar gyfer y BBC!

Pa mor ddilys oedd y profion? A gafwyd cyfiawnder? Fe ysgrifennwyd llawer ar y materion hyn. Wrth edrych yn ôl, gellid honni na chyflawnwyd fawr ym mhrofion Nuremberg, ond, ar y pryd, bu iddynt fodloni'r gofyn am ddial. Hyd yn oed heddiw, ni ddylid defnyddio cyfiawnder moesol y profion a'r dyfarniadau a gafwyd i fychanu dim ar anferthedd y troseddau a gyflawnodd y dynion hyn, na'r angen i'w cosbi.

4 ~ ... A THYNGED YR ALMAEN?

Roedd yr Almaen, nad oedd wedi ei chreithio fawr ddim yn ystod y Rhyfel Byd Cyntaf, 'nawr yn wlad o drefi a dinasoedd wedi eu difrodi gan fomiau. Roedd y Fyddin Goch wedi chwalu Berlin a Llys Canghellor Hitler yn rwbel. Roedd y rhyfel diarbed wedi peri niwed mawr. Roedd 3,250,000 o filwyr a 3,600,000 o sifiliaid yn farw ac economi'r wlad, a ddisgrifiwyd un tro gan John Maynard Keynes, yr economydd Prydeinig, fel 'prif gynheiliad system economaidd Ewrop', yn chwilfriw. Gyda'r rhyfel drosodd, bu i'r trefniadau dros dro ar gyfer meddiannu'r Almaen, y cytunwyd arnynt yng Nghynhadledd Yalta, ddod i rym. Rhannwyd y wlad

UNTER DEN LINDEN

LLUN 51
Cymynrodd yr Almaen Natsïaidd – Unter den Linden

yn bedwar rhanbarth dan reolaeth yr Unol Daleithiau, yr Undeb Sofietaidd, Prydain a Ffrainc. Daeth y rhanbarthau dan reolaeth llywodraethwyr milwrol y Cynghreiriaid, ac roeddent i'w gweinyddu gan lywodraethau'r pedwar pŵer. Rhannwyd Berlin, oedd yn rhanbarth Rwsia, yn bedwar sector mewn modd tebyg.

Roedd twf ffasgaeth yn ffenomen Almaenig ac Ewropeaidd. Waeth pa mor galed mae haneswyr yn ceisio gwneud hynny, ni ellir mesur yn llawn y dioddef a achoswyd gan Hitler a'i Natsïaid yn yr Almaen a ledled Ewrop. Ac ynglŷn â'r bai, dyma a ysgrifennodd Alan Bullock (yn *Hitler: a study in tyranny*):

> ... Nid rhyw ddamwain ddifrifol a syrthiodd ar bobl yr Almaen allan o awyr las oedd Natsïaeth ... mae'n wir na phleidleisiodd y mwyafrif o bobl yr Almaen dros Hitler erioed, mae hefyd yn wir fod tri miliwn ar ddeg wedi gwneud hynny. Dylid cofio'r ddwy ffaith.

Geirfa

acronym 416
ad hoc 91
addawebau 359
amlgrataidd 174
ariannu diffyg 344
arwahanrwydd Bafaria 58
yr Ateb Terfynol 167
avant-garde 78
awtarciaeth 295
Biliau *MEFO* 356
Blitzkrieg 356
bohemaidd 57
brenin cyfansoddiadol 9
bwlch masnach 87
carfan filwrol 6
carisma 160
cartél 152
catalydd 315
cordon sanitaire 376
cylch masnach 351
Cynnyrch Gwladol Crynswth (*GNP*) 349
dan yr iau 64
Darwiniaeth gymdeithasol 177
dethol naturiol 57
Deutschland über Alles 385
difeio 9
dŵr trwm 413
dyhuddiad 387
Ehrhardt 34
elitau 129
esprit de corps 325
ewgeneg 234
ewthanasia 171
Gauleiter 77
gemeinschaft 244
geowleidyddiaeth 251
Gomorra 337
gorchwyddiant 41
'gwaed a phridd' 215
Gweinidog Llawnalluog 196
gwladwriaeth absoliwt 182
gwladwriaeth glustog 43
Holocost 275
ideoleg 244
isadeiledd 350
Junker 72
Kulturkampf 227
llengig 386
mantoli'r gyllideb 47
martinet 96
mympwyol 33
nihiliaeth 182
Oberpräsident 201
Partisaniaid 435
pleidlais gwlad 21
pogrom 249
Reegierungspräsident 201
Reich 17
Reichsleitung 191
Reichsstatthalter 201
RM *Rentenmark* 347
rhagargoel 313
rhyfel athreuliol 1
rhyfel diarbed 307
sgemio 44
Stufenplan 375
totalitaraidd 159
trefn drethu raddedig 30
unbennaeth 129
Verfügungstruppe 209
Volk 244
Wehrkreise 197
Wehrmacht 151
ymreolaeth 396
ymwthiad 409
ymyleiddio 341

Llyfryddiaeth yn y Gymraeg

Adolf Hitler a'r Almaen, Robin Evans, CAA, Ionawr 1994
Hanes yr Almaen 1918-1933, Robin Evans, Gwasg Carreg Gwalch, 1989

Ceir nifer o erthyglau yn *Y Cylchgrawn Hanes* (CAA):
Rhifyn 3: *Propaganda Natsïaidd*, David Welch; *Natsïaeth yn yr Ystafell Ddosbarth*, Lisa Pine.
Rhifyn 4: *Unbennaeth*, Gilbert Pleuger; *Polisi Tramor Mussolini*, John Whittam; *Dyhuddiad a Gwreiddiau'r Ail Ryfel Byd*, Ruth Henig; *Pam Dyhuddiad?*, Sarah Newman.
Rhifyn 5: *Gwneud Gelynion: y berthynas rhwng Prydain a'r Almaen yn dirywio, 1933-1939*, Peter Clements; *Hitler: y Myth*, Ian Kershaw.
Rhifyn 6: *Y Dirwasgiad Mawr yn Ewrop, 1929-1939*, Patricia Clavin; *Deongliadau o'r Almaen Natsïaidd*, John Claydon.

Mynegai